山东省标准地名诠释

潍坊市卷

《山东省标准地名诠释》编纂委员会 编

山东城市出版传媒集团·济南出版社

《山东省标准地名诠释》

编纂委员会

主　　编　冯建国

副 主 编　于建波　张子龙

编　　委　（以姓氏笔画排序）

丁志强　王为民　王玉磊　王晓迪　付振民　庄茂军

刘兴宝　孙树光　张西涛　张屹卿　张兴军　张鲁宁

陈　芳　陈效忠　陈朝银　陈德鸿　徐希超　徐帮杰

黄贤峰　崔继泽

编辑部主任　孙凤文

编辑部成员　（以姓氏笔画排序）

马　瑞　王书清　王成明　王红艳　巩铁军　刘　玲

李成尧　杨　军　张义勇　张亚萍　张光耀　林　锋

赵文琛　倪　语　倪春雷　高洪祥

前　言

　　地名是重要的基础地理信息和社会公共信息，与经济社会发展、人们日常生产生活息息相关。编纂出版《山东省标准地名诠释》是地名管理服务工作的一项基础工程，对进一步推行山东省地名标准化，推广普及地名知识，适应改革开放和高质量发展的需要，以及国家和社会治理、经济发展、文化建设、国防外交等方面具有重要的意义和作用。

　　2014 年 7 月，国务院印发通知开展第二次全国地名普查。2015 年，国务院地名普查办印发《第二次全国地名普查成果转化规划（2015—2020 年）》（国地名普查办发〔2015〕6 号），山东省地名普查办依此制定了《山东省第二次全国地名普查成果转化规划（2016—2020 年）》（鲁地名普查办发〔2016〕4 号），部署开展成果转化相关工作，其中包括组织编制出版标准地名图、录、典、志等出版物。编纂出版《山东省标准地名诠释》是贯彻落实"边普查、边应用"指示要求，及时发布并推动第二次全国地名普查成果社会应用的重要举措，也是落实规划目标任务的重要内容。

　　《山东省标准地名诠释》编纂委员会按照公开出版的要求，在全省第二次全国地名普查成果数据基础上，进行成果的整理挖掘（包括资料收集、数据考证等），编辑出版《山东省标准地名诠释》，并将本书定位为第二次全国地名普查重要的省级成果，是一部以"地名"为主题的省级标准地名工具书。

　　本书在资料整理和编辑加工的过程中力求做到内容权威、文字精练、编写精心、编辑独到、设计新颖，以期达到当前编辑出版水平的先进行列。在词目释义编写上，本书着力突出"三个重点"（即地名基本要素、地名文化属性、地名所指代地理实体性质与特征），具备四个特点（即广、新、准、实）。其中，"广"即收词广泛，应录尽录，要涵盖重要地名类别及其主要地名；"新"即资料新、信息新，要充分利用地名普查最新成果，反映全省各地地名的新情况、发展建设取得的新成就；"准"即实事求是、表述准确、考证严谨，要求词目释文中的资料、数据翔实有据，表述准确、规范，做到地名拼写准确无误、词条诠释准确无误；"实"即具有实用性。在采词、释文内容和词目编排上都力求符合读者需要，便于读者使用，使之有较高的实用和收藏价值。

本次《山东省标准地名诠释》编纂得到多方面的支持，全省各级地名主管部门的领导和地名工作者，不辞辛苦，埋头于本书所需资料的搜集、整理，根据《山东省标准地名诠释》的编写要求，认真组织撰稿，力求做到精益求精。在此，我们对为本书的编纂、出版工作提供了帮助和支持的所有单位、领导和工作人员，表示诚挚的感谢。编纂出版《山东省标准地名诠释》工作任务重、涉及内容多、标准要求高，限于我们的人员专业水准和时间等因素，书中难免存在错误或不足，恳请广大读者批评指正。

凡　例

一、《山东省标准地名诠释》采收山东省 17 市 137 县（市、区）范围内，包括乡镇以上行政区划名称、主要的居民点和自然实体及主要社会、经济设施等重要地名词条，按照行政区域划分和地名类别特点分列 18 卷。

二、采收地名分为六个大类：

1. 政区类：包括山东省政区建制镇、乡、街道及以上全部行政区划单位；国家和省正式批准的各类经济功能区（含开发区、高新区、工业区、保税区、科技园区、新区等）；1949—2014 年间曾经设立而现已废置的地区行署、县级和乡级行政区，特指被撤销建制、被合并或拆分不继续使用原专名的情况。另，城乡社区是社会治理的基本单元，故也收录了部分建有综合服务中心且统一开展基本公共服务的社区名称。

2. 居民点类：具有地标意义或文化意义的住宅区；镇、乡人民政府驻地居民点；经省级以上人民政府或有关部门批准的"历史文化名村""传统村落"；具有明显特点的非镇、乡驻地的居民点（如：文化底蕴浓厚、存续历史悠久、人口数量多、占地面积广、重要历史事件发生地、名人故里、重要少数民族聚居地、交通要口、物资集散地、土特产品产地等）等。

3. 交通运输类：包括城市道路与城镇街巷、铁路、公路、航道、桥梁、车站、港口、机场等。城市道路收录市辖区城区内的快速路、主干道、次干道，县和县级市驻地城区主干道，及其他具有突出特色的一般街巷；铁路收录公开运营的国有铁路（含高铁、干线、支线和专用线）和地方铁路；公路收录省级以上普通公路、高速公路；桥梁和立交桥只收录规模大、历史久、有特色的；隧道只收录 500 米以上的及其他有特色的；港口只收年吞吐量在 10 万吨以上的；码头、船闸只收录大型的、特别重要的；渡口只收录正在使用的重要渡口。

4. 自然地理实体类：包括平原、盆地、山地、丘陵、沼泽、洞穴、河流、峡谷、三角洲、湖泊、陆地岛屿、瀑布、泉、海、海湾、海峡、海洋岛屿、半岛、岬角等。其中河流主要收录长度在 30 千米及以上的，以及具有航运价值的人工水道；湖泊主要收录面积在 3 平方千米及以上的。

5. 名胜古迹、纪念地和旅游地类：包括纪念地、重点文物保护单位、风景名胜区、重要景点和一般名胜古迹、自然保护区。其中纪念地收录市级及以上级别的；重点文物保护单位收录经过正式批准的市级（含）以上的；城市公园收录 AAA 级以上的；风景名胜区、自然保护区收录经过正式批准的国家和省级的词条。

6. 农业和水利类：包括农场、牧场、林场、渔场、水利枢纽、水库、灌区、渠道、堤防（海塘）等。其中水库收录库容 0.5 亿立方米以上的，灌区收录 3 平方千米以上的。

三、词目排列按分市与分类相结合的原则。即先将全部词目按市大类划分，大类下面分亚类，亚类下面再分小类。在同一亚类或小类词目中，先排全市性的大条目，再按区、县、街道、镇、乡的顺序排出市内条目。各市跨区县的条目在市本级单独排列。

四、本地名诠释资料截止日期为 2014 年 12 月 31 日，所选地名主要来源于第二次全国地名普查成果，主要兼顾反映普查成果和普查期间地名的存量情况，其中少量地名为非标准地名，此类地名需标准化处理，不作为判定标准名称的依据。

五、按照词条释文编写规则，本书相关词条中所列人口数做了技术处理，均为约数，不作为人口统计的依据。

六、本地名诠释中地名罗马字母拼写，遵从《中国地名汉语拼音字母拼写规则（汉语地名部分）》的规定。一般地名的专名与通名分写。专名和通名中的修饰、限定成分，单音节的与其相关部分连写，双音节和多音节的与其相关部分分写；通名已专名化的，按专名处理；居民点中的村名均不区分专名和通名，各音节连写。

地名用字的读音以普通话法定读音为主，同时适当考虑地方读音，如"崖"我省部分地区的地名中读"yái"，标准读音为"yá"；"垓"我省部分地区的地名中读"hǎi"，标准读音为"gāi"；"国"我省部分地区的地名中读"guī"，标准读音为"guó"；"郝"我省部分地区的地名中读"hè"，标准读音为"hǎo"，等等。

七、在每卷卷首，均有本卷地名的词目表。为方便读者检索，在每卷卷末，设有本卷地名的汉语拼音音序索引。

潍坊市卷　目录

奎文区

诸城市

寿光市

一　政区

潍坊市

潍坊市 370700
[Wéifāng Shì]

山东省辖地级市。北纬35°41′—37°26′，东经118°10′—120°01′。在省境东部。面积16 140平方千米。户籍人口888.3万，常住人口924.7万。以汉族为主，还有回、满、蒙、藏等民族。辖潍城、寒亭、坊子、奎文4区，临朐、昌乐2县，代管青州、诸城、寿光、安丘、高密、昌邑6县级市。市人民政府驻奎文区。夏商代，境内有斟灌、斟鄩、寒、三寿等封国。周初，武王封邦建国，封太公望于齐，都营丘（今昌乐境内）。至春秋时期，分属齐、鲁、杞、莒等国。战国时期，现境大部属齐，诸城等地属鲁。秦代，东部属胶东郡，西部属临淄郡，东南部属琅琊郡。西汉为青、徐2州刺史部所辖，分属北海、琅琊、齐3郡和甾川、高密、胶东3国。东汉分属北海、乐安、齐、琅琊4国，为青、徐2州所辖。三国时为魏国地，分属青、徐2州，北海、齐2国，乐安、城阳、东莞3郡。两晋、十六国时有后赵、前燕、前秦、后燕依次占据。西晋太康三年（282）分属青、徐2州，北海、乐安2国，城阳、东莞2郡。至东晋隆安四年（400）属南燕，其政区建置，皆相因袭。南朝宋时分属青、徐2州，齐、高密、平昌、北海、东莞5郡。北朝魏属青、胶、南青3州，齐、北海、东武、高密、平昌、东莞6郡。隋时分属北海、高密、琅琊3郡。唐时属河南道，青、密2州。宋时分属京东东路，青、潍、密3州。金时属山东东路，置益都府

及潍、密2州。元朝时属中书省山东东西道宣慰司，置益都路。明时属山东承宣布政使司，置青州、莱州2府。清时分属青州、莱州、沂州3府。民国时期，行政建置初沿清制，1913年属胶东道（驻烟台）。1925年改划莱胶道、淄青道。1927年裁道，以省领县，今市境各县（市、区）均直属山东省。1938年山东省设3个行署，1945年改为6个政府办事处，下设17个行政督察区。此间，分属第十四行政督察区和第十七行政督察区（昌邑县1947年起改属第八行政督察区）。1948年析潍县城区及坊子矿区于今市区置潍坊特别市，取各首字命名；同年置昌潍专区。1949年潍坊特别市改为潍坊市。1950年潍坊市撤销。1951年又重建潍坊市，为县级市，属昌潍专区。1967年昌潍专区改称昌潍地区。1981年昌潍地区改称潍坊地区。1983年撤销潍坊地区建制，改建省辖（地专级）市，沿用原潍坊名称，实行市管县体制，原潍坊市（县级）和潍县析置为潍城、寒亭、坊子三个市辖区。（资料来源：《潍坊市志》《中华人民共和国地名大词典》）地势南高北低。南部依泰沂山脉，为山区、丘陵，海拔100米以上，最高海拔1 032米；中部为倾斜平原区，海拔7~100米；北部濒渤海莱州湾，沿海为滨海平原区，地面高程在7米以下。年均气温12.3℃，1月平均气温−3.3℃，7月平均气温25.6℃。年均降水量660毫米。

年均无霜期 198 天。有小清河、弥河、汶河、白浪河、渠河、潍河、北胶莱河等流经。有蓝宝石、油页岩、重晶石、石英岩、灰岩等矿产资源。有木本植物 643 种、种子植物 1 049 种，其中一、二级重点保护植物有银杏、水杉、中华结缕草、野大豆等 8 种。有陆生野生动物 363 种，其中国家一级重点保护野生动物有中华秋沙鸭、大鸨、白鹳、丹顶鹤等 6 种。有省级自然保护区 1 个。森林覆盖率 35.5%。有国家级工程技术研究中心 2 个、省级工程技术研究中心 116 个。有高等院校 14 所，中小学 1 147 所，图书馆 12 个，知名文艺团体 8 个，三级以上医院 11 个。有国家级文物保护单位 6 个、省级文物保护单位 47 个，爱国主义教育基地 30 个，有国家级非物质文化遗产 16 个、省级非物质文化遗产 55 个，有 AAAAA 级景区 1 个，AAAA 级景区 22 个。三次产业比例为 9.5∶50.8∶39.7。农业以小麦、玉米、瓜果蔬菜种植等为主，潍县萝卜、青州蜜桃、临朐大棚樱桃等形成特色明显、规模和效益较好的特色产业，寿光"乐义""七彩庄园"蔬菜品牌为中国驰名商标。工业以机械装备、汽车制造、纺织服装、海洋化工、食品加工、造纸包装为主，有中国 500 强企业 3 家，省级百强企业 8 家，省级制造业百强企业 12 家。服务业以通讯、物流等为主。有国家级开发区 4 个、省级开发区 10 个。境内有公路 25 786.7 千米，高速 352.3 千米。有铁路胶济线、胶新线、益羊线、大莱龙线、青临线，荣乌高速、青银高速、青兰高速、长深高速、荣潍高速、国道烟汕公路、荣兰公路过境。有潍坊港，通往国内沿海及长江下游各港口，外贸进出口货物主要往来韩国、朝鲜、日本、俄罗斯等国家。有民用机场 1 个，民航航线 7 条，通往国内北京、上海、广州、深圳、杭州、重庆、大连等城市。

潍坊 370700-Z01
[Wéifāng]

潍坊市聚落。在市境中部。面积 176 平方千米。人口 170 万。以汉族为主，还有回、满、蒙、藏等民族。汉中元二年（前 148）置平寿县始，至明洪武十年（1377）改潍县，历为州、郡、县治所。临河而建，长期依白浪河发展，隔河形成东、西两城，呈现"一县双城"格局，1949 年后随坊子、寒亭的发展，逐渐形成"一城两镇"的空间格局。老城区原为潍县城旧址，西城始建于汉，为土城，明崇祯十二年（1639）改建为石城，高大门楼随处可见。东城肇始于东关坞，清咸丰十一年（1861）建，清同治五年（1866）落成；规模略逊于西城，土草屋连片，小街窄巷纵横交错。两城间有朝阳桥、保安桥、小石桥、大石桥跨白浪河而架。至 1938 年，城区建成面积约 5 平方千米。1948 年设潍坊特别市，潍坊一名始此。1949 年后，整修扩建了东风街中段、青年路南段、和平路东风桥至胜利街等道路，治理了城区段白浪河，迁移了南北沙滩市场，并辟东四市场，拆除东西城墙，新建商业大楼。至 1990 年，新建、拓宽道路 289 千米，建有主干道 15 条，城区面积达 25 平方千米。2000 年以来，改扩建东风街、北海路等城市道路。2004 年以来完成张面河、虞河、白浪河综合治理工程，提升了沿线生态和人居环境。有人民广场、白浪河绿地广场、世界风筝都纪念广场、潍坊火车站广场、潍坊奥体公园体育场等标志性建筑物。城区中心保护整治古城区和商埠区，美化白浪河、虞河水系，突出商业服务、行政办公、文化娱乐功能，建成了以商业金融、商务会展、文化娱乐为主的商业区。城区东部主要发展高新技术产业，为居住和高新技术产业区。城区南部以食品和纺织为主导，建设生态良好的现代化新城区。城区西南部以职业教育、体育休闲为主导。

— 政区

城区西部以物流园区和无污染的都市型工业为主。城区西北部为现代化综合生态产业区。形成以高速公路、铁路、港口、航空为骨架的水陆空交通运输系统，城市道路网络干支线交错、街巷密布，公共交通便捷高效。

潍坊滨海经济技术开发区 370700-E01
[Wéifāng Bīnhǎi Jīngjìjìshù Kāifāqū]

在市区北部。北至莱州湾，东邻昌邑市，南接寒亭区，西至寿光市。面积 67 700 公顷。因滨海而得名。2010 年 4 月经国务院正式批准建立国家级开发区，由市级政府管理。是潍坊沿海开发战略的核心地带，以盐化工、溴化工、医药化工、石油化工、机械制造、纺织、物流等产业为主，有省级以上高新技术企业 14 家，其中，有潍柴重机、弘润石化、新和成药业等知名企业。开发区内交通网络四通八达。

潍坊高新技术产业开发区 370700-E02
[Wéifāng Gāoxīnjìshùchǎnyè Kāifāqū]

在市境东部。北至青银高速，西至北海路，东至朝阳路，南至胶济铁路潍胶路。面积 12 300 公顷。因是以发展高新技术为目的设置的特定区域而得名。1992 年 11 月经国务院正式批准建立国家级开发区，由市级政府管理。为潍坊市高新技术产业引领区，以汽车及装备制造、声光电子、生物医药、软件信息、电子商务、文化创意、测绘地理信息为主导产业，有潍柴动力股份有限公司、歌尔股份有限公司、特钢集团、北汽福田山东多功能汽车厂、盛瑞传动股份有限公司等企业。高速公路和胶济客专穿境而过，交通四通八达。

潍坊综合保税区 370705-E03
[Wéifāng Zōnghé Bǎoshuìqū]

在市境东部。东至高八路，南至穆响路，西至高新二路，北至玉清街。面积 3 000 公顷。2011 年 1 月经国务院正式批准设立国家级开发区，由市级政府管理。分为南区、北区两部分，南区主要依托青岛机场和青岛港，为潍坊及周边地市企业服务；北区主要依托潍坊港、面向东北亚，为北部沿海 2 700 平方千米地区服务，形成"一区两片"发展格局。全区注册企业 1 000 多家，服务社会企业 1 200 多家，有歌尔电子产业园、中俄冷链物流、华奇棉花物流加工、佩特来百万台发电机、圣和塑胶、天津力神锂电池、北方进口商品物流配送中心等项目区。拥有总面积 2 万平方米的进口商品直营中心。通公交车。

潍坊经济开发区 370700-E04
[Wéifāng Jīngjì Kāifāqū]

在市区南部。东、北与寒亭区毗邻，西与潍城区、寿光市相接，南与潍城区、奎文区相邻。面积 9 600 公顷。1994 年经省政府正式批准建立省级开发区，由市级政府管理。规划建设了现代服务业发展区、生态商住旅游区、行政商务中心区、高新技术产业发展区、先进制造业发展区 5 个产业功能区，形成以生物制药、精细化工、机械电子、新型材料、农副产品加工为主的产业体系，入区企业有世界 500 强马石油、德国麦德龙、中国医药集团、中国平安、山东中艺集团等。全区企业有 1 800 多家，其中规模以上工业企业 150 家。亿斯特管业科技有限公司生产的外聚乙烯内环氧树脂涂层复合钢管获国家级新产品称号，列入国家火炬计划；华信电炉有限公司研发的 1GBT 晶体管中频节能电源装备项目达到国内领先、国际先进水平；万胜生物公

3

司自主研发的新型武夷菌素填补国内空白，达到国际领先水平；苏伯商标被国家工商总局认定为中国驰名商标；康瑞体育用品有限公司拥有的"康瑞"商标被认定为山东省著名商标。通公交车。

旧地名

昌潍专区（旧） 370700-U01
[Chāngwéi Zhuānqū]

在山东省北部，莱州湾南。1948年置。1950年合并潍坊市，1951年迁驻潍坊市。1967年改称昌潍地区。

昌潍地区（旧） 370700-U02
[Chāngwéi Dìqū]

在山东省北部，莱州湾南。1967年昌潍专区改称昌潍地区。1981年更名潍坊地区。

潍坊地区（旧） 370700-U03
[Wéifáng Dìqū]

在山东省北部，莱州湾南。1981年由昌潍地区改称。1983年撤销潍坊地区建制，改建地级市，原潍坊地区所辖昌邑、寿光等9县划归潍坊市。

丘南县（旧） 370700-U04
[Qiūnán Xiàn]

在山东省中部，安丘县西南山区。1943年成立安丘县抗日民主政府，1948年改称老安丘县。1949年因地处安丘县南，改为丘南县。1953年撤销，并入安丘县。

潍南县（旧） 370700-U05
[Wéinán Xiàn]

在山东省中部。1945年设县。1950年撤销，并入潍北县。

淮安县（旧） 370700-U06
[Huáiān Xiàn]

在山东省中部。1945年以景芝镇为中心，将高密县八区、诸城县二区划入，置淮安县，因东濒潍河（俗名淮河），西界安丘，故名。1950年2月改潍安县。

潍安县（旧） 370700-U07
[Wéi'ān Xiàn]

在山东省中部。1949年，由安丘县析出潍安县。1952年撤销，并入安丘县。

益寿县（旧） 370700-U08
[Yìshòu Xiàn]

在山东省北部。1945年撤销益都、寿光、临淄、广饶四边县，在益都县北部与寿光县南部置县。1952年撤销所辖区域分别并入益都、寿光、寿南县。

潍北县（旧） 370700-U09
[Wéiběi Xiàn]

在山东省中部，北濒莱州湾。1945年由潍县析置，属西海专区。1950年撤潍南县，并入潍北县。1953年撤销，复入潍县。

昌南县（旧） 370700-U10
[Chāngnán Xiàn]

在山东省北部。1945年在昌邑县宋庄乡以南地区设置。1956年撤销，并入昌邑县。

益临县（旧） 370700-U11
[Yìlín Xiàn]

在山东省北部。1948年由益都、临朐两县析置。1952年撤销，所辖区分别划归益都、临朐、昌乐县。

寿南县（旧） 370700-U12
［Shòunán Xiàn］

在山东省北部。1948年析寿光县南部置寿南县，属昌潍专区。1953年撤销，并入寿光县。

潍县（旧） 370700-U13
［Wéi Xiàn］

在山东省北部。1945年析置潍北、潍南县。1948年复置潍县。1950年潍南县并入潍北县。1953年潍北县并入潍县。1958年撤销，并入潍坊市。1962年又析出复设，属昌潍专区。1983年再撤销，改设潍坊市寒亭区。

潍城区

潍城区 370702
［Wéichéng Qū］

潍坊市辖区。在市境中部。面积290平方千米。人口51.2万。以汉族为主，还有回、满等民族。辖6街道。区人民政府驻于河街道。1948年于潍城及坊子置潍坊特别市（省直辖）。1949年改为潍坊市（省直辖）。1950年属昌潍专区（1967年改昌潍地区）。1951年起专署驻此。1981年昌潍地区改为潍坊地区。1983年潍坊地区改为省辖市，始建潍城区。1994年析出白浪河以东东关、东园、院校、新城4街道和二十里堡、大虞、梨园3镇地入奎文区。因地处旧潍县城而得名。境内有五党山、浮烟山，白浪河、大于河从区境内穿过。有院士工作站3个，省级工程技术研究中心5个，省国际合作研究中心1个。有高等院校4所，中小学52所，体育场1个，三级以上医院3个。有国家级文物保护单位1个、省级文物保护单位4个，有省级非物质文化遗产1个，重要古迹、景点4

个。1978年以来，先后建设了火车站广场、白浪河湿地公园、十笏园文化街区、潍坊市奥体中心、鲁台会展中心，拓宽、改建和新建了北宫西街、东风西街等17条道路、324条街巷。已发展形成"一城四基地"，即中部形成以居住为主的现代化新城，东部为城市商贸基地、西部为现代物流基地、南部为文化产业基地、西南部为城市工业基地的发展布局。三次产业比例为4.2∶40.8∶55。农业以种植小麦、玉米、蔬菜等为主，潍县萝卜获批国家地理标志保护产品。工业以机械、服装、食品、塑料、新型建筑材料、电子、汽车配件、服装等为主，有"耶莉娅"服装、"崔字牌"香油、"香野"面粉和"巨力"农用车等9个驰名商标。服务业以餐饮、零售等为主。有省级开发区1个。有潍坊站、潍坊公路客运总站，有多条公交线路。

山东潍城经济开发区 370702-E01
［Shāndōng Wéichéng Jīngjì Kāifāqū］

在区境西部。东临西关街道、北关街道，南临胶济铁路，北临青银高速公路，西临昌乐县朱刘街道。面积3 370公顷。以所在行政区命名。1993年10月经省政府批准建立省级开发区，由区级政府管理。主要有物流业、加工业、制造业等产业，规模以上企业22家。通公交车。

于河街道 370702-A01
［Yúhé Jiēdào］

潍城区人民政府驻地。在区境西北部。面积107平方千米。人口8.8万。2007年设立。因大于河得名。相继建设了教师公寓、河滨花园、供销小区，新修恒盛路、泰祥街等。大于河从境内穿过。有中小学6所，医疗卫生机构3个。农业形成苗木花卉、蔬菜果品、畜禽养殖三大主导产业。工业以机械制造、纺织服装、食品加工、铸造钢砂等为主。服务业以商贸零售业为主。通公交车。

城关街道 370702-A02
[Chéngguān Jiēdào]

属潍城区管辖。在区境东部。面积4.2平方千米。人口7.7万。1980年设立。因地处古潍县城里得名。相继建设十笏园文化街区、龙熙园小区、城隍庙片区，新修东大街、曹家巷、郭宅街等。白浪河从境内穿过。有中小学3所，医疗卫生机构1个。有国家级文物保护单位十笏园，有潍县城隍庙、郭味蕖故居疏园、万印楼等省级文物保护单位，潍坊市十笏园文化街区、古城墙遗址等景点。民间工艺传统风筝、刺绣、核雕、仿古青铜器等艺术品驰名中外。经济以工业、服务业为主，有汽车配件、低压铸造、机械加工、橡胶轮胎等产业及书画、金石交易和零售业等。通公交车。

南关街道 370702-A03
[Nánguān Jiēdào]

属潍城区管辖。在区境南部。面积16平方千米。人口6.8万。1980年设立。因位于老潍县县城南门所在地而得名。相继建设了润扬新城、中华茶博城、广丰新艺城、威尼斯电子城、金沙广场、潍坊商品城等，新修扩建了丁家老过道、盛和步行街等。有高等院校1所，中小学6所，医疗卫生机构2个。有中华茶博城等标志性建筑物。经济以商业零售、茶文化产业等为主。有潍坊站、潍坊公路客运总站，通公交车。

西关街道 370702-A04
[Xīguān Jiēdào]

属潍城区管辖。在区境东部。面积15平方千米。人口12.6万。1984年设立。因位于老潍县西关城厢而得名。小于河从境内穿过。有中小学5所，医疗卫生机构6个。

经济以工业、服务业为主，有食品加工、农业机械及配件加工、铸造、阀门制造、纺织服装等企业。通公交车。

北关街道 370702-A05
[Běiguān Jiēdào]

属潍城区管辖。在区境东部。面积27平方千米。人口6.3万。1994年设立。因位于古潍县县城北部而得名。相继建有奥体公园、鲁台会展中心、两岸交流中心等。有中小学4所，医疗卫生机构2个。农业以种植小麦、玉米、蔬菜为主，是"潍县萝卜"的发源地和生产基地。工业以机械制造、服装加工、房地产开发为主，服装品牌"耶莉娅"为中国驰名商标。通公交车。

望留街道 370702-A06
[Wàngliú Jiēdào]

属潍城区管辖。在区境南部。面积118平方千米。人口7.5万。2007年设立。因境内望留屯得名。有高等院校3所，中小学5所，医疗卫生机构3个。有名胜古迹浮烟山森林公园、千亩植物园、万亩食用玫瑰园、浮烟山宝塔以及公孙弘墓、燕太子读书堂、麓台书院、朝阳观、西涧草堂、先贤祠等。农业主产小麦、玉米、蔬菜、棉花、林果、烟叶、花生。工业、服务业以服装刺绣、食品加工、建筑建材、旅游业、房地产业等为主。通公交车。

社区

岳王庙社区 370702-A02-J01
[Yuèwángmiào Shèqū]

属城关街道管辖。在潍城区东部。面积0.38平方千米。人口5 600。因辖区内原有岳王庙得名。1990年成立。有楼房34

栋，现代建筑风格。驻有潍城区疾控中心、潍坊市盐业公司、潍坊市口腔医院等单位。有社区 12343 民生万事通服务。通公交车。2012 年被评为省文明社区。

城隍庙社区 370702-A02-J02
[Chénghuángmiào Shèqū]

属城关街道管辖。在潍城区东部。面积 0.32 平方千米。人口 5 200。因城隍庙得名。1990 年成立。有楼房 42 栋，现代建筑风格。驻有城关街道办事处等单位。通公交车。2010 年被评为省文明社区。

十笏园社区 370702-A02-J03
[Shíhùyuán Shèqū]

属城关街道管辖。在潍城区东部。面积 0.52 平方千米。人口 3 400。因十笏园得名。2007 年成立。有楼房 26 栋，现代建筑风格。驻有潍坊市美术馆、集文斋美术馆、脑科医院等单位。通公交车。

潍州社区 370702-A02-J04
[Wéizhōu Shèqū]

属城关街道管辖。在潍城区西部。面积 1.4 平方千米。人口 4 200。因地处古潍县城里得名。1997 年成立。有楼房 43 栋，现代建筑风格。通公交车。

增福堂社区 370702-A02-J05
[Zēngfútáng Shèqū]

属城关街道管辖。在潍城区中部。面积 0.4 平方千米。人口 3 600。因传说始建于唐代的增福庙得名。1991 年成立。有楼房 29 栋，现代建筑风格。驻有财信国有资产经营有限公司、潍坊三中、芙蓉小学、郭味蕖美术馆等单位。通公交车。

长胜社区 370702-A02-J06
[Chángshèng Shèqū]

属城关街道管辖。在潍城区西部。面积 0.3 平方千米。人口 8 200。因长胜小区得名。2001 年成立。有楼房 48 栋，现代建筑风格。驻有实验小学、中国银行潍城支行等单位。通公交车。

曹家巷社区 370702-A02-J07
[Cáojiāxiàng Shèqū]

属城关街道管辖。在潍城区中部。面积 0.15 平方千米。人口 5 000。以曹姓居此最早得名。1992 年成立。有楼房 34 栋，现代建筑风格。驻有华夏银行等单位。通公交车。

颐园社区 370702-A02-J08
[Yíyuán Shèqū]

属城关街道管辖。在潍城区中部。面积 0.25 平方千米。人口 11 000。因清朝年间有个颐园花园得名。2010 年成立。有楼房 73 栋，现代建筑风格。通公交车。

翠竹园社区 370702-A02-J09
[Cuìzhúyuán Shèqū]

属城关街道管辖。在潍城区东部。面积 0.3 平方千米。人口 4 200。因辖区内翠竹园小区得名。2007 年成立。有楼房 42 栋，现代建筑风格。开展普及法律知识等活动。通公交车。

芙蓉街社区 370702-A02-J10
[Fúróngjiē Shèqū]

属城关街道管辖。在潍城区东部。面积 0.24 平方千米。人口 2 400。因辖区内芙蓉街得名。1987 年成立。有楼房 33 栋，现代建筑风格。通公交车。

西市场社区 370702-A03-J01

[Xīshìchǎng Shèqū]

属南关街道管辖。在潍城区东部。面积0.8平方千米。人口9 800。以境内西市场得名。2007年成立。有楼房72栋，现代建筑风格。通公交车。2012年被评为省文明社区。

西南关社区 370702-A03-J02

[Xīnánguān Shèqū]

属南关街道管辖。在潍城区东部。面积1.63平方千米。人口8 600。因位于潍县西南关城厢而得名。1990年成立。有楼房72栋，现代建筑风格。驻有五道庙博物馆、潍坊监狱、南关房管所、潍坊八中等单位。有老年人日间照料服务。通公交车。2010年被评为省文明社区。

大庄子社区 370702-A03-J03

[Dàzhuāngzi Shèqū]

属南关街道管辖。在潍城区东南部。面积0.65平方千米。人口900。因大庄子村得名。2007年成立。以平房为主。有养老院。通公交车。

高家东社区 370702-A04-J01

[Gāojiādōng Shèqū]

属西关街道管辖。在潍城区中部。面积1.6平方千米。人口13 400。因辖区内高家东路小区得名。1985年成立。有楼房139栋，现代建筑风格。驻有潍坊商校、潍坊市气象局等单位。通公交车。

月河社区 370702-A04-J02

[Yuèhé Shèqū]

属西关街道管辖。在潍城区东部。面积0.8平方千米。人口10 200。原有月河沟，故名。2007年成立。有楼房89栋，现代建筑风格。驻有潍城区西关街道办事处、月河路小学、西园小学等单位。通公交车。

西关大街社区 370702-A04-J03

[Xīguāndàjiē Shèqū]

属西关街道管辖。在潍城区东部。面积0.5平方千米。人口7 100。以所处地理位置得名。1979年成立。有楼房74栋，现代建筑风格。驻有联通潍城分公司、邮政西城分局等单位。通公交车。2010年被评为省文明社区。

刘家园社区 370702-A05-J01

[Liújiāyuán Shèqū]

属北关街道管辖。在潍城区东北部。面积1.5平方千米。人口3 400。据考，侯氏、刘氏于明嘉靖年间建村，因以种植菜园为生，故以刘氏立村名为刘家园，社区沿用。2003年成立。有楼房19栋，现代建筑风格。通公交车。

北关社区 370702 A05 J02

[Běiguān Shèqū]

属北关街道管辖。在潍城区东部。面积0.9平方千米。人口7 800。因北关村得名。1996年成立。有楼房21栋，现代建筑风格。通公交车。2007年、2012年被评为省文明社区。

蔡家庄社区 370702-A05-J03

[Càijiāzhuāng Shèqū]

属北关街道管辖。在潍城东北部。面积0.06平方千米。人口3 900。传说此处原为一蔡姓财主的私家花园，故名。2005年成立。有楼房19栋，现代建筑风格。有老年人日间照料服务。通公交车。

清平社区 370702-A05-J04

[Qīngpíng Shèqū]

属北关街道管辖。在潍城区中部。面积 0.39 平方千米。人口 9 300。因清平花园小区得名。2007 年成立。有楼房 88 栋，现代建筑风格。驻有潍城区武装部、潍城区法院、第八十九医院等单位。通公交车。

安顺社区 370702-A05-J05

[Ānshùn Shèqū]

属北关街道管辖。在潍城区中部。面积 0.21 平方千米。人口 5 900。因安顺广场得名。2010 年成立。有楼房 55 栋，现代建筑风格。有老年人日间照料服务。通公交车。2012 年被评为省文明社区。

油坊社区 370702-A05-J06

[Yóufāng Shèqū]

属北关街道管辖。在潍城区北部。面积 0.07 平方千米。人口 8 600。因原陈家油坊村得名。1978 年成立。有楼房 86 栋，现代建筑风格。驻有潍城区市场监管局、潍坊市移动公司潍城支公司、潍城区军休一所等单位。通公交车。

后姚家坊社区 370702-A05-J07

[Hòuyáojiāfāng Shèqū]

属北关街道管辖。在潍城区东部。面积 0.2 平方千米。人口 2 600。因后姚家坊村得名。2005 年成立。有楼房 61 栋，现代建筑风格。通公交车。

齐家庄社区 370702-A05-J08

[Qíjiāzhuāng Shèqū]

属北关街道管辖。在潍城区东部。面积 0.14 平方千米。人口 3 900。因齐家庄得名。2006 年成立。有楼房 26 栋，现代建筑风格。通公交车。2010 年被评为省文明社区。

寒亭区

寒亭区 370703

[Hántíng Qū]

潍坊市辖区。在市境北部。面积 1 246 平方千米。人口 42.8 万。辖 7 街道。区人民政府驻寒亭街道。1948 年分属潍县、潍北、潍南 3 县。1950 年潍南并入潍北，县人民政府驻寒亭。1953 年潍北撤入潍县。1958 年潍县撤入潍坊市，1961 年复置潍县。1983 年潍坊市升为省辖市，撤潍县置寒亭区。夏朝为诸侯寒明伯封地，《后汉书·郡国志》载："寒亭，古寒国，浞封此。"西汉王莽时改古国为亭，始称寒亭。潍河、白浪河、虞河从区境内穿过。有省级工程技术研究中心 9 个，省国际合作研究中心 1 个，院士工作站 3 个。有高等院校 1 所，中小学 65 所。有国家级非物质文化遗产 2 个，国家 AA 级景区禹王湿地。1976 年对白浪河进行修筑。20 世纪 80 年代以来，改扩建幸福路、丰华路、北海路等城市道路，新建幸福家园、香江水岸等住宅区。有杨家埠民俗大观园、广电大厦、金融大厦等标志性建筑物。形成北部以化工、造纸、纺织、机械加工为主的工业区，中部为消费商业区，南部为居住区的城市布局。三次产业比例为 5.7∶57.7∶36.6。经济以种植业、畜牧业、海水养殖业、农产品加工业等为主。种植业主产小麦、玉米、有机蔬菜，畜牧业以养殖猪、家禽为主，有国家级畜禽养殖标准化示范场。工业以医药、生物化工、天然气、建材、化纤等产业为主。服务业以批发零售、商贸物流业为主，有红星美凯龙全球家居生活广场、潍坊灯具城、中凯国际水产冷链物流园、雨润冷链配送中心、银座汽车城、修正药业保健品市场、环宇机电大市场等专业市场。有省级开发区 1 个。有多条公交线路。

寒亭街道 370703-A01
[Hántíng Jiēdào]

寒亭区人民政府驻地。在区境南部。面积63平方千米。人口8.7万。2001年设立。《续汉书·郡国志》载："寒亭，古寒国，浞封此。"《齐乘》载："潍州治所，潍城东二十五里，夏诸侯寒伯明之国。"汉朝王莽时改古国为亭，寒亭由此而得名。拆迁改造了叶家庄子社区、蝶园社区等。浞河从境内穿过。有中小学7所，医疗卫生机构50个。辖区内杨家埠村是全国三大木版年画产地之一和潍坊风筝发祥地。农业以种植大棚瓜菜、潍县萝卜、花卉苗木和奶牛养殖等为主。工业以铸造、机械加工、家具制造、纺织服装、造纸、食品加工为主，潍柴动力股份有限公司在辖区内。通公交车。

开元街道 370703-A02
[Kāiyuán Jiēdào]

属寒亭区管辖。在区境西北部。面积48平方千米。人口4.9万。2001年设立。"开元"寓意开辟历史新篇章，建设富而美的现代城区。先后拆迁改造了鑫宝佳园、安逸花园、金御花园等住宅区。白浪河、虞河从境内穿过。有中小学4所，医疗卫生机构1个。有市级文物保护单位鲁家口文化遗址。农业以种植小麦、玉米为主。工业以发动机制造、医药生产、机械加工、塑料制品加工、建筑材料加工为主，有市级高新技术企业5家。通公交车。

固堤街道 370703-A03
[Gùdī Jiēdào]

属寒亭区管辖。在区境中部。面积154平方千米。人口6.8万。2007年设立。因辖区内固堤村得名。有中小学14所，医疗卫生机构1个。种植业主产小麦、玉米、蔬菜、西瓜、萝卜，畜牧业以养殖肉鸭、奶牛、蛋鸡、生猪、水貂为主，有卤淡水南美白对虾养殖基地。工业以机械制造、医药生产、氧化锌生产、纺织加工为主。服务业以物流业为主，有北海现代物流园等。通公交车。

高里街道 370703-A04
[Gāolǐ Jiēdào]

属寒亭区管辖。在区境西部。面积184平方千米。人口8.7万。2010年设立。因辖区内高里村得名。白浪河、桂河等从境内穿过。有中小学19所，医疗卫生机构3个。有省级文物保护单位禹王台遗址、市级文物保护单位金代一孔桥和唐代古槐，国家AA级风景区禹王生态湿地。农业以种植小麦、玉米等为主，特产"鸢伊红"洋香瓜、"高里"山药、"湿地"鲫鱼、"亦禾"芦笋、"南孙"小枣、"湿地"毛蟹、"黑土香"小香米、"湿地"鸭蛋等农产品。工业以机械制造、食品加工、纺织、医药生产为主。服务业以商贸物流为主。通公交车。

朱里街道 370703-A05
[Zhūlǐ Jiēdào]

属寒亭区管辖。在区境东南部。面积112平方千米。人口6.4万。2010年设立。因辖区内前朱里村得名。潍河从境内穿过。有柳毅山生态文化旅游景区、柳毅山潍河万亩生态林场、潍县萝卜休闲观光采摘园等景点。有中小学14所，医疗卫生机构36个。农业以种植小麦、玉米、棉花、油料作物、蔬菜、水果为主，有中国名牌农产品和国家有机食品5个、国家绿色食品7个、无公害产品8个、国家地理标志产品1个。工业以喷胶棉加工、纺织、机械加工、水暖建材、纺织配件、电热毯加工等为主导产业，建有金正工业园、杨瓦路工业园等工业园区。通公交车。

大家洼街道 370703-A06
[Dàjiāwā Jiēdào]

属寒亭区管辖。在区境西北部。面积283平方千米。人口8.5万。2005年设立。因辖区内大家洼村得名。弥河从境内穿过。有中小学7所，体育场7个，医疗卫生机构47个。有滨海广场、数码广场等标志性建筑物。经济以盐化工业为主，主要化工产品有原盐、纯碱、溴素、二溴醛、氯化镁、氯化钙、灭火剂等。有大家洼火车站、滨海汽车站，通公交车。

央子街道 370703-A07
[Yāngzi Jiēdào]

属寒亭区管辖。在区境北部。面积338平方千米。人口1.6万。2007年设立。因辖区内央子村得名。虞河、白浪河、弥河从境内穿过。有中小学3所，医疗卫生机构19个。农业以养殖业为主，盛产大对虾、梭子蟹等海产品。工业有海洋化工、装备制造、机械制造、石油化工、医药化工、轻工业等，盐业发达，主要有海王化工、新和成药业、国邦药业、弘润石化、潍柴重工、瑞驰汽车等企业。通公交车。

社区

泰祥社区 370703-A01-J01
[Tàixiáng Shèqū]

属寒亭街道管辖。在寒亭区南部。面积1.6平方千米。人口15 400。因社区内泰祥花园小区得名。2009年成立。有楼房101栋，现代建筑风格。通公交车。2010年被评为省文明社区。

叶家庄子社区 370703-A01-J02
[Yèjiāzhuāngzi Shèqū]

属寒亭街道管辖。在寒亭区东北部。面积1.17平方千米。人口4 900。元代此处为叶姓地主的收租庄子，故名叶家庄子。2010年成立。有楼房18栋，现代建筑风格。2011年被评为省文明社区。

蝶园社区 370703-A01-J03
[Diéyuán Shèqū]

属寒亭街道管辖。在寒亭区东部。面积1.4平方千米。人口7 500。因社区内蝶园广场得名。2001年成立。有楼房112栋，现代建筑风格。通公交车。2007年被评为省文明社区。

坊子区

坊子区 370704
[Fāngzi Qū]

潍坊市辖区。在市境中部。面积895平方千米。人口55.4万。以汉族为主，还有回、蒙古、苗、彝等民族。辖7街道。区人民政府驻凤凰街道。1948年为潍坊第四区，部分属潍南县。1950年潍南县撤销，并入潍北县，1953年潍北县并入潍县。此后区划屡经变动，大部分属潍县及潍坊市，小部分属安丘、昌乐2县。1983年10月潍坊地区改建省辖市，始析潍县、原潍坊市及昌乐、安丘各一部置坊子区。清代有"坊子客店"。1901年德国人在此开煤矿，1902年胶济铁路修至此，并建车站，皆以"坊子"命名。境内有灵山、潍河、白浪河、虞河、汶河从区境内穿过。有高等院校1所，中小学45所，图书馆1个，体育场馆2个。有国家级文物保护单位2个、省级文物保护单位7个，国家AA级旅游景区坊茨小镇。有周姑戏、汉船、狮子舞、高跷、花鼓等地方特色民间艺术。1995年后建成商会大厦、金融大厦、亚特尔未来广场等。2005年对虞河、白沙河、凤翔河流域环境进行整治提升。2008年对老城区进行保护性改造,在以坊茨小镇为中心的1.97平方千米范围内,留存166处德日建筑,2 060处以万和楼和刘氏老宅等民居为代表的民国建筑,德建火车站、胶济铁路和机车转盘等潍坊铁路工业廊道以及德建矿井、采煤巷道等炭矿遗址。三次产业比例为6.2:49.3:44.5。农业以种植小麦、玉米、高粱、谷子、地瓜为主,经济作物有黄烟、棉花、蔬菜等。工业以装备制造、电子信息产业为主导,建有山东测绘地理信息产业园、机械装备制造园、滨海工业园等重点园区,有雷沃重工、共达电声、富源增压器、恒安纸业、谷合传动、美林卫浴、精诺机械、荣泰科技等企业。服务业以旅游业等为主,有坊茨小镇、炭矿遗址文化园、潍坊欢乐海底世界、华安水之梦乐园、德乐堡梦幻水世界、风筝文化馆等景点。有坊子火车站、潍坊汽车南站,有多路公交线路。

凤凰街道 370704-A01
[Fènghuáng Jiēdào]

坊子区人民政府驻地。在区境中部。面积29.5平方千米。人口4.5万。以汉族为主,还有回、满、朝鲜等民族。1998年设立。因辖区位于凤凰山脚下得名。1995年完成北海路改造,2000年完成凤凰街西延建设。1999年完成区医院、1996年完成北海路变电站等单位迁建及主要交通路口绿化。完成虞河、白沙河流域环境整治。虞河、白沙河从境内穿过。有高等院校1所,中小学4所,图书馆1个,知名文艺团队22个,医疗卫生机构7个。经济以工业为主。农业主产小麦、玉米、蔬菜。工业以先进制造业、机械装备业、电子信息业等为主,有雷沃重工、共达电声、富源增压器、恒安纸业等企业。服务业以餐饮为主。通公交车。

坊城街道 370704-A02
[Fāngchéng Jiēdào]

属坊子区管辖。在区境南部。面积101平方千米。人口9.2万。以汉族为主,还有回、满等民族。2007年设立。因街道办事处位于坊子老城区而得名。2007年建成凤栖园市民休闲中心。2007年1月—2008年12月实施了潍州路西侧庞大汽车文化广场、裕川商务港等9个片区,长宁街两侧原区物资公司、百姓居家等10个片区的拆迁改造。2009年实施了三立井、四立井片区棚户区改造。2010年完成红泥洼煤矿片区开发改造,实施了北海路南延工程。2011年实施原区建设局片区拆迁改造,完成了长宁街西延工程。2013年实施了原五棉片区拆迁改造。白浪河、虞河、凤翔河从境内穿过。有中小学6所,知名文艺团队45个,医疗卫生机构3个。境内有国家AA级旅游景区坊茨小镇,2014年被省政府公布为省级历史文化街区。有胶济铁路坊子火车站等标志性建筑物。经济以工业为主。农业主产小麦、玉米,畜牧业以猪、羊、家禽养殖为主。工业有铸造、食品、服装、饲料等企业。服务业以商务商贸等为主。通公交车。

坊安街道 370704-A03
[Fāng'ān Jiēdào]

属坊子区管辖。在区境东南部。面积91平方千米。人口5.2万。以汉族为主,还有彝、哈尼等民族。2003年设立。取坊子安宁之意命名。2008年前后建成了兴安路中段40栋商贸楼,完成商业街至柳树路段路面硬化。汶河从境内穿过。有中小学6所,知名文艺团队5个,医疗卫生机构7个。有市级爱国主义教育基地庄龙甲纪念园。经济以农业为主。种植业主产小麦、玉米、芦笋、大葱、大姜,畜牧业以猪、羊、鸡等家畜家禽养殖为主。工业主要以食品加工、啤酒酿造为主，还有铸造、化工、服装、汽车配件加工、建筑、电线电缆加工等企业。服务业以商贸为主。通公交车。

九龙街道 370704-A04
[Jiǔlóng Jiēdào]

属坊子区管辖。在区境东北部。面积124平方千米。人口7.3万。以汉族为主，还有回、彝等民族。2007年设立。因辖区有九龙涧森林公园得名。2007年起对部分道路进行全面拓宽改造，建设了万竹园、水杉园等10个生态植物园和九龙腾飞广场、龙石广场。潍河、汶河从境内穿过。有中小学12所，知名文艺团队25个，医疗卫生机构2个。有省级文物保护单位乐都故城遗址，有景点九龙涧自然风景区。经济以农业、工业为主。种植业主产小麦、玉米、大姜、草莓、凯特杏、牛蒡，畜牧业以猪、羊、鸡等家畜家禽养殖为主。工业有纺织、铸造、膨润土加工、塑编、竹编、风筝制作等企业。服务业以商贸为主。通公交车。

黄旗堡街道 370704-A05
[Huángqíbǔ Jiēdào]

属坊子区管辖。在区境东南部。面积70平方千米。人口5.4万。以汉族为主，还有回、彝等民族。2010年设立。因原镇政府驻地黄旗堡而得名。潍河、汶河从境内穿过。有中小学8所，知名文艺团队3个，医疗卫生机构1个。有国家级文物保护单位杞国古城遗址，省级文物保护单位田家汶畔遗址，纪念地逄王楼，重要名胜古迹墨埠子遗址、乙甲汉墓。经济以农业为主。种植业主产小麦、玉米、大葱、西红柿、大姜、蒜、牛蒡、葡萄、西瓜，畜牧业以猪、羊、家禽养殖为主。工业有化工、机械加工、铸造、纺织、食品、建筑材料制造等企业。服务业以餐饮业为主。通公交车。

王家庄街道 370704-A06
[Wángjiāzhuāng Jiēdào]

属坊子区管辖。在区境东南部。面积154平方千米。人口7.7万。2011年设立。因街道办事处在王家庄子村而得名。潍河、渠河从境内穿过。有中小学16所。有国家级湿地公园三河湿地公园。农业以种植业为主，主产小麦、玉米、大姜、大蒜、香菜、圆葱、芋头、大葱、蜜桃、猕猴桃、苹果、樱桃等。有机农业、生态旅游多模式发展。工业以铸造、机械加工、服装制造、工艺品加工为主。通公交车。

太保庄街道 370704-A07
[Tàibǎozhuāng Jiēdào]

属坊子区管辖。在区境东南部。面积330平方千米。人口13.7万。2011年设立。因街道办事处在太保庄而得名。境内有峡山、草山、鞋山，潍河、渠河从境内穿过。有中小学39所。有郑公祠、龙且冢、韩信坝、张良沟、袁绍墓凉台遗址等历史遗迹，纪念地有卢志英烈士纪念馆。农业主产小麦、玉米、花生、优质蔬菜，特产沙窝西瓜。工业有纺织、木制品加工、建材、玩具、铸造、焦化、机械、轮胎、油墨木板等企业。通公交车。

社区

龙泉社区 370704-A01-J01
[Lóngquán Shèqū]

属凤凰街道管辖。在坊子区北部。面积0.63平方千米。人口9 800。因为区政府驻地，取以政府为龙头之意，"泉"寓意有水，故名。1998年成立。有楼房92栋，现代建筑风格。驻有坊子区国土局、坊子区交通局、坊子区公安局、坊子区烟草公司等单位。

有志愿者服务，开展传统文化、文体活动。通公交车。

恒信社区 370704-A01-J02
[Héngxìn Shèqū]

属凤凰街道管辖。在坊子区西北部。面积0.3平方千米。人口18 100。由恒信集团冠名，故名。2009年成立。有楼房109栋，现代建筑风格。驻有潍柴雷沃重工、中粮肉食（山东）有限公司、潍坊北控水质净化有限公司等单位。开展端午节包粽子、消夏晚会、消防宣传、为老年人义诊、看望孤寡老人等活动。通公交车。

虞舜社区 370704-A01-J03
[Yúshùn Shèqū]

属凤凰街道管辖。在坊子区西北部。面积0.1平方千米。人口6 700。因邻近虞舜公园而得名。2005年成立。有楼房103栋，现代建筑风格。驻有中国农业银行坊子支行、坊子区市场监管局等单位。开展"我是社区大明星"、消夏晚会、"浓浓粽叶情"等文化活动。通公交车。

学园社区 370704-A01-J04
[Xuéyuán Shèqū]

属凤凰街道管辖。在坊子区中部。面积0.79平方千米。人口11 200。因紧邻学邻雅园而得名。2009年成立。有楼房121栋，现代建筑风格。驻有坊子区图书馆、农业发展银行坊子支行、潍坊商业学校分校等单位。有志愿者服务，开展文艺演出等活动。通公交车。

双羊社区 370704-A01-J05
[Shuāngyáng Shèqū]

属凤凰街道管辖。在坊子区中部。面积0.8平方千米。人口4 600。"双羊"寓意"双羊"开泰，"羊羊"得意，国泰民安。1999年成立。有楼房92栋，中式建筑风格，还有平房。驻有坊子区广播局、坊子区环保局、坊子区财政局、坊子区实验学校等单位。开展消夏晚会、母亲节晚会等文化活动。通公交车。2014年被评为省文明社区。

崇文社区 370704-A01-J06
[Chóngwén Shèqū]

属凤凰街道管辖。在坊子区中部。面积0.5平方千米。人口7 300。因辖区内有崇文中学，故名。2009年成立。有楼房89栋，现代建筑风格，还有平房。驻有潍坊市坊子区崇文中学、坊子区实验幼儿园等单位。开展"庆七一"文艺会演、端午节包粽子、义诊、走访老党员、走访辖区内困难户等活动。通公交车。

西城社区 370704-A02-J01
[Xīchéng Shèqū]

属坊城街道管辖。在坊子区西部。面积3.64平方千米。人口8 400。因位于坊子老城区西部，故名。2007年成立。有楼房48栋，现代建筑风格，还有平房。驻有山东利邦牧业股份有限公司、山东立飞食品有限公司、潍坊裕川机械有限公司、潍坊坊龙酒业有限公司、坊城街道埠头小学、坊城街道中心幼儿园等单位。有志愿者服务，开展文明创建等活动。通公交车。

一马路社区 370704-A02-J02
[Yīmǎlù Shèqū]

属坊城街道管辖。在坊子区西南部。面积1.52平方千米。人口4 200。因办公地点设在一马路而得名。1950年成立。有楼房7栋，现代建筑风格，还有平房。驻有山东省煤炭地质第四勘察队等单位。开展消防安全知识培训、敬老爱老、扶贫帮困等活动。通公交车。

三马路社区　370704-A02-J03
[Sānmǎlù Shèqū]

　　属坊城街道管辖。在坊子区西南部。面积 0.18 平方千米。人口 3 200。因办公地点设在三马路而得名。1955 年成立。有楼房 22 栋，现代建筑风格，还有平房。驻有潍坊市社会福利院、坊子区三马路小学、坊子区邮政局火车站支局、坊城国土资源所等单位。通公交车。

五马路社区　370704-A02-J04
[Wǔmǎlù Shèqū]

　　属坊城街道管辖。在坊子区西南部。面积 0.22 平方千米。人口 4 500。因办公地点在五马路而得名。1955 年成立。有楼房 16 栋，现代建筑风格，还有平房。驻有潍坊万达汽车工具有限公司等单位。开展行走老街洁净小镇、喜迎端午、七一走访困难党员、庆国庆文艺演出等活动。通公交车。

富民街社区　370704-A02-J05
[Fùmínjiē Shèqū]

　　属坊城街道管辖。在坊子区西南部。面积 0.62 平方千米。人口 6 200。取国家富强、民主之意命名。2000 年成立。有楼房 103 栋，现代建筑风格，还有平房。驻有中国邮政六马路邮电支局、坊子区电业局坊城供电所、潍坊方城盐业公司、中国人寿保险公司坊子支公司、新世纪幼儿园等单位。开展助残等活动。通公交车。

鲁能足校社区　370704-A02-J06
[Lǔnéngzúxiào Shèqū]

　　属坊城街道管辖。在坊子区西南部。面积 1.64 平方千米。人口 3 200。社区原来在鲁能足校内办公，故名。1999 年成立。有楼房 29 栋，现代建筑风格，还有平房。驻有山东鲁能泰山足球学校等单位。有志

愿者服务。通公交车。2009 年被评为省文明社区。

西岭社区　370704-A02-J07
[Xīlǐng Shèqū]

　　属坊城街道管辖。在坊子区西南部。面积 0.22 平方千米。人口 2 000。明嘉靖二年（1523），刘氏由本镇中宁家沟（老庄子）徙此，因村坐落于土岭之上，故名岭上，后改称西岭。社区沿用原村名。1995 年成立。以平房为主。有志愿者服务，开展尊老爱老等活动。通公交车。

五一社区　370704-A02-J08
[Wǔyī Shèqū]

　　属坊城街道管辖。在坊子区西南部。面积 0.5 平方千米。人口 1 400。因辖区内的五一宿舍得名。2002 年成立。有楼房 16 栋，现代建筑风格，还有平房。有志愿者服务，开展助残助急等活动。通公交车。2007 年被评为省文明社区。

行政街社区　370704-A02-J09
[Xíngzhèngjiē Shèqū]

　　属坊城街道管辖。在坊子区西南部。面积 0.52 平方千米。人口 5 700。因境内行政街得名。1987 年成立。有楼房 135 栋，现代建筑风格，还有平房。驻有坊子区人民检察院、坊子区人民法院等单位。开展“我们的节日”等活动。通公交车。2009 年被评为省文明社区。

七马路社区　370704-A02-J10
[Qīmǎlù Shèqū]

　　属坊城街道管辖。在坊子区西南部。面积 2.25 平方千米。人口 3 700。因办公地点在七马路而得名。2002 年成立。有楼房 55 栋，现代建筑风格，还有平房。驻有潍坊北海双语学校、坊子区人民医院联合

医院、潍坊康大医院、潍坊市坊子区电影发行公司、中国邮政坊城邮电支局、坊子区七马路小学等单位。开展普法宣传、环境卫生整治、"我们的节日"等活动。通公交车。

西华昌社区 370704-A02-J11
[Xīhuáchāng Shèqū]

属坊城街道管辖。在坊子区西南部。面积 0.2 平方千米。人口 7 000。因有坊子煤矿"西货场",后在此处建职工宿舍,用"西货场"的谐音"西华昌"命名,故名。1996 年成立。有楼房 102 栋,现代建筑风格,还有平房。驻有潍坊市坊子区仁康医院、坊子区文化馆等单位。有志愿者服务。通公交车。

房仕社区 370704-A02-J12
[Fángshì Shèqū]

属坊城街道管辖。在坊子区南部。面积 13.12 平方千米。人口 5 500。因社区办公地点设在东房仕村,故名。2014 年成立。以平房为主。驻有山东优材金属材料有限公司、潍坊桑犊农园农业有限公司、潍坊巨发混凝土有限公司、潍坊青禾农业有限公司等单位。开展志愿者服务。未通公交车。

东城社区 370704-A02-J13
[Dōngchéng Shèqū]

属坊城街道管辖。在坊子区中部。面积 7.05 平方千米。人口 8 400。因位于坊子老城区东部,故名。2007 年成立。以平房为主。驻有山东渲和新材料科技有限公司、潍坊北控水务发展有限公司、潍坊谷合传动技术有限公司等单位。开展五好家庭、五好老人、文明户评选,重阳节文艺演出等活动。通公交车。

莲花社区 370704-A02-J14
[Liánhuā Shèqū]

属坊城街道管辖。在坊子区西南部。面积 4.86 平方千米。人口 5 800。因社区办公地点设在莲花池村,故名。2014 年成立。以平房为主。驻有山东省南果北繁现代农业发展有限公司、潍坊市坊子区燃气热力公司、潍坊市坊子区水墨庄园家庭农场有限公司等单位。有志愿者服务。

石沟河社区 370704-A02-J15
[Shígōuhé Shèqū]

属坊城街道管辖。在坊子区西南部。面积 0.53 平方千米。人口 4 200。因社区服务中心在石沟河村,故名。2012 年成立。以平房为主。驻有石沟河幼儿园等单位。开展老年人义诊、春节文艺活动表演等活动。

马司社区 370704-A02-J16
[Mǎsī Shèqū]

属坊城街道管辖。在坊子区西南部。面积 0.47 平方千米。人口 5 300。因该社区由马司一村、马司二村、马司三村、马司四村 4 个马司村组成,故名。2012 年成立。以平房为主。开展春节文艺比赛、象棋比赛、九月九看望老人送温暖等活动。通公交车。

新城社区 370704-A02-J17
[Xīnchéng Shèqū]

属坊城街道管辖。在坊子区西南部。面积 0.5 平方千米。人口 8 600。因该社区开发建设荆山新城小区而取名新城社区。2012 年成立。有楼房 22 栋,现代建筑风格,还有平房。驻有经济发展区管理委员会、荆山洼社区医院等单位。开展象棋比赛、春节文艺演出、给老年人义诊等活动。通公交车。

南流社区　370704-A03-J01
[Nánliú Shèqū]

属坊安街道管辖。在坊子区东南部。面积1.05平方千米。人口13 800。因社区中心坐落于原南流镇驻地而得名。2014年成立。有楼房18栋，现代建筑风格，还有平房。驻有南流中心小学、南流中心中学、南流中心幼儿园、宋家幼儿园、张家幼儿园等单位。有志愿者服务。通公交车。

汶河社区　370704-A03-J02
[Wènhé Shèqū]

属坊安街道管辖。在坊子区东南部。面积1.2平方千米。人口9 300。因所辖村多靠近汶河沿岸而得名。2014年成立。以平房为主。驻有曹村小学、曹村幼儿园等单位。有志愿者服务。

郎郡庄社区　370704-A03-J03
[Lángjùnzhuāng Shèqū]

属坊安街道管辖。在坊子区东南部。面积0.39平方千米。人口7 100。因社区中心坐落在郎郡庄村而得名。2014年成立。有楼房1栋，现代建筑风格，还有平房。驻有庙后小学、大尚庄小学等单位。有志愿者服务。

葫芦埠社区　370704-A03-J04
[Húlubù Shèqū]

属坊安街道管辖。在坊子区东南部。面积1.6平方千米。人口5 900。因辖区内葫芦埠村得名。2014年成立。以平房为主。驻有李家幼儿园等单位。有志愿者服务。

石埠社区　370704-A03-J05
[Shíbù Shèqū]

属坊安街道管辖。在坊子区东南部。面积1.0平方千米。人口5 800。因所辖村多为石埠村而得名。2014年成立。有楼房18栋，现代建筑风格，还有平房。驻有石埠小学、石埠幼儿园等单位。有志愿者服务。通公交车。

水坡社区　370704-A03-J06
[Shuǐpō Shèqū]

属坊安街道管辖。在坊子区东南部。面积0.6平方千米。人口5 100。因社区中心坐落于水坡村而得名。2014年成立。以平房为主。有志愿者服务。通公交车。

王松社区　370704-A03-J07
[Wángsōng Shèqū]

属坊安街道管辖。在坊子区东南部。面积1.3平方千米。人口5 400。因社区中心坐落在王松村而得名。2014年成立。以平房为主。驻有南店小学等单位。有志愿者服务。通公交车。

穆村社区　370704-A04-J01
[Mùcūn Shèqū]

属九龙街道管辖。在坊子区东部。面积14平方千米。人口9 400。因社区中心坐落于穆村而得名。2012年成立。有楼房578栋，现代建筑风格，还有平房。驻有九龙街道卫生院、潍坊市坊子区九龙街道穆村小学、山东和晟达机械科技有限公司、山东世纪昌龙新能源有限公司等单位。有养老服务、志愿者服务。通公交车。

柳毅社区　370704-A04-J02
[Liǔyì Shèqū]

属九龙街道管辖。在坊子区东部。面积11平方千米。人口6 200。因社区中心坐落于柳毅山脉旁而得名。2012年成立。以平房为主。驻有山东远大消防科技有限公司等单位。开展老年人歌唱比赛等活动。

杨庄社区 370704-A04-J03
[Yángzhuāng Shèqū]

属九龙街道管辖。在坊子区东部。面积 17.5 平方千米。人口 7 100。因社区中心坐落于杨庄村而得名。2012 年成立。有楼房 39 栋，现代建筑风格，还有平房。驻有潍坊市杨庄铸造有限公司、潍坊高标金属制品有限公司、潍坊市坊子区九龙街道杨庄小学等单位。开展老年人象棋比赛、广场舞大赛等活动。

丁村社区 370704-A04-J04
[Dīngcūn Shèqū]

属九龙街道管辖。在坊子区东部。面积 22 平方千米。人口 6 000。因社区中心坐落于丁村而得名。2013 年成立。有楼房 25 栋，现代建筑风格，还有平房。驻有潍坊腾润机械有限公司等单位。开展广场舞大赛等活动。通公交车。

潍水社区 370704-A04-J05
[Wéishuǐ Shèqū]

属九龙街道管辖。在坊子区东部。面积 3 平方千米。人口 9 500。因社区服务中心大楼紧邻潍河、汶河而得名。有楼房 49 栋，现代建筑风格，还有平房。驻有潍坊团共尔机械有限公司、潍坊同诚铸造有限公司等单位。开展广场舞大赛、老年人象棋比赛等活动。

邓村社区 370704-A04-J06
[Dèngcūn Shèqū]

属九龙街道管辖。在坊子区东部。面积 9.23 平方千米。人口 7 800。2013 年成立。以原老潍县邓村公社命名。有楼房 35 栋，现代建筑风格，还有平房。驻有潍坊昊沃机械制造有限公司、潍坊国丰纺织有限公司等单位。开展老年人广场舞等活动。通公交车。

眉村社区 370704-A04-J07
[Méicūn Shèqū]

属九龙街道管辖。在坊子区东北部。面积 0.37 平方千米。人口 7 500。因该社区由北眉一村、北眉二村、南眉村等 5 个村组成，故名。2013 年成立。有楼房 133 栋，现代建筑风格，还有平房。驻有坊子工业发展区管委会、眉村派出所、九龙街道卫生院眉村分院、潍坊市坊子区工业发展区敬老院等单位。有志愿者服务，开展尊老爱老、扶贫帮困等活动。通公交车。

驸马营社区 370704-A04-J08
[Fùmǎyíng Shèqū]

属九龙街道管辖。在坊子区东北部。面积 0.28 平方千米。人口 5 600。因社区服务中心在驸马营村，故名。2013 年成立。有楼房 78 栋，现代建筑风格，还有平房。驻有坊子工业发展区实验学校、潍坊市驸马营纳土厂等单位。有志愿者服务，开展扶贫帮困、环境卫生整治等活动。通公交车。

李家庄社区 370704-A04-J09
[Lǐjiāzhuāng Shèqū]

属九龙街道管辖。在坊子区东北部。面积 0.25 平方千米。人口 5 000。因该社区由西李一村、西李二村、西李三村、东李村、北李村 5 个李家村组成，故名。2013 年成立。有楼房 36 栋，现代建筑风格，还有平房。驻有潍坊市坊子区九龙街道李家庄小学、潍坊市坊子区九龙街道东李家庄幼儿园等单位。有志愿者服务，开展尊老爱老、扶贫帮困等活动。

王家庄子社区 370704-A04-J10
[Wángjiāzhuāngzi Shèqū]

属九龙街道管辖。在坊子区东北部。面积 0.22 平方千米。人口 4 400。因该社区由王家庄子一村、王家庄子二村、王家庄子三村、王家庄子四村组成，故名。2013年成立。有楼房139栋，现代建筑风格，还有平房。驻有国言风筝厂、兴昌风筝厂、三利风筝厂、潍坊市坊子区九龙街道王家庄子小学、风筝文化馆等单位。有志愿者服务，开展扶贫帮困、环境卫生整治等活动。通公交车。

涌泉社区　370704-A04-J11
[Yǒngquán Shèqū]

属九龙街道管辖。在坊子区东北部。面积0.18平方千米。人口3 600。因社区服务中心在涌泉村，故名。2013年成立。有楼房92栋，现代建筑风格，还有平房。驻有潍坊市坊子区九龙街道涌泉小学、潍坊东和卫生用品有限公司等单位。有志愿者服务，开展尊老爱老、扶贫帮困等活动。通公交车。

安泰社区　370704-A05-J01
[Āntài Shèqū]

属黄旗堡街道管辖。在坊子区东南部。面积7.11平方千米。人口10 500。因社区中心坐落于东安泰村而得名。2007年成立。有楼房30栋，现代建筑风格，还有平房。驻有潍坊市坊子区黄旗堡街道财政所、潍坊市坊子区黄旗堡街道环卫所、潍坊市坊子区黄旗堡街道交管所、潍坊市坊子区黄旗堡街道实验学校等单位。开展杞文化下乡、农民丰收节等活动。

杞城社区　370704-A05-J02
[Qǐchéng Shèqū]

属黄旗堡街道管辖。在坊子区东南部。面积7.02平方千米。人口8 800。因社区中心坐落于杞东村而得名。2007年成立。有楼房55栋，现代建筑风格，还有平房。驻

有潍坊农商银行（杞城分行）等单位。开展杞文化下乡、农民丰收节等活动。

车埠社区　370704-A05-J03
[Chēbù Shèqū]

属黄旗堡街道管辖。在坊子区东南部。面积7.75平方千米。人口8 000。因社区中心坐落于东车埠村而得名。2007年成立。有楼房150栋，现代建筑风格，还有平房。开展杞文化下乡、农民丰收节等活动。

逄王社区　370704-A05-J04
[Pángwáng Shèqū]

属黄旗堡街道管辖。在坊子区东南部。面积7.78平方千米。人口9 900。因社区中心坐落于逄王四村而得名。2007年成立。有楼房141栋，现代建筑风格，还有平房。驻有潍坊农商银行（逄王分行）等单位。开展杞文化下乡、农民丰收节等活动。

西门口社区　370704-A05-J05
[Xīménkǒu Shèqū]

属黄旗堡街道管辖。在坊子区东南部。面积6.01平方千米。人口6 100。因社区中心坐落于西门口东村而得名。2007年成立。以平房为主。开展杞文化下乡、农民丰收节等活动。

乙甲社区　370704-A05-J06
[Yǐjiǎ Shèqū]

属黄旗堡街道管辖。在坊子区东南部。面积4.79平方千米。人口5 700。因社区中心坐落于乙甲庄村而得名。2007年成立。有楼房132栋，现代建筑风格，还有平房。开展杞文化下乡、农民丰收节等活动。

奎文区

奎文区 370705
[Kuíwén Qū]

潍坊市人民政府驻地。在市境中部。面积188平方千米。人口91.9万。辖10街道。区人民政府驻广文街道。1994年8月,潍城区白浪河以东地区和寒亭区郭家官庄乡南部部分村庄析出,设立奎文区。2003年7月,将坊子区清池镇划归奎文区,形成现今区境。因建于清代的奎文门而得名。白浪河、虞河、张面河、浞河、瀑沙河、渭水河、白沙河、麻沟河从区境内穿过。有省级示范工程技术研究中心3个。有潍坊学院、潍坊医学院、山东信息职业技术学院等高等院校5所,中小学33所,三级以上医院3个。有省级文物保护单位潍县东关城墙等6个,省级非物质文化遗产仿古铜印铸造技艺、潍坊朝天锅制作技艺,重要古迹、景点7个。有世界风筝都纪念广场、人民广场等标志性建筑物。区境地处潍坊市中心城区,城市交通主框架纵横交错,沿贯穿区境南北的白浪河、虞河两岸绿化带,形成了南部生态经济发展区、中部中央商务区、北部现代商贸区三大功能区。三次产业比例为0.16:42.04:57.8。工业以食品加工、服装纺织、机械机电制造为主。服务业以金融保险、房地产、商贸服务、中介服务、文化旅游等产业为主。有国家级开发区2个、省级开发区1个。有潍坊长途汽车站、潍坊南苑机场,有多条公交线路。

山东潍坊奎文经济开发区 370705-E03
[Shāndōng Wéifāng Kuíwén Jīngjì Kāifāqū]

在区境南部。东起虞河,西止白浪河,南起潍水东路,北止宝通东街。面积25.7公顷。因所在政区和功能定位得名。2006年3月经省政府正式批准建立省级开发区,由区级政府管理。主要以机械制造、纺织服装、电子信息、汽车服务业、文化旅游产业、城市工业、现代物流产业为主。有入驻企业850家,其中有山东广潍集团有限公司、山东金宝集团有限公司、潍坊浩泰机械有限责任公司、青岛啤酒(潍坊)有限公司、潍坊华天柴油机制造有限公司等知名企业。交通便利,通公交车。

广文街道 370705-A01
[Guǎngwén Jiēdào]

奎文区人民政府驻地。在区境西部。面积4.2平方千米。人口7.2万。1994年设立。因境内广文中学得名。2004年开始"城中村"改造,至2010年12月全部改造完成。至2014年先后建成世纪环球中心、潍坊国际、创意文化大厦、宝鼎大厦、东晨大厦、盛鑫大厦、中上虞文化娱乐城、恒联大厦等高端商务楼宇。虞河、张面河从境内穿过。有国家级技术研究中心1个。有小学3所,医疗卫生机构10个。有省级文物保护单位乐道院。经济以纺织服装、化工、食品加工、机械电子等产品的进出口贸易为主,有胜利东街文化创意产业园、文化路特色餐饮娱乐区、新华路高端商贸商务区、民生街精品商业区、新华西巷名酒文化区。通公交车。

东关街道 370705-A02
[Dōngguān Jiēdào]

属奎文区管辖。在区境西部。面积5平方千米。人口12.2万。1981年设立。因位于古潍县东关而得名。1988年重建古城门"奎文门"。建设了潍坊阳光100城市广场、金融街、白浪河假日广场、潍美国际中心、鸿鸾商务楼、奎文科技创意园、银海恒基大厦、晨鸿大厦、潍坊银行大厦、潍坊联通大厦、潍坊市接待中心等商务楼。对奎文门街、通济门街、后门街等道路拓建改造。

白浪河、虞河从境内穿过。有中小学 2 所，医疗卫生机构 49 个。有纪念地潍坊市革命烈士陵园，古迹奎文门、绿瓦阁、通济门、潍县东关城墙古炮台。经济以商业为主，有泰华商贸城、金融商务城、万达名品城、白浪河休闲旅游商业区、虞河数码创意产业园等，有四平路餐饮娱乐特色街、福寿街家居生活特色街两条特色商业街区。通公交车。

大虞街道 370705-A03
[Dàyú Jiēdào]

属奎文区管辖。在区境东北部。面积 9 平方千米。人口 8.0 万。1994 年设立。因街道办事处紧邻大虞河头村而得名。2004 年后，先后建设左岸华庭、舜之都等现代化商住小区。虞河从境内穿过。有省级技术研究中心 3 个。有中小学 6 所，医疗卫生机构 4 个。工业以外向型纺织和机械加工业为主。有集古玩书画、奇石玉器及各类工艺品为一体的综合性旅游市场大虞文化村。通公交车。

梨园街道 370705-A04
[Líyuán Jiēdào]

属奎文区管辖。在区境中部。面积 10 平方千米。人口 10.4 万。2000 年设立。因街道办事处驻梨园村而得名。2006 年后陆续建设了唐宁府、宝通陆号、九龙山庄、和丰城市花园、后栾花园等住宅区。2010 年建成德润国际双语学校。虞河、白沙河、麻沟河从境内穿过。有中小学 5 所，医疗卫生机构 25 个。有市级非物质文化遗产九头船，爱国主义教育基地庄龙甲故居。工业以机械加工、纺织服装、食品加工、建筑工程建设为主，形成以樱前街和虞河景观带为轴心的楼宇经济集群。服务业以信息技术、法律服务、工程设计、中介服务等为主。通公交车。

廿里堡街道 370705-A05
[Niànlǐpù Jiēdào]

属奎文区管辖。在区境南部。面积 26 平方千米。人口 3.5 万。1994 年设立。因原廿里堡村得名。白浪河、虞河从境内穿过。有中小学 5 所，医疗卫生机构 23 个。有省级文物保护单位大英烟公司旧址、廿里堡火车站、武家遗址。有国家 AAAA 级旅游景区、省级青少年国防教育基地金宝乐园和金宝佛教文化园。种植业主产小麦、玉米、蔬菜，畜牧业多饲养生猪、家禽。工业以机械加工、纺织服装、包装印刷、食品加工为主。服务业以商贸物流为主，是全市汽车交易服务中心、航空客物流枢纽中心和医药物流集散中心。有潍坊南苑机场，通公交车。

潍州路街道 370705-A06
[Wéizhōulù Jiēdào]

属奎文区管辖。在区境西部。面积 6 平方千米。人口 5.1 万。1998 年设立。因潍州路穿境而过，故名。2009 年后完成了道口老旧小区改造，建设了领秀华城、金御皇廷溪等住宅区，建成四平金街、恒易·宝莲现代商务中心等商务楼，拓建改造了潍州路、健民路、宏伟南路等道路。白浪河从境内穿过。有省级技术研究中心 2 个。有小学 4 所，图书馆 10 个，医疗卫生机构 6 个。经济以商贸和汽车服务业为主，是山东半岛较大的汽配、图书、纺织品专业交易市场和商品集散地。有潍坊长途汽车站，通公交车。

北苑街道 370705-A07
[Běiyuàn Jiēdào]

属奎文区管辖。在区境西北部。面积 6 平方千米。人口 5.0 万。1994 年设立。因位于奎文区的北部而得名北苑。2009 年后，开发建设了金都时代新城、金鼎华府等住宅区。白浪河、虞河从境内穿过。有中小学2所,医疗卫生机构2个。工业以纺织、铸造、制衣、发电设备等业为主。服务业以商贸零售等为主。通公交车。

北海路街道 370705-A08
[Běihǎilù Jiēdào]

属奎文区管辖。在区境东北部。面积3.1平方千米。人口6.0万。2011年设立。因临近北海路而得名。2009年后,建设了潍坊银座商城、财富国际商务大厦、五洲·时代新城等商务楼宇,对圣瞳巷、华银巷、海通巷、文正巷等道路进行了拓建改造。张面河从境内穿过。有小学3所,医疗卫生机构15个。有景点张面河旅游风景区。东临北海路景观大道,南依张面河景区。经济以高端商贸业、金融保险业、文化创意产业、现代商务、房地产业为主。通公交车。

新城街道 370705-A09
[Xīnchéng Jiēdào]

属奎文区管辖。在区境东部。面积33.1平方千米。人口15.6万。1993年设立。取新兴城市之意命名。张面河、白沙河从境内穿过。有高等院校2所,中小学8所,医疗卫生机构164个。经济有以软件园、光电园等为代表的光电子信息研发中心和以万声呼叫、中国电信、文化传媒等为代表的科技服务业集群,有潍柴、歌尔等全国500强企业为代表的现代装备制造业集群。有国家级科技企业孵化器、高新人才服务中心、软件园等多个高新技术产业载体。通公交车。

清池街道 370705-A10
[Qīngchí Jiēdào]

属奎文区管辖。在区境东部。面积89.9平方千米。人口6.5万。2003年设立。据载,古时在辖区内浞河上游岸边有一池水清冽甘甜,百姓视为天赐,号曰清池。2007年规划并建设府东、永春等六大集中居住区。2014年完成街道34个社区"村改居"工作。浞河、张面河从境内穿过。有中小学11所,医疗卫生机构78个。有国家AAA级旅游景区浞河及浞河生态林场。经济以工业为主,有潍柴动力工业园、歌尔光电产业园、先进制造工业园、汽车产业园、生物医药园等五大高科技产业园区。通公交车。

社区

李家社区 370705-A01-J01
[Lǐjiā Shèqū]

属广文街道管辖。在奎文区中部。面积0.91平方千米。人口23 000。因辖区内原李家村得名。2010年成立。有楼房27栋,现代建筑风格。驻有潍坊市人民医院、潍坊市城建档案馆、广文中学等单位。有托老中心。通公交车。2013年被评为省文明社区。

文化路社区 370705-A01-J02
[Wénhuàlù Shèqū]

属广文街道管辖。在奎文区中部。面积0.53平方千米。人口12 000。因辖区内文化路得名。1996年成立。有楼房66栋,现代建筑风格。驻有潍坊市金天地投资公司、潍坊市哮喘病医院、潍坊行知学校等单位。通公交车。2009年被评为省文明社区。

虞虹桥社区 370705-A01-J03
[Yúhóngqiáo Shèqū]

属广文街道管辖。在奎文区中部。面

积 0.26 平方千米。人口 11 100。因辖区内虞虹桥得名。2006 年成立。有楼房 82 栋，现代建筑风格。驻有潍坊家豪置业有限公司、潍坊君帝物业管理有限公司等单位。通公交车。2009 年被评为省文明社区。

松鹤园社区　370705-A01-J04
[Sōnghèyuán Shèqū]

属广文街道管辖。在奎文区中部。面积 0.55 平方千米。人口 16 500。因辖区内松鹤花园得名。1998 年成立。有楼房 56 栋，现代建筑风格。驻有潍坊市奎文区人民政府、潍坊市广播电台、广文派出所、潍坊市第二人民医院、济空潍坊干休所等单位。通公交车。2013 年被评为省文明社区。

东上虞社区　370705-A01-J05
[Dōngshàngyú Shèqū]

属广文街道管辖。在奎文区中部。面积 1.06 平方千米。人口 16 000。因地处虞河东段得名。2011 年成立。有楼房 39 栋，现代建筑风格。驻有奎文区人民法院、潍坊市民航局、潍坊市化工局、新华中学、新华幼儿园等单位。通公交车。2013 年被评为省文明社区。

西上虞社区　370705-A01-J06
[Xīshàngyú Shèqū]

属广文街道管辖。在奎文区中部。面积 0.42 平方千米。人口 15 900。因地处虞河西段得名。1991 年成立。有楼房 53 栋，现代建筑风格。驻有潍坊世纪泰华物业管理有限公司、潍坊红枕安悦酒店有限公司等单位。通公交车。

中上虞社区　370705-A01-J07
[Zhōngshàngyú Shèqū]

属广文街道管辖。在奎文区中部。面积 0.74 平方千米。人口 13 800。因地处虞河中段得名。2011 年成立。有楼房 114 栋，现代建筑风格。通公交车。

苇湾社区　370705-A02-J01
[Wěiwān Shèqū]

属东关街道管辖。在奎文区中部。面积 0.36 平方千米。人口 18 100。因此地古时建城墙挖土成为湾，故名。2002 年成立。有楼房 127 栋，现代建筑风格。驻有奎文区财政局等单位。通公交车。2010 年被评为省文明单位。

奎文门社区　370705-A02-J02
[Kuíwénmén Shèqū]

属东关街道管辖。在奎文区西部。面积 1.6 平方千米。人口 23 000。因社区内有建于清代的奎文门而得名。2009 年成立。有楼房 62 栋，现代建筑风格。驻有世纪泰华等单位。通公交车。2005 年被评为省文明单位。

中和园社区　370705-A02-J03
[Zhōnghéyuán Shèqū]

属东关街道管辖。在奎文区西部。面积 0.26 平方千米。人口 10 200。因由南园小区居委会、南巷子居委会和中和街居委会合并组成，故取其名称中的"中"字和"园"字命名。2008 年成立。有楼房 62 栋，现代建筑风格。驻有潍坊市出入境检验检疫局、潍坊大酒店、鸢飞大酒店等单位。通公交车。2009 年被评为省文明单位。

民生街社区　370705-A02-J04
[Mínshēngjiē Shèqū]

属东关街道管辖。在奎文区西部。面积 1.21 平方千米。人口 20 600。因民生东街贯穿该社区而得名。2009 年成立。有楼房 160 栋，现代建筑风格。驻有潍坊市实验小学等单位。通公交车。2013 年被评为省文明社区。

李家街社区 370705-A02-J05
[Lǐjiājiē Shèqū]

属东关街道管辖。在奎文区西部。面积 0.28 平方千米。人口 8 800。因李家街通过该社区而得名。2002 年成立。有楼房 28 栋，现代建筑风格。驻有潍坊百货集团等单位。通公交车。2009 年被评为省文明社区。

中学街社区 370705-A02-J06
[Zhōngxuéjiē Shèqū]

属东关街道管辖。在奎文区西部。面积 0.62 平方千米。人口 14 300。因中学街通过该社区而得名。1984 年成立。有楼房 101 栋，现代建筑风格。驻有潍坊市公交总公司、潍坊中学、潍坊市烈士陵园、潍坊市城市管理局、奎文区人武部等单位。有志愿者服务，开展互帮互助等活动。通公交车。2009 年被评为省文明社区。

新华社区 370705-A02-J07
[Xīnhuá Shèqū]

属东关街道管辖。在奎文区西部。面积 1.01 平方千米。人口 11 200。因辖区内新华印刷厂得名。2006 年成立。有楼房 61 栋，现代建筑风格。驻有潍坊新华印刷厂、潍坊亚星医院等单位。社区有空巢老人"无限一键通服务"。通公交车。2010 年被评为省文明社区。

院校街社区 370705-A02-J08
[Yuànxiàojiē Shèqū]

属东关街道管辖。在奎文区西部。面积 0.91 平方千米。人口 18 600。因院校街通过该社区而得名。2002 年成立。有楼房 98 栋，现代建筑风格。驻有邮政局、工商银行等单位。通公交车。2009 年被评为省文明单位。

工福街社区 370705-A02-J09
[Gōngfújiē Shèqū]

属东关街道管辖。在奎文区西部。面积 0.06 平方千米。人口 13 000。因辖区内工福街而得名。2002 年成立。有楼房 96 栋，现代建筑风格。驻有潍坊嵌银厂、潍坊工福街幼儿园等单位。通公交车。

东庄社区 370705-A03-J01
[Dōngzhuāng Shèqū]

属大虞街道管辖。在奎文区东北部。面积 0.5 平方千米。人口 17 300。以境内原东庄得名。2009 年成立。有楼房 169 栋，现代建筑风格。驻有奎文区住建局、奎文区城管执法局等单位。通公交车。2010 年被评为省文明单位。

虞中社区 370705-A03-J02
[Yúzhōng Shèqū]

属大虞街道管辖。在奎文区东北部。面积 0.2 平方千米。人口 4 900。因地处大虞社区和北虞社区中间而得名。2009 年成立。有楼房 62 栋，现代建筑风格。驻有潍坊十中、山东工业技师学院（奎文校区）等单位。通公交车。2010 年被评为省文明单位。

孙家社区 370705-A03-J03
[Sūnjiā Shèqū]

属大虞街道管辖。在奎文区东北部。面积 0.76 平方千米。人口 9 600。因辖区内原孙家村得名。2010 年成立。有楼房 99 栋，现代建筑风格。驻有潍坊市园林管理处、潍坊市建设职工中等专业学校等单位。通公交车。2011 年被评为省文明社区。

东园社区 370705-A03-J04
[Dōngyuán Shèqū]

属大虞街道管辖。在奎文区东北部。面积 0.82 平方千米。人口 8 400。因原辖区街道、楼房多为菜园地辟建而得名。1984 年成立。有楼房 51 栋，现代建筑风格。驻有山东省生建集团锅炉压力容器厂等单位。通公交车。

玄武东街社区 370705-A03-J05
[Xuánwǔdongjiē Shèqū]

属大虞街道管辖。在奎文区东北部。面积 1.45 平方千米。人口 6 200。因玄武东街得名。2014 年成立。有楼房 122 栋，现代建筑风格。驻有奎文区孙家小学等单位。通公交车。

陈家社区 370705-A03-J06
[Chénjiā Shèqū]

属大虞街道管辖。在奎文区东北部。面积 0.79 平方千米。人口 7 000。社区沿用原陈家庄名。2000 年成立。有楼房 53 栋，现代建筑风格。驻有潍坊职业学院、潍坊农业科学院、潍坊市建设工程质量监督站等单位。通公交车。

北虞社区 370705-A03-J07
[Běiyú Shèqū]

属大虞街道管辖。在奎文区东北部。面积 0.82 平方千米。人口 17 300。沿用原北虞村名。2014 年成立。有楼房 99 栋，现代建筑风格。驻有育才学校、山潍拖医院、奎文区交通服务公司等单位。通公交车。

福寿街社区 370705-A03-J08
[Fúshòujiē Shèqū]

属大虞街道管辖。在奎文区东北部。面积 0.65 平方千米。人口 9 600。因辖区邻福寿东街而得名。1998 年成立。有楼房 74 栋，现代建筑风格。驻有潍坊市产品质量监督检验所、奎文区直机关幼儿园、潍坊中新双语学校、奎文区德馨幼儿园等单位。通公交车。

大虞社区 370705-A03-J09
[Dàyú Shèqū]

属大虞街道管辖。在奎文区东北部。面积 0.58 平方千米。人口 8 200。沿用原大虞村名。2010 年成立。有楼房 277 栋，现代建筑风格。驻有山东虞鑫集团、潍坊医学院附属医院、中国银行城东支行等单位。通公交车。

樱园社区 370705-A04-J01
[Yīngyuán Shèqū]

属梨园街道管辖。在奎文区中部。面积 0.7 平方千米。人口 16 000。因辖区内樱园小区得名。2000 年成立。有楼房 134 栋，现代建筑风格。驻有樱园小学、樱园幼儿园等单位。通公交车。2007 年被评为省文明社区。

栾家社区 370705-A04-J02
[Luánjiā Shèqū]

属梨园街道管辖。在奎文区中部。面积 0.6 平方千米。人口 8 800。因原栾家庄得名。2013 年成立。有楼房 51 栋，现代建筑风格。驻有梨园派出所等单位。通公交车。2013 年被评为省文明社区。

九龙山社区 370705-A04-J03
[Jiǔlóngshān Shèqū]

属梨园街道管辖。在奎文区中部。面积 0.64 平方千米。人口 14 000。沿用原九龙山村名。2009 年成立。有楼房 82 栋，现代建筑风格。驻有梨园街道办事处、德润国际学校、东方之子幼儿园等单位。通公交车。

梨园社区 370705-A04-J04
[Líyuán Shèqū]

属梨园街道管辖。在奎文区中部。面积 0.82 平方千米。人口 12 300。沿用原梨园村名。2011 年成立。有楼房 134 栋，现代建筑风格。通公交车。

龙源社区 370705-A04-J05
[Lóngyuán Shèqū]

属梨园街道管辖。在奎文区南部。面积 0.36 平方千米。人口 7 700。九条溪水在此汇入虞河，同时又是虞河流入市区的源头，因"九龙问源"而得名。2013 年成立。有楼房 46 栋，现代建筑风格。驻有泰和置业有限公司、奎文区宝通街小学、奎文区实验幼儿园等单位。通公交车。

樱北社区 370705-A04-J06
[Yīngběi Shèqū]

属梨园街道管辖。在奎文区南部。面积 0.36 平方千米。人口 12 300。因原樱北村得名。2011 年成立。有楼房 134 栋，现代建筑风格。驻有潍坊市城市管理指挥中心、奎文区环境卫生管理处等单位。通公交车。

樱南社区 370705-A04-J07
[Yīngnán Shèqū]

属梨园街道管辖。在奎文区南部。面积 0.34 平方千米。人口 4 300。沿用原樱南村名。2011 年成立。有楼房 26 栋，现代建筑风格。通公交车。

张家庄子社区 370705-A04-J08
[Zhāngjiāzhuāngzi Shèqū]

属梨园街道管辖。在奎文区南部。面积 0.36 平方千米。人口 7 800。由原张家庄子村村改居而得名。2014 年成立。有楼房 75 栋，现代建筑风格。驻有奎文公安分局、奎文国土规划局等单位。通公交车。

西英社区 370705-A04-J09
[Xīyīng Shèqū]

属梨园街道管辖。在奎文区南部。面积 0.82 平方千米。人口 12 900。沿用原西英村名。2014 年成立。有楼房 92 栋，现代建筑风格。驻有樱桃园小学、潍坊市人民医院妇儿医院等单位。通公交车。

庄家社区 370705-A04-J10
[Zhuāngjiā Shèqū]

属梨园街道管辖。在奎文区南部。面积 0.73 平方千米。人口 6 100。沿用原庄家村名。2010 年成立。有楼房 13 栋，现代建筑风格，还有平房。通公交车。

广潍社区 370705-A05-J01
[Guǎngwéi Shèqū]

属廿里堡街道管辖。在奎文区西南部。面积 1.07 平方千米。人口 1 700。因 1984 年成立的潍坊市广潍进口汽车修理厂（山东广潍集团有限公司前身）得名。2010 年成立。以平房为主。驻有山东广潍集团有限公司等单位。通公交车。

南屯社区 370705-A05-J02
[Nántún Shèqū]

属廿里堡街道管辖。在奎文区南部。面积 1.6 平方千米。人口 4 100。明初，田、崔、蒋、汤姓屯田于潍县城南，故村名南屯。社区沿用原村名。2010 年成立。有楼房 26 栋，现代建筑风格。驻有山东金宝集团有限公司、金宝幼儿园、金宝双语小学等单位。通公交车。

鑫叶社区 370705-A05-J03
[Xīnyè Shèqū]

属廿里堡街道管辖。在奎文区南部。面积0.9平方千米。人口8 300。因辖区内的鑫叶公司得名。2010年成立。有楼房97栋，现代建筑风格。驻有育华学校、廿里堡派出所、潍坊泰山壹伍叁贰实业有限公司等单位。通公交车。

凤凰街社区 370705-A05-J04
[Fènghuángjiē Shèqū]

属廿里堡街道管辖。在奎文区南部。面积2.32平方千米。人口6 200。因南邻凤凰街而得名。2014年成立。有楼房26栋，现代建筑风格。通公交车。

崇文街社区 370705-A05-J05
[Chóngwénjiē Shèqū]

属廿里堡街道管辖。在奎文区南部。面积0.64平方千米。人口3 600。因南邻崇文街而得名。2014年成立。有楼房17栋，现代建筑风格。通公交车。

新茂社区 370705-A05-J06
[Xīnmào Shèqū]

属廿里堡街道管辖。在奎文区南部。面积4.59平方千米。人口6 100。因辖区内新茂家园小区得名。2014年成立。有楼房9栋，现代建筑风格。通公交车。

金沙窝社区 370705-A05-J07
[Jīnshāwō Shèqū]

属廿里堡街道管辖。在奎文区西南部。面积2.34平方千米。人口3 400。因此处白浪河流沙堆积，故村名均称沙窝，刘家沙窝西村、刘家沙窝东村、李家沙窝西村和李家沙窝东村四个村合并成立社区时取名为金沙窝。2014年成立。以平房为主。通公交车。

南家社区 370705-A05-J08
[Nánjiā Shèqū]

属廿里堡街道管辖。在奎文区西南部。面积1.5平方千米。人口1 600。因姓氏得名。2014年成立。有楼房7栋，现代建筑风格。通公交车。

涧头院社区 370705-A05-J09
[Jiàntóuyuàn Shèqū]

属廿里堡街道管辖。在奎文区南部。面积5.99平方千米。人口2 900。因源多泉水，故名涧头院。2014年成立。有楼房7栋，现代建筑风格。通公交车。

健康街社区 370705-A06-J01
[Jiànkāngjiē Shèqū]

属潍州路街道管辖。在奎文区西部。面积0.72平方千米。人口27 200。因社区临近健康东街而得名。2008年成立。有楼房157栋，现代建筑风格。驻有潍坊市育英学校等单位。通公交车。2012年被评为省文明社区。

北王社区 370705-A06-J02
[Běiwáng Shèqū]

属潍州路街道管辖。在奎文区西部。面积1.25平方千米。人口7 700。因社区内原北王尔庄得名。2010年成立。有楼房41栋，现代建筑风格，还有平房。驻有潍坊护理学院、廿里堡供电所等单位。通公交车。2014年被评为省文明单位。

黄家社区 370705-A06-J03
[Huángjiā Shèqū]

属潍州路街道管辖。在奎文区西部。面积0.28平方千米。人口9 800。社区沿用原黄家村名。2005年成立。有楼房73栋，现代建筑风格。驻有京广传媒、玛丽医院等单位。通公交车。

星河社区 370705-A06-J04
[Xīnghé Shèqū]

属潍州路街道管辖。在奎文区西部。面积 0.55 平方千米。人口 6 600。因辖区内恒易星河置业公司得名。2009 年成立。有楼房 31 栋，现代建筑风格。通公交车。

西王社区 370705-A06-J05
[Xīwáng Shèqū]

属潍州路街道管辖。在奎文区西部。面积 0.69 平方千米。人口 700。因姓氏及位置而得名。2010 年成立。有楼房 526 栋，现代建筑风格。驻有潍坊市三五八汽车服务有限公司、潍坊市北海汽车销售有限公司、潍坊三叉神经医院等单位。通公交车。

东王社区 370705-A06-J06
[Dōngwáng Shèqū]

属潍州路街道管辖。在奎文区南部。面积 0.5 平方千米。人口 2 700。因姓氏及方位得名。2011 年成立。有楼房 241 栋，现代建筑风格。通公交车。

潍柴社区 370705-A06-J07
[Wéichái Shèqū]

属潍州路街道管辖。在奎文区西部。面积 1.3 平方千米。人口 17 800。因潍柴公司而得名。2002 年成立。有楼房 96 栋，现代建筑风格。驻有潍坊同心医院、潍坊市民生街小学等单位。通公交车。

幸福街社区 370705-A06-J08
[Xìngfújiē Shèqū]

属潍州路街道管辖。在奎文区西部。面积 0.35 平方千米。人口 9 900。因辖区内幸福街得名。2014 年成立。有楼房 262 栋，现代建筑风格。驻有奎文区烟草公司、中基集团、眼科医院、商鼎集团等单位。通公交车。

道口社区 370705-A06-J09
[Dàokǒu Shèqū]

属潍州路街道管辖。在奎文区西部。面积 0.28 平方千米。人口 12 100。因丁家道口村得名。2010 年成立。有楼房 262 栋，现代建筑风格。驻有潍坊万潍热电有限公司等单位。通公交车。

马少野社区 370705-A06-J10
[Mǎshàoyě Shèqū]

属潍州路街道管辖。在奎文区西部。面积 0.56 平方千米。人口 7 300。以姓氏和美好田野之意命名，曾名马韶野，后演称马少野。村改居时沿用原村名。2014 年成立。有楼房 44 栋，现代建筑风格。驻有东方新世纪乐园、宏伟小学等单位。通公交车。

则尔庄社区 370705-A07-J01
[Zé'ěrzhuāng Shèqū]

属北苑街道管辖。在奎文区西北部。面积 0.6 平方千米。人口 18 200。因社区内原则尔庄得名。2010 年成立。有楼房 115 栋，现代建筑风格。驻有潍坊新华中学（卧龙校区）等单位。通公交车。2012 年被评为省文明社区。

卧龙社区 370705-A07-J02
[Wòlóng Shèqū]

属北苑街道管辖。在奎文区西北部。面积 0.42 平方千米。人口 18 500。因卧龙东街得名。2007 年成立。有楼房 105 栋，现代建筑风格。驻有奎文区军休所、先锋小学、潍坊机床二厂等单位。通公交车。2010 年被评为省文明社区。

沙窝社区 370705-A07-J03
[Shāwō Shèqū]

属北苑街道管辖。在奎文区西北部。面积 0.07 平方千米。人口 590。因村西河滩内积沙甚多，故称沙窝村。村改居时沿用原村名。2010年成立。有楼房5栋，现代建筑风格。通公交车。

丁家社区 370705-A07-J04

[Dīngjiā Shèqū]

属北苑街道管辖。在奎文区北部。面积0.57平方千米。人口4 200。清代中期，丁姓迁此，改称丁家庄村。村改居时沿用原村名。2010年成立。有楼房47栋，现代建筑风格。驻有热力公司、海化天际等单位。通公交车。

金都社区 370705-A07-J05

[Jīndū Shèqū]

属北苑街道管辖。在奎文区北部。面积0.76平方千米。人口12 700。因辖区内金都时代新城小区得名。2011年成立。有楼房83栋，现代建筑风格。驻有亚星集团、潍柴道依茨有限公司等单位。通公交车。

南湖社区 370705-A08-J01

[Nánhú Shèqū]

属北海路街道管辖。在奎文区东北部。面积0.45平方千米。人口7 900。因辖区内原南湖村得名。2009年成立新华社区，2013年称今名。有楼房45栋，现代建筑风格。通公交车。2010年被评为省文明社区。

北胡社区 370705-A08-J02

[Běihú Shèqū]

属北海路街道管辖。在奎文区东北部。面积0.57平方千米。人口10 200。因地处凤凰山西北一脉之端，东、北、西三面低洼，如湖中之渚，故名湖渚，后演称胡住。此村居北，故称北胡住。社区沿用原村名。2014年成立。有楼房101栋，现代建筑风格。驻有潍坊市审计局、奎文区市场监管局、奎文区税务局等单位。通公交车。

胡西社区 370705-A08-J03

[Húxī Shèqū]

属北海路街道管辖。在奎文区东北部。面积0.4平方千米。人口3 800。因地处凤凰山西北一脉之端，东、北、西三面低洼，如湖中之渚，故名湖渚，后演称胡住。此村居南，位于南胡西部，故称胡西。社区沿用原村名。2014年成立。有楼房38栋，现代建筑风格。驻有南湖小学、山东信息技术职业学院等单位。通公交车。

赵疃社区 370705-A08-J04

[Zhàotuǎn Shèqū]

属北海路街道管辖。在奎文区东北部。面积0.45平方千米。人口8 800。原为东关赵姓场院和墓茔，清代，谭姓来此落居，曾名赵谭，后演称赵疃。村改居时沿用原村名。2010年成立。有楼房63栋，现代建筑风格。驻有艾维拉酒店、巾帼家政广场等单位。通公交车。

十里堡社区 370705-A08-J05

[Shílǐpù Shèqū]

属北海路街道管辖。在奎文区东北部。面积0.6平方千米。人口10 300。村以距城十华里得名十里堡，社区沿用村名。2014年成立。有楼房105栋，现代建筑风格。通公交车。

北宫东街社区 370705-A08-J06

[Běigōngdōngjiē Shèqū]

属北海路街道管辖。在奎文区东北部。面积0.6平方千米。人口12 400。因临近北宫东街得名。2011年成立。有楼房110栋，现代建筑风格。驻有奎文区检察院等单位。通公交车。

青州市

青州市 370781
[Qīngzhōu Shì]

　　山东省直辖县级市，由潍坊市代管。北纬36°41′，东经118°28′。在潍坊市境西部。面积1 569平方千米。人口93.0万。以汉族为主，还有回、满等民族。辖4街道、8镇。市人民政府驻王府街道。西汉置广县，属齐郡，为青州刺史治所。汉元朔二年（前127）立益都侯，与益县并据今寿光县境。东汉广县属齐国。三国曹魏改益县为益都县。西晋永嘉五年（311）于广县城西北筑广固城，后为青州刺史治所，广县遂废。东晋末于广固城东、阳水北岸筑东阳城，为刺史治所。北齐天保七年（556）益都县由寿光县境徙于东阳城，与青州同治。隋为北海郡治。唐、宋为青州治。元为益都路治。明、清为青州府治。1913年废府存县，属胶东道。1928年属山东省。抗日战争时期北部属益都、寿光、临淄、广饶四边县，南部属益都、临朐、淄博、博山4县联合办事处，属清河地委。1945年益都县城析置青州市，北部属益寿县地。1948年青州市并入益都县，属昌潍专区。1949年后为益都县一部，属昌潍专区。1967年属昌潍地区。1983年属潍坊市。1986年益都县改为青州市，属潍坊市。（资料来源：《中华人民共和国地名大词典》）青州为古九州之一，《通典》说："盖以土居少阳其色为青，故曰青州。"因青州的州、府治所在境内1 600多年，故以青州名市。1980年开始老城改造，1988年后相继建成红庙小区和北关小区。1995年建成北门组团、瑞阳小区等20多个现代化住宅小区。2005年建成区面积30.5平方千米。2006年主城区大规模拆迁城中村和老旧建筑，修建市民休闲娱乐中心、中央商务区、亿丰义乌小商品城、宋城等。2009年东城区开始建设。至2014年底，相继建成东部花卉特色区、南部生态休闲区，完成中部南阳河道15千米改造，城市建成区面积49.3平方千米。地势由西南向东北倾斜。西南部为石灰岩低山丘陵，最高海拔954.3米。东南部为玄武岩岗丘区。中部和北部为平原，海拔50米左右。年均气温12.7℃，1月平均气温-2.2℃，7月平均气温26.5℃。年均降水量700毫米。有弥河、淄河流经。有铁、铜、银、石灰岩等矿产资源。有国家级自然保护区4个、省级自然保护区3个。森林覆盖率26.6%。有省级工程研究中心6个。有高等院校3所，中小学325所，图书馆1个，博物馆1个，档案馆1个，知名文艺团体12个，体育场馆1个，二级以上医院5个。有国家级文物保护单位6个、省级文物保护单位38个，省级爱国主义教育基地1个，有国家级历史文化名城（镇、村）、传统村落、千年古镇2个，省级历史文化名城（镇、村）、传统村落、千年古镇14个，国家级非物质文化遗产1个、省级非物质文化遗产13个，重要古迹、景点13个。三次产业比例为8.6∶45.8∶45.6。农业以种植业、畜牧业、林业为主，主产小麦、玉米、瓜菜、果品，养殖猪、牛、羊、禽类，有林木、花卉种植业。工业有机械制造、建筑建材、化工、冶炼、轻工、纺织、化学、食品、木器制造等企业。服务业以通讯、物流、商贸等为主。有省级开发区1个。有胶济铁路、益羊铁路、益临铁路、济青高速、长深高速、309国道、省道胶王公路等过境。

青州经济开发区 370781-E01
[Qīngzhōu Jīngjì Kāifāqū]

　　在青州市境北部。北至济青高速公路，东至长深高速公路，南至309国道，西至北阳河。面积7 480公顷。因所在政区和功能定位得名。2002年经省政府正式批准为省级开发区，由县市级政府管理。以机械、精细化工、高新技术、海洋装备制造等产业为主，青州国际汽配城、青州工业原材料城、山东中瑞钢铁物流中心、青州泓德物流现代物流中心等一批现代物流服务项目相继建成启用，成为鲁中地区重要的商品货物集散地。入驻企业741家。道路纵横交错，交通便利。

王府街道 370781-A01
[Wángfǔ Jiēdào]

青州市人民政府驻地。在市境西南部。面积122平方千米。人口11.8万。以汉族为主，还有回等民族。1993年设立。以明朝衡王府命名。2006年实施旧城改造，相继建成营子花园、衡王府花园、青都国际城、翠和家园等住宅区。至2014年，街道东部城区改建完成。北阳河、南阳河从境内穿过。有中小学9所，博物馆1个，医疗卫生机构3个。有古城、古街、范公亭公园、偶园、玲珑山等景点，衡王府石坊、基督教堂、井塘古村等遗迹。农业以种植粮食作物、山楂、蜜桃、柿子、苹果、有机蔬菜等为主，产全蝎、丹参、柴胡等中药材。工业以食品加工、化工、电子信息、服装加工、机械制造等产业为主。通公交车。

益都街道 370781-A02
[Yìdū Jiēdào]

属青州市管辖。在市境西北部。面积58平方千米。人口8.4万。以汉族为主，还有满等民族。1993年设立。以原益都县名命名。2006年，辖区大规模拆迁城中村和老旧建筑，先后建成中央商务区、泰和苑小区、大华机动车交易市场、钢铁物流园等。北阳河、织女河、辛庄沟从境内穿过。有中小学13所，医疗卫生机构2个。有益王府路立交桥等标志性建筑物。经济

以工业、服务业为主。种植业以优质小杂果种植，高温大棚蔬菜、菊花、兰花、无公害蔬菜为特色，有苗木培育、水貂、蛇、蚂蚱等养殖基地，拥有省市级农业龙头企业8家。工业以机械、医药、电子、镀铝、农产品深加工为主。服务业以商贸物流为主，有龙山路摩托车市场、大华摩配市场、农机配件市场、青州果品市场、钰铧商城、工业原材料城、任七二手车交易市场等多形式物流市场。有青州南站，通公交车。

云门山街道 370781-A03
[Yúnménshān Jiēdào]

属青州市管辖。在市境南部。面积68平方千米。人口9.3万。以汉族为主，还有回等民族。2005年设立。因辖区内云门山得名。2006年实施旧城改造，东北部建成为城市居住、商贸区，西南部建成教育园区和风景名胜区。云峡河、七里河、后温凉河、南阳河从境内穿过。有高等院校3所，中小学16所，图书馆1个，知名文艺团体6个，医疗卫生机构1个。有国家级文物保护单位驼山石窟，省级文物保护单位昭德古街，国家级非物质文化遗产花键、省级非物质文化遗产东圣水龙虎斗，重要名胜古迹云门山景区、龙兴寺、真教寺、广福寺等。农业以林果业、养殖业等为主，有新兴绿化苗木、花卉种植、生态有机农业园、采摘园等现代农业产业。工业以机械制造、轻工、化学、电子信息等产业为主。服务业以商贸业等为主。有青州市汽车客运站，通公交车。

黄楼街道 370781-A04
[Huánglóu Jiēdào]

属青州市管辖。在市境东部。面积103平方千米。人口8.6万。2010年设立。街道驻黄楼村。黄楼村因黄姓始居，且建有三层楼，故名，街道以村名。按照"一心、

一廊、两轴园区"的规划布局启动"黄楼花卉公园"打造，对花卉公园重点区域"七彩花街"进行改造提升，着力打造特色鲜明、节能环保的花街景观。对卢李、辛庄、夏落店进行旧村改造规划，打造集产业、文化旅游和社区功能于一体的新型村落。弥河、南阳河从境内穿过。有中小学 16 所，医疗卫生机构 2 个。经济以农业为主，瓜果蔬菜种植为主导产业，花卉产业为支柱产业，形成"十里花街，百亩市场，千户经营，万亩基地"的产业化发展格局。工业形成以装备制造、化学化工等为主导产业，钢铁锻造、铜版纸包装印刷、服装加工等相关产业共同发展的产业体系。服务业以花卉展销、花卉交易等为主，有省级花卉高科技园区。通公交车。

弥河镇 370781-B01
[Míhé Zhèn]

青州市辖镇。在市境南部。面积 110 平方千米。人口 5.5 万。辖 77 村委会，有 77 自然村。镇人民政府驻小官庄村。1952 年设弥河区。1958 年改东风公社。1959 年改弥河公社。1984 年改置镇，1991 年底石河乡并入。因濒弥河而得名。弥河、石河从境内穿过。有中小学 5 所，图书馆 1 个，文化馆 1 个，卫生院 1 个。有省级文物保护单位修真宫旧址、上院遗址，爱国主义教育基地华东保育院、华东局指挥部，重要名胜古迹修真宫、九龙峪生态旅游度假区、弥河湿地公园、龙山文化遗址、天主教堂。经济以工业为主。农业以种植小麦、玉米、蔬菜、苹果、桃等为主，特产弥河银瓜、水沟黄桃、盘龙山核桃等。工业有机械制造、轻工、食品加工等产业。服务业以旅游业为主。有青临铁路和省道羊角沟—临沂公路、博临公路、仙客来公路过境。

王坟镇 370781-B02
[Wángfén Zhèn]

青州市辖镇。在市境西南部。面积 230 平方千米。人口 5.0 万。辖 100 村委会，有 116 自然村。镇人民政府驻台头村。1958 年设王坟公社。1984 年改置镇。1992 年孙旺乡、钓鱼台乡并入。因北靠明衡恭王墓而得名。淄河、仁河从境内穿过。有中小学 7 所，图书馆 1 个，文化馆 1 个，卫生院 1 个，公共绿地 1 个，广场 1 个。有省级文物保护单位衡恭王墓，省级非物质文化遗产山果酒酿造技艺，重要名胜古迹仰天山国家级森林公园、逢山风景区、八喜谷生态农业园、仰天寺、衡恭王墓、黄巢洞等。经济以果品加工、黄烟种植加工、畜牧养殖、花卉种植、中药材和旱作蔬菜种植为主。农业种植山楂、柿子等山果，特产全蝎、丹参、柴胡等中药材。工业以食品加工等为主，盛产山楂制品，被农业部认定为全国农产品加工业示范基地。服务业以餐饮业等为主。有省道博临公路过境。

庙子镇 370781-B03
[Miàozi Zhèn]

青州市辖镇。在市境西南部。面积 195 平方千米。人口 4.0 万。辖 68 村委会，有 78 自然村。镇人民政府驻庙子村。1958 年属朱崖公社。1984 年由朱崖公社析置庙子镇。1991 年上庄乡并入。1994 年杨集乡并入。清初岳姓建庙，村以庙名，镇以村名。仁河、淄河从境内穿过。有中小学 6 所，图书馆 1 个，卫生院 1 个，广场 1 个。有重要名胜古迹仰天山国家森林公园、唐赛儿寨、天缘谷、泰和寺、泰和塔、佛教博物馆、黄花溪等。经济以农业为主，主要种植小麦、玉米等，桑蚕养殖和黄烟、土豆种植为三大特色产业，产柿子、山楂、核桃等山果，有全蝎、丹参、远志等中药材。

畜牧业以养殖生猪、家禽、羊为主。工业有铁矿石开采、冶炼、水泥加工、建筑机械、建材等产业。有辛泰铁路和省道济青公路、胶王公路、博临公路过境。

邵庄镇 370781-B04
[Shàozhuāng Zhèn]

青州市辖镇。在市境西部。面积170平方千米。人口6.9万。辖92村委会，有100自然村。镇人民政府驻邵庄。1961年由普通公社析设王孔公社。1982年更名邵庄公社。1984年改设乡。1994年改置镇。2007年普通镇并入。因镇政府驻地得名。境内有尧王山、明祖山、黑山、青龙山、黄龙山等，北阳河、淄河从境内穿过。有中小学13所，图书馆1个，卫生院2个，公共绿地1个，广场3个。有国家级文物保护单位田齐王陵（四王冢）、程家沟古墓，省级文物保护单位稷山墓群、广固城遗址、大埠顶墓群、齐胡公墓、齐襄公墓、邵庄北墓、神旺庄墓群、玉皇庙墓群、月山墓群，省级爱国主义教育基地邵庄小学，省级非物质文化遗产青州红丝砚制作技艺、青州宣卷，重要名胜古迹四王冢、稷山汉代竖穴石室墓、齐襄公冢等。农业以果品种植、瓜菜种植等山区特色农业为主，产柿子、蜜桃、杏、山楂等。畜牧业以养殖猪、牛、羊及肉食鸡等为主。工业有以汽车生产及配套、装备制造、新能源、高新技术为主的经济发展园区。有胶济铁路、102省道过境。

高柳镇 370781-B05
[Gāoliǔ Zhèn]

青州市辖镇。在市境北部。面积119平方千米。人口7.1万。辖95村委会，有86自然村。镇人民政府驻朱良村。1949年设高柳区。1958年改公社。1984年改置镇。1991年苏闻乡并入。2007年朱良镇并入。

镇以原驻地村得名。北阳河、裙带河从境内穿过。有中小学7所，图书馆1个，文化馆，1个，卫生院4个，公共绿地3个，广场1个。有爱国主义教育基地段村烈士祠、段村烈士墓群、东朱鹿"红色堡垒"村系列遗迹，重要名胜古迹刘翙墓、孟尝君墓、赵鉴墓等。经济以大棚蔬菜为特色产业，有优质茄子、芦笋、胡萝卜、甘蓝标准化生产基地，注册"高柳牌"系列无公害蔬菜商标，蔬菜出口到日本、韩国等国外市场。工业有精细化工、机械制造、塑料制品、变电设备、工业气体等企业。服务业以商贸物流为主，有多个大棚蔬菜集散地。有济青高速、东青高速、青垦公路过境。

何官镇 370781-B06
[Héguān Zhèn]

青州市辖镇。在市境东北部。面积123平方千米。人口7.5万。辖82村委会，有83自然村。镇人民政府驻何官村。1958年设何官乡，同年并入阳河公社。1962年析设何官公社。1984年复设乡。1994年改置镇。2007年口埠镇并入。镇以驻地村得名。茅津河、伏龙河、乌阳河从境内穿过。有中小学13所，卫生院2个。有省级文物保护单位戴楼墓群、凤凰台遗址、臧台遗址，重要名胜古迹马陵台、大汶口至商周、大汶口至汉代等文化遗迹。经济以农业为主，主要种植小麦、玉米、胡萝卜、蔬菜等，其中胡萝卜销往日本、韩国，是优质胡萝卜种植专业镇，有冬暖式蔬菜大棚；肉奶牛、肉鸭、蛋鸡、生猪、养殖实现规模化。工业以新材料、机械加工、纺织、造纸、精细化工、蔬菜加工为主。有益羊铁路、青银高速、长深高速、226省道过境。

东夏镇 370781-B07
[Dōngxià Zhèn]

青州市辖镇。在市境东北部。面积189

平方千米。人口 8.5 万。辖 109 村委会，有 135 自然村。镇人民政府驻王小村。1949 年为大尹区。1958 年改桃园公社。1984 年改东夏镇。2007 年王母宫街道并入。2010 年西部部分区域由青州经济开发区代管。因辖区内东夏村得名。弥河从境内穿过。有中小学 6 所，卫生院 1 个。有省级文物保护单位苏秦墓，重要古迹北辛文化遗址。农业以瓜菜、粮食、果品种植和畜牧业为主。工业有五金加工、塑料编制、彩印、轻工机械、丝质、化工、食品加工、制钉等企业。服务业以物流等为主，有山东港天物流、山东中瑞钢铁加工配送中心、青州泓德现代物流中心等。有益羊铁路、胶济铁路客运专线、济青高速、长深高速、309 国道、省道羊青公路过境。设青州站。

谭坊镇 370781-B08
[Tánfāng Zhèn]

青州市辖镇。在市境东部。面积 162 平方千米。人口 9.9 万。以汉族为主，还有回、满等民族。辖 114 村委会，有 167 自然村。镇人民政府驻谭家坊。1930 年后属第九区。1948 年后属益临县尧西区、第三区。1952 年属益都县第十六区。1958 年改谭坊乡，同年改谭坊人民公社。1984 年置谭坊镇。1991 年宋池乡并入。2007 年郑母镇并入。镇因驻地村得名。弥河、猪笼河、康浪河从境内穿过。有中小学 16 所，卫生院 1 个。有省级文物保护单位萧家庄遗址。经济以农业为主，瓜菜、花卉、林果种植和畜牧业为主导产业，盛产有机大棚蔬菜、西瓜等。工业形成农产品加工、机械加工制造、包装印刷、农资金属制品加工、肉制品加工、高新技术等产业，建有东山、两路、八里三大工业园区。有胶济铁路客运专线、309 国道、325 省道过境。设胶济铁路谭家坊站。

旧地名

郑母镇（旧） 370781-U01
[Zhèngmǔ Zhèn]

青州市辖镇。在市境东部。1984 年设立。2007 年撤销，并入谭坊镇。

宋池乡（旧） 370781-U02
[Sòngchí Xiāng]

青州市辖乡。在市境东部。1984 年设立。1991 年撤销，并入谭坊镇。

赵坡乡（旧） 370781-U03
[Zhàopō Xiāng]

青州市辖镇。在市境东部。1984 年设立。1991 年撤销，并入谭坊镇。

社区

北关社区 370781-A01-J01
[Běiguān Shèqū]

属王府街道管辖。在青州市西北部。面积 1.5 平方千米。人口 1 700。因社区内北关街而得名。2001 年成立。有楼房 165 栋，现代建筑风格。驻有北联集团等单位。通公交车。

中所社区 370781-A01-J02
[Zhōngsuǒ Shèqū]

属王府街道管辖。在青州市西部。面积 1.1 平方千米。人口 1 200。清朝曾为清兵营地，故名中所营，后改为中所村。社区沿用原村名。2001 年成立。有楼房 15 栋，现代建筑风格。驻有青州市财政局、青州市教育局等单位。通公交车。2009 年被评为省文明社区。

朝阳社区 370781-A01-J03
[Cháoyáng Shèqū]

属王府街道管辖。在青州市中部。面积 2.7 平方千米。人口 4 100。在村北部有一条东西古街，道路朝阳，故名。1996 年成立。有楼房 62 栋，现代建筑风格。通公交车。

乐园社区 370781-A01-J04
[Léyuán Shèqū]

属王府街道管辖。在青州市南部。面积 2.3 平方千米。人口 2 200。社区沿用原乐园村名。2001 年成立。有楼房 30 栋，现代建筑风格。通公交车。

工农社区 370781-A01-J05
[Gōngnóng Shèqū]

属王府街道管辖。在青州市中部。面积 0.09 平方千米。人口 600。1967 年，因队内社员户多为工人，故改队名为工农。社区沿用该名。1968 年成立。以平房为主。驻有荣威机械厂、宏伟无线电变压器厂等单位。通公交车。

王府社区 370781-A01-J06
[Wángfǔ Shèqū]

属王府街道管辖。在青州市中部。面积 3 平方千米。人口 2 300。原村系元朝益王府旧址，故称王府庄子。社区沿用该名。1986 年成立。有楼房 217 栋，现代建筑风格。通公交车。

后官营社区 370781-A01-J07
[Hòuguānyíng Shèqū]

属王府街道管辖。在青州市中部。面积 0.72 平方千米。人口 500。原名侯官驿，是青州府所设驿站，后村演称后官营。社区沿用该名。1986 年成立。有楼房 123 栋，现代建筑风格。通公交车。

西街社区 370781-A01-J08
[Xījiē Shèqū]

属王府街道管辖。在青州市中部。面积 0.47 平方千米。人口 1 300。因西街得名。2001 年成立。有楼房 35 栋，现代建筑风格。通公交车。

南西关社区 370781-A01-J09
[Nánxīguān Shèqū]

属王府街道管辖。在青州市西部。面积 0.1 平方千米。人口 600。因处古东阳城西门外，按方位称南西关。2001 年成立。以平房为主。通公交车。

北西关社区 370781-A01-J10
[Běixīguān Shèqū]

属王府街道管辖。在青州市西部。面积 0.09 平方千米。人口 600。因处古东阳城西门外，按方位称北西关。2009 年成立。有楼房 3 栋，现代建筑风格。通公交车。

老公院社区 370781-A01-J11
[Lǎogōngyuàn Shèqū]

属王府街道管辖。在青州市西部。面积 0.05 平方千米。人口 300。因为明朝公公休闲之地而得名。2001 年成立。以平房为主。通公交车。

前营子社区 370781-A01-J12
[Qiányíngzi Shèqū]

属王府街道管辖。在青州市西部。面积 0.1 平方千米。人口 1 100。宋朝时期，马驿山振青门有官兵驻守，分前营和后营，由此而起名前营子。2011 年成立。有楼房 32 栋，现代建筑风格。通公交车。

赵家社区 370781-A01-J13
[Zhàojiā Shèqū]

属王府街道管辖。在青州市西部。面

积 0.06 平方千米。人口 400。清朝中期，山西洪洞县李氏兄弟逃荒来到古青州，给满洲贵族赵大人当长工，以种地为生，后在马驿门以南定居，繁衍后代至今，故村名赵家庄。社区沿用村名。2001 年成立。有楼房 12 栋，现代建筑风格。通公交车。

东店社区 370781-A02-J01
[Dōngdiàn Shèqū]

属益都街道管辖。在青州市西北部。面积 1.3 平方千米。人口 11 100。因辖区内原东店村得名。2001 年成立。有楼房 47 栋，现代建筑风格。通公交车。2005 年被评为省文明社区。

草庙社区 370781-A02-J02
[Cǎomiào Shèqū]

属益都街道管辖。在青州市东北部。面积 0.39 平方千米。人口 1 200。据传，明初村内关帝庙为草房，遂以"草庙"为村名。社区沿用该名。2001 年成立。以平房为主。通公交车。

任七社区 370781-A02-J03
[Rénqī Shèqū]

属益都街道管辖。在青州市北部。面积 0.73 平方千米。人口 1 000。据《青州市地名志》载，明洪武年间，任山、任海兄弟二人由山西洪洞县迁此立村，因距古东阳城七里，故名任七里村。社区沿用村名。2001 年成立。以平房为主。驻有青州市试验区小学等单位。通公交车。

万家社区 370781-A02-J04
[Wànjiā Shèqū]

属益都街道管辖。在青州市西北部。面积 0.33 平方千米。人口 400。据《青州市地名志》载，万姓于明代中期立村，称万家庄。社区沿用村名。2001 年成立。以平房为主。通公交车。

卞家社区 370781-A02-J05
[Biànjiā Shèqū]

属益都街道管辖。在青州市西北部。面积 0.42 平方千米。人口 500。据《青州市地名志》载，相传，清初卞姓立村，因位于北阳河边，村名边家庄，后演称卞家庄。社区沿用村名。2001 年成立。以平房为主。通公交车。

北城社区 370781-A02-J06
[Běichéng Shèqū]

属益都街道管辖。在青州市西北部。面积 5.01 平方千米。人口 5 900。北城原为清朝青州旗兵驻防城，因在南阳城北，惯称北城。社区以此为名。2001 年成立。有楼房 89 栋，现代建筑风格。驻有鲁圣服装有限公司、山东华旗集团总公司、旗城学校、青州第二中学等单位。通公交车。

康屯社区 370781-A02-J07
[Kāngtún Shèqū]

属益都街道管辖。在青州市东北部。面积 0.8 平方千米。人口 800。据《青州市地名志》载，明弘治二年（1489），有金、高两姓居住，村名金屯庄，后张、王、李、钟、康五姓先后迁入，民国时康姓户多，并在此开店，村庄位于南北交通要道处，故改村名为康屯。社区沿用村名。2001 年成立。以平房为主。通公交车。

西店社区 370781-A02-J08
[Xīdiàn Shèqū]

属益都街道管辖。在青州市北部。面积 0.35 平方千米。人口 1 300。据《青州市地名志》载，古东阳城有马驿门，为古代驿站，有店铺，后形成村落，清雍正年间建满洲旗城，因村在城西，故称西店。社区沿用村名。2001年成立。有楼房40栋，现代建筑风格。通公交车。

瓜市社区 370781-A03-J01
[Guāshì Shèqū]

属云门山街道管辖。在青州市南部。面积1.2平方千米。人口1 900。明初，石、杨二姓在此（古东阳城东门外）开店，弥河畔瓜农聚此卖瓜，形成村落，故取村名为瓜市。社区沿用村名。2001年成立。有楼房326栋，现代建筑风格。驻有青州市立医院、瓜市派出所等单位。通公交车。2011年被评为省文明社区。

徐桥社区 370781-A03-J02
[Xúqiáo Shèqū]

属云门山街道管辖。在青州市南部。面积0.96平方千米。人口1 000。因明代徐弼昌在此建木桥而得名。2001年成立。有楼房60栋，现代建筑风格。通公交车。2009年被评为省文明社区。

昭德社区 370781-A03-J03
[Zhāodé Shèqū]

属云门山街道管辖。在青州市南部。面积0.53平方千米。人口1 200。因境内有昭德阁而得名。2001年成立。以平房为主。通公交车。2011年被评为省文明社区。

诸城市

诸城市 370782
[Zhūchéng Shì]

山东省辖县级市，由潍坊市代管。北纬35°59′，东经119°24′。在潍坊市境南部。面积2 151平方千米。人口109.0万。辖3街道、10镇。市人民政府驻密州街道。诸城地名源于春秋时期鲁国所置诸邑。春秋为鲁诸邑及莒牟娄、防邑。西汉置东武县，治今密州街道古城子，又别置诸县、横县、昌县、平昌县，同属琅琊郡，郡治东武。东汉省横县、昌县，东武县、诸县属琅琊国，平昌县属北海国。三国魏东武县为城阳郡治。北齐省诸县、平昌县，东武为胶州及高密郡治。隋开皇十八年（598）改东武县为诸城县，取汉诸县故城名，为高密郡治。唐、宋、金为密州治。元属益都路。明、清属青州府。1913年属胶东道，1925年属莱胶道。1928年属省。1943年抗日民主政权建立后，属滨海专区第一行署区。1946年属胶东行政区滨北专区。1950年属胶州专区。1956年属昌潍专区（1967年更名昌潍地区）。1983年属潍坊市。1987年撤县建市，由潍坊市代管。（资料来源：《中华人民共和国地名大词典》）县城始建于东汉建初五年（80），时东武县治迁岗下筑城为治，后人谓之南城。北魏永安二年（529），街筑北城为胶州治所。明洪武四年（1371）拆除南北城间城墙，两城合一，县城呈"凸"字形。1946年拆除城墙，道路向外延伸。1996年完成东、西、南三条外环路铺筑，2000年北环路通车，形成城区基本框架。城区横跨潍河、扶淇河两岸，形成"人"字形水上景观带。北部为经济开发区，南依三里庄水库。市区有龙塔、超然台、舜庙等历史文化建筑，形成了以恐龙文化、名人文化、山水文化为特色的旅游景观区。地处泰沂山脉与胶潍平原交界处，地势南高北低，东部、南部为山岭和谷状盆地，西部、中部及北部系大片波状平原。海拔19~670米。年均气温12.8℃，1月平均气温−1.9℃，7月平均气温25.7℃。年均降水量735.4毫米。有潍河流经。有明矾石、沸石、钾长石、金红石、重晶石、陶瓷土、膨润土等矿产资源。有野生植物368种，其中国家重点保护野生植物有银杏、水杉、水蕨、中华结缕草、莲 5 种。有野生动物 264 种。林木覆盖率 35.6%。有高等院校 1 所，中小学 149 所，图书馆 1 个，博物馆 1 个，档案馆 1 个，知名文艺团体 2 个，体育场馆 1 个。有国家级文物保护单位 2 个、省级文物保护单位 5 个，有国家级爱国主义教育基地 1 个，省级爱国主义教育基地 1 个、纪念地 1 个，国家级非物质文化遗产 3 个、省级非物质文化遗产 2 个，重要古迹、景点 13 个。三次产业比例为 8.2∶53.9∶37.9。农业以粮食种植、烟草种植、生猪养殖等为主，粮食作物以小麦、玉米为主。工业形成汽车、食品、纺织服装、装备制造四大主导产业，有福田汽车、得利斯集团、希努尔男装、桑莎制衣、义和车桥、惠发、佳士博食品等骨干龙头企业。服务业以商贸为主，城区有密州商城、龙城市场、杨春国际商贸城、希努尔商贸城等大型市场。有省级开发区 1 个。有胶新铁路、青兰高速公路、206 国道和省道薛馆路、平日路、朱诸路、央赣路、胶王路过境。

诸城经济开发区 370782-E01
[Zhūchéng Jīngjì Kāifāqū]

在诸城市城区北部。东起潍河，西至尚沟河，南起潍河，北至青莱高速公路。面积 5 288 公顷。以所在政区和功能定位命名。1992 年经省政府正式批准建立省级开发区，由县市级政府管理。有企业 423 家，其中规模以上 103 家，工业 52 家、服务业 51 家。福田、外贸、新郎、桑莎、四达、德利源、中纺金维、华日粉末、曙光车桥、青特车桥、兰凤、义昌印染、信得科技、中康农业等企业在区内设立了总部和分公司，美国泰森、日本住友、意大利普兰尼奥、中国一汽、中纺、福田等国内外大集团、大企业落户。青岛保税港区诸城功能区全面启动，形成了汽车、纺织服装、食品加

工三大百亿产业集群。形成五纵五横的道路框架，通公交车。

密州街道 370782-A01
[Mìzhōu Jiēdào]

诸城市人民政府驻地。在市境中部。面积 142 平方千米。人口 18.4 万。2001 年设立。所辖老城区为历史上密州治所，故名。潍河、扶淇河、芦河等从境内穿过。有中小学 10 所，文化馆 1 个，图书馆 1 个，体育场馆 1 个，知名文艺团体 1 个，医疗卫生机构 1 个。有省级文物保护单位六吉庄子遗址，爱国主义教育基地王尽美烈士纪念馆，国家级非物质文化遗产诸城派古琴，重要名胜古迹卢山、超然台等。农业以种植业、畜牧业为主，粮食作物主产小麦、玉米，种植花卉、苗木、蔬菜。工业以机械装备制造、针织服装、食品加工为主，有密州工业园、东方帅领工业园、韩国加工贸易区、东城项目区、薛馆路工业集群区、密州东路工业集群区和铁黄路工业集群区。通公交车。

龙都街道 370782-A02
[Lóngdū Jiēdào]

属诸城市管辖。在市境西南部。面积 110 平方千米。人口 12.7 万。2001 年设立。因街道辖区内有著名的恐龙出土地而得名。潍河、涓河、扶淇河从境内穿过。有中小学 16 所，文化馆、图书馆 31 个，体育场馆 1 个，知名文艺团体 1 个，医疗卫生机构 8 个。有省级非物质文化遗产秃尾巴老李传说，重要名胜古迹山东诸城恐龙国家地质公园。农业以种植业为主，农作物主产小麦、玉米、花生等，是国家重要的蔬菜种子集散地，蔬菜种子销往韩国、朝鲜、日本、新加坡等国。工业以机械制造、铸造、陶瓷、服装、针织、食品为主导产业，有土墙工业园、机械电子产业园、西环路

工贸产业园、昊宝工业园、农业龙头产业园五大园区。商贸物流业发达，有龙海水产品冷链物流、杨春国际汽贸城等。通公交车。

舜王街道 370782-A03
[Shùnwáng Jiēdào]

属诸城市管辖。在市境西北部。面积235平方千米。人口12.9万。2001年设立。因舜出生于辖区内的诸冯村而得名。潍河、益民河、太古庄河、尚沟河等从境内穿过。有中小学16所，文化馆、图书馆30个，体育场馆1个，知名文艺团体1个，医疗卫生机构3个。有纪念地大舜苑，省级非物质文化遗产大舜传说，重要名胜古迹舜庙。农业以种植业为主，粮食作物主产小麦、玉米，经济作物有黄烟、蔬菜、果木等。工业以机械制造、纺织服装、生物制药、食品加工、木器家具制造为主，诸城经济开发区在辖区内。有诸城市汽车总站、胶新铁路诸城站，通公交车。

枳沟镇 370782-B01
[Zhǐgōu Zhèn]

诸城市辖镇。在市境西南部。面积87平方千米。人口4.9万。辖9居委会，有55自然村。镇人民政府驻枳沟村。1958年置枳沟乡，同年更名为先进公社。1959年更名为吕标公社。1976年更名为枳沟公社。1984年改置枳沟镇。因政府驻地村得名。境内有庙山、乔有山，潍河从境内穿过。有中小学7所，图书馆9个，文化馆1个，卫生院1个。有省级文物保护单位王尽美烈士故居，重要名胜古迹庙山桃花洞。农业形成苗木、蚕桑、黄烟、林果、蔬菜种植五大产业，畜牧业以养殖家禽、生猪为主。工业有化工橡胶、纺织服装、食品加工、机械铸造、盐及盐化工等企业。服务业以商贸为主，有枳沟农贸市场、乔庄集贸市场等。有胶新铁路、206国道、省道央赣路过境。设枳沟站。

贾悦镇 370782-B02
[Jiǎyuè Zhèn]

诸城市辖镇。在市境西部。面积284平方千米。人口10.9万。辖27居委会，有188自然村。镇人民政府驻贾悦东村。1958年置贾悦乡。1959年成立贾悦公社。1984年改置镇。2007年撤孟疃镇、马庄镇，并入贾悦镇。因镇政府驻地村得名。有中小学25所，图书馆50个，文化馆1个，医院3个。有纪念地滨海诸莒县抗日烈士纪念塔，重要名胜古迹公冶长墓等。农业形成黄烟、大桑、林果、瓜菜、油料、粮食等多元化种植结构，盛产香瓜、蜜桃。工业以先进装备制造、清真食品加工、生物化工等为主。服务业以仓储物流为主。有青兰高速、潍日高速、省道泰薛路和央赣路过境。

石桥子镇 370782-B03
[Shíqiáozi Zhèn]

诸城市辖镇。在市境西北部。面积169平方千米。人口6.4万。辖18居委会，有102自然村。镇人民政府驻石桥子村。1958年置石桥子乡，同年成立石桥子公社。1984年改置石桥子镇。2001年吴家楼乡并入。2007年原程戈庄镇部分村庄并入。因镇政府驻地村得名。渠河、荆河等从境内穿过。有中小学11所，图书馆20个，文化馆1个，卫生院1个。有爱国主义教育基地楼子党支部、刘家庄抗日战争遗址，省级非物质文化遗产梁祝传说，重要名胜古迹春秋时期斗鸡台。农业以种植业为主，粮食作物主产小麦、玉米，经济作物有黄烟、蔬菜等。工业以化工、食品、机械、木器加工为主。服务业以商贸为主，建有大型蔬菜专业批发市场。有潍日高速、省道央赣路过境。

相州镇 370782-B04
[Xiāngzhōu Zhèn]

诸城市辖镇。在市境北部。面积 120 平方千米。人口 6.9 万。辖 12 居委会，有 71 自然村。镇人民政府驻相州村。1958 年设相州乡。1959 年成立相州公社。1984 年改置相州镇、曹家泊乡。1989 年并曹家泊乡部分村。1994 年划 11 个村归郭家屯镇。2007 年郭家屯镇并入。2009 年北部 8 个村划归潍坊市坊子区。镇以驻地村得名。潍河、长阡沟、菲得河等从境内穿过。有中小学 16 所，图书馆 12 个，卫生院 1 个。有重要名胜古迹王统照故居。农业以种植业为主，粮食作物主产小麦、玉米，经济作物有黄烟、花生等，建有潍河生态观光农业示范区、出口蔬菜种植区、优质黄烟生产区、标准化养殖示范区和千亿斤粮食项目区五大农业园区。工业以橡塑制品、高档纸品、环保油漆、食品加工和绣制工艺品为主导产业，有橡塑产业园等 3 个工业园区。有胶新铁路、青兰高速和省道平日路、诸朱路过境。

昌城镇 370782-B05
[Chāngchéng Zhèn]

诸城市辖镇。在市境东北部。面积 118 平方千米。人口 6.6 万。辖 16 居委会，有 78 自然村。镇人民政府驻昌城村。1958 年置昌城乡，1959 年更名为昌城人民公社。1984 年撤社分置昌城镇、芝灵乡，1989 年复合并为昌城镇。因镇政府驻地村得名。境内有巴山，潍河、百尺河、芦河从境内穿过。有国家级技术研究中心 1 个、省级技术研究中心 1 个。有中小学 14 所，卫生院 1 个。有纪念地路友于故居，重要名胜古迹巴山墓葬遗址群、韩信沟。农业以种植业为主，农作物主产小麦、玉米，形成以板栗、蔬菜、苗木、鲜果、生猪为主的

五大主导产业。工业有食品加工、机械制造、服装针织、橡胶等业，"得利斯"商标为山东省著名商标、中国驰名商标。有胶新铁路、青兰高速和省道平日路、诸朱路过境。设得利斯火车站。

百尺河镇 370782-B06
[Bǎichǐhé Zhèn]

诸城市辖镇。在市境东北部。面积 125 平方千米。人口 4.8 万。辖 13 居委会，有 79 自然村。镇人民政府驻百尺河村。1958 年置百尺河乡，同年百尺河、仁和 2 乡合并为胜利公社。1959 年更名为百尺河公社。1984 年改置百尺河镇和大仁和乡。1989 年大仁和乡并入。镇以驻地村得名。有省级工程技术研究中心 2 个。有中小学 10 所，卫生院 1 个。有省级文物保护单位高家朱村墓群。农业以种植业和畜牧业为主，粮食作物主产小麦、玉米，养殖肉牛、肉鸡、生猪等。工业以精密铸锻业为主。有胶新铁路、省道平日路过境。设天清湾货运站。

辛兴镇 370782-B07
[Xīnxīng Zhèn]

诸城市辖镇。在市境东部。面积 81 平方千米。人口 4.3 万。辖 13 居委会，有 68 自然村。镇人民政府驻辛兴村。1958 年置辛兴乡。1959 年更名为辛兴公社。1984 年改置辛兴镇。以镇政府驻地村得名。境内有牛台山等，芦河从境内穿过。有省级以上研发中心 7 个。有中小学 10 所，图书馆 1 个，卫生院 1 个。农业以种植业为主，粮食作物主产小麦、玉米，经济作物有黄烟、蔬菜、果品、花卉苗木等。工业形成生物医药、现代装备制造两大主导产业，有辛兴工业园、东城高新技术产业园、东晓生物科技园等产业园区，服务业以商贸物流为主，有临港现代物流园。有青莱高速、省道朱诸路过境。

林家村镇　370782-B08
[Línjiācūn Zhèn]

诸城市辖镇。在市境东南部。面积324平方千米。人口9.6万。辖27居委会，有167自然村。镇人民政府驻林家村。1958年设林家村乡。1959年成立公社。1984年改置林家村镇。2007年撤瓦店镇、桃园乡，并入林家村镇。以镇政府驻地村得名。境内有障日山、竹山等，芦河、吉利河、桃园河、扶河、白马河等从境内穿过。有中小学22所，图书馆27个，卫生院3个。有国家级文物保护单位齐长城遗址、省级文物保护单位石河头遗址，重要名胜古迹省级森林公园竹山。农业以种植业和养殖业为主，粮食作物主产小麦、玉米，有特色农产品黄烟、花生、辣椒、果品、白菜、双孢菇，养殖猪、肉鸡等。工艺品加工为优势产业。工业以电子信息、高端装备制造、高档食品加工、工艺品加工为主，有青岛产业园。服务业以现代物流业为主。有青兰高速、省道薛馆路过境。

皇华镇　370782-B09
[Huánghuá Zhèn]

诸城市辖镇。在市境南部。面积221平方千米。人口7.3万。辖18居委会，有89自然村。镇人民政府驻皇华店村。1958年置皇华乡。1959年成立皇华人民公社。1984年分置皇华镇、朱家村乡。1989年朱家村乡并入。2007年郝戈庄镇并入。以镇政府驻地村得名。境内有马耳山、卢山、常山、凤凰山等，扶淇河、倒漾河从境内穿过。有省级产品技术研究中心2个。有中小学12所，卫生院2个。有国家级文物保护单位齐长城遗址、省级文物保护单位呈子遗址，重要名胜古迹马耳山省级森林公园、丁耀亢故居、程子文化遗址、皇龙沟恐龙足迹群等。农业以种植业为主，产小麦、玉米、花生、黄烟、蔬菜、山楂、板栗、樱桃等。工业有橡胶轮胎、机械铸造、服装设计、食品加工、新型建材等产业。有省道平日路过境。

桃林镇　370782-B10
[Táolín Zhèn]

诸城市辖镇。在市境南部。面积135平方千米。人口3.4万。辖11居委会，有72自然村。镇人民政府驻桃林村。1958年置桃林乡，同年与马家庄子、理务关三乡合并成立繁荣人民公社。1959年更名为桃林公社。1984年撤社分置桃林乡和山东头乡。2001年山东头乡并入桃林乡。2010年改置桃林镇。以镇政府驻地村得名。境内有大山、黄牛山、红石崖、望海楼等，桃林河、吉利河等从境内穿过。有中小学9所，卫生院1个。有国家级文物保护单位齐长城遗址，重要名胜古迹汉代墓群等。农业以种植业为主，产小麦、玉米、红薯、花生、黄烟和苹果、山楂、桃、杏、李子、板栗、樱桃等干鲜杂果，盛产红参、柴胡、枸杞子等中药材，特产茶叶，"诸城绿茶"是国家地理标志保护产品。工业以食品、饮品、服装、建材、工艺品加工为主。省道平日路过境。

旧地名

朱解镇（旧）　370782-U01
[Zhūxiè Zhèn]

诸城市辖镇。在市境东部。1996年设立。2007年撤销，并入密州街道。

箭口镇（旧）　370782-U02
[Jiànkǒu Zhèn]

诸城市辖镇。在市境西部。1994年设立。2001年撤销，与万家庄镇合并成立舜王街道。

解留镇（旧） 370782-U03

[Xièliú Zhèn]

诸城市辖镇。在市境西北部。1984年设立。1996年更名为九台镇。

九台镇（旧） 370782-U04

[Jiǔtái Zhèn]

诸城市辖镇。在市境北部。1996年设立。2007年撤销，并入舜王街道。

万家庄镇（旧） 370782-U05

[Wànjiāzhuāng Zhèn]

诸城市辖镇。在市境北部。1994年设立。2001年撤销，与箭口镇合并成立舜王街道。

程戈庄镇（旧） 370782-U06

[Chénggēzhuāng Zhèn]

诸城市辖镇。在市境西北部。1994年设立。2007年撤销，并入舜王街道。

孟疃镇（旧） 370782-U07

[Mèngtuǎn Zhèn]

诸城市辖镇。在市境西部。1984年设立。2007年撤销，划归贾悦镇。

马庄镇（旧） 370782-U08

[Mǎzhuāng Zhèn]

诸城市辖镇。在市境西北部。1997年设立。2007年撤销，划归贾悦镇。

郭家屯镇（旧） 370782-U09

[Guōjiātún Zhèn]

诸城市辖镇。在市境北部。1994年设立。2007年撤销，并入相州镇。

瓦店镇（旧） 370782-U10

[Wǎdiàn Zhèn]

诸城市辖镇。在市境东部。1984年设立。2007年撤销，并入林家村镇。

楼子乡（旧） 370782-U11

[Lóuzi Xiāng]

诸城市辖乡。在市境西北部。1984年设立。1989年撤销，并入程戈庄镇。

吴家楼乡（旧） 370782-U12

[Wújiālóu Xiāng]

诸城市辖乡。在市境西北部。1984年设立。2001年撤销，并入石桥子镇。

曹家泊乡（旧） 370782-U13

[Cáojiāpō Xiāng]

诸城市辖乡。在市境北部。1984年设立。1989年撤销，并入相州镇。

芝灵乡（旧） 370782-U14

[Zhīlíng Xiāng]

诸城市辖乡。在市境东北部。1984年设立。1989年撤销，并入昌城镇。

大屯乡（旧） 370782-U15

[Dàtún Xiāng]

诸城市辖乡。在市境东南部。1984年设立。1989年撤销，并入林家村镇。

石河头乡（旧） 370782-U16

[Shíhétóu Xiāng]

诸城市辖乡。在市境东南部。1984年设立。2000年合并后归桃园乡，2007年乡镇合并归林家村镇。

桃园乡（旧） 370782-U17

[Táoyuán Xiāng]

诸城市辖乡。在市境东南部。1984年设立。2007年撤销，划归林家村镇。

山东头乡（旧） 370782-U18

[Shāndōngtóu Xiāng]

诸城市辖乡。在市境东南部。1984年

设立。2001 年并入桃林乡。2010 年撤乡设桃林镇。

寿塔乡（旧） 370782-U19
[Shòutǎ Xiāng]

诸城市辖乡。在市境南部。1984 年设立。1989 年与郝戈庄乡合并设立郝戈庄镇。2007 年并入皇华镇。

郝戈庄乡（旧） 370782-U20
[Hǎogēzhuāng Xiāng]

诸城市辖乡。在市境西南部。1984 年设立。1989 年寿塔乡并入，成立郝戈庄镇。2007 年并入皇华镇。

吕标乡（旧） 370782-U21
[Lǚbiāo Xiāng]

诸城市辖乡。在市境西南部。1984 年设立。1994 年撤乡设吕标镇。2007 年并入龙都街道。

大仁和乡（旧） 370782-U22
[Dàrénhé Xiāng]

诸城市辖乡。在市境东北部。1984 年设立。1989 年，该乡 9 村并入辛兴镇，其他村并入百尺河镇。

朱家村乡（旧） 370782-U23
[Zhūjiācūn Xiāng]

诸城市辖乡。在市境南部。1984 年设立。1989 年撤销，并入皇华镇。

范家官庄乡（旧） 370782-U24
[Fànjiāguānzhuāng Xiāng]

诸城市辖乡。在市境西部。1984 年设立。1989 年并入孟疃镇。

社区

兴华社区 370782-A01-J01
[Xīnghuá Shèqū]

属密州街道管辖。在诸城市中部。面积 0.43 平方千米。人口 4 800。以振兴中华之意命名。2008 年成立。有楼房 26 栋，现代建筑风格。驻有府前街小学等单位。通公交车。

建国社区 370782-A01-J02
[Jiànguó Shèqū]

属密州街道管辖。在诸城市东南部。面积 1.4 平方千米。人口 3 300。因辖区内建国村得名。2008 年成立。有楼房 18 栋，现代建筑风格。驻有诸城市实验中学、诸城妇幼保健院、诸城市中医院等单位。通公交车。

东武社区 370782-A01-J03
[Dōngwǔ Shèqū]

属密州街道管辖。在诸城市东南部。面积 1.53 平方千米。人口 12 000。因该地曾是汉代东武县故城而得名。2008 年成立。有楼房 12 栋，现代建筑风格。驻有东武小学等单位。通公交车。

大华社区 370782-A01-J04
[Dàhuá Shèqū]

属密州街道管辖。在诸城市东部。面积 3.5 平方千米。人口 8 200。因辖区内原大华村得名。2008 年成立。有楼房 25 栋，现代建筑风格。驻有繁华学校、孙氏餐饮集团、红星建设集团、诸城市畜牧局等单位。通公交车。

东坡社区 370782-A01-J05
[Dōngpō Shèqū]

属密州街道管辖。在诸城市东北部。面积 0.39 平方千米。人口 5 400。因辖区内东坡小区得名。1996 年成立。有楼房 38 栋，现代建筑风格。驻有密州路学校等单位。通公交车。

超然社区 370782-A01-J06
[Chāorán Shèqū]

属密州街道管辖。在诸城市东北部。面积 0.89 平方千米。人口 8 600。辖区范围内有著名历史文化景点超然台，故名。2008 年成立。有楼房 15 栋，现代建筑风格。通公交车。

繁华社区 370782-A01-J07
[Fánhuá Shèqū]

属密州街道管辖。在诸城市中部。面积 0.5 平方千米。人口 11 300。因辖区内繁华小区得名。2004 年成立。有楼房 21 栋，现代建筑风格。驻有密州农商银行、华玺大酒店等单位。通公交车。

城北社区 370782-A01-J08
[Chéngběi Shèqū]

属密州街道管辖。在诸城市东北部。面积 1.2 平方千米。人口 4 100。因位于城区北部得名。2011 年成立。有楼房 15 栋，现代建筑风格。驻有中国烟草总公司诸城烟草公司、山东鑫城集团、诸城市检察院、诸城市卫生局等单位。通公交车。

东鲁社区 370782-A01-J09
[Dōnglǔ Shèqū]

属密州街道管辖。在诸城市东北部。面积 0.66 平方千米。人口 5 300。"东鲁"一名取自诗句"至今东鲁遗风在，十万人家尽读书"。2010 年成立。有楼房 23 栋，现代建筑风格。驻有城北学校、城北医院等单位。通公交车。

玉山社区 370782-A01-J10
[Yùshān Shèqū]

属密州街道管辖。在诸城市北部。面积 1 平方千米。人口 5 300。明洪武四年（1371）大风堆沙，色如白玉，故村称白玉山。社区沿用该村名。2007 年成立。有楼房 23 栋，现代建筑风格。驻有诸城市博物馆、诸城市国税局、诸城市审计局、同济医院等单位。通公交车。

十里社区 370782-A01-J11
[Shílǐ Shèqū]

属密州街道管辖。在诸城市北部。面积 6.28 平方千米。人口 7 600。村以距离市中心十里远而得名，社区因十里村得名。2007 年成立。有楼房 15 栋，现代建筑风格。驻有美晨科技股份有限公司、山东巨环专用汽车有限公司、桑莎集团等单位。通公交车。

高铁社区 370782-A01-J12
[Gāotiě Shèqū]

属密州街道管辖。在诸城市东部。面积 2.6 平方千米。人口 6 700。因辖区内有高乐埠、铁沟等村，故名高铁社区。2010 年成立。有楼房 10 栋，现代建筑风格。驻有华源生物、日通机械、利德机械等单位。通公交车。

朱解社区 370782-A01-J13
[Zhūxiè Shèqū]

属密州街道管辖。在诸城市北部。面积 3 平方千米。人口 9 100。因辖区内北朱解村得名。2007 年成立。有楼房 16 栋，现代建筑风格。驻有诸城市兴德机械有限公司、恒利源包装有限公司、鸿兴木业有限公司、绿康食品有限公司等单位。通公交车。

曹阵社区 370782-A01-J14
[Cáozhèn Shèqū]

属密州街道管辖。在诸城市东部。面积 6.3 平方千米。人口 4 300。因辖区内前曹阵村得名。2008 年成立。有楼房 5 栋，现代建筑风格。通公交车。

大王门社区 370782-A01-J15
[Dàwángmén Shèqū]

属密州街道管辖。在诸城市东南部。面积 0.01 平方千米。人口 4 000。因辖区内大王门村得名。2008 年成立。有楼房 6 栋，现代建筑风格。驻有诸城市委党校等单位。通公交车。

东山社区 370782-A01-J16
[Dōngshān Shèqū]

属密州街道管辖。在诸城市东部。面积 10.3 平方千米。人口 4 200。因社区内有东山得名。2008 年成立。有楼房 2 栋，现代建筑风格。通公交车。

高疃社区 370782-A01-J17
[Gāotuǎn Shèqū]

属密州街道管辖。在诸城市东部。面积 0.01 平方千米。人口 4 200。因辖区内高疃村得名。2008 年成立。有楼房 3 栋，现代建筑风格。通公交车。

黄疃社区 370782-A01-J18
[Huángtuǎn Shèqū]

属密州街道管辖。在诸城市东部。面积 4.04 平方千米。人口 5 200。因由 5 个黄疃村组成，故名。2010 年成立。有楼房 7 栋，现代建筑风格。驻有华宇家具、安博斯纺织等单位。通公交车。

栗行社区 370782-A01-J19
[Lìháng Shèqū]

属密州街道管辖。在诸城市东部。面积 5.9 平方千米。人口 5 300。因辖区内原栗行村得名。2007 年成立。有楼房 2 栋，现代建筑风格。驻有中盛机械、乾龙汽车等单位。通公交车。

潘旺社区 370782-A01-J20
[Pānwàng Shèqū]

属密州街道管辖。在诸城市东部。面积 7.83 平方千米。人口 6 600。因辖区内村庄名字中"潘旺"二字较多，故名。2007 年成立。有楼房 3 栋，现代建筑风格。驻有鲁玉工贸、冠泓数控等单位。通公交车。

西王门社区 370782-A01-J21
[Xīwángmén Shèqū]

属密州街道管辖。在诸城市东部。面积 5.4 平方千米。人口 3 500。社区中心村为西王门庄子，故名。2008 年成立。有楼房 15 栋，现代建筑风格。驻有西王门社区幼儿园等单位。通公交车。2014 年被评为省文明社区。

范家岭社区 370782-A01-J22
[Fànjiālǐng Shèqū]

属密州街道管辖。在诸城市东部。面积 2.66 平方千米。人口 3 300。以社区所在中心村范家岭村命名。2008 年成立。有楼房 6 栋，现代建筑风格。驻有雅菲服饰、正宏工贸、小康机械、亚美欧食品公司等单位。通公交车。

湖东社区 370782-A01-J23
[Húdōng Shèqū]

属密州街道管辖。在诸城市南部。面积 4.6 平方千米。人口 5 000。因社区位于诸城市三里庄水库（南湖）东岸而得名。2011 年成立。有楼房 30 栋，现代建筑风格。驻有诸城恒威服装有限公司等单位。通公交车。

花园社区 370782-A01-J24
[Huāyuán Shèqū]

属密州街道管辖。在诸城市中部。面积 4.5 平方千米。人口 2 800。因社区设在花园村，故名。2007 年成立。有楼房 9 栋，现代建筑风格。通公交车。

岔道口社区 370782-A02-J01
[Chàdàokǒu Shèqū]

属龙都街道管辖。在诸城市西部。面积 1.5 平方千米。人口 21 000。以辖区岔道口村得名。2008 年成立。有楼房 139 栋，现代建筑风格。驻有山东东升工贸、鲁一服装等单位。通公交车。2012 年被评为省文明社区。

杨春社区 370782-A02-J02
[Yángchūn Shèqū]

属龙都街道管辖。在诸城市西部。面积 2.2 平方千米。人口 35 000。原名杨家庄子，社区成立时改为杨春。2003 年成立。有楼房 175 栋，现代建筑风格。驻有杨春集团、杨春国际酒店等单位。通公交车。2011 年被评为省文明社区。

邱家庄社区 370782-A02-J03
[Qiūjiāzhuāng Shèqū]

属龙都街道管辖。在诸城市西部。面积 6 平方千米。人口 8 000。因邱家庄得名。2007 年成立。有楼房 12 栋，现代建筑风格。驻有邱家庄学校等单位。通公交车。

西冯社区 370782-A02-J04
[Xīféng Shèqū]

属龙都街道管辖。在诸城市西部。面积 0.26 平方千米。人口 300。最初冯氏来此定居，以姓氏称村名西冯家庄。社区沿用村名。2008 年成立。有楼房 5 栋，现代建筑风格。通公交车。

龙源社区 370782-A02-J05
[Lóngyuán Shèqū]

属龙都街道管辖。在诸城市中部。面积 4.24 平方千米。人口 3 900。因邻近龙源路得名。2008 年成立。有楼房 8 栋，现代建筑风格。通公交车。

明诚园社区 370782-A02-J06
[Míngchéngyuán Shèqū]

属龙都街道管辖。在诸城市中部。面积 6.3 平方千米。人口 12 000。因辖区内明诚园小区得名。2008 年成立。有楼房 22 栋，现代建筑风格。通公交车。

沙戈庄社区 370782-A02-J07
[Shāgēzhuāng Shèqū]

属龙都街道管辖。在诸城市西部。面积 1.2 平方千米。人口 2 100。村名称沙戈庄，与古代潍河冲积而成的沙丘地有关，社区沿用村名。2007 年成立。有楼房 10 栋，现代建筑风格。通公交车。

学府园社区 370782-A02-J08
[Xuéfǔyuán Shèqū]

属龙都街道管辖。在诸城市中部。面积 3.1 平方千米。人口 11 700。因辖区内学府园得名。2008 年成立。有楼房 11 栋，现代建筑风格。通公交车。

栗元社区 370782-A02-J09
［Lìyuán Shèqū］

　　属龙都街道管辖。在诸城市中部。面积7.1平方千米。人口2 200。因辖区内大栗园得名。2008年成立。有楼房8栋，现代建筑风格。通公交车。

水泊社区 370782-A02-J10
［Shuǐpō Shèqū］

　　属龙都街道管辖。在诸城市西南部。面积3.6平方千米。人口4 600。因社区设在水泊得名。2008年成立。有楼房7栋，现代建筑风格。驻有昊宝服饰有限公司等单位。通公交车。

邱家七吉社区 370782-A02-J11
［Qiūjiāqījí Shèqū］

　　属龙都街道管辖。在诸城市西南部。面积8平方千米。人口8 100。因辖区内邱家七吉村得名。2007年成立。有楼房5栋，现代建筑风格。驻有吕标学校、诸城一中、元康食品、金汇纺织等单位。通公交车。

大村社区 370782-A02-J12
［Dàcūn Shèqū］

　　属龙都街道管辖。在诸城市西南部。面积5.88平方千米。人口4 300。因辖区内大村得名。2008年成立。有楼房9栋，现代建筑风格。驻有绿兴源食品有限公司等单位。通公交车。

邓戈庄社区 370782-A02-J13
［Dènggēzhuāng Shèqū］

　　属龙都街道管辖。在诸城市西南部。面积4.3平方千米。人口3 800。因辖区内邓戈庄得名。2010年成立。有楼房5栋，现代建筑风格。驻有诸城天耀服装有限公司、诸城市昊宝服饰有限公司等单位。通公交车。

见屯社区 370782-A02-J14
［Jiàntún Shèqū］

　　属龙都街道管辖。在诸城市南部。面积3.7平方千米。人口2 500。因辖区内见屯村得名。2007年成立。有楼房4栋，现代建筑风格。通公交车。

大源社区 370782-A02-J15
［Dàyuán Shèqū］

　　属龙都街道管辖。在诸城市西南部。面积4.5平方千米。人口3 200。因为山东大源建设集团与大黑龙沟、小黑龙沟等6个自然村联合共建，故名。2007年成立。有楼房6栋，现代建筑风格。驻有诸城市大源生态农业示范基地有限公司等单位。通公交车。2013年被评为省文明社区。

指挥社区 370782-A02-J16
［Zhǐhuī Shèqū］

　　属龙都街道管辖。在诸城市西南部。面积6平方千米。人口3 100。因辖区内指挥村得名。2007年成立。有楼房2栋，现代建筑风格。通公交车。

高相社区 370782-A02-J17
［Gāoxiàng Shèqū］

　　属龙都街道管辖。在诸城市西南部。面积5.31平方千米。人口4 900。因辖区内高相村得名。2010年成立。有楼房2栋，现代建筑风格。通公交车。

谭家庄社区 370782-A02-J18
［Tánjiāzhuāng Shèqū］

　　属龙都街道管辖。在诸城市西南部。面积7.04平方千米。人口6 700。因辖区内谭家庄得名。2007年成立。有楼房2栋，现代建筑风格。驻有恒冶铸造有限公司等单位。通公交车。

七吉社区 370782-A02-J19

[Qījí Shèqū]

　　属龙都街道管辖。在诸城市西南部。面积 6.52 平方千米。人口 6 300。因辖区内大七吉村得名。2008 年成立。有楼房 4 栋，现代建筑风格。通公交车。

善士社区 370782-A02-J20

[Shànshì Shèqū]

　　属龙都街道管辖。在诸城市西南部。面积 3.92 平方千米。人口 4 800。因辖区内善士村得名。2007 年成立。有楼房 4 栋，现代建筑风格。通公交车。

孔戈庄社区 370782-A02-J21

[Kǒnggēzhuāng Shèqū]

　　属龙都街道管辖。在诸城市中部。面积 0.31 平方千米。人口 1 200 。因辖区内孔戈庄得名。有楼房 6 栋，现代建筑风格。通公交车。

土墙社区 370782-A02-J22

[Tǔqiáng Shèqū]

　　属龙都街道管辖。在诸城市西南部。面积 3.6 平方千米。人口 3 100。以社区中心村西土墙命名。2007 年成立。有楼房 12 栋，现代建筑风格。驻有龙源学校、超然中学等单位。通公交车。

郝家村社区 370782-A02-J23

[Hǎojiācūn Shèqū]

　　属龙都街道管辖。在诸城市南部。面积 3.37 平方千米。人口 4 900。因辖区内小郝家村得名。2007 年成立。有楼房 4 栋，现代建筑风格。驻有福海机械厂、丰盛机械厂等单位。通公交车。

红星社区 370782-A03-J01

[Hóngxīng Shèqū]

　　属舜王街道管辖。在诸城市北部。面积 2.31 平方千米。人口 6 200。因红星家园小区得名。2012 年成立。有楼房 33 栋，现代建筑风格。通公交车。

舜安社区 370782-A03-J02

[Shùn'ān Shèqū]

　　属舜王街道管辖。在诸城市北部。面积 16 平方千米。人口 7 300。相传舜帝出生于舜王街道，安为安定、和谐意，故名。2007 年成立。有楼房 4 栋，现代建筑风格。通公交车。

万里社区 370782-A03-J03

[Wànlǐ Shèqū]

　　属舜王街道管辖。在诸城市北部。面积 3.2 平方千米。人口 10 000 。以山水地理实体得名。2008 年成立。有楼房 12 栋，现代建筑风格。驻有迈赫自动化公司、龙城中学等单位。通公交车。

诸冯社区 370782-A03-J04

[Zhūféng Shèqū]

　　属舜王街道管辖。在诸城市北部。面积 15.2 平方千米。人口 9 000。诸冯是由"邾风"谐音演变而来，邾是夷族人的代称，风是指风夷、夷族的一支，社区因诸冯村得名。2007 年成立。有楼房 8 栋，现代建筑风格。驻有惠发食品、诸城市奥铃工厂等单位。通公交车。

常旺铺社区 370782-A03-J05

[Chángwàngpù Shèqū]

　　属舜王街道管辖。在诸城市北部。面积 20 平方千米。人口 6 000。因辖区内上常旺铺村得名。2009 年成立。有楼房 4 栋，现代建筑风格。驻有常旺铺幼儿园，向阳小学等单位。通公交车。

山泉社区 370782-A03-J06
[Shānquán Shèqū]

属舜王街道管辖。在诸城市北部。面积8.2平方千米。人口5 800。因辖区内山泉小区得名。2012年成立。通公交车。

岳家庄社区 370782-A03-J07
[Yuèjiāzhuāng Shèqū]

属舜王街道管辖。在诸城市西部。面积5.8平方千米。人口3 000。因社区办公室在岳家庄村，故名。2008年成立。有楼房2栋，现代建筑风格。通公交车。

周庄子社区 370782-A03-J08
[Zhōuzhuāngzi Shèqū]

属舜王街道管辖。在诸城市西部。面积8.17平方千米。人口3 300。因社区办公室在周庄子村，故名。2008年成立。有楼房4栋，现代建筑风格。通公交车。

东楼社区 370782-A03-J09
[Dōnglóu Shèqū]

属舜王街道管辖。在诸城市西部。面积9.29平方千米。人口6 700。因社区办公室设在东楼村，故名。2008年成立。有楼房4栋，现代建筑风格。驻有康润食品有限公司等单位。通公交车。

凤凰社区 370782-A03-J10
[Fènghuáng Shèqū]

属舜王街道管辖。在诸城市西北部。面积4.5平方千米。人口2 000。因社区办公室在小凤凰村，故名。2008年成立。有楼房2栋，现代建筑风格。通公交车。

郭家埠社区 370782-A03-J11
[Guōjiābù Shèqū]

属舜王街道管辖。在诸城市西北部。面积8.96平方千米。人口5 500。因社区办公地点设在郭家埠村，故名。2008年成立。有楼房2栋，现代建筑风格。驻有恒通工贸等单位。通公交车。

箭口社区 370782-A03-J12
[Jiànkǒu Shèqū]

属舜王街道管辖。在诸城市西北部。面积7.24平方千米。人口4 200。因社区办公室在箭口村，故名。2008年成立。有楼房4栋，现代建筑风格。驻有箭口医院等单位。通公交车。

解留社区 370782-A03-J13
[Xièliú Shèqū]

属舜王街道管辖。在诸城市西北部。面积7.73平方千米。人口3 300。因社区办公所在地为解留二村，故名。2008年成立。有楼房4栋，现代建筑风格。驻有解留医院等单位。有敬老院。通公交车。

九台社区 370782-A03-J14
[Jiǔtái Shèqū]

属舜王街道管辖。在诸城市西北部。面积6.61平方千米。人口4 200。因社区办公所在地为九台，故名。2008年成立。有楼房4栋，现代建筑风格。驻有诸城市公安局九台派出所、诸城农商银行等单位。通公交车。

涝戈庄社区 370782-A03-J15
[Làogēzhuāng Shèqū]

属舜王街道管辖。在诸城市西北部。面积10.69平方千米。人口4 800。因社区办公所在地为涝戈庄，故名。2008年成立。

有楼房 2 栋，现代建筑风格。驻有富杰机械有限公司等单位。通公交车。

慕容社区 370782-A03-J16
[Mùróng Shèqū]

属舜王街道管辖。在诸城市北部。面积 5.86 平方千米。人口 3 600。因社区办公室在慕容老庄，故名。2008 年成立。有楼房 2 栋，现代建筑风格。通公交车。

潘庄社区 370782-A03-J17
[Pānzhuāng Shèqū]

属舜王街道管辖。在诸城市西部。面积 7.71 平方千米。人口 5 800。因社区办公室在小潘庄村，故名。2008 年成立。有楼房 2 栋，现代建筑风格。通公交车。

尚沟河社区 370782-A03-J18
[Shànggōuhé Shèqū]

属舜王街道管辖。在诸城市西北部。面积 11.13 平方千米。人口 5 500。因社区办公室在尚沟河村，故名。2008 年成立。通公交车。

松园社区 370782-A03-J19
[Sōngyuán Shèqū]

属舜王街道管辖。在诸城市东南部。面积 11.4 平方千米。人口 6 300。因社区办公室在后松园村，故名。2008 年成立。有楼房 2 栋，现代建筑风格。驻有山东众惠农贸有限公司、瑞康机械汽车配件有限公司等单位。通公交车。

孙仓社区 370782-A03-J20
[Sūncāng Shèqū]

属舜王街道管辖。在诸城市北部。面积 11.6 平方千米。人口 5 100。因社区办公所在地为孙仓村，故名。2008 年成立。有

楼房 2 栋，现代建筑风格。驻有汉王山酱菜厂等单位。通公交车。

孙戈庄社区 370782-A03-J21
[Sūngēzhuāng Shèqū]

属舜王街道管辖。在诸城市北部。面积 8.52 平方千米。人口 4 600。因社区办公所在地为下孙戈庄，故名。2008 年成立。有楼房 2 栋，现代建筑风格。驻有诸城市交通管理所单位。通公交车。

鑫城社区 370782-A03-J22
[Xīnchéng Shèqū]

属舜王街道管辖。在诸城市西部。面积 8.05 平方千米。人口 4 900。因社区办公所在地为鑫城房地产所在地，故名。2007 年成立。有楼房 4 栋，现代建筑风格。驻有程戈庄医院等单位。通公交车。

东枳沟社区 370782-B01-J01
[Dōngzhǐgōu Shèqū]

属枳沟镇管辖。在诸城市西南部。面积 9.5 平方千米。人口 6 400。因社区办公地点位于枳沟镇驻地东侧，故名。2010 年成立。有楼房 9 栋，现代建筑风格。驻有枳沟镇人民政府、枳沟镇派出所、枳沟工商所、枳沟小学、枳沟初级中学等单位。通公交车。

西枳沟社区 370782-B01-J02
[Xīzhǐgōu Shèqū]

属枳沟镇管辖。在诸城市西南部。面积 3.3 平方千米。人口 3 700。因社区办公地点位于枳沟镇驻地西侧，故名。2010 年成立。有楼房 8 栋，现代建筑风格。驻有枳沟镇医院等单位。通公交车。

乔庄社区 370782-B01-J03
[Qiáozhuāng Shèqū]

属枳沟镇管辖。在诸城市西南部。面

积 5.5 平方千米。人口 5 700。以中心村乔庄村命名。2010 年成立。有楼房 12 栋，现代建筑风格。驻有国信橡胶分厂、新润食品厂等单位。通公交车。

杨家洼社区 370782-B01-J04
[Yángjiāwā Shèqū]

属枳沟镇管辖。在诸城市西南部。面积 12.85 平方千米。人口 4 000。因社区中心村设在杨家洼村，故名。2010 年成立。有楼房 2 栋，现代建筑风格。驻有幼儿园等单位。通公交车。

北杏社区 370782-B01-J05
[Běixìng Shèqū]

属枳沟镇管辖。在诸城市西南部。面积 5.2 平方千米。人口 5 600。因辖区内北杏村得名。2010 年成立。有楼房 12 栋，现代建筑风格。驻有国信橡胶分厂、鲁通车辆配件厂、兴和食品加工厂等单位。通公交车。

后寨社区 370782-B01-J06
[Hòuzhài Shèqū]

属枳沟镇管辖。在诸城市西南部。面积 5.2 平方千米。人口 6 700。因辖区内后寨村得名。2010 年成立。有楼房 2 栋，现代建筑风格。驻有中慧饲料有限公司等单位。通公交车。

玉皇社区 370782-B01-J07
[Yùhuáng Shèqū]

属枳沟镇管辖。在诸城市西南部。面积 12 平方千米。人口 4 700。因社区中心村在玉皇村，故名。2010 年成立。有楼房 2 栋，现代建筑风格。驻有潍坊誉洲食品有限公司等单位。通公交车。

北老屯社区 370782-B01-J08
[Běilǎotún Shèqū]

属枳沟镇管辖。在诸城市西南部。面积 2.6 平方千米。人口 3 400。因社区中心村是北老屯村，故名。2010 年成立。有楼房 2 栋，现代建筑风格。驻有天盛源食品厂、玉林机械厂、吉源金属化工厂等单位。通公交车。

普庆社区 370782-B01-J09
[Pǔqìng Shèqū]

属枳沟镇管辖。在诸城市西南部。面积 7.89 平方千米。人口 7 300。因社区中心村是普庆村，故名。2010 年成立。有楼房 10 栋，现代建筑风格。驻有华艺家具厂等单位。通公交车。

西贾悦社区 370782-B02-J01
[Xījiǎyuè Shèqū]

属贾悦镇管辖。在诸城市西部。面积 10.95 平方千米。人口 6 000。以社区中心村命名。2007 年成立。有楼房 15 栋，现代建筑风格。通公交车。

东贾悦社区 370782-B02-J02
[Dōngjiǎyuè Shèqū]

属贾悦镇管辖。在诸城市西部。面积 12 平方千米。人口 5 700。2008 年成立。因辖区内贾悦东村得名。有楼房 8 栋，现代建筑风格。驻有晶品机械有限公司、新东方机械有限公司等单位。通公交车。

坡子社区 370782-B02-J03
[Pōzi Shèqū]

属贾悦镇管辖。在诸城市西部。面积 10.41 平方千米。人口 5 000。因社区以坡子为中心村建立，故名。2008 年成立。有楼房 2 栋，现代建筑风格。通公交车。

南同社区 370782-B02-J04

[Nántóng Shèqū]

属贾悦镇管辖。在诸城市西部。面积14.1平方千米。人口3 500。因位于贾悦镇南端，由五个以不同姓氏命名的"同村"组成，故名。2010年成立。有楼房2栋，现代建筑风格。通公交车。

徐宋社区 370782-B02-J05

[Xúsòng Shèqū]

属贾悦镇管辖。在诸城市西部。面积7.47平方千米。人口4 800。以社区中心村命名。2007年成立。有楼房2栋，现代建筑风格。通公交车。

欧美尔社区 370782-B02-J06

[Ōuměi'ěr Shèqū]

属贾悦镇管辖。在诸城市西部。面积8.84平方千米。人口4 000。因欧美尔公司援建社区办公设施，故名。2011年成立。有楼房4栋，现代建筑风格。驻有泰盛化工有限公司、良丰化学有限公司等单位。通公交车。

希努尔社区 370782-B02-J07

[Xīnǔ'ěr Shèqū]

属贾悦镇管辖。在诸城市西部。面积9.3平方千米。人口4 400。因希努尔有限公司投资建立社区，故名。2007年成立。有楼房6栋，现代建筑风格。驻有坤泰转动轴有限公司、山东和利农业发展有限公司等单位。通公交车。

大元社区 370782-B02-J08

[Dàyuán Shèqū]

属贾悦镇管辖。在诸城市西部。面积5.8平方千米。人口3 200。因大源企业投资建立社区，故名。2007年成立。有楼房6栋，现代建筑风格。通公交车。

拐庄社区 370782-B02-J09

[Guǎizhuāng Shèqū]

属贾悦镇管辖。在诸城市西部。面积7.8平方千米。人口2 900。因辖区内南拐庄村得名。2007年成立。有楼房2栋，现代建筑风格。通公交车。

王家疃社区 370782-B02-J10

[Wángjiātuǎn Shèqū]

属贾悦镇管辖。在诸城市西部。面积5.3平方千米。人口2 600。因社区办公室设在王家疃村，故名。2008年成立。有楼房2栋，现代建筑风格。驻有万兴建材有限公司、中汇建材有限公司等单位。通公交车。

孟疃社区 370782-B02-J11

[Mèngtuǎn Shèqū]

属贾悦镇管辖。在诸城市西部。面积5.93平方千米。人口3 600。因辖区内孟疃村得名。2007年成立。有楼房12栋，现代建筑风格。驻有孟疃小学、孟疃初级中学等单位。通公交车。

王力沟社区 370782-B02-J12

[Wánglìgōu Shèqū]

属贾悦镇管辖。在诸城市西部。面积7.55平方千米。人口3 600。以社区中心村王家唐力沟村命名。2008年成立。有楼房2栋，现代建筑风格。通公交车。

下坡社区 370782-B02-J13

[Xiàpō Shèqū]

属贾悦镇管辖。在诸城市西部。面积6.95平方千米。人口4 600。以社区中心村大下坡命名。2007年成立。有楼房2栋，现代建筑风格。通公交车。

张庄社区 370782-B02-J14
[Zhāngzhuāng Shèqū]

属贾悦镇管辖。在诸城市西部。面积10.6平方千米。人口4 500。以社区中心村后张庄命名。2010年成立。有楼房2栋，现代建筑风格。通公交车。

苑庄社区 370782-B02-J15
[Yuànzhuāng Shèqū]

属贾悦镇管辖。在诸城市西部。面积13.8平方千米。人口4 500。因辖区内苑庄三村得名。2011年成立。有楼房2栋，现代建筑风格。通公交车。

东王庄社区 370782-B02-J16
[Dōngwángzhuāng Shèqū]

属贾悦镇管辖。在诸城市西部。面积3.99平方千米。人口2 100。因辖区内东王家庄得名。2007年成立。有楼房2栋，现代建筑风格。通公交车。

范家官庄社区 370782-B02-J17
[Fànjiāguānzhuāng Shèqū]

属贾悦镇管辖。在诸城市西部。面积10.08平方千米。人口3 600。因辖区内范家官庄得名。2008年成立。有楼房2栋，现代建筑风格。驻有万兴建材有限公司、润田食品有限公司等单位。通公交车。

河西社区 370782-B02-J18
[Héxī Shèqū]

属贾悦镇管辖。在诸城市西部。面积8.28平方千米。人口6 200。因辖区内河西村得名。2007年成立。有楼房2栋，现代建筑风格。通公交车。

杨庄社区 370782-B02-J19
[Yángzhuāng Shèqū]

属贾悦镇管辖。在诸城市西北部。面积4.9平方千米。人口3 600。以社区中心村西杨家庄子村命名。2007年成立。有楼房2栋，现代建筑风格。通公交车。

朱堡社区 370782-B02-J20
[Zhūpù Shèqū]

属贾悦镇管辖。在诸城市西北部。面积6.19平方千米。人口2 400。以社区中心村朱堡村命名。2008年成立。有楼房3栋，现代建筑风格。通公交车。

马庄社区 370782-B02-J21
[Mǎzhuāng Shèqū]

属贾悦镇管辖。在诸城市西北部。面积8.76平方千米。人口4 700。因辖区内大马庄得名。2008年成立。有楼房8栋，现代建筑风格。通公交车。

珠藏社区 370782-B02-J22
[Zhūzàng Shèqū]

属贾悦镇管辖。在诸城市西北部。面积5.32平方千米。人口2400。因辖区内珠藏村得名。2007年成立。有楼房2栋，现代建筑风格。驻有诸城市立荣食品厂等单位。通公交车。

凤凰庄社区 370782-B02-J23
[Fènghuángzhuāng Shèqū]

属贾悦镇管辖。在诸城市西北部。面积9.89平方千米。人口3 000。因辖区内凤凰庄得名。2011年成立。有楼房2栋，现代建筑风格。通公交车。

灌津社区 370782-B02-J24
[Guànjīn Shèqū]

属贾悦镇管辖。在诸城市西北部。面积10.58平方千米。人口3 500。以社区中心村命名。2007年成立。有楼房3栋，现代建筑风格。通公交车。

岳戈庄社区 370782-B02-J25
［Yuègēzhuāng Shèqū］

属贾悦镇管辖。在诸城市西北部。面积 8.92 平方千米。人口 3 100。因辖区内大岳戈庄村得名。2008 年成立。有楼房 4 栋，现代建筑风格。通公交车。

龙宿社区 370782-B02-J26
［Lóngxiǔ Shèqū］

属贾悦镇管辖。在诸城市西北部。面积 7.37 平方千米。人口 3 200。因辖区内龙宿村得名。2007 年成立。有楼房 2 栋，现代建筑风格。通公交车。

营子社区 370782-B02-J27
［Yíngzi Shèqū］

属贾悦镇管辖。在诸城市西北部。面积 7.5 平方千米。人口 3 100。以社区中心村臧家营子村命名。2010 年成立。有楼房 2 栋，现代建筑风格。通公交车。

伴倒井子社区 370782-B03-J01
［Bàndǎojǐngzi Shèqū］

属石桥子镇管辖。在诸城市西北部。面积 2.3 平方千米。人口 1 100。因社区中心村伴倒井子得名。2007 年成立。以平房为主。驻有伴倒井子社区幼儿园、伴倒井子小学等单位。通公交车。

常吉疃社区 370782-B03-J02
［Chángjítuǎn Shèqū］

属石桥子镇管辖。在诸城市西北部。面积 9.7 平方千米。人口 2 400。因社区中心村常吉疃得名。2007 年成立。有楼房 3 栋，现代建筑风格。通公交车。

大朱苏铺社区 370782-B03-J03
［Dàzhūsūpù Shèqū］

属石桥子镇管辖。在诸城市北部。面积 0.93 平方千米。人口 3 000。因社区中心村大朱苏铺得名。2008 年成立。有楼房 2 栋，现代建筑风格。驻有大朱苏铺社区幼儿园、大朱苏铺小学等单位。通公交车。

范家岭社区 370782-B03-J04
［Fànjiālǐng Shèqū］

属石桥子镇管辖。在诸城市西北部。面积 8.04 平方千米。人口 3 000。因社区中心村范家岭村得名。2007 年成立。有楼房 2 栋，现代建筑风格。驻有范家岭社区幼儿园等单位。通公交车。

浩仉社区 370782-B03-J05
［Hàozhǎng Shèqū］

属石桥子镇管辖。在诸城市西北部。面积 7.8 平方千米。人口 3 000。因社区中心村前浩仉得名。2008 年成立。有楼房 3 栋，现代建筑风格。驻有鹏飞木业等单位。通公交车。

近戈庄社区 370782-B03-J06
［Jìngēzhuāng Shèqū］

属石桥子镇管辖。在诸城市西北部。面积 5 平方千米。人口 3 700。因社区中心村大近戈庄得名。2007 年成立。有楼房 4 栋，现代建筑风格。驻有近戈庄社区幼儿园、近戈庄社区小学等单位。通公交车。

刘家清河社区 370782-B03-J07
［Liújiāqīnghé Shèqū］

属石桥子镇管辖。在诸城市西北部。面积 9.06 平方千米。人口 2 900。因社区中心村刘家清河得名。2007 年成立。有楼房 2 栋，现代建筑风格。通公交车。

刘家庄社区 370782-B03-J08
［Liújiāzhuāng Shèqū］

属石桥子镇管辖。在诸城市西北部。

面积 5.8 平方千米。人口 2 700。因社区中心村刘家庄得名。2007 年成立。有楼房 3 栋，现代建筑风格。驻有刘家庄社区幼儿园等单位。通公交车。

龙石头河社区 370782-B03-J09
[Lóngshítóuhé Shèqū]

属石桥子镇管辖。在诸城市西北部。面积 9.6 平方千米。人口 2 600。因社区中心村龙石头河得名。2007 年成立。有楼房 2 栋，现代建筑风格。通公交车。

楼子社区 370782-B03-J10
[Lóuzi Shèqū]

属石桥子镇管辖。在诸城市西北部。面积 11.45 平方千米。人口 3 900。因社区中心村东楼子得名。2008 年成立。有楼房 2 栋，现代建筑风格。有敬老院。通公交车。

石桥子社区 370782-B03-J11
[Shíqiáozi Shèqū]

属石桥子镇管辖。在诸城市西北部。面积 4.5 平方千米。人口 3 500。古代这里是南海一带通往潍州、青州的必经之路，传说为利交通，于宋代用巨石数百建大桥于荆河之上，因桥雄伟壮观，以桥名村石桥子。社区中心村为石桥子村，故名。2008 年成立。有楼房 9 栋，现代建筑风格。驻有石桥子镇卫生院等单位。通公交车。

苏家庄社区 370782-B03-J12
[Sūjiāzhuāng Shèqū]

属石桥子镇管辖。在诸城市西北部。面积 2.01 平方千米。人口 700。因社区中心村大苏家庄得名。2007 年成立。有楼房 2 栋，现代建筑风格。驻有苏家庄社区幼儿园、苏家庄小学等单位。通公交车。

王院社区 370782-B03-J13
[Wángyuàn Shèqū]

属石桥子镇管辖。在诸城市西北部。面积 3.61 平方千米。人口 2 000。因社区中心村前王院村得名。2008 年成立。有楼房 3 栋，现代建筑风格。驻有王院社区幼儿园、王院小学等单位。通公交车。

吴家楼社区 370782-B03-J14
[Wújiālóu Shèqū]

属石桥子镇管辖。在诸城市西北部。面积 13.9 平方千米。人口 4 200。因社区中心村吴家楼得名。2007 年成立。有楼房 6 栋，现代建筑风格。驻有吴家楼社区幼儿园等单位。通公交车。

西院社区 370782-B03-J15
[Xīyuàn Shèqū]

属石桥子镇管辖。在诸城市西北部。面积 8.5 平方千米。人口 5 900。因社区中心村胡家西院得名。2007 年成立。有楼房 3 栋，现代建筑风格。驻有西院社区幼儿园、西院小学等单位。通公交车。

西臧家庄社区 370782-B03-J16
[Xīzāngjiāzhuāng Shèqū]

属石桥子镇管辖。在诸城市西北部。面积 10.34 平方千米。人口 3 100。因社区中心村西臧家庄得名。2008 年成立。以平房为主。驻有西臧家庄社区幼儿园等单位。通公交车。

岳旺社区 370782-B03-J17
[Yuèwàng Shèqū]

属石桥子镇管辖。在诸城市西北部。面积 12.01 平方千米。人口 4 100。因社区中心村高家岳旺村得名。2007 年成立。以平房为主。驻有岳旺社区幼儿园等单位。通公交车。

张家清河社区 370782-B03-J18
[Zhāngjiāqīnghé Shèqū]

属石桥子镇管辖。在诸城市西北部。面积 6.92 平方千米。人口 3 800。因社区中心村张家清河村得名。2007 年成立。以平房为主。驻有张家清河社区幼儿园、张家清河小学等单位。通公交车。

北王庄社区 370782-B04-J01
[Běiwángzhuāng Shèqū]

属相州镇管辖。在诸城市北部。面积 5.92 平方千米。人口 3 700。因北王庄得名。2007 年成立。有楼房 3 栋，现代建筑风格。通公交车。

曹家泊社区 370782-B04-J02
[Cáojiāpō Shèqū]

属相州镇管辖。在诸城市北部。面积 11.84 平方千米。人口 7 200。因曹家泊村得名。2007 年成立。有楼房 4 栋，现代建筑风格。通公交车。

城阳社区 370782-B04-J03
[Chéngyáng Shèqū]

属相州镇管辖。在诸城市西北部。面积 9.14 平方千米。人口 4 200。因城阳村得名。2007 年成立。有楼房 2 栋，现代建筑风格。通公交车。

古县社区 370782-B04-J04
[Gǔxiàn Shèqū]

属相州镇管辖。在诸城市北部。面积 7.57 平方千米。人口 4 900。因古县村得名。2007 年成立。有楼房 2 栋，现代建筑风格。通公交车。

郭家屯社区 370782-B04-J05
[Guōjiātún Shèqū]

属相州镇管辖。在诸城市北部。面积 11.04 平方千米。人口 6 700。因郭家屯村得名。2007 年成立。有楼房 3 栋，现代建筑风格。通公交车。

金叶社区 370782-B04-J06
[Jīnyè Shèqū]

属相州镇管辖。在诸城市北部。面积 9.9 平方千米。人口 4 100。因黄烟生产是社区的支柱产业，故名。2007 年成立。有楼房 2 栋，现代建筑风格。通公交车。

莲池社区 370782-B04-J07
[Liánchí Shèqū]

属相州镇管辖。在诸城市北部。面积 8.91 平方千米。人口 6 200。因前、后莲池村得名。2007 年成立。有楼房 3 栋，现代建筑风格。通公交车。

马家屯社区 370782-B04-J08
[Mǎjiātún Shèqū]

属相州镇管辖。在诸城市北部。面积 5.71 平方千米。人口 4 000。因马家屯村得名。2007 年成立。有楼房 2 栋，现代建筑风格。通公交车。

双庙社区 370782-B04-J09
[Shuāngmiào Shèqū]

属相州镇管辖。在诸城市北部。面积 13.24 平方千米。人口 9 500。因大双庙、东双庙、南双庙村得名。2007 年成立。有楼房 2 栋，现代建筑风格。通公交车。

梧村社区 370782-B04-J10
[Wúcūn Shèqū]

属相州镇管辖。在诸城市北部。面积 8.11 平方千米。人口 3 400。因小梧村得名。2007 年成立。有楼房 2 栋，现代建筑风格。通公交车。

相州社区 370782-B04-J11
[Xiàngzhōu Shèqū]

　　属相州镇管辖。在诸城市北部。面积19.26平方千米。人口11 600。因相州一村等得名。2007年成立。有楼房12栋，现代建筑风格。通公交车。

徐洞社区 370782-B04-J12
[Xúdòng Shèqū]

　　属相州镇管辖。在诸城市北部。面积1.5千米。人口3 000。因徐洞村得名。2007年成立。有楼房2栋，现代建筑风格。通公交车。

埠口社区 370782-B05-J01
[Bùkǒu Shèqū]

　　属昌城镇管辖。在诸城市东部。面积4.83平方千米。人口5 000。因居委会在埠口村得名。2013年成立。有楼房2栋，现代建筑风格。驻有诸城红缨制衣有限公司等单位。有老年人幸福院。通公交车。

巴山社区 370782-B05-J02
[Bāshān Shèqū]

　　属昌城镇管辖。在诸城市北部。面积13.2平方千米。人口6 400。因社区中心村王家巴山村得名。2007年成立。有楼房2栋，现代建筑风格。驻有巴山幼儿园、巴山社区小学等单位。通公交车。

埠头社区 370782-B05-J03
[Bùtóu Shèqū]

　　属昌城镇管辖。在诸城市东北部。面积3.21平方千米。人口2 100。因社区中心村埠头一村得名。2007年成立。有楼房4栋，现代建筑风格。驻有埠头社区幼儿园、埠头小学等单位。通公交车。

昌城社区 370782-B05-J04
[Chāngchéng Shèqū]

　　属昌城镇管辖。在诸城市东北部。面积4.35平方千米。人口4 500。因社区中心村昌城村得名。2008年成立。有楼房12栋，现代建筑风格。驻有得利斯纸业有限公司、日龙公司、东冷公司、丰盛公司等单位。通公交车。

大宋社区 370782-B05-J05
[Dàsòng Shèqū]

　　属昌城镇管辖。在诸城市东北部。面积9.84平方千米。人口4 300。因社区中心村西大宋村得名。2008年成立。有楼房3栋，现代建筑风格。通公交车。

道口社区 370782-B05-J06
[Dàokǒu Shèqū]

　　属昌城镇管辖。在诸城市东北部。面积23.78平方千米。人口4 300。因地理位置得名。2007年成立。有楼房3栋，现代建筑风格。驻有泸河集团等单位。通公交车。

得利斯社区 370782-B05-J07
[Délìsī Shèqū]

　　属昌城镇管辖。在诸城市东北部。面积3.52平方千米。人口5 000。因社区中心村得利斯村得名。2008年成立。有楼房8栋，现代建筑风格。驻有得利斯集团有限公司、昌城镇中心小学等单位。通公交车。

官沟社区 370782-B05-J08
[Guāngōu Shèqū]

　　属昌城镇管辖。在诸城市东北部。面积4.57平方千米。人口2 500。因社区中心村东官沟村得名。2007年成立。有楼房2栋，现代建筑风格。驻有官沟社区幼儿园等单位。有幸福院。通公交车。

行寺社区 370782-B05-J09

[Xíngsì Shèqū]

属昌城镇管辖。在诸城市东北部。面积12.9平方千米。人口3 900。因社区中心村东行寺村得名。2007年成立。有楼房3栋，现代建筑风格。驻有行寺社区幼儿园、行寺小学等单位。通公交车。

河岔社区 370782-B05-J10

[Héchà Shèqū]

属昌城镇管辖。在诸城市东北部。面积2.66平方千米。人口2 200。因社区中心村陶家河岔村得名。2007年成立。有楼房2栋，现代建筑风格。驻有河岔社区幼儿园等单位。通公交车。

栗园社区 370782-B05-J11

[Lìyuán Shèqū]

属昌城镇管辖。在诸城市东北部。面积7.2平方千米。人口6 400。因社区多有板栗树，有刘墉板栗园，故名。2007年成立。有楼房6栋，现代建筑风格。驻有诸城市世民工贸有限公司、诸城市栗园酒店有限责任公司等单位。有幸福院。通公交车。

孙村社区 370782-B05-J12

[Sūncūn Shèqū]

属昌城镇管辖。在诸城市东北部。面积42.6平方千米。人口5 200。因社区中心村孙村二村得名。2010年成立。有楼房4栋，现代建筑风格。驻有孙村社区幼儿园等单位。通公交车。

杨义庄社区 370782-B05-J13

[Yángyìzhuāng Shèqū]

属昌城镇管辖。在诸城市东北部。面积3.8平方千米。人口3 200。原名孙家庄，1981年欲恢复古村名杨羲庄，因文字错误，讹为杨义庄。社区沿用村名。2007年成立。有楼房4栋，现代建筑风格。通公交车。2007年被评为省文明社区。

郑家河岔社区 370782-B05-J14

[Zhèngjiāhéchà Shèqū]

属昌城镇管辖。在诸城市东北部。面积4.65平方千米。人口3 400。因社区中心村郑家河岔村得名。2008年成立。有楼房2栋，现代建筑风格。驻有金好食品有限公司、弘信钢结构有限公司、益欣食品有限公司等单位。通公交车。

芝灵社区 370782-B05-J15

[Zhīlíng Shèqū]

属昌城镇管辖。在诸城市东北部。面积3.95平方千米。人口2 600。因社区中心村邱家芝灵村得名。2008年成立。有楼房2栋，现代建筑风格。驻有芝灵社区幼儿园、芝灵小学等单位。通公交车。

重兴社区 370782-B05-J16

[Chóngxīng Shèqū]

属昌城镇管辖。在诸城市东北部。面积3.95平方千米。人口3 500。因社区中心村大重兴村得名。2007年成立。有楼房4栋，现代建筑风格。驻有重兴社区幼儿园、重兴小学等单位。通公交车。

百尺河社区 370782-B06-J01

[Bǎichǐhé Shèqū]

属百尺河镇管辖。在诸城市东北部。面积5.06平方千米。人口3 700。因社区中心村百尺河村得名。2008年成立。有楼房15栋，现代建筑风格。驻有百尺河社区幼儿园、百尺河小学等单位。通公交车。

大仁和社区 370782-B06-J02
[Dàrénhé Shèqū]

　　属百尺河镇管辖。在诸城市东北部。面积 8.91 平方千米。人口 4 200。因社区中心村大仁和西村得名。2008 年成立。有楼房 4 栋，现代建筑风格。驻有大仁和小学等单位。通公交车。

河套社区 370782-B06-J03
[Hétào Shèqū]

　　属百尺河镇管辖。在诸城市东北部。面积 6.14 平方千米。人口 3 300。因社区中心村庄家河套村得名。2008 年成立。有楼房 4 栋，现代建筑风格。驻有河套社区幼儿园、河套小学等单位。通公交车。

刘家村社区 370782-B06-J04
[Liújiācūn Shèqū]

　　属百尺河镇管辖。在诸城市东北部。面积 6.8 平方千米。人口 3 900。因所辖刘家村距离镇中心较近，故名。2008 年成立。有楼房 2 栋，现代建筑风格。通公交车。

龙泉社区 370782-B06-J05
[Lóngquán Shèqū]

　　属百尺河镇管辖。在诸城市东北部。面积 6.5 平方千米。人口 3 500。因社区中心村东龙泉村得名。2008 年成立。有楼房 4 栋，现代建筑风格。驻有龙泉小学等单位。通公交车。

盆渠社区 370782-B06-J06
[Pénqú Shèqū]

　　属百尺河镇管辖。在诸城市东北部。面积 13.95 平方千米。人口 4 000。因社区中心村后盆渠村得名。2008 年成立。有楼房 2 栋，现代建筑风格。驻有盆渠小学等单位。通公交车。

清济庵社区 370782-B06-J07
[Qīngjì'ān Shèqū]

　　属百尺河镇管辖。在诸城市东北部。面积 6.93 平方千米。人口 4 700。因社区中心村清济庵村得名。2008 年成立。有楼房 3 栋，现代建筑风格。驻有大于庄小学等单位。通公交车。

水泊社区 370782-B06-J08
[Shuǐpō Shèqū]

　　属百尺河镇管辖。在诸城市东北部。面积 4.95 平方千米。人口 2 800。因社区中心村东水泊村得名。2008 年成立。有楼房 3 栋，现代建筑风格。驻有水泊社区幼儿园、水泊小学等单位。通公交车。

西百尺河社区 370782-B06-J09
[Xībǎichǐhé Shèqū]

　　属百尺河镇管辖。在诸城市东北部。面积 7.64 平方千米。人口 4 200。因所辖西百尺河村距离镇中心较近，故名。2008 年成立。有楼房 3 栋，现代建筑风格。驻有后桃元小学等单位。通公交车。

小仁和社区 370782-B06-J10
[Xiǎorénhé Shèqū]

　　属百尺河镇管辖。在诸城市东北部。面积 7.45 平方千米。人口 3 800。因社区中心村小仁和后村得名。2008 年成立。有楼房 3 栋，现代建筑风格。驻有小仁和东小学等单位。通公交车。

星石沟社区 370782-B06-J11
[Xīngshígōu Shèqū]

　　属百尺河镇管辖。在诸城市东北部。面积 10.28 平方千米。人口 2 000。因社区中心村星石沟村得名。2008 年成立。有楼房 2 栋，现代建筑风格。通公交车。

岳沟社区 370782-B06-J12
[Yuègōu Shèqū]

属百尺河镇管辖。在诸城市东北部。面积 11.43 平方千米。人口 4 500。因社区中心村岳沟村得名。2008 年成立。有楼房 2 栋，现代建筑风格。驻有岳沟小学等单位。通公交车。

朱村社区 370782-B06-J13
[Zhūcūn Shèqū]

属百尺河镇管辖。在诸城市东北部。面积 13.3 平方千米。人口 3 500。因社区中心村王家朱村得名。2008 年成立。有楼房 2 栋，现代建筑风格。驻有朱村小学等单位。通公交车。

丁家庄社区 370782-B07-J01
[Dīngjiāzhuāng Shèqū]

属辛兴镇管辖。在诸城市东北部。面积 6.84 平方千米。人口 3 300。因社区中心村小丁家庄得名。2008 年成立。有楼房 2 栋，现代建筑风格。通公交车。

东辛兴社区 370782-B07-J02
[Dōngxīnxīng Shèqū]

属辛兴镇管辖。在诸城市东北部。面积 4.99 平方千米。人口 4 200。因社区中心村东辛兴村得名。2007 年成立。有楼房 12 栋，现代建筑风格。驻有源发生物科技有限公司、东晓生物科技有限公司、益泰丰有限公司、润博食品有限公司等单位。通公交车。

米沟社区 370782-B07-J03
[Mǐgōu Shèqū]

属辛兴镇管辖。在诸城市东北部。面积 5.11 平方千米。人口 2 600。因社区中心村大米沟村得名。2008 年成立。有楼房 2 栋，现代建筑风格。驻有米沟社区幼儿园、米沟小学等单位。通公交车。

齐沟社区 370782-B07-J04
[Qígōu Shèqū]

属辛兴镇管辖。在诸城市东北部。面积 1.4 平方千米。人口 3 400。因社区中心村齐沟三村得名。2008 年成立。有楼房 2 栋，现代建筑风格。驻有齐沟社区幼儿园、齐沟小学等单位。通公交车。

捎铺社区 370782-B07-J05
[Shāopù Shèqū]

属辛兴镇管辖。在诸城市东部。面积 4.16 平方千米。人口 2 200。因社区中心村大捎铺村得名。2007 年成立。有楼房 4 栋，现代建筑风格。驻有捎铺社区幼儿园、捎铺小学、诸城市启峰农机制造厂、诸城市和润食品有限公司等单位。通公交车。

狮子口社区 370782-B07-J06
[Shīzikǒu Shèqū]

属辛兴镇管辖。在诸城市东北部。面积 5.2 平方千米。人口 2 900。因社区中心村西狮子口村得名。2007 年成立。有楼房 2 栋，现代建筑风格。驻有狮子口社区幼儿园、狮子口小学等单位。通公交车。

西公村社区 370782-B07-J07
[Xīgōngcūn Shèqū]

属辛兴镇管辖。在诸城市西北部。面积 4.57 平方千米。人口 2 300。因社区中心村西公村得名。2007 年成立。有楼房 3 栋，现代建筑风格。驻有西公村社区幼儿园、西公村小学、诸城市基润通建材有限公司等单位。通公交车。

辛兴社区 370782-B07-J08
［Xīnxīng Shèqū］

属辛兴镇管辖。在诸城市东北部。面积9.33平方千米。人口6 800。因社区中心村辛兴村得名。2007年成立。有楼房9栋，现代建筑风格。驻有辛兴社区幼儿园、辛兴小学等单位。通公交车。

饮马泉社区 370782-B07-J09
［Yìnmǎquán Shèqū］

属辛兴镇管辖。在诸城市东北部。面积4.82平方千米。人口2 300。因社区中心村东饮马泉村得名。2006年成立。有楼房3栋，现代建筑风格。驻有饮马泉社区幼儿园、饮马泉小学等单位。通公交车。

岳水社区 370782-B07-J10
［Yuèshuǐ Shèqū］

属辛兴镇管辖。在诸城市东北部。面积6.7平方千米。人口2 700。因社区中心村岳西村得名。2008年成立。有楼房3栋，现代建筑风格。驻有岳水社区幼儿园、岳水小学等单位。通公交车。

朱庙社区 370782-B07-J11
［Zhūmiào Shèqū］

属辛兴镇管辖。在诸城市东北部。面积8.4平方千米。人口4 000。因社区中心村范家朱庙村得名。2007年成立。有楼房2栋，现代建筑风格。驻有朱庙小学等单位。通公交车。

芦水社区 370782-B07-J12
［Lúshuǐ Shèqū］

属辛兴镇管辖。在诸城市东部。面积4.73平方千米。人口3 600。因社区由多个芦水自然村构成，故名。2011年成立。有楼房2栋，现代建筑风格。驻有诸城市贝斯特工贸公司、山东大业股份有限公司、诸城市兴旺家居有限公司等单位。通公交车。

大杨家庄子社区 370782-B07-J13
［Dàyángjiāzhuāngzi Shèqū］

属辛兴镇管辖。在诸城市东部。面积1.66平方千米。人口1 000。以社区中心村大杨家庄子命名。2007年成立。有楼房4栋，现代建筑风格。通公交车。

半边井子社区 370782-B08-J01
［Bànbiānjǐngzi Shèqū］

属林家村镇管辖。在诸城市东南部。面积12.95平方千米。人口3 300。因社区中心村半边井子村得名。2008年成立。有楼房2栋，现代建筑风格。驻有半边井子社区幼儿园、半边井子小学等单位。通公交车。

大麻沟社区 370782-B08-J02
［Dàmágōu Shèqū］

属林家村镇管辖。在诸城市东部。面积6.17平方千米。人口2 700。因社区中心村大麻沟村得名。2008年成立。有楼房2栋，现代建筑风格。驻有大麻沟社区幼儿园、大麻沟小学等单位。通公交车。

大岳峙社区 370782-B08-J03
［Dàyuèzhì Shèqū］

属林家村镇管辖。在诸城市东南部。面积10.3平方千米。人口3 300。因社区中心村大岳峙村得名。2008年成立。有楼房2栋，现代建筑风格。驻有大岳峙社区幼儿园、大岳峙小学等单位。通公交车。

丹家店子社区 370782-B08-J04
［Dānjiādiànzi Shèqū］

属林家村镇管辖。在诸城市东南部。

面积 6.67 千米。人口 4 100。因社区中心村丹家店子村得名。2008 年成立。有楼房 3 栋，现代建筑风格。驻有丹家店子社区幼儿园、丹家店子小学等单位。通公交车。

东公村社区 370782-B08-J05
[Dōnggōngcūn Shèqū]

属林家村镇管辖。在诸城市东部。面积 6.7 平方千米。人口 3 200。因社区中心村东公村得名。2008 年成立。有楼房 2 栋，现代建筑风格。驻有东公村小学等单位。通公交车。

东红社区 370782-B08-J06
[Dōnghóng Shèqū]

属林家村镇管辖。在诸城市东南部。面积 12.74 平方千米。人口 2 900。因社区中心村东红村得名。2008 年成立。有楼房 2 栋，现代建筑风格。驻有东红社区幼儿园、东红小学等单位。通公交车。

东王家夼社区 370782-B08-J07
[Dōngwángjiākuǎng Shèqū]

属林家村镇管辖。在诸城市东南部。面积 15 平方千米。人口 3 000。因社区中心村东王家夼村得名。2008 年成立。有楼房 2 栋，现代建筑风格。驻有东王家夼社区幼儿园、东王家夼小学等单位。通公交车。

黑王家沟社区 370782-B08-J08
[Hēiwángjiāgōu Shèqū]

属林家村镇管辖。在诸城市东南部。面积 13.11 平方千米。人口 3 400。因社区中心村黑王家沟村得名。2008 年成立。有楼房 2 栋，现代建筑风格。驻有黑王家沟社区幼儿园、黑王家沟小学等单位。通公交车。

琅古尧社区 370782-B08-J09
[Lánggǔyáo Shèqū]

属林家村镇管辖。在诸城市东南部。面积 10.63 平方千米。人口 2 800。因社区中心村琅古尧村得名。2008 年成立。有楼房 2 栋，现代建筑风格。驻有琅古尧社区幼儿园、琅古尧小学等单位。通公交车。

林家一社区 370782-B08-J10
[Línjiā 1 Shèqū]

属林家村镇管辖。在诸城市东部。面积 9 平方千米。人口 3 900。因社区中心村林家一村得名。2008 年成立。有楼房 8 栋，现代建筑风格。驻有林家村镇党委、林家村医院等单位。通公交车。

林家二社区 370782-B08-J11
[Línjiā 2 Shèqū]

属林家村镇管辖。在诸城市东部。面积 6.3 平方千米。人口 4 700。因社区中心村林家二村得名。2008 年成立。有楼房 7 栋，现代建筑风格。驻有林家二社区幼儿园、林家村二村小学等单位。通公交车。

林家三社区 370782-B08-J12
[Línjiā 3 Shèqū]

属林家村镇管辖。在诸城市东部。面积 39.16 平方千米。人口 3 500。因社区中心村林家三村得名。2008 年成立。有楼房 7 栋，现代建筑风格。驻有林家三社区幼儿园、林家村三村小学、天合堂食品有限公司、樱花制衣有限公司等单位。通公交车。

龙湾社区 370782-B08-J13
[Lóngwān Shèqū]

属林家村镇管辖。在诸城市东南部。面积 9.16 平方千米。人口 4 500。因社区中心村大龙湾村得名。2008 年成立。有楼房

2栋，现代建筑风格。驻有龙湾社区幼儿园、龙湾小学等单位。通公交车。

鲁山沟社区 370782-B08-J14
[Lǔshāngōu Shèqū]

属林家村镇管辖。在诸城市东南部。面积4.5平方千米。人口2 000。因社区中心村鲁山沟村得名。2008年成立。有楼房2栋，现代建筑风格。驻有鲁山沟社区幼儿园等单位。通公交车。

麻姑馆社区 370782-B08-J15
[Mágūguǎn Shèqū]

属林家村镇管辖。在诸城市东南部。面积6.57平方千米。人口1 400。因社区中心村麻姑馆村得名。2008年成立。有楼房2栋，现代建筑风格。通公交车。

三皇庙社区 370782-B08-J16
[Sānhuángmiào Shèqū]

属林家村镇管辖。在诸城市东南部。面积10.8平方千米。人口4 100。因社区中心村三皇庙村得名。2008年成立。有楼房2栋，现代建筑风格。驻有三皇庙社区幼儿园、三皇庙小学等单位。通公交车。

石河头社区 370782-B08-J17
[Shíhétóu Shèqū]

属林家村镇管辖。在诸城市东南部。面积16.7平方千米。人口2 000。因社区中心村石河头村得名。2008年成立。有楼房2栋，现代建筑风格。驻有石河头社区幼儿园、石河头小学等单位。通公交车。

石门社区 370782-B08-J18
[Shímén Shèqū]

属林家村镇管辖。在诸城市东南部。面积15.3平方千米。人口4 000。因社区中心村石门村得名。2008年成立。有楼房4栋，

现代建筑风格。驻有石门小学、石门初级中学、石门水库管理局等单位。通公交车。

时家河社区 370782-B08-J19
[Shíjiāhé Shèqū]

属林家村镇管辖。在诸城市东南部。面积13.3平方千米。人口2 300。因社区中心村时家河村得名。2008年成立。有楼房2栋，现代建筑风格。通公交车。

桃园社区 370782-B08-J20
[Táoyuán Shèqū]

属林家村镇管辖。在诸城市东南部。面积12.66平方千米。人口3 600。因社区中心村大桃园村得名。2008年成立。有楼房8栋，现代建筑风格。驻有桃园社区幼儿园、桃园小学等单位。通公交车。

洼子社区 370782-B08-J21
[Wāzi Shèqū]

属林家村镇管辖。在诸城市东南部。面积15.2平方千米。人口4 300。因社区中心村洼子村得名。2008年成立。有楼房2栋，现代建筑风格。驻有洼子社区幼儿园、洼子小学等单位。通公交车。

瓦店社区 370782-B08-J22
[Wǎdiàn Shèqū]

属林家村镇管辖。在诸城市东南部。面积33.72平方千米。人口6 700。因社区中心村瓦店村得名。2008年成立。有楼房8栋，现代建筑风格。驻有瓦店卫生院、瓦店小学、瓦店初级中学、密州酒业有限公司等单位。通公交车。

万家庄社区 370782-B08-J23
[Wànjiāzhuāng Shèqū]

属林家村镇管辖。在诸城市东南部。面积11.77平方千米。人口2 800。因社区

中心村东万家庄村得名。2008 年成立。有楼房 2 栋，现代建筑风格。通公交车。

冶家店子社区 370782-B08-J24
[Yějiādiànzi Shèqū]

属林家村镇管辖。在诸城市东南部。面积 10.6 平方千米。人口 2 700。因社区中心村冶家店子村得名。2008 年成立。有楼房 2 栋，现代建筑风格。驻有冶家店子社区幼儿园、冶家店子小学等单位。通公交车。

义和社区 370782-B08-J25
[Yìhé Shèqū]

属林家村镇管辖。在诸城市东南部。面积 3.4 平方千米。人口 1 500。因诸城市义和车轿有限公司赞助社区建设，故名。2008 年成立。有楼房 3 栋，现代建筑风格。驻有义和社区幼儿园、青岛旭能生物工程有限公司等单位。通公交车。

皂户社区 370782-B08-J26
[Zàohù Shèqū]

属林家村镇管辖。在诸城市东南部。面积 9.5 平方千米。人口 4 000。因社区中心村皂户村得名。2008 年成立。有楼房 2 栋，现代建筑风格。驻有皂户社区幼儿园等单位。通公交车。

正大社区 370782-B08-J27
[Zhèngdà Shèqū]

属林家村镇管辖。在诸城市东部。面积 14.34 平方千米。人口 6 000。因诸城市正大置业有限公司投资建设社区，故名。2008 年成立。有楼房 4 栋，现代建筑风格。驻有正大社区幼儿园等单位。通公交车。

皇华店社区 370782-B09-J01
[Huánghuádiàn Shèqū]

属皇华镇管辖。在诸城市东南部。面积 25.67 平方千米。人口 5 400。因社区中心村皇华店村得名。2008 年成立。有楼房 22 栋，现代建筑风格。驻有山东三工等单位。通公交车。

位井子社区 370782-B09-J02
[Wèijǐngzi Shèqū]

属皇华镇管辖。在诸城市南部。面积 13.3 平方千米。人口 2 400。因社区中心村井子村得名。2013 年成立。有楼房 2 栋，现代建筑风格。通公交车。

杨村社区 370782-B09-J03
[Yángcūn Shèqū]

属皇华镇管辖。在诸城市南部。面积 17.61 平方千米。人口 3 300。因社区中心村杨村得名。2008 年成立。有楼房 2 栋，现代建筑风格。有幸福院。通公交车。

大山社区 370782-B09-J04
[Dàshān Shèqū]

属皇华镇管辖。在诸城市南部。面积 30.96 平方千米。人口 3 900。2007 年成立。有楼房 2 栋，现代建筑风格。驻有大山小学等单位。通公交车。

白粉子沟社区 370782-B09-J05
[Báifěnzigōu Shèqū]

属皇华镇管辖。在诸城市南部。面积 35.72 平方千米。人口 4 400。因社区中心村白粉子沟村得名。2008 年成立。有楼房 2 栋，现代建筑风格。通公交车。

姚家村社区 370782-B09-J06
[Yáojiācūn Shèqū]

属皇华镇管辖。在诸城市南部。面积 27.71 平方千米。人口 3 600。因社区中心村姚家村得名。2008 年成立。有楼房 2 栋，现代建筑风格。通公交车。

柏戈庄社区 370782–B09–J07
[Bǎigēzhuāng Shèqū]

属皇华镇管辖。在诸城市南部。面积14.75 平方千米。人口 3 500。因社区中心村范家柏戈庄得名。2007 年成立。有楼房 2 栋，现代建筑风格。驻有晨正汽车配件有限公司、青林木业有限公司等单位。有幸福院。通公交车。

郝戈庄社区 370782–B09–J08
[Hǎogēzhuāng Shèqū]

属皇华镇管辖。在诸城市南部。面积28.79 平方千米。人口 5 700。因后郝戈庄村得名。2007 年成立。有楼房 2 栋，现代建筑风格。通公交车。

石泉社区 370782–B09–J09
[Shíquán Shèqū]

属皇华镇管辖。在诸城市南部。面积24.41 平方千米。人口 4 400。因石泉村得名。2008 年成立。有楼房 2 栋，现代建筑风格。通公交车。

青墩社区 370782–B09–J10
[Qīngdūn Shèqū]

属皇华镇管辖。在诸城市南部。面积32.33 平方千米。人口 3 400。因青墩村得名。2008 年成立。有楼房 3 栋，现代建筑风格。驻有龙泉自来水公司、青墩水库管理局等单位。通公交车。

寿塔社区 370782–B09–J11
[Shòutǎ Shèqū]

属皇华镇管辖。在诸城市南部。面积20.72 平方千米。人口 5 000。因寿塔村得名。2008 年成立。有楼房 4 栋，现代建筑风格。驻有富仁工贸有限公司、荣祥铸造有限公司、泰宇针织有限公司等单位。通公交车。

尚庄社区 370782–B09–J12
[Shàngzhuāng Shèqū]

属皇华镇管辖。在诸城市南部。面积47.55 平方千米。人口 6 700。因尚庄得名。2007 年成立。有楼房 3 栋，现代建筑风格。通公交车。

曹寺社区 370782–B09–J13
[Cáosì Shèqū]

属皇华镇管辖。在诸城市南部。面积37.04 平方千米。人口 3 600。因曹寺村得名。2008 年成立。有楼房 2 栋，现代建筑风格。通公交车。

焦家庄子社区 370782–B09–J14
[Jiāojiāzhuāngzi Shèqū]

属皇华镇管辖。在诸城市南部。面积23.91 平方千米。人口 2 900。因焦家庄子得名。2008 年成立。有楼房 2 栋，现代建筑风格。通公交车。

范家庄子社区 370782–B09–J15
[Fànjiāzhuāngzi Shèqū]

属皇华镇管辖。在诸城市南部。面积6.39 平方千米。人口 3 200。以社区中心村范家庄子命名。2008 年成立。有楼房 4 栋，现代建筑风格。通公交车。

朱家村社区 370782–B09–J16
[Zhūjiācūn Shèqū]

属皇华镇管辖。在诸城市东南部。面积 2.33 平方千米。人口 2 900。以社区中心村朱家村命名。2007 年成立。有楼房 8 栋，现代建筑风格。驻有朱家村小学等单位。通公交车。

常山社区 370782–B09–J17
[Chángshān Shèqū]

属皇华镇管辖。在诸城市南部。面积

12.1平方千米。人口5 000。因坐落在常山山后得名。2007年成立。有楼房6栋,现代建筑风格。驻有诸城林立鞋厂、洪玉机械厂等单位。通公交车。

皇庄社区 370782-B09-J18
[Huángzhuāng Shèqū]

属皇华镇管辖。在诸城市南部。面积7平方千米。人口2 400。以社区中心村西皇庄村命名。2008年成立。有楼房2栋,现代建筑风格。驻有万祥针织厂、常山汽车配件厂等单位。通公交车。

阿洛子社区 370782-B10-J01
[Āluòzi Shèqū]

属桃林镇管辖。在诸城市东南部。面积15平方千米。人口5 000。因社区中心村阿洛子村得名。2008年成立。有楼房2栋,现代建筑风格。驻有阿洛子社区幼儿园、阿洛子小学等单位。通公交车。

曹家沟社区 370782-B10-J02
[Cáojiāgōu Shèqū]

属桃林镇管辖。在诸城市东南部。面积7.56平方千米。人口2 500。因社区中心村下曹家沟村得名。2008年成立。有楼房2栋,现代建筑风格。驻有曹家沟社区幼儿园、曹家沟小学等单位。通公交车。

草屋社区 370782-B10-J03
[Cǎowū Shèqū]

属桃林镇管辖。在诸城市东南部。面积25平方千米。人口2 300。因社区中心村草屋村得名。2008年成立。有楼房1栋,现代建筑风格。通公交车。

董家庄子社区 370782-B10-J04
[Dǒngjiāzhuāngzi Shèqū]

属桃林镇管辖。在诸城市东南部。面积7.2平方千米。人口2 900。因社区中心村董家庄子村得名。2008年成立。有楼房2栋,现代建筑风格。驻有董家庄子社区幼儿园、董家庄子小学等单位。通公交车。

合乐社区 370782-B10-J05
[Hélè Shèqū]

属桃林镇管辖。在诸城市东南部。面积7.5平方千米。人口3 300。以合乐子村命名。2008年成立。有楼房2栋,现代建筑风格。驻有合乐社区幼儿园、合乐社区小学等单位。通公交车。

鹤现社区 370782-B10-J06
[Hèxiàn Shèqū]

属桃林镇管辖。在诸城市东南部。面积10.21平方千米。人口3 400。因社区中心村大鹤现村得名。2008年成立。有楼房2栋,现代建筑风格。驻有鹤现社区幼儿园、鹤现小学等单位。通公交车。

山东头社区 370782-B10-J07
[Shāndōngtóu Shèqū]

属桃林镇管辖。在诸城市东南部。面积8.7平方千米。人口2 900。因社区中心村山东头村得名。2008年成立。有楼房4栋,现代建筑风格。驻有山东头小学、桃林镇敬老院等单位。通公交车。

石屋子沟社区 370782-B10-J08
[Shíwūzigōu Shèqū]

属桃林镇管辖。在诸城市东南部。面积7.24平方千米。人口1 500。因社区中心村石屋子沟村得名。2008年成立。有楼房1栋,现代建筑风格。通公交车。

桃林社区 370782-B10-J09
[Táolín Shèqū]

属桃林镇管辖。在诸城市东南部。面

积 18 平方千米。人口 2 800。因社区中心村桃林村得名。2014 年成立。有楼房 12 栋，现代建筑风格。驻有桃林社区幼儿园、桃林小学等单位。通公交车。

岳戈庄社区 370782–B10–J10
[Yuègēzhuāng Shèqū]

属桃林镇管辖。在诸城市东南部。面积 9.8 平方千米。人口 3 400。因社区中心村岳戈庄村得名。2008 年成立。有楼房 2 栋，现代建筑风格。驻有岳戈庄社区幼儿园、岳戈庄小学等单位。通公交车。

臧家沟社区 370782–B10–J11
[Zāngjiāgōu Shèqū]

属桃林镇管辖。在诸城市东南部。面积 24.23 平方千米。人口 2 700。因社区中心村臧家沟村得名。2008 年成立。有楼房栋，现代建筑风格。驻有臧家沟社区幼儿园、臧家沟小学等单位。通公交车。

寿光市

寿光市 370783
[Shòuguāng Shì]

山东省直辖县级市，由潍坊市代管。北纬 36°81′，东经 118°72′。在潍坊市境西北部。面积 1 990 平方千米。人口 103.2 万。以汉族为主，还有满、彝、回、蒙古、哈尼、布依、苗、土家、傣、壮、白等民族。辖 5 街道、9 镇。市人民政府驻圣城街道。西周为纪国地。战国为齐赇邑地。西汉于原赇邑东北置寿光县（治今牟城），县名取古间丘长老向齐宣王乞寿之词；又于原赇邑（今益城）置益县，同属北海郡。东汉同属乐安国。三国魏改益县为益都县，属齐国，寿光县属乐安郡。南朝宋废寿光县，又徙今博兴县境之博昌来治。北魏因之。北齐徙益都县离境，博昌县属乐安郡。隋开皇六年（586）改博昌县为寿光县，县治即今县城，属北海郡。唐属青州。元属益都路。明、清属青州府。1913 年属胶东道。1925 年属淄青道。1928 年属省。1940 年抗日民主政权建立后属清河行政区。1941 年属清东专区。1944 年属渤海行政区第五专区，翌年改属第三专区。1945 年析益都、寿光 2 县各一部置益寿县，属渤海行政区。1948 年析寿光县南境置寿南县，属昌潍专区。1949 年寿光、益寿 2 县均属清河专区。1950 年属昌潍专区。1952 年撤销益寿县，地归原属。1953 年寿南县并入寿光县。1983 年属潍坊市。1993 年改县为市。寿光城自唐代兴建，1953 年寿光、寿南两县合并重新组建寿光县。（资料来源：《中华人民共和国地名大词典》）有全福元商业大厦等标志性建筑物。2003 年扩建人民广场，重修望海楼。2005 年开始建设弥河观光园、中华牡丹园。2007 年新建彩虹公园。2014 年建明珠公园。地处弥河、小清河下游的鲁北冲积平原，地势南高北低，相对平坦。年均气温 12.4℃，1 月平均气温 −3.1℃，7 月平均气温 26.5℃。年均降水量 591.9 毫米。有小清河、弥河、丹河、尧河、桂河等流经。有石油、矿盐（天然卤水）、溴、钾盐、镁盐、建筑用砂等矿产资源。有野生植物 6 种，其中国家重点保护野生植物有银杏、水杉、杜仲、榉树 6 种。有野生动物 764 种，其中国家重点保护野生动物有白鹳、黑鹳、白鹤、丹顶鹤、大鸨等 19 种。有高等院校 1 所，中小学 141 所，图书馆 1 个，博物馆 1 个，知名文艺团体 1 个，体育场 1 个，二级以上医院 7 个。有省级文物保护单位 3 个，爱国主义教育基地 2 个，国家级非物质文化遗产 1 个、省级非物质文化遗产 5 个，重要古迹、景点 151 个。三次产业比例为 11.8∶40∶48.2。农业以蔬菜种植为主，是全国冬暖式大棚发源地，建有生态农业走廊、国家级现代农业示范区，有国家地理标志产品17个。畜牧业以饲养猪、鸡、羊、鸭为主。工业以造纸、石油机械、汽车制造、钢铁冶炼、精细化工、防水加工、橡胶轮胎、食品加工、纺织服装等为主，是全国重要的防水材料生产基地，拥有"晨鸣"纸业、"联盟"化工、"千榕"家纺、"仙霞"服饰等21个中国驰名商标。服务业以物流、商贸、电子商务为主，有国际商贸城、家产品物流园、晨鸣物流园、渤海物流园、临港物流园。有省级开发区1个。铁路益羊线、宅羊线、寿北支线、曹寿线，青银高速公路，荣乌高速公路，省道223、224、226、320、321、323过境。

寿光市经济开发区 370783-E01
[Shòuguāng Shì Jīngjì Kāifāqū]

在寿光市境中部。东邻弥河风景区，西邻寿光城区，北至安顺街北，南至健康街。面积6 079公顷。以所在政区得名。1992年12月经省政府正式批准建立省级开发区，由县市级政府管理。位于"环渤海经济圈""山东半岛蓝色经济区""黄河三角洲高效生态经济区"的结点位置，担负着种业研发和生物基新材料等领域技术革新的重大战略使命，是全国重要的造纸包装产业基地、渤海南岸重要的海洋产业基地、山东半岛盐碱地改造和盐田生态开发示范区，拥有全国重要的农业现代化服务平台，培育形成造纸及纸制品、农副产品深加工、专用设备制造三大主导产业。巨能金玉米、联盟化工、晨鸣纸业、凯马汽车、墨龙石油机械、巨能特钢、康跃科技、兰典生物、莫瑞科技、富康制药、三洋木制品、天力药业、天成食品、中慧食品等45家规模以上企业入区，有重点出口企业12家。有立体式交通网络，通公交车。

圣城街道 370783-A01
[Shèngchéng Jiēdào]

寿光市人民政府驻地。在市境中部。面积68平方千米。人口22.3万。以汉族为主，还有回、满、蒙古、彝等民族。2001年设立。因仓颉墓位于寿城，仓颉被称为圣人，故名。至2014年底，先后建设了上海车配龙汽车广场、晨鸣国际物流园、国际商贸城等八大城市综合体，徐家、东夏、三官等村进行公寓楼改造。弥河、张僧河从境内穿过。有高等院校1所，中小学18所，图书馆15个，体育场馆3个，知名文艺团体5个，医疗卫生机构12个。有省级文物保护单位赵旺铺遗址，国家级爱国主义教育基地寿光市烈士陵园，省级非物质文化遗产百鸟朝凤，重要名胜古迹李公祠等。经济以工业、商业、物流业等为主。农业以生态大棚种植为主，兼种小麦、玉米等。工业以造纸、汽车制造、石油机械、环保化工、食品加工为主，有晨鸣集团、联盟化工、巨能控股等大型企业。有寿光市汽车总站，通公交车。

文家街道 370783-A02
[Wénjiā Jiēdào]

属寿光市管辖。在市境西部。面积65平方千米。人口5.7万。2001年设立。以原文家乡驻地文家村命名。2008年建设农产品物流园，同时启动文盛家园、前游村、后游村、小尧村安置房及保障房建设。2012年对大尧村进行拆迁改造。跃龙河从境内穿过。有中小学7所，医疗卫生机构34个。有潍坊市级非物质文化遗产张家河头村威风锣鼓。农业以种植大棚蔬菜等为主，盛产韭菜。工业以造纸、化工、建筑材料、机械加工、食品加工为主，有晨鸣集团等大型企业。服务业以物流商贸为主，有专业农产品物流园。通公交车。

孙家集街道 370783-A03
[Sūnjiājí Jiēdào]

属寿光市管辖。在市境西南部。面积78平方千米。人口6.1万。2003年设立。因办事处驻孙集村得名。2004年建设中型商场全福元百货，修建绿源广场与绿源小区。2008年重新整修南环路、西环路与马泽路，并修建地下排水管道。弥河从境内穿过。有中小学9所，医疗卫生机构27个。有省级文物保护单位边线王遗址，纪念地陈少敏纪念馆，重要名胜古迹静山、三元朱村景区等。农业以无公害蔬菜种植，种苗、花卉繁育为主，蔬菜种植面积8万亩，有冬暖式蔬菜大棚3.2万余个，无公害蔬菜基地通过农业部认证，"乐义蔬菜"被评为中国蔬菜类驰名商标。工业以蔬菜加工、洁净煤加工、节能设备、钢结构、电气设备、刺绣等为主。通公交车。

洛城街道 370783-A04
[Luòchéng Jiēdào]

属寿光市管辖。在市境东部。面积136平方千米。人口11.6万。2003年设立。因办事处驻洛城村得名。2008年六股路启动旧村改造，寿光海关办事处动工建设，"两馆一中心"规划并动工建设一期体育场；2009—2011年，桥南李、邵家、西范、屯东4个村开始进行改造，"两馆一中心"全部开工建设，富士街、农圣街、洛兴街等道路相继施工；2012—2014年，屯西、洛西、尧水五村等20个村先后进行拆迁改造，世纪东城学校、金融财富小镇、全福元商业综合体等多个新区配套项目先后开工建设，豪源路、金光街、永乐路、尧河路、南环路改造等道路工程先后完成。弥河从境内穿过。有中小学10所，医疗卫生机构59个。经济以农业为主，有国家地理标志产品"浮桥萝卜"、山东省著名商标"洛

城特菜"，是中国（寿光）国际蔬菜科技博览会的举办地、中国蔬菜种业科技创新孵化器的诞生地、以色列等32家国内外种业品牌的集散地。工业形成汽车及相关配套、新能源、医药化工、木制品加工、纺织服装等支柱产业，有北航新材料产业园、城市产业综合体、博士创业园、科技创新园四大工业园区，航天威能新能源动力系统、玄武岩连续纤维、中韩汽车高端软模智能制造等一批核心支撑项目迅速推进，航天航空、新医药、高端装备制造、新能源、新材料等新兴产业不断壮大。通公交车。

古城街道 370783-A05
[Gǔchéng Jiēdào]

属寿光市管辖。在市境东北部。面积87平方千米。人口6.0万。2003年设立。以原古城乡驻地古城得名。弥河从境内穿过。有中小学5所，医疗卫生机构32个。农业以蔬菜种植、苗木繁育为主，主产西红柿、芸豆、辣椒、黄瓜、茄子等优质蔬菜，"古城西红柿"为国家地理标志产品。工业以能源、建材、冶金、化工为主。服务业以物流业为主，有渤海物流园。通公交车。

化龙镇 370783-B01
[Huàlóng Zhèn]

寿光市辖镇。在市境西部。面积75平方千米。人口5.4万。辖53村委会，有47自然村。镇人民政府驻马庄。1984年由丰城公社析设南柴乡。1994年改设化龙镇。2001年撤销丰城乡，并入化龙镇。以原化龙镇政府驻地化龙桥村得名。伏龙河、王钦河、龙泉河、益寿新河从境内穿过。有中小学7所，卫生院1个。农业以种植业为主，粮食作物主产小麦、玉米，经济作物主要有蔬菜、瓜果类，产无刺小黄瓜、樱桃西红柿，胡萝卜种植历史悠久，销往

日本、韩国、俄罗斯等国。工业、服务业以橡塑制品加工、胡萝卜加工、医疗器械制造、防水材料制造、物流为主。有潍博路、潍高路过境。

营里镇 370783-B02
[Yínglǐ Zhèn]

寿光市辖镇。在市境北部。面积303平方千米。人口5.6万。辖50村委会，有50自然村。镇人民政府驻营里社村。1953年设南河区。1958年改设乡，同年改公社。1984年复设乡。1993年改置营里镇。2005年原道口镇并入。以镇政府驻地村得名。濒临渤海湾，弥河从境内穿过。有中小学10所，图书馆2个，文化馆2个，卫生院1个，公共绿地6个，广场8个。有重要名胜古迹孙膑庙、清香寺、寿光林海生态园等。农业以种植冬枣、棉花等经济作物为主，产小麦、玉米。工业以海洋化工为主，是国内重要的原盐及盐化工生产基地，有化纤、机械、建材、新材料、特种纸等企业。有益羊铁路、荣乌高速公路、320省道过境。

台头镇 370783-B03
[Táitóu Zhèn]

寿光市辖镇。在市境西北部。面积118平方千米。人口5.4万。辖41村委会，有37自然村。镇人民政府驻北洋头村。1949年为临湖区。1958年改设台头乡，同年改公社。1984年改置镇。2001年牛头镇并入。因镇东侧北台头村得名。张僧河、王钦河、织女河、阳河从境内穿过，境内有巨淀湖。有中小学5所，卫生院1个。有马保三纪念碑。农业以菜、畜、林三大特色产业为主，是重要的粮食和棉花产区，畜牧业以养殖种鸭、肉鸡、生猪为主。工业以防水材料加工、橡胶轮胎制造为主，有中国驰名商标7个、山东省著名商标24个、山东

省名牌21个，为国家质检总局"防水产业全国知名品牌创建示范区"。有荣乌高速、东青高速过境。

田柳镇 370783-B04
[Tiánliǔ Zhèn]

寿光市辖镇。在市境北部。面积106平方千米。人口6.8万。辖68村委会，有60自然村。镇人民政府驻田柳村。1949年为田柳区。1958年改设乡，同年改公社。1984年复设乡。1994年改置镇。2005年王高镇并入。因镇政府驻地得名。张僧河从境内穿过。有中小学5所，图书馆1个，文化馆分馆3个，卫生院2个，体育馆1个，公共绿地13个，广场71个。有爱国主义教育基地李植庭纪念馆，市级非物质文化遗产王高虎头鸡，重要名胜古迹王高塔。经济形成粮、菜、果、牧四大产业。农作物以小麦、玉米、蔬菜、食用菌为主，蔬菜种植业发达，产黄瓜、茄子、西红柿、金针菇、香菜、大葱、芽菜等。畜牧业多养殖生猪、肉鸭、肉鸡、蛋鸡。工业有氯碱产业、精细化工、蔬菜加工、肉制品加工、淀粉加工等。有益羊铁路、荣乌高速、省道羊角沟—临沂公路过境。设田柳站。

上口镇 370783-B05
[Shàngkǒu Zhèn]

寿光市辖镇。在市境东北部。面积80平方千米。人口6.9万。辖65村委会，有58自然村。镇人民政府驻上口村。1958年2月境域分设上口乡、广陵乡，同年9月两乡合并为上口人民公社。1984年4月析置上口镇、广陵乡。2001年撤销广陵乡，并入上口镇。因镇政府驻地得名。弥河从境内穿过。有中小学5所，卫生院1个。有方吕村的"方吕鸟笼"、东北上口村"泥人制作"等传统工艺，重要名胜古迹李大将军墓、景明寺遗址。农业以种植业为主，

产小麦、玉米、大豆、花生、苹果等，盛产山药、黄瓜、香椿、大葱、辣疙瘩、萝卜等优质蔬菜，土特产有铁杆山药、口子香梨。工业以窗帘加工为主，还有铝型材加工、纸业包装、五金加工、建筑建材等企业。有荣乌高速过境。

侯镇 370783-B06
[Hóu Zhèn]

寿光市辖镇。在市境东北部。面积 218 平方千米。人口 12.0 万。辖 1 居委会、86 村委会，有 90 自然村。镇人民政府驻侯镇村。1958 年 3 月由侯镇乡改为侯镇人民公社。1984 年复称侯镇。2001 年 3 月五台乡和岔河镇并入。因镇政府驻地村得名。丹河从境内穿过。有中小学 11 所，卫生院 1 个。有省级非物质文化遗产宏源白酒传统酿造技艺，市级非物质文化遗产仉家龙灯、柴庄土陶、草碾草编、李我华庙会，有龙泽生态观光园、老干河风景区、宏源酒文化博物馆等景点。农业形成粮食、棉花、果品、畜牧、食用菌五大产业。工业以冶金、木材加工、橡胶轮胎、精细化工、汽车配件、纺织等为主，制盐历史悠久，年产原盐 50 万吨，是中国重要的盐及盐化工生产基地，建有寿光市侯镇工业园区。有省道辛海公路、大沂公路过境。

纪台镇 370783-B07
[Jìtái Zhèn]

寿光市辖镇。在市境南部。面积 84 平方千米。人口 5.4 万。辖 72 村委会，有 75 自然村。镇人民政府驻黄孟庄。1949 年为纪台区。1958 年改设乡，同年改公社。1996 年改置纪台镇。2000 年东埠乡并入。因原镇政府驻地村得名。弥河、尧河从境内穿过。有中小学 6 所，图书馆 1 个，文化馆 1 个，卫生院 1 个，公共绿地 1 个，广场 1 个。有重要古迹安致远才子碑、东

方朔祠冢、纪国古都遗址。农业以种植业为主，主要种植蔬菜、果树，实现蔬菜标准化生产，主要品种有茄子、辣椒、西瓜等，土特产有弥河黄桃、大棚茄子。工业以水泥预制、有机复合肥加工、动力机械配件加工、精细化工、果菜及畜牧深加工为主。服务业以商业为主。有济青高速、308 国道过境。

稻田镇 370783-B08
[Dàotián Zhèn]

寿光市辖镇。在市境东部。面积 139 平方千米。人口 9.8 万。辖 9 居委会、112 村委会，有 101 自然村。镇人民政府驻官路村。1949 年为稻田区。1958 年改设乡，同年改公社。1984 年改置镇。2001 年王望镇并入。2007 年田马镇并入。因镇政府原驻地东稻田村得名。有中小学 8 所，卫生院 1 个。农业形成大棚蔬菜、果品、畜牧、花卉、林业等产业，畜牧业以蛋鸡、奶牛、肉牛、肉鸭养殖为主，"桂河芹菜""慈伦大鸡"为国家地理标志产品。工业以机械制造、食品加工、汽车配件、化肥制造等业为主，建有稻田、王望 2 个工业园区。服务业以商贸批发等为主，有稻田蔬菜批发市场、田马瓜果市场等瓜菜交易中心。有潍高路、昌大路过境。

羊口镇 370783-B09
[Yángkǒu Zhèn]

寿光市辖镇。在市境北部。面积 310 平方千米。人口 4.2 万。辖 6 居委会、22 村委会，有 17 自然村。镇人民政府驻羊口村。1949 年为羊角沟市。1950 年撤市改区。1952 年改为羊角沟特区。1955 年改置镇。1958 年改公社。1980 年复置镇。1993 年更今名。因镇政府驻地村得名。弥河从境内穿过。有中小学 4 所，卫生院 1 个。农业以种植小麦、玉米、棉花等为主，盛产毛

蛤、蚂蚬、螃蟹、光鱼、虾皮、大虾、米虾等海产品，其中蚂蚬、咸螃蟹为国家地理标志产品。工业有石油化工、海洋化工、新材料、装备制造、清洁能源等产业。服务业以临港物流为主，有国家二级港口寿光（羊口）港。有益羊铁路过境。

社区

向阳社区 370783-A01-J01
[Xiàngyáng Shèqū]

属圣城街道管辖。在寿光市东南部。面积 2.6 平方千米。人口 19 000。因辖区西边为正阳路，故名。2001 年成立。有楼房 92 栋，现代建筑风格。通公交车。2014 年被评为省文明社区。

学院社区 370783-A01-J02
[Xuéyuàn Shèqū]

属圣城街道管辖。在寿光市东北部。面积 3.9 平方千米。人口 17 000。因东临潍坊市科技职业学院，故名。2001 年成立。有楼房 75 栋，现代建筑风格。驻有光明医院等单位。通公交车。2014 年被评为省文明社区。

建新社区 370783-A01-J03
[Jiànxīn Shèqū]

属圣城街道管辖。在寿光市南部。面积 1.7 平方千米。人口 15 000。因社区北临建新街而得名。2001 年成立。有楼房 180 栋，现代建筑风格。驻有寿光和信医院、山东高速轨道交通集团有限公司益羊铁路管理处、青岛啤酒（寿光）有限公司等单位。有志愿者服务，开展防诈骗宣传、食品安全宣传、小区义务劳动、未成年人保护、看望独居老年人、义诊等活动。通公交车。

汇文社区 370783-A01-J04
[Huìwén Shèqū]

属圣城街道管辖。在寿光市中部。面积 2.6 平方千米。人口 15 700。因社区内汇集了寿光市教育局等文化体育单位而得名。2001 年成立。有楼房 170 栋，现代建筑风格。驻有寿光圣都中学等单位。有志愿者服务。通公交车。

古槐社区 370783-A01-J05
[Gǔhuái Shèqū]

属圣城街道管辖。在寿光市中部。面积 1.4 平方千米。人口 6 500。因社区内有一条古槐路、一棵古槐树而得名。2001 年成立。有楼房 92 栋，现代建筑风格。驻有寿光市武装部、寿光市实验小学、寿光市小清河管理处等单位。开展入户走访帮扶困难居民等活动。通公交车。

龙泉社区 370783-A01-J06
[Lóngquán Shèqū]

属圣城街道管辖。在寿光市中部。面积 1.3 平方千米。人口 10 900。因龙泉街位于该社区而得名。2007 年成立。有楼房 171 栋，现代建筑风格。驻有寿光市实验中学、寿光市日报社、寿光市疾控中心等单位。有志愿者服务，开展为养老院打扫卫生等活动。通公交车。

温泉社区 370783-A01-J07
[Wēnquán Shèqū]

属圣城街道管辖。在寿光市西部。面积 0.85 平方千米。人口 9 100。因原旧景温泉（已不存在）位于该社区而得名。2006 年成立。有楼房 117 栋，中式建筑风格。驻有圣城街道办事处、寿光市农村商业银行等单位。有志愿者服务，开展为老人上门提供医疗服务、开展讲座普及知识、小区义务劳动、义诊等活动。通公交车。

石马社区 370783-A01-J08

[Shímǎ Shèqū]

属圣城街道管辖。在寿光市西部。面积0.7平方千米。人口8 500。因寿光旧八景石马桥（现已拆除）在辖区内得名。2007年成立。有楼房129栋，中式建筑风格。驻有寿光市人力资源和社会保障局、市委统战部等单位。有志愿者服务，开展为老人提供上门医疗服务、讲座普及知识、小区义务劳动、义诊等活动。通公交车。

现代社区 370783-A01-J09

[Xiàndài Shèqū]

属圣城街道管辖。在寿光市东部。面积2平方千米。人口10 000。因现代中学、现代小区位于该社区而得名。2003年成立。有楼房115栋，现代建筑风格。驻有中国移动通信集团山东有限公司寿光分公司、寿光现代中学、寿光市机关事务管理局等单位。有志愿者服务，开展走访看望孤寡老人、学雷锋、"律师进小区，送法到身边"等活动。通公交车。2009年被评为省文明社区。

安丘市

安丘市 370784

[Ānqiū Shì]

山东省直辖县级市，由潍坊市代管。东经119°21′，北纬36°48′。在潍坊市境南部。面积1 760平方千米。人口95.5万。辖2街道、10镇。市人民政府驻新安街道。安丘古称渠丘，春秋时得名，汉高祖八年（前199），于古渠丘地封将军张说为安丘侯，自此有了安丘之名。汉中元二年（前148），置安丘县，属北海郡。当时，境内为安丘、淳于、昌安、吾城、朱虚、姑幕、平昌县之地，分属两州（青州、徐州）、三郡国（北海郡、琅琊郡、高密国）。唐武德六年（623）后，上述各县或境内部分先后并入安丘。在历次朝代更替中，安丘曾更名诛郓、牟山、辅唐、胶西等，宋开宝四年（971），改胶西仍为安丘，沿用至今。金、元属密州，明、清属青州府。1921年后属胶东道。1925年改属莱胶道。1928年撤道直属山东省。1938年日军侵入安丘后属山东省第八行政督察专员公署。1940年改属伪莱潍道。1943年9月在柘山西古庙村建立安丘县政府（即抗日民主政府），属鲁中区沂山专署。1945年7月在景芝建立淮安县政府，属沂山专署（后改专区）。1948年5月在县城建立（新）安丘县政府，属昌潍专署。1949年6月，新安丘县改作安丘县。1950年6月，淮安县改作潍安县。1952年6月，潍安县并入安丘县。1953年8月，丘南县并入安丘县。先后属昌潍专区、昌潍地区、潍坊地区、潍坊市。1994年1月，安丘撤县设市，为县级市。（资料来源：《安丘县标准地名志》）明朝时，安丘县城历经多次重修，方定规模。清朝时，又在东关、南关、西关南段外筑有土围墙，城区面积0.67平方千米。1985年，城区面积6.2平方千米。到1993年，形成中部政治经济中心，北部和东北部为工业区，东南部为文化区，贯通县城南北的城里路和新建路两侧为商业集中区。2001年至2004年建成安丘市北区，形成六纵六横主干道。到2014年，建成大汶河景观轴，打造环城河景观带，重点改造墨溪河城区段，实施永安路北延、莲花山路西延、双丰大道东延等城市路网建设工程；中心城区面积达到38.3平方千米。地势随泰沂山脉延伸自西南向东北倾斜，西南部为低山丘陵区，中北部以丘陵为主，东北、东南部为冲积平原和洼地。最高海拔523米，最低海拔22米。年均气温12.4℃，1月平均气温−3.2℃，7月平均气温26.4℃。年均降水量669.3毫米。有汶河、渠河、洪沟河、鲤龙河、史角河等流经。有白云岩、石灰岩、重晶石等矿产资源。有野生植物 4 种，其中国家重点保护野生植物 1 种。森林覆盖率 16.76%。有省级工程技术研究中心 8 个。有中小学 89 所，公共图书馆 1 个，体育场馆 1 个。有国家级文物保护单位 2 个、省级文物保护单位 2 个，国家级千年古镇 1 个、省级千年古镇 2 个，国家级非物质文化遗产 1 个、省级非物质文化遗产 10 个，重要古迹、景点 7 个。三次产业比例为 16.9∶43.1∶40。农业以种植小麦、玉米、小米、花生、樱桃、草莓、大姜、大蒜、黄烟等为主，土特产品主要有柘山花生、安丘蜜桃等。工业以机械制造、食品加工、医药化工、纺织服装、建筑材料为支柱产业，有电子信息、新能源、新材料等新兴产业。服务业以旅游业为主。有省级开发区 1 个。有 206 国道和省道下小路、央赣路、胶王路过境。

安丘经济开发区 370784-E01
[Ānqiū Jīngjì Kāifāqū]

在安丘市境北部。东临大汶河旅游开发区，南靠安丘市政府，西接新安街道，北临坊子区。面积 5 500 公顷。以所在政区和功能定位命名。1992 年经省政府正式批准建立省级开发区，由县市级政府管理。是引领全市经济高质量发展的龙头和发动机，有纸箱加工、彩印、机械制造、装潢、建筑、电气焊、五金加工、修理、运输、塑料制品加工、机床生产、针织等企业。开发区内道路纵横交错，通公交车。

新安街道 370784-A01
[Xīn'ān Jiēdào]

安丘市人民政府驻地。在市境东北部。面积 89 平方千米。人口 3.8 万。2007 年设立。因街道在安丘市新城区而得名。大汶河、小汶河从境内穿过。有中小学 4 所，医疗

卫生机构 1 个。有重要名胜青云山、青云湖、青龙湖等。农业以种植小麦、玉米、大葱、大姜、大蒜等为主。工业以机械制造、玻璃钢加工、建筑建材和食品加工、纺织服装为主，建有高新技术产业园、低碳工业园、青龙山景酒文化产业园、青龙湖高端服务业园区、民营工业园等特色园区。通公交车。

兴安街道 370784-A02
[Xīng'ān Jiēdào]

属安丘市管辖。在市境北部。面积 150 平方千米。人口 20.4 万。2000 年设立。因街道在安丘市老城区，取名兴安。汶河从境内穿过。有中小学 15 所，医疗卫生机构 7 个。农业主产小麦、玉米、黄烟、大姜、大蒜，是"安丘蜜桃""安丘大姜"主产地，"白芬子"牌大姜为山东省名牌农产品，安丘市姜蒜批发市场是农业部定点市场、山东省首批标准化市场。工业形成机械制造、食品加工、纺织服装三大支柱产业，建有安丘市先进制造业产业园。有安丘汽车站，通公交车。

凌河镇 370784-B01
[Línghé Zhèn]

安丘市辖镇。在市境西南部。面积 181 平方千米。人口 10.2 万。辖 145 村委会，有 145 自然村。镇人民政府驻凌河村。1949 年为丘南县第三区。1953 年改称安丘县第二十区。1955 年设凌河区。1958 年成立公社。1984 年设立凌河镇。2007 年原关王镇及原红沙沟镇部分行政村划入。因镇政府驻地得名。汶河、红河从境内穿过。有中小学 7 所，医院 3 个。有重要名胜古迹安丘古城遗址、董家庄汉画像石墓、牟山雁、仙人洞、黑松林等。农业以种植业和养殖业为主，经济作物主要有果品、瓜菜，盛产大姜、大葱，养殖肉食鸡、种鸡，

为省级畜牧业强镇。工业以化工、机械、农副产品加工为主。省道下小公路过境。

官庄镇 370784-B02
[Guānzhuāng Zhèn]

安丘市辖镇。在市境南部。面积 124 平方千米。人口 5.6 万。以汉族为主，还有蒙古、藏、彝、壮等民族。辖 59 村委会，有 101 自然村。镇人民政府驻官庄西村。1949 年为官庄区。1958 年 2 月改为官庄乡，9 月成立官庄公社。1984 年改建官庄镇。2007 年管公镇并入。因镇政府驻地村得名。有中小学 2 所，卫生院 2 个。农业以种植小麦、玉米、蔬菜、瓜果为主，盛产西瓜、牛蒡、大姜、大葱、苔韭、大白菜，养殖业以肉牛、肉鸭、肉鸡等专业养殖为主。工业有水泥、食品、木箱、筑路机械制造等企业。省道央赣路过境。

大盛镇 370784-B03
[Dàshèng Zhèn]

安丘市辖镇。在市境西南部。面积 76 平方千米。人口 3.4 万。辖 8 居委会、62 村委会，有 62 自然村。镇人民政府驻前大盛村。1948 年为安丘县五区。1949 年属丘南县。1953 年改称安丘县第二十二区。1955 年更名为牛沐区。1957 年撤区改设牛沐乡。1958 年成立牛沐公社。1984 年改置大盛镇。因镇政府驻地得名。有中小学 2 所，卫生院 1 个。农业以种植小麦、玉米、蔬菜、速生丰产林为主，盛产西瓜、大姜、芋头、洋葱、花生、桃、杏、樱桃等农林果产品，是安丘市最大的桑蚕养殖基地。工业以精密铸造、农副产品加工、矿产开采、润滑剂加工等产业为主。省道下小公路、大沂公路过境。

石埠子镇 370784-B04
[Shíbùzi Zhèn]

安丘市辖镇。在市境西南部。面积 156

平方千米。人口 6.6 万。辖 8 居委会、67 村委会，有 100 自然村。镇人民政府驻石埠子四村。1949 年属诸城县。1965 年划归安丘县，称石埠子公社。1984 年成立石埠子乡。2000 年与召忽乡合并，建石埠子镇。2007 年庵上镇并入。因镇政府驻地村得名。渠河从境内穿过。有中小学 5 所，卫生院 3 个。有省级文物保护单位庵上石牌坊，重要名胜古迹公冶长书院风景区。农业以种植业为主，樱桃基地和草莓基地为国家级标准化示范区，"石埠子樱桃"为国家地理标志产品。工业有山水水泥集团等企业。省道安丘—沂水公路过境。

石堆镇 370784-B05
[Shíduī Zhèn]

安丘市辖镇。在市境东部。面积 67 平方千米。人口 3.8 万。以汉族为主，还有苗族。辖 47 村委会，有 47 自然村。镇人民政府驻石堆村。1952 年属安丘县第七区。1955 年改名石堆区。1958 年成立石堆公社。1984 年撤销公社，改置石堆乡。1994 年撤乡设石堆镇。因镇政府驻地村得名。史角河从境内穿过。有中小学 7 所，卫生院 1 个。农业以种植业为主，粮食作物主产小麦、玉米，经济作物主产蔬菜、黄烟、水果，建有安丘蜜桃、大棚油桃、韩国梨、石堆梨为主的林果基地。工业以机械制造、食品加工、木业、纺织等为主。有 206 国道、省道下小路过境。

柘山镇 370784-B06
[Zhèshān Zhèn]

安丘市辖镇。在市境西南部。面积 156 平方千米。人口 3.3 万。辖 41 村委会，有 55 自然村。镇人民政府驻大老子村。1949 年为柘山区。1958 年改设老子、古庙 2 乡，同年合并设柘山公社。1984 年改设乡。1996 年改设柘山镇。因境内柘山（摘药山之异名）而得名。境内有摘药山、虎眉山、擂鼓山等。有中小学 2 所，卫生院 1 个。有重要古迹齐长城遗址。花生种植、山货种植和文化生态旅游是柘山镇三大特色产业。粮食作物以小麦、玉米为主，盛产花生、板栗，养殖猪、牛、羊，是安丘市西南山区重要的农产品生产基地。柘山花生为国家绿色食品和中国地理标志产品。工业以花生加工为主。建有中国花生博物馆和山货一条街。有公路经此。

辉渠镇 370784-B07
[Huīqú Zhèn]

安丘市辖镇。在市境西南部。面积 200 平方千米。人口 6.6 万。辖 40 村委会，有 119 自然村。镇人民政府驻辉渠村。1958 年设辉渠乡，同年并入夏坡公社。1981 年更名辉渠公社。1984 年分设辉渠乡、夏坡乡。2000 年 2 乡合并设立辉渠镇。2007 年雹泉镇并入。因镇政府驻地村得名。境内有大安山、留山、城顶山等，有珍珠泉、绪泉、温泉、海眼等山泉 100 多处。有中小学 4 所，卫生院 2 个。境内雹泉村、黄石板坡村为山东省历史文化名村。有国家级森林公园留山古火山森林公园。经济以种植业为主，粮食作物主产小麦、玉米，盛产水晶梨、仓方早生桃、安丘蜜桃、红灯大樱桃、油桃、红灯大樱桃等优质果品。有公路经此。

郚山镇 370784-B08
[Wúshān Zhèn]

安丘市辖镇。在市境西南部。面积 113 平方千米。人口 3.8 万。辖 5 居委会、54 村委会，有 68 自然村。镇人民政府驻店子村。1944 年为安丘县郚山区。1949 年为丘南县第八区。1954 年改为安丘县第二十五区。1957 年撤区分为店子乡、南逯乡。1958 年店子、南逯 2 乡合并成立郚山公社。1984 年又改设郚山、南逯 2 乡。2000 年郚山乡、

南逯乡合并组成郚山镇。因境内大安山古称大郚山而得名。墨溪河、鲤龙河、金龙河从境内穿过。有中小学 2 所，卫生院 1 个。有国家级文物保护单位齐长城遗址，省级文物保护单位南逯大汶口文化遗址。有省级森林公园五龙山公园。农业形成瓜菜、林果、畜牧三大产业，产优质大棚蔬菜和大棚西瓜。林果业以种植桃、杏、板栗、柿子、葡萄、梨、干杂果等为主，畜牧业以猪、羊、牛养殖为主。工业形成机械制造、玩具生产、木材石料加工、农副产品加工等产业。有省道下小路过境。

金冢子镇 370784-B09
[Jīnzhǒngzi Zhèn]

安丘市辖镇。在市境东南部。面积 88 平方千米。人口 3.8 万。以汉族为主，有彝、满、苗等民族。辖 6 居委会、56 村委会，有 56 自然村。镇人民政府驻金冢子村。1958 年设金堆乡，同年改公社。以镇政府驻地村得名。有中小学 3 所，卫生院 1 个。农业以种植业和畜牧业为主，粮食作物主产小麦、玉米，经济作物主产蔬菜，大棚甜瓜、大姜、大葱、瓜菜为名牌产品。畜牧业以肉鸭、肉鸡养殖为主。工业以机械制造、食品加工等为主。建有瓜菜批发市场和专业木材加工等工业园区。有 206 国道、省道央赣路过境。

景芝镇 370784-B10
[Jǐngzhī Zhèn]

安丘市辖镇。在市境东南部。面积 217 平方千米。人口 16.0 万。以汉族为主，还有回族。辖 139 村委会，有 139 自然村。镇人民政府驻永和村。1952 年撤潍安县并入安丘市，设景芝镇。2001 年撤宋官疃镇并入景芝镇。2007 年撤临浯镇并入景芝镇。以原驻地村景芝得名。渠河、洪沟河、小浯河从境内穿过。有中小学 13 所，卫生院

1个。有"酒之城"景区。农业以种植业为主，粮食作物主产小麦、玉米，经济作物主产蔬菜、瓜果。工业有酒业、工艺品制作、服装加工、建筑建材、机械加工、食品加工、纸箱包装、生物化工等主导产业，有景芝酒业等知名企业，建有景酒、景盛、景建3个工业园区。有206国道过境。设景芝汽车站。

社区

磨埠社区 370784-A01-J01
[Móbù Shèqū]

属新安街道管辖。在安丘市东北部。面积3.26平方千米。人口1 800。因居委会地址设在磨埠，故名。2011年成立。有楼房32栋，现代建筑风格。2013年被评为省文明社区。

城北社区 370784-A01-J02
[Chéngběi Shèqū]

属新安街道管辖。在安丘市北部。面积9.6平方千米。人口4 700。因在新安街道北部而得名。2012年成立。有楼房14栋，现代建筑风格。通公交车。

城西社区 370784-A01-J03
[Chéngxī Shèqū]

属新安街道管辖。在安丘市北部。面积8.3平方千米。人口4 400。因位于新安街道西部而得名。2012年成立。以平房为主。驻有山东盛宝传热科技有限公司、安丘华涛食品有限公司、潍坊泰达电力设备股份有限公司、潍坊市科林环保设备有限公司等单位。通公交车。

城中社区 370784-A01-J04
[Chéngzhōng Shèqū]

属新安街道管辖。在安丘市北部。面

积6.6平方千米。人口5 300。因位于新安街道中部而得名。2012年成立。有楼房22栋，现代建筑风格。通公交车。

汶中社区 370784-A01-J05
[Wènzhōng Shèqū]

属新安街道管辖。在安丘市北部。面积8平方千米。人口8 800。因原刘家尧镇汶中四村得名。2012年成立。有楼房175栋，现代建筑风格。通公交车。

汶北社区 370784-A01-J06
[Wènběi Shèqū]

属新安街道管辖。在安丘市北部。面积6.5平方千米。人口4 400。因靠近汶河北岸而得名。2012年成立。有楼房8栋，现代建筑风格。通公交车。

关王社区 370784-A01-J07
[Guānwáng Shèqū]

属新安街道管辖。在安丘市北部。面积16平方千米。人口8 900。因在老关王镇驻地而得名。2012年成立。有楼房8栋，现代建筑风格。通公交车。

青云湖社区 370784-A01-J08
[Qīngyúnhú Shèqū]

属新安街道管辖。在安丘市北部。面积10平方千米。人口17 300。因毗邻青云湖风景区而得名。2013年成立。有楼房21栋，中式建筑风格。通公交车。

青龙湖社区 370784-A01-J09
[Qīnglónghú Shèqū]

属新安街道管辖。在安丘市北部。面积4平方千米。人口6 200。因辖区内有青龙湖风景区而得名。2013年成立。有楼房2栋，中式建筑风格。有"一站式"服务。通公交车。

许营社区 370784-A01-J10
[Xǔyíng Shèqū]

属新安街道管辖。在安丘市北部。面积 2.5 平方千米。人口 8 500。因许营村得名。2013 年成立。有楼房 1 栋，中式建筑风格。有"一站式"服务。通公交车。

李门社区 370784-A01-J11
[Lǐmén Shèqū]

属新安街道管辖。在安丘市北部。面积 2 平方千米。人口 4 500。因李门村得名。以平房为主。有"一站式"服务。未通公交车。

青龙山社区 370784-A01-J12
[Qīnglóngshān Shèqū]

属新安街道管辖。在安丘市北部。面积 2 平方千米。人口 4 100。因辖区内有青龙山而得名。2013 年成立。以平房为主。驻有齐鲁酒地文化发展股份有限公司等单位。有"一站式"服务。通公交车。

王封社区 370784-A01-J13
[Wángfēng Shèqū]

属新安街道管辖。在安丘市东北部。面积 5 平方千米。人口 10 600。相传，此地为汉朝刘昂的封地，韩氏于 1398 年在此建村，故名韩家王封村，社区服务中心驻韩家王封村，故名。2012 年成立。有楼房 1 栋，现代建筑风格。有"一站式"便民服务。通公交车。

担山社区 370784-A01-J14
[Dànshān Shèqū]

属新安街道管辖。在安丘市东北部。面积 4.5 平方千米。人口 9 300。因辖区内有担山，故名。2012 年成立。有楼房 1 栋，现代建筑风格。通公交车。

许戈社区 370784-A01-J15
[Xǔgē Shèqū]

属新安街道管辖。在安丘市东北部。面积 3.5 平方千米。人口 8 000。因辖区内有中、东、西三个"许戈"村，故名。2012 年成立。以平房为主。通公交车。

田戈社区 370784-A01-J16
[Tiángē Shèqū]

属新安街道管辖。在安丘市东北部。面积 2.5 平方千米。人口 72 300。因辖区内有多个"田戈"村，故名。2012 年成立。有楼房 1 栋，现代建筑风格。驻有海龙希望学校等单位。通公交车。

五里社区 370784-A01-J17
[Wǔlǐ Shèqū]

属新安街道管辖。在安丘市东北部。面积 2.5 平方千米。人口 9 500。因辖区内有多个"五里"村，故名。2012 年成立。有楼房 1 栋，现代建筑风格。开展四点半课堂、书画舞蹈等活动。通公交车。

贺戈社区 370784-A01-J18
[Hègē Shèqū]

属新安街道管辖。在安丘市东北部。面积 2.5 平方千米。人口 47 900。因社区服务中心在贺戈小埠后村，故名。2012 年成立。有楼房 1 栋，现代建筑风格。通公交车。

朱聊社区 370784-A01-J19
[Zhūliáo Shèqū]

属新安街道管辖。在安丘市东北部。面积 2.6 平方千米。人口 8 400。因辖区内有多个"朱聊"村，故名。2012 年成立。有楼房 1 栋，现代建筑风格。通公交车。

中心社区 370784-A01-J20
[Zhōngxīn Shèqū]

属新安街道管辖。在安丘市东北部。面积 2 平方千米。人口 9 400。因在大汶河旅游开发区管委会驻地，故名中心社区。2012 年成立。有楼房 1 栋，现代建筑风格。通公交车。

城北社区 370784-A02-J01
[Chéngběi Shèqū]

属兴安街道管辖。在安丘市中部。面积 22 平方千米。人口 12 800。因社区地处兴安街道北部，辖区内经济发达的村居城北而得名。2011 年成立。有楼房 1 栋，现代建筑风格。驻有白求恩医院、安丘市中医院等单位。开展广场舞展演等活动。通公交车。

韩家后社区 370784-A02-J02
[Hánjiāhòu Shèqū]

属兴安街道管辖。在安丘市南部。面积 5 平方千米。人口 1 600。因韩姓人口较多得名。2007 年成立。有楼房 76 栋，现代建筑风格。通公交车。2009 年被评为省文明社区。

白芬子社区 370784-A02-J03
[Báifēnzi Shèqū]

属兴安街道管辖。在安丘市中部。面积 30 平方千米。人口 12 900。因社区服务中心设在白芬子村，故名。2009 年成立。有楼房 1 栋，现代建筑风格。有敬老院，开展广场舞展演等活动。未通公交车。

永安社区 370784-A02-J04
[Yǒng'ān Shèqū]

属兴安街道管辖。在安丘市中部。面积 30 平方千米。人口 9 600。2014 年成立。

有楼房 1 栋，中式建筑风格。有日间照料服务。通公交车。

四海社区 370784-A02-J05
[Sìhǎi Shèqū]

属兴安街道管辖。在安丘市中部。面积 7.4 平方千米。人口 7 500。因临近四海村得名。2011 年成立。有楼房 1 栋，中式建筑风格。驻有王十里小学等单位。开展广场舞展演等活动。未通公交车。

和平路社区 370784-A02-J06
[Hépínglù Shèqū]

属兴安街道管辖。在安丘市中部。面积 5 平方千米。人口 13 900。因和平路得名。2011 年成立。有楼房 1 栋，中式建筑风格。驻有和平中学、红军小学等单位。通公交车。

三十里铺社区 370784-A02-J07
[Sānshílǐpù Shèqū]

属兴安街道管辖。在安丘市中部。面积 0.8 平方千米。人口 8 300。因古时有十里一铺之俗，此地设有驿站且距离安丘县城三十里，故名。2007 年成立。以平房为主。有幸福院。未通公交车。

葫芦埠社区 370784-A02-J08
[Húlubù Shèqū]

属兴安街道管辖。在安丘市中部。面积 1.2 平方千米。人口 9 300。因地处北葫芦埠村得名。2007 年成立。有楼房 1 栋，中式建筑风格。开展戏曲演唱等活动。未通公交车。

赤埠社区 370784-B01-J01
[Chìbù Shèqū]

属凌河镇管辖。在安丘市西南部。面积 7.72 平方千米。人口 6 500。清康熙初年，

山东省标准地名诠释·潍坊市卷

李质心由夏坡迁来，因村东靠一红土埠岭，故取名李家赤埠，社区因办事处在该村得名。2014年成立。有楼房1栋，现代建筑风格。未通公交车。

慈埠社区 370784-B01-J02
［Cíbù Shèqū］

属凌河镇管辖。在安丘市西南部。面积12.56平方千米。人口6 700。因慈埠村得名。2014年成立。以平房为主。未通公交车。

光甫社区 370784-B01-J03
［Guāngfǔ Shèqū］

属凌河镇管辖。在安丘市西南部。面积11.15平方千米。人口6 200。因社区服务中心设在光甫村，故名。2014年成立。以平房为主。未通公交车。

红沙沟社区 370784-B01-J04
［Hóngshāgōu Shèqū］

属凌河镇管辖。在安丘市西南部。面积9.03平方千米。人口8 800。因红沙沟村得名。2008年成立。有楼房1栋，现代建筑风格。未通公交车。

李戈社区 370784-B01-J05
［Lǐgē Shèqū］

属凌河镇管辖。在安丘市西南部。面积8平方千米。人口4 700。因后李戈村得名。2014年成立。以平房为主。未通公交车。

凌河社区 370784-B01-J06
［Línghé Shèqū］

属凌河镇管辖。在安丘市西南部。面积13平方千米。人口8 600。因社区服务中心设在凌河村得名。2011年成立。有楼房1栋，现代建筑风格。未通公交车。

南部社区 370784-B01-J07
［Nánwú Shèqū］

属凌河镇管辖。在安丘市西南部。面积15.2平方千米。人口7 700。因南部村得名。2008年成立。以平房为主。未通公交车。

儒林社区 370784-B01-J08
［Rǔlín Shèqū］

属凌河镇管辖。在安丘市西南部。面积12.56平方千米。人口9 200。因大、小儒林村得名。2008年成立。有楼房1栋，现代建筑风格。未通公交车。

汶水苑社区 370784-B01-J09
［Wènshuǐyuàn Shèqū］

属凌河镇管辖。在安丘市西南部。面积7.72平方千米。人口6 400。因该社区所辖村庄北靠汶河得名。2014年成立。有楼房1栋，现代建筑风格。有幸福院。未通公交车。

偕户社区 370784-B01-J10
［Xiéhù Shèqū］

属凌河镇管辖。在安丘市西南部。面积12.6平方千米。人口9 800。因社区服务中心设在偕户村得名。2014年成立。有楼房1栋，现代建筑风格。未通公交车。

拥翠园社区 370784-B01-J11
［Yōngcuìyuán Shèqū］

属凌河镇管辖。在安丘市西南部。面积13.96平方千米。人口6 900。因紧临拥翠湖而得名。2008年成立。有楼房1栋，现代建筑风格。通公交车。

郑家河社区 370784-B01-J12
［Zhèngjiāhé Shèqū］

属凌河镇管辖。在安丘市西南部。面

80

积 15 平方千米。人口 9 400。因郑家河村得名。2008 年成立。有楼房 1 栋，现代建筑风格。未通公交车。

金湖社区　370784–B03–J01
[Jīnhú Shèqū]

属大盛镇管辖。在安丘市西南部。面积 21.47 平方千米。人口 11 400。因邻近金湖而得名。2014 年成立。有楼房 1 栋，中式建筑风格。有敬老院。未通公交车。

银湖社区　370784–B03–J02
[Yínhú Shèqū]

属大盛镇管辖。在安丘市西南部。面积 17.77 平方千米。人口 6 500。因小庄子村的水库与金湖遥遥相望，遂名银湖社区。2014 年成立。有楼房 1 栋，中式建筑风格，还有平房。未通公交车。

汶河社区　370784–B03–J03
[Wènhé Shèqū]

属大盛镇管辖。在安丘市西南部。面积 17.3 平方千米。人口 8 000。因北邻汶河得名。2014 年成立。有楼房 1 栋，中式建筑风格。未通公交车。

向阳社区　370784–B03–J04
[Xiàngyáng Shèqū]

属大盛镇管辖。在安丘市西南部。面积 17.95 平方千米。人口 9 000。因在大盛镇东侧，遂名向阳社区，寓意期盼群众生活蒸蒸日上，安居乐业。2014 年成立。有楼房 1 栋，中式建筑风格。未通公交车。

镇中社区　370784–B04–J01
[Zhènzhōng Shèqū]

属石埠子镇管辖。在安丘市南部。面积 13.5 平方千米。人口 8 900。所辖村庄全部在石埠子镇驻地周边，社区服务中心在镇驻地，属于镇经济文化中心所在地，遂名镇中社区。2014 年成立。有楼房 11 栋，中式建筑风格。未通公交车。

庵上社区　370784–B04–J02
[Ānshàng Shèqū]

属石埠子镇管辖。在安丘市南部。面积 16.3 平方千米。人口 8 700。因社区服务中心位于原庵上镇驻地庵上村，故名。2014 年成立。有楼房 4 栋，中式建筑风格。驻有山东百思特食品有限公司等单位。未通公交车。

召忽社区　370784–B04–J03
[Zhàohū Shèqū]

属石埠子镇管辖。在安丘市南部。面积 24.4 平方千米。人口 8 300。因社区服务中心位于原召忽镇驻地东召忽村，故名。2014 年成立。有楼房 9 栋，中式建筑风格。未通公交车。

张靳社区　370784–B04–J04
[Zhāngjìn Shèqū]

属石埠子镇管辖。在安丘市南部。面积 17.2 平方千米。人口 8 500。因社区服务中心位于张靳村，故名。2014 年成立。有楼房 1 栋，中式建筑风格。未通公交车。

株梧社区　370784–B04–J05
[Zhūwú Shèqū]

属石埠子镇管辖。在安丘市南部。面积 19.9 平方千米。人口 7 000。因社区服务中心位于上株梧村，故名。2014 年成立。有楼房 17 栋，中式建筑风格。未通公交车。

山前社区　370784–B04–J06
[Shānqián Shèqū]

属石埠子镇管辖。在安丘市南部。面

积 24.9 平方千米。人口 7 600。因社区所辖村庄位于虎崖山与马头山前，故名。2014 年成立。有楼房 1 栋，中式建筑风格。未通公交车。

老子社区 370784-B06-J01

[Lǎozǐ Shèqū]

属柘山镇管辖。在安丘市西南部。面积 15 平方千米。人口 8 300。因辖区内有老子庙得名。2014 年成立。有楼房 1 栋，中式建筑风格。有"一站式"服务，开展文体活动。未通公交车。

车庄社区 370784-B06-J02

[Chēzhuāng Shèqū]

属柘山镇管辖。在安丘市西南部。面积 32 平方千米。人口 9 500。为原车庄乡驻地，故名。2014 年成立。有楼房 1 栋，中式建筑风格。驻有柘山镇车庄小学、车庄中心幼儿园等单位。未通公交车。

秋峪社区 370784-B06-J03

[Qiūyù Shèqū]

属柘山镇管辖。在安丘市西南部。面积 29 平方千米。人口 5 900。因境内有秋峪河得名。2014 年成立。有楼房 1 栋，中式建筑风格。有"一站式"服务。未通公交车。

古庙社区 370784-B06-J04

[Gǔmiào Shèqū]

属柘山镇管辖。在安丘市西南部。面积 26 平方千米。人口 5 300。因境内东古庙村有一古庙（龙王庙）得名。2014 年成立。有楼房 1 栋，中式建筑风格。有"一站式"服务。未通公交车。

雹泉社区 370784-B07-J01

[Báoquán Shèqū]

属辉渠镇管辖。在安丘市西南部。面积 28.86 平方千米。人口 10 100。因辖区内雹泉村得名。2013 年成立。有楼房 1 栋，中式建筑风格。有"一站式"服务，开展广场舞比赛、老年人体检等活动。未通公交车。

峰山社区 370784-B07-J02

[Fēngshān Shèqū]

属辉渠镇管辖。在安丘市西南部。面积 60 平方千米。人口 5 400。因社区群众大多为峰山李氏得名。2014 年成立。有楼房 1 栋，中式建筑风格，还有平房。有"一站式"服务。未通公交车。

辉渠社区 370784-B07-J03

[Huīqú Shèqū]

属辉渠镇管辖。在安丘市西南部。面积 11 平方千米。人口 7 800。因辖大辉渠村、西辉渠村等，故名。2007 年成立。有楼房 1 栋，中式建筑风格。驻有辉渠镇中心小学、辉渠镇中心幼儿园等单位。有"一站式"服务。未通公交车。

温泉北社区 370784-B07-J04

[Wēnquánběi Shèqū]

属辉渠镇管辖。在安丘市西南部。面积 1.8 平方千米。人口 6 600。因位于温泉村以北得名。2014 年成立。有楼房 1 栋，中式建筑风格。有"一站式"服务，开展有利于老年人健康的文体活动。未通公交车。

温泉南社区 370784-B07-J05

[Wēnquánnán Shèqū]

属辉渠镇管辖。在安丘市西南部。面

积 1.8 平方千米。人口 6 500。因位于温泉村以南得名。有楼房 1 栋，中式建筑风格。有"一站式"服务，开展有利于老年人健康的文体活动。未通公交车。

夏坡社区 370784-B07-J06
[Xiàpō Shèqū]

属辉渠镇管辖。在安丘市西南部。面积 1.6 平方千米。人口 1 900。因夏坡村得名。2013 年成立。以平房为主。未通公交车。

峒峪社区 370784-B07-J07
[Tóngyù Shèqū]

属辉渠镇管辖。在安丘市西南部。面积 7.2 平方千米。人口 7 900。因老峒峪村得名。2014 年成立。以平房为主。有"一站式"服务。未通公交车。

滨河社区 370784-B08-J01
[Bīnhé Shèqū]

属郚山镇管辖。在安丘市西南部。面积 17 平方千米。人口 5 000。因辖区内滨河小区得名。2014 年成立。有楼房 45 栋，中式建筑风格。有"一站式"服务。通公交车。

南逯社区 370784-B08-J02
[Nánlù Shèqū]

属郚山镇管辖。在安丘市西南部。面积 32 平方千米。人口 11 000。因南逯村得名。2014 年成立。有楼房 44 栋，中式建筑风格。通公交车。

龙河社区 370784-B08-J03
[Lónghé Shèqū]

属郚山镇管辖。在安丘市西南部。面积 24 平方千米。人口 5 400。因社区在鲤龙河河畔，故名。2014 年成立。以平房为主。未通公交车。

墨黑社区 370784-B08-J04
[Mòhēi Shèqū]

属郚山镇管辖。在安丘市西南部。面积 21 平方千米。人口 8 000。因墨黑村得名。2014 年成立。有楼房 6 栋，现代建筑风格。未通公交车。

镇北社区 370784-B08-J05
[Zhènběi Shèqū]

属郚山镇管辖。在安丘市西南部。面积 14 平方千米。人口 6 500。社区位于镇区北部，故名。2014 年成立。以平房为主。未通公交车。

金安社区 370784-B09-J01
[Jīn'ān Shèqū]

属金冢子镇管辖。在安丘市东南部。面积 0.75 平方千米。人口 5 300。因位于金家子镇，取安定、繁荣之意，故名。2014 年成立。以平房为主。有社区服务中心。未通公交车。

金北社区 370784-B09-J02
[Jīnběi Shèqū]

属金冢子镇管辖。在安丘市东南部。面积 2.7 平方千米。人口 5 600。因位置得名。2014 年成立。以平房为主。开展广场舞展演等活动。未通公交车。

金东社区 370784-B09-J03
[Jīndōng Shèqū]

属金冢子镇管辖。在安丘市东南部。面积 1.1 平方千米。人口 5 900。因位置得名。2014 年成立。有楼房 1 栋，现代建筑风格。有幸福院，开展广场舞展演等活动。未通公交车。

金堆社区 370784-B09-J04
[Jīnduī Shèqū]

属金冢子镇管辖。在安丘市东南部。面积 10.4 平方千米。人口 7 300。因中金堆村得名。2014 年成立。有楼房 1 栋,现代建筑风格。未通公交车。

金南社区 370784-B09-J05
[Jīnnán Shèqū]

属金冢子镇管辖。在安丘市东南部。面积 3 平方千米。人口 6 900。因位于金冢子镇南部得名。2014 年成立。有楼房 1 栋,现代建筑风格。未通公交车。

金中社区 370784-B09-J06
[Jīnzhōng Shèqū]

属金冢子镇管辖。在安丘市东南部。面积 1.2 平方千米。人口 9 200。因位于金冢子镇镇中心而得名。2014 年成立。有楼房 1 栋,现代建筑风格。开展广场舞展演等活动。未通公交车。

酒城社区 370784-B10-J01
[Jiǔchéng Shèqū]

属景芝镇管辖。在安丘市东南部。面积 7.57 平方千米。人口 10 500。因景芝酒业股份有限公司及国家 AAAA 级景区酒之城在辖区范围内而得名。2014 年成立。有楼房 1 栋,现代建筑风格。驻有景芝职工子弟小学等单位。通公交车。

宋官疃社区 370784-B10-J02
[Sòngguāntuǎn Shèqū]

属景芝镇管辖。在安丘市东南部。面积 23.26 平方千米。人口 9 900。因位于原宋官疃镇中心而得名。2010 年成立。有楼房 1 栋,中式建筑风格。未通公交车。

龙泉社区 370784-B10-J03
[Lóngquán Shèqū]

属景芝镇管辖。在安丘市东南部。面积 22.5 平方千米。人口 7 100。因村东有一泉名龙头泉得名。2014 年成立。有楼房 1 栋,中式建筑风格。有"一站式"服务。未通公交车。

高密市

高密市 370785
[Gāomì Shì]

山东省直辖县级市,由潍坊市代管。北纬 36°8′,东经 119°26′。在潍坊市境东部。面积 1 523 平方千米。人口 88.9 万。辖 3 街道、7 镇。市人民政府驻醴泉街道。战国始有高密之名,因处密水上游,地势较高而得名。秦置高密县,属齐郡,后改属胶东郡。西汉武帝属胶西郡。西汉宣帝本始元年(前 73)属高密国。东汉建武十三年(37)属北海国。魏黄初元年(220)属青州城阳郡。东晋建武元年(317)县改属青州高密国。南北朝时期,先属南朝宋青州高密郡,后属北朝魏青州郡。北魏永安二年(529)改属胶州高密郡。隋开皇五年(585)属高密郡。唐武德三年(620)属河南道密州。唐天宝元年(742)改州为郡,县改属高密郡。唐乾元元年(758)改郡为州,县复属河南道密州。北宋建隆元年(960)属京东东路密州。金天辅五年(1121)属山东东路金州。元至元十六年(1279)县属山东东西道益都路胶州。明洪武元年(1368)县属青州府,洪武九年(1376)改属莱州府。清光绪三十一年(1905)改属胶州。1913 年县属山东胶州东道,1925 年改属莱州道。1944 年建立高密县,1945 年隶属胶东行政区南海专区。1946 年改属胶东行政区滨北专区。1950 年属山东省胶州专区。1956 年划归昌潍专区。1967年昌潍专区改称昌潍地区，1981年改称潍坊地区，1983年潍坊地区撤销改称潍坊市，高密属之。1994年高密撤县设市，仍属潍坊市。（资料来源：《中华人民共和国地名大词典》）高密老县城始修于元代，以土筑墙。经过历代整修后渐成规模，外贴城砖，城内分设四条马路，城外有护城河，四面筑有城楼。清末后几经战火，城墙损坏严重。1949年，城区面积1.9平方千米。20世纪八九十年代城区面积扩增至5.2平方千米。2005年开始大规模建设，城区面积达到143平方千米。今城市建设呈现"两轴、两带、六区"布局：以纵向的夷安大道和横向的凤凰大街为"两轴"；胶河自然景观带和电气化铁路防护绿带为"两带"；城北经济新区、老城区的商业中心、城区工业园、东部行政文体中心、南部文化教育中心和柏城工业园构成"六区"。有文体公园、凤凰公园、小康河景区、南湖植物园、民俗博物馆、晏子文化园等标志性建筑物。地势南高北低，中间略有起伏。境内最高点海拔109.4米，最低点海拔7.5米。年均气温12.7℃。年均降水量619.6毫米。有南胶莱河、北胶莱河、潍河等流经。有银、铅、重晶石、花岗岩等矿产资源。有野生植物290种，其中国家重点保护野生植物有野大豆、浮叶慈姑2种。有国家重点保护野生动物丹顶鹤、金雕等24种。森林覆盖率38%。有国家级工程技术中心1个。有高等院校1所，中小学113所，体育馆场1个，三级以上医院2个。有省级文物保护单位5个，国家级非物质文化遗产4个，重要古迹、景点5个。三次产业比例为8.49∶53.51∶38.00。农业以种植业、畜牧业为主，种植业主产小麦、玉米、棉花、大棚蔬菜、菌类等，畜牧业以生猪、肉鸡、蛋鸡、肉奶牛、肉羊饲养为主。工业以纺织服装、机械制造、食品加工、木器加工、化工建材等为主导产业，

建有孚日光伏、豪迈装备、银鹰化纤、荣昊汽车、康达环保、双星鞋业"六大产业园"。境内有铁路65千米，公路743.57千米，高速31.3千米。有铁路胶济线、胶新线，青银高速公路，省道平营路、平日路、胶王路、潍胶路过境。

醴泉街道 370785-A01
[Lǐquán Jiēdào]

高密市人民政府驻地。在市境中部。面积128平方千米。人口11.4万。2001年设立。因街道办事处东侧有一甘洌不枯之古井而得名。小康河、柳沟河从境内穿过。有中小学17所，医疗卫生机构3个。有省级非物质文化遗产北大王庄地龙经拳，重要名胜古迹凤凰公园、小康河等。农业以种植小麦、玉米、蔬菜、药材、果品为主，有传统家畜养殖和以蓝狐、水貂、貉等为主的特色养殖业。工业有电子乐器、针织服装、儿童玩具、机电建材等企业。通公交车。

朝阳街道 370785-A02
[Cháoyáng Jiēdào]

属高密市管辖。在市境东部。面积116平方千米。人口10.7万。1996年设立。因位于城区东部，取初升太阳朝气蓬勃之意命名。先后建设了水岸东方、嘉和公寓、凤城尚品、阳光新城等住宅区。胶河、墨水河从境内穿过。有中小学20所，医疗卫生机构1个。有重要名胜古迹胶河湿地公园。农业以种植小麦、玉米、大蒜、马铃薯、圆葱为主，畜牧业以传统家畜养殖为主。工业以木器、纺织、服装、鞋业、机械和高端制造为主。通公交车。

密水街道 370785-A03
[Mìshuǐ Jiēdào]

属高密市管辖。在市境南部。面积126平方千米。人口14.2万。2001年设立。因

处市区南部古密水流域而得名。2002 年以后拆迁建设了春雨花园、蜜水景苑、农丰步行街、南湖花园等,2008 年整修建设了南湖植物园。拒城河、朱公河、南洋河、柳沟河从境内穿过。有中小学 30 所,医疗卫生机构 1 个。农业以种植小麦、玉米、花生、葡萄、蔬菜为主,有国家级节水农业示范区和国家级无公害葡萄标准化示范园。工业以制鞋、纺织、服装、机械制造为主。通公交车。

柏城镇 370785-B01
[Bǎichéng Zhèn]

高密市辖镇。在市境东南部。面积 149 平方千米。人口 7.1 万。辖 92 村委会,有 91 自然村。镇人民政府驻柏城村。1958 年成立钢铁人民公社,1959 年改为柏城人民公社,1984 年改置柏城镇。2007 年李家营镇、王吴乡并入。因镇政府驻地得名。胶河从境内穿过。有中小学 15 所,卫生院 1 个。农业以种植小麦、玉米为主,经济作物有土豆、大姜、芋头、大棚蔬菜等。工业以玻璃制品、纺织服装、建筑材料、手工艺品加工、食用油加工为主。有省道平日公路、胶王公路过境。

夏庄镇 370785-B02
[Xiàzhuāng Zhèn]

高密市辖镇。在市境东北部。面积 183 平方千米。人口 9.1 万。辖 115 村委会,有 98 自然村。镇人民政府驻夏庄。1949 年为夏庄区。1958 年撤区分设夏庄乡、伏家庄乡,同年并乡成立红星人民公社。1959 年改称夏庄人民公社。1984 年改置镇。因镇政府驻地得名。胶河从境内穿过。有中小学 16 所,医院 1 个。农业以种植小麦、玉米为主,建有韭菜、香葱、圆葱、土豆等蔬菜生产基地。工业以铸造、刀具、红纸对联、木器加工等为主,有生产红纸对联、木器加工的国家槛联产业基地。有 308 国道、省道平日公路过境。

姜庄镇 370785-B03
[Jiāngzhuāng Zhèn]

高密市辖镇。在市境北部。面积 124 平方千米。人口 7.2 万。辖 102 村委会,有 74 自然村。镇人民政府驻姜庄。1949 年为姜庄区。1951 年改为第六区。1958 年改为姜庄乡,同年成立卫星人民公社。1959 年 6 月改称姜庄人民公社。1984 年设姜庄镇。因镇政府驻地得名。于家沟、胶莱河、北胶新河、柳沟河、小康河从境内穿过。有中小学 12 所,医院 1 个。有国家级非物质文化遗产高密扑灰年画。农业以种植小麦、玉米为主,主要经济作物有大蒜、洋葱。工业形成以纺织、五金、化工、机械制造、橡胶制品加工为主导的产业集群,有仁和工业园、姜庄工业园。有省道平日路过境。

大牟家镇 370785-B04
[Dàmùjiā Zhèn]

高密市辖镇。在市境西北部。面积 174 平方千米。人口 5.3 万。辖 89 村委会,有 86 自然村。镇人民政府驻东牟家(曾名大牟家)村。1949 年为大牟家区,1958 年改设乡,1984 年社改乡(镇),1992 年撤乡改镇,2007 年周戈庄镇并入。因镇政府驻地得名。北胶新河、胶莱河、渔池河、五龙河、柳沟河等从境内穿过。有中小学 14 所,卫生院 1 个。经济以农业为主。农业以种植小麦、棉花、花生、大棚蔬菜、速生杨等为主,养殖桑蚕、牛、猪、鸡等。工业以纺织服装、玩具加工、橡胶轮胎制造为主。有济青高速过境。

阚家镇 370785-B05
[Kànjiā Zhèn]

高密市辖镇。在市境西部。面积 144

平方千米。人口 7.9 万。辖 93 村委会，有 83 自然村。镇人民政府驻阚家村。1958 年设袁家乡，同年改建国公社。1982 年更名阚家公社，1984 年改设乡，1994 年改置镇。2001 年初家镇并入，2007 年双羊镇并入。因镇政府驻地得名。柳沟河、官河、五龙河从境内穿过。有中小学 14 所，图书馆 1 个，卫生院 1 个。有省级文物保护单位郑玄墓。农业主产小麦、玉米、棉花、葡萄、大棚蔬菜、食用菌、花卉苗等，有农业综合开发项目区、食用菌生产基地。畜牧业以猪、羊、家禽养殖为主。工业以纺织、铸造、食品加工、橡胶轮胎、木板制造、玩具加工为主。有 309 国道过境。

井沟镇 370785-B06
[Jǐnggōu Zhèn]

高密市辖镇。在市境西南部。面积 87 平方千米。人口 6.9 万。辖 98 村委会，有 96 自然村。镇人民政府驻井沟村。1945 年属高密县井沟区，1958 年撤区并乡称井沟乡。1959 年改井沟人民公社。1984 年改设田庄乡和井沟镇。2001 年田庄乡并入。2007 年呼家庄镇并入。因镇政府驻地得名。五龙河、柳沟河、红绣河从境内穿过。有中小学 11 所，卫生院 1 个。有纪念地刘连仁纪念馆。农业以种植小麦、玉米、蔬菜、水果等为主，名优特产有红富士、中华寿桃、凯特杏、黄金梨等，养殖桑蚕、肉鸡、蛋鸡、生猪、肉牛等，有养殖业标准化生产基地。工业以木制板加工、机械铸造、建筑材料加工为主。有公路经此。

柴沟镇 370785-B07
[Cháigōu Zhèn]

高密市辖镇。在市境西南部。面积 126 平方千米。人口 8.6 万。辖 124 村委会，有 119 自然村。镇人民政府驻柴沟社区。

1958 年设柴沟乡，1959 年改柴沟人民公社，1984 年改设柴沟镇。2001 年土庄乡并入。2007 年注沟镇并入。因镇政府驻地得名。潍河、五龙河、朱公河从境内穿过。有中小学 19 所，卫生院 1 个。有景点"淮沙落雁"、城阴城旧址、五龙河公园等。农业以种植小麦、玉米、花生、黄烟等为主，产芦笋、桑蚕、板栗。工业有机械铸造加工、服装及机绣服装饰品、建筑建材、橡胶轮胎及化工、制鞋、胶合板等企业。有胶新铁路和省道平日公路、胶王公路、沂胶公路、下海公路过境。

旧地名

高密镇（旧） 370785-U01
[Gāomì Zhèn]

高密市辖镇。在市境中部。1984 年设立。2001 年撤销，管辖区域并入朝阳街道、密水街道、醴泉街道。

姚戈庄镇（旧） 370785-U02
[Yáogēzhuāng Zhèn]

高密市辖镇。在市境中部。1984 年设立。2007 年撤销，并入朝阳街道。

拒城河镇（旧） 370785-U03
[Jùchénghé Zhèn]

高密市辖镇。在市境南部。1992 年设立。2007 年撤销，并入密水街道。

康庄镇（旧） 370785-U04
[Kāngzhuāng Zhèn]

高密市辖镇。在市境西北部。1984 年设立。2007 年撤销，并入醴泉街道。

河崖镇（旧） 370785-U05

[Hé'ái Zhèn]

高密市辖镇。在市境东北部。1994 年设立。2008 年撤销，并入夏庄镇。

仁和镇（旧） 370785-U06

[Rénhé Zhèn]

高密市辖镇。在市境北部。1994 年设立。2007 年撤销，并入姜庄镇。

周戈庄镇（旧） 370785-U07

[Zhōugēzhuāng Zhèn]

高密市辖镇。在市境西北部。1994 年设立。2007 年撤销，并入大牟家镇。

呼家庄镇（旧） 370785-U08

[Hūjiāzhuāng Zhèn]

高密市辖镇。在市境西南部。1992 年设立。2007 年撤销，并入井沟镇。

注沟镇（旧） 370785-U09

[Zhùgōu Zhèn]

高密市辖镇。在市境西南部。1992 年设立。2007 年撤销，并入柴沟镇。

李家营镇（旧） 370785-U10

[Lǐjiāyíng Zhèn]

高密市辖镇。在市境南部。1984 年设立。2007 年撤销，并入柏城镇。

双羊镇（旧） 370785-U11

[Shuāngyáng Zhèn]

高密市辖镇。在市境西部。1984 年设立。2007 年撤销，并入阚家镇。

初家镇（旧） 370785-U12

[Chūjiā Zhèn]

高密市辖镇。在市境西部。1995 年设立。2001 年撤销，并入阚家镇。

咸家乡（旧） 370785-U13

[Xiánjiā Xiāng]

高密市辖乡。在市境北部。1984 年设立。2001 年撤销，并入仁和镇。

蔡家站乡（旧） 370785-U14

[Càijiāzhàn Xiāng]

高密市辖乡。在市境西北部。1984 年设立。1994 年撤销改镇，2001 年并入康庄镇。

大栏乡（旧） 370785-U15

[Dàlán Xiāng]

高密市辖乡。在市境东北部。1958 年设立。2001 年撤销，并入河崖镇。

高戈庄乡（旧） 370785-U16

[Gāogēzhuāng Xiāng]

高密市辖乡。在市境西部。1984 年设立。2001 年撤销，并入双羊镇。

张鲁乡（旧） 370785-U17

[Zhānglǔ Xiāng]

高密市辖乡。在市境东部。1984 年设立。2001 年撤销，并入姚哥庄镇。

田庄乡（旧） 370785-U18

[Tiánzhuāng Xiāng]

高密市辖乡。在市境西南部。1984 年设立。2001 年撤销，并入井沟镇。

周阳乡（旧） 370785-U19

[Zhōuyáng Xiāng]

高密市辖乡。在市境南部。1984 年设立。2001 年撤销，并入拒城河镇。

土庄乡（旧） 370785-U20

［Tǔzhuāng Xiāng］

　　高密市辖乡。在市境西南部。1984 年设立。2001 年撤销，并入柴沟镇。

王吴乡（旧） 370785-U21

［Wángwú Xiāng］

　　高密市辖乡。在市境南部。1984 年设立。2001 年撤销，并入李家营镇。

方市乡（旧） 370785-U22

［Fāngshì Xiāng］

　　高密市辖乡。在市境西南部。1984 年设立。2001 年撤销，并入注沟镇。

社区

百脉湖社区 370785-A01-J01

［Bǎimàihú Shèqū］

　　属醴泉街道管辖。在高密市北部。面积 4.62 平方千米。人口 17 500。百脉湖曾是一个水盛草丰的广阔低位沼泽地，因此得名。2001 年成立。以平房为主。通公交车。

昌安社区 370785-A01-J02

［Chāng'ān Shèqū］

　　属醴泉街道管辖。在高密市西北部。面积 8.51 平方千米。人口 9 700。因靠近昌安大道而得名。2010 年成立。有楼房 28 栋，现代建筑风格，还有平房。通公交车。

文昌社区 370785-A01-J03

［Wénchāng Shèqū］

　　属醴泉街道管辖。在高密市中部。面积 6.25 平方千米。人口 15 300。因社区内有古文昌阁而得名。2007 年成立。有楼房 420 栋，现代建筑风格。驻有高密一中

等单位。通公交车。2008 年被评为省文明社区。

翻身庄社区 370785-A01-J04

［Fānshēnzhuāng Shèqū］

　　属醴泉街道管辖。在高密市北部。面积 7 平方千米。人口 4 300。因社区内翻身庄得名。2005 年成立。有楼房 12 栋，现代建筑风格。通公交车。2009 年被评为省文明社区。

夷安社区 370785-A02-J01

［Yí'ān Shèqū］

　　属朝阳街道管辖。在高密市东部。面积 3 平方千米。人口 12 100。因靠近夷安大道而得名。2007 年成立。有楼房 460 栋，现代建筑风格。通公交车。2008 年被评为省文明社区。

祥云社区 370785-A02-J02

［Xiángyún Shèqū］

　　属朝阳街道管辖。在高密市东部。面积 2.7 平方千米。人口 3 400。因祥云路得名。2013 年成立。通公交车。

王党社区 370785-A02-J03

［Wángdǎng Shèqū］

　　属朝阳街道管辖。在高密市东北部。面积 2.38 平方千米。人口 2 900。因社区服务中心在王党村得名。2013 年成立。以平房为主。通公交车。

东城社区 370785-A02-J04

［Dōngchéng Shèqū］

　　属朝阳街道管辖。在高密市东部。面积 3.2 平方千米。人口 10 800。因位于城区东部而得名。2007 年成立。有楼房 370 栋，现代建筑风格。通公交车。2008 年被评为省文明社区。

卣访社区 370785-A02-J05

[Yǒufǎng Shèqū]

属朝阳街道管辖。在高密市西部。面积 0.67 平方千米。人口 2 800。沿用原卣访村名。1995 年成立。通公交车。

罗家庄社区 370785-A02-J06

[Luójiāzhuāng Shèqū]

属朝阳街道管辖。在高密市东南部。面积 1 平方千米。人口 9 300。据记载，明末清初，罗氏徙居此地建村，命名为罗家庄。社区沿用原村名。2012 年成立。有楼房 8 栋，现代建筑风格。通公交车。

张鲁社区 370785-A02-J07

[Zhānglǔ Shèqū]

属朝阳街道管辖。在高密市东部。面积 1.72 平方千米。人口 7 100。因社区服务中心位于张鲁寺村得名。2007 年成立。以平房为主。通公交车。

胶东社区 370785-A02-J08

[Jiāodōng Shèqū]

属朝阳街道管辖。在高密市东部。面积 6.95 平方千米。人口 5 400。因位于胶河东岸而得名。2013 年成立。以平房为主。通公交车。

天翔社区 370785-A03-J01

[Tiānxiáng Shèqū]

属密水街道管辖。在高密市西部。面积 2.98 平方千米。人口 11 900。因社区西邻飞机场，取飞机在天空翱翔之意命名。2007 年成立。有楼房 66 栋，现代建筑风格。驻有高密市卫校、高密市畜牧局、城西医院等单位。通公交车。2013 年被评为省文明社区。

丰华社区 370785-A03-J02

[Fēnghuá Shèqū]

属密水街道管辖。在高密市中部。面积 4.6 平方千米。人口 18 000。因原有大型企业丰华集团而得名。2007 年成立。有楼房 240 栋，现代建筑风格。有志愿者服务。通公交车。

锅框社区 370785-A03-J03

[Guōkuàng Shèqū]

属密水街道管辖。在高密市南部。面积 12.43 平方千米。人口 4 700。因位于西锅框村而得名。2014 年成立。以平房为主。通公交车。

拒城河社区 370785-A03-J04

[Jùchénghé Shèqū]

属密水街道管辖。在高密市南部。面积 19.8 平方千米。人口 9 200。因位于原拒城河镇驻地而得名。2007 年成立。以平房为主。驻有密水街道卫生院、育才中学、拒城河中学、拒城河小学等单位。通公交车。

康成社区 370785-A03-J05

[Kāngchéng Shèqū]

属密水街道管辖。在高密市中部。面积 4.7 平方千米。人口 23 200。社区以东汉末年儒家学者、经学大师郑玄之字康成命名。2007 年成立。有楼房 242 栋，现代建筑风格。通公交车。

梁家屯社区 370785-A03-J06

[Liángjiātún Shèqū]

属密水街道管辖。在高密市南部。面积 13.53 平方千米。人口 5 800。因位于梁家屯村而得名。2007 年成立。以平房为主。通公交车。

南洋河社区　370785-A03-J07

［Nányánghé Shèqū］

属密水街道管辖。在高密市西南部。面积24.2平方千米。人口11 500。因处南洋河之畔而得名。2007年成立。有楼房16栋，现代建筑风格。驻有高密市双利机械工程有限公司、周阳小学、崇文中学、拒城河派出所等单位。通公交车。2012年被评为省文明社区。

平安社区　370785-A03-J08

［Píng'ān Shèqū］

属密水街道管辖。在高密市南部。面积17.54平方千米。人口7 400。取"平安"祝愿之意命名。2007年成立。以平房为主。驻有三祥纺织等单位。通公交车。

兴华社区　370785-A03-J09

［Xīnghuá Shèqū］

属密水街道管辖。在高密市南部。面积4.02平方千米。人口22 500。因驻地南关原有大型企业兴华集团而得名。2007年成立。有楼房255栋，现代建筑风格。驻有高密市环保局、高密市立医院等单位。通公交车。2008年被评为省文明社区。

杨戈庄社区　370785-A03-J10

［Yánggēzhuāng Shèqū］

属密水街道管辖。在高密市中部。面积14.01平方千米。人口7 500。因位于杨戈庄村而得名。2007年成立。以平房为主。驻有杨戈庄小学、莳戈庄小学等单位。通公交车。

柏城社区　370785-B01-J01

［Bǎichéng Shèqū］

属柏城镇管辖。在高密市南部。面积16.22平方千米。人口9 300。因柏城村得名。2009年成立。以平房为主。通公交车。

晏湖社区　370785-B01-J02

［Yànhú Shèqū］

属柏城镇管辖。在高密市南部。面积17.89平方千米。人口1 400。因境内有晏子路穿过，又有孟家沟水库大坝得名。2009年成立。以平房为主。通公交车。

阳光社区　370785-B01-J03

［Yángguāng Shèqū］

属柏城镇管辖。在高密市南部。面积28.77平方千米。人口5 000。因所处地理位置日照充足得名。2009年成立。以平房为主。通公交车。

王吴社区　370785-B01-J04

［Wángwú Shèqū］

属柏城镇管辖。在高密市南部。面积18.53平方千米。人口7 200。因原王吴乡驻地得名。2007年成立。以平房为主。通公交车。

仁和社区　370785-B03-J01

［Rénhé Shèqū］

属姜庄镇管辖。在高密市北部。面积9.4平方千米。人口4 000。因辖区内仁和村得名。2014年成立。以平房为主。有"一站式服务"。通公交车。

咸家社区　370785-B03-J02

［Xiánjiā Shèqū］

属姜庄镇管辖。在高密市北部。面积10.92平方千米。人口4 400。以辖区内咸家屯命名。2011年成立。有楼房28栋，现代建筑风格，还有平房。通公交车。

唐楚社区　370785-B03-J03

［Tángchǔ Shèqū］

属姜庄镇管辖。在高密市北部。面积

13.76 平方千米。人口 4 700。以辖区内唐家村和大楚村命名为唐楚社区。2011 年成立。以平房为主。驻有山东安佑生物科技有限公司、山东红光橡胶科技有限公司等单位。通公交车。

岔河社区 370785-B03-J04

[Chàhé Shèqū]

属姜庄镇管辖。在高密市北部。面积 16.27 平方千米。人口 5 600。传说清嘉庆年间,夏姓迁此,后其他姓氏也迁于此村,因旧胶莱河在此分流,村居分流岔口,故名岔河。因社区位于岔河村前,故名。2011 年成立。以平房为主。驻有高密早有耳闻生态农业科技有限公司、高密市岔河纺织有限公司等单位。通公交车。

牟家社区 370785-B04-J01

[Mùjiā Shèqū]

属大牟家镇管辖。在高密市西北部。面积 4.8 平方千米。人口 7 400。因西牟家村得名。2012 年成立。以平房为主。驻有大牟家镇人民政府、大牟家派出所、大牟家中心卫生院等单位。有" 站式"服务、志愿者服务。通公交车。

官厅社区 370785-B04-J02

[Guāntīng Shèqū]

属大牟家镇管辖。在高密市西北部。面积 28 平方千米。人口 3 400。因社区服务大厅设在官厅村而得名。2012 年成立。以平房为主。有"一站式"服务、志愿者服务。通公交车。

周戈庄社区 370785-B04-J03

[Zhōugēzhuāng Shèqū]

属大牟家镇管辖。在高密市西北部。面积 21 平方千米。人口 8 400。因周戈庄村得名。2012 年成立。以平房为主。驻有周戈庄派出所、周戈庄卫生院等单位。有"一站式"服务、志愿者服务。通公交车。

张户社区 370785-B04-J04

[Zhānghù Shèqū]

属大牟家镇管辖。在高密市西北部。面积 18 平方千米。人口 6 900。因张户村得名。2012 年成立。以平房为主。有"一站式"服务。通公交车。

柴沟社区 370785-B07-J01

[Cháigōu Shèqū]

柴沟镇人民政府驻地。在高密市西南部。面积 11.64 平方千米。人口 9 900。因辖区内柴沟村得名。2000 年成立。有楼房 220 栋,现代建筑风格,还有平房。驻有龙山轮胎、锦佳纺织、孚日家纺等单位。通公交车。

朱翰社区 370785-B07-J02

[Zhūhàn Shèqū]

属柴沟镇管辖。在高密市南部。面积 9.89 平方千米。人口 6 600。因辖区内朱翰村得名。2008 年成立。以平房为主。通公交车。

朱公社区 370785-B07-J03

[Zhūgōng Shèqū]

属柴沟镇管辖。在高密市南部。面积 12.27 平方千米。人口 7 500。因辖区内朱公村得名。2008 年成立。以平房为主。驻有密恩化工等单位。通公交车。

梁尹社区 370785-B07-J04

[Liángyǐn Shèqū]

属柴沟镇管辖。在高密市南部。面积 10.1 平方千米。人口 6 300。因辖区内梁尹村得名。2008 年成立。以平房为主。通公交车。

土庄社区 370785-B07-J05
[Tǔzhuāng Shèqū]

　　属柴沟镇管辖。在高密市西南部。面积 14 平方千米。人口 6 800。因辖区内土庄村得名。2008 年成立。以平房为主。有田原食品、鑫祥油脂、三昌纺织等单位。通公交车。

马旺社区 370785-B07-J06
[Mǎwàng Shèqū]

　　属柴沟镇管辖。在高密市西南部。面积 13.85 平方千米。人口 8 700。因辖区内马旺村得名。2008 年成立。以平房为主。驻有盛德牧业、格瑞生态农业等单位。通公交车。

昌邑市

昌邑市 370786
[Chāngyì Shì]

　　山东省直辖县级市，由潍坊市代管。北纬 36°50′，东经 119°23′。在潍坊市境东部。面积 1 628 平方千米。人口 58.5 万。辖 3 街道、6 镇。市人民政府驻奎聚街道。春秋为齐邶殿邑。西汉置都昌县，又别置下密、密乡、平城、胶阳诸县，同属北海郡。东汉废密乡、平城、胶阳 3 县，都昌、下密县属北海国。北魏都昌县徙今昌乐县，下密县属北海郡。北齐徙下密县治于今潍坊市境。隋大业二年（606）改下密县为北海县，唐因之。北宋建隆三年（962）于汉都昌故城东置昌邑县，县邑即今县城，属潍州。金、元因之。明、清属莱州府。1913 年属胶东道。1925 年属莱胶道。1928 年属省。1941 年属胶东行政区西海专区，后一度改属清河行政区清东专区。1944 年与寿潍县合并为昌潍县，属渤海行政区第五专区。1945 年撤销昌潍县，复置昌邑、潍县。同年析置昌南县，2 县并属西海专区。1950 年改属昌潍专区。1956 年撤昌南县入昌邑县。1967 年属昌潍地区。1983 年属潍坊市。1994 年撤县改市。（资料来源：《昌邑市标准地名图集》）因古时曾为都昌之邑，故名昌邑。宋建隆三年（962），都昌古城东南徙三里，建新县城，始筑土垣，周围五里有余。明清时期历经修缮、重建。1949 年后，城区建设统一规划，城墙渐次拆除，护城池陆续填平，除旧屋，垫沟湾，开通马路。1978 年后，县城建设起步，工业贸易中心、广播电视楼、烈士陵园等标志性建筑物陆续建成。1986 年，城区面积 2.7 平方千米。1994 年后，城市开发建设步伐加快，至 2005 年，城区面积 20.01 平方千米。陆续改造 32 个片区、39 个"城中村"，至 2014 年，城市建成区面积达 25 平方千米。平安街大桥、金口大桥、院校街大桥等工程相继竣工，跨潍河发展步伐明显加快。建成了潍水风情国家城市湿地公园、会议中心、文化广场、昌邑一中、文山中学、人民医院、妇幼保健院等标志性工程。市境南部有低丘分布，中部为平原，北部为洼地海滩。年均气温 12.8℃，1 月平均气温 −2.6℃，7 月平均气温 26.2℃。年均降水量 553.7 毫米。胶莱河、潍河、虞河等流经。有石油、膨润土、石英石、地下卤水等矿产资源。有野生动物 1 551 种，其中国家重点保护野生动物有东方白鹳、中华秋沙鸭、白尾海雕、金雕、丹顶鹤、大鸨等 43 种。森林覆盖率 8.77%。有中小学 69 所。有省级文物保护单位 27 个，爱国主义教育基地 3 个，省级非物质文化遗产 1 个，重要古迹、景点 8 个。三次产业比例为 9.4∶53.9∶36.7。农业以种植业和畜牧业为主，产小麦、玉米、大豆、棉花、瓜果蔬菜等，种植绿化苗木及花卉，是中国北方苗木、花卉种植基地和集散中心；畜牧业以禽、畜饲养为主，沿海产鱼、虾。

工业以石油化工、盐及盐化工、机械制造、纺纱织造、食品加工等产业为主，是国内重要的纺纱织造、机械制造业生产基地。服务业以商贸物流为主，建有柳疃棉纺城、北方花木城、宏大市场等专业市场。有千吨级海港下营港。境内有铁路 54.8 千米，公路 590.5 千米，高速 67.3 千米。有胶济铁路、大莱龙铁路、青银高速、荣潍高速、荣乌高速、206 国道、309 国道、下小公路、新海公路、潍胶公路过境。

奎聚街道 370786-A01
[Kuíjù Jiēdào]

昌邑市人民政府驻地。在市境中部。面积 68 平方千米。人口 8.8 万。1997 年设立。据传，元至元十三年（1276）重修昌邑城，增角楼，四门楼各三楹，东曰奎聚，南曰阳鸣，西曰瞻宸，据此命名奎聚街道。先后对 12 个村（居）进行旧村改造，建成 15 处住宅小区。境内有文山。有中小学 9 所，文化馆 1 个、图书馆 1 个，知名文艺团体 1 个，医疗卫生机构 2 个。有省级文物保护单位姜氏祠堂、黄元御故居、傅振邦故居，重要名胜古迹北海公园、潍水国家城市湿地公园。有文化广场等标志性建筑物。农业形成以苗木、果品、花卉为主的特色生态观光农业，有"潍水"冰糖梨、"高岔"葡萄、"道照红"山楂等无公害绿色农业品牌。有国家级农业龙头企业 1 家、农业示范园区 9 个。工业以建筑建材、纺织服装、印染、医疗器械等为主。服务业以商贸物流为主，建有东苑农贸市场、钢材建材市场、利民商贸城、东利商城等商品批发零售市场。通公交车。

都昌街道 370786-A02
[Dūchāng Jiēdào]

属昌邑市管辖。在市境西部。面积 191 平方千米。人口 8.8 万。1997 年设立。因辖区曾为齐国都昌城故址，故名。先后对 13 个村（居）进行旧村改造，建成 20 处住宅小区。潍河、夹沟河、瀑沙河、涩河、虞河从境内穿过。有中小学 7 所，医疗卫生机构 2 个。有省级文物保护单位都昌故城遗址、黄福家族墓、黄元御墓，爱国主义教育基地昌邑市革命烈士陵园。农业以种植业和畜牧业为主，农作物有小麦、玉米、大姜等，种植苗木林果，"山永牌"葡萄获国家绿色食品 A 级认证；畜牧业以饲养生猪、羊、家禽为主。工业以石化、纺织、印染、食品、机械为主。服务业以物流商贸为主，建有华海贸易广场。有省级经济开发区 1 个。通公交车。

围子街道 370786-A03
[Wéizi Jiēdào]

属昌邑市管辖。在市境东部。面积 159 平方千米。人口 10.1 万。2010 年设立。以辖区内围子村命名。实施旧村改造，建成 2 个居民小区。新建潍水学校、济贤养老中心等。潍河从境内穿过。有中小学 12 所，图书馆 14 个，医疗卫生机构 1 个。有省级非物质文化遗产小章竹马，国家 AAAA 级景区绿博园。农业以种植业为主，产小麦、玉米、蔬菜，特产斜子萝卜，广种苗木。工业以机械铸造、精密弹簧、纺织、饲料加工产业为主。服务业以商贸为主，建有中国（昌邑）北方花木城。有昌邑市汽车总站，通公交车。

柳疃镇 370786-B01
[Liǔtuǎn Zhèn]

昌邑市辖镇。在市境北部。面积 325 平方千米。人口 4.7 万。辖 72 村委会，有 73 自然村。镇人民政府驻柳疃村。1950 年属第三区。1955 年设柳疃区。1958 年改置镇，同年改公社。1983 年复置乡。1984 年撤乡设镇。2001 年青乡镇并入。因镇政府驻地得名。堤河从境内穿过。有中小学5所，卫生院1个。农业以种植业和养殖业为主，产小麦、玉米、棉花、花生、大豆、油菜籽，有禽畜饲养、水产养殖业。工业形成以纺织为主体的印染、印花、机械制造、盐及盐化工、建筑安装、服装加工等产业。服务业以商贸物流为主，建有柳疃棉纺城。有大莱龙铁路、荣乌高速公路、省道新海公路过境。设昌邑北站货运站。

龙池镇 370786-B02
[Lóngchí Zhèn]

昌邑市辖镇。在市境西北部。面积182平方千米。人口2.4万。辖27村委会，有25自然村。镇人民政府驻龙池村。1950年属第九区。1955年改为龙池区。1958年2月改为龙池乡，同年9月成立先锋人民公社。1983年设龙池乡。1993年设龙池镇。因镇政府驻地得名。北临莱州湾，堤河从境内穿过。有中小学2所，图书馆1个，卫生院1个。有爱国主义教育基地抗日殉国烈士祠，市级非物质文化遗产剪纸艺术，重要名胜古迹古代盐业遗址群、鄑邑故城遗址、陈干先生墓等。农业主产小麦、玉米、棉花、冬枣等，有海淡水养殖和畜牧养殖业。工业以盐、盐化工和纺织印染产业为主。有大莱龙铁路、省道新海公路过境。

卜庄镇 370786-B03
[Bǔzhuāng Zhèn]

昌邑市辖镇。在市境东北部。面积137平方千米。人口5.4万。辖95村委会，有98自然村。镇人民政府驻卜庄。1950年属第六区。1955年改卜庄区。1958年改设乡，同年改公社。1983年复设乡。1993年改置镇。2007年夏店镇并入。2009年下营镇析出。因镇政府驻地得名。胶莱河、潍河、蒲河、潍河从境内穿过。有中小学9所，卫生院3个。有重要名胜古迹姜泊民居古建筑群、胶北特委旧址等。农业以种植业和养殖业为主，产小麦、玉米、棉花，是潍坊市重要的梨枣生产基地，有畜牧、水产养殖业。工业以铁矿石开采、盐化工、肉食加工为主。有荣乌高速公路、206国道、309省道过境。

饮马镇 370786-B04
[Yìnmǎ Zhèn]

昌邑市辖镇。在市境南部。面积166平方千米。人口8.5万。辖101村委会，有96自然村。镇人民政府驻饮马村。1948年为饮马区。1950年属昌南四区。1956年复设饮马区。1958年改设乡，同年改公社。1984年改置镇。因镇政府驻地得名。境内有博陆山，胶莱河、佐家河、吴沟河、潍河从境内穿过。有中小学7所，卫生院3个。有爱国主义教育基地饮马烈士祠，重要名胜古迹山阳周代遗址、博陆山风景旅游区等。农业以种植业为主，主产小麦、玉米、大豆、瓜果、蔬菜，山阳大梨获中国地理标志产品认证，"林海春天"牌食用菌获国家绿色食品认证，养殖桑蚕。工业以纺织、新能源、机械加工、塑料制品、矿产资源开采加工等为主。有荣潍高速公路、青银高速公路、309国道、221省道过境。

北孟镇 370786-B05
[Běimèng Zhèn]

昌邑市辖镇。在市境南部。面积175平方千米。人口7.2万。辖92村委会，有92自然村。镇人民政府驻北孟村。1955年设北孟区。1958年改设乡，同年改公社。1983年复设乡。1996年改镇。2007年原丈岭镇45个村并入。因镇政府驻地得名。境内有南孟山、塔耳堡山，胶莱河、小新河从境内穿过。有中小学8所，图书馆1个，卫生院2个。有重要名胜古迹小南孟村"刘氏家庙"、万和屯村民居等。农业以种植业为主，产小麦、玉米、花生、大姜、大蒜、西瓜、葡萄、梨枣、中药材等，种植苗木林果，"九龙屯"牌大蒜为国家注册商标，"孟海"土豆为省无公害农产品。工业有纺纱织造、纸箱包装、农产品加工等企业。有胶济客运专线、济青客运专线、青银高速公路、潍胶公路、省道下小公路过境。

下营镇 370786-B06
[Xiàyíng Zhèn]

昌邑市辖镇。在市境北部。面积220平方千米。人口2.4万。辖35村委会，有40自然村。镇人民政府驻下营村。1950年属第七区。1955年为东冡区。1956年设渔业区。1958年析置下营镇，同年并入东冡公社。1984年复置镇。2001年并入夏店镇，2007年夏店镇并入卜庄镇。2009年复设下营镇。因镇政府驻地得名。北濒莱州湾，胶莱河、潍河从境内穿过。有中小学2所，图书馆1个，卫生院2个。有省级文物保护单位火道—廒里盐业遗址。农业以种植业、养殖业为主，农作物主产小麦、玉米、棉花，有禽畜、水产养殖。工业以精细化工、盐业、盐化工等为主导产业。建有渔港、商港。有大莱龙铁路、荣乌高速公路、省道新海公路和下小公路过境。

社区

东店社区 370786-A01-J01
[Dōngdiàn Shèqū]

属奎聚街道管辖。在昌邑市东北部。面积0.52平方千米。人口1 400。因东店村得名。2004年成立。有楼房111栋，现代建筑风格。有老年公寓。通公交车。2010年被评为省文明社区。

郝家城后社区 370786-A01-J02
[Hǎojiāchénghòu Shèqū]

属奎聚街道管辖。在昌邑市北部。面积0.6平方千米。人口900。因郝家城后村得名。2004年成立。有楼房71栋，现代建筑风格。有老年公寓。通公交车。2007年被评为省文明社区。

刘家辛戈社区 370786-A02-J01
[Liújiāxīngē Shèqū]

属都昌街道管辖。在昌邑市西部。面积0.09平方千米。人口3 600。因刘家辛戈村得名。2004年成立。有楼房68栋，现代建筑风格。通公交车。2013年被评为省文明社区。

大埠社区 370786-A02-J02
[Dàbù Shèqū]

属都昌街道管辖。在昌邑市西南部。面积1.09平方千米。人口700。因大埠村得名。2004年成立。有楼房35栋，现代建筑风格。通公交车。2012年被评为省文明社区。

傅徐城后社区 370786-A02-J03
[Fùxúchénghòu Shèqū]

属都昌街道管辖。在昌邑市北部。面积0.19平方千米。人口400。因傅徐城后村得名。2004年成立。有楼房7栋，现代建筑风格。通公交车。2009年被评为省文明社区。

临朐县

临朐县 370724
[Línqú Xiàn]

潍坊市辖县。北纬36°31′，东经118°32′。在市境南部。面积1 833平方千米。

人口89.1万。辖2街道、8镇。县人民政府驻城关街道。西汉置临朐县，治今临朐镇，因城临朐山而得名，属齐郡；又别置朱虚县，治今城头，属琅邪郡。东汉分属齐国、琅邪国。三国魏分属东莞郡、北海国。南朝宋改临朐县为昌国县，又别置般阳县（治今盘阳村），同属齐郡。北齐废般阳、朱虚县，昌国县仍属齐郡。隋开皇六年（586）改昌国县为逢山县，大业初复名临朐，属北海郡。隋末废。唐武德二年（619）复置，属青州。宋因之。金属益都府。元属益都路。明、清属青州府。1913年属胶东道。1925年属淄青道。1928年废道属省。1943年抗日民主政权建立后属鲁中行政区第四专区。1945年属第三专区。1948年属昌潍直属专区。1949年属昌潍专区（1967年改称昌潍地区）。1983年属潍坊市。（资料来源：《临朐县志》）地势南高北低，最高海拔沂山主峰1 031米。年均气温12.4℃，1月平均气温 −3.3℃，7月平均气温26.1℃。年均降水量606.2毫米。有弥河、汶河、丹河、五井石河、寺头石河、孟津河等流经。有硅藻土、磁铁砂、花岗石、大理石、石灰石等矿产资源。有木本植物230种。有野生动物300种，其中有国家一级保护野生动物金雕等5种，国家二级保护野生动物大天鹅、鸢等40余种。有国家级自然保护区1个。森林覆盖率45.8%。有省级工程技术研究中心3个。有中小学109所，图书馆1个，博物馆3个，档案馆1个，体育场馆1个，二级以上医院3个。有国家级文物保护单位齐长城遗址、崔芬墓等4个，省级文物保护单位东镇庙等10个，省级爱国主义教育基地1个，省级非物质文化遗产周姑戏、桑皮纸制作技艺，重要古迹、景点沂山、石门坊、老龙湾、嵩山、黑松林森林公园、山旺国家地质公园等。三次产业比例为15∶45.2∶39.8。农业以种植业、畜牧业为主，盛产小麦、玉米、花生等粮油作物和棚果瓜蔬菜、烟草、桑蚕，有家庭农场、合作社、农业企业等新型经营主体。工业以铝及不锈钢加工、纺织服装、机械电子、冶金化工、建材加工等为主。服务业以商贸物流、汽车交易等为主，建有铝型材、奇石等为主的专业交易市场和商品集散地。有省级开发区1个。有长深高速公路和省道临仲路、临九路、下小路、泰薛路过境。

临朐经济开发区 370724-E01
[Línqú Jīngjì Kāifāqū]

在县境北部。东至骈邑路，南至王家楼村，西至龙泉路，北至大陆沟村。面积297.66公顷。因所在政区和功能定位得名。2005年1月经省政府正式批准建立省级开发区，由县级政府管理。形成先进设备制造、新型造纸、纺织织造、工艺雕塑、新材料制造为主的工业体系，高标准建成城南、朱封、华特、伊利、海洋生物、玉龙造纸六大产业园区，伊利复合加工、华特磁电低温超导、恒远利废环保设备、万豪汽车滤芯纸等过亿元大项目落户境内，建有全福元中央商务区、中百商务区、鼎基国际城市广场等现代服务业项目，建成龙泉购物超市、亿佰家购物广场、文博苑商业街等农贸市场。开发区内道路纵横交错，通公交车。

城关街道 370724-A01
[Chéngguān Jiēdào]

临朐县人民政府驻地。在县境西部。面积84平方千米。人口5.6万。2004年设立。因地处老县城而得名。先后拆建成龙泉小区、龙苑新村、兴隆新村等小区。沂山路、朐山路、兴隆路等先后改扩建。境内有轿顶山，弥河从境内穿过。有省级技术研究中心3个。有中小学22所，医疗卫生机构7个。有国家级文物保护单位西朱封遗址，重要名胜古迹石门坊景区。农业盛产大棚樱桃。工业以先进设备制造、新型造纸、纺织织造、工艺雕塑、新材料制造业为主。服务业以批发零售业为主,建有装饰材料市场、副食品批发商城、汽车配件商城、鞋帽市场等各类市场。通公交车。

东城街道 370724-A02
[Dōngchéng Jiēdào]

属临朐县管辖。在县境东部。面积144平方千米。人口11.5万。2004年设立。因处县城东部而得名。先后拆建完成滨河花园、水岸弘庭、旺佳商贸城等小区,拓建兴隆东路、粟山路、东镇路、东泰路等道路。境内有朐山、青山、牛山等山峰,弥河从境内穿过。有国家级技术研究中心1个、省级技术研究中心2个。有中小学10所,医疗卫生机构4个。有滨河公园、弥河湿地公园、揽翠湖温泉度假村等景点。工业以铝合金加工、不锈钢加工、新能源产业、新材料制造、机械制造及化工业为主,是江北最大的铝型材物流集散中心。铝型材和不锈钢两大产业集群为"山东省区域经济十大产业聚集园区"。有临朐县长途汽车站,通公交车。

五井镇 370724-B01
[Wǔjǐng Zhèn]

临朐县辖镇。在县境东部。面积192平方千米。人口7.3万。辖31村委会,有96自然村。镇人民政府驻五井东村。1952年设五井区。1958年改设乡,同年设立五井人民公社。1984年改置镇。2001年嵩山乡并入。因镇政府驻地得名。境内有嵩山。有中小学6所,医院1个。有重要名胜古迹北方石林景区、嵩山景区等。农业以种植业和畜牧业为主,产小麦、玉米、山楂、柿子、佛手瓜、苹果、黄烟等,有以丹参、黄芪和桔梗为主的中药材种植业,养殖肉鸭、奶牛、生猪、蛋鸡等,五井黑山羊注册为中国地理标志产品商标。工业有以纺织、山水水泥、碳酸钙加工为主的3个项目园区。有省道仲临路过境。

冶源镇 370724-B02
[Yěyuán Zhèn]

临朐县辖镇。在县境西部。面积150平方千米。人口10.5万。辖39村委会,有112自然村。镇人民政府驻冶源村。1949年为纸坊区。1957年改冶源乡,同年改公社。1984年改置镇。1993年米山乡并入。2007年杨善镇并入。因镇政府驻地村得名。弥河从境内穿过。有中小学14所,卫生院2个。有国家级文物保护单位崔芬墓,重要名胜古迹老龙湾景区、巨洋湖、海浮山等。农业形成林果、黄烟种植和畜牧、水产养殖等支柱产业。盛产葡萄,有虹鳟鱼养殖基地。工业以肉鸭加工、纺织、机械电子、瓶盖加工、汽车配件加工、水泥建材等为主,特产红丝砚。有省道临九路过境。

寺头镇 370724-B03
[Sìtóu Zhèn]

临朐县辖镇。在县境南部。面积256平方千米。人口7.6万。辖34村委会,有174自然村。镇人民政府驻寺头村。1949年为米山区。1953年改设寺头区。1958年设乡,同年建寺头人民公社。1984年改置镇。1993年石佛乡并入。2000年吕匣镇并入。2007年石家河乡并入。因镇政府驻地村得名。弥河从境内穿过。有中小学9所,卫生院2个。有名胜古迹紫草岭齐长城遗址、东周时期聚落遗址和墓葬群、圣水湖公园、宋香园生态世界。农业以种植业为主,特色种植红香椿、黄烟、干杂果、大棚果、中药材等,养殖桑蚕,有"寺头山楂""寺头红香椿"2个中国地理标志证明商标。有省道临九路过境。

九山镇 370724-B04

[Jiǔshān Zhèn]

临朐县辖镇。在县境南部。面积 254 平方千米。人口 5.3 万。辖 26 村委会，有 123 自然村。镇人民政府驻九山村。民国初属第八区，1944 年属九山区。1958 年设九山乡，同年成立公社。1984 年改置镇。2001 年白沙、沂山 2 乡并入。因镇政府驻地村得名。境内有桥顶山，弥河从境内穿过。有中小学 7 所，卫生院 1 个。有黑松林景区、神牛谷风景区等景点。经济以农业为主，有葡萄、蜜桃、有机板栗、有机苹果等土特产，"九山苹果"获得国家地理标志证明商标认证。工业有食品加工、明胶加工、缫丝等企业。有省道泰薛公路、大沂公路、临九公路、博沂公路过境。

辛寨镇 370724-B05

[Xīnzhài Zhèn]

临朐县辖镇。在县境东部。面积 222 平方千米。人口 12.2 万。辖 49 村委会，有 189 自然村。镇人民政府驻辛寨村。1949 年为辛寨区。1958 年改设乡，同年改公社。1984 年设辛寨镇。2001 年杨家河乡并入。2007 年卧龙镇并入。因镇政府驻地村得名。丹河从境内穿过。有中小学 15 所，卫生院 2 个。农业以种植业为主，建有山楂、优质桃、樱桃、葡萄、黄烟、有机蔬菜等现代农业园。工业有硬质合金、橡胶、童车、建材、陶瓷、缫丝、纺织、食品、汽摩配件等九大优势产业。服务业以批发零售等为主，建有 6 个果品专业市场。有长深高速公路、227 省道过境。

蒋峪镇 370724-B06

[Jiǎngyù Zhèn]

临朐县辖镇。在县境南部。面积 262 平方千米。人口 8.9 万。辖 46 村委会，有 146 自然村。镇人民政府驻东蒋峪村。1956 年为蒋峪区。1958 年改设乡，同年改公社。1984 年设蒋峪镇。2007 年与大关镇合并设沂山镇，镇人民政府驻大关村。2013 年，沂山镇政府驻地由大关村迁至蒋峪村，遂复名蒋峪镇。因镇政府驻地村得名。汶河、蒋峪河、牛河等从境内穿过。有中小学 12 所，卫生院 2 个。有国家级文物保护单位齐长城遗址、省级文物保护单位东镇庙，有沂山景区。经济以农业为主，建有大棚瓜菜、养殖、食用菌等特色园区，有多彩甘薯、丹参茶、沂生源花生等绿色产品，种植丹参、何首乌、黄芪等中药材。工业有酿酒、陶瓷、花生制品加工等企业。有长深高速公路和省道东红路、大沂路、下小路过境。

山旺镇 370724-B07

[Shānwàng Zhèn]

临朐县辖镇。在县境东部。面积 168 平方千米。人口 7.2 万。辖 32 村委会，有 125 自然村。镇人民政府驻东上林村。1949 年为龙岗区。1958 年改设乡，同年改公社。1984 年复设乡。1993 年改置镇。2007 年上林镇并入。2013 年改名山旺镇。因境内有山旺国家地质公园而得名。有中小学 9 所，卫生院 2 个。有省级文物保护单位东上林东南遗址，国家级自然保护区山旺古生物化石保护区。农业以种植业为主，特产小米、大樱桃，种植花卉苗木，"山旺大樱桃""金鸽山小米"获国家地理标志性产品认证。工业有橡胶、新材料、化工等产业，建有县中小企业创业产业园和龙山高新技术产业园。有长深高速公路、省道潍九路过境。

柳山镇 370724-B08

[Liǔshān Zhèn]

临朐县辖镇。在县境东部。面积 97 平

方千米。人口 4.1 万。辖 21 村委会,有 64 自然村。镇人民政府驻柳山寨村。1927 年属第六区。1949 年后分属第七区、第十五区、柳山区。1958 年改设乡,同年改公社。1984 年设柳山镇。1993 年辛山乡并入。因镇政府驻地得名。境内有柳山、纪山等,马庄河、孟津河从境内穿过。有中小学 6 所,卫生院 1 个。有朱虚侯国都城遗址。农业以种植业为主,农作物有小麦、玉米、花生、大棚西瓜、蔬菜、黄烟等,有机韭菜、有机小米和"朱虚城芹菜""柳山西瓜"获国家农产品地理标志认证。工业有包装、电子产品、酱菜酿造等厂。有公路经此。

旧地名

临朐镇（旧） 370724–U01
[Línqú Zhèn]

临朐县辖镇。在县境北部。1984 年设立。2004 年撤销,设城关街道。

纸坊镇（旧） 370724–U02
[Zhǐfáng Zhèn]

临朐县辖镇。在县境西北部。1998 年设立。2007 年撤销,并入城关街道。

营子镇（旧） 370724–U03
[Yíngzi Zhèn]

临朐县辖镇。在县境北部。1993 年设立。2007 年撤销,并入东城街道。

沂山镇（旧） 370724–U04
[Yíshān Zhèn]

临朐县辖镇。在县境南部。2007 年设立。2013 年更名为蒋峪镇。

龙岗镇（旧） 370724–U05
[Lónggǎng Zhèn]

临朐县辖镇。在县境东北部。1993 年设立。2014 年更名为山旺镇。

上林镇（旧） 370724–U06
[Shànglín Zhèn]

临朐县辖镇。在县境东北部。1984 年设立。2007 年撤销,并入龙岗镇。

吕匣镇（旧） 370724–U07
[Lǚxiá Zhèn]

临朐县辖镇。在县境南部。1993 年设立。2001 年撤销,并入寺头镇。

卧龙镇（旧） 370724–U08
[Wòlóng Zhèn]

临朐县辖镇。在县境中部。1993 年设立。2007 年撤销,并入辛寨镇。

杨善镇（旧） 370724–U09
[Yángshàn Zhèn]

临朐县辖镇。在县境中部。1993 年设立。2007 年撤销,并入冶源镇。

大关镇（旧） 370724–U10
[Dàguān Zhèn]

临朐县辖镇。在县境南部。1993 年设立。2007 年与蒋峪镇合并成立沂山镇。

白沙乡（旧） 370724–U11
[Báishā Xiāng]

临朐县辖乡。在县境西南部。1984 年设立。2001 年撤销,并入九山镇。

沂山乡（旧） 370724-U12

[Yíshān Xiāng]

临朐县辖乡。在县境南部。1984 年设立。2001 年撤销，并入九山镇。

桲林乡（旧） 370724-U13

[Pólín Xiāng]

临朐县辖乡。在县境东北部。1984 年设立。1993 年撤销，并入上林镇。

石佛乡（旧） 370724-U14

[Shífó Xiāng]

临朐县辖乡。在县境西南部。1984 年设立。1993 年撤销，并入寺头镇。

石家河乡（旧） 370724-U15

[Shíjiāhé Xiāng]

临朐县辖乡。在县境西南部。1984 年设立。2007 年撤销，并入寺头镇。

嵩山乡（旧） 370724-U16

[Sōngshān Xiāng]

临朐县辖乡。在县境西部。1984 年设立。2001 年撤销，并入五井镇。

杨家河乡（旧） 370724-U17

[Yángjiāhé Xiāng]

临朐县辖乡。在县境中部。1984 年设立。2001 年撤销，并入辛寨镇。

社区

兴隆社区 370724-A01-J01

[Xīnglóng Shèqū]

属城关街道管辖。在临朐县北部。面积 0.1 平方千米。人口 2 300。清光绪二年（1876）在此设立集市，取吉祥之意名兴隆。

社区沿用该名。2007 年成立。有楼房 36 栋，现代建筑风格。通公交车。2011 年被评为省文明社区。

南关社区 370724-A01-J02

[Nánguān Shèqū]

属城关街道管辖。在临朐县北部。面积 2.5 平方千米。人口 3 500。临朐县城设于汉代，遂有"南关"地名，故社区名南关。2010 年成立。有楼房 72 栋，现代建筑风格，还有平房。驻有临朐县医院、临朐县第一中学等单位。通公交车。

营子社区 370724-A02-J01

[Yíngzi Shèqū]

属东城街道管辖。在临朐县东部。面积 4 平方千米。人口 4 600。明洪武年间，因处旧官府兵营故址而得名。社区沿用该名。2010 年成立。以平房为主。驻有营子幼儿园等单位。通公交车。2013 年被评为省文明社区。

昌乐县

昌乐县 370725

[Chānglè Xiàn]

潍坊市辖县。北纬 36°42′，东经 118°49′。在市境中部。面积 1 101 平方千米。人口 62.0 万。辖 4 街道、4 镇。县人民政府驻宝都街道。西汉置柳泉县，属北海郡，又为剧县、营陵县地。东汉废柳泉县，徙剧县于原柳泉县西，为北海国治，营陵随属。三国魏北海国徙治平寿，剧县、营陵县随属。晋均属东莞郡。北魏同属北海郡，又徙今昌邑境之都昌县来属。北齐废剧县、营陵县，存都昌县。隋开皇间复置营陵县，后改名营丘，隋末省都昌、营丘县入北海县。北宋乾德中析北海县置安仁县于原都昌县西，旋改为昌乐县，取昌盛安乐之意命名，属潍州。元省昌乐县入北海县，后复置，属益都路。明徙今治，属青州府。清因之。1913年属胶东道。1925年属淄青道。1928年属省。1945年属鲁中行政区沂山专区。1948年属昌潍专区。1967年昌潍专区改昌潍地区，1981年改潍坊地区。1983年属潍坊市。（资料来源：《昌乐县地名志》）地势南高北低、西高东低，海拔40~150米。属暖温带季风气候，年均气温12.9℃，1月平均气温 -2.6℃，7月平均气温26.4℃。年均降水量571.4毫米。有汶河、白浪河、丹河等流经。有蓝宝石、煤、油页岩、地热、石棉、石灰岩、玄武岩、膨润土等矿产资源。有野生植物35种，其中国家重点保护野生植物有银杏、水杉、榉树3种。有野生动物43种，其中国家重点保护野生动物有白鹳、刺猬、狐狸3种。森林覆盖率20.99%。有省级工程技术研究中心4个。有中小学52所，图书馆1个，知名文艺团体7个，二级以上医院1个。有省级文物保护单位11个，省级非物质文化遗产2个，重要古迹、景点潍坊昌乐中国宝石城、省级地质公园远古火山口群。三次产业比例为13.9∶47.2∶38.9。农业以种植小麦、玉米等粮食作物及瓜果、蔬菜等经济作物为主，为国家粮食产能规划县、全国蔬菜重点区域发展规划县、全国农业标准化示范县，昌乐西瓜为中国地理标志农产品。畜牧业以饲养猪、牛、羊、家禽为主。工业形成以食品、化工、机械、建材、轻纺、煤炭等为主的产业体系。服务业以商贸物流为主，有瓜菜、宝石等专业交易市场和商品集散地。有青银和潍日高速公路、309国道和省道大沂路、潍九路、胶王路过境。

宝都街道　370725-A01

[Bǎodū Jiēdào]

　　昌乐县人民政府驻地。在县境中部。面积89平方千米。人口12.6万。2013年设立。昌乐有"中国蓝宝石之都"的美誉，因街道地处县城中心区域得名。开展城中村改造、城市拆迁建设、城市基础设施建设。大、小丹河从境内穿过。有中小学13所，知名文艺团体6个，医疗卫生机构7个。有重要名胜古迹田老庄明楼、西湖公园。农业以种植业为主，特色种植大棚瓜菜，昌乐西瓜、高家河苦菊、昌乐小南瓜是国家地理标志证明商标。工业以柠檬酸生产、电子元器件加工、医药加工、服装纺织四大产业为主，建有中国柠檬酸特色产业基地、中国电子元器件特色产业基地。服务业以商贸为主，建有昌乐农贸城、天桥综合市场、东山商城、温州商城等市场。有昌乐县火车站、昌乐汽车总站，通公交车。

宝城街道　370725-A02

[Bǎochéng Jiēdào]

　　属昌乐县管辖。在县境北部。面积42.3平方千米。人口3.6万。2005年成立。因昌乐县盛产蓝宝石而得名。大丹河从境内穿过。有高等院校1所，中小学3所，体育场1个，医疗卫生机构1个。有重要名胜古迹玉皇庙、中国宝石城。农业以种植业、畜牧业为主，农作物有小麦、玉米、瓜果、蔬菜等，精细蔬菜、富硒西瓜及大棚水果出口日本、韩国、俄罗斯等国家和地区，畜牧业以鸡、猪、牛、羊养殖为主。工业以塑料加工、针织服装、工程机械、食品加工、电子产品、化工产品为主。服务业以商贸为主，形成以鲁中瓜菜批发、农资、劳务、建材为主体的专业市场。通公交车。

朱刘街道　370725-A03

[Zhūliú Jiēdào]

　　属昌乐县管辖。在县境东北部。面积50平方千米。人口3.9万。2005年设立。

因原镇驻地朱留村得名。2009 年对首阳山、桂河进行修复。启动桂河水质提升综合治理工程，对河道清淤疏浚及修复，打造水清、岸绿、景美的亲水景观带。桂河从境内穿过。有中小学 4 所，医疗卫生机构 2 个。农业以种植业为主，主产小麦、玉米、苹果、梨、葡萄等。工业以电动车生产、新型建材、精细化工等为主。服务业以商贸物流、旅游业等为主，建有首阳山旅游度假区。通公交车。

五图街道 370725-A04
[Wǔtú Jiēdào]

属昌乐县管辖。在县境南部。面积 99 平方千米。人口 5.3 万。2007 年设立。因境内蕴藏着丰富的蓝宝石、膨润土、煤炭、石灰岩和玄武岩五种主要天然矿藏，构成五彩斑斓的地域板块而得名。对辖区内方山、小丹河进行修复。2014 年启动并完成小丹河水质提升综合治理工程，对河道清淤疏浚及修复，打造水清、岸绿、景美的亲水景观带。境内有方山，于河、丹河等从境内穿过。有省级科研中心 1 个。有中小学 3 所，医疗卫生机构 3 个。有省级文物保护单位方山庙，爱国主义教育基地庵上湖村。农业以种植业为主，主产无公害蔬菜和有机瓜果。工业以蓝宝石加工、拉链生产、织布、新型建材、产品包装、煤炭开发等为主。服务业以商贸、旅游业为主，有昌乐桂河湿地公园、九龙湖旅游度假区。通公交车。

乔官镇 370725-B01
[Qiáoguān Zhèn]

昌乐县辖镇。在县境南部。面积 189 平方千米。人口 8.8 万。辖 73 村委会，有 158 自然村。镇人民政府驻乔东村。1950 年属乔官区。1952 年属第七区。1958 年建乔官乡，同年改乔官公社。1984 年改置镇。

因镇政府驻地得名。境内有大小古火山 20 余处，丹河、猪河、东大河从境内穿过。有市县级工程技术研究中心 5 个。有中小学 10 所，卫生院 2 个。有重要名胜古迹昌乐火山省级地质公园、药王庙、桃花山、团山子火山、郝家沟火山群等。农业以种植业为主，产小麦、玉米、瓜菜、黄烟等。工业以高档板材加工、塑料制品加工、针织服装加工等为主。服务业以旅游业为主。有省道大沂路、胶王路、潍临路过境。

鄌郚镇 370725-B02
[Tángwú Zhèn]

昌乐县辖镇。在县境西南部。面积 219 平方千米。人口 10.1 万。辖 43 村委会，有 150 自然村。镇人民政府驻鄌郚社区。1948 年属鄌郚区。1950 年属第十区。1958 年改设鄌郚镇，同年与毕都乡、时马乡合并成立鄌郚人民公社。1984 年分设鄌郚镇、北鄌郚乡、毕都乡。2001 年北鄌郚乡并入。2007 年高崖镇并入。因镇政府驻地得名。境内有车罗顶，汶河、漳河、白浪河等从境内穿过。有中小学 5 所，卫生院 2 个，公共绿地 5 个，广场 5 个。有重要名胜仙月湖。农业以种植业为主，产小麦、玉米、芋头、西瓜等，"鄌郚"牌无籽西瓜注册国家地理标志商标。工业以乐器加工、服装加工、炸药加工、塑料制品加工、机械制造为主，是吉他专业生产镇。省道大沂路过境。

红河镇 370725-B03
[Hónghé Zhèn]

昌乐县辖镇。在县境东南部。面积 195 平方千米。人口 9.0 万。辖 62 村委会，有 149 自然村。镇人民政府驻红河村。1948 年属清泉区。1950 年属十一区。1958 年撤区成立平原公社。1981 年改称红河公社。1984 年撤销红河公社，分设红河、平原 2 镇。2001 年红河、平原 2 镇合并成立红河镇。2007年朱汉镇并入。因境内河流红河而得名。汶河、红河、清水河、九曲河等从境内穿过。有中小学13所，图书馆1个，卫生院1个。有重要名胜古迹清水河公园、木梁台等。农业以种植小麦、玉米、花生、韭菜、大姜、苹果、桃子、樱桃为主，畜牧业多养殖肉鸭、生猪。工业以食品、油漆、纸品加工为主，有炒花生米、烤花生果、咸干花生、花生酱等特色食品，有花生专业批发市场。朱红路、唐荆路从境内穿过。

营丘镇 370725-B04
[Yíngqiū Zhèn]

昌乐县辖镇。在县境东南部。面积217平方千米。人口9.4万。辖64村委会，有184自然村。镇人民政府驻马宋村。1950年设马宋区。1958年并入营丘公社，同年更名马宋公社。1984年改置镇。2007年撤销崔家庄镇、阿陀镇、马宋镇，合并设立营丘镇。因营丘故城在镇域内而得名。白浪河从境内穿过。有中小学6所，图书馆1个，文化馆1个，卫生院3个，体育馆1个，公共绿地、广场3个。有省级文物保护单位河西遗址、营陵故城，重要名胜古迹白浪沙滩湿地公园、齐城墙遗址、王裒墓遗址、崇祭祀遗址等。经济以农业为主。农业以种植小麦、玉米、蔬菜为主。工业以机械制造、铸造、玻璃钢加工、造纸、塑料加工、纺织为主。有潍日高速、206国道、省道胶王公路过境。

社区

昌盛社区 370725-A01-J01
[Chāngshèng Shèqū]

属宝都街道管辖。在昌乐县东南部。面积3平方千米。人口42 000。因昌盛街得名。2004年成立。有楼房357栋，现代建筑风格。驻有山东省昌乐第一中学、山东省昌乐特师附属小学等单位。开展广场舞、社区宣教等活动。通公交车。2008年被评为省文明社区。

流泉社区 370725-A01-J02
[Liúquán Shèqū]

属宝都街道管辖。在昌乐县南部。面积4平方千米。人口15 000。以境内流泉村得名。2012年成立。有楼房103栋，现代建筑风格。驻有昌乐县人民政府、昌乐县民政局等单位。有志愿者服务。通公交车。2013年被评为省文明社区。

三和社区 370725-A01-J03
[Sānhé Shèqū]

属宝都街道管辖。在昌乐县西北部。面积4平方千米。人口15 500。砚家河、高家河、西店三村合并，确定为新农村建设试点村，名三和新村，后原田老、申明亭2村并入，成立三和社区，寓意"天合、地和、人和"。2008年成立。有楼房50栋，现代建筑风格。驻有潍坊英轩实业有限公司等单位。有志愿者服务，开展广场舞等活动。未通公交车。

故城社区 370725-A01-J04
[Gùchéng Shèqū]

属宝都街道管辖。在昌乐县西北部。面积10平方千米。人口4 300。因社区内是县城老城区，区域内有故城路，故名。2013年成立。有楼房260栋，现代建筑风格。驻有昌乐县宝都街道小学等单位。开展社区宣教、象棋比赛等活动。通公交车。

新昌社区 370725-A01-J05
[Xīnchāng Shèqū]

属宝都街道管辖。在昌乐县中部。

面积 1 平方千米。人口 31 000。因社区毗邻县城历史悠久的主干道新昌路，故名。2014 年成立。有楼房 350 栋，现代建筑风格。驻有昌乐县人民医院、潍坊市第三人民医院、昌乐县实验小学等单位。有志愿者服务。通公交车。

永康社区 370725-A01-J06
[Yǒngkāng Shèqū]

属宝都街道管辖。在昌乐县东北部。面积 5 平方千米。人口 21 600。因社区内有永康路，故名。2014 年成立。有楼房 230 栋，现代建筑风格。驻有潍坊银龙纺织有限公司等单位。有志愿者服务。通公交车。

月亮湾社区 370725-A01-J07
[Yuèliàngwān Shèqū]

属宝都街道管辖。在昌乐县西南部。面积 4 平方千米。人口 2 900。因社区内有著名景点月亮湾，故名。2013 年成立。有楼房 360 栋，现代建筑风格。驻有山东省昌乐及第中学、昌乐县第二实验小学等单位。有志愿者服务。通公交车。

尧沟社区 370725-A01-J08
[Yáogōu Shèqū]

属宝都街道管辖。在昌乐县西北部。面积 8.75 平方千米。人口 5 100。沿用原尧沟镇名。2014 年成立。有楼房 200 栋，现代建筑风格。驻有昌乐县宝城街道卫生院等单位。有志愿者服务。通公交车。

小李家庄社区 370725-A01-J09
[Xiǎolǐjiāzhuāng Shèqū]

属宝都街道管辖。在昌乐县西部。面积 6 平方千米。人口 6 400。沿用原小李家庄名。2013 年成立。有楼房 240 栋，现代建筑风格。驻有小李家庄幼儿园等单位。通公交车。

埠头社区 370725-A01-J10
[Bùtóu Shèqū]

属宝都街道管辖。在昌乐县西北部。面积 6 平方千米。人口 5 500。因辖区内有赵家埠头岭得名。2013 年成立。有楼房 50 栋，现代建筑风格。驻有昌乐县公安局宝城派出所等单位。有志愿者服务。通公交车。

昌明社区 370725-A02-J01
[Chāngmíng Shèqū]

属宝城街道管辖。在昌乐县北部。面积 4.36 平方千米。人口 13 000。因辖区内昌明花园小区得名。2006 年成立。有楼房 1 栋，现代建筑风格。有志愿者服务、老年人日间照料服务，开展文艺活动。通公交车。2009 年被评为省文明社区。

艳阳天社区 370725-A02-J02
[Yànyángtiān Shèqū]

属宝城街道管辖。在昌乐县东北部。面积 3 平方千米。人口 3 800。因社区内艳阳天小区的规模最大，艳阳寓有"灿烂美好"之意，故名。2010 年成立。有楼房 1 栋，现代建筑风格。有日间照料服务，开展党员教育等活动。通公交车。

任疃社区 370725-A02-J03
[Rèntuǎn Shèqū]

属宝城街道管辖。在昌乐县东北部。面积 10 平方千米。人口 4 800。因辖区内西任疃村得名。2008 年成立。有楼房 1 栋，现代建筑风格。通公交车。

魏家庄社区 370725-A03-J01
[Wèijiāzhuāng Shèqū]

属朱刘街道管辖。在昌乐县东北部。面积 2 平方千米。人口 1 400。因辖区内魏家庄得名。2012 年成立。有楼房 13 栋，现代建筑风格。驻有朱刘街道办事处等单位。通公交车。

戴家社区 370725-A03-J02

[Dàijiā Shèqū]

属朱刘街道管辖。在昌乐县东北部。面积2平方千米。人口1 300。社区沿用原戴家庄名。2012年成立。有楼房4栋，现代建筑风格。通公交车。

南音社区 370725-B01-J01

[Nányīn Shèqū]

属乔官镇管辖。在昌乐县西南部。面积12平方千米。人口6 600。因南音村得名。2014年成立。有楼房1栋，现代建筑风格。通公交车。

青龙社区 370725-B01-J02

[Qīnglóng Shèqū]

属乔官镇管辖。在昌乐县西南部。面积38平方千米。人口7 100。因辖区内青龙山得名。2014年成立。有楼房1栋，现代建筑风格。驻有青龙幼儿园等单位。通公交车。

鄌郚社区 370725-B02-J01

[Tángwú Shèqū]

鄌郚镇人民政府驻地。在昌乐县南部。面积12平方千米。人口11 000。因为镇政府驻地得名。2013年成立。有楼房68栋，中式建筑风格。驻有龙海民爆有限公司、龙海幼儿园等单位。通公交车。

北鄌郚社区 370725-B02-J02

[BěiTángwú Shèqū]

属鄌郚镇管辖。在昌乐县南部。面积15平方千米。人口7 100。因为原北鄌郚乡政府驻地，故名。2013年成立。有楼房26栋，中式建筑风格。驻有北鄌郚幼儿园等单位。通公交车。

漳河社区 370725-B02-J03

[Zhānghé Shèqū]

属鄌郚镇管辖。在昌乐县南部。面积7.1平方千米。人口6 800。因辖区内漳河村得名。2013年成立。有楼房12栋，中式建筑风格。驻有漳河小学、漳河幼儿园、漳河医院等单位。通公交车。

宅科社区 370725-B03-J02

[Zháikē Shèqū]

属红河镇管辖。在昌乐县东南部。面积9.57平方千米。人口6 800。以宅科冠以村名，意为"上以厚，下安宅"，社区沿用该名。2013年成立。有楼房1栋，现代建筑风格。未通公交车。

朱汉社区 370725-B03-J03

[Zhūhàn Shèqū]

属红河镇管辖。在昌乐县南部。面积27平方千米。人口7 700。因辖区内朱汉村得名。2013年成立。以平房为主。驻有昌乐腾邦食品有限公司、昌乐鹏程食品有限公司、朱汉石磨面粉厂等单位。未通公交车。

店子社区 370725-B03-J04

[Diànzǐ Shèqū]

属红河镇管辖。在昌乐县东南部。面积24平方千米。人口14 500。因辖区内店子村得名。2013年成立。有楼房1栋，现代建筑风格。通公交车。

平原社区 370725-B03-J05

[Píngyuán Shèqū]

属红河镇管辖。在昌乐县东南部。面积21平方千米。人口13 900。以地势地貌得名。2001年成立。有楼房1栋，现代建筑风格。通公交车。

二 居民点

潍城区

城市居民点

余庆园小区 370702-I01
[Yúqìngyuán Xiǎoqū]

在区境西南部。人口 768。总面积 2.8 公顷。小区名出自《周易》"积善之家，必有余庆"。2010 年始建，2012 年正式使用。建筑总面积 43 000 平方米，多层住宅楼 6 栋，现代建筑风格。

海化安顺小区 370702-I02
[Hǎihuà Ānshùn Xiǎoqū]

在区境中部。人口 3 024。总面积 6.61 公顷。由海化集团开发，位于安顺路西侧，故名海化安顺小区。2002 年始建，2003 年正式使用。建筑总面积 81 650 平方米，多层住宅楼 24 栋，现代建筑风格。

三友翡翠城小区 370702-I03
[Sānyǒu Fěicuìchéng Xiǎoqū]

在区境西部。人口 7 061。总面积 2.1 公顷。因开发商为潍坊三友房地产开发有限公司，翡翠代表高尚的品格，又是财富和地位的象征，故名三友翡翠城。2010 年始建，2013 年正式使用。建筑总面积 380 000 平方米，住宅楼 13 栋，其中高层 5 栋、多层 8 栋，现代建筑风格。

鲁发名城 370702-I04
[Lǔfā Míngchéng]

在区境西部。人口 16 000。总面积 60 公顷。由山东鲁发置业公司开发并命名。2007 年始建，2009 年正式使用。建筑总面积 600 000 平方米，住宅楼 130 栋，其中高层 80 栋、多层 50 栋，中式建筑风格。绿化率 45%。

北马道小区 370702-I05
[Běimǎdào Xiǎoqū]

在区境东部。324 户。总面积 2.9 公顷。因坐落于北马道北侧而得名。1995 年始建，1998 年正式使用。建筑总面积 28 722 平方米，多层住宅楼 8 栋，现代建筑风格。

曹家巷小区 370702-I06
[Cáojiāxiàng Xiǎoqū]

在区境东部。1 586 户。总面积 22 公顷。因曹家巷贯穿小区得名。1986 年始建，1987 年正式使用。建筑总面积 62 345 平方米，多层住宅楼 32 栋，中式建筑风格。

芙蓉街小区 370702-I07
[Fúróngjiē Xiǎoqū]

在区境东部。846 户。总面积 24 公顷。清代中叶，这条街上的刘氏家庙里种植了一棵木芙蓉树，受到人民喜爱，此街以此得名芙蓉街，小区以此得名。1978 年始建，1980 年正式使用。建筑总面积 142 840 平方米，多层住宅楼 253 栋。

松园子街小区 370702-I08
[Sōngyuánzijiē Xiǎoqū]

在区境西部。2 074 户。总面积 140 公顷。因街中有丁氏松园，故名。1997 年正式使用。建筑总面积 156 240 平方米，多层住宅楼 36 栋，现代建筑风格。

天佑小区 370702-I09
[Tiānyòu Xiǎoqū]

在区境东部。84 户。总面积 0.7 公顷。因希望有上天庇护支持辅助得名。2008 年始建，2009 年正式使用。建筑总面积 10 000 平方米，多层住宅楼 6 栋，中式建筑风格。

博鳌新城 370703-I10
[Bó'áo Xīnchéng]

在区境西部。人口 1 600。总面积 100 公顷。由博鳌国际印刷包装有限公司开发，冠名博鳌。2005 年始建，2008 年正式使用。建筑总面积 100 000 平方米，多层住宅楼 20 栋，现代建筑风格。通公交车。

苏杭花园 370703-I11
[Sūháng Huāyuán]

在区境西部。960 户。总面积 10 公顷。寓意像苏州和杭州一样美丽的居住环境。2001 年始建，2005 年正式使用。建筑总面积 100 000 平方米，住宅楼 17 栋，其中高层 6 栋、多层 11 栋，现代建筑风格。

农村居民点

冯家 370702-A01-H01
[Féngjiā]

在区驻地于河街道东北方向 2.5 千米。于河街道辖自然村。人口 800。以姓氏得名。聚落呈散状分布。有文化广场 1 处。经济以种植业为主，种植小麦、玉米等。有永

冠电器、山东莱德机械、山东金通管业等企业。有公路经此。

三安子 370702-A01-H02
[Sān'ānzi]

在区驻地于河街道西方向 1.0 千米。于河街道辖自然村。人口 1 100。明初，陈姓后裔陈三安由潍城北门里迁此定居，陈三安好会友，称"会三安"，遂称三安村，后演称三安子。聚落呈团块状分布。经济以种植业为主，种植小麦、玉米等。有公路经此。

官路 370702-A01-H03
[Guānlù]

在区驻地于河街道南方向 2.6 千米。于河街道辖自然村。人口 1 100。明隆庆年间，周姓迁此建村。因村北有官大路，故名周家官路，后演称官路。聚落呈散状分布。有潍坊技师学院。经济以种植业为主，种植小麦、玉米、花生等。有机械厂、管件厂。有公路经此。

南乐埠 370702-A01-H04
[Nánlèbù]

在区驻地于河街道西南方向 6.2 千米。于河街道辖自然村。人口 2 400。因处凤台山、沙子埠、火山子、杭山之间，村东、北多有涝地，故名涝埠。后村北建北涝埠，此村改称南涝埠。清末，演称南乐埠。聚落呈散状分布。经济以种植业为主，种植小麦、玉米、花生、小米等。有华龙硝铵厂、山水水泥二厂等企业。有公路经此。

道口 370702-A01-H05
[Dàokǒu]

在区驻地于河街道西南方向 5.9 千米。于河街道辖自然村。人口 1 000。宋代，本村有自然道岔，称道跤。明代，季氏迁此，

改村名为道口。聚落呈散状分布。经济以种植业为主，种植小麦、玉米等。有公路经此。

范家　370702-A01-H06
[Fànjiā]

在区驻地于河街道西南方向 5.5 千米。于河街道辖自然村。人口 1 200。因姓氏得名。聚落呈团块状分布。有书屋。经济以种植业为主，种植小麦、玉米。有公路经此。

平寿　370702-A06-H01
[Píngshòu]

在区驻地于河街道西南方向 13.2 千米。望留街道辖自然村。人口 1 500。因为有平寿古城遗址而得名。聚落呈团块状分布。经济以种植业为主，种植小麦、玉米、西红柿等。有公路经此。

麓台　370702-A06-H02
[Lùtái]

在区驻地于河街道南方向 12.5 千米。望留街道辖自然村。人口 1 000。据传汉朝宰相公孙弘葬于此，建一土台，故名麓台。聚落呈团块状分布。经济以种植业为主，种植小麦、玉米等。有公路经此。

军埠口　370702-A06-H03
[Jūnbùkǒu]

在区驻地于河街道东南方向 11.3 千米。望留街道辖自然村。人口 1 700。村庄坐落于进入军埠的入口处，因此得名。聚落呈带状分布。有文化大院 1 处。经济以种植业为主。有公路经此。

赵家文庄　370702-A06-H04
[Zhàojiāwénzhuāng]

在区驻地于河街道东南方向 11.3 千米。望留街道辖自然村。人口 2 100。明初，赵姓由昌邑瓦城迁此，当时此处多坟地，故名赵家坟庄，1980 年改称赵家文庄。聚落呈带状分布。经济以种植业为主，种植小麦、玉米、花卉等。有天昊混凝土、荷美尔食品等企业。有公路经此。

大崖头　370702-A06-H05
[Dàyátóu]

在区驻地于河街道东南方向 12.5 千米。望留街道辖自然村。人口 2 900。明洪武二年（1369），村民由山西洪洞县迁移落户高崖之上，取名大崖头。聚落呈团块状分布。经济以种植业为主，种植小麦、玉米等。有公路经此。

杨家庄　370702-A06-H06
[Yángjiāzhuāng]

在区驻地于河街道东南方向 11.5 千米。望留街道辖自然村。人口 700。明洪武年间，杨氏兄弟由山西洪洞县迁此建村，故名杨家庄。聚落呈散状分布。经济以种植业为主，种植小麦、玉米等。有公路经此。

大寨　370702-A06-H07
[Dàzhài]

在区驻地于河街道东南方向 13.5 千米。望留街道辖自然村。人口 2 100。唐代官兵曾在此安营扎寨，故名大寨。聚落呈团块状分布。有古井、古槐。经济以种植业为主，种植小麦、玉米等。有公路经此。

艄翁庙　370702-A06-H08
[Shāowēngmiào]

在区驻地于河街道东南方向 12.1 千米。望留街道辖自然村。人口 1 000。明代，一李姓艄公带来乔麦种子分发各户，以度荒年，为纪念此人，村中设一庙，因此得名。聚落呈散状分布。经济以种植业、养殖业、运输业为主，种植小麦、玉米。有公路经此。

张风潮 370702-A06-H09

［Zhāngfēngcháo］

在区驻地于河街道东南方向15.6千米。望留街道辖自然村。人口600。清代，张风潮由沂南迁此，以人名为村名。聚落呈散状分布。经济以种植业为主，种植小麦、玉米。工业、运输业兴起。有公路经此。

张家官庄 370702-A06-H10

［Zhāngjiāguānzhuāng］

在区驻地于河街道东南方向14.1千米。望留街道辖自然村。人口600。明洪武二年（1369），张氏祖先由河北冀州枣强县迁来，在长青河畔南岸立户繁衍，取名张家官庄。聚落呈团块状分布。经济以种植业为主，主产小麦、玉米等。有公路经此。

寒亭区

城市居民点

阳光新城 370703-I01

［Yángguāng Xīnchéng］

在区境南部。90户。总面积1.5公顷。寓意温暖温馨的新生活之城。2012年正式使用。建筑总面积151 200平方米，住宅楼3栋，其中高层1栋、多层2栋。通公交车。

信佳花园 370703-I02

［Xìnjiā Huāyuán］

在区境东北部。132户。总面积2.2公顷。寓意信誉至上、家和万事兴，故名。2007年始建，2014年正式使用。建筑总面积22 484平方米，多层住宅楼6栋。绿化率21%。通公交车。

宏鼎畅溪园 370703-I03

［Hóngdǐngchàngxī Yuán］

在区境东部。528户。总面积5.3公顷。由山东宏鼎置业开发，畅指舒畅，溪有流水汇聚之意，故名宏鼎畅溪园。2009年始建，2010年正式使用。建筑总面积52 470平方米，住宅楼8栋，其中高层1栋、多层7栋，现代建筑风格。

海信兰郡 370703-I04

［Hǎixìn Lánjùn］

在区境西部。518户。总面积9.1公顷。由潍坊海信集团开发，故名海信兰郡。2006年正式使用。建筑总面积79 983平方米，住宅楼20栋，其中高层3栋、多层17栋，现代建筑风格。

金色城品小区 370703-I05

［Jīnsèchéngpǐn Xiǎoqū］

在区境东部。291户。总面积2.7公顷。寓意给业主以尊贵的享受、高品质的城市生活，故名金色城品小区。2009年始建，2013年正式使用。建筑总面积27 200平方米，住宅楼5栋，其中高层2栋、多层3栋，现代建筑风格。有超市、小学等配套设施。

嘉汇名园 370703-I06

［Jiāhuì Míngyuán］

在区境南部。250户。总面积2.7公顷。以嘉汇大厦命名。2009年始建，2010年正式使用。建筑总面积20 136平方米，住宅楼4栋，其中高层1栋、多层3栋，现代建筑风格。

五洲花园 370703-I07

［Wǔzhōu Huāyuán］

在区境西部。767户。总面积1.5公顷。由五洲置业有限公司出资开发并命名。

2007年始建，2011年正式使用。建筑总面积153 776平方米，住宅楼23栋，其中高层9栋、多层14栋。绿化率38.1%，有学校、超市、药店等配套设施。

中茂橄榄城 370703-I08
[Zhōngmào Gǎnlǎn Chéng]

在区境西部。150户。总面积2公顷。因该小区主要面向年轻人，取"橄榄"年轻有活力之意，故名。2014年正式使用。建筑总面积20 611平方米，高层住宅楼1栋。

农村居民点

西杨家埠 370703-A01-H01
[Xīyángjiābù]

在区驻地寒亭街道东南方向2.0千米。寒亭街道辖自然村。人口1 400。1568年，村民为避水患迁到下边村以西的高埠下立村，以姓氏命名为西杨家埠。聚落呈团块状分布。有国家级非物质文化遗产杨家埠木版年画、潍坊风筝。有杨家埠民间艺术大观园等旅游景点。经济以种植业为主，种植小麦、玉米。有电子、手工工艺等相关企业。有公路经此。

北埠子 370703-A01-H02
[Běibùzi]

在区驻地寒亭街道北方向8.0千米。寒亭街道辖自然村。人口1 500。当时因村前有一大土埠子，又在当时较有名气的寒亭以北，故名北埠子。聚落呈团块状分布。有幼儿园1处。经济以种植业为主。有公路经此。

北平旺 370703-A01-H03
[Běipíngwàng]

在区驻地寒亭街道西方向1.5千米。寒亭街道辖自然村。人口1 600。唐朝年间，龙王封了柳毅王位，柳毅在此定居，取名为平王，村由此得名。聚落呈团块状分布。有幼儿园1处。经济以种植业为主。有公路经此。

北纸房 370703-A01-H04
[Běizhǐfáng]

在区驻地寒亭街道西北方向7.0千米。寒亭街道辖自然村。人口1 500。明朝时期，村民以造土纸为业，故取村名北纸房。聚落呈团块状分布。有幼儿园1处。经济以种植业为主。有公路经此。

卜家庄子 370703-A01-H05
[Bǔjiāzhuāngzi]

在区驻地寒亭街道南方向4.7千米。寒亭街道辖自然村。人口400。明末，卜姓由本县东庄乡卜家村迁来立村，以姓氏取村名为卜家庄子。聚落呈团块状分布。有幼儿园1处。经济以种植业为主。有公路经此。

陈埠 370703-A01-H06
[Chénbù]

在区驻地寒亭街道北方向8.0千米。寒亭街道辖自然村。人口400。元代，陈姓在此立村，因村西有一土埠，以姓氏和土埠定村名为陈埠。聚落呈团块状分布。有幼儿园1处。经济以种植业为主。有公路经此。

陈家官庄 370703-A01-H07
[Chénjiāguānzhuāng]

在区驻地寒亭街道北方向3.0千米。寒亭街道辖自然村。人口1 100。元代称北官庄。明初，贾、陈二姓分别由固堤、青州迁入，因陈姓居多，村名遂演称今名。聚落呈团块状分布。有幼儿园1处。经济以种植业为主。有公路经此。

陈家院 370703-A01-H08
[Chénjiāyuàn]

在区驻地寒亭街道北方向 8.0 千米。寒亭街道辖自然村。人口 800。因姓氏得名。聚落呈团块状分布。有幼儿园 1 处。经济以种植业为主。有公路经此。

大埠 370703-A01-H09
[Dàbù]

在区驻地寒亭街道北方向 4.9 千米。寒亭街道辖自然村。人口 1 200。因周围埠多且大，故取村名为大埠。聚落呈团块状分布。有幼儿园 1 处。经济以种植业为主。有公路经此。

寒亭二村 370703-A01-H10
[Hántíng'èrcūn]

在区驻地寒亭街道北方向 2.0 千米。寒亭街道辖自然村。人口 1 600。寒浞举事来该地并建都，故名，后加以序数得今名。聚落呈团块状分布。有幼儿园 1 处。经济以种植业为主。有公路经此。

寒亭一村 370703-A01-H11
[Hántíngyīcūn]

在区驻地寒亭街道北方向 2.0 千米。寒亭街道辖自然村。人口 1 600。夏诸侯国寒伯明之国为古寒国，故名，后加以序数得今名。聚落呈团块状分布。有幼儿园 1 处。经济以种植业为主。有公路经此。

河西 370703-A01-H12
[Héxī]

在区驻地寒亭街道北方向 2.0 千米。寒亭街道辖自然村。人口 600。因位于寒浞河西岸，故名河西。聚落呈团块状分布。有幼儿园 1 处。经济以种植业为主。有公路经此。

后仉庄 370703-A01-H13
[Hòuzhǎngzhuāng]

在区驻地寒亭街道北方向 1.0 千米。寒亭街道辖自然村。人口 500。相传从元代起，仉姓先后立前、中、后三仉庄。此村居北，称后仉庄。聚落呈团块状分布。有幼儿园 1 处。经济以种植业为主。有公路经此。

箕子埠 370703-A01-H14
[Jīzibù]

在区驻地寒亭街道北方向 3.0 千米。寒亭街道辖自然村。人口 800。明洪武二年（1369），王姓由直隶枣强县柳林庄迁入，棘茨埠逐渐演称为箕子埠。聚落呈团块状分布。有幼儿园 1 处。经济以种植业为主。有公路经此。

纪家东庄 370703-A01-H15
[Jìjiādōngzhuāng]

在区驻地寒亭街道北方向 3.0 千米。寒亭街道辖自然村。人口 1 300。元代，李、窦二姓在此立村，因位于当时的"无朝寺"以东，故定村名为东庄。明洪武年间，纪姓由山西洪洞县迁入，纪姓人丁兴旺，居户越来越多，成为村中大姓，村名逐渐演称为纪家东庄。聚落呈团块状分布。有幼儿园 1 处。经济以种植业为主。有公路经此。

李家东庄 370703-A01-H16
[Lǐjiādōngzhuāng]

在区驻地寒亭街道北方向 5.0 千米。寒亭街道辖自然村。人口 100。明洪武年初，纪姓由四川经山西洪洞县迁来立村，因在纪家东庄以北，取名为后纪家东庄。明永乐年初，李姓由四川迁入，因李姓人丁兴旺，居户越来越多，成为村中大姓，逐渐演称李家东庄。聚落呈团块状分布。经济以种植业为主。有公路经此。

北张氏 370703-A02-H01

[Běizhāngshì]

在区驻地寒亭街道西北方向 8.4 千米。开元街道辖自然村。人口 2 400。唐代张姓在此立村，以姓氏取村名为张氏。后因在该村以南有南张氏村，该村遂改称北张氏。聚落呈团块状分布。经济以种植业为主。有公路经此。

西里疃 370703-A02-H02

[Xīlǐtuǎn]

在区驻地寒亭街道西北方向 11.0 千米。开元街道辖自然村。人口 600。明代中期，周、刘二姓先后由潍县城西官路庄迁来。因该村位于里疃以西，故取村名为西里疃。聚落呈团块状分布。经济以种植业为主。有公路经此。

东里疃 370703-A02-H03

[Dōnglǐtuǎn]

在区驻地寒亭街道西北方向 11.0 千米。开元街道辖自然村。人口 800。宋代皇祐年间，李姓迁此立村，取村名为李疃。明初孙姓迁入，因孙姓人业兴旺，且该村距白浪河一里左右，故改称里疃。明代中期，该村以西又建一村落称西里疃，该村遂改称东里疃。聚落呈团块状分布。经济以种植业为主。有公路经此。

黄埠 370703-A02-H04

[Huángbù]

在区驻地寒亭街道西北方向 10.0 千米。开元街道辖自然村。人口 1 000。明初，庞姓由河南干沟咀迁此立村，因靠近黄土埠子，故取村名为黄埠。聚落呈团块状分布。经济以种植业为主。有公路经此。

北柴埠营 370703-A02-H05

[Běicháibùyíng]

在区驻地寒亭街道西北方向 5.8 千米。开元街道辖自然村。人口 1 200。相传唐代薛礼东征时曾在此安营，囤积粮草，故名。后因村落扩大，形成南、北二营，此村居北，称为北柴埠营。聚落呈团块状分布。经济以种植业为主。有公路经此。

东分营埠 370703-A02-H06

[Dōngfēnyíngbù]

在区驻地寒亭街道西北方向 6.9 千米。开元街道辖自然村。人口 400。因村西将军埠上有许多坟茔，故取村名为坟茔埠。后因字义不佳，改称分营埠。因重名，此村位东，故改称东分营埠。聚落呈团块状分布。有幼儿园 1 处。经济以种植业为主。有公路经此。

西分营埠 370703-A02-H07

[Xīfēnyíngbù]

在区驻地寒亭街道西北方向 8.6 千米。开元街道辖自然村。人口 600。村东原有土埠，多坟茔，取名坟茔埠，演称分营埠。后因重名，且此村在西，故称西分营埠。聚落呈团块状分布。有幼儿园 1 处。经济以种植业为主。有公路经此。

大辛庄 370703-A02-H08

[Dàxīnzhuāng]

在区驻地寒亭街道西北方向 8.2 千米。开元街道辖自然村。人口 1 900。因村处东院庄寿圣院以西，其方位为天干中之辛，故称辛庄。因村大，故名大辛庄。聚落呈团块状分布。有幼儿园 1 处。经济以种植业为主。有公路经此。

小辛庄 370703-A02-H09
[Xiǎoxīnzhuāng]

在区驻地寒亭街道西北方向 9.8 千米。开元街道辖自然村。人口 300。清初，徐姓从大辛庄迁此看管桃园并建村，因村小，故名小辛庄。聚落呈团块状分布。有幼儿园 1 处。经济以种植业为主。有公路经此。

东寺夹庄 370703-A02-H10
[Dōngsìjiāzhuāng]

在区驻地寒亭街道西南方向 4.3 千米。开元街道辖自然村。人口 1 200。元末，崔、张、王等姓迁入，因居两寺之间，演称寺家庄。后村落扩大形成两个村，此村居东，遂称东寺夹庄。聚落呈团块状分布。有幼儿园 1 处。经济以种植业为主。有公路经此。

西寺夹庄 370703-A02-H11
[Xīsìjiāzhuāng]

在区驻地寒亭街道西南方向 4.6 千米。开元街道辖自然村。人口 1 800。元末，崔、张、王等姓迁入，因居两寺之间，演称寺家庄。后村落扩大形成两个村，此村居西，遂称西寺夹庄。聚落呈团块状分布。有幼儿园 1 处。经济以种植业为主。有公路经此。

北安 370703-A03-H01
[Běi'ān]

在区驻地寒亭街道西北方向 19.0 千米。固堤街道辖自然村。人口 300。明朝中期，王姓由本区固堤镇西安迁出，到此立村，因小于老家西安，故取名为小安。后因该村位于西安以北，故改村名为北安。聚落呈团块状分布。有幼儿园 1 处。经济以种植业为主。有公路经此。

北王家埠 370703-A03-H02
[Běiwángjiābù]

在区驻地寒亭街道北方向 12.0 千米。固堤街道辖自然村。人口 500。元代因靠近柳树繁茂的埠旁建村，故取名为柳树埠。明末，王姓由坊子区涌泉乡肖家营迁入，逐渐成为村中大姓，故改村名为王家埠。后因村落扩大，王姓中有一支迁出，在村南另立一村，称南王家埠，该村便改为北王家埠。聚落呈团块状分布。有幼儿园 1 处。经济以种植业为主。有公路经此。

北王家码头 370703-A03-H03
[Běiwángjiāmǎtóu]

在区驻地寒亭街道西北方向 22.0 千米。固堤街道辖自然村。人口 1 200。明代中期，夏姓由寿光市稻田庄迁此定居。相传，当年白浪河水势很大，此处曾是运粮河道，并设有装卸码头，故称码头庄。因夏姓居住又称夏家码头。清朝初期，王姓迁入，成为村中大姓，故改称王家码头。后因重名，此村位北，故称北王家码头。聚落呈团块状分布。有幼儿园 1 处。经济以种植业为主。有公路经此。

北于家码头 370703-A03-H04
[Běiyújiāmǎtóu]

在区驻地寒亭街道西北方向 22.0 千米。固堤街道辖自然村。人口 600。明洪武年间，于姓迁此定居。因当时附近各村皆称码头，故以姓氏取村名为于家码头。后于姓有一支由该村迁出，到村南另立新村称南于家码头，该村便改名为北于家码头。聚落呈团块状分布。有幼儿园 1 处。经济以种植业为主。有公路经此。

北寨里二村 370703-A03-H05
[Běizhàilǐ'èrcūn]

在区驻地寒亭街道西北方向 16.0 千米。

固堤街道辖自然村。人口 500。元末，人们
为避兵乱，各村都修筑围寨，分为寨里、
寨外。因该村位于寨里以北，故名北寨里。
后分为四村，本村为北寨里二村。聚落呈
团块状分布。有幼儿园 1 处。经济以种植
业为主。有公路经此。

北寨里三村 370703–A03–H06
[Běizhàilǐsāncūn]

在区驻地寒亭街道西北方向 18.0 千米。
固堤街道辖自然村。人口 400。元末，人们
为避兵乱，各村都修筑围寨，分为寨里、
寨外。因该村位于寨里以北，故名北寨里。
后分为四村，本村为北寨里三村。聚落呈
团块状分布。有幼儿园 1 处。经济以种植
业为主。有公路经此。

北寨里四村 370703–A03–H07
[Běizhàilǐsìcūn]

在区驻地寒亭街道西北方向 17.0 千米。
固堤街道辖自然村。人口 700。元末，人们
为避兵乱，各村都修筑围寨，分为寨里、
寨外。因该村位于寨里以北，故名北寨里。
后分为四村，本村为北寨里四村。聚落呈
团块状分布。有幼儿园 1 处。经济以种植
业为主。有公路经此。

北寨里一村 370703–A03–H08
[Běizhàilǐyīcūn]

在区驻地寒亭街道西北方向 17.0 千米。
固堤街道辖自然村。人口 400。元末，人们
为避兵乱，各村都修筑围寨，分为寨里、
寨外。因该村位于寨里以北，故名北寨里。
后分为四村，本村为北寨里一村。聚落呈
团块状分布。有幼儿园 1 处。经济以种植
业为主。有公路经此。

北张家埠 370703–A03–H09
[Běizhāngjiābù]

在区驻地寒亭街道北方向 12.0 千米。
固堤街道辖自然村。人口 500。明永乐年间，
张姓由北直隶献县沙窝屯迁入张家埠定居，
后村落扩大，张姓迁出一支在张家埠村北
定居，取村名为北张家埠。聚落呈团块状
分布。有幼儿园 1 处。经济以种植业为主。
有公路经此。

北赵家官庄 370703–A03–H10
[Běizhàojiāguānzhuāng]

在区驻地寒亭街道西北方向 22.0 千米。
固堤街道辖自然村。人口 700。明洪武初年，
赵姓由山西洪洞县迁此定居，以姓氏取村
名为赵家官庄。后居户增多，逐渐形成两
个村落，此村较大，称大赵家官庄。后因
此村居北，又改称北赵家官庄。聚落呈团
块状分布。有幼儿园 1 处。经济以种植业
为主。有公路经此。

北仲寨 370703–A03–H11
[Běizhòngzhài]

在区驻地寒亭街道西北方向 17.0 千米。
固堤街道辖自然村。人口 1 200。明洪武初
年，张氏一族由湖广枣阳县迁潍县固堤镇
北寨里，后张姓兄弟三人中的老二由北寨
里迁出，到此立村，因老二为"仲"，故
称村仲寨。后因重名，该村位北，称北仲寨。
聚落呈团块状分布。有幼儿园 1 处。经济
以种植业为主。有公路经此。

北庄子 370703–A03–H12
[Běizhuāngzi]

在区驻地寒亭街道西北方向 25.0 千米。
固堤街道辖自然村。人口 800。明代中期，
王姓迁此定居。因居于大泊子村以北，且
村小，故取名为小庄，后又称北小庄，逐

渐演称为北庄子。聚落呈团块状分布。有幼儿园 1 处。经济以种植业为主。有公路经此。

蔡家栏子 370703-A03-H13
[Càijiālánzi]

在区驻地寒亭街道西北方向 25.0 千米。固堤街道辖自然村。人口 3 000。明洪武年间，蔡氏由山西洪洞县迁来立村，以种菜为业，故取名菜家园子，后演称蔡家栏子。聚落呈团块状分布。有幼儿园 1 处。经济以种植业为主。有公路经此。

崔家官庄 370703-A03-H14
[Cuījiāguānzhuāng]

在区驻地寒亭街道西北方向 19.0 千米。固堤街道辖自然村。人口 600。明末，崔氏一族由本区南孙乡崔家营迁来定居，以姓氏取村名为崔家官庄。聚落呈团块状分布。有幼儿园 1 处。经济以种植业为主。有公路经此。

大泊子 370703-A03-H15
[Dàpōzi]

在区驻地寒亭街道西北方向 24.0 千米。固堤街道辖自然村。人口 1 800。明洪武初年，王氏一族迁此立村，因地势低洼，常有积水，故取村名为泊子。后因重名，且该村较大，故称大泊子。聚落呈团块状分布。有幼儿园 1 处。经济以种植业为主。有公路经此。

前阙庄 370703-A04-H01
[Qiánquēzhuāng]

在区驻地寒亭街道西北方向 14.4 千米。高里街道辖自然村。人口 900。因姓氏和地理方位得名。聚落呈团块状分布。经济以种植业为主，种植小麦、蔬菜。有公路经此。

高里一村 370703-A04-H02
[Gāolǐyīcūn]

在区驻地寒亭街道西北方向 26.0 千米。高里街道辖自然村。人口 900。因建村时四周低洼，人们垒台筑舍，街道两旁设有店铺，故称高垒店。后居户增多，街道逐渐扩大，又称高垒街。清康熙年间称高累村。民国时称高里街、高里镇。中华人民共和国成立后改称高里。后分为三村，此村为高里一村。聚落呈团块状分布。有幼儿园 1 处。经济以种植业为主。有公路经此。

高里二村 370703-A04-H03
[Gāolǐ'èrcūn]

在区驻地寒亭街道西北方向 24.0 千米。高里街道辖自然村。人口 900。因建村时四周低洼，人们垒台筑舍，街道两旁设有店铺，故称高垒店。后居户增多，街道逐渐扩大，又称高垒街。清康熙年间称高累村。民国时称高里街、高里镇。中华人民共和国成立后改称高里。后分为三村，此村为高里二村。聚落呈团块状分布。有幼儿园 1 处。经济以种植业为主。有公路经此。

高里三村 370703-A04-H04
[Gāolǐsāncūn]

在区驻地寒亭街道西北方向 24.0 千米。高里街道辖自然村。人口 1 400。因建村时四周低洼，人们垒台筑舍，街道两旁设有店铺，故称高垒店。后居户增多，街道逐渐扩大，又称高垒街。清康熙年间称高累村。民国时称高里街、高里镇。中华人民共和国成立后改称高里。后分为三村，此村为高里三村。聚落呈团块状分布。有幼儿园 1 处。经济以种植业为主。有公路经此。

前沟 370703-A04-H05
[Qiángōu]

在区驻地寒亭街道西北方向 22.0 千米。

高里街道辖自然村。人口 200。相传，此处原是潍城于宅的庄园地，清乾隆十二年（1747），郭姓由潍城迁此定居，逐渐形成村落，因村后有条大水沟，故以吉祥之意取村名为六甲沟。后因该村位于后沟村前，故改村名为前沟。聚落呈团块状分布。有幼儿园 1 处。经济以种植业为主。有公路经此。

后沟 370703-A04-H06
[Hòugōu]

在区驻地寒亭街道西北方向 23.0 千米。高里街道辖自然村。人口 1 100。明正统年间，张氏迁此定居。因在双佛寺前面立村，故取村名为双佛寺。清初因村前挖了一条大水沟，便改村名为后沟。聚落呈团块状分布。有幼儿园 1 处。经济以种植业为主。有公路经此。

东营 370703-A04-H07
[Dōngyíng]

在区驻地寒亭街道西北方向 23.0 千米。高里街道辖自然村。人口 700。相传，此处是古代兵营之地，后形成了两个村落，此村居东，称东营。聚落呈团块状分布。有幼儿园 1 处。经济以种植业为主。有公路经此。

西营 370703-A04-H08
[Xīyíng]

在区驻地寒亭街道西北方向 24.0 千米。高里街道辖自然村。人口 900。相传，此处是古代兵营之地，后形成了两个村落，此村居西，称西营。聚落呈团块状分布。有幼儿园 1 处。经济以种植业为主。有公路经此。

魏家庄子 370703-A04-H09
[Wèijiāzhuāngzi]

在区驻地寒亭街道西北方向 27.0 千米。高里街道辖自然村。人口 100。清光绪年间，魏姓由固堤镇魏家温庄迁此定居，以姓氏取村名为魏家庄子。聚落呈团块状分布。有幼儿园 1 处。经济以种植业为主。有公路经此。

西苇园 370703-A04-H10
[Xīwěiyuán]

在区驻地寒亭街道西北方向 23.0 千米。高里街道辖自然村。人口 400。明正统年间，张姓由本镇河南村迁此立村，因当时村前有一片芦苇，故取村名为苇园。1981 年，因重名，更名为西苇园。聚落呈团块状分布。有幼儿园 1 处。经济以种植业为主。有公路经此。

前河套 370703-A04-H11
[Qiánhétào]

在区驻地寒亭街道西北方向 25.0 千米。高里街道辖自然村。人口 300。清乾隆年间，郭姓迁此定居，因位于河套村前，故取村名为前河套。聚落呈团块状分布。有幼儿园 1 处。经济以种植业为主。有公路经此。

后河套 370703-A04-H12
[Hòuhétào]

在区驻地寒亭街道西北方向 24.0 千米。高里街道辖自然村。人口 100。明洪武年间，郭姓由山西洪洞县迁此立村，因位于当时圩河的拐弯处，故取村名为河套。后因该村前立有前河套村，故改称后河套。聚落呈团块状分布。有幼儿园 1 处。经济以种植业为主。有公路经此。

河南 370703-A04-H13
［Hénán］

在区驻地寒亭街道西北方向 24.0 千米。高里街道辖自然村。人口 1 100。明洪武初年，张氏由直隶栾州府昌黎县迁大于河以南立村，故取村名为河南。聚落呈团块状分布。有幼儿园 1 处。经济以种植业为主。有公路经此。

芽庄子 370703-A04-H14
［Yázhuāngzi］

在区驻地寒亭街道西北方向 20.0 千米。高里街道辖自然村。人口 200。明洪武年间，张氏由河北省枣林县迁此定居。因在一土埠前立村，以吉祥意取村名为吉新埠。后因张姓人丁不兴旺，清乾隆年间，取生根发芽之意，改村名为芽庄子。聚落呈团块状分布。有幼儿园 1 处。经济以种植业为主。有公路经此。

黑埠子 370703-A04-H15
［Hēibùzi］

在区驻地寒亭街道西北方向 19.0 千米。高里街道辖自然村。人口 200。清初，张姓由本镇河南村迁此定居，因当时在一黑土埠以东立村，太阳西落时，土埠挡住阳光，埠东面阴黑，故取村名为黑埠子。聚落呈团块状分布。有幼儿园 1 处。经济以种植业为主。有公路经此。

张庄 370703-A04-H16
［Zhāngzhuāng］

在区驻地寒亭街道西北方向 19.0 千米。高里街道辖自然村。人口 900。元代，张姓在此立村，取村名为张家庄，后逐渐演称张庄。聚落呈团块状分布。有幼儿园 1 处。经济以种植业为主。有公路经此。

财源 370703-A05-H01
［Cáiyuán］

在区驻地寒亭街道东南方向 24.0 千米。朱里街道辖自然村。人口 800。清顺治中期，王氏由诸城县巴山迁此。相传，该地居户以种菜为业，故以此取村名为菜园。后取吉祥意，改村名为财源。聚落呈团块状分布。有幼儿园 1 处。经济以种植业为主。有公路经此。

东东坡 370703-A05-H02
［Dōngdōngpō］

在区驻地寒亭街道东方向 12.0 千米。朱里街道辖自然村。人口 600。元代中期，赵姓在此立村，因村居土埠东坡，故取村名为东坡。1958 年，因有重名村庄，故改村名为东东坡。聚落呈团块状分布。有幼儿园 1 处。经济以种植业为主。有公路经此。

东于家庄子 370703-A05-H03
［Dōngyújiāzhuāngzi］

在区驻地寒亭街道东南方向 13.0 千米。朱里街道辖自然村。人口 700。明洪武十八年（1385），丁姓由文登县大水泊迁本镇河西于家，后有一支由河西于家迁此定居，以姓氏取村名为于家庄子。1958 年因有重名村庄，改称东于家庄子。聚落呈团块状分布。有幼儿园 1 处。经济以种植业为主。有公路经此。

富郭庄一村 370703-A05-H04
［Fùguōzhuāngyīcūn］

在区驻地寒亭街道东南方向 22.0 千米。朱里街道辖自然村。人口 900。元末，富、郭两姓在此立村，以姓氏取村名为富郭庄。后分为三村，本村为富郭庄一村。聚落呈团块状分布。有幼儿园 1 处。经济以种植业为主。有公路经此。

富郭庄二村 370703-A05-H05
[Fùguōzhuāng'èrcūn]

在区驻地寒亭街道东南方向 22.0 千米。朱里街道辖自然村。人口 700。元末，富、郭两姓在此立村，以姓氏取村名为富郭庄。后分为三村，本村为富郭庄二村。聚落呈团块状分布。有幼儿园 1 处。经济以种植业为主。有公路经此。

富郭庄三村 370703-A05-H06
[Fùguōzhuāngsāncūn]

在区驻地寒亭街道东南方向 22.0 千米。朱里街道辖自然村。人口 800。元末，富、郭两姓在此立村，以姓氏取村名为富郭庄。后分为三村，本村为富郭庄三村。聚落呈团块状分布。经济以种植业为主。有公路经此。

南坡 370703-A05-H07
[Nánpō]

在区驻地寒亭街道东方向 12.0 千米。朱里街道辖自然村。人口 200。明洪武年间，赵姓由本镇东东坡迁此立村，以姓氏和地形取村名为赵家坡。后因村居土埠的南坡，故演称为南坡。聚落呈团块状分布。经济以种植业为主。有公路经此。

陶里 370703-A05-H08
[Táolǐ]

在区驻地寒亭街道东方向 12.0 千米。朱里街道辖自然村。人口 500。明初，王姓由本镇小东庄迁此定居，相传此地曾有金牛出现，王姓以此传说取村名为钓牛庄，后演称刁礼庄。1920 年改名为陶里。聚落呈团块状分布。经济以种植业为主。有公路经此。

西坡 370703-A05-H09
[Xīpō]

在区驻地寒亭街道东方向 11.0 千米。朱里街道辖自然村。人口 600。明洪武年间，刘姓由平度县金钱山迁此立村，因村居土埠西坡，故取村名为西坡。聚落呈团块状分布。经济以种植业为主。有公路经此。

西镇 370703-A05-H10
[Xīzhèn]

在区驻地寒亭街道东北方向 10.0 千米。朱里街道辖自然村。人口 700。相传朱元璋在此布二阵，此阵居西，称西阵。以此传说形成村名，后演称西镇。聚落呈团块状分布。经济以种植业为主。有公路经此。

辛庄 370703-A05-H11
[Xīnzhuāng]

在区驻地寒亭街道东南方向 9.9 千米。朱里街道辖自然村。人口 200。以新立意，取名新庄，后改名辛庄。聚落呈团块状分布。经济以种植业为主。有公路经此。

戴家 370703-A05-H12
[Dàijiā]

在区驻地寒亭街道东南方向 16.0 千米。朱里街道辖自然村。人口 400。明洪武初年，戴姓由山西洪洞县迁本镇戴家村。明末，有一支由戴家村迁出到此立村，因位于戴家村前，故称戴家。聚落呈团块状分布。经济以种植业为主。有公路经此。

后吉家 370703-A05-H13
[Hòujíjiā]

在区驻地寒亭街道东南方向 14.0 千米。朱里街道辖自然村。人口 800。元末，郭姓在此立村，因此处曾设置过夏密县，故取村名为夏密庄。明洪武初年，吉姓由山西洪洞县迁入，后因吉姓人业兴旺，改村名为吉家夏密。后吉姓有一支由该村迁出到村南另立一村，称前吉家，该村便改为后吉家。聚落呈团块状分布。经济以种植业为主。有公路经此。

前吉家 370703-A05-H14
[Qiánjíjiā]

在区驻地寒亭街道东南方向17.0千米。朱里街道辖自然村。人口800。明洪武初年，吉姓由山西洪洞县迁本镇后吉家，明末，有一支由后吉家迁出到此立村，因位于后吉家村前，故称前吉家。聚落呈团块状分布。经济以种植业为主。有公路经此。

东杨家庄 370703-A05-H15
[Dōngyángjiāzhuāng]

在区驻地寒亭街道东南方向24.0千米。朱里街道辖自然村。人口300。明洪武二年（1369），杨姓由山西洪洞县迁此立村，以姓氏取村名为杨家。后因村落较大，逐渐演称为大杨家。后因村子在辖区东部而得名东杨家庄。聚落呈团块状分布。经济以种植业为主。有公路经此。

坊子区

城市居民点

凤凰太阳城 370704-I01
[Fènghuáng Tàiyáng Chéng]

在区境北部。1 879户。总面积21.2公顷。因小区内形成凤舞九天之势，故名凤凰太阳城。2008年始建，2009年正式使用。建筑总面积1 000 000平方米，住宅楼46栋，其中高层4栋、多层42栋，现代建筑风格，绿地面积127 411平方米，有学校、幼儿园、超市、诊所等配套设施。

双羊新城 370704-I02
[Shuāngyáng Xīnchéng]

在区境中部。2 336户。总面积23.7公顷。由原东白羊埠村改建而成，为新建小区，故名。2002年始建，2008年建成。建筑总面积308 000平方米，住宅楼49栋，其中高层6栋、多层43栋，现代建筑风格，绿化率40%，有小学、幼儿园、卫生室、超市、商贸城、公园等配套设施。

恒信·领海国际 370704-I03
[Héngxìn Lǐnghǎi Guójì]

在区境西北部。3 109户。总面积33.3公顷。由恒信集团开发，冠名恒信；因东临北海路，西临虞河，故名领海；该小区的开发实为恒信建设集团的开拓之举，故名国际。2009年始建，2011年正式使用。建筑总面积400 000平方米，多层住宅楼61栋，中式建筑风格，绿地面积36 000平方米，有幼儿园、超市等配套设施。

华安·龙凤花园 370704-I04
[Huá'ān Lóngfèng Huāyuán]

在区境东北部。2 636户。总面积2.1公顷。由华安集团开发，西临龙山路，东临凤山路，寓意该楼盘龙凤呈祥，故名。2006年始建，2008年正式使用。建筑总面积320 000平方米，住宅楼50栋，其中高层6栋、多层44栋，中式建筑风格，绿地面积74 000平方米，有幼儿园、卫生防疫站、超市等配套设施。

新怡园 370704-I05
[Xīnyí Yuán]

在区境东部。1 803户。总面积20公顷。是新方集团建设的小区，故名。2004年始建，2007年正式使用。建筑总面积227 026平方米，高层住宅楼15栋，现代建筑风格，绿化率30%，有小学、幼儿园、诊所等配套设施。

雷沃花苑 370704-I06
[Léiwò Huāyuàn]

在区境西北部。1 434户。总面积8.4公顷。引申雷沃重工股份有限公司之雷声轰鸣雨滋润、改天换地丰沃美的寓意，故名。2005年始建，一期2008年正式使用，二期2012年正式使用。建筑总面积150 000平方米，住宅楼30栋，其中高层5栋、多层25栋，现代建筑风格，绿地面积25 000平方米，有小学、幼儿园、超市、医院等配套设施。

京博·丽景雅园 370704-I07
[Jīngbó Lìjǐng Yǎyuán]

在区境东南部。309户。总面积2.2公顷。由潍坊京博置业有限公司开发，冠名京博；又因此地附近有美丽的旅游景区，故名。建筑总面积32 706平方米，多层住宅楼9栋，现代建筑风格，绿化率35%。

鲁光家园 370704-I08
[Lǔguāng Jiāyuán]

在区境西南部。579户。总面积4.0公顷。由鲁光集团定向开发的小区，故名鲁光家园。2008年始建，2009年正式使用。建筑总面积58 565平方米，多层住宅楼15栋，现代建筑风格，绿化率30.1%，有健身广场、超市、社区卫生服务中心等配套设施。

民生家苑 370704-I09
[Mínshēng Jiāyuàn]

在区境南部。520户。总面积0.4公顷。该小区为原坊子煤矿职工家属住宅区，后为拆迁改造的惠民工程，是政府为民办实事、办好事的民心工程，故名民生家苑。2007年始建，同年正式使用。建筑总面积37 000平方米，多层住宅楼17栋，现代建筑风格，绿化率40%，有超市、商场等配套设施。

水岸家园 370704-I10
[Shuǐ'àn Jiāyuán]

在区境南部。619户。总面积4.5公顷。因西邻凤翔河，故取名水岸家园。2009年始建，2010年正式使用。建筑总面积68 000平方米，多层住宅楼17栋，现代建筑风格，绿地面积22 750平方米，有幼儿园、小学、医院、超市、便民健身广场等配套设施。

农村居民点

北沟西 370704-A01-H01
[Běigōuxī]

在区驻地凤凰街道东方向2.0千米。凤凰街道辖自然村。人口1 400。因村东有一河沟，故称沟西。后有一支族人迁出至村南，立村称南沟西，此村遂称北沟西。聚落呈团块状分布。村北有丁宝桢题圣旨碑。有公路经此。

辛李家 370704-A01-H02
[Xīnlǐjiā]

在区驻地凤凰街道东方向3.7千米。凤凰街道辖自然村。人口500。明永乐年间，李姓由云南乌撒卫迁辛冬南茅草滩边立村，称南茅汗。后以姓氏改名李家庄子。1981年，因近辛冬，更名辛李家。聚落呈团块状分布。有公路经此。

大营子 370704-A01-H03
[Dàyíngzi]

在区驻地凤凰街道南方向2.5千米。凤凰街道辖自然村。人口2 300。明初，吴姓由云南乌撒卫小吴县迁此，以姓氏取名吴家营。明代，商姓由山西洪洞县迁入后，繁衍兴旺，改村名为商家营子。因与前营紧依，此村较大，1967 年始称大营子。聚落呈散状分布。有公路经此。

前营 370704-A01-H04

[Qiányíng]

在区驻地凤凰街道南方向 2.7 千米。凤凰街道辖自然村。人口 400。明洪武二年（1369），李姓由山西洪洞县迁此定居。因与昌邑县金台双台李姓同祖，取名窑台。明末改为李家营子。因在大营子前，1967 年改名前营。聚落呈团块状分布。潍胶路经此。

东白羊埠 370704-A01-H05

[Dōngbáiyángbù]

在区驻地凤凰街道南方向 0.5 千米。凤凰街道辖自然村。人口 700。据传此地有两土埠，埠上时有白羊出现，故名白羊埠。后部分住户从村中迁河西立村，取名西白羊埠，此村居东，故取名东白羊埠。聚落呈团块状分布。有公路经此。

南范 370704-A01-H06

[Nánfàn]

在区驻地凤凰街道东南方向 4.0 千米。凤凰街道辖自然村。人口 900。明洪武二年（1369），范姓由山西洪洞县迁此，因西有辛马郭家，故称辛马范家。后因此村位南，遂改称南范。聚落呈团块状分布。经济以种植业为主，种植玉米、小麦。潍胶路经此。

辛冬一村 370704-A01-H07

[Xīndōngyīcūn]

在区驻地凤凰街道东方向 3.7 千米。凤凰街道辖自然村。人口 1 000。相传辛元帅曾于冬季卒此，故取名辛冬。后分为三村，本村为辛冬一村。聚落呈团块状分布。有公路经此。

后张路院 370704-A02-H01

[Hòuzhānglùyuàn]

在区驻地凤凰街道东南方向 8.6 千米。坊城街道辖自然村。人口 1 500。明洪武年间修建永庆院。寺院由张、逯和尚主持，俗称张逯寺，亦称张逯院。"逯"谐"路"音，故称张路院。因有两村，此村位后，故名后张路院。聚落呈团块状分布。有公路经此。

石河园 370704-A02-H02

[Shíhéyuán]

在区驻地凤凰街道西南方向 4.6 千米。坊城街道辖自然村。人口 900。清康熙九年（1670），刘氏由南京西华门里迁此落户。相传，此处土壤贫瘠，怪石林立，大雨过后，地面被水冲积出大小不同的石子来，故取名石蜡子，后得名石拉子。1998 年更名为石河园。聚落呈团块状分布。经济以种植业为主，种植小麦。潍胶路经此。

石泉子 370704-A02-H03

[Shíquánzi]

在区驻地凤凰街道南方向 14.0 千米。坊城街道辖自然村。人口 900。清顺治三年（1646），李姓迁此立村，因居方形石潭边，潺潺泉水流不尽，名曰神泉子，村同泉名，后更名石泉子。聚落呈团块状分布。经济以种植业为主。有公路经此。

才子官庄 370704-A02-H04

[Cáizǐguānzhuāng]

在区驻地凤凰街道南方向 13.0 千米。坊城街道辖自然村。人口 1 300。元代即有此村，称才子官庄。聚落呈团块状分布。经济以种植业为主。有公路经此。

东房仕 370704-A02-H05
[Dōngfángshì]

在区驻地凤凰街道南方向 10.6 千米。坊城街道辖自然村。人口 1 000。明初，陈姓迁此立村，传说因近依桑犊故城房料市遗址，故名房市，谐音房仕。明末一支迁溦水西岸立村，称房仕西崖，后改称西房仕，此村遂称东房仕。聚落呈团块状分布。经济以种植业为主。有公路经此。

大园 370704-A02-H06
[Dàyuán]

在区驻地凤凰街道南方向 11.0 千米。坊城街道辖自然村。人口 200。明永乐二十年（1422），韩姓由望留迁出，在塔山（今灵山）西北种菜谋生，取村名大菜园，后简称大园。聚落呈团块状分布。经济以种植业为主。有公路经此。

西刘家埠 370704-A02-H07
[Xīliújiābù]

在区驻地凤凰街道南方向 9.7 千米。坊城街道辖自然村。人口 900。秦末，西楚霸王项羽东征，路经此村，村西有一埠顶，兵士在此晾甲，遂取村名晾甲埠。因村东还有一村，故两村分别取名西晾甲埠、东晾甲埠。后本村随谐音演变为西杨家埠。1981 年，因重名，且本村以刘姓居多，故改村名为西刘家埠。聚落呈团块状分布。有图书室、书法室。经济以种植业为主。有公路经此。

宋相还 370704-A02-H08
[Sòngxiānghuán]

在区驻地凤凰街道西南方向 14.1 千米。坊城街道辖自然村。人口 300。明朝末年，宋相还逃荒至此落户，繁衍生息，形成村落，以人名命名，故名宋相还。聚落呈带状分布。经济以种植业为主。有公路经此。

刘家柳沟 370704-A02-H09
[Liújiāliǔgōu]

在区驻地凤凰街道南方向 10.2 千米。坊城街道辖自然村。人口 1 000。因刘氏立村，且坐落在柳沟旁，故名刘家柳沟。聚落呈带状分布。经济以种植业为主。有公路经此。

盖家庄 370704-A02-H10
[Gàijiāzhuāng]

在区驻地凤凰街道西南方向 19.2 千米。坊城街道辖自然村。人口 500。元朝时期，盖氏兄弟在此定居建村，取村名为盖家庄。聚落呈带状分布。有图书室、书法室等。经济以种植业为主。

东郭家 370704-A02-H11
[Dōngguōjiā]

在区驻地凤凰街道西南方向 15.3 千米。坊城街道辖自然村。人口 200。由小郭家和水庄子两个自然村合并，以方位称东郭家。聚落呈带状分布。经济以种植业为主。

西杨家坡 370704-A02-H12
[Xīyángjiāpō]

在区驻地凤凰街道西南方向 15.3 千米。坊城街道辖自然村。人口 500。清初，杨姓由杨家坡西迁立村，取名西杨家坡。聚落呈带状分布。有图书室。经济以种植业为主。有公路经此。

石沟河 370704-A02-H13
[Shígōuhé]

在区驻地凤凰街道西南方向 12.8 千米。坊城街道辖自然村。人口 1 500。因孝妇河自南而西，环村北流，河岸岩石嶙峋，沟壑纵横，人们称此段为石沟河；村依河边，遂以河称石沟河。聚落呈带状分布。有图书室、书法室。有幼儿园 1 处。经济以种植业为主。有公路经此。

武建家 370704-A02-H14
[Wǔjiànjiā]

在区驻地凤凰街道西南方向 16.5 千米。坊城街道辖自然村。人口 500。元代有一铁匠名武建，带家属在此立村，取名武建家。聚落呈带状分布。有图书室。经济以种植业为主。有公路经此。

范家庄 370704-A02-H15
[Fànjiāzhuāng]

在区驻地凤凰街道西南方向 14.9 千米。坊城街道辖自然村。人口 300。明洪武年间，范氏由山西洪洞县迁此立村，以姓氏取村名，故名范家庄。聚落呈团块状分布。有古槐 1 棵。经济以种植业为主。有公路经此。

山北头 370704-A02-H16
[Shānběitóu]

在区驻地凤凰街道西南方向 13.4 千米。坊城街道辖自然村。人口 500。明弘治年间，范姓在此立村，因在土山北端，取名山北头。聚落呈团块状分布。有古槐 1 棵。经济以种植业为主。有公路经此。

岔子官庄 370704-A02-H17
[Chàziguānzhuāng]

在区驻地凤凰街道西南方向 15.8 千米。坊城街道辖自然村。人口 400。明洪武二年（1369），韩姓立村，取名韩家老庄。后诸姓迁入，为表团结，协商更名为义和官庄。因村南有一条小岔河，清初改为岔子官庄。聚落呈带状分布。经济以种植业为主。

马司一村 370704-A02-H18
[Mǎsīyīcūn]

在区驻地凤凰街道南方向 10.9 千米。坊城街道辖自然村。人口 700。西汉时，楚霸王战马死于此地，为怀念其战马，定村名马思，后演变为马司。后分为四村，此村为马司一村。聚落呈团块状分布。有图书室、书法室。经济以种植业为主。206 国道经此。

大郭家 370704-A02-H19
[Dàguōjiā]

在区驻地凤凰街道西南方向 14.8 千米。坊城街道辖自然村。人口 900。明洪武中期，郭氏由淄川迁此，以姓氏取名郭家庄。后人丁兴旺，一支分出在村东南立村，称小郭家，此村遂称大郭家。聚落呈带状分布。经济以种植业为主。有公路经此。

张家柳沟 370704-A02-H20
[Zhāngjiāliǔgōu]

在区驻地凤凰街道西南方向 12.4 千米。坊城街道辖自然村。人口 1 000。明初，张姓由小云南乌撒卫北征来此定居，村北有沟，柳荫遮天，故以张姓取名张家柳沟。聚落呈带状分布。有图书室。经济以种植业为主。206 国道经此。

西辛 370704-A02-H21
[Xīxīn]

在区驻地凤凰街道南方向 10.2 千米。坊城街道辖自然村。人口 600。清乾隆三年（1738），辛姓放牧至此定居，即成东辛、西辛两村。聚落呈团块状分布。经济以服务业为主。有公路经此。

建华 370704-A03-H01
[Jiànhuá]

在区驻地凤凰街道东南方向 14.2 千米。坊安街道辖自然村。人口 2 800。最早郎姓在此立村，因村北有埠岭，雨后水经村中向东南流，故取名南流。后属南流人民公社建华大队，故更名建华。聚落呈团块状分布。有文化大院、书法室、文化广场。有庄龙甲革命烈士纪念园。经济以种植业为主。有公路经此。

流戈庄 370704–A03–H02
[Liúgēzhuāng]

在区驻地凤凰街道东南方向 14.2 千米。坊安街道辖自然村。人口 900。明嘉靖年间，郎氏从南流迁居南场园定居。此村为郎氏二支的一场院，屋内留下一戈，以此叫留戈庄。因由南流迁入，后改名为流戈庄。聚落呈团块状分布。有图书室。经济以种植业为主。有公路经此。

兴华 370704–A03–H03
[Xīnghuá]

在区驻地凤凰街道东南方向 14.0 千米。坊安街道辖自然村。人口 1 700。最早郎姓在此立村，因村北有埠岭，雨后溪水经村中向东南流，故取名南流。后分为两村，本村名兴华。聚落呈团块状分布。经济以种植业为主。有公路经此。

王家庄子 370704–A03–H04
[Wángjiāzhuāngzi]

在区驻地凤凰街道东南方向 12.1 千米。坊安街道辖自然村。人口 700。因王氏迁入，人丁兴旺，故名王家庄子。聚落呈团块状分布。经济以种植业为主。有公路经此。

前苏 370704–A03–H05
[Qiánsū]

在区驻地凤凰街道东南方向 16.2 千米。坊安街道辖自然村。人口 1 000。因立村于东苏家庄头之南，故称前苏。聚落呈团块状分布。经济以种植业为主。有公路经此。

葫芦埠于家 370704–A03–H06
[Húlubùyújiā]

在区驻地凤凰街道东南方向 11.3 千米。坊安街道辖自然村。人口 1 000。明洪武初年，于胜由潍县东庄迁居葫芦埠东北定居，故取名葫芦埠于家。聚落呈团块状分布。经济以种植业为主。有公路经此。

蔡家石埠 370704–A03–H07
[Càijiāshíbù]

在区驻地凤凰街道东南方向 10.2 千米。坊安街道辖自然村。人口 800。最早雷氏在此立村，因背靠石埠山，故取名雷家石埠。后蔡姓人户兴旺，遂村改名为蔡家石埠。聚落呈团块状分布。经济以种植业为主。有公路经此。

东村 370704–A03–H08
[Dōngcūn]

在区驻地凤凰街道东南方向 9.3 千米。坊安街道辖自然村。人口 200。因位于房仕东方，取名房仕东庄，后简称东村。聚落呈团块状分布。经济以种植业为主。有公路经此。

王家石埠 370704–A03–H09
[Wángjiāshíbù]

在区驻地凤凰街道东南方向 9.3 千米。坊安街道辖自然村。人口 1 100。明末，王氏迁此定居，因村靠近石埠山，故名王家石埠。聚落呈团块状分布。有学校。经济以种植业为主。有公路经此。

东王松一村 370704–A03–H10
[Dōngwángsōngyīcūn]

在区驻地凤凰街道东南方向 7.2 千米。坊安街道辖自然村。人口 400。元代立村，因村南有松举目可望，故名望松，谐音王松。

因有东、西两村，此村位东，故名东王松。1962年分为四村，该村为东王松一村。聚落呈团块状分布。有省级文物保护单位东王松古民居。经济以种植业为主。有公路经此。

南店 370704-A03-H11
[Nándiàn]

在区驻地凤凰街道东南方向4.7千米。坊安街道辖自然村。人口1 500。因此地村民祖上以开店为生，取名千家店，为南北排列。后因南店兴盛，北店衰败，故改村名南店。聚落呈团块状分布。经济以种植业为主。有公路经此。

葫芦埠韩家 370704-A03-H12
[Húlubùhánjiā]

在区驻地凤凰街道东南方向11.8千米。坊安街道辖自然村。人口1 200。明朝年间，韩姓建村于埠下，因当时埠顶上长着一棵葫芦，故名村葫芦埠韩家。聚落呈团块状分布。经济以种植业为主。有公路经此。

葫芦埠梁家 370704-A03-H13
[Húlubùliángjiā]

在区驻地凤凰街道东南方向10.6千米。坊安街道辖自然村。人口1 100。明永乐七年（1409），梁氏三兄弟长俊卿、次达卿、三文卿奉命至葫芦埠之阴立业，因近葫芦埠，遂取名葫芦埠梁家。聚落呈团块状分布。经济以种植业为主。有公路经此。

圈子郎郡庄 370704-A03-H14
[Quānzilángjùnzhuāng]

在区驻地凤凰街道东南方向12.2千米。坊安街道辖自然村。人口600。因有小河绕村半圈，故称圈子郎郡庄。聚落呈团

块状分布。有区级文物保护单位大汶口商周文化遗址。经济以种植业为主。有公路经此。

小尚庄 370704-A03-H15
[Xiǎoshàngzhuāng]

在区驻地凤凰街道东南方向14.2千米。坊安街道辖自然村。人口1 000。尚氏兄弟在此分别立村，因弟择居此地，故名小尚庄。聚落呈团块状分布。经济以种植业为主。有公路经此。

营子 370704-A03-H16
[Yíngzi]

在区驻地凤凰街道东南方向15.2千米。坊安街道辖自然村。人口900。汉初，韩信斩龙且时，曾在此安营扎寨十余里，故丘姓取村名丘家营子。丘姓迁走后，刘姓改称刘家营子，简称营子。聚落呈团块状分布。经济以种植业为主。有公路经此。

东苏 370704-A03-H17
[Dōngsū]

在区驻地凤凰街道东南方向16.7千米。坊安街道辖自然村。人口900。宋元时称傅家庄，因征收皇粮的督头居此，故被邻村称为庄头。明中叶时苏氏迁入，傅氏迁走，称苏家庄头。前苏家庄头立村后，按方位又称为北苏家庄头。1949年后，因村居镇境东端，沿袭为东苏家庄头，简称东苏。聚落呈团块状分布。经济以种植业为主。有公路经此。

穆村一村 370704-A04-H01
[Mùcūnyīcūn]

在区驻地凤凰街道东北方向22.0千米。九龙街道辖自然村。人口900。居住村民多为穆姓人家，故称为穆村，1981年改为穆

村一村。聚落呈团块状分布。有九龙洞自然风景区。经济以种植业、工副业为主。有公路经此。

苇园 370704-A04-H02
[Wěiyuán]

在区驻地凤凰街道东北方向 20.1 千米。九龙街道辖自然村。人口 200。明初，范氏由山西洪洞县迁此，因村东有一苇湾，故名苇湾庄，后演作苇园。聚落呈团块状分布。经济以种植业为主。有公路经此。

徐家庄 370704-A04-H03
[Xújiāzhuāng]

在区驻地凤凰街道东方向 21.5 千米。九龙街道辖自然村。人口 900。明洪武初年，徐姓由山西洪洞县迁此定居，以姓氏取村名。聚落呈带状分布。经济以种植业为主，种植小麦、玉米、大姜。潍胶路经此。

丁村凤凰庄 370704-A04-H04
[Dīngcūnfènghuángzhuāng]

在区驻地凤凰街道东南方向 20.3 千米。九龙街道辖自然村。人口 300。清雍正八年（1730），孟、胡、郎诸姓在此立村，因近依丁村，取凤凰之名，名丁村凤凰庄。聚落呈团块状分布。经济以种植业为主。有公路经此。

双官埠 370704-A04-H05
[Shuāngguānbù]

在区驻地凤凰街道东北方向 22.0 千米。九龙街道辖自然村。人口 200。清乾隆年间，张姓五甲西迁，立村于双花埠前，村以埠取名。后人取吉祥之意，改称双官埠。聚落呈团块状分布。经济以种植业为主。有公路经此。

下房 370704-A04-H06
[Xiàfáng]

在区驻地凤凰街道东北方向 20.0 千米。九龙街道辖自然村。人口 600。明成化年间，房氏由云南乌撒卫邯陵迁此，因村在上房村东埠岭下，故名下房。聚落呈团块状分布。经济以种植业为主。有公路经此。

丁村郭家 370704-A04-H07
[Dīngcūnguōjiā]

在区驻地凤凰街道东南方向 20.2 千米。九龙街道辖自然村。人口 500。明成化二年（1466），郭姓因避难由高唐游移至此定居，因迁依丁村，故取名丁村郭家。聚落呈带状分布。经济以种植业为主。潍胶路经此。

大冯家 370704-A04-H08
[Dàféngjiā]

在区驻地凤凰街道东方向 20.5 千米。九龙街道辖自然村。人口 600。明洪武初年，冯姓由山西迁此定居，取名大冯家。聚落呈团块状分布。经济以种植业为主，种植小麦、玉米、大姜。潍胶路经此。

小河南 370704-A04-H09
[Xiǎohénán]

在区驻地凤凰街道东南方向 20.1 千米。九龙街道辖自然村。人口 300。孟氏一支由丁村孟家分出，定居渭水河南岸，故取名小河南。聚落呈团块状分布。经济以种植业为主。有公路经此。

岳家 370704-A04-H10
[Yuèjiā]

在区驻地凤凰街道东南方向 21.2 千米。九龙街道辖自然村。人口 900。清顺治五年（1648），岳姓由昌乐迁此立村，以姓氏名村。聚落呈团块状分布。经济以种植业为主。有公路经此。

前车留庄 370704-A04-H11
[Qiánchēliúzhuāng]

在区驻地凤凰街道东南方向 9.7 千米。九龙街道辖自然村。人口 700。相传周文王聘贤，路过此地，停车小憩，故名车留庄。因有两村，此村居前，故名。聚落呈带状分布。经济以种植业为主。潍胶路经此。

西河下 370704-A04-H12
[Xīhéxià]

在区驻地凤凰街道东南方向 10.7 千米。九龙街道辖自然村。人口 800。明初，马姓由山西洪洞县迁此，因坐落于渭水河下游西岸，故名。聚落呈带状分布。经济以种植业为主。潍胶路经此。

山庄 370704-A04-H13
[Shānzhuāng]

在区驻地凤凰街道东方向 10.6 千米。九龙街道辖自然村。人口 200。明洪武年间，侯氏由山西洪洞县迁此。因坐落在常令公山南坡，故名。聚落呈带状分布。经济以种植业为主。有公路经此。

中河下 370704-A04-H14
[Zhōnghéxià]

在区驻地凤凰街道东方向 10.7 千米。九龙街道辖自然村。人口 300。明初，马姓由山西洪洞县迁此立村，因坐落于渭水河下游，故名河下。因有三个重名村，此村居中，故称中河下。聚落呈带状分布。经济以种植业为主。有公路经此。

王家屯 370704-A04-H15
[Wángjiātún]

在区驻地凤凰街道东北方向 17.0 千米。九龙街道辖自然村。人口 700。明永乐二年（1404），叶姓由山西洪洞县迁此，以姓氏取名叶家营。后王氏迁入，清嘉庆年间改名王家营。又因近依张家屯，故更名王家屯。聚落呈团块状分布。经济以种植业为主。有公路经此。

南眉 370704-A04-H16
[Nánméi]

在区驻地凤凰街道东北方向 18.6 千米。九龙街道辖自然村。人口 2 800。因处柳毅山余脉东侧，倚山东望，两村似人双眉，此村位于南，故名。聚落呈散状分布。有名胜古迹太白庙。经济以种植业为主，兼有沸石、膨润土开采加工业，铸造业，塑编业，纺织业和纺织器材经销业。有公路经此。

王家新庄 370704-A04-H17
[Wángjiāxīnzhuāng]

在区驻地凤凰街道东北方向 17.6 千米。九龙街道辖自然村。人口 1 200。元代就有此村，称新庄。明洪武四年（1371），王姓迁此。1981 年，更名为王家新庄。聚落呈团块状分布。经济以种植业为主，兼有纺织业、膨润土加工业、铸造业。青银高铁、济青高速经此。

翟家埠 370704-A04-H18
[Zháijiābù]

在区驻地凤凰街道东北方向 16.4 千米。九龙街道辖自然村。人口 500。明洪武三年（1370），翟姓从昌邑石埠迁此定居，以姓氏取名翟家埠。聚落呈团块状分布。经济以种植业为主，兼有膨润土加工业。青银高铁经此。

庄家庄 370704-A04-H19
[Zhuāngjiāzhuāng]

在区驻地凤凰街道东北方向 16.2 千米。九龙街道辖自然村。人口 600。明末，庄姓由今眉村乡驸马营迁此立村，以姓氏取名庄家庄。聚落呈团块状分布。经济以种植业为主，兼有纺织、膨润土加工业。

涌泉 370704-A04-H20
[Yǒngquán]

在区驻地凤凰街道东北方向15.5千米。九龙街道辖自然村。人口1 300。明万历年间，王姓从昌邑牛埠迁入此地，经营绒线，叫绒线庄。后因村东南角500米处有一沟泉，常年喷涌，水质甘甜爽口，村人以此泉水饮用，故更名为涌泉。聚落呈团块状分布。有名胜古迹举人胡同、潍南县委旧址。经济以种植业为主，兼有膨润土加工业。青银高铁、309国道经此。

肖家营 370704-A04-H21
[Xiāojiāyíng]

在区驻地凤凰街道东北方向14.6千米。九龙街道辖自然村。人口900。明洪武二年（1369），肖姓由山西洪洞县迁此，以肖姓得名肖家营。聚落呈散状分布。经济以种植业为主，兼有膨润土加工业。潍莱高速经此。

黄旗堡 370704-A05-H01
[Huángqíbǔ]

在区驻地凤凰街道东南方向26.0千米。黄旗堡街道辖自然村。人口2 700。相传，刘邦部将韩信的先锋营驻该地，为树军威以破秦兵，插黄旗于埠顶。后立村时，以此取名黄旗埠，后随黄旗堡火车站更名为黄旗堡。聚落呈团块状分布。有区级非物质文化遗产王氏接骨灵。经济以种植业为主。潍胶路经此。

颜家汶畔 370704-A05-H02
[Yánjiāwènpàn]

在区驻地凤凰街道东南方向25.0千米。黄旗堡街道辖自然村。人口1 300。明初，王氏迁来立村，取名王家孙畔。明正统年间，颜氏迁安丘东北乡落居颜家道口。农业合作社期间两村合一，取名爱国社。公社化后改为颜家大队。后因居于汶水西岸，改名颜家汶畔。聚落呈散状分布。有区级文物保护单位颜氏历履碑。经济以种植业为主。有公路经此。

西安泰 370704-A05-H03
[Xī'āntài]

在区驻地凤凰街道东南方向24.0千米。黄旗堡街道辖自然村。人口1 900。元末始有此村，因此处安乐太平，无匪作乱，取名安泰里。明永乐年间，村东又建一村，取名东安泰，故此村改为西安泰。聚落呈团块状分布。经济以种植业为主。

夹河套 370704-A05-H04
[Jiāhétào]

在区驻地凤凰街道东南方向24.0千米。黄旗堡街道辖自然村。人口2 000。因位于汶、潍两河汇流地带，故名夹河套。聚落呈团块状分布。村北有夹河汉墓。经济以种植业为主。潍胶路经此。

安丘庄子 370704-A05-H05
[Ānqiūzhuāngzi]

在区驻地凤凰街道东南方向24.0千米。黄旗堡街道辖自然村。人口500。因该村当时处安丘、潍县、昌邑三县交界处，为区别县属，故取名安丘庄子。聚落呈团块状分布。有国家二级保护树木安丘庄子古槐。经济以种植业为主。潍胶路经此。

乙甲 370704-A05-H06
[Yǐjiǎ]

在区驻地凤凰街道东南方向25.0千米。黄旗堡街道辖自然村。人口2 400。明嘉靖六年（1527），张氏迁此定居。宋朝王安石建立保甲制度，以姓氏划甲，张为一甲，取名为一甲庄，后演变为乙甲。聚落呈团块状分布。有县级文物保护单位乙甲汉墓。经济以种植业为主。潍胶路经此。

花坞 370704-A05-H07
[Huāwù]

在区驻地凤凰街道东南方向 24.0 千米。黄旗堡街道辖自然村。人口 700。此处低凹，常年鲜花盛开，风景秀丽，故取名曰花坞。聚落呈团块状分布。经济以种植业为主。胶济铁路经此。

狮子口 370704-A05-H08
[Shīzikǒu]

在区驻地凤凰街道东南方向 25.0 千米。黄旗堡街道辖自然村。人口 500。明初始有此村，因村处潍河西岸，易遭水灾，族人做石狮安于村东镇水，故取名为狮子口。聚落呈团块状分布。经济以种植业为主。潍胶路经此。

贺家汶畔 370704-A05-H09
[Hèjiāwènpàn]

在区驻地凤凰街道东南方向 27.0 千米。黄旗堡街道辖自然村。人口 500。因贺氏子孙盘居此地，故取名贺家孙盘。后因地处汶河河畔，更名为贺家汶畔。聚落呈团块状分布。经济以种植业为主。有公路经此。

张家庄子 370704-A05-H10
[Zhāngjiāzhuāngzi]

在区驻地凤凰街道东南方向 28.0 千米。黄旗堡街道辖自然村。人口 1 400。清康熙年间，张氏迁居该地，广揽佃户租种其土地。因张氏家大人多，又是庄主，故定村名为张家庄子。聚落呈团块状分布。经济以种植业为主。

田家石桥 370704-A05-H11
[Tiánjiāshíqiáo]

在区驻地凤凰街道东南方向 29.0 千米。黄旗堡街道辖自然村。人口 200。明初，田氏迁此定居，族人为求富贵，取村名永富官庄。后刘氏、王氏先后在附近立村，取名为刘家石桥、王家石桥，该村故更名为田家石桥。聚落呈团块状分布。经济以种植业为主。有公路经此。

墨埠子 370704-A05-H12
[Mòbùzi]

在区驻地凤凰街道东南方向 32.0 千米。黄旗堡街道辖自然村。人口 900。明隆庆年间，张氏由东邵迁此立村。该村立于岭埠下坡，地下尺许，其土色黑如墨，硬如铁，故取村名墨埠子。聚落呈团块状分布。有区级文物保护单位墨埠子商周遗址。经济以种植业为主。

高家庄东村 370704-A05-H13
[Gāojiāzhuāngdōngcūn]

在区驻地凤凰街道东南方向 29.0 千米。黄旗堡街道辖自然村。人口 900。明代前已有此村，系高姓所建，以姓氏取名高家庄。后高家庄一分为二，本村以位置称高家庄东村。聚落呈团块状分布。经济以种植业为主。

傅家庄科 370704-A05-H14
[Fùjiāzhuāngkē]

在区驻地凤凰街道东南方向 28.0 千米。黄旗堡街道辖自然村。人口 400。原名墨斋庄科，傅氏祖先得科举后，以姓氏为称，改为傅家庄科。聚落呈团块状分布。经济以种植业为主。有公路经此。

逄王一村 370704-A05-H15
[Pángwángyīcūn]

在区驻地凤凰街道东南方向 28.0 千米。黄旗堡街道辖自然村。人口 800。旧传为汉逄萌王君公栖隐之处，故取村名为逄王。1982 年分为四个村，本村为逄王一村。聚落呈团块状分布。经济以种植业为主。特产逄王一品西红柿。有公路经此。

西孙孟 370703-A06-H01
[Xīsūnmèng]

在区驻地凤凰街道东南方向 51.9 千米。王家庄街道辖自然村。人口 1 200。为纪念楚汉潍水之战中韩信手下大将孙猛，加以方位取村名西孙孟。聚落呈散状分布。经济以种植业为主，种植果树、蔬菜、小麦、玉米。有公路经此。

大孙孟 370703-A06-H02
[Dàsūnmèng]

在区驻地凤凰街道东南方向 51.9 千米。王家庄街道辖自然村。人口 1 900。为纪念楚汉潍水之战中韩信手下大将孙猛阵亡于此，故名大孙孟。聚落呈团块状分布。经济以种植业为主，种植果树、蔬菜、小麦、玉米。有公路经此。

八里埠 370703-A06-H03
[Bālǐbù]

在区驻地凤凰街道东南方向 52.3 千米。王家庄街道辖自然村。人口 300。原为农耕用具聚集存放处，起名耙犁埠，后改名为八里埠。聚落呈团块状分布。经济以种植业为主，种植蔬菜、小麦、玉米。有公路经此。

李家古城 370703-A06-H04
[Lǐjiāgǔchéng]

在区驻地凤凰街道东南方向 45.0 千米。王家庄街道辖自然村。人口 800。清乾隆初年，李氏迁此，因村在昌安故城址上，故取名李家古城。聚落呈团块状分布。经济以种植业为主，种植蔬菜、小麦、玉米。有公路经此。

康家屯 370703-A06-H05
[Kāngjiātún]

在区驻地凤凰街道东南方向 46.8 千米。王家庄街道辖自然村。人口 900。明初康氏建村，取名康家庄，后改称康定屯。聚落呈团块状分布。经济以种植业为主，种植蔬菜、小麦、玉米。有公路经此。

高家埠 370703-A06-H06
[Gāojiābù]

在区驻地凤凰街道东南方向 43.2 千米。王家庄街道辖自然村。人口 600。明初，高氏由湖北枣县迁此，因居埠岭处，遂以姓氏取名高家埠。聚落呈团块状分布。经济以种植业为主，种植蔬菜、小麦、玉米。有公路经此。

花家官庄 370703-A06-H07
[Huājiāguānzhuāng]

在区驻地凤凰街道东南方向 51.9 千米。王家庄街道辖自然村。人口 1 100。明初花氏迁此，以姓氏取名花家官庄。聚落呈团块状分布。经济以种植业为主，种植蔬菜、小麦、玉米。有公路经此。

冢子 370703-A06-H08
[Zhǒngzi]

在区驻地凤凰街道东南方向 47.0 千米。王家庄街道辖自然村。人口 1 000。明初，赵氏由河北枣强县迁此，因村边有一土冢，遂取名赵家冢子。后分为两村，称前冢子、后冢子。因两村毗连，逐渐连在一起，今合为一村，称冢子。聚落呈团块状分布。

经济以种植业为主，种植蔬菜、小麦、玉米。有公路经此。

会沟子 370703-A06-H09

[Huìgōuzi]

在区驻地凤凰街道东南方向48.2千米。王家庄街道辖自然村。人口900。明初，宋、孟二姓由河北枣强县移居此地立村，因村中水沟流水呈灰色，故名灰沟子，后演变为会沟子。聚落呈团块状分布。经济以种植业为主，种植水果、蔬菜、小麦、玉米。有公路经此。

河头 370703-A06-H10

[Hétóu]

在区驻地凤凰街道东南方向47.8千米。王家庄街道辖自然村。人口700。明代，张氏由东营村迁此。因处浯河入潍河处，故取名河头。1960年修峡山水库后迁此，沿用原名。聚落呈团块状分布。经济以种植业为主，种植水果、蔬菜、小麦、玉米，特产大棚樱桃。有公路经此。

韩家庄 370703-A06-H11

[Hánjiāzhuāng]

在区驻地凤凰街道东南方向47.7千米。王家庄街道辖自然村。人口500。元代以前韩氏建村，取名韩家庄。1960年因修峡山水库由原址迁此。聚落呈团块状分布。经济以种植业为主，种植蔬菜、小麦、玉米。有公路经此。

刘清子官庄 370703-A06-H12

[Liúqīngziguānzhuāng]

在区驻地凤凰街道东南方向47.1千米。王家庄街道辖自然村。人口400。明洪武年间，刘氏由河北枣强县迁此建村，原名金泉官庄，后因村民刘青为百姓打赢了官司，为纪念刘青其人，遂以其名作村名。聚落

呈团块状分布。经济以种植业为主，种植水果、蔬菜、小麦、玉米。有公路经此。

大赵家庄 370703-A06-H13

[Dàzhàojiāzhuāng]

在区驻地凤凰街道东南方向48.4千米。王家庄街道辖自然村。人口300。金开兴元年（1232），赵氏迁此立赵家庄。清代小赵家庄立村后，改称大赵家庄。聚落呈团块状分布。经济以种植业为主，种植蔬菜、小麦、玉米。有公路经此。

西莲子屯 370703-A06-H14

[Xīliánzitún]

在区驻地凤凰街道东南方向46.7千米。王家庄街道辖自然村。人口700。清康熙年间，楚氏由石崖子迁青公埠南立村。因村西南有莲花池，以此取名莲子屯。小莲子屯建村后，改称大莲子屯，后以方位称西莲子屯。聚落呈团块状分布。经济以种植业、铸造业为主，种植果树、蔬菜、小麦、玉米。有公路经此。

朱子一村 370703-A06-H15

[Zhūzǐyīcūn]

在区驻地凤凰街道东南方向44.5千米。王家庄街道辖自然村。人口800。汉代，村人毋丘长以孝著称，故村名孝行乡。宋庆元三年（1197），名儒朱熹为避冤狱，隐居于此，村改名朱藏庄。清代，为纪念朱熹，在此建朱子祠，遂改村名为朱子。1984年分为四个村，本村为朱子一村。聚落呈团块状分布。经济以种植业为主，种植蔬菜、小麦、玉米。有公路经此。

朱子二村 370703-A06-H16

[Zhūzǐ'èrcūn]

在区驻地凤凰街道东南方向44.6千米。王家庄街道辖自然村。人口800。汉代，村

人毋丘长以孝著称，故村名孝行乡。宋庆元三年（1197），名儒朱熹为避冤狱，隐居于此，村改名朱藏庄。清代，为纪念朱熹，在此建朱子祠，遂改村名为朱子。1984年分为四个村，本村为朱子二村。聚落呈团块状分布。经济以种植业为主，种植蔬菜、小麦、玉米。有公路经此。

朱子三村 370703-A06-H17
[Zhūzǐsāncūn]

在区驻地凤凰街道东南方向44.5千米。王家庄街道辖自然村。人口800。汉代，村人毋丘长以孝著称，故村名孝行乡。宋庆元三年（1197），名儒朱熹为避冤狱，隐居于此，村改名朱藏庄。清代，为纪念朱熹，在此建朱子祠，遂改村名为朱子。1984年分为四个村，本村为朱子三村。聚落呈团块状分布。经济以种植业为主，种植蔬菜、小麦、玉米。有公路经此。

朱子四村 370703-A06-H18
[Zhūzǐsìcūn]

在区驻地凤凰街道东南方向44.2千米。王家庄街道辖自然村。人口800。汉代，村人毋丘长以孝著称，故村名孝行乡。宋庆元三年（1197），名儒朱熹为避冤狱，隐居于此，村改名朱藏庄。清代，为纪念朱熹，在此建朱子祠，遂改村名为朱子。1984年分为四个村，本村为朱子四村。聚落呈团块状分布。经济以种植业为主，种植蔬菜、小麦、玉米。有公路经此。

大西邵 370703-A06-H19
[Dàxīshào]

在区驻地凤凰街道东南方向38.3千米。王家庄街道辖自然村。人口1 000。北宋文人邵雍死后葬于村东埠上，为纪念邵雍，改村名为邵西。因埠之东、西各有一村，遂改埠东之邵为东邵，埠西之村为西邵。后为区别其他西邵，称大西邵。聚落呈团块状分布。经济以种植业为主，种植蔬菜、小麦、玉米。有公路经此。

贾家官庄 370703-A06-H20
[Jiǎjiāguānzhuāng]

在区驻地凤凰街道东南方向39.8千米。王家庄街道辖自然村。人口400。该村始建于元末，名为保安官庄。清末，贾姓改村名为贾家官庄。聚落呈团块状分布。经济以种植业为主，种植蔬菜、小麦、玉米。有公路经此。

沟头 370703-A06-H21
[Gōutóu]

在区驻地凤凰街道东南方向39.6千米。王家庄街道辖自然村。人口1 000。元末，于姓在此立庄，名于家沟。明洪武三十年（1397），吕氏迁来于家沟。因村址处在四沟头上，故改称沟头。聚落呈团块状分布。经济以种植业为主，种植大姜、土豆、芋头、小麦、玉米。有公路经此。

西波浪泉 370703-A06-H22
[Xībōlàngquán]

在区驻地凤凰街道东南方向40.6千米。王家庄街道辖自然村。人口600。明隆庆二年（1568），赵氏迁此定居。因村东有一泉，泉水很旺，水势像波浪一样，村子在泉子以西，故称波浪泉西，后称西波浪泉。聚落呈团块状分布。经济以种植业为主，种植大姜、土豆、小麦、玉米。有公路经此。

郭家小诸城 370703-A06-H23
[Guōjiāxiǎozhūchéng]

在区驻地凤凰街道东南方向37.8千米。王家庄街道辖自然村。人口1 000。该村始建于东汉末，朱城在此立村，名小朱城庄。后郭氏迁此，改称郭家小诸城。聚落呈团块状分布。经济以种植业为主，种植大姜、土豆、芋头、小麦、玉米。有公路经此。

王家小诸城 370703-A06-H24
[Wángjiāxiǎozhūchéng]

在区驻地凤凰街道东南方向 37.5 千米。王家庄街道辖自然村。人口 300。因村在小诸城北，称北小诸城，后王姓迁此，改称王家小诸城。聚落呈团块状分布。经济以种植业为主，种植大姜、土豆、小麦、玉米。有公路经此。

学田 370703-A06-H25
[Xuétián]

在区驻地凤凰街道东南方向 35.8 千米。王家庄街道辖自然村。人口 200。因村后有一天然地穴，故取村名为穴前，后改为学田。聚落呈团块状分布。经济以种植业为主，种植大姜、土豆、小麦、玉米。有公路经此。

麻埠官庄 370703-A06-H26
[Mábùguānzhuāng]

在区驻地凤凰街道东南方向 38.8 千米。王家庄街道辖自然村。人口 400。元末，马姓由马埠庄迁此建村，村名小马埠庄。后无马姓，遂改称麻埠官庄。聚落呈团块状分布。经济以种植业为主，种植大姜、土豆、小麦、玉米。有公路经此。

解戈 370703-A06-H27
[Xiègē]

在区驻地凤凰街道东南方向 34.9 千米。王家庄街道辖自然村。人口 2 700。北宋名解家庄。按方言发音，"家"与"戈"音近，于是"家"字逐渐演变为"戈"字，名解戈。聚落呈团块状分布。经济以种植业为主，种植蔬菜、小麦、玉米。有公路经此。

石龙河 370704-A07-H01
[Shílónghé]

在区驻地凤凰街道东南方向 55.5 千米。太保庄街道辖自然村。人口 600。明洪武年间，胥姓从山西洪洞县胥庄迁此立村，故名胥屯。后因户增村扩，按居住位置，分为后屯、前屯。后河内冲出一奇石，形状似龙，这时众议改村名，后屯改名后石龙河，前屯改名前石龙河。1985 年合并为一个自然村，命名为石龙河。聚落呈散状分布。经济以种植业为主，种植小麦、玉米等。有公路经此。

牛脊埠 370704-A07-H02
[Niújǐbù]

在区驻地凤凰街道东南方向 52.3 千米。太保庄街道辖自然村。人口 1 000。明成化二十年（1484），方昊来此建村，因村北偏西有土埠，沟壑纵横，土丘隆起，如群牛聚集，故名牛集埠。后土埠经流水冲刷，变得像牛脊梁一样，故更名为牛脊埠。聚落呈散状分布。经济以种植业为主，种植小麦、玉米等。有公路经此。

楼子 370704-A07-H03
[Lóuzi]

在区驻地凤凰街道东南方向 50.4 千米。太保庄街道辖自然村。人口 500。明洪武年间，张姓从四川成都迁至武兰后立村，取名后楼子，又称楼子。聚落呈散状分布。经济以种植业为主，种植小麦、玉米。有公路经此。

前武兰 370704-A07-H04
[Qiánwǔlán]

在区驻地凤凰街道东南方向 51.0 千米。太保庄街道辖自然村。人口 700。据《昌邑县地名志》记载，明初，刘姓自山西迁来立村，因村立于中武兰前，名村前武兰。聚落呈散状分布。经济以种植业为主，种植小麦、玉米。有公路经此。

丈岭站 370704-A07-H05
[Zhànglǐngzhàn]

在区驻地凤凰街道东南方向 42.6 千米。太保庄街道辖自然村。人口 800。清光绪二十六年（1900），胶济铁路始修，在此处设停车点，因南有古老的丈岭街村，故取名丈岭站，村以站得名。聚落呈散状分布。经济以种植业为主，种植小麦、玉米等。有公路经此。

东龙湾 370704-A07-H06
[Dōnglóngwān]

在区驻地凤凰街道东南方向 43.1 千米。太保庄街道辖自然村。人口 600。明洪武年间，孙姓由山西省迁来建村。因西有土丘，形似龙头，头下有塘，水清而盈，常年流水，潺潺东去，故得名东龙湾。聚落呈散状分布。经济以种植业为主，种植小麦、玉米等。有公路经此。

戴家埠 370704-A07-H07
[Dàijiābù]

在区驻地凤凰街道东南方向 43.8 千米。太保庄街道辖自然村。人口 400。明洪武年间，戴姓迁至埠前坡立村，取名戴家埠。聚落呈散状分布。经济以种植业为主，种植小麦、玉米等。有公路经此。

张家埠 370704-A07-H08
[Zhāngjiābù]

在区驻地凤凰街道东南方向 37.4 千米。太保庄街道辖自然村。人口 600。明洪武年间，张姓来此建村，因三面有埠，故名张家埠。聚落呈散状分布。经济以种植业为主，种植小麦、玉米等。221 省道经此。

朱马 370704-A07-H09
[Zhūmǎ]

在区驻地凤凰街道东南方向 41.4 千米。太保庄街道辖自然村。人口 1 300。相传在村东北角大庙前有神仙路过时留有猪蹄印和马蹄印，得名猪马，后称朱马。聚落呈散状分布。经济以种植业为主，种植小麦、玉米等。有公路经此。

高戈庄 370704-A07-H10
[Gāogēzhuāng]

在区驻地凤凰街道东南方向 41.5 千米。太保庄街道辖自然村。人口 500。明洪武年间，张姓人来现村址南库区立村，取名高柯庄，后演为高戈庄。聚落呈散状分布。经济以种植业为主，种植小麦、玉米等。有公路经此。

南刘家庄 370704-A07-H11
[Nánliújiāzhuāng]

在区驻地凤凰街道东南方向 42.3 千米。太保庄街道辖自然村。人口 600。据《昌邑县地名志》记载，明洪武年间，刘姓立村，故名。聚落呈散状分布。经济以种植业为主，种植小麦、玉米等。有公路经此。

西七戈庄 370704-A07-H12
[Xīqīgēzhuāng]

在区驻地凤凰街道东南方向 40.6 千米。太保庄街道辖自然村。人口 800。明洪武年间，传说齐国有一王后在此设立七处阁楼，村以此得名七戈庄。后分为东、西七戈庄，本村为西七戈庄。聚落呈散状分布。经济以种植业为主，种植小麦、玉米等。有公路经此。

东七戈庄 370704-A07-H13
[Dōngqīgēzhuāng]

在区驻地凤凰街道东南方向 40.9 千米。

太保庄街道辖自然村。人口 500。明洪武年间，传说齐国有一王后在此设立七处阁楼，村以此得名七戈庄。后分为东、西七戈庄，本村以位置称东七戈庄。聚落呈散状分布。经济以种植业为主，种植小麦、玉米等。有公路经此。

前甘棠 370704-A07-H14
[Qiángāntáng]

在区驻地凤凰街道东南方向 34.1 千米。太保庄街道辖自然村。人口 1 500。东周建村，因此地有甘棠树，故名甘棠庄。清乾隆年间，改名大甘棠。又因村处后甘棠前，1958 年称前甘棠。聚落呈团块状分布。经济以种植业为主，种植小麦、玉米等。产建筑石料。有公路经此。

新河头 370704-A07-H15
[Xīnhétóu]

在区驻地凤凰街道东南方向 34.0 千米。太保庄街道辖自然村。人口 1 300。因村立于潍河东岸河崖头上，取名河头庄，清乾隆年间，因风沙成灾，搬迁至附近新建房屋居住，渐而形成住村，故名新河头。聚落呈团块状分布。经济以种植业为主，种植小麦、玉米等。有公路经此。

万家屯 370704-A07-H16
[Wànjiātún]

在区驻地凤凰街道东南方向 47.1 千米。太保庄街道辖自然村。人口 600。明永乐年间，万姓从云南镇康县迁来立村，以姓氏命名。聚落呈散状分布。经济以种植业为主，种植小麦、玉米等。有公路经此。

西扶戈庄 370704-A07-H17
[Xīfúgēzhuāng]

在区驻地凤凰街道东南方向 34.7 千米。太保庄街道辖自然村。人口 300。明宣德年间，王姓自安丘迁鞋山之阳定居。相传，古代军队曾在此设伏兵，故名伏戈庄。后因 "伏" 字不佳，改名付戈庄。又因户多，分为两村，该村居西，称西扶戈庄。聚落呈团块状分布。经济以种植业为主，种植小麦、玉米等。有公路经此。

南王家庄子 370704-A07-H18
[Nánwángjiāzhuāngzi]

在区驻地凤凰街道东南方向 35.7 千米。太保庄街道辖自然村。人口 400。据《昌邑县地名志》记载，明万历年间，王姓从山西省洪洞县迁来立村，故名王家庄子。因与宋庄、龙池的王家庄子重名，1981 年改为南王家庄子。聚落呈散状分布。经济以种植业为主，种植小麦、玉米等。有公路经此。

七里兰 370704-A07-H19
[Qīlǐlán]

在区驻地凤凰街道东南方向 35.6 千米。太保庄街道辖自然村。人口 500。因村南的郑公庙到村内的三观庙七里路，有五里庙后七里拦之说，故名村七里兰。聚落呈散状分布。经济以种植业为主，种植小麦、玉米等。有公路经此。

太保庄 370704-A07-H20
[Tàibǎozhuāng]

在区驻地凤凰街道东南方向 36.4 千米。太保庄街道辖自然村。人口 1 700。隋朝靠山王杨林十三太保驻守此地，故取村名太保庄。聚落呈散状分布。经济以种植业为主，种植小麦、玉米等。有公路经此。

前张百户屯 370704-A07-H21
[Qiánzhāngbǎihùtún]

在区驻地凤凰街道东南方向 31.8 千米。太保庄街道辖自然村。人口 700。明初，张氏迁此，因其于军务有功，官至"百户"，此处系明朝之军屯，故称此地为张百户屯。后分为两村，此村为前张百户屯。聚落呈团块状分布。经济以种植业为主，种植小麦、玉米、大姜等。有公路经此。

后张百户屯 370704-A07-H22
［Hòuzhāngbǎihùtún］

在区驻地凤凰街道东南方向 31.8 千米。太保庄街道辖自然村。人口 500。明初，张氏迁此，因其于军务有功，官至"百户"，此处系明朝之军屯，故称此地为张百户屯。后分为两村，此村为后张百户屯。聚落呈团块状分布。经济以种植业为主，种植小麦、玉米、大姜、花生等。有公路经此。

岞山站 370704-A07-H23
［Zuòshānzhàn］

在区驻地凤凰街道东南方向 28.2 千米。太保庄街道辖自然村。人口 900。因岞山火车站得名。聚落呈团块状分布。经济以种植业为主，种植小麦、大姜、葡萄等。有公路经此。

周家官庄 370704-A07-H24
［Zhōujiāguānzhuāng］

在区驻地凤凰街道东南方向 28.4 千米。太保庄街道辖自然村。人口 400。1960 年，周家官庄村民集体搬迁至现在村址，故沿用原村名。聚落呈团块状分布。经济以种植业为主，种植小麦、玉米、大姜等。有公路经此。

刘家田戈庄 370704-A07-H25
［Liújiātiángēzhuāng］

在区驻地凤凰街道东南方向 32.8 千米。太保庄街道辖自然村。人口 600。明朝年间，刘氏从山西省洪洞县迁来，且村民系同一祖先，故名刘家田戈庄。聚落呈团块状分布。

经济以种植业为主，种植小麦、玉米、大姜、花生等。有公路经此。

马家屯 370704-A07-H26
［Mǎjiātún］

在区驻地凤凰街道东南方向 35.6 千米。太保庄街道辖自然村。人口 800。传说，村东北埠上住有神仙，故取名望仙屯。明朝中期，马姓居多，改称马家屯。聚落呈团块状分布。经济以种植业为主，种植小麦、玉米、大姜、草莓等。有公路经此。

盘马埠 370704-A07-H27
［Pánmǎbù］

在区驻地凤凰街道东南方向 31.6 千米。太保庄街道辖自然村。人口 1 000。明洪武年间，村民由山西省洪洞县移民至此，村北、村南有两埠，唐贞观年间，大军路过此地，在两埠上放过马，因此得村名盘马埠。聚落呈团块状分布。经济以种植业为主，种植小麦、玉米、大姜、花生等。有公路经此。

东章 370704-A07-H28
［Dōngzhāng］

在区驻地凤凰街道东南方向 33.6 千米。太保庄街道辖自然村。人口 1 800。明初，刘氏来此落户立村，因当时社会不稳定，古代官兵曾在村东沟东安营扎寨设帐，故名村东帐，后演为东章。聚落呈团块状分布。经济以种植业为主，种植小麦、玉米、大姜等。有公路经此。

前行营 370704-A07-H29
［Qiánxíngyíng］

在区驻地凤凰街道东南方向 27.0 千米。太保庄街道辖自然村。人口 200。因曾有兵营驻扎此处而得名。聚落呈团块状分布。经济以种植业为主，种植小麦、玉米、大姜、大葱等。有公路经此。

前辉 370704-A07-H30

[Qiánhuī]

在区驻地凤凰街道东南方向 26.5 千米。太保庄街道辖自然村。人口 1 300。明朝年间，信氏祖先立信家街，后刘姓迁入立刘家行，后赵姓迁入立赵家沟。明隆庆二年（1568），张姓迁入，取光辉灿烂之意，以吉祥嘉言命名为辉村。后分为两村，本村为前辉。聚落呈团块状分布。经济以种植业为主，种植小麦、玉米、大姜等。有公路经此。

后辉 370704-A07-H31

[Hòuhuī]

在区驻地凤凰街道东南方向 26.5 千米。太保庄街道辖自然村。人口 1 400。明朝年间，信氏祖先立信家街，后刘姓迁入立刘家行，后赵姓迁入立赵家沟。明隆庆二年（1568），张姓迁入，取光辉灿烂之意，以吉祥嘉言命名为辉村。后分为两村，本村为后辉。聚落呈团块状分布。经济以种植业为主，种植小麦、玉米。有公路经此。

久远埠 370704-A07-H32

[Jiǔyuǎnbù]

在区驻地凤凰街道东南方向 29.1 千米。太保庄街道辖自然村。人口 1 400。宋朝时期，村周围有九座宏伟壮丽的大寺院，取名九院埠。明洪武年间，因战乱寺院皆无，后取久远长存之意更名为久远埠。聚落呈团块状分布。经济以种植业为主，种植小麦、玉米、大葱、大姜等。有公路经此。

后店东 370704-A07-H33

[Hòudiàndōng]

在区驻地凤凰街道东南方向 63.9 千米。太保庄街道辖自然村。人口 1 100。东汉经学大师大司农郑玄生于此，死后建祠奉祀。后郑姓建村于郑祠殿北，故名后殿，演成后店。后分为两村，本村为后店东。聚落呈团块状分布。经济以种植业为主，种植小麦、玉米等。有公路经此。

后店西 370704-A07-H34

[Hòudiànxī]

在区驻地凤凰街道东南方向 64.6 千米。太保庄街道辖自然村。人口 900。东汉经学大师大司农郑玄生于此，死后建祠奉祀。后郑姓建村于郑祠殿北，故名后殿，演成后店。后分为两村，本村为后店西。聚落呈团块状分布。经济以种植业为主，种植小麦、玉米等。有公路经此。

后凉台 370704-A07-H35

[Hòuliángtái]

在区驻地凤凰街道东南方向 62.2 千米。太保庄街道辖自然村。人口 1 100。汉代潍水之战时期，韩信命人从外地运土建一凉台作为点将台，因此后人以凉台为附近村命名。此村居后，名后凉台。聚落呈团块状分布。经济以种植业为主，种植小麦、玉米、蔬菜等。有公路经此。

后郑公二村 370704-A07-H36

[Hòuzhènggōng'èrcūn]

在区驻地凤凰街道东南方向 64.4 千米。太保庄街道辖自然村。人口 1 500。东汉经学大师大司农郑玄生于此，死后建祠奉祀，祠名为郑公祠，因此取名为郑公村。1960年郑公村分为前郑公大队和后郑公大队。1981年后郑公大队分为三村，本村为后郑公二村。聚落呈团块状分布。经济以种植业为主，种植小麦、玉米等。有公路经此。

后郑公三村　370704-A07-H37
［Hòuzhènggōngsāncūn］

在区驻地凤凰街道东南方向 64.1 千米。太保庄街道辖自然村。人口 1 400。东汉经学大师大司农郑玄生于此，死后建祠奉祀，祠名为郑公祠，因此取名为郑公村。1960 年郑公村分为前郑公大队和后郑公大队。1981 年后郑公大队分为三村，本村为后郑公三村。聚落呈团块状分布。经济以种植业为主，种植小麦、玉米等。有公路经此。

后郑公一村　370704-A07-H38
［Hòuzhènggōngyīcūn］

在区驻地凤凰街道东南方向 66.3 千米。太保庄街道辖自然村。人口 1 300。东汉经学大师大司农郑玄生于此，死后建祠奉祀，祠名为郑公祠，因此取名为郑公村。1960 年郑公村分为前郑公大队和后郑公大队。1981 年后郑公大队分为三村，本村为后郑公一村。聚落呈团块状分布。经济以种植业为主，种植小麦、玉米等。有公路经此。

新村　370704-A07-H39
［Xīncūn］

在区驻地凤凰街道东南方向 63.6 千米。太保庄街道辖自然村。人口 200。原为凉台乡河套村，1960 年峡山水库建成，全村整体搬迁至此，故取名为新村。聚落呈团块状分布。经济以种植业为主，种植小麦、玉米、树苗等。有公路经此。

住王庄　370704-A07-H40
［Zhùwángzhuāng］

在区驻地凤凰街道东南方向 60.8 千米。太保庄街道辖自然村。人口 1 000。明弘智年间，王姓自潍河西迁来在此立村。因明代尚朱，且朱为皇族姓，故取名朱王庄，民国时期改为住王庄。聚落呈团块状分布。经济以种植业为主，种植小麦、玉米等。有公路经此。

北甲庄　370704-A07-H41
［Běijiǎzhuāng］

在区驻地凤凰街道东南方向 58.7 千米。太保庄街道辖自然村。人口 600。明洪武二年（1369），高氏在此立村。因在张家大院和陈家大院之间，起名夹庄，后演为甲庄，又更名为北甲庄。聚落呈团块状分布。经济以种植业为主，种植小麦、玉米等。有公路经此。

东山甫　370704-A07-H42
［Dōngshānfǔ］

在区驻地凤凰街道东南方向 58.4 千米。太保庄街道辖自然村。人口 600。明初，高姓自河北省枣强县迁来在此立村。因村后有一丘陵，名山阜，故村名高家山甫。后分为两村，本村为东山甫。聚落呈团块状分布。经济以种植业为主，种植小麦、玉米等。有公路经此。

奎文区

城市居民点

李家小区　370705-I001
［Lǐjiā Xiǎoqū］

在区境中部。600 户。总面积 4.1 公顷。因小区位于李家庄村，因地理位置而得名。1998 正式使用。建筑总面积 59 426 平方米，多层住宅楼 15 栋，中式建筑风格，绿地面积 5 024 平方米。

西上虞小区 370705-I002

[Xīshàngyú Xiǎoqū]

在区境中部。1 188 户。总面积 8.33 公顷。因地理位置而得名。1995 年始建，1998 年正式使用。建筑总面积 95 000 平方米，多层住宅楼 34 栋，中式建筑风格，绿地面积 25 000 平方米。通公交车。

虞景嘉园小区 370705-I003

[Yújǐng Jiāyuán Xiǎoqū]

在区境中部。1 755 户。总面积 16.33 公顷。小区靠近虞河景观带，因景色优美，适宜百姓居住，故名。2008 年正式使用。建筑总面积 180 000 平方米，多层住宅楼 40 栋，中式建筑风格，绿地面积 48 990 平方米。通公交车。

广文苑小区 370705-I004

[Guǎngwényuàn Xiǎoqū]

在区境中部。634 户。总面积 5.94 公顷。因靠近广文街而得名。2012 年正式使用。建筑总面积 77 000 平方米，多层住宅楼 10 栋，中式建筑风格，绿地面积 9 800 平方米。

江南怡景小区 370705-I005

[Jiāngnán Yíjǐng Xiǎoqū]

在区境中部。180 户。总面积 1.4 公顷。小区楼房外观及绿化采用江南风格，景色宜人，故名江南怡景小区。2012 年正式使用。建筑总面积 80 000 平方米，高层住宅楼 4 栋，中式建筑风格，绿地面积 3 640 平方米。

张面河小区 370705-I006

[Zhāngmiànhé Xiǎoqū]

在区境中部。536 户。总面积 2.96 公顷。依张面河建成，故名。1982 年正式使用。建筑总面积 18 600 平方米，多层住宅楼 20 栋，中式建筑风格，绿地面积 2 000 平方米。

金河园小区 370705-I007

[Jīnhéyuán Xiǎoqū]

在区境中部。149 户。总面积 0.82 公顷。因临近金河花园，命名为金河园小区，寓意美丽金贵。2009 年正式使用。建筑总面积 18 144 平方米，高层住宅楼 2 栋，中式建筑风格，绿地面积 1 500 平方米。

嘉日花园小区 370705-I008

[Jiārì Huāyuán Xiǎoqū]

在区境中部。143 户。总面积 0.73 公顷。寓意喜庆的花园。2006 年正式使用。建筑总面积 7 280 平方米，住宅楼 2 栋，其中高层 1 栋、多层 1 栋，中式建筑风格，绿地面积 1 600 平方米。

康桥水岸小区 370705-I009

[Kāngqiáo Shuǐ'àn Xiǎoqū]

在区境中部。302 户。总面积 2 公顷。因靠近虞河、张面河，故名。2007 年正式使用。建筑总面积 55 000 平方米，高层住宅楼 7 栋，中式建筑风格，绿地面积 6 000 平方米。

东方名苑小区 370705-I010

[Dōngfāng Míngyuàn Xiǎoqū]

在区境中部。888 户。总面积 3.55 公顷。小区建于潍坊学院旁，属文化中心，因地理位置而得名。2004 年正式使用。建筑总面积 169 686 平方米，高层住宅楼 9 栋，中式建筑风格，绿化面积 17 484 平方米，有学校、商场、医院、银行等配套设施。

宝鼎花园小区 370705-I011

[Bǎodǐng Huāyuán Xiǎoqū]

在区境中部。1 954 户。总面积 2.86 公顷。由宝鼎置业开发，故名。2009 年始建，2011 年正式使用。建筑总面积 138 000 平方米，高层住宅楼 5 栋，中式建筑风格，绿地面积 8 580 平方米。

中和街小区 370705–I012
[Zhōnghéjiē Xiǎoqū]

在区境中部。1 023 户。总面积 6.97 公顷。小区建于原中和街居委会辖区内，故名。20 世纪 80 年代正式使用。建筑总面积 70 000 平方米，多层住宅楼 14 栋，中式建筑风格。

南园小区 370705–I013
[Nányuán Xiǎoqū]

在区境中部。1 542 户。总面积 4.94 公顷。建于原南园居委会辖区内，故名。20 世纪 90 年代正式使用。建筑总面积 90 000 平方米，多层住宅楼 27 栋，中式建筑风格。

南巷子小区 370705–I014
[Nánxiàngzi Xiǎoqū]

在区境中部。1 128 户。总面积 3.82 公顷。小区建于原南巷子居委会辖区内，故名。20 世纪 90 年代正式使用。建筑总面积 70 000 平方米，多层住宅楼 15 栋，中式建筑风格。

苇湾小区 370705–I015
[Wěiwān Xiǎoqū]

在区境中部。4 859 户。总面积 36 公顷。因古时建城墙挖土称为湾，故名苇湾，因地理位置而得名。20 世纪 90 年代正式使用。建筑总面积 360 000 平方米，多层住宅楼 127 栋，中式建筑风格，绿地面积 10 500 平方米，有超市、医院、幼儿园等配套设施。

四平佳园小区 370705–I016
[Sìpíng Jiāyuán Xiǎoqū]

在区境中部。637 户。总面积 4.39 公顷。因靠近四平路而得名。2008 年始建，2011 年正式使用。建筑总面积 70 984 平方米，住宅楼 6 栋，其中高层 5 栋、多层 1 栋，中式建筑风格，绿地面积 15 365 平方米。

四平公寓小区 370705–I017
[Sìpíng Gōngyù Xiǎoqū]

在区境西部。52 户。总面积 4 公顷。因地理位置而得名。1999 年始建，2001 年正式使用。建筑总面积 4 200 平方米，多层住宅楼 4 栋，中式建筑风格。

华丰小区 370705–I018
[Huáfēng Xiǎoqū]

在区境北部。1 164 户。总面积 5.5 公顷。小区原为华丰动力有限公司宿舍，故名。1979 年始建。建筑总面积 439 111 平方米，多层住宅楼 17 栋，中式建筑风格，绿地面积 1 050 平方米，有小学等配套设施。

新华西苑小区 370705–I019
[Xīnhuá Xīyuàn Xiǎoqū]

在区境西部。294 户。总面积 1.1 公顷。因在新华社区华丰西巷内，故名。20 世纪七八十年代正式使用。建筑总面积 1 615 平方米，多层住宅楼 4 栋，中式建筑风格。

东苑北小区 370705–I020
[Dōngyuànběi Xiǎoqū]

在区境西部。188 户。总面积 2.3 公顷。因小区位于东苑公园北侧，故名。1984 年始建，1987 年正式使用。建筑总面积 35 000 平方米，多层住宅楼 3 栋，中式建筑风格，绿地面积 150 平方米。

东苑南小区 370705–I021
[Dōngyuànnán Xiǎoqū]

在区境西部。300 户。总面积 2.3 公顷。因小区位于东苑公园南侧，故名。1980 年建成使用。建筑总面积 35 000 平方米，多层住宅楼 6 栋，中式建筑风格，绿地面积 100 平方米。

万福苑小区 370705-I022
[Wànfúyuàn Xiǎoqū]

在区境西部。158 户。总面积 1.5 公顷。因建在工福街上，希望小区住户多福，故名。1999 年始建，2001 年正式使用。建筑总面积 15 583 平方米，多层住宅楼 5 栋，中式建筑风格，绿地面积 100 平方米。

华都花园小区 370705-I023
[Huádū Huāyuán Xiǎoqū]

在区境西部。329 户。总面积 2.1 公顷。寓意豪华的花园，故名。2002 年始建，2005 年正式使用。建筑总面积 30 000 平方米，多层住宅楼 11 栋，中式建筑风格，绿地面积 800 平方米。

宝利家园小区 370705-I024
[Bǎolìjiāyuán Xiǎoqū]

在区境西部。180 户。总面积 1.17 公顷。因原址为宝利汽修公司而得名。2002 年始建，2004 年正式使用。建筑总面积 16 100 平方米，多层住宅楼 4 栋，中式建筑风格，绿化面积 4 329 平方米。

工福苑小区 370705-I025
[Gōngfúyuàn Xiǎoqū]

在区境西部。242 户。总面积 1.6 公顷。因小区临工福街而建，故名。1999 年始建，2000 年正式使用。建筑总面积 25 404 平方米，多层住宅楼 8 栋，中式建筑风格，绿地面积 260 平方米。

恒泰园小区 370705-I026
[Héngtàiyuán Xiǎoqū]

在区境西部。人口 942。总面积 1.9 公顷。"恒"为恒大，"泰"为安泰之意，故名。

1994 年始建，2004 年正式使用。建筑总面积 27 000 平方米，多层住宅楼 6 栋，中式建筑风格，绿地面积 5 700 平方米。

游麟小区 370705-I027
[Yóulín Xiǎoqū]

在区境西部。660 户。总面积 0.54 公顷。因靠近游麟路，故名。1992 年始建，1994 年正式使用。建筑总面积 50 000 平方米，多层住宅楼 21 栋，中式建筑风格，绿地面积 580 平方米。

福临小区 370705-I028
[Fúlín Xiǎoqū]

在区境西部。100 户。总面积 0.63 公顷。寓意幸福降临。2004 年始建，2006 年正式使用。建筑总面积 15 000 平方米，住宅楼 3 栋，其中高层 1 栋、多层 2 栋，中式建筑风格，绿地面积 1 575 平方米。

福音小区 370705-I029
[Fúyīn Xiǎoqū]

在区境西部。247 户。总面积 1.6 公顷。小区坐落于原福音街与后福音街交汇处，故名。1994 年始建，1996 年正式使用。建筑总面积 23 000 平方米，多层住宅楼 7 栋，中式建筑风格，绿地面积 100 平方米。

凤凰花园小区 370705-I030
[Fènghuáng Huāyuán Xiǎoqū]

在区境西部。399 户。总面积 1.6 公顷。凤凰乃吉祥的象征，取祥瑞之意命名。1999 年始建，2001 年正式使用。建筑总面积 22 000 平方米，多层住宅楼 3 栋，中式建筑风格，绿地面积 620 平方米。

南下河小区 370705-I031
[Nánxiàhé Xiǎoqū]

在区境西部。480 户。总面积 3.6 公顷。

因地理位置而得名。1997 年正式使用。建筑总面积 160 000 平方米，多层住宅楼 6 栋，中式建筑风格，绿地面积 60 平方米。

后门街小区　370705-I032
［Hòuménjiē Xiǎoqū］

在区境西部。850 户。总面积 5.7 公顷。因地理位置而得名。1998 年正式使用。建筑总面积 2 160 000 平方米，多层住宅楼 20 栋，中式建筑风格，绿地面积 760 平方米。

恒联小区　370705-I033
［Hénglián Xiǎoqū］

在区境西部。120 户。总面积 2.3 公顷。为原恒联公司职工宿舍，故名。1999 年正式使用。建筑总面积 6 248.1 平方米，多层住宅楼 2 栋，中式建筑风格，绿地面积 50 平方米。

新盛染织厂宿舍小区　370705-I034
［Xīnshèng Rǎnzhīchǎng Sùshè Xiǎoqū］

在区境西部。80 户。总面积 0.31 公顷。由潍坊市新盛染织厂出资开发，并由新盛染织厂内部职工使用，故名。2003 年正式使用。建筑总面积 8 254 平方米，多层住宅楼 2 栋，中式建筑风格，绿地面积 4 平方米。

红旗小区　370705-I035
［Hóngqí Xiǎoqū］

在区境西部。1 372 户。总面积 4.57 公顷。因原属山东红旗机械厂家属区，后小区规模扩大，取红旗小区命名。1989 年始建。建筑总面积 79 000 平方米，多层住宅楼 27 栋，中式建筑风格，绿地面积 240 平方米。

育才小区　370705-I036
［Yùcái Xiǎoqū］

在区境西部。48 户。总面积 0.7 公顷。

小区为潍坊市育才学校教师宿舍，故名。1999 年始建，2001 年正式使用。建筑总面积 4 080 平方米，多层住宅楼 1 栋，中式建筑风格。

新新家园小区　370705-I037
［Xīnxīn Jiāyuán Xiǎoqū］

在区境东部。384 户。总面积 4.52 公顷。出自儒家经典《大学》的"苟日新，日日新，又日新"，故名。2006 年正式使用。建筑总面积 44 222 平方米，多层住宅楼 9 栋，中式建筑风格，绿地面积 15 820 平方米。

向阳苑一号院小区　370705-I038
［Xiàngyángyuàn Yīhàoyuàn Xiǎoqū］

在区境东部。138 户。总面积 1.6 公顷。寓意在此居住的居民向着希望、向着梦想，故名。1999 年正式使用。建筑总面积 16 065 平方米，多层住宅楼 4 栋，绿地面积 100 平方米。

向阳苑二号院小区　370705-I039
［Xiàngyángyuàn Èrhàoyuàn Xiǎoqū］

在区境中部。256 户。总面积 3.4 公顷。寓意在此居住的居民向着希望、向着梦想，故名。2002 年正式使用。总面积 34 259 平方米，多层住宅楼 6 栋，中式建筑风格，绿地面积 3 000 平方米。

福新花园　370705-I040
［Fúxīn Huāyuán］

在区境中部。50 户。总面积 0.57 公顷。位于福寿东街与新华路交叉口近，且小区内环境优美，如花园一般，故名。2005 年正式使用。建筑总面积 5 700 平方米，多层住宅楼 2 栋，中式建筑风格，绿地面积 900 平方米。

陈家小区 370705-I041

[Chénjiā Xiǎoqū]

在区境中部。220 户。总面积 3 公顷。对陈家村旧村改造而建，故名。1998 年正式使用。建筑总面积 20 000 平方米，多层住宅楼 5 栋，中式建筑风格，绿地面积 500 平方米。

华光苑小区 370705-I042

[Huáguāngyuàn Xiǎoqū]

在区境中部。418 户。总面积 0.94 公顷。由华光集团房地产公司出资开发并命名。2006 年始建，2008 年正式使用。建筑总面积 6 050 平方米，多层住宅楼 13 栋，中式建筑风格，绿地面积 3 290 平方米。

早春园小区 370705-I043

[Zǎochūnyuán Xiǎoqū]

在区境中部。954 户。总面积 14 公顷。因春园路而得名。1993 年始建，1997 年正式使用。建筑总面积 136 000 平方米，多层住宅楼 39 栋，中式建筑风格，绿地面积 50 000 平方米，有幼儿园、小学、商店、酒店等配套设施。

名仕花园小区 370705-I044

[Míngshì Huāyuán Xiǎoqū]

在区境中部。199 户。总面积 0.65 公顷。以打造高品质化花园式生活小区而得名。1997 年始建，2001 年正式使用。建筑总面积 21 575 平方米，多层住宅楼 6 栋，中式建筑风格，绿地面积 1 943 平方米。

虞鑫花园小区 370705-I045

[Yúxīn Huāyuán Xiǎoqū]

在区境中部。264 户。总面积 2.34 公顷。因西临虞河而得名。2000 年始建，2004 年正式使用。建筑总面积 29 516 平方米，多层住宅楼 6 栋，中式建筑风格，绿地面积 8 190 平方米。

名仕新园小区 370705-I046

[Míngshìxīnyuán Xiǎoqū]

在区境中部。53 户。总面积 0.38 公顷。以打造高品质花园式生活新小区而得名。2000 年始建，2003 年正式使用。建筑总面积 3 393 平方米，多层住宅楼 2 栋，中式建筑风格，绿地面积 760 平方米。

海汇苑小区 370705-I047

[Hǎihuìyuàn Xiǎoqū]

在区境北部。96 户。总面积 1.32 公顷。寓意海纳百川、人才汇集而得名。2011 年始建，同年正式使用。建筑总面积 8 230 平方米，住宅楼 4 栋，其中高层 3 栋、多层 1 栋，中式建筑风格，绿地面积 4 620 平方米。

虞新小区 370705-I048

[Yúxīn Xiǎoqū]

在区境北部。252 户。总面积 13.72 公顷。由潍坊市大虞街道小虞河头村建设，故名。2000 年始建，2001 年正式使用。建筑总面积 23 091 平方米，多层住宅楼 5 栋，中式建筑风格，绿地面积 8 800 平方米。

虞河苑小区 370705-I049

[Yúhéyuàn Xiǎoqū]

在区境中部。529 户。总面积 9.18 公顷。因紧临虞河而得名。2001 年始建，同年正式使用。建筑总面积 53 000 平方米，住宅楼 6 栋，其中高层 2 栋、多层 4 栋，中式建筑风格，绿地面积 8 800 平方米。

鸿基花园小区 370705-I050

[Hóngjī Huāyuán Xiǎoqū]

在区境东北部。270 户。总面积 2.45

公顷。由潍坊鸿基房地产公司开发，故名。2006 年正式使用。建筑总面积 35 000 平方米，多层住宅楼 6 栋，中式建筑风格，绿地面积 1 800 平方米。

新元小区　370705-I051
[Xīnyuán Xiǎoqū]

在区境中部。1 074 户。总面积 5.25 公顷。小区北侧为新元巷，故名。1998 年始建，2003 年正式使用。建筑总面积 78 000 平方米，多层住宅楼 20 栋，中式建筑风格，绿地面积 28 000 平方米。

东郊花园小区　370705-I052
[Dōngjiāo Huāyuán Xiǎoqū]

在区境中部。168 户。总面积 4.29 公顷。为原东郊宾馆宿舍楼，故名。2001 年始建，2004 年正式使用。总面积 8 991 平方米，多层住宅楼 6 栋，中式建筑风格。

君尚花园小区　370705-I053
[Jūnshàng Huāyuán Xiǎoqū]

在区境中部。675 户。总面积 2.9 公顷。小区名称寓意坦坦荡荡做人，踏踏实实做事，崇尚君子风范，故名。2010 年正式使用。建筑总面积 53 000 平方米，高层住宅楼 13 栋，中式建筑风格，绿地面积 5 300 平方米。

汇金苑小区　370705-I054
[Huìjīnyuàn Xiǎoqū]

在区境中部。72 户。总面积 0.76 公顷。由奎文区财政局开发并命名，寓意财富汇集。2000 年始建，2002 年正式使用。建筑总面积 11 232 平方米，多层住宅楼 2 栋，中式建筑风格，绿地面积 4 000 平方米。通公交车。

舜华园小区　370705-I055
[Shùnhuáyuán Xiǎoqū]

在区境北部。474 户。总面积 3.34 公顷。舜华是指木槿花，寓意美丽的花园，故名。2012 年正式使用。建筑总面积 75 320 平方米，住宅楼 8 栋，其中高层 1 栋、多层 7 栋，中式建筑风格，绿地面积 10 020 平方米。

舜都花园小区　370705-I056
[Shùndū Huāyuán Xiǎoqū]

在区境中部。470 户。总面积 13.56 公顷。由山东舜都置业有限公司开发建设，取建在木槿花的花园里的住宅之意命名。2002 年正式使用。建筑总面积 66 700 平方米，多层住宅楼 16 栋，中式建筑风格，绿地面积 56 952 平方米。

丽波小区　370705-I057
[Lìbō Xiǎoqū]

在区境中部。40 户。总面积 0.76 公顷。是由山东丽波日化股份有限公司建造的职工宿舍，故名。1980 年正式使用。建筑总面积 4 283 平方米，多层住宅楼 2 栋，中式建筑风格。

二运宿舍小区　370705-I058
[Èryùn Sùshè Xiǎoqū]

在区境中部。40 户。总面积 0.25 公顷。是由二运公司建造的职工宿舍，故名。1980 年正式使用。建筑总面积 4 800 平方米，多层住宅楼 2 栋，中式建筑风格。

亚星小区　370705-I059
[Yàxīng Xiǎoqū]

在区境北部。383 户。总面积 0.54 公顷。由潍坊亚星集团有限公司开发，故名。1984 年始建，1986 年正式使用。建筑总面积 29 647 平方米，多层住宅楼 7 栋，中式建筑风格。

动配宿舍小区 370705-I060

[Dòngpèi Sùshè Xiǎoqū]

在区境北部。128 户。总面积 3.92 公顷。是原潍坊动力机械配件厂建设的职工宿舍，故名。1986 年正式使用。建筑总面积 14 458 平方米，多层住宅楼 4 栋，中式建筑风格，绿地面积 11 760 平方米。

景苑小区 370705-I061

[Jǐngyuàn Xiǎoqū]

在区境中部。640 户。总面积 4.72 公顷。景，意为"日光"；苑，古代养禽兽植林木的地方，多指帝王的花园，意为贵人居住的花园式小区。2005 年始建，2008 年正式使用。建筑总面积 120 000 平方米，高层住宅楼 11 栋，中式建筑风格，绿地面积 16 520 平方米。

樱园小区 370705-I062

[Yīngyuán Xiǎoqū]

在区境中部。3 817 户。总面积 77.77 公顷。因小区建于樱南社区辖区内，故名。1997 年始建，同年正式使用。建筑总面积 385 000 平方米，多层住宅楼 92 栋，中式建筑风格，绿地面积 276 083 平方米，有幼儿园、小学等配套设施。

金鸾御景城小区 370705-I063

[Jīnluán Yùjǐngchéng Xiǎoqū]

在区境中部。336 户。总面积 13.6 公顷。"金鸾"暗喻金銮，代表至上至尊；"御景"本指皇帝观赏的景色，在此形容高贵人物专享的美景。小区名寓意珍贵、高端、吉祥安宁之城，人才聚集、辈出之地，故名。2009 年始建，2011 年正式使用。建筑总面积 88 000 平方米，多层住宅楼 7 栋，中式建筑风格，绿地面积 44 880 平方米，有游泳池等配套设施。通公交车。

九龙山庄小区 370705-I064

[Jiǔlóng Shānzhuāng Xiǎoqū]

在区境中部。1 898 户。总面积 14 公顷。因小区位于九龙山村，故名。2006 年始建，2007 年正式使用。建筑总面积 228 400 平方米，住宅楼 51 栋，其中高层 8 栋、多层 43 栋，中式建筑风格，绿地面积 45 360 平方米。

九龙山村小区 370705-I065

[Jiǔlóng Shāncūn Xiǎoqū]

在区境中部。398 户。总面积 5.93 公顷。因小区位于九龙山村，故名。2002 年始建，2005 年正式使用。建筑总面积 54 264 平方米，多层住宅楼 9 栋，中式建筑风格，绿化率 20%。

九龙家园小区 370705-I066

[Jiǔlóng Jiāyuán Xiǎoqū]

在区境中部。76 户。总面积 0.95 公顷。因小区位于九龙山村，故名。2004 年始建，2005 年正式使用。建筑总面积 13 000 平方米，多层住宅楼 3 栋，中式建筑风格，绿化率 30%。

九龙花园小区 370705-I067

[Jiǔlóng Huāyuán Xiǎoqū]

在区境中部。104 户。总面积 3.3 公顷。因小区位于九龙山村，故名。2004 年始建，2005 年正式使用。建筑总面积 15 000 平方米，多层住宅楼 3 栋，中式建筑风格，绿化率 30%。

德润康城小区 370705-I068

[Dérùn Kāngchéng Xiǎoqū]

在区境中部。591 户。总面积 11.2 公顷。小区名称寓意这里是一座健康、绿色的生活区，故名德润康城小区。2010 年始建，

2013 年正式使用。建筑总面积 200 000 平方米，住宅楼 25 栋，其中高层 14 栋、多层 11 栋，中式建筑风格，绿化率 40%。

九龙园小区 370705-I069
[Jiǔlóngyuán Xiǎoqū]

在区境中部。372 户。总面积 10.8 公顷。因小区位于九龙山村，故名。2004 年始建，2006 年正式使用。建筑总面积 49 360 平方米，多层住宅楼 11 栋，中式建筑风格，绿地面积 43 200 平方米。

金利小区 370705-I070
[Jīnlì Xiǎoqū]

在区境中部。84 户。总面积 0.65 公顷。因由潍坊市工商局金利公司出资开发，多为本单位职工居住，故名。1999 年正式使用。建筑总面积 8 700 平方米，多层住宅楼 2 栋，中式建筑风格，绿化率 10%。

梨园小区 370705-I071
[Líyuán Xiǎoqū]

在区境中部。875 户。总面积 11.32 公顷。由梨园村旧村改造开发，故名。1998 年正式使用。建筑总面积 100 000 平方米，多层住宅楼 25 栋，中式建筑风格，绿化率 30%。

后栾小区 370705-I072
[Hòuluán Xiǎoqū]

在区境中部。150 户。总面积 2.6 公顷。由后栾村旧村改造开发，故名。2006 年始建，2008 年正式使用。建筑总面积 12 000 平方米，多层住宅楼 4 栋，中式建筑风格，绿地面积 2 600 平方米。

后栾花园小区 370705-I073
[Hòuluán Huāyuán Xiǎoqū]

在区境中部。535 户。总面积 5.3 公顷。为后栾村拆迁改造而建，故名。2006 年始建，2008 年正式使用。建筑总面积 60 000 平方米，多层住宅楼 16 栋，中式建筑风格，绿地面积 1 325 平方米。

翔天园教师公寓小区 370705-I074
[Xiángtiānyuán Jiàoshī Gōngyù Xiǎoqū]

在区境中部。398 户。总面积 3.32 公顷。因居民都是学校的教师，期望教育事业蒸蒸日上，飞翔于天空，故名。2002 年始建，2004 年正式使用。建筑总面积 49 661 平方米，多层住宅楼 12 栋，中式建筑风格，绿地面积 9 960 平方米。

铁路樱园小区 370705-I075
[Tiělù Yīngyuán Xiǎoqū]

在区境中部。278 户。总面积 4.03 公顷。小区属铁路局职工居民楼，且在樱园社区辖区内，故名。2000 年正式使用。建筑总面积 41 191 平方米，多层住宅楼 10 栋，中式建筑风格，绿化率 17%。通公交车。

阳光御苑小区 370705-I076
[Yángguāng Yùyuàn Xiǎoqū]

在区境中部。190 户。总面积 1.49 公顷。因小区位于虞河西岸，风景优美，设施高端，故名。2012 年正式使用。建筑总面积 25 794 平方米，高层住宅楼 3 栋，中式建筑风格，绿化面积 3 102 平方米。

樱北小区 370705-I077
[Yīngběi Xiǎoqū]

在区境中部。464 户。总面积 0.5 公顷。因在原樱桃园北村区域，故名。2005 年正式使用。建筑总面积 19 950 平方米，多层住宅楼 14 栋，中式建筑风格，绿地面积 1 750 平方米。

樱北花园小区 370705-I078
[Yīngběi Huāyuán Xiǎoqū]

在区境中部。364 户。总面积 0.5 公顷。因在原樱桃园北村区域，且小区绿植多种花草，故名。2009 年正式使用。建筑总面积 40 400 平方米，多层住宅楼 9 栋，中式建筑风格，绿地面积 1 750 平方米。

樱华园小区 370705-I079
[Yīnghuáyuán Xiǎoqū]

在区境中部。1 252 户。总面积 3.33 公顷。由樱南村开发建设，故借原名"樱"字，取豪华、奢华之意命名。2010 年正式使用。建筑总面积 44 676 平方米，多层住宅楼 26 栋，中式建筑风格，绿化率 20%。

西英小区 370705-I080
[Xīyīng Xiǎoqū]

在区境中部。172 户。总面积 1.06 公顷。由西英村委出资开发，故名。1992 年始建，1995 年正式使用。建筑总面积 17 000 平方米，多层住宅楼 5 栋，中式建筑风格，绿地面积 4 240 平方米。

乐民园小区东区 370705-I081
[Lèmínyuán Xiǎoqū Dōngqū]

在区境中部。402 户。占地 4.2 公顷。为安置村民居住，希望村民安居乐业，故名。1997 年始建，1998 年正式使用。建筑总面积 41 000 平方米，多层住宅楼 9 栋，中式建筑风格，绿化率 20%。

乐民园小区西区 370705-I082
[Lèmínyuán Xiǎoqū Xīqū]

在区境中部。212 户。总面积 4.2 公顷。为安置村民居住的小区，以希望村民安居乐业而得名。2005 年始建，2006 年正式使用。建筑总面积 18 000 平方米，多层住宅楼 13 栋，中式建筑风格。

金宝大院小区 370705-I083
[Jīnbǎodàyuàn Xiǎoqū]

在区境南部。120 户。总面积 2.65 公顷。因南邻金宝乐园，故名。2004 年始建，2006 年正式使用。建筑总面积 41 705 平方米，多层住宅楼 10 栋，中式建筑风格，绿化率 42%。

鑫叶小区 370705-I084
[Xīnyè Xiǎoqū]

在区境南部。601 户。总面积 1.16 公顷。因鑫叶公司得名。1977 年正式使用。建筑总面积 52 000 平方米，多层住宅楼 19 栋，中式建筑风格，绿地面积 4 547 平方米。

南屯新村小区 370705-I085
[Nántún Xīncūn Xiǎoqū]

在区境南部。人口 2 556。总面积 8.07 公顷。由南屯村委开发，是新建住宅小区，故名。1995 年正式使用。建筑总面积 76 000 平方米，多层住宅楼 26 栋，中式建筑风格，绿化率 30%。

书香苑小区 370705-I086
[Shūxiāngyuàn Xiǎoqū]

在区境西部。580 户。总面积 2.3 公顷。因一楼、二楼商场规划为潍坊市图书市场，取书香门第之意，故名。2006 年正式使用。建筑总面积 23 200 平方米，高层住宅楼 2 栋，中式建筑风格。

和馨园小区 370705-I087
[Héxīnyuán Xiǎoqū]

在区境南部。194 户。总面积 1.9 公顷。取温馨家园之意命名。2005 年正式使用。建筑总面积 15 000 平方米，多层住宅楼 7 栋，中式建筑风格，绿地面积 900 平方米。

彩虹园小区 370705-I088
［Cǎihóngyuán Xiǎoqū］

在区境南部。112 户。总面积 0.73 公顷。寓意美丽的彩虹家园，故名。1989 年正式使用。建筑总面积 7 840 平方米，多层住宅楼 4 栋，中式建筑风格。

恒翔小区 370705-I089
［Héngxiáng Xiǎoqū］

在区境南部。286 户。总面积 2.03 公顷。寓意恒久吉祥，故名。1987 年正式使用。建筑总面积 12 000 平方米，多层住宅楼 9 栋，中式建筑风格。

黄家村小区 370705-I090
［Huángjiācūn Xiǎoqū］

在区境南部。80 户。总面积 2.67 公顷。因黄家村而得名。2000 年正式使用。建筑总面积 15 700 平方米，多层住宅楼 16 栋，中式建筑风格，绿地面积 8 277 平方米。

光明小区 370705-I091
［Guāngmíng Xiǎoqū］

在区境南部。1 422 户。总面积 3.08 公顷。由原北王尔庄村开发，取村的发展前途一片光明之意命名。1992 年始建，2003 年正式使用。建筑总面积 120 000 平方米，住宅楼 19 栋，其中高层 1 栋、多层 18 栋，中式建筑风格，绿地面积 10 164 平方米。

三运宿舍小区 370705-I092
［Sānyùn Sùshè Xiǎoqū］

在区境西南部。65 户。总面积 0.27 公顷。为原潍坊市第三汽车运输公司宿舍楼，故名。1994 年正式使用。建筑总面积 1 060 平方米，多层住宅楼 2 栋，中式建筑风格。

润和苑小区 370705-I093
［Rùnhéyuàn Xiǎoqū］

在区境西部。2 000 户。总面积 17.91 公顷。取温润、家园之意命名。2006 年正式使用。建筑总面积 260 000 平方米，住宅楼 67 栋，其中高层 15 栋、多层 52 栋，中式建筑风格，绿地面积 80 000 平方米。

禾翔阳光小区 370705-I094
［Héxiáng Yángguāng Xiǎoqū］

在区境南部。167 户。总面积 0.57 公顷。由潍坊禾翔置业有限公司开发，希望居民每天被温暖的太阳照耀，故名。2011 年始建，2012 年正式使用。建筑总面积 5 720 平方米，多层住宅楼 1 栋，中式建筑风格，绿地面积 60 平方米。

潍柴小区 370705-I095
［Wéichái Xiǎoqū］

在区境中部。3 850 户。总面积 22.77 公顷。为潍柴职工建造的住宅小区，故名。1973 年正式使用。建筑总面积 188 000 平方米，多层住宅楼 77 栋，中式建筑风格，绿地面积 68 310 平方米，有农贸市场、老年活动中心、文化广场等配套设施。

杨家小区 370705-I096
［Yángjiā Xiǎoqū］

在区境中部。187 户。总面积 6.53 公顷。坐落于杨家庄村内，故名。2005 年始建，2006 年正式使用。建筑总面积 38 765 平方米，多层住宅楼 26 栋，中式建筑风格，绿地面积 20 243 平方米。

新龙湾小区 370705-I097
［Xīnlóngwān Xiǎoqū］

在区境中部。1 437 户。总面积 3.2 公顷。寓意新龙腾飞，故名。2009 年始建，

2012 年正式使用。建筑总面积 88 278 平方米,住宅楼 11 栋,其中高层 3 栋、多层 8 栋,中式建筑风格,绿地面积 9 664 平方米。

联运宿舍小区 370705-I098
[Liányùn Sùshè Xiǎoqū]

在区境西部。100 户。总面积 0.73 公顷。因是联运公司为职工建造的宿舍而得名。1989 年正式使用。建筑总面积 6 610 平方米,多层住宅楼 4 栋,中式建筑风格。

道口小区 370705-I099
[Dàokǒu Xiǎoqū]

在区境西南部。958 户。总面积 9.41 公顷。由原丁家道口村建设,故名。1991 年始建,2005 年正式使用。建筑总面积 82 000 平方米,多层住宅楼 31 栋,中式建筑风格,绿地面积 35 758 平方米。

宏伟小区 370705-I100
[Hóngwěi Xiǎoqū]

在区境西部。720 户。总面积 17.6 公顷。因宏伟钢铁厂而得名。1995 年始建,1999 年正式使用。建筑总面积 139 111 平方米,多层住宅楼 18 栋,中式建筑风格,绿地面积 54 560 平方米。

凤凰苑小区 370705-I101
[Fènghuángyuàn Xiǎoqū]

在区境北部。128 户。总面积 1.19 公顷。为凤凰置业职工建造的职工楼,故名。2007 年始建,2008 年正式使用。建筑总面积 10 320 平方米,多层住宅楼 3 栋,中式建筑风格,绿地面积 4 000 平方米。

则尔庄小区 370705-I102
[Zé'ěrzhuāng Xiǎoqū]

在区境北部。1 110 户。总面积 10.5 公顷。该小区为则尔庄村民置换楼,故名。

1980 年始建。建筑总面积 800 000 平方米,多层住宅楼 18 栋,中式建筑风格,绿地面积 35 000 平方米。

卧龙新居小区 370705-I103
[Wòlóng Xīnjū Xiǎoqū]

在区境北部。245 户。总面积 1.77 公顷。南邻卧龙东街,故名。2011 年始建,2013 年正式使用。建筑总面积 38 271 平方米,住宅楼 6 栋,其中高层 5 栋、多层 1 栋,中式建筑风格,绿化率 35%。

盛福园小区 370705-I104
[Shèngfúyuán Xiǎoqū]

在区境北部。210 户。总面积 2 公顷。寓意昌盛幸福的居民家园,故名。2000 年始建,2003 年正式使用。建筑总面积 16 500 平方米,多层住宅楼 4 栋,中式建筑风格,绿地面积 4 000 平方米。

同乐园小区 370705-I105
[Tónglèyuán Xiǎoqū]

在区境北部。787 户。总面积 3 公顷。小区属于潍柴公司职工宿舍,寓意企业与职工同心同乐,共同发展,故名。1979 年始建,2008 年正式使用。建筑总面积 4 200 平方米,多层住宅楼 17 栋,中式建筑风格,绿地面积 4 000 平方米。

百姓家园小区 370705-I106
[Bǎixìng Jiāyuán Xiǎoqū]

在区境北部。126 户。总面积 0.15 公顷。寓意安居乐业之所,百姓和谐之家。2005 年正式使用。建筑总面积 10 535 平方米,多层住宅楼 2 栋,中式建筑风格,绿地面积 200 平方米。

金都时代新城小区 370705-I107
[Jīndū Shídài Xīnchéng Xiǎoqū]

在区境北部。6 000 户。总面积 13.25 公顷。"金都"寓意打造潍坊金字招牌；"时代"寓意该小区的开发建设为划时代创举；"新"寓意新形象、新面貌；"城"为城邦，寓意大项目、大社区，故名。2009 年正式使用。建筑总面积 500 000 平方米，住宅楼 50 栋，其中高层 19 栋、多层 31 栋，中式建筑风格，绿地面积 128 800 平方米，有饭店等配套设施。

阳光秀苑小区 370705-I108
[Yángguāng Xiùyuàn Xiǎoqū]

在区境北部。192 户。总面积 1.8 公顷。由恒天阳光置业开发，寓意秀丽花苑之意，故名。2012 年正式使用。建筑总面积 21 560 平方米，多层住宅楼 5 栋，中式建筑风格，绿地面积 770 平方米。

同心园小区 370705-I109
[Tóngxīnyuán Xiǎoqū]

在区境北部。1 020 户。总面积 6.89 公顷。寓意同心同德、同心协力，故名。1996 年始建，1998 年正式使用。建筑总面积 68 890 平方米，多层住宅楼 16 栋，中式建筑风格，绿地面积 120 平方米。

四平新苑小区 370705-I110
[Sìpíng Xīnyuàn Xiǎoqū]

在区境西北部。576 户。总面积 3.98 公顷。因该小区临近四平路，故名。2000 年始建，2003 年正式使用。建筑总面积 39 800 平方米，多层住宅楼 12 栋，中式建筑风格，绿地面积 3 980 平方米。

祥基花园小区 370705-I111
[Xiángjī Huāyuán Xiǎoqū]

在区境北部。412 户。总面积 4.39 公顷。由祥基置业有限公司开发，故名。2010 年正式使用。建筑总面积 41 000 平方米，住宅楼 9 栋，其中高层 3 栋、多层 6 栋，中式建筑风格，绿地面积 8 780 平方米。

丁家馨园小区 370705-I112
[Dīngjiā Xīnyuán Xiǎoqū]

在区境北部。690 户。总面积 6.32 公顷。由于该小区是原丁家村城中村改造小区，故名。2007 年正式使用。建筑总面积 68 050 平方米，多层住宅楼 16 栋，中式建筑风格，绿地面积 2 000 平方米。

沙窝小区 370705-I113
[Shāwō Xiǎoqū]

在区境西北部。180 户。总面积 0.2 公顷。因地理位置而得名。1995 年始建，1997 年正式使用。建筑总面积 19 800 平方米，多层住宅楼 5 栋，中式建筑风格，绿地面积 400 平方米。

东方天韵小区 370705-I114
[Dōngfāng Tiānyùn Xiǎoqū]

在区境北部。2 420 户。总面积 7.45 公顷。东方代表中国，天韵代表雅致，故名。2007 年正式使用。建筑总面积 230 000 平方米，住宅楼 29 栋，其中高层 12 栋、多层 17 栋，中式建筑风格，绿地面积 30 000 平方米。

圣荣小区 370705-I115
[Shèngróng Xiǎoqū]

在区境北部。3 000 户。总面积 33.33 公顷。由圣荣房地产开发有限公司开发，故名。2007 年正式使用。建筑总面积 300 000 平方米，住宅楼 54 栋，其中高层 4 栋、多层 50 栋，中式建筑风格，绿地面积 133 300 平方米，有幼儿园、小学、超市、购物中心、餐馆、文化娱乐活动中心等配套设施。

怡新苑小区 370705-I116

［Yíxīnyuàn Xiǎoqū］

在区境中部。680户。总面积4.46公顷。寓意在此小区居住的业主们心情愉悦，故名。1994年正式使用。建筑总面积109 800平方米，多层住宅楼17栋，中式建筑风格，绿地面积13 380平方米。

金诺小区 370705-I117

［Jīnnuò Xiǎoqū］

在区境北部。42户。总面积0.13公顷。寓意一诺千金，故名。2002年始建，2003年正式使用。建筑总面积3 296.7平方米，多层住宅楼1栋，中式建筑风格，绿地面积200平方米。

北胡住小区 370705-I118

［Běihúzhù Xiǎoqū］

在区境中部。524户。总面积4.53公顷。小区因原有村庄得名。1993年始建，1995年正式使用。建筑总面积51 000平方米，多层住宅楼11栋，中式建筑风格，绿地面积2 000平方米。

华苑小区 370705-I119

［Huáyuàn Xiǎoqū］

在区境北部。365户。总面积1.88公顷。寓意华丽的帝王庭院，故名。1995年正式使用。建筑总面积39 800平方米，多层住宅楼10栋，中式建筑风格，绿地面积5 640平方米。

华银小区 370705-I120

［Huáyín Xiǎoqū］

在区境北部。404户。总面积2.64公顷。"华"代表华丽，"银"代表富贵，寓意居民有一个华丽、富贵的生活环境。1994年正式使用。建筑总面积36 000平方米，多层住宅楼18栋，中式建筑风格，绿地面积7 920平方米。

新华园小区 370705-I121

［Xīnhuáyuán Xiǎoqū］

在区境北部。24户。总面积0.15公顷。毗邻新华路，故名。1999年正式使用。建筑总面积35 280平方米，多层住宅楼1栋，中式建筑风格，绿地面积7 920平方米。

利民小区 370705-I122

［Lìmín Xiǎoqū］

在区境北部。110户。总面积1.06公顷。因南侧利民巷而得名。1996年正式使用。建筑总面积14 500平方米，多层住宅楼5栋，中式建筑风格，绿地面积3 180平方米。

华宝小区 370705-I123

［Huábǎo Xiǎoqū］

在区境北部。160户。总面积0.89公顷。"华"意为豪华，"宝"为宝地，寓意非常适宜居住之地，故名。1999年正式使用。建筑总面积5 000平方米，多层住宅楼4栋，中式建筑风格，绿地面积400平方米。

汇祥小区 370705-I124

［Huìxiáng Xiǎoqū］

在区境北部。108户。总面积0.46公顷。寓意汇聚吉祥幸福与锦绣前程，故名。1997年正式使用。建筑总面积1 320平方米，高层住宅楼1栋，中式建筑风格，绿地面积1 383平方米。

怡和星小区 370705-I125

［Yíhéxīng Xiǎoqū］

在区境北部。424户。总面积3.5公顷。寓意愉快和悦、风日和美，故名。2005年正式使用。建筑总面积78 000平方米，高层住宅楼 5 栋，中式建筑风格，绿地面积 10 500 平方米。

富贵田园 370705-I126
[Fùguì Tiányuán]

在区境西部。756 户。总面积 7.4 公顷。富贵寓意大富大贵，田是源于田家村，园指家园，故名富贵田园。2009 年始建，2010 年正式使用。建筑总面积 73 792 平方米，住宅楼 16 栋，其中高层 2 栋、多层 14 栋，现代建筑风格。

辉高宜辉现代城 370705-I127
[Huīgāo Yíhuī Xiàndài Chéng]

在区境西部。355 户。总面积 18 公顷。由山东溢辉置业有限公司开发并命名。2008 年始建，2010 年正式使用。建筑总面积 20 000 平方米，住宅楼 6 栋，其中高层 4 栋、多层 2 栋，现代建筑风格，有超市等配套设施。

四方家和花园 370705-I128
[Sìfāngjiāhé Huāyuán]

在区境西部。237 户。总面积 2.8 公顷。取家和万事兴之意命名。2009 年正式使用。建筑总面积 28 026 平方米，住宅楼 3 栋，其中高层 1 栋、多层 2 栋，现代建筑风格，有超市、小学等配套设施。

乐源小区 370705-I129
[Lèyuán Xiǎoqū]

在区境西部。人口 226。总面积 2.9 公顷。取快乐之源之意命名。2005 年正式使用。建筑总面积 29 596 平方米，多层住宅楼 6 栋，现代建筑风格。

祥瑞家园 370705-I130
[Xiángruì Jiāyuán]

在区境西部。人口 4 600。总面积 7.8 公顷。"祥瑞"象征着祥和自然、好运、有福、吉祥安康，故名。建筑总面积 123 997 平方米，住宅楼 31 栋，其中高层 3 栋、多层 28 栋，现代建筑风格，绿化率 35%。

金都花园 370705-I131
[Jīndū Huāyuán]

在区境西部。1 453 户。总面积 7.8 公顷。由山东金庆建设集团开发，冠名金都。2005 年正式使用。建筑总面积 160 000 平方米，多层住宅楼 39 栋。

农村居民点

邢石 370705-A03-H01
[Xíngshí]

在区驻地广文街道北方向 6.6 千米。大虞街道辖自然村。人口 600。明初，石姓落户北部街区，村名石家。明末，邢姓落户南街区，村名邢家滩。1940 年两村合并，改称邢石。聚落呈团块状分布。经济以养殖业为主。有公路经此。

南屯 370705-A05-H01
[Nántún]

在区驻地广文街道西南方向 6.0 千米。廿里堡街道辖自然村。人口 3 300。明初为屯军驻地，居潍县城南，故名南屯。聚落呈团块状分布。有幼儿园 1 处、小学 1 处。有国家 AAAA 级旅游景区金宝乐园、金宝佛教文化园。经济以商业、旅游业、房地产业等为主。有山东金宝集团有限公司。胶济铁路经此。

青州市

城市居民点

高墓小区 370781-I01
[Gāomù Xiǎoqū]

在青州市境东南部。人口 2 035。总面积 12.5 公顷。因高姓之墓得名。2010 年始建，同年正式使用。建筑总面积 100 000 平方米，多层住宅楼 21 栋，现代建筑风格，绿化率 40%，有老年中心、幼儿园、卫生院等配套设施。

农村居民点

井塘 370781-A01-H01
[Jǐngtáng]

在市驻地王府街道西南方向 10.0 千米。王府街道辖自然村。人口 1 800。村名由村中古井演变而来。聚落呈环状分布。为山东省历史文化名村、中国传统村落。经济以种植业、旅游业为主，种植山楂、核桃、桃、柿子，特产山楂干、核桃和柿饼。有公路经此。

东刘井 370781-A01-H02
[Dōngliújǐng]

在市驻地王府街道西南方向 4.0 千米。王府街道辖自然村。人口 700。先祖旱季在河边掘一水井，遇雨有水自井口流出，取村名流井，后以同音字误传。随着定居人家增多，分为三村，本村以方位称东刘井。聚落呈团块状分布。经济以种植业为主，种植山小麦、玉米、核桃、山楂，特产山楂干、核桃。有公路经此。

邓家河 370781-A01-H03
[Dèngjiāhé]

在市驻地王府街道西南方向 2.5 千米。王府街道辖自然村。人口 400。明洪武年间，邓氏兄弟由河北枣强县迁此，村依河而建，得名邓家河。聚落呈散状分布。经济以种植业为主，种植山楂、核桃、桃、柿子，特产山楂干、核桃和柿饼。有公路经此。

西下院 370781-A01-H04
[Xīxiàyuàn]

在市驻地王府街道西南方向 4.5 千米。王府街道辖自然村。人口 400。清康熙十年（1671），夏氏到此种菜为生，兴盛一时，被称为夏家园，后逐渐演变为西下院。聚落呈团块状分布。经济以种植业、服务业为主，种植小麦、玉米、地瓜和杂粮等。有公路经此。

莲花盆 370781-A01-H05
[Liánhuāpén]

在市驻地王府街道西南方向 12.0 千米。王府街道辖自然村。人口 1 000。闫氏先祖在村北五亩园开荒种地时，挖出一座带有 64 个花瓣的莲花石盆，遂改村名为莲花盆。聚落呈团块状分布。有莲花石盆、古桥、古槐、古井、古碑等历史遗迹。经济以种植业、养殖业、工副业为主，种植小麦、玉米，养殖鸡、鸭、猪。有公路经此。

史家店 370781-A01-H06
[Shǐjiādiàn]

在市驻地王府街道西南方向 15.0 千米。王府街道辖自然村。人口 400。史姓先辈在村内开设店铺，取名史家店。聚落呈团块状分布。经济以种植业、养殖业、旅游业为主，种植小麦、玉米，养殖鸡、鸭、猪。325 省道经此。

大王堂 370781-A01-H07
[Dàwángtáng]

在市驻地王府街道西南方向 6.0 千米。王府街道辖自然村。人口 800。唐仁宗年间，大龙山有一大王杀富济贫，死亡后众小兵为其建大王堂庙。明初李姓迁此立村，名大王堂。聚落呈团块状分布。有长春洞、永固桥、龙山、石翁、红池子、白池子、玉皇阁、娘娘庙、孟子庙、明末古槐等历史遗迹。经济以种植业、养殖业、商业为主，种植小麦、玉米，主要养殖鸡。325 省道经此。

宋旺 370781-A01-H08
[Sòngwàng]

在市驻地王府街道西南方向 7.0 千米。王府街道辖自然村。人口 400。明洪武年间，宋、郇两姓由河北枣强迁入，立宋家庄与郇家庄，后两村合并为宋旺。聚落呈团块状分布。有八角山围子、金山围子等历史遗迹。经济以种植业为主，种植小麦、玉米、大豆。有公路经此。

埠前 370781-A01-H09
[Bùqián]

在市驻地王府街道西方向 13.0 千米。王府街道辖自然村。人口 500。因坐落在埠子坡前，故名埠前。聚落呈团块状分布。经济以种植业为主，种植小麦、玉米、谷子等，养殖猪、羊，特产有机蔬菜。有公路经此。

刘家崖 370781-A01-H10
[Liújiāyái]

在市驻地王府街道西南方向 12.5 千米。王府街道辖自然村。人口 600。明洪武年间，刘进由河北枣强县迁入定居，因四周皆崖头，定名刘家崖。聚落呈团块状分布。经

济以种植业为主，种植玉米、小麦、土豆。有公路经此。

赵家河 370781-A01-H11
[Zhàojiāhé]

在市驻地王府街道西方向 3.5 千米。王府街道辖自然村。人口 600。明永乐年间，赵氏自河北枣强县迁来定居，因南靠北阳河，定名赵家河。聚落呈团块状分布。有柳峪寺遗址、三官庙遗址。经济以运输业、种植业为主，种植玉米、小麦。有公路经此。

张尹 370781-A01-H12
[Zhāngyǐn]

在市驻地王府街道西方向 3.0 千米。王府街道辖自然村。人口 700。明隆庆二年（1568），尹姓迁来立村，故名。聚落呈团块状分布。有明朝衡康王朱载圭墓。经济以种植业为主，种植核桃、桃。有公路经此。

西刘家 370781-A01-H13
[Xīliújiā]

在市驻地王府街道西方向 9.5 千米。王府街道辖自然村。人口 1 000。明洪武年间，刘渊由河北枣强县迁至益都县西黄家店定居。当时村内已有葛氏居住，后来刘氏人口逐渐增多，村名改为刘家庄，后更名西刘家。聚落呈散状分布。有凤凰古道等历史遗迹。经济以种植业、运输业、建筑业为主，种植玉米、小麦。有公路经此。

黄家店 370781-A01-H14
[Huángjiādiàn]

在市驻地王府街道西方向 14.0 千米。王府街道辖自然村。人口 500。有黄姓村民在凤凰古道旁开设店铺，供来往行人食宿，故名黄家店。聚落呈团块状分布。有凤凰古道等历史遗迹。经济以种植业为主，种

植山楂、核桃、桃、柿子，特产山楂干、核桃和柿饼。有公路经此。

五里 370781-A01-H15
[Wǔlǐ]

在市驻地王府街道西方向 0.5 千米。王府街道辖自然村。人口 2 700。因距县城西门五华里，故名。聚落呈散状分布。经济以种植业为主，种植桃，养殖鸡、鸭。325 省道经此。

西石家 370781-A01-H16
[Xīshíjiā]

在市驻地王府街道西方向 1.0 千米。王府街道辖自然村。人口 700。石氏从山西洪洞县迁来，名西石家。聚落呈散状分布。经济以种植业为主，种植山楂、桃、柿子，特产山楂干、核桃和柿饼。有公路经此。

马棚崖 370781-A01-H17
[Mǎpéngyái]

在市驻地王府街道东方向 1.0 千米。王府街道辖自然村。人口 400。原是房可壮及后裔的养马庄子，称马大庄，因谐音变为马皁庄，亦称马棚庄。清道光十年（1830），房姓迁来后村落扩大至土崖边，改称马棚崖。聚落呈团块状分布。经济以种植业为主，种植桃、山楂，特产山楂干、桃。有公路经此。

茅峪 370781-A01-H18
[Máoyù]

在市驻地王府街道西南方向 2.0 千米。王府街道辖自然村。人口 800。明洪武九年（1376），蒋、苏二姓来此居住，因两峡谷遍地茅草，故起名茅峪。聚落呈团块状分布。经济以种植业为主，种植山楂、核桃、桃、柿子，特产山楂干、核桃和柿饼。有公路经此。

南闫 370781-A01-H19
[Nányán]

在市驻地王府街道西南方向 10.0 千米。王府街道辖自然村。人口 1 800。因多阎姓，村处山峪中，称阎家峪，后改称南闫。聚落呈团块状分布。经济以种植业为主，种植山楂、柿子，特产山楂干和柿饼。有公路经此。

陈店 370781-A02-H01
[Chéndiàn]

在市驻地王府街道西北方向 14.9 千米。益都街道辖自然村。人口 1 400。明洪武初年，周姓从枣强县移民而来。因齐国故都临淄至青州府的古道经过此地，有店铺供行人歇脚，又因村西有齐国二王陵，故取名齐陵店。后陈姓至此繁衍生息，人丁兴旺，村名遂改称陈店。聚落呈散状分布。经济以种植业为主，种植绿化苗木。有昊泉塑料制品厂、益润霖花卉生产合作社等企业。有公路经此。

西高 370781-A02-H02
[Xīgāo]

在市驻地王府街道西北方向 13.1 千米。益都街道辖自然村。人口 1 900。宋代高姓人立村，称高旺庄，又称大高庄。东与东高为邻，故称西高。聚落呈散状分布。胶济铁路、309 国道经此。

刘皁 370781-A02-H03
[Liúzǎo]

在市驻地王府街道东南方向 7.0 千米。益都街道辖自然村。人口 1 000。明洪武年间，刘孝所从河崖头村迁此，以其父刘藻名立庄，称刘藻庄。后与南刘藻庄合并，称刘藻。后因"皁"与"藻"谐音，故改名刘皁。聚落呈散状分布。有刘皁遗址。

有东方园艺厂、青州市佳和精密配件有限公司、青州市凯华装潢厂、青州市纪龙木艺厂等企业。胶济铁路、309国道经此。

刘店 370781-A02-H04

[Liúdiàn]

在市驻地王府街道西北方向8.1千米。益都街道辖自然村。人口600。元代刘姓到此立村，后有刘姓人在大道旁开店，故称刘家店，简称刘店。聚落呈散状分布。有小学1处、幼儿园1处。经济以种植业为主。有山东中文机械有限公司、山东东虹工贸有限公司、青州市德容机械有限公司、青州市九州红木家具有限公司、青州市同力机械有限公司等企业。胶济铁路、309国道经此。

核桃园 370781-A02-H05

[Hétaoyuán]

在市驻地王府街道西北方向13.8千米。益都街道辖自然村。人口1 300。因核桃树连片成林而得名。聚落呈团块状分布。经济以种植业为主。胶济铁路、309国道经此。

北河东 370781-A02-H06

[Běihédōng]

在市驻地王府街道西北方向11.6千米。益都街道辖自然村。人口1 100。明洪武二十二年（1389），王氏沿青滨大路北下，入此地见西有村庄小营，裙带河水潺潺北流，遂定居河东岸。1499年，明衡王来青州就藩，派人下乡查看移民定居生活情况，见王氏住裙带河东，故定村名河东庄。1938年分为两村，本村为北河东。聚落呈散状分布。经济以种植业为主。309国道经此。

东高 370781-A02-H07

[Dōnggāo]

在市驻地王府街道西北方向11.9千米。益都街道辖自然村。人口1 400。宋景德年间高氏立村，取名高庄。后因村西有大高庄，本村称小高庄。中华人民共和国成立后改称东高。聚落呈散状分布。有小学1处。有古槐1棵。有金灿饲料、源兴化工、维利亚纺织有限公司、鸿润电子元件厂、梦丽莎床垫厂、富宏装载机制造厂、塑料薄膜吹塑厂等企业。胶济铁路、309国道经此。

黑牛王 370781-A02-H08

[Hēiniúwáng]

在市驻地王府街道西北方向12.7千米。益都街道辖自然村。人口600。明宣德三年（1428），村民由范王村迁居此立村，因以放牛为生，其中黑牛居多，故取村名黑牛王。聚落呈散状分布。经济以种植业为主。有公路经此。

西夹涧 370781-A02-H09

[Xījiājiàn]

在市驻地王府街道西北方向13.7千米。益都街道辖自然村。人口1 100。最早由贾姓在此建村，初名贾建村，后贾氏人迁走，又因有裙带河经过此地，遂据谐音改为夹涧村，后更名为西夹涧。聚落呈散状分布。有幼儿园1处。有老母庙等历史遗迹。经济以商业为主。有公路经此。

西张 370781-A02-H10

[Xīzhāng]

在市驻地王府街道西北方向9.5千米。益都街道辖自然村。人口1 100。明洪武初年，张汝成、张汝基兄弟俩由枣强县迁此立村，取名张家庄。后刘、钟、赵、李氏诸姓相继迁入。因东有了小张家庄，1962年后改为西张。聚落呈散状分布。经济以纺织业、商贸业、制造业为主。有青州伟浩商贸公司、青州市云天纺织有限公司、青州市凯源达机械厂、青州市星伟业防水材料厂、青州瑞标新型材料有限公司等企业。309国道经此。

徐王 370781-A02-H11
[Xúwáng]

在市驻地王府街道西北方向13.3千米。益都街道辖自然村。人口1 000。明洪武十一年（1378），徐姓自江苏沛县迁入，以姓立村，名徐王。聚落呈散状分布。经济以种植业为主。有公路经此。

北辛 370781-A02-H12
[Běixīn]

在市驻地王府街道西北方向15.6千米。益都街道辖自然村。人口900。宋初，任氏立村。因新建，取名新庄。清雍正八年（1730），雨涝成灾，村被淹，村人王锡升率子女在村南另立南新庄，本村遂改称北新庄，后由谐音演称北辛庄。1962年，按方位分为三村，本村在北，称北辛。聚落呈散状分布。有小学1处。有市级文物保护单位北辛西北墓战国墓葬。309国道经此。

张石羊 370781-A02-H13
[Zhāngshíyáng]

在市驻地王府街道西北方向16.2千米。益都街道辖自然村。人口300。明洪武年间，张氏由河北枣强县张家堡迁此，因有汉代石羊两尊，故名石羊村，后称张石羊。聚落呈散状分布。经济以种植业为主。有公路经此。

东关 370781-A03-H01
[Dōngguān]

在市驻地王府街道东南方向1.8千米。云门山街道辖自然村。人口4 800。有汉族、回族，其中回族占20%。因位于北魏时期的青州古城南阳城东门外而得名。聚落呈团块状分布。经济以商贸业为主。有公路经此。

东后坡 370781-A03-H02
[Dōnghòupō]

在市驻地王府街道东南方向2.6千米。云门山街道辖自然村。人口1 600。均为回族。因在真教寺北又临坡野，故名。聚落呈团块状分布。有昭德街真教寺。经济以水产业、餐饮业等为主。有青沪食品有限公司、安泰清真食品有限公司等企业。有公路经此。

夏钦园 370781-A03-H03
[Xiàqīnyuán]

在市驻地王府街道东南方向1.9千米。云门山街道辖自然村。人口900。有汉族、回族，其中回族占77%。明万历年间，衡王府内司事夏钦秉承衡王旨意，在南阳城东门外开辟菜园，种植蔬菜供衡王府所用。为方便对菜地、菜农的管理，夏钦在菜园内建起夏宅。周边百姓就以夏钦为名，称该村为夏钦园。聚落呈团块状分布。经济以商贸业为主。有公路经此。

昭德 370781-A03-H04
[Zhāodé]

在市驻地王府街道东南方向2.1千米。云门山街道辖自然村。人口1 200。均为回族。始建于北魏，因街中段有昭德阁，故名。聚落呈团块状分布。有真教寺、伯颜后裔赵宅等历史遗迹。经济以商贸业为主。有青州市邦诺清真肉类制品厂、青州市圣奥食品有限公司、青州金晟制罐有限公司、昭德饮料机械厂等企业。有公路经此。

瓜市 370781-A03-H05
[Guāshì]

在市驻地王府街道东北方向 2.4 千米。云门山街道辖自然村。人口 1 900。明朝初期，此处系弥河瓜农进城卖瓜时的必经之处。有赵姓人家在这里建房定居，开设饭馆，供瓜农聚集打尖。城里瓜贩也到此地买瓜，久而久之，形成瓜菜市场，称瓜市，村以此得名。聚落呈团块状分布。经济以商贸业为主。有公路经此。

坡子 370781-A03-H06
[Pōzi]

在市驻地王府街道东方向 4.1 千米。云门山街道辖自然村。人口 2 000。有汉族、回族，其中回族占 78%。明初，蒋、钱、刘、郭等姓迁此立村，因村地势低洼形成水泊，故名泊子。清乾隆二十二年（1757），改称坡子。聚落呈团块状分布。有坡子清真寺等历史遗迹。经济以商贸业为主。有公路经此。

新冯 370781-A03-H07
[Xīnféng]

在市驻地王府街道东南方向 7.3 千米。云门山街道辖自然村。人口 1 100。因西有七里河村，故此村名东七里河。清雍正年间，冯溥后人由县城迁此，更名为冯家庄。1988 年，因重名，改名为新冯。聚落呈团块状分布。经济以种植业为主。有公路经此。

玉皇阁 370781-A03-H08
[Yùhuánggé]

在市驻地王府街道东南方向 6.5 千米。云门山街道辖自然村。人口 500。1499 年，明成化皇帝朱见深的第七子衡王就藩青州，相传他在青州城东筑坝建鸭塘数方，塘内群鸭嘎嘎叫，引凤来朝，诱天龙频顾，成凤鸣龙吟圣地，此事触动天皇巡视人间，在东坝西附近建高阁一座，名曰玉皇阁。后人在此居住，繁衍生息，形成村落，故名玉皇阁。聚落呈团块状分布。经济以养殖业为主。有公路经此。

宋阁 370781-A03-H09
[Sònggé]

在市驻地王府街道东南方向 9.3 千米。云门山街道辖自然村。人口 1 300。明洪武二年（1369），刘氏迁居山东青州府益都县南鄙乐善乡青山下，立村青山社。明弘治十七年（1504），村人宋尚德出资在村东建设二层阁楼，远近闻名，故名村宋家阁子，演称宋阁。聚落呈团块状分布。有潍坊护理职业学院、山东师范大学历山学院、潍坊工程职业学院。经济以种植业、养殖业为主。有公路经此。

北李家 370781-A03-H10
[Běilǐjiā]

在市驻地王府街道东南方向 3.6 千米。云门山街道辖自然村。人口 500。清乾隆年间，兵部尚书邢玠之父厚葬于此，傍坟成村，名邢家坟。后李氏自益都城里迁至邢家坟东定居，故名北李家。聚落呈团块状分布。经济以运输业、商业、食品加工业为主。有公路经此。

井亭 370781-A03-H11
[Jǐngtíng]

在市驻地王府街道东南方向 6.9 千米。云门山街道辖自然村。人口 1 000。因此地多松树，故称常青岭。后因村东三官庙旁有井，乡民建亭遮盖，故更名井亭子，后演变为今名。聚落呈团块状分布。经济以加工制造业为主。有山东艾比特重工装备股份有限公司、青州益王重工有限公司、青州市泰欣工贸有限公司、青州市合力包装新材料有限公司、青州市长城电力变压器有限公司、青州市昌汇国际商贸有限公司、青州市顺企金实业公司、山工欧劲工程机械有限公司等企业。有公路经此。

七里河 370781-A03-H12
[Qīlǐhé]

在市驻地王府街道东南方向 4.9 千米。云门山街道辖自然村。人口 600。有汉族、回族，其中回族占 30%。因距益都城七里而得名七里河店，清初演变为今名。聚落呈团块状分布。有马刨泉、珍珠泉、观音庙、白龙宫等历史遗址。经济以加工制造业为主。有鲁东机械厂、青州广源液压气动元件有限公司等企业。有公路经此。

大花林疃 370781-A03-H13
[Dàhuālíntuǎn]

在市驻地王府街道南方向 5.5 千米。云门山街道辖自然村。人口 700。明洪武二年（1369），田、司、时二姓从山西洪洞县迁来立村，因村西沟内到处是藤萝而得名花林疃。后以沟为界，分为二村，此村称大花林疃。聚落呈团块状分布。经济以服务业、养殖业为主。有公路经此。

郭家桥 370781-A03-H14
[Guōjiāqiáo]

在市驻地王府街道西南方向 4.6 千米。云门山街道辖自然村。人口 300。均为回族。清同治年间，益都城里状元丁殿祥后裔来此置地，因七里河自西向东从村中穿过，搁板为桥，故村名搁板桥。后大花林疃一郭姓在县城为官，往返经此桥，嫌其不便，出资修为石桥，村名亦随之易为郭家桥。

聚落呈团块状分布。经济以种植业、养殖业、旅游业为主。有公路经此。

李宝峪 370781-A03-H15
[Lǐbǎoyù]

在市驻地王府街道西南方向 9.5 千米。云门山街道辖自然村。人口 800。因处两山夹峪，土地肥沃，树木参天，是一宝地，村南里泉洞中又有李姓隐士，故名李宝峪。聚落呈团块状分布。经济以种植业、养殖业为主，种植香椿、山楂、柿子、杏、核桃等，养殖牛、羊。有公路经此。

冯徐 370781-A03-H16
[Féngxú]

在市驻地王府街道东南方向 2.9 千米。云门山街道辖自然村。人口 300。有汉族、回族，其中回族占 19%。清中期，徐姓立村于冯家小庄西侧，故名冯徐。聚落呈团块状分布。经济以运输业、商贸业、餐饮零售业、养殖业为主，有顺天福农贸市场。有公路经此。

三里 370781-A03-H17
[Sānlǐ]

在市驻地王府街道东南方向 2.5 千米。云门山街道辖自然村。人口 1 200。有汉族、回族，其中回族占 25%。因在城东三里许，故称东三里庄。民国初期称三里。聚落呈团块状分布。经济以种植业、养殖业、货物运输业为主，有三里大型集贸市场。有公路经此。

徐桥 370781-A03-H18
[Xúqiáo]

在市驻地王府街道东南方向 2.0 千米。云门山街道辖自然村。人口 1 100。有汉族、回族，其中回族占 18%。因明初郡人徐公弼垒石架木为桥，故称村徐家桥，后称徐桥。聚落呈团块状分布。经济以加工制造业、纺织业、食品加工业为主。有青州市宏源液压件有限公司、青州市华强纺织印染机械有限公司、青州市金湖食品有限公司等企业。有公路经此。

傲于店 370781-A04-H01
[Àoyúdiàn]

在市驻地王府街道东南方向 16.0 千米。黄楼街道辖自然村。人口 1 100。元代，有袁、于二姓迁此立村，原名凤凰庄，后改为鳌鱼店，1989 年改为傲于店。聚落呈团块状分布。经济以种植业为主，种植蔬菜、花卉、瓜菜。有三星电器厂。有公路经此。

北霍陵 370781-A04-H02
[Běihuòlíng]

在市驻地王府街道东北方向 15.0 千米。黄楼街道辖自然村。人口 1 500。明洪武二年（1369），高、李二姓由河北枣强县迁入立村，因村南有土冢，墓碑为霍陵，故取名北霍陵。聚落呈团块状分布。经济以种植业为主，种植小麦、瓜菜。有公路经此。

鹁鸪王 370781-A04-H03
[Bógūwáng]

在市驻地王府街道东南方向 16.2 千米。黄楼街道辖自然村。人口 700。明万历十二年（1584），王姓来此定居，因养鸽子（俗称鹁鸪）著称，故名鹁鸪王。聚落呈团块状分布。经济以种植业为主，种植花卉。有公路经此。

陈家 370781-A04-H04
[Chénjiā]

在市驻地王府街道东南方向 15.0 千米。黄楼街道辖自然村。人口 1 200。明正德十三年（1518），陈氏迁至弥东立村，名陈家。

聚落呈团块状分布。经济以种植业为主，种植花卉、草花、苗木。有公路经此。

迟家 370781-A04-H05
[Chíjiā]

在市驻地王府街道东南方向 14.0 千米。黄楼街道辖自然村。人口 1 600。北魏太武帝始光二年（425），迟姓迁此立村，故名。聚落呈团块状分布。经济以种植业为主，种植花卉。有公路经此。

大陈 370781-A04-H06
[Dàchén]

在市驻地王府街道东方向 8.2 千米。黄楼街道辖自然村。人口 1 500。明洪武二年（1369），陈姓祖先率家人由直隶省枣强县迁此定居，故名。聚落呈团块状分布。经济以种植业为主，种植玉米、小麦。有公路经此。

大贯店 370781-A04-H07
[Dàguàndiàn]

在市驻地王府街道东方向 7.2 千米。黄楼街道辖自然村。人口 1 000。因村中有自济南至青岛的交通要道，设有驿站，俗称城东二十里驿站。又因在路南有一贯寺，在寺两旁有多个店铺，故称村贯店。后以大小分为两村，本村为大贯店。聚落呈团块状分布。经济以种植业为主，种植小麦、玉米。有公路经此。

大王 370781-A04-H08
[Dàwáng]

在市驻地王府街道东北方向 9.5 千米。黄楼街道辖自然村。人口 1 000。明洪武年间，王姓祖先由山西洪洞县迁此立村，故名。聚落呈团块状分布。经济以种植业为主，种植小麦、玉米、蔬菜、大姜。309 国道经此。

大尹 370781-A04-H09

[Dàyǐn]

在市驻地王府街道东北方向 15.0 千米。黄楼街道辖自然村。人口 3 000。尹姓于明代前在此居住，故名大尹。聚落呈团块状分布。经济以种植业为主，种植大姜、玉米、小麦。309 国道经此。

东坝 370781-A04-H10

[Dōngbà]

在市驻地王府街道东南方向 5.9 千米。黄楼街道辖自然村。人口 2 500。明洪武十五年（1382），太祖朱元璋七子齐王朱榑就藩青州，齐王府于城东 5 千米处，筑坝截水，养鹅鸭，雇工筑屋居住，遂成村落，得名东坝。聚落呈团块状分布。经济以种植业为主，种植玉米、小麦。有山东鲁星钢管、山东联科白炭黑等企业。胶王路、227 省道经此。

东建德 370781-A04-H11

[Dōngjiàndé]

在市驻地王府街道东南方向 9.4 千米。黄楼街道辖自然村。人口 1 500。因依建德水北岸立村，故名建德，后发展为东、中、西建德三村，本村居东，取名东建德。聚落呈团块状分布。经济以种植业、机械加工业、化工品运输业为主，种植小麦、玉米。有公路经此。

东夏落店 370781-A04-H12

[Dōngxiàluòdiàn]

在市驻地王府街道东南方向 15.0 千米。黄楼街道辖自然村。人口 900。唐朝时期，夏姓在此开店。1981 年，原村庄以中心南北大街为界分为两个村庄，本村为东夏落店。聚落呈团块状分布。经济以种植业为主，种植花卉。有公路经此。

东阳河 370781-A04-H13

[Dōngyánghé]

在市驻地王府街道东南方向 9.3 千米。黄楼街道辖自然村。人口 2 800。元朝末年，有钟、裴、马、严等姓居此立村，因村依南阳河，故名阳河。民国初年，按方位分东、西两村，本村为东阳河。聚落呈团块状分布。有市级非物质文化遗产东阳河村夜猫子集。经济以种植业、机械加工业为主，种植玉米、小麦。有公路经此。

凤凰店 370781-A04-H14

[Fènghuángdiàn]

在市驻地王府街道东南方向 12.0 千米。黄楼街道辖自然村。人口 1 400。因村地形地貌酷似一只头向西、尾朝东、展翅欲飞的凤凰，且有先民在此开店铺，故名。聚落呈团块状分布。经济以种植业为主，种植小麦、玉米、弥河银瓜。有公路经此。

韩家 370781-A04-H15

[Hánjiā]

在市驻地王府街道东方向 12.0 千米。黄楼街道辖自然村。人口 1 600。明洪武二年（1369），韩姓从山西洪洞县迁此立村，取名韩家。聚落呈团块状分布。经济以种植业为主，种植小麦、玉米、大姜。有公路经此。

郝家 370781-A04-H16

[Hǎojiā]

在市驻地王府街道东方向 12.0 千米。黄楼街道辖自然村。人口 500。明洪武二十年（1387），郝姓从山西省洪洞县迁此居住，原村名何家，明朝中期何姓迁走，遂改名郝家。聚落呈团块状分布。经济以种植业为主。有公路经此。

黄家楼 370781-A04-H17

[Huángjiālóu]

在市驻地王府街道东南方向 13.0 千米。黄楼街道辖自然村。人口 700。清崇德四年（1639），黄姓由夏洛店村迁此落户。黄氏家族兴旺，势力雄厚，兴建三层楼 1 座，故村名黄家楼。聚落呈团块状分布。经济以种植业为主，种植花卉。有公路经此。

龙塘 370781-A04-H18

[Lóngtáng]

在市驻地王府街道东南方向 19.0 千米。黄楼街道辖自然村。人口 600。明代，袁、刘、高姓等流民路经此处，依龙塘建房垦荒，渐成村落，取名龙塘。聚落呈团块状分布。经济以种植业为主，种植蔬菜、小麦、玉米。有公路经此。

卢坊 370781-A04-H19

[Lúfāng]

在市驻地王府街道东南方向 16.0 千米。黄楼街道辖自然村。人口 1 200。元皇庆二年（1313），卢姓从山西卢家庄迁此立村，因念故里，取名卢坊。聚落呈团块状分布。经济以种植业为主，种植花卉等。有公路经此。

马家庄 370781-A04-H20

[Mǎjiāzhuāng]

在市驻地王府街道东北方向 15.0 千米。黄楼街道辖自然村。人口 800。明洪武二年（1369），马姓由河北枣强县迁此立村，名马家庄。聚落呈团块状分布。经济以种植业为主，种植小麦、玉米、大姜。有公路经此。

马宋 370781-A04-H21

[Mǎsòng]

在市驻地王府街道东南方向 11.0 千米。黄楼街道辖自然村。人口 1 700。明永乐二年（1404），王姓从河北枣强县马宋沟迁山东青州府城东 20 里弥水之左立村，沿用故里村名，称为马宋。清雍正八年（1730），弥河发大水，马宋村被大水冲毁，村人逃至今址重建村庄。聚落呈团块状分布。经济以种植业为主，种植小麦、玉米、蔬菜、花卉、苗木等。有公路经此。

南霍陵 370781-A04-H22

[Nánhuòlíng]

在市驻地王府街道东北方向 14.0 千米。黄楼街道辖自然村。人口 2 200。因村庄西靠弥河，岸边绿柳成荫，每年春夏之交，大批天鹤到此繁衍生息，故得名南鹤林。后因有汉代名将霍光修陵墓于此，故改为南霍陵。聚落呈团块状分布。经济以种植业为主，种植瓜菜。有公路经此。

南于 370781-A04-H23

[Nányú]

在市驻地王府街道东北方向 13.0 千米。黄楼街道辖自然村。人口 1 000。明洪武四年（1371），于姓由河北省枣强县迁居现青州市北关，1378 年又迁居此地立村，取名南于。聚落呈团块状分布。经济以种植业为主，种植小麦、玉米、大姜。有公路经此。

潘村 370781-A04-H24

[Pāncūn]

在市驻地王府街道东南方向 13.0 千米。黄楼街道辖自然村。人口 1 800。宋朝初期，潘姓迁入立村，取名潘村。聚落呈团块状分布。经济以种植业为主，种植花卉。有公路经此。

泉子 370781-A04-H25

[Quánzi]

在市驻地王府街道东南方向 19.0 千米。

黄楼街道辖自然村。人口 800。南宋末年，姜姓来此定居，初名姜家庄。明永乐年间，因村后有一清泉，长流不息，取名姜家泉，简称泉子。聚落呈团块状分布。经济以种植业、养殖业为主，种植小麦、蔬菜。有公路经此。

西侯庙 370781-A04-H26
[Xīhóumiào]

在市驻地王府街道东北方向 11.0 千米。黄楼街道辖自然村。人口 700。明洪武二年（1369），侯镇山由河北枣强县迁此立村，名侯王庄。明永乐末年，盛行兴建庙宇，由侯氏家族为首捐资建三官庙、北斗庙。因村内侯姓众多，依庙更名侯家庙子，后又名侯庙。1987 年分为两村，本村为西侯庙。聚落呈团块状分布。经济以种植业为主，种植小麦、玉米、大姜。有公路经此。

西建德 370781-A04-H27
[Xījiàndé]

在市驻地王府街道东南方向 7.7 千米。黄楼街道辖自然村。人口 2 100。因依建德水北岸立村，故名建德，后发展为东、中、西三村，本村居西，取名西建德。聚落呈团块状分布。经济以种植业为主，种植小麦、玉米。有润发机械、长江轮胎、宏源塑胶等企业。有公路经此。

西沙营 370781-A04-H28
[Xīshāyíng]

在市驻地王府街道东南方向 12.0 千米。黄楼街道辖自然村。人口 700。相传汉将韩信曾在村西沙滩屯兵，设营盘，战后王、张、冀诸姓迁来落户，形成村落，取名沙营村。由于各姓居住比较分散，有东、西沙营之称，本村为西沙营。聚落呈团块状分布。经济以种植业为主，种植火银瓜、花卉等。有公路经此。

西夏落店 370781-A04-H29
[Xīxiàluòdiàn]

在市驻地王府街道东南方向 14.0 千米。黄楼街道辖自然村。人口 1 000。唐朝时期，夏姓在此开店。1981 年，原村庄以中心南北大街为界分为两个村庄，本村为东夏落店。聚落呈团块状分布。经济以种植业为主，种植花卉。有公路经此。

西阳河 370781-A04-H30
[Xīyánghé]

在市驻地王府街道东南方向 8.2 千米。黄楼街道辖自然村。人口 1 100。元朝末年，有钟、裴、马、严等姓居此立村，因村依南阳河，故名阳河。民国初年，按方位分东、西两村，本村为西阳河。聚落呈团块状分布。经济以种植业为主，种植玉米、小麦。有公路经此。

仙庄 370781-A04-H31
[Xiānzhuāng]

在市驻地王府街道东南方向 18.0 千米。黄楼街道辖自然村。人口 1 800。明洪武二年（1369），有村民从河北枣强县城西成仙庄迁至青州府弥东区，为纪念故里，取名仙庄。聚落呈团块状分布。经济以种植业为主，种植花卉、蔬菜。有公路经此。

杨姑桥 370781-A04-H32
[Yánggūqiáo]

在市驻地王府街道东南方向 9.0 千米。黄楼街道辖自然村。人口 2 700。元至正二年（1342），杨姓尼姑以化缘所得在村西建桥，故取村名杨姑桥。聚落呈团块状分布。经济以种植业、运输业、机械加工业为主，种植玉米、小麦、花卉。有公路经此。

杨家庄 370781-A04-H33
［Yángjiāzhuāng］

在市驻地王府街道东方向 12.0 千米。黄楼街道辖自然村。人口 600。明万历末年（1619），杨氏由五里左家峪迁入立村，名杨家庄。聚落呈团块状分布。经济以种植业为主，种植大姜、小麦、玉米。有公路经此。

小官庄 370781-B01-H01
［Xiǎoguānzhuāng］

弥河镇人民政府驻地。在市驻地王府街道东南方向 8.4 千米。人口 500。明初，房姓立村，因村南有官地，古称官庄。民国初实行区乡制时，改称小官庄。聚落呈团块状分布。有文化广场、幼儿园、中小学等。经济以种植业为主，种植小麦、玉米、大豆等。有公路经此。

上院 370781-B01-H02
［Shàngyuàn］

在市驻地王府街道东南方向 11.9 千米。弥河镇辖自然村。人口 1 300。旧传赵匡胤曾在此养病，故称养老院，后以方位改称上养老院，1945 年改称上院。聚落呈团块状分布。有文化广场等。有元初修真宫、天主教堂、圣水峪历史遗迹及景点。经济以种植业为主，种植粮食、柿子、山楂、桃等。有公路经此。

大关营 370781-B01-H03
［Dàguānyíng］

在市驻地王府街道东南方向 8.6 千米。弥河镇辖自然村。人口 2 500。因传韩信曾设关扎营于此，故名关营。清末改称大关营。聚落呈团块状分布。有文化广场 1 处。有小学、幼儿园等。有韩信桥、点将台、汉代遗址、华东保育院旧址等历史遗迹。经济以种植业为主，种植小麦、玉米、大豆等。特产有弥河银瓜。有公路经此。

赤涧 370781-B01-H04
［Chìjiàn］

在市驻地王府街道南方向 10.0 千米。弥河镇辖自然村。人口 1 900。宋代，苏、魏二姓迁此立村。村西小马山下有红土沟，山水东流入村呈红色，故名赤涧。聚落呈团块分布。经济以种植业为主，种植小麦、玉米等。有公路经此。

闵家 370781-B01-H05
［Mǐnjiā］

在市驻地王府街道东南方向 12.0 千米。弥河镇辖自然村。人口 1 800。宋元年间，有杏河村、季家庄、李家小庄三村，闵氏族人迁至此地后，繁衍成为大户，三村合并为闵家。聚落呈团块状分布。经济以种植业为主，种植苗木花草。有公路经此。

黄泥沟 370781-B01-H06
［Huángnígōu］

在市驻地王府街道东南方向 0.8 千米。弥河镇辖自然村。人口 900。明洪武三年（1370），崔姓由核桃园迁入，赵姓由山西迁入，随后立村。因村后有一黄泥土沟，故名黄泥沟。聚落呈团块状分布。有公路经此。

东南营 370781-B01-H07
［Dōngnányíng］

在市驻地王府街道东南方向 15.0 千米。弥河镇辖自然村。人口 1 600。早期村名鹿瞳庄，因三国时期在此设兵营，故改村名为东南营。聚落呈团块状分布。经济以种植业为主，种植花卉、苗木、银瓜、小麦、玉米等。有公路经此。

北市庄 370781-B01-H08
[Běishìzhuāng]

在市驻地王府街道东南方向 15.0 千米。弥河镇辖自然村。人口 400。明洪武二年（1369），尹氏由山西省洪洞县迁此居住，几经繁衍，形成村落。村南是郭家市庄、魏家市庄，按地理位置，尹家市庄称北市庄。聚落呈团块状分布。经济以种植业为主。有公路经此。

三觉庙 370781-B01-H09
[Sānjiàomiào]

在市驻地王府街道东南方向 15.0 千米。弥河镇辖自然村。人口 700。五代末年，宋太祖赵匡胤曾落难于此，遭官兵追捕，奔波至青州南，住进董家店。因心中担忧，夜不能寐，噩梦连连，睡了三觉方至天明，发现官兵追捕，慌忙中躲进店边大湾荆棘丛中，避过一劫。他称王后回忆起在青州的险遇，下旨在东石沟村建庙一座，称谓三觉庙，并演变为村名。聚落呈团块状分布。有天齐庙。经济以种植业为主，种植小麦、玉米等。有公路经此。

桲萝林子 370781-B01-H10
[Bóluólínzi]

在市驻地王府街道南方向 16.0 千米。弥河镇辖自然村。人口 800。明洪武十一年（1378），张姓从山西洪洞县迁此立村。村域内桲萝树茂密成林，故名桲萝林子。聚落呈团块状分布。经济以种植业为主，种植小麦、玉米、樱桃、蓝莓、葡萄等。有公路经此。

大桥刘家 370781-B01-H11
[Dàqiáoliújiā]

在市驻地王府街道南方向 17.0 千米。弥河镇辖自然村。人口 800。明洪武初年，刘姓家族由山西省洪洞县迁此建村，村北小石河建石拱桥 1 座，故名大桥刘家。聚落呈团块状分布。经济以种植业为主，经济以种植业为主，种植小麦、玉米，盛产樱桃。有公路经此。

壮汉庙 370781-B01-H12
[Zhuànghànmiào]

在市驻地王府街道南方向 10.0 千米。弥河镇辖自然村。人口 700。宋末元初，盗贼蜂起，有匪徒来村抢掠，该村壮汉李康宁挺身而出，拔碗口粗枣树奋力横扫，打得匪徒鬼哭狼嚎，四散而逃，村庄遂保安宁。壮汉去世后，村人感恩，为其修庙塑像，供奉纪念，尊称壮汉爷，庙称壮汉庙。岁月变迁，村名演称壮汉庙。聚落呈团块状分布。经济以种植业、林果业为主，种植小麦、玉米、蜜桃。有公路经此。

辛庄 370781-B01-H13
[Xīnzhuāng]

在市驻地王府街道南方向 15.0 千米。弥河镇辖自然村。人口 500。明初，辛、郭、王姓建村，因辛姓户多，故名辛庄。聚落呈团块状分布。经济以种植业为主，种植小麦、玉米等。有公路经此。

大涧堡 370781-B01-H14
[Dàjiànpù]

在市驻地王府街道南方向 0.7 千米。弥河镇辖自然村。人口 500。因村后有一大涧，青临古道穿村而过，村内店铺云集，是城南第一农贸市场所在地，故名大涧堡。聚落呈团块状分布。经济以种植业为主，种植小麦、玉米等。有公路经此。

贾庙 370781-B01-H15
[Jiǎmiào]

在市驻地王府街道南方向 0.7 千米。

弥河镇辖自然村。人口 1 100。明宣德九年（1434），贾氏从临朐县五井迁此立村建庙，取村名贾庙。聚落呈团块状分布。经济以种植业为主，种植小麦、玉米。有公路经此。

赵疃 370781-B01-H16
[Zhàotuǎn]

在市驻地王府街道西南方向 18.0 千米。弥河镇辖自然村。人口 1 700。宋代，赵姓到此立村，取名赵疃。聚落呈团块状分布。经济以种植业为主，种植小麦、玉米、樱桃、苹果。有公路经此。

张家洼 370781-B01-H17
[Zhāngjiāwā]

在市驻地王府街道西南方向 19.0 千米。弥河镇辖自然村。人口 400。明洪武二年（1369），张氏族人张敖由山西省洪洞县迁入，因村南、北、西三面均有 3 米以上崖头，村庄坐落低洼处，故取名张家洼。聚落呈团块状分布。经济以种植业为主，种植小麦、玉米、大樱桃。有公路经此。

庙后 370781-B01-H18
[Miàohòu]

在市驻地王府街道西南方向 17.0 千米。弥河镇辖自然村。人口 500。因村前有三元庙，故名庙后。聚落呈团块状分布。经济以种植业为主，种植小麦、玉米、樱桃。有公路经此。

桐峪沟 370781-B01-H19
[Tóngyùgōu]

在市驻地王府街道南方向 15.0 千米。弥河镇辖自然村。人口 700。因村处梧桐树较多的大沟旁，故名桐峪沟。聚落呈团块状分布。经济以种植业为主，种植小麦、玉米、山楂、柿子等。有公路经此。

关家庄 370781-B01-H20
[Guānjiāzhuāng]

在市驻地王府街道东南方向 0.4 千米。弥河镇辖自然村。人口 700。明洪武三年（1370），关姓从山西洪洞县迁至益都城南郝家庄，明洪武八年（1375）迁此立村，取名关家庄。聚落呈团块状分布。经济以种植业为主。有公路经此。

窦家楼 370781-B01-H21
[Dòujiālóu]

在市驻地王府街道东南方向 0.8 千米。弥河镇辖自然村。人口 800。明永乐元年（1403），窦辉从山西洪洞县迁此，于汤王河上游立村，取名上汤王河。明末，窦氏以酿酒、榨油为业，生意兴隆，连盖 7 座楼房，遂改村名窦家楼。聚落呈团块状分布。经济以种植业为主，种植小麦、玉米、大豆等。有公路经此。

台头 370781-B02-H01
[Táitóu]

王坟镇人民政府驻地。在市驻地王府街道西南方向 20.0 千米。人口 300。因村位于东、西、南三面环沟的土台之上，故名。聚落呈团块状分布。经济以种植业为主，种植小麦、玉米、山楂、柿子等。233 省道经此。

赵家崖头 370781-B02-H02
[Zhàojiāyátóu]

在市驻地王府街道西南方向 35.5 千米。王坟镇辖自然村。人口 200。明正统年间立村，因赵氏自莱芜迁来定居，村坐落在大崖头上，故名赵家崖头。聚落呈散状分布。经济以种植业为主，种植小麦、玉米。有公路经此。

赵家峪 370781-B02-H03

[Zhàojiāyù]

在市驻地王府街道西南方向 26.9 千米。王坟镇辖自然村。人口 400。元末明初，赵氏从山西洪洞县迁来立村，因处山中，故名赵家峪。聚落呈带状分布。有王英墓等历史遗迹。经济以种植业为主，种植小麦、玉米、红薯、大豆。有公路经此。

山头 370781-B02-H04

[Shāntóu]

在市驻地王府街道东南方向 20.5 千米。王坟镇辖自然村。人口 200。1967 年修黑虎山水库时，村民由曾家溜搬迁到黑虎山外头建立了新村，故名山头。聚落呈带状分布。经济以种植业为主，种植樱桃。有公路经此。

大峪口 370781-B02-H05

[Dàyùkǒu]

在市驻地王府街道东南方向 21.6 千米。王坟镇辖自然村。人口 800。元朝年间，王姓自兖州王家镇迁此定居，因处大山口，故名。聚落呈团块状分布。经济以种植业为主，种植小麦、玉米、红薯、大豆。有公路经此。

涝洼 370781-B02-H06

[Làowā]

在市驻地王府街道西南方向 24.4 千米。王坟镇辖自然村。人口 800。明嘉靖六年（1527），张姓自张家庄被迫搬迁现址，取名挪窝。后因靠河洼，更名涝洼。聚落呈团块状分布。经济以种植业为主，种植小麦、玉米、红薯、大豆。有公路经此。

王坟 370781-B02-H07

[Wángfén]

在市驻地王府街道西南方向 26.6 千米。王坟镇辖自然村。人口 900。因衡王墓命名。聚落呈带状分布。有小学 1 处。有衡恭王墓等历史遗迹。经济以种植业为主，种植小麦、玉米、红薯、香椿。有公路经此。

马庄 370781-B02-H08

[Mǎzhuāng]

在市驻地王府街道西南方向 23.3 千米。王坟镇辖自然村。人口 1 000。明嘉靖年间，为衡王修墓的运输队驻此地，离开时留有很多马匹，并立石碑言：来立村者，称马庄，不得任称。清康熙十七年（1678），赵氏自后黄来此立村，遂称马庄。聚落呈团块状分布。经济以种植业为主，种植小麦、玉米、红薯、大豆。有公路经此。

没口 370781-B02-H09

[Méikǒu]

在市驻地王府街道西南方向 27.3 千米。王坟镇辖自然村。人口 700。元代，吴、杨、牛二姓居此，因村东一山酷似虎头，故取名虎头山。又因讳杨（羊）居虎地，遂改名镇虎寺。但改名后村中人畜仍不兴旺，故改名没口。聚落呈带状分布。经济以种植业为主，种植小麦、玉米、红薯、大豆。有公路经此。

钓鱼台 370781-B02-H10

[Diàoyútái]

在市驻地王府街道西南方向 29.4 千米。王坟镇辖自然村。人口 800。东汉初年陈氏立村，因村边湾上有巨石如台，颇适垂钓，故取名钓鱼台。聚落呈带状分布。经济以种植业为主，种植小麦、玉米、红薯、大豆。有公路经此。

侯家古道 370781-B02-H11
［Hóujiāgǔdào］

在市驻地王府街道西南方向 27.8 千米。王坟镇辖自然村。人口 300。1218 年，侯姓由山西洪洞县迁此立村，因临老大路，故名侯家古道。聚落呈团块状分布。经济以种植业为主，种植小麦、玉米、红薯、大豆。有公路经此。

黄巢关 370781-B02-H12
［Huángcháoguān］

在市驻地王府街道西南方向 24.7 千米。王坟镇辖自然村。人口 400。唐代，周、赵二姓居此，以地形取名夹峪泉，后因黄巢义军在附近截皇粮，更名黄巢关。聚落呈团块状分布。经济以种植业为主，种植小麦、玉米、红薯、大豆。有公路经此。

侯王 370781-B02-H13
［Hóuwáng］

在市驻地王府街道西南方向 20.0 千米。王坟镇辖自然村。人口 1 000。清乾隆十年（1745），侯姓由山西洪洞县迁此，后王姓自益都县王家崖徙入，故名。聚落呈散状分布。有图书室、文化广场、文化长廊、孝德大讲堂、小学、幼儿园。经济以种植业、旅游业为主，种植小麦、玉米、大豆、山楂、柿子等。有公路经此。

北道 370781-B02-H14
［Běidào］

在市驻地王府街道西南方向 38.7 千米。王坟镇辖自然村。人口 400。明永乐年间，赵姓立村，因处仰天大道北路，故名北道。聚落呈团块状分布。经济以种植业为主，种植小麦、玉米、红薯、大豆。有公路经此。

于家庄 370781-B02-H15
［Yújiāzhuāng］

在市驻地王府街道西南方向 19.6 千米。王坟镇辖自然村。人口 700。明初立村，因姓氏命名。聚落呈团块状分布。经济以种植业为主，种植小麦、玉米、红薯、大豆。有公路经此。

鞠家河 370781-B02-H16
［Jūjiāhé］

在市驻地王府街道西南方向 18.5 千米。王坟镇辖自然村。人口 800。明洪武年间，鞠氏由山西洪洞县迁来立村，因靠石河，故名鞠家河。聚落呈带状分布。经济以种植业为主，种植小麦、玉米、红薯、大豆。有公路经此。

赵家庄 370781-B02-H17
［Zhàojiāzhuāng］

在市驻地王府街道西南方向 13.5 千米。王坟镇辖自然村。人口 900。明洪武年间，赵氏自山西洪洞县迁入，繁衍为大户，更名赵家庄。聚落呈团块状分布。经济以种植业为主，种植小麦、玉米、红薯、大豆。有公路经此。

孟卜 370781-B02-H18
［Mèngbǔ］

在市驻地王府街道西南方向 37.6 千米。王坟镇辖自然村。人口 700。因其在大土堆之上，故名孟埠（孟为大，埠指土堆）。1949 年后易为今名。聚落呈散状分布。经济以种植业为主，种植小麦、玉米、红薯、大豆。有公路经此。

西逄峪 370781-B02-H19
［Xīpángyù］

在市驻地王府街道西南方向 19.5 千米。

王坟镇辖自然村。人口 500。元朝末年，逄姓立村于逄山下，故名逄峪。1967 年修黑虎山水库时，魏姓移今址，以方位称西逄峪。聚落呈团块状分布。经济以种植业为主，种植小麦、玉米、红薯、大豆。有公路经此。

大田庄 370781-B02-H20
[Dàtiánzhuāng]

在市驻地王府街道西南方向 19.6 千米。王坟镇辖自然村。人口 900。元朝末年，田氏自临朐田家井迁来立村，取名田家庄。后由此村析出一支西移另居，称小田庄，故村改今名。聚落呈带状分布。有小学 1 处。经济以种植业为主，种植小麦、玉米、红薯、大豆。有公路经此。

白洋口 370781-B02-H21
[Báiyángkǒu]

在市驻地王府街道西南方向 32.5 千米。王坟镇辖自然村。人口 400。明成化十年（1474），聂氏迁来，因该村居北洋溜之口，故取名北洋口，后以谐音演变为今名。聚落呈团块状分布。经济以种植业为主，种植小麦、玉米、红薯、大豆。有公路经此。

东乖场 370781-B02-H22
[Dōngguāichǎng]

在市驻地王府街道西南方向 18.6 千米。王坟镇辖自然村。人口 500。因村中有一乖草地，起名乖场，后更名东乖场。聚落呈团块状分布。经济以种植业为主，种植小麦、玉米、红薯、大豆。有公路经此。

郭庄 370781-B02-H23
[Guōzhuāng]

在市驻地王府街道东南方向 20.7 千米。王坟镇辖自然村。人口 900。商代，郭姓立村，以姓氏取名郭庄。聚落呈团块状分布。

经济以种植业为主，种植小麦、玉米、红薯、大豆。有公路经此。

胡林古 370781-B02-H24
[Húlíngǔ]

在市驻地王府街道西南方向 32.8 千米。王坟镇辖自然村。人口 300。因村内长有大片的槲树，又地处山谷而得名槲林谷，后演变为胡林古。聚落呈团块状分布。经济以种植业为主，种植小麦、玉米。有公路经此。

孙旺 370781-B02-H25
[Sūnwàng]

在市驻地王府街道西南方向 21.8 千米。王坟镇辖自然村。人口 600。明洪武年间，孙氏迁来立村，希望人财两旺，故名孙旺。聚落呈团块状分布。经济以种植业为主，种植小麦、玉米、红薯、大豆。有公路经此。

金家楼 370781-B02-H26
[Jīnjiālóu]

在市驻地王府街道西南方向 18.6 千米。王坟镇辖自然村。人口 1 400。明洪武年间，金氏迁此立村，名金家楼。聚落呈团块状分布。经济以种植业为主，种植小麦、玉米、红薯、大豆。有公路经此。

上稍 370781-B02-H27
[Shàngshāo]

在市驻地王府街道西南方向 24.5 千米。王坟镇辖自然村。人口 600。因处大峪溜之梢，故以谐音得名。聚落呈带状分布。经济以种植业为主，种植小麦、玉米、红薯、大豆。有公路经此。

西股 370781-B02-H28
[Xīgǔ]

在市驻地王府街道西南方向 31.4 千米。

王坟镇辖自然村。人口 1 000。元代前，张姓居此，称张宝峪，后改名西股。聚落呈团块状分布。经济以种植业为主，种植小麦、玉米、红薯、香椿。有公路经此。

兰家 370781-B02-H29
[Lánjiā]

在市驻地王府街道西南方向 25.4 千米。王坟镇辖自然村。人口 600。明洪武初年，雷氏自山西洪洞县迁此立村，因处大崖头上，故名雷家崖头。清乾隆年间，蓝姓从滨州开河镇徙入，因已无雷姓，遂改名兰家崖头，简称兰家。聚落呈团块状分布。经济以种植业为主，种植小麦、玉米、红薯、大豆。有公路经此。

后黄马 370781-B02-H30
[Hòuhuángmǎ]

在市驻地王府街道西南方向 15.5 千米。王坟镇辖自然村。人口 1 500。明朝初年，以地貌取名为卧龙沟，后更名为后黄马。聚落呈团块状分布。经济以种植业为主，种植小麦、玉米、红薯、大豆。有公路经此。

刘洛 370781-B02-H31
[Liúluò]

在市驻地王府街道西南方向 36.6 千米。王坟镇辖自然村。人口 500。明洪武二十一年（1388），吴氏自山西洪洞县迁此落户，因村坐落在瘤落，且人讳"瘤"，遂以谐音名流落，后演变为刘洛。聚落呈团块状分布。经济以种植业为主，种植小麦、玉米、红薯、大豆。有公路经此。

庙子 370781-B03-H01
[Miàozi]

庙子镇人民政府驻地。在市驻地王府街道西南方向 31.0 千米。人口 1 300。元末岳姓立村并建庙一座，称岳家庙，村以庙名。

1958 年称庙子。聚落呈散状分布。经济以种植业为主，种植小麦、玉米、大豆、柿子、山楂等。省道胶王路经此。

河东坡 370781-B03-H02
[Hédōngpō]

在市驻地王府街道西方向 22.0 千米。庙子镇辖自然村。人口 200。清光绪年间，孙氏为耕种方便，从临淄北崖村迁此，同来者有文登村王姓，故取名孙王庄。村居地势东高西低，南北有两条沟，无论雨下多大，村子没有被水淹过，村名也称太平庄。那时北崖村、东崖村把河东岸的地称为河东坡，1945 年太平庄改称河东坡。聚落呈散状分布。经济以种植业、养殖业为主，种植山楂、柿子、核桃、桃、苹果等，养殖猪、鸡、鹅、鸭。有公路经此。

南术店 370781-B03-H03
[Nánshùdiàn]

在市驻地王府街道西南方向 22.9 千米。庙子镇辖自然村。人口 100。明万历年间，姚姓由淄博南尤村迁此地开店，故名南尤店，由于尤与术近音近形，后名南术店。聚落团块状分布。经济以种植业为主，种植小麦、玉米、高粱、大豆、红小豆等。有青州宇信钙业股份有限公司等企业。有公路经此。

兴旺店 370781-B03-H04
[Xīngwàngdiàn]

在市驻地王府街道西南方向 22.5 千米。庙子镇辖自然村。人口 1 800。取兴旺发达吉祥之意命名。聚落呈团块状分布。有文化广场 1 处、小学 1 处。有县级文物保护单位东周冢子。经济以种植业为主，种植小麦、玉米、杂粮等。有泰和矿业、天泰德隆、日昇昌橡塑等企业。有公路经此。

梨园店 370781-B03-H05
[Líyuándiàn]

在市驻地王府街道西南方向 22.3 千米。庙子镇辖自然村。人口 200。明洪武年间，邱氏祖先邱岱迁至青州府南术社老店庄开店为业，辟梨园于东山脚下。明万历年间遭水灾，庄店俱毁，众族人避难于园中，后逐渐成村，故称梨园店。聚落呈带状分布。经济以种植业为主种植，种植小麦、玉米。有公路经此。

东茂峪 370781-B03-H06
[Dōngmàoyù]

在市驻地王府街道西南方向 19.5 千米。庙子镇辖自然村。人口 400。明万历年间，傅姓由邵庄镇东郭庄迁此立村，因茅草丛生，西有村称茅峪，此村遂称东茅峪。后村民取人财两旺之意，改称东茂峪。聚落呈带状分布。有文化广场、图书室。经济以种植业为主，种植小麦、玉米、大豆、谷子、地瓜、棉花、小杂粮、柿子、山楂、核桃、杏、桃、枣、梨、香椿等。有公路经此。

西茂峪 370781-B03-H07
[Xīmàoyù]

在市驻地王府街道西南方向 20.6 千米。庙子镇辖自然村。人口 500。元末明初，张、李、韩、马四姓由河北枣强县先后迁居于此，因处茅草丛生的山峪中，故取名茅峪。后东又立一村，此村称西茅峪，村民又取人财两旺之意改称西茂峪。聚落呈带状分布。经济以种植业、养殖业为主，种植小麦、玉米、谷子、南瓜、丝瓜等，养殖牛、马、猪、羊、鸡、鹅、鸭等。有公路经此。

姚家台 370781-B03-H08
[Yáojiātái]

在市驻地王府街道西南方向 22.8 千米。庙子镇辖自然村。人口 400。元末，姚氏立村于土台上，故名姚家台。聚落呈散状分布。经济以种植业为主，种植小麦、玉米、谷子、大豆等。辛大铁路、省道博临路经此。

朱崖 370781-B03-H09
[Zhūyá]

在市驻地王府街道西南方向 24.0 千米。庙子镇辖自然村。人口 2 500。村中有石崖古道，整石路面呈赭红色，故称朱崖。聚落呈团块状分布。经济以种植业为主，种植小麦、玉米、谷子、大豆、地瓜、高粱、黄烟、棉花等。325 省道、233 省道经此。

黄鹿井 370781-B03-H10
[Huánglùjǐng]

在市驻地王府街道西北方向 29.6 千米。庙子镇辖自然村。人口 1 100。元末明初，黄、鹿二姓立村并凿井一眼，称黄鹿井，村以井名。聚落呈团块状分布。经济以种植业为主，种植小麦、玉米、大豆、柿子等，特产香椿芽。胶王路经此。

杨家庵 370781-B03-H11
[Yángjiā'ān]

在市驻地王府街道西南方向 24.1 千米。庙子镇辖自然村。人口 900。战国时杨姓迁居于此，后因村靠尼姑庵，故名。聚落呈带状分布。有古庵堂遗址等历史遗迹。经济以种植业为主，种植小麦、玉米、大豆、谷子、地瓜、高粱、花生、棉花、黄烟，特产核桃、柿子、山楂。有公路经此。

马岭杭 370781-B03-H12
[Mǎlǐngháng]

在市驻地王府街道西南方向 25.4 千米。庙子镇辖自然村。人口 1 100。清乾隆初年，张、李、邵姓迁此立村。因村子东靠走马岭，南有"遛马杭"，故名马岭杭。聚落呈团块状分布。有幼儿园、文化大院等。经济以种植业、养殖业、工副业为主，种植小麦、玉米、大豆、谷子等。有公路经此。

上庄 370781-B03-H13
[Shàngzhuāng]

在市驻地王府街道西南方向 27.0 千米。庙子镇辖自然村。人口 2 400。西汉时期建村，东汉时尚氏定居村南，名尚庄。后村庄被洪水淹没，迁于现址，因地处高丘，三面临崖，"尚"演为"上"，故易名上庄。聚落呈散状分布。有幼儿园、小学。经济以种植业、养殖业、工副业为主，种植小麦、玉米、谷子、杂粮等。有青州市同利机械厂等企业。有公路经此。

长秋 370781-B03-H14
[Chángqiū]

在市驻地王府街道西南方向 37.4 千米。庙子镇辖自然村。人口 900。建于唐初，名长青。至清代，渐称长秋。聚落呈团块状分布。有小学。有抗日烈士纪念馆、抗日烈士纪念碑、金代铁佛寺遗址。经济以工副业为主。有公路经此。

下张 370781-B03-H15
[Xiàzhāng]

在市驻地王府街道西南方向 28.9 千米。庙子镇辖自然村。人口 1 000。明初，郭姓居此立村，名石匣峪，后张姓迁来，繁衍为大户，因村东南亦有石匣峪，故此村按方位改称下张家庄，后渐称下张。聚落呈带状分布。经济以种植业为主，种植玉米、小麦、谷子、大豆、花生、地瓜和杂粮等。有公路经此。

上张 370781-B03-H16
[Shàngzhāng]

在市驻地王府街道西南方向 28.4 千米。庙子镇辖自然村。人口 500。明初，董一户由山东省滨州市沾华县迁此处，立村石匣峪。后又有张姓迁来此处，到明末张姓为大户，因村西北亦有石匣峪，遂改名为上张庄，演称为上张。聚落呈团块状分布。有文化广场 1 处、文化活动中心 1 处。有观音阁等历史遗迹。经济以种植业、林果业、养殖业为主，种植玉米、小麦、谷子、大豆、高粱等。有公路经此。

窦家崖 370781-B03-H17
[Dòujiāyá]

在市驻地王府街道西南方向 27.5 千米。庙子镇辖自然村。人口 300。明初，窦姓居多，因处悬崖峭壁下，故名窦家崖。聚落呈散状分布。有文化广场 2 处。有徐家门楼、秀才书屋、宝泉寺等历史遗迹。经济以种植业、养殖业、林果业为主，种植小麦、玉米、谷子、杂粮、棉花、黄烟等。有公路经此。

孙家岭 370781-B03-H18
[Sūnjiālǐng]

在市驻地王府街道西南方向 27.5 千米。庙子镇辖自然村。人口 200。明洪武年间，孙氏来此立村，因南边山岭挺拔陡峭，故名孙家岭。聚落呈散状分布。有四县联合办事处旧址等历史遗迹。经济以种植业为主，种植小麦、玉米、谷子、地瓜等。有公路经此。

李新庄 370781-B03-H19
[Lǐxīnzhuāng]

在市驻地王府街道西南方向 25.7 千米。庙子镇辖自然村。人口 500。明朝初年，李氏祖先携带家眷迁移至现庙子镇西峪村。清乾隆十四年（1749），迁至现址立村，因立村较晚，故取名为李新庄。聚落呈散状分布。经济以种植业、养殖业为主，麦子、玉米、地瓜、杂粮等，养殖猪、鸡、鹅、鸭等。有公路经此。

孙家西坡 370781-B03-H20
[Sūnjiāxīpō]

在市驻地王府街道西南方向24.7千米。庙子镇辖自然村。人口300。村东有一条小河，村子坐落在河西岸一沟两坡之上，故名西坡。宋末张、姚二姓立村，后因村屡遭水冲，遂北迁1千米立村于山坡上，称张家西坡。明万历九年（1581）孙姓迁入渐盛，易名孙家西坡。聚落呈团块状分布。有图书室1处。经济以种植业、养殖业为主，种植小麦、玉米、杂粮等，养殖鸡、鸭、鹅、牛、羊、驴、马、猪、兔、蜂等。有公路经此。

北峪 370781-B03-H21
[Běiyù]

在市驻地王府街道西南方向23.8千米。庙子镇辖自然村。人口500。宋末，潘、狄两姓立村，初名十眼峪。明初为避水灾北迁2千米，立村狄峪，后改名北次峪。1940年，改称北峪。聚落呈团块状分布。有文化大院、图书阅览室等。经济以种植业、林果业、养殖业为主，种植小麦、玉米、谷子、地瓜等，养殖牛、羊、猪、鸡、鸭、蜂等。有公路经此。

冯家台子 370781-B03-H22
[Féngjiātáizi]

在市驻地王府街道西南方向24.7千米。庙子镇辖自然村。人口400。明崇祯年间，冯家岭村冯氏一支迁此立村，村址建于高台岭上，故名冯家台子。聚落呈团块状分布。有文化广场1处。有抗日办公室遗址等历史遗迹。经济以种植业为主。有公路经此。

冯家岭子 370781-B03-H23
[Féngjiālǐngzi]

在市驻地王府街道西南方向24.7千米。庙子镇辖自然村。人口300。元朝末期，李姓在此定居，因石崖上有自然形成的大小不同的七个石窟窿，状似刻在石崖上的眼睛，故名石眼峪，后逐渐演变为十眼峪。明末清初，许氏迁到此处更名为许家园。明万历年间，进士冯裕之后裔迁于小山岭之阳，村名冯家岭子。聚落呈团块状分布。有文体活动中心1处。经济以种植业为主，种植玉米、小麦，特产有柿子、山楂。有公路经此。

西李家峪 370781-B03-H24
[Xīlǐjiāyù]

在市驻地王府街道西南方向25.4千米。庙子镇辖自然村。人口300。元朝末年，李姓先人定居此处，因附近有石眼峪，故取名为李家石眼，也叫李家十眼，后改称为李家峪。1951年分为两村，本村按方位称西李家峪。聚落呈带状分布。有文体活动中心。经济以种植业为主，种植小麦、玉米，特产有远志、丹参、柴胡等多种中药材。有公路经此。

南李家峪 370781-B03-H25
[Nánlǐjiāyù]

在市驻地王府街道西南方向25.6千米。庙子镇辖自然村。人口200。元朝末年，李姓先人定居此处，因附近有石眼峪，故取名为李家石眼，也叫李家十眼，后改称为李家峪。1951年分为两村，本村按方位称南李家峪。聚落呈散状分布。有关帝庙、山神庙等历史遗迹。经济以种植业为主，种植小麦、玉米、谷子，特产有远志、丹参紫草等中药材。有公路经此。

北后峪 370781-B03-H26
[Běihòuyù]

在市驻地王府街道西南方向20.0千米。庙子镇辖自然村。人口1 200。元朝中后期，刘氏家族定居于此，村名刘家店。明洪武三年（1370），闫氏祖先从山西洪洞大槐树迁至青州西莲花盆村，之后三世公迁至于此。明初，因村有后峪崅，遂称后峪。又因河道村分南、北二村，村在河道北，称北后峪。聚落呈散状分布。经济以种植业为主，种植小麦、玉米，特产有椿芽、柿子。325 省道经此。

南后峪 370781-B03-H27

[Nánhòuyù]

在市驻地王府街道西南方向 20.1 千米。庙子镇辖自然村。人口 700。明初，刘姓自枣强迁此立村，以所处位置称后峪，后按方位改称南后峪。聚落呈散状分布。经济以种植业、养殖业为主，种植小麦、玉米、谷子、大豆等，特产山楂、柿子，养殖鸡、猪、牛、羊等。有公路经此。

九公台 370781-B03-H28

[Jiǔgōngtái]

在市驻地王府街道西南方向 19.0 千米。庙子镇辖自然村。人口 300。明朝初期，刘姓在此立村，因立村者行九，村建九台之上，故名九公台。聚落呈团块状分布。有文化广场。经济以种植业为主，种植小麦、玉米等，特产有椿芽、柿子。有公路经此。

井峪 370781-B03-H29

[Jǐngyù]

在市驻地王府街道西南方向 17.9 千米。庙子镇辖自然村。人口 500。明天启年间，史姓迁山峪中居住，大旱之年，联合邻村村民在村东马云山下凿井十多眼，后因村内深井多，村居峪中，故名井峪。聚落呈散状分布。有关帝庙等历史遗迹。经济以种植业为主，种植玉米、小麦、大豆、谷子、地瓜、棉花、黄烟、桑树等，特产有椿芽、柿子。有公路经此。

大牟家庄 370781-B03-H30

[Dàmùjiāzhuāng]

在市驻地王府街道西南方向 22.5 千米。庙子镇辖自然村。人口 800。明末，因村中牟姓居多，称牟家庄。清末改称大牟家庄。聚落呈团块状分布。有关帝庙等历史遗迹。经济以种植业、养殖业为主，种植小麦、玉米、大豆等，养殖牛、骡、马、羊、猪、鸡、鸭等。有公路经此。

小牟家庄 370781-B03-H31

[Xiǎomùjiāzhuāng]

在市驻地王府街道西南方向 22.3 千米。庙子镇辖自然村。人口 500。明万历年间，牟氏祖先迁此居住。因村东边有白色岩石裸露，又用白色石岩铺街，故名村小白崖。清末改称东牟家庄，1963 年改称小牟家庄。聚落呈团块状分布。经济以种植业为主。有公路经此。

曹家庄 370781-B03-H32

[Cáojiāzhuāng]

在市驻地王府街道西南方向 22.1 千米。庙子镇辖自然村。人口 900。因曹姓立村，故名曹家庄。聚落呈团块状分布。经济以种植业为主，种植小麦、玉米、地瓜。有公路经此。

赵家崖坡 370781-B03-H33

[Zhàojiāyápō]

在市驻地王府街道西南方向 22.0 千米。庙子镇辖自然村。人口 200。明洪武初年，赵廷德、赵廷坤、赵廷柏弟兄三人流落至此，依靠山崖山坡立村，名赵家崖坡。聚落呈团块状分布。经济以种植业为主，种植小麦、玉米、高粱、小米等。有公路经此。

殷公井 370781-B03-H34
[Yīngōngjǐng]

在市驻地王府街道西南方向 21.8 千米。庙子镇辖自然村。人口 400。明万历年间，孙姓立村于河西岸山坡上，称孙家庄。后迁河东岸掘井一眼，水源充足，供数十里内村庄饮用，名殷公井，村以井名。聚落呈团块状分布。经济以种植业为主，种植玉米、小麦、大豆、谷子等。有公路经此。

唐北峪 370781-B03-H35
[Tángběiyù]

在市驻地王府街道西南方向 21.6 千米。庙子镇辖自然村。人口 300。明万历年间，魏氏自青州魏南庄迁徙于山谷中，西面有一土山岭遮住山谷，外人极难发现，故名藏北峪，后渐称唐北峪。聚落呈团块状分布。有文化大院 4 处和图书阅览室。经济以种植业为主，种植小麦、玉米、小豆、绿豆、高粱、芝麻、油菜、棉花、黄烟等。有公路经此。

滴水崖 370781-B03-H36
[Dīshuǐyá]

在市驻地王府街道西南方向 20.3 千米。庙子镇辖自然村。人口 400。清乾隆年间，中医张宗举在此定居，因村南面有大崖 1 处，崖壁有泉水，夏秋两季泉水喷射，冬春两季泉水贴壁流淌，故取村名滴水崖。聚落呈散状分布。经济以种植业为主，种植小麦、谷子、玉米、大豆、地瓜、高粱、棉花、芝麻、花生等。有公路经此。

东滴水张庄 370781-B03-H37
[Dōngdīshuǐzhāngzhuāng]

在市驻地王府街道西南方向 21.0 千米。庙子镇辖自然村。人口 600。明永乐年间，有张姓来此定居，南山有山崖常年滴水，故名滴水张庄。后按方位划分，名东滴水张庄。聚落呈团块状分布。有文化广场。有市级文物保护单位张庄渡槽。有明代古槐 3 棵。经济以种植业为主，种植小麦、玉米、谷子、高粱、大豆、黍子、地瓜等。233 省道经此。

西滴水张庄 370781-B03-H38
[Xīdīshuǐzhāngzhuāng]

在市驻地王府街道西南方向 21.0 千米。庙子镇辖自然村。人口 600。明永乐年间，有张姓来此定居，南山有山崖常年滴水，故名滴水张庄。后按方位划分，名西滴水张庄。聚落呈带状分布。经济以种植业为主。有公路经此。

南李家庄 370781-B03-H39
[Nánlǐjiāzhuāng]

在市驻地王府街道西南方向 22.0 千米。庙子镇辖自然村。人口 300。明初，李姓迁此立村，曰李家庄。清雍正八年（1730）山洪暴发，将村冲毁，后成两个居住点，现址按方位称南李家庄。聚落呈散状分布。经济以种植业、养殖业为主，种植小麦、玉米、谷子、大豆、地瓜、高粱、棉花、黄烟等，养殖鸡、猪、牛、马、羊、鱼、蝎子等。有公路经此。

北李家庄 370781-B03-H40
[Běilǐjiāzhuāng]

在市驻地王府街道西南方向 21.4 千米。庙子镇辖自然村。人口 400。明初，李姓迁此立村，曰李家庄。清雍正八年（1730）山洪暴发，将村冲毁，后成两个居住点，现址按方位称北李家庄。聚落呈团块状分布。经济以种植业为主。有公路经此。

东富旺 370781-B03-H41
[Dōngfùwàng]

在市驻地王府街道西南方向 23.9 千米。庙子镇辖自然村。人口 400。原属南富旺，1984 年析出，按方位称东富旺。聚落呈散状分布。有文化活动室。经济以种植业为主。有公路经此。

西富旺 370781-B03-H42
[Xīfùwàng]

在市驻地王府街道西南方向 24.5 千米。庙子镇辖自然村。人口 500。原属南富旺，1984 年析出，按方位称西富旺。聚落呈散状分布。有文化广场、文化大院、图书室。经济以种植业为主。有公路经此。

南富旺 370781-B03-H43
[Nánfùwàng]

在市驻地王府街道西南方向 24.2 千米。庙子镇辖自然村。人口 400。明洪武初年，徐姓自山西洪洞县迁居益都邵庄，后因缺水移此立村，希望家富人旺，故称富旺。秦、李等姓相继迁入。清乾隆年间，以方位称南富旺。聚落呈散状分布。经济以种植业为主，种植小麦、玉米。有公路经此。

北富旺 370781-B03-H44
[Běifùwàng]

在市驻地王府街道西南方向 23.3 千米。庙子镇辖自然村。人口 400。清乾隆元年（1736），邱郎从益都县附郭乡店子村迁来落户，希望家富人旺，故名富旺。后因重名，以方位称北富旺。聚落呈团块状分布。经济以种植业为主，种植小麦、玉米。有公路经此。

局子 370781-B03-H45
[Júzi]

在市驻地王府街道西南方向 25.7 千米。庙子镇辖自然村。人口 200。清顺治八年（1651），杨氏自闸口迁此立村，因居局子溜口，故称局子。聚落呈团块状分布。有农村书屋 1 处。经济以种植业为主，种植小麦、玉米、高粱、大豆、谷子、红薯、马铃薯等。有泰和旅游公司等企业。有公路经此。

局子峪 370781-B03-H46
[Júziyù]

在市驻地王府街道西南方向 27.8 千米。庙子镇辖自然村。人口 100。清嘉庆十一年（1806），李氏在局子峪内立村，故名。聚落呈散状分布。经济以种植业为主，种植玉米、小麦、谷子、豆子等。有公路经此。

圣峪口 370781-B03-H47
[Shèngyùkǒu]

在市驻地王府街道西南方向 30.0 千米。庙子镇辖自然村。人口 200。1701 年，唐氏自南仇迁此定居，当时这里山水秀丽，林木茂盛，村居大山谷口，故名盛峪口，后演变为圣峪口。聚落呈团块状分布。经济以种植业为主，种植小麦、玉米。有公路经此。

井子峪 370781-B03-H48
[Jǐngziyù]

在市驻地王府街道西南方向 29.8 千米。庙子镇辖自然村。人口 300。明洪武年间，冯姓来此山峪立村。因村内有一天然石井，井水可饮，故名。聚落呈散状分布。经济以种植业为主，种植小麦、玉米。有公路经此。

岚胡 370781-B03-H49
[Lánhú]

在市驻地王府街道西南方向 29.7 千米。庙子镇辖自然村。人口 100。清嘉庆九年

（1804），为避战乱，李、高、邵姓先民迁此立村，因处深山夹谷，悬崖峭壁，山峦起伏，故取名峦湖。后因常年多雾，云雾弥漫山谷，似湖水荡漾，遂称岚胡。聚落呈散状分布。经济以种植业为主。有公路经此。

唐庄 370781-B03-H50
[Tángzhuāng]

在市驻地王府街道西南方向 27.2 千米。庙子镇辖自然村。人口 400。因唐姓最早来此立村居住，以姓命名为唐庄。聚落呈团块状分布。有青州市古树名木千年古槐。经济以种植业为主。有公路经此。

三角地 370781-B03-H51
[Sānjiǎodì]

在市驻地王府街道西南方向 28.0 千米。庙子镇辖自然村。人口 400。立村时，因聚落呈三角形，故名三角地。聚落呈散状分布。有文化广场 1 处。有国家二级保护古树名木槐树 3 棵。经济以种植业、养殖业为主。有公路经此。

杨集 370781-B03-H52
[Yángjí]

在市驻地王府街道西南方向 29.8 千米。庙子镇辖自然村。人口 400。清乾隆四十六年（1781），郭姓自益都城西茂峪迁此立村，以地形取名为淄庄沟。后成集市，交易以羊为主，遂称羊集。后以谐音演称杨集。聚落呈团块状分布。有图书阅览室 2 处。经济以种植业为主，种植小麦、玉米、杏、核桃、柿子、软枣、桑、山楂等。有公路经此。

下岸青 370781-B03-H53
[Xià'ànqīng]

在市驻地王府街道西南方向 29.1 千米。庙子镇辖自然村。人口 300。因宋太祖赵匡胤曾带众兵将士在此重整旗鼓，故御赐名西岸省，后因误读更名为岸青。清末韦氏自淄博迁此落户，因在两岸青之下，故称下岸青。聚落呈散状分布。有图书室、文化广场。经济以林果业为主。有公路经此。

上岸青 370781-B03-H54
[Shàng'ànqīng]

在市驻地王府街道西南方向 29.0 千米。庙子镇辖自然村。人口 500。明初唐姓自淄博迁入，因前靠河岸，北依青山，故称岸青。后以方位称上岸青。聚落呈散状分布。经济以种植业为主，种植小麦、玉米、柿子、杏、山楂、核桃。有公路经此。

大岭 370781-B03-H55
[Dàlǐng]

在市驻地王府街道西南方向 31.1 千米。庙子镇辖自然村。人口 200。明万历四年（1576），曹姓自陈黍迁此立村。因居山岭中，故名大岭。聚落呈团块状分布。经济以种植业为主，种植小麦、玉米杂粮等，盛产柿子、山楂。有公路经此。

北崔崖 370781-B03-H56
[Běicuīyá]

在市驻地王府街道西南方向 31.7 千米。庙子镇辖自然村。人口 500。有公路经此。明洪武初年，张氏自山西洪洞县迁此立村，因周围悬崖陡壁，长满松柏，青翠一片，故名翠崖。后称崔崖，又以方位称北崔崖。聚落呈散状分布。有文化大院、图书借阅室。经济以种植业为主，种植小麦、玉米。有公路经此。

南崔崖 370781-B03-H57
[Náncuīyá]

在市驻地王府街道西南方向 32.8 千米。庙子镇辖自然村。人口 300。明洪武初年，张氏自山西洪洞县迁此立村，因周围悬崖陡壁，长满松柏，青翠一片，故名翠崖。后称崔崖。清初，张氏自崔崖南移落户，取名南崔崖。聚落呈散状分布。经济以种植业为主，种植小麦、玉米、谷子、柿子、杏、山楂、核桃等。有公路经此。

下仁河 370781-B03-H58
[Xiàrénhé]

在市驻地王府街道西南方向 31.4 千米。庙子镇辖自然村。人口 200。明洪武三十年（1397），李氏自淄川李家下坡迁仁河下游傍岸而居，故名仁河。后因方位改称下仁河。聚落呈团块状分布。有文化大院、图书室。经济以种植业、林果业为主，种植小麦、玉米、柿子、杏、山楂、核桃等。有公路经此。

上仁河 370781-B03-H59
[Shàngrénhé]

在市驻地王府街道西南方向 31.6 千米。庙子镇辖自然村。人口 700。1853 年，张姓自北崔崖迁至仁河一带，以方位称上仁河。聚落呈团块状分布。经济以种植业、林果业为主，种植玉米、小麦、谷子、柿子、杏、山楂、核桃等。有公路经此。

横兰 370781-B03-H60
[Hénglán]

在市驻地王府街道西南方向 33.5 千米。庙子镇辖自然村。人口 400。明洪武初年，王姓由山西洪洞县迁此，因山峦纵横起伏，故名横峦，后以谐音演称为横栏，简写为横兰。聚落呈团块状分布。经济以种植业为主，种植玉米、小麦。有公路经此。

大桃行 370781-B03-H61
[Dàtáoháng]

在市驻地王府街道西南方向 33.8 千

米。庙子镇辖自然村。人口 800。明洪武三年（1370），李姓自淄博芦家庄迁此定居，因临仰天槽，故名槽上。后因桃林遍野，改名桃行，后改为大桃行。聚落呈散状分布。有文化广场、图书室。经济以种植业为主，种植小麦、玉米、谷子、香椿、山楂。有公路经此。

下龙宫 370781-B03-H62
[Xiàlónggōng]

在市驻地王府街道西南方向 36.2 千米。庙子镇辖自然村。人口 300。清代，唐姓自南仇迁此落户，因靠龙王庙，故称龙宫。后因山洪暴发，迁新址，并分上下两村，本村按位置称下龙宫。聚落呈散状分布。经济以种植业为主，种植小麦、玉米、谷子、杏、桃、山楂、海棠等。有公路经此。

上龙宫 370781-B03-H63
[Shànglónggōng]

在市驻地王府街道西南方向 37.0 千米。庙子镇辖自然村。人口 200。清代，唐姓自南仇迁此落户，因靠龙王庙，故称龙宫。后因山洪暴发，迁新址，并分上下两村，本村按位置称上龙宫。聚落呈散状分布。有泰山奶奶庙、关帝庙、蚕姑庙、圣人庙、龙王庙、石龙、龙台、齐长城、黑虎寨、海棠谷、抗战遗址、古树、石瓮等历史遗迹。经济以种植业为主，种植小麦、玉米、谷子。有公路经此。

邱家峪 370781-B03-H64
[Qiūjiāyù]

在市驻地王府街道西南方向 31.2 千米。庙子镇辖自然村。人口 100。清道光元年（1821），刘姓自淄博马家庄来此，因村旁有楸树，故名楸家峪。后因邱氏迁入，人丁兴旺，更名邱家峪。聚落呈散状分布。

经济以种植业、林果业为主，种植小麦、玉米、高粱、谷子、山楂、药材等。有公路经此。

单家峪 370781-B03-H65

[Shànjiāyù]

在市驻地王府街道西南方向 31.8 千米。庙子镇辖自然村。人口 100。清道光二十三年（1843），李得轩从淄博市淄川区槐峪迁此落户，当时仅此一家，故称李单家峪，后名单家峪。聚落呈散状分布。经济以林果业为主，种植山楂、柿子、核桃、桃、杏、香椿、花椒等。有公路经此。

水峪 370781-B03-H66

[Shuǐyù]

在市驻地王府街道西南方向 30.0 千米。庙子镇辖自然村。人口 100。清嘉庆二年（1797），唐姓自淄川逃生至此，见深山中有清泉两股，遂定居下来，取名水峪。聚落呈团块状分布。有市级文物保护单位益临淄博四县联合办事处旧址。经济以种植业、林果业为主，种植小麦、玉米、谷子、地瓜、柿子、山楂、核桃、杏、桃等，特产椿芽。有公路经此。

黄花坡 370781-B03-H67

[Huánghuāpō]

在市驻地王府街道西南方向 29.7 千米。庙子镇辖自然村。人口 100。因周围黄花烂漫，故名黄花坡。聚落呈团块状分布。经济以种植业、林果业为主，种植小麦、玉米、山楂、核桃、杏子、柿子、红枣、野生酸枣等。有公路经此。

洞顶 370781-B03-H68

[Dòngdǐng]

在市驻地王府街道西南方向 31.3 千米。庙子镇辖自然村。人口 100。因居昭阳洞

之上，故名洞顶。聚落呈散状分布。有昭阳洞、仙人桥、将军祠、三教祠、高门洞等历史遗迹。经济以种植业为主。有公路经此。

邵庄 370781-B04-H01

[Shàozhuāng]

邵庄镇人民政府驻地。在市驻地王府街道西北方向 21.7 千米。人口 1 100。明嘉靖年间，顾姓迁此，因租种邵氏庄子地，渐成村落，故名。聚落呈团块状分布。有中学、小学、幼儿园。经济以种植业为主，种植小麦、玉米、大豆等。有公路经此。

王家辇 370781-B04-H02

[Wángjiāniǎn]

在市驻地王府街道西方向 14.0 千米。邵庄镇辖自然村。人口 800。以姓得名。聚落呈散状分布。有明代古村落。有玉皇阁、文昌阁、白衣大士洞等名胜古迹。经济以种植业、旅游业为主，种植小麦、玉米、大豆、柿子等，特产红丝石。有公路经此。

北薛 370781-B04-H03

[Běixuē]

在市驻地王府街道西南方向 12.1 千米。邵庄镇辖自然村。明永乐年间，梁姓由高薛村迁于此，因村内有一紫色石崖体，故取名北崖，后改称北薛。聚落呈散状分布。有盐商大道、瞅虎洞、吕仙洞、古石臼、古井等历史遗迹。经济以种植业为主，种植小麦、玉米。有公路经此。

东峪 370781-B04-H04

[Dōngyù]

在市驻地王府街道西南方向 17.8 千米。邵庄镇辖自然村。人口 700。明洪武年间，韩、傅两姓祖先自河北枣强县迁至青州府益都县城西黄龙山之阴，按方位、地形得

名东峪。聚落呈散状分布。有阁子、盐商古道、龙王庙、联合池、关爷庙等历史遗迹。经济以种植业为主，种植小麦、玉米等。有公路经此。

老山 370781-B04-H05
[Lǎoshān]

在市驻地王府街道西南方向 14.7 千米。邵庄镇辖自然村。人口 1 400。明永乐二年（1404），徐姓迁老山建村，村以山名得名。聚落呈散状分布。经济以种植业为主，种植小麦、玉米等。有公路经此。

刁庄 370781-B04-H06
[Diāozhuāng]

在市驻地王府街道西南方向 16.2 千米。邵庄镇辖自然村。人口 2 100。北宋庆历年间，刁姓由昌乐县南偏高镇庄迁居青龙山之阴立村，名刁庄。聚落呈散状分布。为省级传统村落。有小学 1 处、幼儿园 1 处。有古庙古碑、齐公堂、晏婴井、炉姑庙祠碑等名胜古迹。经济以种植业为主，种植小麦、玉米等。有公路经此。

马石东 370781-B04-H07
[Mǎshídōng]

在市驻地王府街道西南方向 13.6 千米。邵庄镇辖自然村。人口 700。明初，马氏来此立村。因村北古驿道旁有一汉代雕刻石羊得名马石羊。后村中贯通运盐大道，渐分为东、西两村，该村居东，故称马石东。聚落呈散状分布。经济以种植业为主，种植小麦、玉米等。有公路经此。

马石西 370781-B04-H08
[Mǎshíxī]

在市驻地王府街道西南方向 13.8 千米。邵庄镇辖自然村。人口 400。明初，马氏来此立村。因村北古驿道旁有一汉代雕刻石羊得名马石羊。后村中贯通运盐大道，渐分为东、西两村，该村居东，故称马石西。聚落呈散状分布。经济以种植业为主，种植小麦、玉米等。有公路经此。

朱石羊 370781-B04-H09
[Zhūshíyáng]

在市驻地王府街道西南方向 13.7 千米。邵庄镇辖自然村。人口 200。因居地东有一尊汉代石羊，为区别于各村，以姓氏称朱石羊。聚落呈散状分布。经济以种植业为主，种植小麦、玉米等。有公路经此。

石石羊 370781-B04-H10
[Shíshíyáng]

在市驻地王府街道西南方向 13.2 千米。邵庄镇辖自然村。人口 400。明朝初年，石氏自城区南门里迁此立村，因村东北有汉代石羊，故名石石羊。聚落呈团块状分布。经济以种植业为主，种植小麦、玉米等。胶济铁路经此。

月山 370781-B04-H11
[Yuèshān]

在市驻地王府街道西南方向 13.0 千米。邵庄镇辖自然村。人口 1 000。村北有弯月形山丘环绕，故名月山前，后渐称月山。聚落呈散状分布。有省级文物保护单位月山墓群。经济以种植业为主，种植小麦、玉米等。有公路经此。

兴旺庄 370781-B04-H12
[Xīngwàngzhuāng]

在市驻地王府街道西南方向 12.1 千米。邵庄镇辖自然村。人口 1 000。明初，宋姓自枣强县迁至石羊店，后迁此立村，初名石家辇，后以吉祥之意改名兴旺庄。聚落呈散状分布。有国家一级保护墓地齐国古墓大埠岭。经济以种植业为主,种植小麦、玉米等。有公路经此。

北王孔 370781-B04-H13

[Běiwángkǒng]

在市驻地王府街道西南方向 14.4 千米。邵庄镇辖自然村。人口 1 500。战国时期,齐国将军王骥、孔巨野镇守于此,形成村落,后建王孔庙,村以庙名。明初,按方位称北王孔。聚落呈散状分布。经济以种植业为主,种植小麦、玉米等。有公路经此。

阎家 370781-B04-H14

[Yánjiā]

在市驻地王府街道西南方向 12.2 千米。邵庄镇辖自然村。人口 400。清光绪三十三年(1907),阎氏族人迁此,以姓氏命名。聚落呈团块状分布。经济以种植业为主,种植小麦、玉米等。有公路经此。

南王孔 370781-B04-H15

[Nánwángkǒng]

在市驻地王府街道西南方向 13.6 千米。邵庄镇辖自然村。人口 200。战国时期,齐国将军王骥、孔巨野镇守于此,形成村落,后建王孔庙,村以庙名。明初,按方位称南王孔。聚落呈团块状分布。有龙山文化遗址。经济以种植业为主,种植小麦、玉米等。有公路经此。

顾家庄 370781-B04-H16

[Gùjiāzhuāng]

在市驻地王府街道西南方向 12.6 千米。邵庄镇辖自然村。人口 200。明成化年间,顾姓自蓬莱县琉璃村迁来,称顾家庄。聚落呈散状分布。经济以种植业为主,种植小麦、玉米等。有公路经此。

冷家庄 370781-B04-H17

[Lěngjiāzhuāng]

在市驻地王府街道西南方向 16.5 千米。邵庄镇辖自然村。人口 800。明初,王姓立村,名小王庄。明成化三年(1467),冷氏迁居小王庄,后王姓迁走,村名改称冷家庄。聚落呈团块状分布。有省级文物保护单位稷山石洞石墓群。经济以种植业为主,种植小麦、玉米等。有公路经此。

河庄 370781-B04-H18

[Hézhuāng]

在市驻地王府街道西南方向 17.5 千米。邵庄镇辖自然村。人口 1 800。明正德年间,蔡姓祖先自淄博市高青县迁来立村,因村前有一条小河蜿蜒流过,且族人认为有水方能兴旺,故名。聚落呈散状分布。经济以种植业为主,种植小麦、玉米等。有公路经此。

东郭庄 370781-B04-H19

[Dōngguōzhuāng]

在市驻地王府街道西南方向 16.9 千米。邵庄镇辖自然村。人口 1 300。明初,曲、荆二姓迁入,按方位称东庄。明洪武年间,徐姓、傅姓先后迁此,因西有西郭庄,故称东郭庄。聚落呈团块状分布。有青龙山古道、古槐等名胜古迹。经济以种植业为主,种植小麦、玉米等。有公路经此。

南山 370781-B04-H20

[Nánshān]

在市驻地王府街道西南方向 17.1 千米。邵庄镇辖自然村。人口 1 200。明初,傅、刘二姓立村。因附近有座双魁山,俗称南山子,村以山名,故称南山。聚落呈团块状分布。有南庙千年古道等历史遗迹。经济以种植业为主,种植小麦、玉米等。有公路经此。

西郭庄　370781-B04-H21

［Xīguōzhuāng］

在市驻地王府街道西南方向 17.8 千米。邵庄镇辖自然村。人口 1 100。郭姓于明初立村，称郭家庄，亦称郭庄。后村东又立一村，本村按方位称西郭庄。聚落呈团块状分布。经济以种植业为主，种植小麦、玉米等。有公路经此。

西峪　370781-B04-H22

［Xīyù］

在市驻地王府街道西南方向 18.3 千米。邵庄镇辖自然村。人口 300。明洪武年间，傅氏先祖傅良臣迁黄龙山之阴立村，按方位、地形得村名西峪。聚落呈团块状分布。经济以种植业为主，种植小麦、玉米等。有公路经此。

董庄　370781-B04-H23

［Dǒngzhuāng］

在市驻地王府街道西南方向 14.8 千米。邵庄镇辖自然村。人口 1 000。因该村村民以董姓为主，故名。聚落呈散状分布。经济以种植业为主，种植小麦、玉米等。有公路经此。

西王　370781-B04-H24

［Xīwáng］

在市驻地王府街道西南方向 15.0 千米。邵庄镇辖自然村。人口 400。宋代，泰安王氏迁此立村，初名社庄，后因多王姓，改称王村。明崇祯年间，洪水冲沟，将村一分为二，本村按方位称西王。聚落呈散状分布。经济以种植业为主，种植小麦、玉米等。有公路经此。

东王　370781-B04-H25

［Dōngwáng］

在市驻地王府街道西南方向 14.3 千米。

邵庄镇辖自然村。人口 700。宋代，泰安王氏迁此立村，初名社庄，后因多王姓，改称王村。明崇祯年间，洪水冲沟，将村一分为二，本村按方位称东王。聚落呈团块状分布。经济以种植业为主，种植小麦、玉米等。有公路经此。

小辛庄　370781-B04-H26

［Xiǎoxīnzhuāng］

在市驻地王府街道西南方向 12.5 千米。邵庄镇辖自然村。人口 800。清康熙十六年（1677），展姓迁此拓荒建宅居住，故名展家辛庄子，后改称小辛庄。聚落呈散状分布。经济以种植业为主，种植小麦、玉米等。有公路经此。

石古岭　370781-B04-H27

［Shígǔlǐng］

在市驻地王府街道西南方向 9.0 千米。邵庄镇辖自然村。人口 300。因村南山包形似石鼓，村名逐渐演变为石鼓岭。1970 年后，社乡公文书笺中将"鼓"简写成"古"字，后遂记作石古岭。聚落呈团块状分布。有石鼓岭遗址等历史遗迹。经济以种植业为主，种植小麦、玉米等。有公路经此。

范家林　370781-B04-H28

［Fànjiālín］

在市驻地王府街道西南方向 10.8 千米。邵庄镇辖自然村。人口 900。宋代范姓迁此，因有范家林地，故名范家林。聚落呈散状分布。经济以种植业为主，种植小麦、玉米等。有公路经此。

高薛　370781-B04-H29

［Gāoxuē］

在市驻地王府街道西南方向 11.6 千米。邵庄镇辖自然村。人口 500。明万历年间，高氏由城西龙山峪顶子村迁入，称高家庄。

后因靠大薛东侧，改称高薛。聚落呈散状分布。经济以种植业为主，种植小麦、玉米等。有公路经此。

大薛 370781-B04-H30

[Dàxuē]

在市驻地王府街道西南方向 11.7 千米。邵庄镇辖自然村。人口 300。宋朝即有薛氏、洪氏居此，村名薛庄。明代改称头薛，后演变为大薛。聚落呈散状分布。经济以种植业为主，种植小麦、玉米等。有公路经此。

西薛 370781-B04-H31

[Xīxuē]

在市驻地王府街道西南方向 12.2 千米。邵庄镇辖自然村。人口 400。村东北有一蝎子山，取雪天蝎子不能出来蜇人之意取名为雪庄，后谐音讹为薛庄。明代，大薛村杨氏一家在村西侧沟内看果园，后居住于此，取名西薛。聚落呈散状分布。经济以种植业为主，种植小麦、玉米等。有公路经此。

朱良 370781-B05-H01

[Zhūliáng]

高柳镇人民政府驻地。在市驻地王府街道西北方向 20.3 千米。人口 3 500。北宋天圣元年（1023）称朱梁村，明嘉靖《青州府志》记作朱良店，"良"为"梁"谐音。清同治元年（1862）称朱良。聚落呈团块状分布。有小学。有天主教堂等历史遗迹。经济以种植业为主，种植小麦、玉米、大豆、蔬菜等。230 省道经此。

崔家 370781-B05-H02

[Cuījiā]

在市驻地王府街道北方向 15.2 千米。高柳镇辖自然村。人口 800。明永乐年间，

李姓立村，称李家寨。明隆庆年间，魏姓迁此定居。当时村有楼房，遂称魏家楼，后改称魏家庄。明万历六年（1578），崔姓自青州核桃园村迁居此处，在李家寨东侧另立一村，称崔家寨。清乾隆年间，两庄村舍毗连，遂合称崔家小寨子。民国年间始称崔家。聚落呈散状分布。经济以种植业为主，种植玉米、小麦。有公路经此。

高家 370781-B05-H03

[Gāojiā]

在市驻地王府街道北方向 15.3 千米。高柳镇辖自然村。人口 700。明万历年间，高姓迁此立村，以姓取名高家庄。聚落呈散状分布。经济以种植业为主。有公路经此。

冯家 370781-B05-H04

[Féngjiā]

在市驻地王府街道北方向 13.8 千米。高柳镇辖自然村。人口 500。明宪宗年间，冯姓迁于此，名冯家庄。明成化年间，在村西建一桥，因桥下无水，称为干石桥，古称干石桥子冯家庄，后称冯家。聚落呈团块状分布。经济以种植业为主。有公路经此。

南马兰 370781-B05-H05

[Nánmǎlán]

在市驻地王府街道北方向 14.6 千米。高柳镇辖自然村。人口 800。春秋战国时期，此处是齐国中心腹地，建有养马场。齐灭亡后，养马人定居于此，遂成为南、北两聚落。汉朝始有村名，称马栏，后记作马兰。明嘉靖年间，始分南、北两村。1929 年，定名为南马兰。聚落呈团块状分布。有文化广场。有石人坡、齐刀币窖藏坑、唐宋金古墓葬群、唐宋古村落遗址等历史遗迹。经济以种植业为主，种植小麦、玉米、

高粱、谷子、地瓜、绿豆、黍子、黄烟等。
有公路经此。

前后寨 370781-B05-H06

[Qiánhòuzhài]

在市驻地王府街道北方向 23.2 千米。
高柳镇辖自然村。人口 700。因由前寨、后
寨两村合并而成，故名。聚落呈团块状分布。
有文化大院、文化大舞台、图书馆、农家
书屋等。经济以种植业为主。有公路经此。

段村 370781-B05-H07

[Duàncūn]

在市驻地王府街道北方向 20.7 千米。
高柳镇辖自然村。人口 5 700。一说为战国
时期，村内有一段姓高士居住，故称段公
村；一说秦朝时期，段宏、段玉众兄弟在
朱良村驿站服役，德高望重，故称段公村。
明朝初年，称段村。聚落呈团块状分布。
有图书室。经济以种植业为主，种植小麦、
玉米、蔬菜等。有公路经此。

纸房 370781-B05-H08

[Zhǐfáng]

在市驻地王府街道北方向 24.6 千米。
高柳镇辖自然村。人口 600。明洪武二年
（1369），李氏家族迁此定居，当时已有村落，
名纸房。聚落呈团块状分布。经济以种植
业为主。有公路经此。

北赵家 370781-B05-H09

[Běizhàojiā]

在市驻地王府街道北方向 22.1 千米。
高柳镇辖自然村。人口 900。因赵氏繁昌，
遂称赵家庄。后为区别重名村，以方位称
北赵家。聚落呈团块状分布。经济以种植
业为主。有公路经此。

大王车 370781-B05-H10

[Dàwángchē]

在市驻地王府街道北方向 19.3 千米。
高柳镇辖自然村。人口 900。战国齐景公在
位时期，由于战争的需要，曾在青州北部
淄水、女水地区设立养马场，并在养马场
东北设立兵车制造基地。齐景公及后任多
位齐王曾到此视察，后来这一带演变为村
落，称为王车。清代以后，为别于附近同
名村，改称大王车。聚落呈团块状分布。
经济以种植业为主，种植小麦、玉米、高粱、
谷子、大麦等。有公路经此。

东水渠 370781-B05-H11

[Dōngshuǐqú]

在市驻地王府街道北方向 20.0 千米。
高柳镇辖自然村。人口 1 500。因村子邻茅
津河与北阳河两水汇流之处，且河道弯曲，
故村以水曲命名。清代，因村内朱姓居多，
又称朱家水曲。又因位于北阳河以东，记
作东水曲。民国初期，由谐音称之为东水
渠。聚落呈团块状分布。有文化广场。有
龙泉寺遗址等历史遗迹。经济以种植业、
养殖业为主，种植小麦、谷子、高粱、大豆、
玉米、地瓜、西红柿、西葫芦、茄子、辣椒、
黄瓜、圆椒等。有公路经此。

廉颇 370781-B05-H12

[Liánpō]

在市驻地王府街道北方向 19.3 千米。
高柳镇辖自然村。人口 800。明洪武初年，
梁姓祖迁此定居，因位于北马兰之东北坡，
故名兰坡。1930 年后，因村北古窑为廉颇
家，取兰坡谐音，更名为廉颇。聚落呈团
块状分布。有文化广场 1 处。经济以种植业、
养殖业、工副业为主，种植小麦、高粱、玉米、
大豆、谷子等。有公路经此。

西水渠 370781-B05-H13

[Xīshuǐqú]

在市驻地王府街道北方向 20.1 千米。高柳镇辖自然村。人口 1 000。因村子邻茅津河与北阳河两水汇流之处，且河道弯曲，故村以水曲命名。1923 年曾名闫家水曲。又因位于北阳河之西，更名为西水曲，谐音称之为西水渠。聚落呈团块状分布。经济以种植业为主，种植小麦、玉米、高粱、谷子、大豆、地瓜、黄烟。有公路经此。

辛岭 370781-B05-H14

[Xīnlǐng]

在市驻地王府街道西北方向 17.3 千米。高柳镇辖自然村。人口 500。明成化年间，村北有一条寿光羊家口通往西南辛店金岭镇的运盐古道，路边辖区设有驿站，供过往商人歇脚。有苏、王两家在此开店，遂名王家店。清乾隆二十四年（1759），更名为小岭。1911 年，村民觉村名不雅，改为辛岭。聚落呈团块状分布。经济以种植业为主，种植小麦、谷子、大豆、黍子、绿豆、豌豆、芝麻、小豆、黄烟。济青高速经此。

西石塔 370781-B05-H15

[Xīshítǎ]

在市驻地王府街道西北方向 15.4 千米。高柳镇辖自然村。人口 500。明初，徐、杨等姓迁来立村，因村东南有齐国时期修建的明光大寺，寺内有九层石塔一座，故名西石塔。聚落呈团块状分布。有文化广场。经济以种植业、养殖业、商业、运输业为主。有公路经此。

香店 370781-B05-H16

[Xiāngdiàn]

在市驻地王府街道西北方向 14.8 千米。高柳镇辖自然村。人口 400。明嘉靖年间，刘氏祖先刘邦登自北石塔村迁来，故村名为刘家庄。后来，一村民开了一家香店，故又叫香店刘家庄，后简称为香店。聚落呈团块状分布。经济以种植业为主，种植茄子、辣椒、西红柿、西葫芦等。有青州市鲁源电力杆塔有限公司等企业。有公路经此。

水坡 370781-B05-H17

[Shuǐpō]

在市驻地王府街道西北方向 19.7 千米。高柳镇辖自然村。人口 300。相传该村西北侧有水泊湾，地势低洼，常年积水，东南西北各建有一桥，形似四桥卧波，故村称水泊，后由谐音称水坡。聚落呈团块状分布。经济以种植业为主。

南星落 370781-B05-H18

[Nánxīngluò]

在市驻地王府街道西北方向 24.8 千米。高柳镇辖自然村。人口 800。《三国志·魏书·明帝纪》记载："三年春正月戊子，以大将军司马宣王为太尉。己亥，复置朔方郡。京都大疫。丁巳，皇太后崩。己亥，陨石于寿光县"，星落村由此而得名，后更名为南星落。聚落呈团块状分布。经济以种植业、工副业为主。有公路经此。

彭家 370781-B05-H19

[Péngjiā]

在市驻地王府街道西北方向 29.5 千米。高柳镇辖自然村。人口 1 800。此处地势低洼、积水似湖，因彭姓人家在此落户耕作，故后人称之为彭大湖，并作为村名。后改为彭家。聚落呈团块状分布。有文化广场。经济以种植业、养殖业、工副业为主。

阳河 370781-B05-H20

[Yánghé]

在市驻地王府街道北方向 24.3 千米。高柳镇辖自然村。人口 2 000。唐代建村，因濒临北阳河而得名阳河庄。元末，刘姓迁来此地，称阳河。聚落呈团块状分布。有市级文物保护单位刘珝墓地。经济以种植业、养殖业、手工业、商业为主。有潍坊六和饲料有限公司、东青建材、青州市青阳建材厂、青州市金龙饲料有限公司、潍坊润星能源发展有限公司、青州市鑫源工贸有限公司、青州晨盛沥青有限公司等企业。321 省道、230 省道经此。

西八户 370781-B05-H21

[Xībāhù]

在市驻地王府街道北方向 25.2 千米。高柳镇辖自然村。人口 700。因村内有八个姓氏，故以方位称西八户。聚落呈团块状分布。经济以种植业为主，兼有装修业、物流运输业。

王木 370781-B05-H22

[Wángmù]

在市驻地王府街道北方向 25.2 千米。高柳镇辖自然村。人口 1 000。明洪武初年，王、武二姓迁此立村，称王武庄。明洪武三十一年（1398），因村内王姓和从事木匠的村民较多，故村称王木匠，后称王木。聚落呈团块状分布。经济以种植业为主，兼有运输业、加工业等。有公路经此。

西朱鹿 370781-B05-H23

[Xīzhūlù]

在市驻地王府街道北方向 19.7 千米。高柳镇辖自然村。人口 1 900。原称诸鹿，明崇祯十六年（1643）改称朱鹿。后因重名，以方位称西朱鹿。聚落呈团块状分布。有文化广场 1 处、农家书屋 1 处。有关帝庙、三官庙、围子墙等等历史遗迹。经济以种植业、养殖业为主。有公路经此。

良孟 370781-B05-H24

[Liángmèng]

在市驻地王府街道北方向 19.7 千米。高柳镇辖自然村。人口 3 200。原名梁孟，后以谐音称良孟。聚落呈团块状分布。有文化广场。经济以种植业、养殖业为主。有公路经此。

陈家冢 370781-B05-H25

[Chénjiāzhǒng]

在市驻地王府街道西南方向 10.1 千米。高柳镇辖自然村。人口 600。元代已有村落，村东北角有陈贾（嘉）古冢。明洪武二年（1369），陈姓由河北枣强县迁入，在冢前傍沟定居，以冢名村曰陈嘉冢，后以谐音演称陈家冢。聚落呈团块状分布。经济以种植业为主。有公路经此。

石佛寺 370781-B05-H26

[Shífósì]

在市驻地王府街道西南方向 10.2 千米。高柳镇辖自然村。人口 400。因村西南方向处有石佛寺而得名。聚落呈团块状分布。经济以种植业、工副业为主，种植小麦、玉米、高粱、地瓜、谷子、大豆、黄烟、棉花、芝麻、脆瓜、甜瓜等，传统工副业为烧制青砖瓦。有青州市贝特起重有限公司、青州市虹春水泥预制件厂、青州市艺铭机械有限公司等企业。有公路经此。

孙家庄 370781-B05-H27

[Sūnjiāzhuāng]

在市驻地王府街道西南方向 8.5 千米。高柳镇辖自然村。人口 1 200。以姓立村，故称孙家庄。聚落呈团块状分布。经济以种植业为主，种植小麦、高粱、玉米等。有威特变压器厂、利民机械厂、恒冠建筑机械厂、国伟食品机械厂、宏润棉业、圣泰针织厂、恒源温控设备有限公司、康达医疗器械有限公司、明耀塑钢厂、奥尔特食品厂、昊天粮油公司、凌云服饰加工厂、鹏程家具公司、天昊包装厂等企业。有公路经此。

南石塔 370781-B05-H28
[Nánshítǎ]

在市驻地王府街道西南方向8.7千米。高柳镇辖自然村。人口1 300。元顺帝五年（1339），徐姓祖先徐诚自江苏徐州沛县五虎镇迁来立村，因村北有古建筑明光大寺，寺内有九层石塔一座，取石塔南侧之意，名南石塔。聚落呈团块状分布。经济以种植业为主，种植小麦、高粱、玉米、地瓜、大豆、谷子、黄烟等。有通慧饲料厂、普田电力变压器厂、德瑞康蔬菜种苗有限公司、华兴防水板材厂、亿恒昌调味品有限公司等企业。有公路经此。

饮马 370781-B05-H29
[Yǐnmǎ]

在市驻地王府街道西南方向9.3千米。高柳镇辖自然村。人口1 600。因此处地势平坦，有水泊，适合操练兵马，故名饮马。聚落呈团块状分布。经济以种植业为主，种植大麦、小麦、大豆、高粱、荞麦、胡萝卜等。有公路经此。

高柳 370781-B05-H30
[Gāoliǔ]

在市驻地王府街道西南方向8.5千米。高柳镇辖自然村。人口1 400。北魏时已有此村。相传古有山东沿海地区至济南府的官道经过，村东石桥西曾有高大柳树数株，行人至此，多憩于柳树下，该处渐成里程

路标，故名高柳。聚落呈团块状分布。经济以种植业为主，种植小麦、高粱、玉米、地瓜、大豆、谷子、黄烟等。有公路经此。

何官 370781-B06-H01
[Héguān]

何官镇人民政府驻地。在市驻地王府街道东北方向30.2千米。人口1 000。清顺治三年（1646），何政来此垦荒立村，称何家官庄，后简化为今名。聚落呈团块状分布。有文化广场、幼儿园、中小学。经济以种植业为主，种植小麦、玉米、胡萝卜、山药等。有公路经此。

邢屯 370781-B06-H02
[Xíngtún]

在市驻地王府街道东北方向34.1千米。何官镇辖自然村。人口600。清顺治三年（1646），何政立何家官庄时，其牧马官邢某在此地垦荒立村，取名邢屯。聚落呈团块状分布。经济以种植业为主，种植小麦、玉米、胡萝卜、山药等。308国道经此。

李马 370781-B06-H03
[Lǐmǎ]

在市驻地王府街道东北方向32.2千米。何官镇辖自然村。人口2 400。相传，李、马二姓最早居此，故名李马。聚落呈团块状分布。有小学。经济以种植业为主，种植蔬菜、小麦、玉米等。有公路经此。

西台 370781-B06-H04
[Xītái]

在市驻地王府街道东北方向29.0千米。何官镇辖自然村。人口800。明洪武二年（1369），刘氏自河北枣强县迁来定居，称村台刘。明弘治二年（1489），陈氏自高柳镇东朱鹿迁台刘旁定居，称台陈。民国时期，因二村皆在臧台以北，福水河以

西，合称西台。聚落呈团块状分布。经济以种植业为主，种植山药、萝卜等。有公路经此。

周家 370781-B06-H05
[Zhōujiā]

在市驻地王府街道东北方向 32.8 千米。何官镇辖自然村。人口 1 000。宋氏立村，因松树成林，取名宋家林。明洪武二年（1369），周氏由河北枣强县迁入宋家林，后宋姓渐无，遂易名周家。聚落呈团块状分布。经济以种植业、养殖业为主，种植韭菜、萝卜、山药、小麦、玉米、高粱等。有公路经此。

孟家 370781-B06-H06
[Mèngjiā]

在市驻地王府街道东北方向 32.1 千米。何官镇辖自然村。人口 1 200。明万历年间，寿光县城东三十里青龙乡有孟家村，后五十九代孙孟彦士举家迁此立庄，仍名孟家。聚落呈团块状分布。有小学、幼儿园。经济以种植业为主，种植小麦、玉米、韭菜、胡萝卜、山药。有公路经此。

草水 370781-B06-H07
[Cǎoshuǐ]

在市驻地王府街道东北方向 29.8 千米。何官镇辖自然村。人口 400。因村前道旁设有一供旅者吃饭住宿、牲口添草饮水之所，故村称草水。聚落呈团块状分布。有文化广场 1 处。经济以种植业为主，种植小麦、玉米、胡萝卜、山药等。有公路经此。

唐家 370781-B06-H08
[Tángjiā]

在市驻地王府街道东北方向 31.7 千米。何官镇辖自然村。人口 700。明洪武二年（1369），唐虞自河北枣强县迁来定居，因姓氏取名唐家。聚落呈团块状分布。有文化广场 1 处。经济以种植业为主，种植小麦、玉米、胡萝卜、山药等。有公路经此。

江家 370781-B06-H09
[Jiāngjiā]

在市驻地王府街道东北方向 30.0 千米。何官镇辖自然村。人口 1 000。明洪武二年（1369），江姓迁此立村，名江家。聚落呈团块状分布。有图书馆 1 处、文化广场 1 处。经济以种植业为主，种植胡萝卜、山药、小麦、玉米等。有公路经此。

刘坡 370781-B06-H10
[Liúpō]

在市驻地王府街道东北方向 30.8 千米。何官镇辖自然村。人口 500。清道光三十年（1850），刘氏由寿光刘桥村迁来立村，名刘坡。聚落呈团块状分布。经济以种植业为主，种植小麦、玉米、蔬菜。有公路经此。

臧台 370781-B06-H11
[Zāngtái]

在市驻地王府街道东北方向 30.0 千米。何官镇辖自然村。人口 1 900。因近臧台，村以台名。聚落呈团块状分布。有文化广场、小学。有省级文物保护单位春秋时期鲁大夫所筑臧台遗址。经济以种植业为主，种植小麦、玉米、大豆、蔬菜等。有公路经此。

东营 370781-B06-H12
[Dōngyíng]

在市驻地王府街道东北方向 28.1 千米。何官镇辖自然村。人口 1 400。因此处传为臧武仲兵营旧址，故名南营。又因张氏所居，习称张家营。后又因位于西张家营以东，称东张家营。中华人民共和国成立后，演称东营。聚落呈团块状分布。经济以种植业为主，种植小麦、玉米、蔬菜等，有公路经此。

西营 370781-B06-H13
[Xīyíng]

在市驻地王府街道东北方向 27.1 千米。何官镇辖自然村。人口 700。明正德十四年（1519），张风迁此立村。因是古时臧武仲兵营驻扎地，又位于张家营以西，故取名西张家营。中华人民共和国成立后，演称西营。聚落呈团块状分布。经济以种植业为主，种植小麦、玉米、蔬菜等。有公路经此。

小高 370781-B06-H14
[Xiǎogāo]

在市驻地王府街道东北方向 28.7 千米。何官镇辖自然村。人口 800。清同治十三年（1874），高姓迁来定居，更名高庄。因南有孙高庄，又改称北高庄。后孙高庄易名大高庄，故更名为小高。聚落呈团块状分布。经济以种植业为主，种植小麦、玉米、胡萝卜、山药、大葱等。有公路经此。

大高 370781-B06-H15
[Dàgāo]

在市驻地王府街道东北方向 28.7 千米。何官镇辖自然村。人口 1 200。明万历年间，孙氏迁至此地，不久高姓家族亦迁入，故以姓氏取名孙高庄。因北村也叫高庄，故曾称南高庄，后演称大高。聚落呈团块状分布。有文化广场 1 处。经济以种植业为主，种植小麦、玉米、胡萝卜蔬菜等。有公路经此。

刘屯 370781-B06-H16
[Liútún]

在市驻地王府街道东北方向 29.2 千米。何官镇辖自然村。人口 300。清雍正年间，刘珝后裔刘温自朱良镇阳河里迁此立村，取名刘屯。聚落呈团块状分布。有小学 1 处。经济以种植业为主，种植小麦、玉米、山药、胡萝卜等。有公路经此。

南张楼 370781-B06-H17
[Nánzhānglóu]

在市驻地王府街道东北方向 33.0 千米。何官镇辖自然村。人口 4 200。因张姓迁来，盖一楼，称张家楼。后分为两村，本村按方位更名为南张楼。聚落呈团块状分布。有文化中心、民俗博物馆、小学、幼儿园。经济以种植业为主，种植小麦、玉米、山药、胡萝卜。有公路经此。

北张楼 370781-B06-H18
[Běizhānglóu]

在市驻地王府街道东北方向 30.7 千米。何官镇辖自然村。人口 200。因张姓迁来，盖一楼，称张家楼。后分为两村，本村按方位更名为北张楼。聚落呈团块状分布。经济以种植业为主，种植小麦、玉米、萝卜、韭菜、山药等。有公路经此。

张楼店 370781-B06-H19
[Zhānglóudiàn]

在市驻地王府街道东北方向 29.7 千米。何官镇辖自然村。人口 1 200。村后旧有寿光到临淄的官道，道旁张家建楼开店，村称店上。因生意红火，改称张楼店。另有一说，因地处南、北张楼之间，称为张楼店。聚落呈团块状分布。有龙山至汉代古文化遗址等。经济以种植业为主，种植小麦、玉米等，特产韭菜、山药。有公路经此。

时河 370781-B06-H20
［Shíhé］

在市驻地王府街道东北方向 27.2 千米。何官镇辖自然村。人口 1 000。明朝初年，时姓立村。后因王钦河南北穿村而过，更名时家河，1935 年称今名。聚落呈团块状分布。经济以种植业为主，种植小麦、玉米等。有公路经此。

林官 370781-B06-H21
［Línguān］

在市驻地王府街道东北方向 31.6 千米。何官镇辖自然村。人口 300。始迁祖林惠，明末都督何政所部将领。清顺治三年（1646），何部众将看到明复国无望，遂将官兵遣散为民，林惠于何家官庄以东立村，因其是明朝官员，遂取名林家官庄，简称林官。聚落呈团块状分布。经济以种植业为主，种植小麦、玉米、蔬菜。有公路经此。

杨营 370781-B06-H22
［Yángyíng］

在市驻地王府街道东北方向 28.7 千米。何官镇辖自然村。人口 1 800。明崇祯年间，有杨姓将领战死于此，其子四人在此立村，取名杨营。聚落呈团块状分布。有文化广场 1 处。经济以种植业为主，种植小麦、玉米、杂粮等。有公路经此。

张高 370781-B06-H23
［Zhānggāo］

在市驻地王府街道东北方向 38.6 千米。何官镇辖自然村。人口 2 400。北宋时，张、高二姓来此定居，取名张高。聚落呈团块状分布。有小学 1 处。经济以种植业为主，种植小麦、玉米、胡萝卜。有公路经此。

石家 370781-B06-H24
［Shíjiā］

在市驻地王府街道东北方向 33.7 千米。何官镇辖自然村。人口 800。村南旧时有石进士墓，此处原为石姓庄子地，明代石姓来此立村，取名石家庄子，后称石家。聚落呈团块状分布。有图书室。经济以种植业为主，种植小麦、玉米、胡萝卜。有公路经此。

大孙 370781-B06-H25
［Dàsūn］

在市驻地王府街道东北方向 33.8 千米。何官镇辖自然村。人口 800。明洪武二年（1369），孙姓锡祉兄弟二人从河北枣强县迁往寿邑城西居住，立村称孙家村。因北有小孙家庄，本村为大孙家庄，后演称大孙。聚落呈团块状分布。有文化广场 1 处。经济以种植业为主，种植小麦、玉米、胡萝卜等。有公路经此。

龙泉河 370781-B06-H26
［Lóngquánhé］

在市驻地王府街道东北方向 33.1 千米。何官镇辖自然村。人口 500。明代，李马庄张氏在此立窑烧砖，取名张家窑，后渐成村落。因坐落于龙泉河畔，1984 年社改乡时改称龙泉河。聚落呈团块状分布。有文化广场 1 处。经济以种植业为主，种植小麦、玉米、胡萝卜、山药。有公路经此。

吕村郇 370781-B06-H27
［Lǚcūnhuán］

在市驻地王府街道东北方向 29.7 千米。何官镇辖自然村。人口 700。元代，吕崇郇在此居住，他武艺超群，除暴安良，受村民崇拜，便以其姓名为村名，后由谐音演称吕村郇。聚落呈团块状分布。经济以种植业为主，种植小麦、玉米、蔬菜。有公路经此。

崔马 370781-B06-H28
[Cuīmǎ]

在市驻地王府街道东北方向 24.0 千米。何官镇辖自然村。人口 700。唐朝末年，"黄河大王"张恒新率领农民起义军在村西一带设演马场，因常扬鞭催马，得名催马，后演为今名。聚落呈团块状分布。经济以种植业为主。有公路经此。

北口埠 370781-B06-H29
[Běikǒubù]

在市驻地王府街道东北方向 22.1 千米。何官镇辖自然村。人口 2 700。因村东西各有一冲积高地，又处南北大路之口，是商贾云集的商埠，故名口埠，后称今名。聚落呈团块状分布。经济以种植业为主，种植玉米、小麦、茄子、辣椒、黄瓜、西瓜、山药、萝卜、白菜等。有公路经此。

南口埠 370781-B06-H30
[Nánkǒubù]

在市驻地王府街道东北方向 21.6 千米。何官镇辖自然村。人口 3 500。因村东西各有一冲积高地，又处南北大路之口，是商贾云集的商埠，故名口埠，后称今名。聚落呈团块状分布。有大汶口至汉代文化遗址、大汶口至商周文化遗址。经济以种植业为主。有公路经此。

明家 370781-B06-H31
[Míngjiā]

在市驻地王府街道东北方向 23.5 千米。何官镇辖自然村。人口 200。明代，明姓在此立村，故名。聚落呈团块状分布。经济以种植业为主，种植小麦、玉米、蔬菜。有公路经此。

戴楼 370781-B06-H32
[Dàilóu]

在市驻地王府街道东北方向 23.7 千米。何官镇辖自然村。人口 1 500。明洪武二年（1369），戴姓自河北枣强县迁昌乐城北戴家庄。其后人有一支迁来此地，后建楼房，故名戴楼。聚落呈团块状分布。有省级文物保护单位戴楼墓群。经济以种植业为主，种植黄瓜、苦瓜、豆角、大白菜、甘蓝、生菜、苦菊、小麦、玉米等。有公路经此。

戴店 370781-B06-H33
[Dàidiàn]

在市驻地王府街道东北方向 23.5 千米。何官镇辖自然村。人口 400。明初戴楼村一戴姓居民在此开店，后形成聚落，故名戴店。聚落呈团块状分布。经济以种植业为主，种植蔬菜、小麦、玉米等。有公路经此。

赵陈 370781-B06-H34
[Zhàochén]

在市驻地王府街道东北方向 20.1 千米。何官镇辖自然村。人口 400。明末，陈姓立村，名陈家庄。因以开粉坊为业，故又称粉陈家庄。又因与赵铺村邻近，改为赵陈。聚落呈团块状分布。经济以种植业为主，种植小麦、玉米、蔬菜。有公路经此。

赵铺 370781-B06-H35
[Zhàopù]

在市驻地王府街道东北方向 22.1 千米。何官镇辖自然村。人口 1 200。明洪武初年，赵姓迁于此，因村东北有土埠，故取名赵家皁。后演为赵家铺，中华人民共和国成立后称赵铺。聚落呈团块状分布。经济以种植业为主，种植玉米、小麦、蔬菜。有公路经此。

张坡 370781-B06-H36
［Zhāngpō］

在市驻地王府街道东北方向 18.7 千米。何官镇辖自然村。人口 1 100。明洪武二年（1369），张姓从河北枣强县迁来立村，村南有一片柏树林，故起名柏林张家庄，简称柏林张。清康熙十七年（1678）夏，雷电引发大火，柏树林被焚尽，成为一片坡野，因此起名张家坡，后简称张坡。聚落呈团块状分布。经济以种植业为主，种植玉米、小麦、蔬菜。有公路经此。

王园 370781-B06-H37
［Wángyuán］

在市驻地王府街道东北方向 18.9 千米。何官镇辖自然村。人口 200。清乾隆二年（1737），王清、王海由博兴县迁来，以种菜为生，因此取村名为王家菜园，后简称王园。聚落呈团块状分布。经济以种植业为主，种植小麦、玉米、大姜、蔬菜。有公路经此。

前演马 370781-B06-H38
［Qiányǎnmǎ］

在市驻地王府街道东北方向 21.5 千米。何官镇辖自然村。人口 600。因唐末农民起义领袖张恒新在此演习兵马而得名。聚落呈团块状分布。经济以种植业为主，种植玉米、小麦、尖椒、苦瓜。有公路经此。

后演马 370781-B06-H39
［Hòuyǎnmǎ］

在市驻地王府街道东北方向 21.7 千米。何官镇辖自然村。人口 700。因唐末农民起义领袖张恒新在此演习骑兵而得名。为与前演马区别，故名后演马。聚落呈团块状分布。经济以种植业为主，种植玉米、小麦、蔬菜等。有公路经此。

扈家 370781-B06-H40
［Hùjiā］

在市驻地王府街道东北方向 23.7 千米。何官镇辖自然村。人口 800。清康熙五十四年（1715），原村被水淹，扈姓迁至现址，改村名扈家官庄，简称扈家。聚落呈团块状分布。经济以种植业为主，种植玉米、小麦、大蒜、山药、姜、胡萝卜等。有公路经此。

黄家里双 370781-B06-H41
［Huángjiālǐshuāng］

在市驻地王府街道东北方向 26.5 千米。何官镇辖自然村。人口 1 600。明代黄姓居此，村名黄家庄。清乾隆庙碑称："盖观里爽胜状，在跃龙河一带……地势垲爽"，故名黄家里爽。中华人民共和国成立以来，因谐音写作黄家里双。聚落呈团块状分布。有文化活动中心 1 处。经济以种植业为主，种植小麦、玉米等。有公路经此。

吉家里双 370781-B06-H42
［Jíjiālǐshuāng］

在市驻地王府街道东北方向 26.8 千米。何官镇辖自然村。人口 1 300。元代，纪姓居此，称纪家庄。因村近黄家里爽，称纪家里爽。清咸丰年间，取吉祥吉利之意，改为吉家里爽。中华人民共和国成立后，演称为吉家里双。聚落呈团块状分布。经济以种植业为主，种植小麦、玉米等。有公路经此。

周家里双 370781-B06-H43
［Zhōujiālǐshuāng］

在市驻地王府街道东北方向 26.8 千米。何官镇辖自然村。人口 400。明代前，周姓居此，先名周家庄。因村近黄家里双，亦随之改为周家里双。聚落呈团块状分布。

经济以种植业为主，种植小麦、玉米等。有公路经此。

北大王 370781-B06-H44

[Běidàwáng]

在市驻地王府街道东北方向 24.7 千米。何官镇辖自然村。人口 600。明洪武二年（1369），王氏迁至青郡城北四十五里处立王家庄。因附近有南小王庄与北小王庄，故此村称大王家庄。又因本镇内有南王家庄，故称北大王。聚落呈团块状分布。有小学 1 处。经济以种植业为主，种植小麦、玉米等。有公路经此。

南小王 370781-B06-H45

[Nánxiǎowáng]

在市驻地王府街道东北方向 23.8 千米。何官镇辖自然村。人口 300。明朝末年立村，村原址位于庄前南坡曹家湾处，名耿王庄。后北迁至今址，名南小庄子。因王姓由大王家庄迁来，村北有大王庄和北小王庄，故称南小王。聚落呈团块状分布。经济以种植业为主，种植小麦、玉米等。有南小王晟丰土地股份专业合作社等企业。有公路经此。

耿家里双 370781-B06-H46

[Gěngjiālǐshuāng]

在市驻地王府街道东北方向 25.4 千米。何官镇辖自然村。人口 1 100。明洪武初年，耿姓自山西曲沃迁来定居，村名耿家庄。因近黄家里爽，称耿家里爽，后演称耿家里双。聚落呈团块状分布。经济以种植业为主，种植小麦、玉米等。有公路经此。

北牛家 370781-B06-H47

[Běiniújiā]

在市驻地王府街道东北方向 25.8 千米。何官镇辖自然村。人口 900。元代，牛姓居此，因在王钦河边，村名牛家河子，后改称北牛家。聚落呈团块状分布。经济以种植业为主，种植小麦、玉米等。有公路经此。

邵市 370781-B06-H48

[Shàoshì]

在市驻地王府街道东北方向 26.1 千米。何官镇辖自然村。人口 1 000。明嘉靖年间，始迁祖邵嘉自邵树村迁来，因邵姓而命名为邵家庄。旧时邵家庄地处寿光县至青州府交通要道，且处于中间位置，周边多商贾富户，过往商旅和行人较多，村中自发形成南市、北市两个短工市场，遂演称为邵家市，今称邵市。聚落呈团块状分布。经济以种植业为主，种植小麦、玉米等。有公路经此。

潘家 370781-B06-H49

[Pānjiā]

在市驻地王府街道东北方向 27.6 千米。何官镇辖自然村。人口 300。明代前，潘姓居此，故名。聚落呈团块状分布。经济以种植业为主，种植小麦、玉米等。有公路经此。

孙板 370781-B06-H50

[Sūnbǎn]

在市驻地王府街道东北方向 22.0 千米。何官镇辖自然村。人口 1 800。蒙古中统四年（1263）碑石称村名为孙攀。《尔雅》释"攀"为"子子孙孙引无极也"，取子孙繁衍生息之意命名。后以通假字书作孙扳。中华人民共和国成立后演变为孙板。聚落呈团块状分布。有小学 1 处。经济以种植业为主，种植玉米、小麦、蔬菜等。有公路经此。

南王 370781-B06-H51
［Nánwáng］

在市驻地王府街道东北方向 20.2 千米。何官镇辖自然村。人口 900。明代，王姓自河北枣强县迁来居此，以制筐子为业，故称筐子匠王家庄。中华人民共和国成立后，因镇内有四个王家庄，以方位定名为南王家庄，简称南王。聚落呈团块状分布。经济以种植业为主，种植玉米、小麦、蔬菜等。有公路经此。

大宋 370781-B06-H52
［Dàsòng］

在市驻地王府街道东北方向 19.8 千米。何官镇辖自然村。人口 400。明朝初年，高祖宋表忠兄弟二人由河北枣强县迁来青州府北茅津河两岸定居，弟落居岸西立村为小宋，兄落居河东 3 千米处立村，称大宋。聚落呈团块状分布。经济以种植业为主，种植玉米、小麦、大棚蔬菜等。有公路经此。

大陈 370781-B06-H53
［Dàchén］

在市驻地王府街道东北方向 20.9 千米。何官镇辖自然村。人口 300。明初，陈姓迁居青郡东北三十五里处立村，名陈家庄。传至十一世，析出小陈庄，此村故名大陈庄，后演称大陈。聚落呈团块状分布。经济以种植业为主，种植小麦、玉米、辣椒等。有公路经此。

小陈 370781-B06-H54
［Xiǎochén］

在市驻地王府街道东北方向 19.8 千米。何官镇辖自然村。人口 500。清代，陈姓从大陈家村析出立村，故名。聚落呈团块状分布。经济以种植业为主，种植小麦、玉米、苦瓜、辣椒。有公路经此。

东段 370781-B06-H55
［Dōngduàn］

在市驻地王府街道东北方向 22.7 千米。何官镇辖自然村。人口 300。旧有段姓居此，以编草帽为业，故村名为草帽子段家庄。后因重名，改名东段。聚落呈团块状分布。经济以种植业为主，种植玉米、小麦、蔬菜等。有公路经此。

辛家 370781-B06-H56
［Xīnjiā］

在市驻地王府街道东北方向 23.3 千米。何官镇辖自然村。人口 800。有汉族、回族，其中回族占 0.3%。明代前，辛姓居此，以姓氏命名为辛家。聚落呈团块状分布。经济以种植业为主，种植小麦、玉米、苦瓜、辣椒。有公路经此。

进潘 370781-B06-H57
［Jìnpān］

在市驻地王府街道东北方向 23.6 千米。何官镇辖自然村。人口 500。传孙姓从山西杏花村迁此，取意由山西（晋）迁来，名晋疃。后因谐音演变为进潘。聚落呈团块状分布。有文化广场。经济以种植业为主，种植玉米、小麦、蔬菜等。有公路经此。

平昌寺 370781-B06-H58
［Píngchāngsì］

在市驻地王府街道东北方向 23.1 千米。何官镇辖自然村。人口 400。因建村于平昌寺旁，村以寺为名。聚落呈团块状分布。经济以种植业为主，种植小麦、玉米、蔬菜等。有公路经此。

董家 370781-B06-H59
［Dǒngjiā］

在市驻地王府街道东北方向 21.8 千米。

何官镇辖自然村。人口 500。明永乐末年，董邦民迁于益都城北三十五里定居，立村董家。聚落呈团块状分布。经济以种植业为主，种植小麦、玉米、蔬菜等。有公路经此。

马家 370781-B06-H60
[Mǎjiā]

在市驻地王府街道东北方向 23.9 千米。何官镇辖自然村。人口 800。明代前马姓迁此立村，故称马家。聚落呈团块状分布。经济以种植业为主，种植小麦、玉米、蔬菜等。有公路经此。

朱家 370781-B06-H61
[Zhūjiā]

在市驻地王府街道东北方向 19.1 千米。何官镇辖自然村。人口 500。元至正元年（1341），朱氏先祖由河北枣强县迁此定居，故名。聚落呈团块状分布。经济以种植业为主，种植小麦、玉米、蔬菜。有公路经此。

尹家 370781-B06-H62
[Yǐnjiā]

在市驻地王府街道东北方向 19.3 千米。何官镇辖自然村。人口 600。明洪武二十年（1387），刘姓从山西省洪洞县迁来立村，称刘家园。明永乐七年（1409），尹姓由河北省枣强县迁此定居，后繁衍成大户，遂改称尹家。聚落呈团块状分布。有公路经此。

秦家 370781-B06-H63
[Qínjiā]

在市驻地王府街道东北方向 22.1 千米。何官镇辖自然村。人口 200。因秦氏家族最早到此居住，故称秦家。聚落呈团块状分布。经济以种植业为主，种植小麦、玉米。有公路经此。

苗家 370781-B06-H64
[Miáojiā]

在市驻地王府街道东北方向 22.1 千米。何官镇辖自然村。人口 900。明代前，苗姓立村，称苗家庄，后称苗家。聚落呈团块状分布。经济以种植业为主，种植小麦、玉米、蔬菜等。济青高速铁路经此。

新胜 370781-B06-H65
[Xīnshèng]

在市驻地王府街道东北方向 23.7 千米。何官镇辖自然村。人口 200。1979 年，为建设仁河水库，圣峪口村部分村民迁至益都县口埠人民公社褚马林场南，取村名新圣，寓意新建的圣峪口村，后演变为新胜。聚落呈团块状分布。经济以种植业为主，种植玉米、小麦、蔬菜等。有公路经此。

南褚马 370781-B06-H66
[Nánchǔmǎ]

在市驻地王府街道东北方向 24.1 千米。何官镇辖自然村。人口 1 000。元代前，褚、马二姓居此，以姓氏命名褚马庄，东南为褚马头庄，北部为褚马二庄，河西为褚马三庄。1984 年开始，褚马头庄称南褚马。聚落呈团块状分布。经济以种植业为主，种植小麦、玉米、蔬菜。有公路经此。

北褚马 370781-B06-H67
[Běichǔmǎ]

在市驻地王府街道东北方向 24.1 千米。何官镇辖自然村。人口 500。元代前，褚、马二姓居此，以姓氏命名褚马庄，东南为褚马头庄，北部为褚马二庄，河西为褚马三庄。1984 年开始，褚马二庄改称北褚马。聚落呈团块状分布。经济以种植业为主，种植小麦、玉米、蔬菜。有公路经此。

西褚马 370781-B06-H68
[Xīchǔmǎ]

在市驻地王府街道东北方向 24.1 千米。何官镇辖自然村。人口 1 000。聚落呈团块状分布。元代前，褚、马二姓居此，以姓氏命名为褚马庄，东南为褚马头庄，北部为褚马二庄，河西为褚马三庄。1984 年开始，褚马三庄称西褚马。经济以种植业为主，种植小麦、玉米、蔬菜。有公路经此。

北小王 370781-B06-H69
[Běixiǎowáng]

在市驻地王府街道东北方向 25.8 千米。何官镇辖自然村。人口 300。明洪武初年，王姓迁来，为与南小王区别，称今名。聚落呈团块状分布。经济以种植业为主，种植小麦、玉米等。有公路经此。

陈楼 370781-B06-H70
[Chénlóu]

在市驻地王府街道东北方向 18.7 千米。何官镇辖自然村。人口 800。明代中期，陈氏由西庵陈家庄迁此立村，取名陈家寨。后建一楼，村名演称陈楼。聚落呈团块状分布。经济以种植业为主，种植小麦、玉米、蔬菜等。有公路经此。

东台 370781-B06-H71
[Dōngtái]

在市驻地王府街道东北方向 30.2 千米。何官镇辖自然村。人口 500。明初，李氏自河北枣强县迁来定居，称村李家庄。因位于藏台以北，后改称台李。民国时期，福水河西岸之台刘、台陈合称西台后，本村因与其东西并列，遂更名东台。聚落呈团块状分布。有文化广场。经济以种植业为主，种植山药、萝卜等。有公路经此。

郭集 370781-B06-H72
[Guōjí]

在市驻地王府街道东北方向 26.1 千米。何官镇辖自然村。人口 1 600。元代，郭姓居此，因有集市，故称郭集。聚落呈团块状分布。经济以种植业为主，种植小麦、玉米等。有公路经此。

袁家 370781-B06-H73
[Yuánjiā]

在市驻地王府街道东北方向 19.6 千米。何官镇辖自然村。人口 1 000。明代，村称贺家园。后袁姓迁此，繁衍成大户，遂改称袁家。聚落呈团块状分布。经济以种植业为主，种植小麦、玉米、蔬菜等。有公路经此。

花桥张 370781-B06-H74
[Huāqiáozhāng]

在市驻地王府街道东北方向 14.8 千米。何官镇辖自然村。人口 700。明末，张姓由寿光县张家河头迁来立村，称张家。因村西南角有一古庵，曰西庵，亦名西庵张家庄。村西建有栖凤桥，西凤桥的栏杆上雕刻着精美的花卉图案，故称村花桥张。聚落呈团块状分布。有古槐、栖凤桥等历史遗迹。经济以种植业为主。有公路经此。

徐集 370781-B06-H75
[Xújí]

在市驻地王府街道东北方向 15.6 千米。何官镇辖自然村。人口 700。明洪武初年，徐思远偕其弟徐思近由江苏徐州沛县五虎镇迁居于此，后因村中设立市集，村名因此改名为徐家集，简称徐集。聚落呈团块状分布。经济以种植业为主，种植小麦、玉米、高粱、地瓜、大豆、黄烟。有弘润化工厂等企业。有公路经此。

王小 370781-B07-H01
［Wángxiǎo］

东夏镇人民政府驻地。在市驻地王府街道东北方向 12.3 千米。人口 600。王姓明初立村，称王家小庄。中华人民共和国成立后简称王小。聚落呈团块状分布。有中学、文化广场等。经济以种植业为主，种植小麦、玉米、大姜。有公路经此。

苏埠屯 370781-B07-H02
［Sūbùtún］

在市驻地王府街道东北方向 21.3 千米。东夏镇辖自然村。人口 700。因商墓群所在的土埠为古代屯兵处，旧志称之为苏秦墓，村因此得名。聚落呈团块状分布。有小学 1 处。有省级文物保护单位商墓群。经济以种植业为主，种植小麦、玉米、大豆，产黄瓜、西瓜、茄子等。有公路经此。

桃园 370781-B07-H03
［Táoyuán］

在市驻地王府街道东北方向 12.0 千米。东夏镇辖自然村。人口 1 100。明代以前村名枣园。后有雷、周、段三姓居民合伙开店，仿三国时刘、关、张桃园结义，取店名桃园店，村因此改名桃园。聚落呈团块状分布。经济以种植业为主，种植小麦、玉米等。309 国道经此。

邵树 370781-B07-H04
［Shàoshù］

在市驻地王府街道东北方向 12.0 千米。东夏镇辖自然村。人口 1 500。明成化年间，邵氏自河南伊水县迁来，繁衍成村中主要家族。传说邵氏和刘氏因树权发生纠纷，官府将树判归邵氏，有"刘家的胡同，邵家的树"之说，故名邵家树村，后简化成邵树。聚落呈团块状分布。经济以种植业为主，种植小麦、大姜。有公路经此。

刘胡同 370781-B07-H05
［Liúhútòng］

在市驻地王府街道东北方向 12.0 千米。东夏镇辖自然村。人口 500。明代以前建村，名崔家胡同。明中叶，刘姓迁此，后无崔姓，改村名刘家胡同，后称刘胡同。聚落呈团块状分布。经济以种植业为主，种植小麦、玉米。有公路经此。

拾甲 370781-B07-H06
［Shíjiǎ］

在市驻地王府街道东北方向 13.5 千米。东夏镇辖自然村。人口 900。原名石甲社，因谐音转化为十甲社，现称拾甲。聚落呈团块状分布。经济以种植业为主，种植小麦。有公路经此。

双庙 370781-B07-H07
［Shuāngmiào］

在市驻地王府街道东北方向 12.0 千米。东夏镇辖自然村。人口 1 100。明洪武七年（1374），宋氏祖先宋思礼自河北枣强县迁来立村，因村有两庙，故名双庙。聚落呈团块状分布。经济以种植业为主，种植小麦。有公路经此。

李集 370781-B07-H08
［Lǐjí］

在市驻地王府街道东北方向 14.0 千米。东夏镇辖自然村。人口 1300。明初，李姓迁来，后兴集市，故称李家集，简称李集。聚落呈团块状分布。经济以种植业为主，种植小麦、大姜等。有公路经此。

前史铺 370781-B07-H09
［Qiánshǐpù］

在市驻地王府街道东北方向 14.5 千米。东夏镇辖自然村。人口 600。明代前，该处有青州通往寿光驿路上的驿铺，故名史铺村，后名史家铺。又因村中有自然冲沟，分为两村，沟南称前史铺，沟北称后史铺。聚落呈团块状分布。经济以种植业为主，种植大姜。有公路经此。

堂子 370781-B07-H10
[Tángzi]

在市驻地王府街道东北方向 14.0 千米。东夏镇辖自然村。人口 1 700。因村周有五条土岭，故称村名为五岭村。元代，在村前高台上建供奉儒、释、道的庙宇，为独尊儒家，庙与村皆改为高圣堂，民国时期简化为堂子。聚落呈团块状分布。有商周至汉代文化遗址。经济以种植业为主，种植小麦和玉米。

二府 370781-B07-H11
[Èrfǔ]

在市驻地王府街道东北方向 16.0 千米。东夏镇辖自然村。人口 1 000。村东旧有古寺，至明代寺废，犹存二石佛，故村名二佛庄。后二石佛像无，谐音演变为二府庄。中华人民共和国成立后简化称今名。聚落呈团块状分布。经济以种植业为主，种植小麦、玉米。有公路经此。

大袁 370781-B07-H12
[Dàyuán]

在市驻地王府街道东北方向 15.0 千米。东夏镇辖自然村。人口 600。明代以前，袁姓居多，故称袁家庄。后小袁家庄立村，本村改称大袁。聚落呈团块状分布。村东有龙山文化、商周、战国及汉代文化遗址。经济以种植业为主，种植蔬菜、大姜等。有公路经此。

杨立伍 370781-B07-H13
[Yángliwǔ]

在市驻地王府街道东北方向 17.0 千米。

东夏镇辖自然村。人口 1 700。明嘉靖年间，杨氏五世孙讳九溪公率全家迁至杨家庄，后有柳氏、吴氏两姓相继迁入，遂更名为杨柳吴。清朝年间，因柳、吴两姓自然消失，遂更名为杨立伍。聚落呈团块状分布。经济以种植业为主，种植小麦、玉米。有公路经此。

崔家 370781-B07-H14
[Cuījiā]

在市驻地王府街道东北方向 16.0 千米。东夏镇辖自然村。人口 900。元代，刘姓来此开店，定村名为刘家店。元末，崔氏迁居于此，更名为崔家集，1949 年后称崔家。聚落呈团块状分布。经济以种植业为主，种植小麦、大姜等。

徐家 370781-B07-H15
[Xújiā]

在市驻地王府街道东北方向 17.0 千米。东夏镇辖自然村。人口 600。明初，徐米、徐面二兄弟由河北省枣强县迁至此地定居，原先本村住户皆为徐姓，称为坐地徐，故称徐家。聚落呈团块状分布。经济以种植业为主，种植小麦、玉米等。有公路经此。

东荒 370781-B07-H16
[Dōnghuāng]

在市驻地王府街道东北方向 15.0 千米。东夏镇辖自然村。人口 600。明洪武二年（1369），王氏先祖由河北枣强迁此，因土地荒芜，取名荒子。清顺治元年（1644），分为两村，本村为东荒。聚落呈团块状分布。经济以种植业为主，种植粮食作物。有公路经此。

西荒 370781-B07-H17

[Xīhuāng]

在市驻地王府街道东北方向 15.0 千米。东夏镇辖自然村。人口 1 000。明洪武二年（1369），王氏先祖由河北枣强迁此，因土地荒芜，取名荒子。清顺治元年（1644），分为两村，本村为西荒。聚落呈团块状分布。经济以种植业为主，种植小麦。

高家集 370781-B07-H18

[Gāojiājí]

在市驻地王府街道东北方向 14.5 千米。东夏镇辖自然村。人口 1 200。明代前，赵、王、范、蒋等姓居此，村名范王庄。明洪武年间，高姓由河北枣强县迁此，繁衍成为大族，易名高家庄。1984 年，因重名，改为高家集。聚落呈团块状分布。经济以种植业为主，种植小麦。有公路经此。

边线店子 370781-B07-H19

[Biānxiàndiànzi]

在市驻地王府街道东北方向 19.0 千米。东夏镇辖自然村。人口 700。明代以前赵姓居多，村名赵埠。村北侧有一东西古道，有居民在此开店，因东距范疃铺 5 华里，故村名为五里店，俗称店子。清代，地居益都、寿光两县交界处，故称边线店子。聚落呈团块状分布。经济以种植业为主，种植小麦、玉米。有公路经此。

方台 370781-B07-H20

[Fāngtái]

在市驻地王府街道东北方向 19.5 千米。东夏镇辖自然村。人口 600。周朝，齐国在村东建造方形烽火台一座，故村名方台。聚落呈团块状分布。经济以种植业为主，种植大姜、蔬菜等。有公路经此。

祝家 370781-B07-H21

[Zhùjiā]

在市驻地王府街道东北方向 18.0 千米。东夏镇辖自然村。人口 800。明代村名范疃铺，为驿站。后祝姓迁今址，改名祝家。聚落呈团块状分布。有龙山文化、汉代遗迹等历史遗迹。经济以种植业为主，种植小麦、玉米。

老刘 370781-B07-H22

[Lǎoliú]

在市驻地王府街道东北方向 17.5 千米。东夏镇辖自然村。人口 500。明洪武二年（1369），刘姓自河北省枣强县移民到此，在弥河西岸植槐立村，取名刘家庄。后村民从该村迁往别处创家立业，该村故称老刘。聚落呈团块状分布。经济以种植业为主，种植小麦、玉米。有公路经此。

刘辛 370781-B07-H23

[Liúxīn]

在市驻地王府街道东北方向 17.0 千米。东夏镇辖自然村。人口 1 100。明初，刘姓自山西洪洞县迁来立村，取名刘家辛，后演称刘辛。聚落呈团块状分布。经济以种植业为主，种植小麦、玉米。有公路经此。

东郎 370781-B07-H24

[Dōngláng]

在市驻地王府街道东北方向 6.9 千米。东夏镇辖自然村。人口 1 400。元朝时由郎姓立村，故名郎家庄，后称东郎。聚落呈团块状分布。经济以种植业为主，种植小麦、高粱、玉米、地瓜、谷子、大豆、菽子、稷子、黄烟、棉花等。有青能动力股份有限公司、青州热处理中心、青州春旭电器厂等企业。有公路经此。

十八里屯 370781-B07-H25
［Shíbālǐtún］

在市驻地王府街道东北方向 7.1 千米。东夏镇辖自然村。人口 2 200。建村时距青州府十八华里，故名十八里屯。聚落呈团块状分布。经济以种植业、机械加工业、高新技术产业为主。有公路经此。

寺古 370781-B07-H26
［Sìgǔ］

在市驻地王府街道东北方向 8.7 千米。东夏镇辖自然村。人口 1 000。明洪武八年（1375），蒋、冯二姓携子女流落本地定居，因村西有清泉寺，村东有玉泉庵，故名寺姑庄，后逐渐演变为寺古。聚落呈团块状分布。有清泉寺、玉泉庵。经济以种植业为主，种植果树、山药、大姜等。有山东金穗食品有限公司、青州润东工贸冷藏公司、山东活力机械科技有限公司等企业。有公路经此。

张孟口 370781-B07-H27
［Zhāngmèngkǒu］

在市驻地王府街道北方向 9.3 千米。东夏镇辖自然村。人口 1 000。因地处济南至胶东的交通要道，村西为北阳河，建有渡口，路口两侧设有驿站、烽火台，村内有张、孟二姓居住，故名。聚落呈团块状分布。有蚕姑庙、三官庙、张孟村八景等名胜古迹。经济以水泥预制件制造业为主。有东风食品有限公司、祥利化工有限公司、捷远电气、青州金富隆工贸公司等企业。有公路经此。

王母宫 370781-B07-H28
［Wángmǔgōng］

在市驻地王府街道东北方向 8.5 千米。东夏镇辖自然村。人口 1 100。1784 年，刘姓祖先刘国柱自寿光县王高镇刘家桥村迁来在此立村，取名刘家庄。后因王母宫庙名声远播，故以庙名村，更名王母宫。聚落呈团块状分布。有王母宫庙、观音祠等名胜古迹。经济以种植业为主。有公路经此。

双庙 370781-B07-H29
［Shuāngmiào］

在市驻地王府街道东北方向 9.6 千米。东夏镇辖自然村。人口 700。明永乐年间，张良太、孟进士两家族由山西洪洞县迁来，在村西先后建设天齐庙、普陀庙，故称双庙。聚落呈团块状分布。有天齐庙、普陀庙、贞节牌坊等名胜古迹。经济以种植业为主，种植高粱、谷子、大豆、小麦、玉米、黄烟等。有华云公司。有公路经此。

李家官庄 370781-B07-H30
［Lǐjiāguānzhuāng］

在市驻地王府街道东北方向 9.9 千米。东夏镇辖自然村。人口 2 000。明洪武初年，李氏先祖从河北枣强县迁此立村。因明衡王就藩青州，将该村视为交通要道和战略重点，组织精明强干的青壮年为衡王官府办理事务，由此称村为李家官庄。聚落呈团块状分布。有市级文物保护单位李氏祠堂。经济以种植业为主，种植小麦、玉米、高粱、黄烟。有耐威智能航空、潍微科技、德骏电磁电机、科尔泰重工等企业。有公路经此。

于古店 370781-B07-H31
［Yúgǔdiàn］

在市驻地王府街道东北方向 12.5 千米。东夏镇辖自然村。人口 600。明朝初期，于姓在此地落户定居，因靠近交通要道，有古店一座，故名于古店。聚落呈团块状分布。经济以种植业为主，种植蔬菜。有鑫星纸业有限公司、青州光明制本、青州食用菌高新技术开发服务部等企业。济青高速经此。

范王 370781-B07-H32

[Fànwáng]

在市驻地王府街道东北方向 10.8 千米。东夏镇辖自然村。人口 1 600。该村是春秋战国时期齐国铸造钱币模具的作坊，主管应为齐国王侯，早期在此地居住的村民取名钱范王庄，后演变为前范王，简称范王。聚落呈团块状分布。有春秋战国时期齐国刀币模具制造遗址等历史古迹、明朝古槐 3 棵。经济以种植业为主，种植辣椒、茄子、西葫芦、苦瓜、西红柿等。有公路经此。

朱刘马 370781-B07-H33

[Zhūliúmǎ]

在市驻地王府街道东北方向 6.1 千米。东夏镇辖自然村。人口 1 400。因由朱家楼、刘家厂、马家庙三村合并而成，故名。聚落呈团块状分布。经济以种植业、加工制造业为主。有骏蔚精细化工有限公司、金德坤实业有限公司、山东乘风工程机械有限公司、南顺面粉厂、青州市宝丰镀膜科技有限公司、泓德物流园、顺宝电机、青州佳联液压机械等企业。309 国道、227 省道经此。

懒柳树 370781-B07-H34

[Lǎnliǔshù]

在市驻地王府街道东北方向 8.6 千米。东夏镇辖自然村。人口 2 100。赵匡胤曾带兵到此，在村内一棵粗大的柳树下和衣而睡，一觉醒来日已偏西，但柳荫未挪，遂赐名懒柳树。聚落呈团块状分布。经济以种植业为主，种植高粱、玉米、小麦、大豆、黄瓜、芹菜、西红柿、辣椒、茄子等。有潍坊益和电气、荣美尔、北超伺服、祥力机械、吉青化工等企业。益羊铁路、长深高速公路、省道羊临路经此。

周家 370781-B07-H35

[Zhōujiā]

在市驻地王府街道东北方向 12.2 千米。东夏镇辖自然村。人口 700。明初，周氏先祖由山西洪洞县迁此定居建村，以姓氏立村，名周家。聚落呈团块状分布。有五道河口等历史古迹。经济以种植业为主，种植小麦、玉米、大姜等。有炜烽车桥有限公司、锦荣液压有限公司等企业。有公路经此。

牛家 370781-B07-H36

[Niújiā]

在市驻地王府街道东北方向 13.3 千米。东夏镇辖自然村。人口 1 100。因牛姓立村而得名。聚落呈团块状分布。经济以种植业为主，种植小麦、玉米、高粱、谷子、大豆。有金牛液压件有限公司、工乐热风机厂等企业。济青高速、长深高速经此。

谭家坊 370781-B08-H01

[Tánjiāfāng]

谭坊镇人民政府驻地。在市驻地王府街道东方向 23.0 千米。人口 2 700。明初，谭姓自山西省迁此，在古驿道旁开店，称老谭庄。后与村南有手工业作坊的新立之村相连，名谭家坊。聚落呈团块状分布。有幼儿园、中学、小学等。经济以种植业为主，种植西瓜、辣椒、茄子、黄瓜等。有机械制造、淀粉生产与加工、食品加工等企业。胶济铁路经此，设谭家坊站，309 国道经此。

郑母 370781-B08-H02

[Zhèngmǔ]

在市驻地王府街道东南方向 20.0 千米。谭坊镇辖自然村。人口 4 100。建于汉代，以东汉郑玄（郑康成）墓而得名郑墓，后讹为今名。聚落呈带状分布。有中学1处。经济以种植业为主，种植小麦、玉米、地瓜等，种植西瓜、辣椒等。济青公路经此。

萧家庄 370781-B08-H03
[Xiāojiāzhuāng]

在市驻地王府街道东方向17.0千米。谭坊镇辖自然村。人口2 200。北宋时名常家庄，萧姓迁此定居后，始称萧家庄。聚落呈团块状分布。有幼儿园1处。有省级文物保护单位萧家庄遗址。经济以种植业为主，种植西瓜、蔬菜。胶济铁路经此。

庄家庄 370781-B08-H04
[Zhuāngjiāzhuāng]

在市驻地王府街道东方向20.0千米。谭坊镇辖自然村。人口1 100。元代由庄氏立村，故名。聚落呈团块状分布。经济以种植业为主，种植西瓜、蔬菜。胶济铁路经此。

贾家庄 370781-B08-H05
[Jiǎjiāzhuāng]

在市驻地王府街道东方向15.0千米。谭坊镇辖自然村。人口1 500。明初贾姓人迁此立村，名贾家庄。聚落呈团块状分布。经济以种植业为主，种植西瓜、蔬菜。有公路经此。

大兴刘 370781-B08-H06
[Dàxīngliú]

在市驻地王府街道东方向24.0千米。谭坊镇辖自然村。人口900。明洪武年间，刘氏兄弟三人从河北省枣强县迁至山西洪洞县，再次迁至山东青州府谭坊北，立村大兴刘。聚落呈团块状分布。经济以种植业为主，种植西瓜、蔬菜。济青高铁经此。

倪辛 370781-B08-H07
[Níxīn]

在市驻地王府街道东方向25.0千米。谭坊镇辖自然村。人口800。明朝初年，孙姓、杜姓迁此定居，因多枣树，村名枣林。清道光九年（1829），倪姓迁来，村名改为倪家庄。民国年代，曾有大路为界，分为东倪庄、西倪庄。1995年与辛庄子合并，得名倪辛。聚落呈团块状分布。经济以种植业为主，种植辣椒、芸豆、瓜果。有公路经此。

大赵 370781-B08-H08
[Dàzhào]

在市驻地王府街道东方向24.0千米。谭坊镇辖自然村。人口900。明洪武年间，赵龙、赵虎、赵豹迁来，至香山东落户居住，当时只有赵氏兄弟及家眷十几人，因此定名为大赵。聚落呈带状分布。经济以种植业为主，种植瓜菜。有公路经此。

高家庄 370781-B08-H09
[Gāojiāzhuāng]

在市驻地王府街道东方向28.0千米。谭坊镇辖自然村。人口1 300。明洪武二年（1369），根据地理环境、人员构成定名高家庄。聚落呈带状分布。经济以种植业为主，种植瓜菜。有公路经此。

夹河 370781-B08-H10
[Jiāhé]

在市驻地王府街道东方向30.0千米。谭坊镇辖自然村。人口1 100。元代，李姓立村开店，名李家店。明洪武二年（1369），李家三兄弟从河北枣强县迁入尧河以西，在青龙河与尧河汇合处的三角地立夹河寨。一兄弟留在此处，另两兄弟后相继迁往李家店。因后代兴旺，李姓迁出李家店，村名改为夹河店，后更名为夹河。聚落呈带状分布。经济以种植业、养殖业为主。有公路经此。

东刘镇 370781-B08-H11

[Dōngliúzhèn]

在市驻地王府街道东方向 25.0 千米。谭坊镇辖自然村。人口 1 300。村名来历说法有二：一说清顺治八年（1651），刘姓来此居住并开设店铺，故名刘家店，随着刘姓人口的增多，为了镇邪，刘姓人在"鬼湾"边立一石人，村名称刘镇；另一说刘万青于清乾隆九年（1744）武举及第，榜文称其村籍刘镇，村名始称刘镇，后以方位更名东刘镇。聚落呈团块状分布。经济以种植业为主。有公路经此。

东田旺 370781-B08-H12

[Dōngtiánwàng]

在市驻地王府街道东方向 25.0 千米。谭坊镇辖自然村。人口 1 300。宋代即有村落，旧有苗、萧等姓居民，以田禾旺盛之意，取名田旺。《刘氏族谱》称，刘姓于明洪武年间自枣强县迁来。民国时期分为东、西两保，1948 年后分别称东田旺与西田旺。聚落呈团块状分布。经济以种植业为主。有公路经此。

南魏 370781-B08-H13

[Nánwèi]

在市驻地王府街道东方向 20.0 千米。谭坊镇辖自然村。人口 1 100。明永乐末年，魏姓由贾家村迁此立村，因在北魏家庙南，故名。聚落呈团块状分布。有阅览室 1 处和小学、幼儿园。有土围子、三官庙、郭氏大墓、古槐等历史遗迹。经济以种植业为主。有公路经此。

半截楼 370781-B08-H14

[Bànjiélóu]

在市驻地王府街道东方向 24.0 千米。谭坊镇辖自然村。人口 1 400。明代前已有村落，名张家庄。董氏累世巨富，意起高楼以避匪乱，工兴及半，土匪拥至，起家而逃，后回故里，董氏为纪念建楼未成，故名半截楼。聚落呈团块状分布。经济以种植业为主。有公路经此。

大推官 370781-B08-H15

[Dàtuīguān]

在市驻地王府街道东方向 20.0 千米。谭坊镇辖自然村。人口 1 700。明洪武年间，秦氏祖先由山西省洪洞县秦党迁入此地，因有先祖任推官者，故以官名命村名大推官。聚落呈团块状分布。有文化书屋 1 处。经济以种植业为主。有奥普利金属材料有限公司、华冠农膜厂、三得门业、鼎信经贸、京鲁公司等企业。309 国道经此。

张羊 370781-B08-H16

[Zhāngyáng]

在市驻地王府街道东方向 24.0 千米。谭坊镇辖自然村。人口 3 300。西晋开国名臣羊祜族人曾在此居住，故取村名羊里。后因村庄地势低洼更名为沟下舍。明洪武二年（1369），因战争导致村中人口大量减少，张氏祖先自河北枣强县迁移至此定居，自此张姓居多，故更名为张羊。聚落呈团块状分布。有小学 1 处。经济以种植业为主。有公路经此。

中郑 370781-B08-H17

[Zhōngzhèng]

在市驻地王府街道东方向 20.0 千米。谭坊镇辖自然村。人口 1 200。郑母村系东汉大司农、大经学家郑玄旧葬地，古称郑墓。

后按方位分为东郑、西郑、中郑三村，此村为中郑。聚落呈带状分布。有状元楼遗址、清朝青砖小瓦房屋、清朝青砖小瓦古门楼、明朝状元碾、市级保护树木古国槐等历史遗迹。经济以种植业、商贸业为主。102省道经此。

庄庙 370781-B08-H18
[Zhuāngmiào]

在市驻地王府街道东方向25.0千米。谭坊镇辖自然村。人口1 200。因村北有一天齐庙，故名天齐庙。明永乐年间，庄氏祖先庄富春、庄万春、庄景春三兄弟迁来立村，主持天齐庙香火，命村名庄庙。聚落呈团块状分布。有学校。有县级文物保护单位庄庙北遗址、关帝庙遗址。经济以种植业为主。有公路经此。

山前李 370781-B08-H19
[Shānqiánlǐ]

在市驻地王府街道东方向22.0千米。谭坊镇辖自然村。人口1 000。明洪武初年，李姓迁于香山前立村，称李家庄。民国时期曾称琪阳李家庄。中华人民共和国成立后称山前李。聚落呈带状分布。经济以种植业为主。有公路经此。

宋池 370781-B08-H20
[Sòngchí]

在市驻地王府街道东方向24.0千米。谭坊镇辖自然村。人口1 500。明正德年间，宋氏先祖有能在东羊村定居。清道光年间，宋姓繁盛，他姓皆无，又因庄南有池塘数个，故易名为宋池。聚落呈团块状分布。有小学1处。经济以种植业、商贸业为主。有公路经此。

苏家 370781-B08-H21
[Sūjiā]

在市驻地王府街道东方向26.0千米。谭坊镇辖自然村。人口1 100。因苏姓迁此居住，故名。聚落呈带状分布。经济以种植业为主。有公路经此。

谭北 370781-B08-H22
[Tánběi]

在市驻地王府街道东方向17.5千米。谭坊镇辖自然村。人口1 200。明洪武年间，谭姓迁来，在古驿道旁开店，起名谭家店。又因开设多家店铺作坊，村庄规模渐大，称为谭家坊子，后以方位更名谭北。聚落呈团块状分布。有幼儿园、小学、中学。经济以种植业、商业为主。有世邦机械、中叉重工、国峰食品、孙树强扒鸡、华冠塑料、凯利德剪刀、东方圣沣食品等企业。309国道经此。

时家 370781-B08-H23
[Shíjiā]

在市驻地王府街道东南方向25.0千米。谭坊镇辖自然村。人口1 800。明洪武年间，时姓自山西洪洞县迁来立村，后盖楼三座，村名改称时家楼，清代演变为时家。聚落呈散状分布。经济以种植业为主。309国道经此。

塘坊 370781-B08-H24
[Tángfáng]

在市驻地王府街道东方向20.0千米。谭坊镇辖自然村。人口1 300。元代，西姓先迁小尹村，旋迁此立村，初名西家屯。明初，村中有制糖作坊，故更名为糖坊，后演变为塘坊。聚落呈散状分布。经济以种植业为主。有公路经此。

王家羊 370781-B08-H25

[Wángjiāyáng]

在市驻地王府街道东方向 20.0 千米。谭坊镇辖自然村。人口 1 100。明永乐年间，王氏携家资奉命迁至此地，因有羊氏族人墓在东羊里，故本村名西羊里，后演称为王家羊。聚落呈团块状分布。经济以种植业为主。有公路经此。

王盘石 370781-B08-H26

[Wángpánshí]

在市驻地王府街道东方向 25.0 千米。谭坊镇辖自然村。人口 1 500。明初，王氏自河北枣强县迁至临朐县梭庄，明万历年间由梭庄迁至王泉村东，清康熙十年（1671）又自王泉村迁至此。因为不希望再次迁徙，取稳如磐石之意，村名王磐石，后演变为王盘石。聚落呈散状分布。有幼儿园 1 处。有战国时期文化遗址、汉代砖瓦陶片等历史遗迹。经济以种植业为主。有公路经此。

西郑 370781-B08-H27

[Xīzhèng]

在市驻地王府街道东方向 20.0 千米。谭坊镇辖自然村。人口 2 200。系东汉大司农、大经学家郑玄旧葬地，村因墓名称郑墓店，演变为郑母，后名西郑。聚落呈团块状分布。经济以种植业为主。325 省道经此。

夏辛 370781-B08-H28

[Xiàxīn]

在市驻地王府街道东方向 30.0 千米。谭坊镇辖自然村。人口 900。清代，姜姓自姜家庄与范姓同来立村，村名小姜家村。《夏氏族谱》称，夏永祥与其子夏光斗创茹素道，扩村建寨，道徒迁来聚居，范围

达安丘、沂水等 11 个县，改村名为夏辛。聚落呈团块状分布。经济以种植业为主。有公路经此。

小赵 370781-B08-H29

[Xiǎozhào]

在市驻地王府街道东方向 25.0 千米。谭坊镇辖自然村。人口 1 100。明洪武年间，赵氏祖先由外地迁来立村，叫岐山小赵，后改称小赵。聚落呈团块状分布。经济以种植业为主。有公路经此。

八里 370781-B08-H30

[Bālǐ]

在市驻地王府街道东方向 22.0 千米。谭坊镇辖自然村。人口 500。建村时为涝洼地，土地荒芜，无人耕种，官府大道自此经过。为了鼓励垦荒，官府建房，无偿供给各地来此的垦荒人居住，故在此设庄，名八里官庄，后演称八里。聚落呈团块状分布。经济以种植业为主。有公路经此。

李家 370781-B08-H31

[Lǐjiā]

在市驻地王府街道东方向 17.0 千米。谭坊镇辖自然村。人口 800。明永乐年间，李迥带二子由安丘辉渠镇李家沟迁来立村，名李家。聚落呈团块状分布。经济以种植业为主，种植西瓜、弥河银瓜、蔬菜。309 国道经此。

石桥 370781-B08-H32

[Shíqiáo]

在市驻地王府街道东方向 15.0 千米。谭坊镇辖自然村。人口 800。明成化年间，郝姓家族由本县王家泉村迁此定居于康浪河畔，取名河之社。因两岸交往不便，清道光年间，村人在村中康浪河上架一石板

桥，村因桥而名。聚落呈带状分布。经济以种植业为主。307省道、28省道经此。

高家埠　370781-B08-H33

[Gāojiābù]

在市驻地王府街道东方向20.0千米。谭坊镇辖自然村。人口800。明初，高姓从山西洪洞县迁此立村，因村南有一埠岭，故名高家埠。聚落呈团块状分布。经济以种植业为主。307省道、28省道经此。

小尹　370781-B08-H34

[Xiǎoyǐn]

在市驻地王府街道东方向20.0千米。谭坊镇辖自然村。人口900。因官职少尹而得名。有小学1处。聚落呈团块状分布。经济以种植业为主，种植桃、西瓜、蔬菜。有公路经此。

老鸦　370781-B08-H35

[Lǎoyā]

在市驻地王府街道东方向20.0千米。谭坊镇辖自然村。人口1 000。明洪武二年（1369），赵氏由河北省枣强县迁于石转子立村，因社会动荡，后迁于此立村，因村中大多数树都有老鸦栖息，故取名老鸦。聚落呈团块状分布。有市级非物质文化遗产项目偏瘫丸制作技艺。经济以种植业为主，种植花卉、果蔬。有公路经此。

康家羊　370781-B08-H36

[Kāngjiāyáng]

在市驻地王府街道东方向24.0千米。谭坊镇辖自然村。人口1 300。明朝初年，时氏居此，名时家庙。清顺治二年（1645），康氏五代祖康锤迁此，后更名为康家羊。聚落呈带状分布。经济以种植业为主。有公路经此。

董家　370781-B08-H37

[Dǒngjiā]

在市驻地王府街道东方向24.0千米。谭坊镇辖自然村。人口800。明洪武二年（1369），董城迁此，故名。聚落呈团块状分布。有古宅、古槐等历史遗迹。经济以种植业为主。有公路经此。

万家坊　370781-B08-H38

[Wànjiāfāng]

在市驻地王府街道东方向26.0千米。谭坊镇辖自然村。人口600。元末明初，万姓由外地迁来，人口逐年增加，故名万家坊。聚落呈团块状分布。经济以种植业为主。有公路经此。

赵坡　370781-B08-H39

[Zhàopō]

在市驻地王府街道东方向23.0千米。谭坊镇辖自然村。人口700。清乾隆二年（1737），张姓从张家坡子迁此定居，村名坡子。后赵姓迁此，定村名赵家坡子，演称赵坡。聚落呈团块状分布。有小学1处。经济以种植业、商贸业为主。有公路经此。

裴坡　370781-B08-H40

[Péipō]

在市驻地王府街道东方向25.0千米。谭坊镇辖自然村。人口800。明代前，张姓在此居住，村名坡子，又名张家街。明初，裴姓迁来坡子村前居住，后独立称裴家坡子，坡子也改称张家坡子，后两村合称裴坡。聚落呈团块状分布。经济以种植业、商贸业为主。有公路经此。

北陈　370781-B08-H41

[Běichén]

在市驻地王府街道东方向24.0千米。

谭坊镇辖自然村。人口1 100。明洪武二年（1369），陈姓迁于山东青州府益都县城东琪山之后，名村陈家庄。后分为两村，本村以方位称北陈。聚落呈团块状分布。经济以种植业为主。有公路经此。

东肖 370781-B08-H42
［Dōngxiāo］

在市驻地王府街道东方向24.0千米。谭坊镇辖自然村。人口500。明洪武年间，萧姓迁徙至此立村，取名萧家庄子。清末改称东萧家庄，后改为东肖。聚落呈团块状分布。有省级文物保护单位萧家庄遗址。经济以种植业为主。309国道经此。

南寨 370781-B08-H43
［Nánzhài］

在市驻地王府街道东方向23.0千米。谭坊镇辖自然村。人口900。明末，孙姓自黄楼街道康河子村迁来，在洗耳河东岸立村，为防乱，筑围寨，村名孙家寨子。后为与北寨区别，此村以方位称南寨。聚落呈团块状分布。经济以种植业为主。有公路经此。

解家 370781-B08-H44
［Xièjiā］

在市驻地王府街道东方向22.0千米。谭坊镇辖自然村。人口500。因姓氏得名。聚落呈团块状分布。经济以种植业为主。有公路经此。

西于 370781-B08-H45
［Xīyú］

在市驻地王府街道东方向27.5千米。谭坊镇辖自然村。人口1 100。明洪武年间，于氏家族从文登斥山迁至益都东55里，故名于家村，后改为西于。聚落呈带状分布。经济以种植业为主。有公路经此。

诸城市

城市居民点

诚通香榭里小区 370782-I01
［Chéngtōng Xiāngxièlǐ Xiǎoqū］

在县级市市境中部。人口3 800。总面积14.8公顷。以香榭里表示幽雅、浪漫的环境，故名。2011年正式使用。建筑总面积300 000平方千米，高层住宅楼35栋，欧式建筑风格，绿化率35.50%，有广场、商业街、幼儿园等配套设施。

大观园烟草住宅小区 370782-I02
［Dàguānyuán Yāncǎo Zhùzhái Xiǎoqū］

在县级市市境中部。150户。总面积0.19公顷。为山东潍坊烟草有限公司诸城分公司为员工提供的居住小区，故名。1997年始建，1998年正式使用。建筑总面积14 136平方米，多层住宅楼4栋，现代简约建筑风格，绿地面积3 500平方米。

当代帝中海小区 370782-I03
［Dāngdài Dìzhōnghǎi Xiǎoqū］

在县级市市境中部。1 194户。总面积17.3公顷。因房屋建筑风格采用西班牙风情建筑设计方案，故采用地中海这一地名，并取其谐音作为小区名称。2011年正式使用。建筑总面积20 000平方米，住宅楼29栋，其中高层2栋、多层27栋，欧式建筑风格。

得利斯丹桂轩小区 370782-I04
［Délìsī Dānguìxuān Xiǎoqū］

在县级市市境中部。285户。总面积2.1公顷。由山东得利斯置业有限公司投资建设，取丹桂香飘万里之意，故名。2009年正式使用。建筑总面积 32 566 平方米，高层住宅楼 2 栋，现代简约建筑风格，绿地面积 5 000 平方米。

得利斯繁荣苑 370782-I05
[Délìsī Fánróngyuàn]

在县级市市境中部。48 户。总面积 0.23 公顷。由山东得利斯置业有限公司开发建设，取繁荣家园之意，故名。2009 年正式使用。建筑总面积 5 645 平方米，高层住宅楼 1 栋，现代简约建筑风格。

得利斯魅力城 370782-I06
[Délìsī Mèilìchéng]

在县级市市境中部。402 户。总面积 2.1 公顷。山东得利斯置业有限公司开发建设并命名，取时尚魅力之意，故名。2010 年正式使用。建筑总面积 20 000 平方米，高层住宅楼 4 栋，现代简约建筑风格。

得利斯世纪城 370782-I07
[Délìsī Shìjìchéng]

在县级市市境中部。1 303 户。总面积 6.51 公顷。山东得利斯置业有限公司开发建设并命名，取世纪之巅之意，故名。2010 年正式使用。建筑总面积 72 000 平方米，多层住宅楼 12 栋，现代简约建筑风格。

电力二小区 370782-I08
[Diànlì 2 Xiǎoqū]

在县级市市境中部。67 户。总面积 0.2 公顷。诸城供电公司开发建设，故名。1995 年始建，1997 年正式使用。建筑总面积 6 000 平方米，多层住宅楼 2 栋，现代简约建筑风格。

电力九小区 370782-I09
[Diànlì 9 Xiǎoqū]

在县级市市境中部。224 户。总面积

0.59 公顷。诸城供电公司开发建设，故名。2009 年始建，2010 年正式使用。建筑总面积 42 000 平方米，住宅楼 6 栋，其中高层 2 栋、多层 4 栋，现代简约建筑风格。

电力六小区 370782-I10
[Diànlì 6 Xiǎoqū]

在县级市市境中部。66 户。总面积 0.6 公顷。诸城供电公司开发建设，故名。1999 年始建，2001 年正式使用。建筑总面积 12 000 平方米，多层住宅楼 2 栋，现代简约建筑风格。

电力七小区 370782-I11
[Diànlì 7 Xiǎoqū]

在县级市市境中部。570 户。总面积 2.3 公顷。诸城供电公司开发建设，故名。2004 年始建，2006 年正式使用。建筑总面积 70 600 平方米，多层住宅楼 15 栋，现代简约建筑风格。

电力八小区 370782-I12
[Diànlì 8 Xiǎoqū]

在县级市市境中部。222 户。总面积 3.2 公顷。诸城供电公司开发建设，故名。2010 年正式使用。建筑总面积 52 000 平方米，高层住宅楼 2 栋，现代简约建筑风格。

电力三小区 370782-I13
[Diànlì 3 Xiǎoqū]

在县级市市境中部。113 户。总面积 0.76 公顷。诸城供电公司开发建设，故名。1994 年始建，1995 年正式使用。建筑总面积 10 800 平方米，多层住宅楼 2 栋，现代简约建筑风格。

电力四小区 370782-I14
[Diànlì 4 Xiǎoqū]

在县级市市境中部。35 户。总面积

0.80 公顷。诸城供电公司开发建设，故名。1994 年始建，1995 年正式使用。建筑总面积 4 200 平方米，多层住宅楼 1 栋，现代简约建筑风格。

电力五小区 370782-I15
[Diànlì 5 Xiǎoqū]

在县级市市境中部。234 户。总面积 2.09 公顷。诸城供电公司开发建设，故名。1994 年始建，1995 年正式使用。建筑总面积 27 000 平方米，多层住宅楼 8 栋，现代简约建筑风格。

电力一小区 370782-I16
[Diànlì 1 Xiǎoqū]

在县级市市境中部。124 户。总面积 0.53 公顷。诸城供电公司开发建设，故名。2006 年始建，2007 年正式使用。建筑总面积 12 000 平方米，多层住宅楼 3 栋，现代简约建筑风格。

东辰惠园 370782-I17
[Dōngchén Huìyuán]

在县级市市境中部。人口 300。总面积 0.45 公顷。东辰指位于诸城市东部，因靠近繁华高中，取"惠"字，故名。2009 年始建，2010 年正式使用。建筑总面积 5 621 平方米，多层住宅楼 4 栋，现代简约建筑风格。

东城名苑 370782-I18
[Dōngchéng Míngyuàn]

在县级市市境中部。950 户。总面积 4.41 公顷。因位于城市的东部，故名。2011 年正式使用。建筑总面积 95 789 平方米，住宅楼 25 栋，其中高层 5 栋、多层 20 栋，现代简约建筑风格。

东方明都小区 370782-I19
[Dōngfāng Míngdū Xiǎoqū]

在县级市市境中部。64 户。总面积 0.47 公顷。由山东东方置业开发公司开发建设，故名。2009 年正式使用。建筑总面积 16 547 平方米，多层住宅楼 2 栋，现代简约建筑风格。

东坡小区 370782-I20
[Dōngpō Xiǎoqū]

在县级市市境中部。2 319 户。总面积 16.98 公顷。为纪念苏东坡而得名。1997 年始建，1998 年正式使用。建筑总面积 120 000 平方米，多层住宅楼 66 栋，现代简约建筑风格。

东顺花园 370782-I21
[Dōngshùn Huāyuán]

在县级市市境中部。284 户。总面积 3.30 公顷。因处在城区东部，以万事顺利、繁花似锦的寓意取名。2009 年正式使用。建筑总面积 35 345 平方米，住宅楼 8 栋，其中高层 4 栋、多层 4 栋，现代简约建筑风格，绿地面积 12 000 平方米。

东武古城北区 370782-I22
[Dōngwǔ Gǔchéng Běiqū]

在县级市市境中部。840 户。总面积 2.76 公顷。诸城古称东武，该小区原址为古城子村，且该部分楼宇处在整个项目的北侧，故名东武古城北区。2012 年始建，2014 年正式使用。建筑总面积 80 000 平方米，多层住宅楼 13 栋，现代简约建筑风格。

东武古城南区 370782-I23
[Dōngwǔ Gǔchéng Nánqū]

在县级市市境中部。680 户。总面积 5.1 公顷。诸城古称东武，该小区原址为古城子村，且该部分楼宇处在整个项目的南侧，故名东武古城南区。2010年始建，2012年正式使用。建筑总面积70 000平方米，多层住宅楼22栋，现代简约建筑风格。

东武古城中区 370782-I24
[Dōngwǔ Gǔchéng Zhōngqū]

在县级市市境中部。680户。总面积8.97公顷。诸城古称东武，该小区原址为古城子村，且该部分楼宇处在整个项目的中部，故名东武古城中区。2010年始建，2012年正式使用。建筑总面积80 000平方米，多层住宅楼31栋，现代简约建筑风格。

奥韵花园 370782-I25
[Àoyùn Huāyuán]

在县级市市境中部。1 415户。总面积11.18公顷。"奥"指博大，"韵"指韵律，因绿化景观设计优美，如同花园，故名。2010年始建，2012年正式使用。建筑总面积130 000平方米，多层住宅楼45栋，现代简约建筑风格。

百合花园 370782-I26
[Bǎihé Huāyuán]

在县级市市境中部。600户。总面积6公顷。百合花寓意吉祥美满，故名。2010年正式使用。建筑总面积143 000平方米，住宅楼14栋，其中高层3栋、多层10栋，现代简约建筑风格。

宝龙公园世家小区 370782-I27
[Bǎolóng Gōngyuán Shìjiā Xiǎoqū]

在县级市市境中部。496户。总面积2.45公顷。因位于恐龙公园南，环境优美，故名。2010年正式使用。建筑总面积70 583平方米，高层住宅楼6栋，现代简约建筑风格。

朝阳公馆小区 370782-I28
[Cháoyáng Gōngguǎn Xiǎoqū]

在县级市市境中部。251户。总面积1.12公顷。取朝气蓬勃、阳光灿烂之意命名。2014年正式使用。建筑总面积139 242平方米，高层住宅楼3栋，现代简约建筑风格，绿地面积4 500平方米。

朝阳花苑 370782-I29
[Cháoyáng Huāyuán]

在县级市市境中部。360户。总面积2.08公顷。希望小区像早上的朝阳一样充满朝气活力，故名。2007年始建，2009年正式使用。建筑总面积81 700平方米，高层住宅楼6栋，现代简约建筑风格。

农村居民点

八里庄 370782-A01-H01
[Bālǐzhuāng]

在市驻地密州街道东北方向8.0千米。密州街道辖自然村。人口1 300。明代，苏氏、于氏两家由山西移来定居，以居处距离旧县衙八里，取村名八里庄。聚落呈团块状分布。有幼儿园、小学。经济以商贸业为主。有公路经此。

白玉山 370782-A01-H02
[Báiyùshān]

在市驻地密州街道西北方向2.1千米。密州街道辖自然村。人口2 000。因县北二里有白玉山，故名。聚落呈团块状分布。有幼儿园、文化大院。经济以工商业为主。有公路经此。

北三里庄 370782-A01-H03
[Běisānlǐzhuāng]

在市驻地密州街道北方向3.0千米。密

州街道辖自然村。人口 4 100。因邵氏先来，以其姓氏称村名邵家。又以此地距县衙三里，取村名三里庄。后更名北三里庄。聚落呈团块状分布。有幼儿园、小学。经济以商贸业为主。有公路经此。

五里堡 370782-A01-H04
[Wǔlǐpù]

在市驻地密州街道东北方向 5.0 千米。密州街道辖自然村。人口 4 000。因距旧县衙五里路，又处在交通要道，故名五里铺。古代的"铺"与"堡"通，意为驿站，后改名五里堡。聚落呈团块状分布。有幼儿园、小学。经济以商贸业为主。有公路经此。

大王瑞 370782-A01-H05
[Dàwángmén]

在市驻地密州街道东南方向 6.8 千米。密州街道辖自然村。人口 1 400。明初，因一块突起的石头上生长出两棵枣树，故名石龙枣。明末，王氏逐渐壮大，更名大王瑞。聚落呈团块状分布。有幼儿园。经济以种植业为主。有公路经此。

黄埠岭 370782-A01-H06
[Huángbùlǐng]

在市驻地密州街道东南方向 8.5 千米。密州街道辖自然村。人口 500。原名凤凰岭，明末清初，黄姓来此定居，取名黄埠岭。聚落呈团块状分布。有幼儿园。经济以种植业为主。有公路经此。

逄家沟子 370782-A01-H07
[Pángjiāgōuzi]

在市驻地密州街道东南方向 7.8 千米。密州街道辖自然村。人口 900。传说明代逄氏迁此定居，因村址在凤凰山北麓山沟里，以姓氏加地貌取村名逄家沟子。聚落呈团块状分布。有幼儿园。经济以种植业为主。有公路经此。

亭子沟 370782-A01-H08
[Tíngzigōu]

在市驻地密州街道东南方向 8.4 千米。密州街道辖自然村。人口 400。清康熙六十年（1721），进士王敛福做官回乡后在此处建了一座亭子，作为休闲娱乐之处，故取村名亭子沟。聚落呈团块状分布。有幼儿园。经济以种植业为主。有公路经此。

新安 370782-A01-H09
[Xīn'ān]

在市驻地密州街道东南方向 6.4 千米。密州街道辖自然村。人口 500。明末聂氏在此定居，因居处西有一庙宇，因取村名西庵庄。1981 年，以谐音称新安。聚落呈团块状分布。有幼儿园。经济以种植业为主。有公路经此。

朱吉庄子 370782-A01-H10
[Zhūjízhuāngzi]

在市驻地密州街道东南方向 6.7 千米。密州街道辖自然村。人口 300。传说清初朱姓迁来此地定居，以姓氏取名朱家庄。1981 年，因村中已无朱姓人家，以谐音改村名朱吉庄子。聚落呈团块状分布。有幼儿园。经济以种植业为主。有公路经此。

大松园 370782-A01-H11
[Dàsōngyuán]

在市驻地密州街道东南方向 10.5 千米。密州街道辖自然村。人口 1 100。明代，臧氏和李氏分别移来定居，时居处有松林一片，遂以此取村名松园，后更名大松园。聚落呈团块状分布。有幼儿园。经济以种植业为主。有公路经此。

管家庄子 370782-A01-H12
[Guǎnjiāzhuāngzi]

在市驻地密州街道东南方向 12.3 千米。密州街道辖自然村。人口 300。清中后期，管氏十四世族人从瓦店村迁此定居，因居处在鳌子山西侧，依地貌取村名山西头。清末，村中管姓住户多，遂以姓氏更称管家庄子。聚落呈团块状分布。有幼儿园。经济以种植业为主。有公路经此。

后姜家庄 370782-A01-H13
[Hòujiāngjiāzhuāng]

在市驻地密州街道东南方向 12.1 千米。密州街道辖自然村。人口 600。以姓氏取村名姜家庄，后更名后姜家庄。聚落呈团块状分布。有幼儿园。经济以种植业为主。有公路经此。

前姜家庄 370782-A01-H14
[Qiánjiāngjiāzhuāng]

在市驻地密州街道东南方向 12.0 千米。密州街道辖自然村。人口 400。管氏族人由瓦店村迁今后姜家庄村南居住，故名前姜家庄。聚落呈团块状分布。有幼儿园。经济以种植业为主。有公路经此。

哨头 370782-A01-H15
[Shàotóu]

在市驻地密州街道东方向 12.0 千米。密州街道辖自然村。人口 600。东汉末年，曹操东征海寇，军队驻扎在曹阵村一带，前哨头设在此地，后有人家来此居住，取名哨头。聚落呈团块状分布。有幼儿园。经济以种植业为主。有公路经此。

转头山子 370782-A01-H16
[Zhuǎntóushānzi]

在市驻地密州街道东南方向 12.4 千米。密州街道辖自然村。人口 300。明末清初，胡氏族人从大高瞳村迁此定居，因村处鳌子山西北角，卢河经村前转西流，出入村庄需绕山半圈，故取村名转头山。清末，写为转头山子。聚落呈团块状分布。有幼儿园。经济以种植业为主。有公路经此。

安家铁沟 370782-A01-H17
[Ānjiātiěgōu]

在市驻地密州街道东南方向 4.1 千米。密州街道辖自然村。人口 800。明初，安氏由山西洪洞县逃荒来诸城，后族人来该村入住，因居处为林地，初以姓氏取村名安家林。后因村南有铁沟河，遂以姓氏更称安家铁沟。聚落呈团块状分布。有幼儿园。经济以种植业为主。有公路经此。

陈家林 370782-A01-H18
[Chénjiālín]

在市驻地密州街道东方向 2.8 千米。密州街道辖自然村。人口 1 000。原为陈氏祖茔地，故取村名陈家林。聚落呈团块状分布。有幼儿园。经济以种植业为主。有公路经此。

求佳邻 370782-A01-H19
[Qiújiālín]

在市驻地密州街道东方向 4.9 千米。密州街道辖自然村。人口 1 100。因居处在黄瞳村东南岭上，初依黄瞳村，称东南黄瞳。清初，这里是北十里堡村邱氏的林地，更名邱家林，后以谐音改称求佳邻。聚落呈团块状分布。有幼儿园。经济以种植业为主。有公路经此。

小高乐埠 370782-A01-H20
[Xiǎogāolèbù]

在市驻地密州街道东南方向 5.3 千米。密州街道辖自然村。人口 200。清初，大高乐埠村王氏来此定居，因建村晚、户数少，依大高乐埠取名小高乐埠。聚落呈团块状分布。有幼儿园。经济以种植业为主。有公路经此。

小王门 370782-A01-H21
[Xiǎowángmén]

在市驻地密州街道东南方向 5.3 千米。密州街道辖自然村。人口 900。因居处在大王瞒村后，又是大王瞒村王氏之地产，村名初称后王瞒。后因建村晚，村庄规模小，更称小王瞒。清末民初，"瞒"字写为"门"字，称小王门。聚落呈团块状分布。有幼儿园。经济以种植业为主。有公路经此。

杨家岭 370782-A01-H22
[Yángjiālǐng]

在市驻地密州街道东方向 5.2 千米。密州街道辖自然村。人口 1 000。明代，杨氏来此，因居岭高处，遂以姓氏加地貌称杨家岭。聚落呈团块状分布。有幼儿园。经济以种植业为主。有公路经此。

臧家铁沟 370782-A01-H23
[Zāngjiātiěgōu]

在市驻地密州街道东南方向 2.8 千米。密州街道辖自然村。人口 900。明末清初，臧氏移来定居，因居住在铁沟河边，遂以姓氏称臧家铁沟。聚落呈团块状分布。有幼儿园。经济以种植业为主。有公路经此。

大高疃 370782-A01-H24
[Dàgāotuǎn]

在市驻地密州街道东南方向 13.2 千米。密州街道辖自然村。人口 1 400。村名来历说法有二：一说最初高氏居住在这里，以姓氏加地貌取村名高疃庄；另一说明初胡氏由海州避难流落到登州，明前期移来诸城东乡定居，因居处位于康王山西麓卢河边，以居处地势高，西有良田，取村名高疃庄。清末，有胡氏族人去东边居住建小

高疃，因该村建村早，又是胡氏祖居地，遂称大高疃。聚落呈团块状分布。有幼儿园。经济以种植业为主。有公路经此。

东吕标 370782-A02-H01
[Dōnglǚbiāo]

在市驻地密州街道西南方向 7.5 千米。龙道街道辖自然村。人口 1 300。明嘉靖年间，进士吕一奏出资购买这里的田产，以标杆置田产周围，上有吕氏标记，因之称吕标，后以方位更名东吕标。聚落呈团块状分布。有幼儿园、小学。经济以种植业为主。有公路经此。

岔道口 370782-A02-H02
[Chàdàokǒu]

在市驻地密州街道西南方向 2.6 千米。龙道街道辖自然村。人口 1 300。村名来历说法有二：一说此地自古就是通往东西南北各地大道的交叉口，来这里居住的人们在路边开店做生意，取村名岔道口；另一说明中后期，因来往的客商多，住在这里的人们从外地买来茶臼，并配备盛水工具放在大道口处，免费供过往客商饮用，故这里是茶到口，谐音称岔道口。聚落呈团块状分布。有幼儿园、小学。经济以商贸业为主。有公路经此。

邱家七吉 370782-A02-H03
[Qiūjiāqījí]

在市驻地密州街道西南方向 6.2 千米。龙道街道辖自然村。人口 2 200。古称齐吉，来历有两种解释：一是古代此地属齐国，立村之人取"齐地吉祥"之意称齐吉；二是古代齐氏与吉氏在这里居住，以两姓氏取村名。后因在这里居住的系邱氏佃户，故名邱家齐吉，后以谐音称邱家七吉。聚落呈团块状分布。有幼儿园。经济以种植业为主。有公路经此。

邱家庄子 370782-A02-H04
[Qiūjiāzhuāngzi]

在市驻地密州街道西南方向 2.5 千米。龙道街道辖自然村。人口 8 000。明代，刘、王二姓迁来居住时，这里只有两位邱姓老人，为尊重先居者，遂以老人姓氏取村名邱家庄子。聚落呈团块状分布。有幼儿园、小学。经济以工商业为主。有公路经此。

王家七吉 370782-A02-H05
[Wángjiāqījí]

在市驻地密州街道西南方向 8.0 千米。龙道街道辖自然村。人口 1 000。因居齐吉东侧，故称东齐吉。清中期以后，以谐音写为东七吉。民国时期，王氏是村中大姓，便以姓氏称王家七吉。聚落呈团块状分布。有幼儿园。经济以种植业为主。有公路经此。

臧家庄 370782-A02-H06
[Zāngjiāzhuāng]

在市驻地密州街道西南方向 8.5 千米。龙道街道辖自然村。人口 400。明代，高氏移来定居，以姓氏取村名高家庄。清乾隆初年，臧氏九世族人由下黑龙沟村移来入住，逐渐繁衍成村中大户。后高氏迁出该村，臧氏改村名称臧家庄。聚落呈团块状分布。有幼儿园。经济以种植业为主。有公路经此。

大七吉 370782-A02-H07
[Dàqījí]

在市驻地密州街道西南方向 8.8 千米。龙道街道辖自然村。人口 2 500。因村庄规模大、人口多，由多个以七吉为名的村庄合并而成，故名大七吉。聚落呈团块状分布。有幼儿园。经济以种植业为主。有公路经此。

玉带 370782-A02-H08
[Yùdài]

在市驻地密州街道西南方向 7.3 千米。龙道街道辖自然村。人口 400。因涓河水经村前绕村东汇入潍河，如一条玉带围绕村周，故名村玉带。聚落呈团块状分布。有幼儿园。经济以种植业为主。有公路经此。

王家店子 370782-A02-H09
[Wángjiādiànzi]

在市驻地密州街道西南方向 10.6 千米。龙道街道辖自然村。人口 800。古代此地是通往临沂的驿道，明初王氏迁来此地定居，以在路边开店为生，后以姓氏取村名王家店子。聚落呈团块状分布。有幼儿园。经济以种植业为主。有公路经此。

善士 370782-A02-H10
[Shànshì]

在市驻地密州街道西南方向 13.2 千米。龙道街道辖自然村。人口 1 400。古代有一位道士来到这里，穷困潦倒，疾病缠身，被居住在这里的许姓人家收留，不仅供应衣食，还请大夫为他治病，在许家的关怀下，道士身体康复，为报答许家对他的关切照顾，便在许家留下来，并侍候许氏终身。后人为赞扬许家乐善好施和道士知恩图报的高尚品德，取村名称善侍，演称善士。聚落呈团块状分布。有幼儿园。经济以种植业为主。有公路经此。

大郝家村 370782-A02-H11
[Dàhǎojiācūn]

在市驻地密州街道西南方向 5.4 千米。龙道街道辖自然村。人口 900。该村明初由郝氏移民始立，初因居处在淇河北岸的崖头上，以姓氏加地貌取村名郝家崖头，至清中期改称郝家。后一支族人在村北另立村庄，称小郝家村，这里遂称大郝家村。

聚落呈团块状分布。有幼儿园。经济以种植业为主。有公路经此。

大英 370782-A02-H12
[Dàyīng]

在市驻地密州街道西南方向 12.6 千米。龙道街道辖自然村。人口 1 700。古代殷氏居住于此，以姓氏取村名大殷。清中期，以原村名之谐音称大英。聚落呈团块状分布。有幼儿园。经济以种植业为主。有公路经此。

曹强 370782-A02-H13
[Cáoqiáng]

在市驻地密州街道西南方向 14.0 千米。龙道街道辖自然村。人口 1 800。明初曹氏迁来定居，以姓氏取村名曹强。聚落呈团块状分布。有幼儿园。经济以种植业为主。有公路经此。

大水泊 370782-A02-H14
[Dàshuǐpō]

在市驻地密州街道西南方向 4.8 千米。龙道街道辖自然村。人口 1 800。此地古时地势低洼，从王家屯岭和南边黑龙沟流下来的水在这里积水成泊，南、西、北水湾相连，茅草丛生，故以地貌称大水泊。聚落呈团块状分布。有幼儿园。经济以种植业为主。有公路经此。

赵家黑龙沟 370782-A02-H15
[Zhàojiāhēilónggōu]

在市驻地密州街道西南方向 6.9 千米。龙道街道辖自然村。人口 500。赵氏先由兰家村迁至皇华镇蔡家沟，后移孙家黑龙沟。民国初期，赵氏在孙家黑龙沟村南聚居立村，以姓氏称赵家黑龙沟。聚落呈团块状分布。有幼儿园。经济以种植业为主。有公路经此。

刘家黑龙沟 370782-A02-H16
[Liújiāhēilónggōu]

在市驻地密州街道西南方向 8.2 千米。龙道街道辖自然村。人口 700。明末清初，刘氏由山西移来定居，因居处在黑龙沟河边，遂以姓氏称刘家黑龙沟。聚落呈团块状分布。有幼儿园。经济以种植业为主。有公路经此。

孙家黑龙沟 370782-A02-H17
[Sūnjiāhēilónggōu]

在市驻地密州街道西南方向 7.4 千米。龙道街道辖自然村。人口 800。因居处靠近黑龙沟河，遂以姓氏称孙家黑龙沟。聚落呈团块状分布。有幼儿园。经济以种植业为主。有公路经此。

陈家庄 370782-A02-H18
[Chénjiāzhuāng]

在市驻地密州街道西南方向 4.6 千米。龙道街道辖自然村。人口 400。明末，陈氏由日照山东头村迁今舜王街道尚沟河村，继迁岔道口村，越三世迁此定居，以姓氏取村名陈家庄。聚落呈团块状分布。有幼儿园。经济以种植业为主。有公路经此。

潘家洼 370782-A03-H01
[Pānjiāwā]

在市驻地密州街道西北方向 15.2 千米。舜王街道辖自然村。人口 200。清末潘氏移来定居，名潘家洼。聚落呈团块状分布。有幼儿园。经济以种植业为主。有公路经此。

东南戈庄 370782-A03-H02
[Dōngnángēzhuāng]

在市驻地密州街道西北方向 16.2 千米。舜王街道辖自然村。人口 700。明初，王氏由海州当路村三槐堂移来此地定居，开垦荒地，繁衍后代，传为免遭水患在村中南侧筑围墙，俗称南裹街，后以谐音演称南戈庄，后更名东南戈庄。聚落呈团块状分布。有幼儿园。经济以种植业为主。有公路经此。

西南戈庄 370782-A03-H03
[Xīnángēzhuāng]

在市驻地密州街道西北方向 16.3 千米。舜王街道辖自然村。人口 400。明初，顾氏由海州迁来定居，以姓氏取村名顾家庄。后刘氏由安丘南流移来定居，因东侧有村称南戈庄，该村在西，以方位称西南戈庄。聚落呈团块状分布。有幼儿园。经济以种植业为主。有公路经此。

小凤凰庄 370782-A03-H04
[Xiǎofènghuángzhuāng]

在市驻地密州街道西北方向 18.0 千米。舜王街道辖自然村。人口 600。因居处位于大凤凰庄北，该村建村晚，户数少，故名小凤凰庄。聚落呈团块状分布。有幼儿园。经济以种植业为主。有公路经此。

抱角埠 370782-A03-H05
[Bàojiǎobù]

在市驻地密州街道北方向 15.2 千米。舜王街道辖自然村。人口 300。该村以村西称抱角埠的峻岭而取名。聚落呈团块状分布。有幼儿园。经济以种植业为主。有公路经此。

大凤凰庄 370782-A03-H06
[Dàfènghuángzhuāng]

在市驻地密州街道西北方向 17.6 千米。舜王街道辖自然村。人口 400。清中期，郑氏十二世族人由相州镇北曹村迁此定居，因居处南有凤凰岭，村以岭名凤凰庄。清末，小凤凰庄建村，该村遂称大凤凰庄。聚落呈团块状分布。有幼儿园。经济以种植业为主。有公路经此。

老旺沟 370782-A03-H07
[Lǎowànggōu]

在市驻地密州街道西北方向 18.4 千米。舜王街道辖自然村。人口 300。清末，孙氏族人由老梧村移来居住，见这里峻岭连绵，沟壑纵横，水源丰富，又因古代此地称狼窝沟，依谐音取村名称老旺沟，寓意孙氏在此繁衍旺盛。聚落呈团块状分布。有幼儿园。经济以种植业为主。有公路经此。

小山西 370782-A03-H08
[Xiǎoshānxī]

在市驻地密州街道西北方向 16.0 千米。舜王街道辖自然村。人口 700。清代，赵氏迁来租种王氏的土地，因村北已有山西村，本村建村晚，户数少，称小山西。聚落呈团块状分布。有幼儿园。经济以种植业为主。有公路经此。

庄家屯 370782-A03-H09
[Zhuāngjiātún]

在市驻地密州街道西北方向 6.5 千米。舜王街道辖自然村。人口 800。明代庄氏迁此定居，以姓氏取村名庄家屯。聚落呈团块状分布。有幼儿园。经济以种植业为主。有公路经此。

小后沟 370782-A03-H10
[Xiǎohòugōu]

在市驻地密州街道西北方向 7.1 千米。舜王街道辖自然村。人口 700。时居处前有座寺院，寺院后边有河沟名后沟，村依沟称后沟。后分两村，以该村住户少改称小后沟。聚落呈团块状分布。有幼儿园。经济以种植业为主。有公路经此。

大后沟 370782-A03-H11
[Dàhòugōu]

在市驻地密州街道西北方向 7.2 千米。

舜王街道辖自然村。人口 800。时居处前有座寺院，寺院后边有河沟名后沟，村依沟称后沟。后分两村，以该村住户多更称大后沟。聚落呈团块状分布。有幼儿园。经济以种植业为主。有公路经此。

陈家屯 370782-A03-H12
[Chénjiātún]

在市驻地密州街道西北方向 6.2 千米。舜王街道辖自然村。人口 900。陈氏移来定居后，以姓氏取村名。聚落呈团块状分布。有幼儿园。经济以种植业为主。有公路经此。

王家庄子 370782-A03-H13
[Wángjiāzhuāngzi]

在市驻地密州街道西北方向 9.2 千米。舜王街道辖自然村。人口 900。明代，王氏由安丘境移来定居，以姓氏取村名王家庄子。聚落呈团块状分布。有幼儿园。经济以种植业为主。有公路经此。

吉家屯 370782-A03-H14
[Jíjiātún]

在市驻地密州街道西北方向 6.5 千米。舜王街道辖自然村。人口 1 300。明末清初，吉氏以来此地定居，时居处西有座土地庙，庙边有棵粗大的酸枣树，树根裸露，吉氏认为"棘"与自己的姓"吉"音同，据此取村名棘根屯。至清末，村人以其名不雅，也为纪念吉氏建村，以谐音更名吉家屯。聚落呈团块状分布。有幼儿园。经济以种植业为主。有公路经此。

东臧家庄 370782-A03-H15
[Dōngzāngjiāzhuāng]

在市驻地密州街道西北方向 7.0 千米。舜王街道辖自然村。人口 400。明末，张氏由普庆村迁住北边的陈家官庄居住，后随外祖父臧氏移来此地定居，随着人口繁衍壮大，建村时以外祖父姓氏取村名臧家庄。1981 年，以方位称东臧家庄。聚落呈团块状分布。有幼儿园。经济以种植业为主。有公路经此。

武家庄 370782-A03-H16
[Wǔjiāzhuāng]

在市驻地密州街道西北方向 8.7 千米。舜王街道辖自然村。人口 400。以姓氏取村名武家庄。聚落呈团块状分布。有幼儿园。经济以种植业为主。有公路经此。

吴家屯 370782-A03-H17
[Wújiātún]

在市驻地密州街道西北方向 9.6 千米。舜王街道辖自然村。人口 800。传说吴氏最先来此定居，以姓氏取村名吴家屯。聚落呈团块状分布。有幼儿园。经济以种植业为主。有公路经此。

程戈庄 370782-A03-H18
[Chénggēzhuāng]

在市驻地密州街道西北方向 15.6 千米。舜王街道辖自然村。人口 3 800。元末，程氏为避战乱由海州一带来到这里，时此地人烟稀少，北靠连绵东西的大岭，小河由岭前蜿蜒东流，岸边绿柳成行，称柳水。程氏在这柳水边上定居下来，后繁衍壮大，人称程氏"程哥"，后以此称村名程哥庄。清末民初，演称程戈庄。聚落呈团块状分布。有幼儿园。经济以种植业为主。有公路经此。

西小庄子 370782-A03-H19
[Xīxiǎozhuāngzi]

在市驻地密州街道西北方向 15.7 千米。舜王街道辖自然村。人口 600。清初，王氏兄弟二人由临淄迁诸城东北部五里铺，后一支族人迁来此地定居，因住户少，人口少，故称村名小庄。1981 年，以方位称西小庄子。

聚落呈团块状分布。有幼儿园。经济以种植业为主。有公路经此。

张家屯 370782-A03-H20
[Zhāngjiātún]

在市驻地密州街道西北方向 15.6 千米。舜王街道辖自然村。人口 500。明洪武初年，张氏由湖北襄阳府枣阳县迁此定居，以姓氏取村名张家屯。聚落呈团块状分布。有幼儿园。经济以种植业为主。有公路经此。

东涝戈庄 370782-A03-H21
[Dōnglàogēzhuāng]

在市驻地密州街道西北方向 14.8 千米。舜王街道辖自然村。人口 1 000。因此处地势低洼，夏季易遭积水内涝，故称村涝古庄。清初分为两村，该村以方位演称西涝哥庄，后演写为东涝戈庄。聚落呈团块状分布。有幼儿园。经济以种植业为主。有公路经此。

西涝戈庄 370782-A03-H22
[Xīlàogēzhuāng]

在市驻地密州街道西北方向 15.0 千米。舜王街道辖自然村。人口 900。因此处地势低洼，夏季易遭积水内涝，故称村涝古庄。清初分为两村，该村以方位演称西涝哥庄，后演写为西涝戈庄。聚落呈团块状分布。有幼儿园。经济以种植业为主。有公路经此。

苗戈庄 370782-A03-H23
[Miáogēzhuāng]

在市驻地密州街道西北方向 10.8 千米。舜王街道辖自然村。人口 900。明初，苗氏兄弟由山西省洪洞县迁山东，分数地而居，一人来此落户，同来的还有刘姓人家。两家分居两处，互称苗家庄、刘家庄。后合并一处，苗氏人口多，势力大，为显示苗

氏最早来建村，称苗古庄，后演写为苗哥庄。清末民初，村名写作苗戈庄。聚落呈团块状分布。有幼儿园。经济以种植业为主。有公路经此。

仲家庄 370782-A03-H24
[Zhòngjiāzhuāng]

在市驻地密州街道西北方向 13.5 千米。舜王街道辖自然村。人口 700。因仲姓人口多，以姓氏更称仲家庄。聚落呈团块状分布。有幼儿园。经济以种植业为主。有公路经此。

崔家营 370782-A03-H25
[Cuījiāyíng]

在市驻地密州街道西北方向 13.5 千米。舜王街道辖自然村。人口 700。明初崔氏移来定居，以姓氏称崔家庄。1981 年改称崔家营。聚落呈团块状分布。有幼儿园。经济以种植业为主。有公路经此。

夏家官庄 370782-A03-H26
[Xiàjiāguānzhuāng]

在市驻地密州街道西北方向 14.2 千米。舜王街道辖自然村。人口 500。明末，夏氏兄弟三人响应官府开垦荒地的号召，迁至此地开垦荒地，遂以姓氏取村名夏家官庄。聚落呈团块状分布。有幼儿园。经济以种植业为主。有公路经此。

前卜落林子 370782-A03-H27
[Qiánbǔluòlínzi]

在市驻地密州街道西北方向 15.4 千米。舜王街道辖自然村。人口 1 000。传说古时曾有凤凰飞来，因此地没有适宜的树林可落，盘旋一阵就飞走了，人们便以此传说取村名凤凰不落林子。后分前、后两处居住，该村在南侧，故称前不落林子，后逐渐写为前卜落林子。聚落呈团块状分

布。有幼儿园。经济以种植业为主。有公路经此。

方家庄 370782-A03-H28
[Fāngjiāzhuāng]

在市驻地密州街道西北方向 15.5 千米。舜王街道辖自然村。人口 200。因方氏最早前来立村，故名方家庄。聚落呈团块状分布。有幼儿园。经济以种植业为主。有公路经此。

毛家庄 370782-A03-H29
[Máojiāzhuāng]

在市驻地密州街道西北方向 15.0 千米。舜王街道辖自然村。人口 500。因位于呈子泊村西，故称西呈子泊，后于氏来此定居，称于泉官庄。明中期，毛氏由日照移来该村定居，人口繁衍，因"猫（毛）吃鱼（于）"，故于氏迁出，毛氏以姓氏更称毛家庄。聚落呈团块状分布。有幼儿园。经济以种植业为主。有公路经此。

草营子 370782-A03-H30
[Cǎoyíngzi]

在市驻地密州街道西北方向 14.6 千米。舜王街道辖自然村。人口 1 000。明末清初，此地曾是军队屯垦存放马草的地方，以此改村名称草营。后写为草营子。聚落呈团块状分布。有幼儿园。经济以种植业为主。有公路经此。

呈子泊 370782-A03-H31
[Chéngzǐpō]

在市驻地密州街道西北方向 15.0 千米。舜王街道辖自然村。人口 700。清乾隆五十年（1785），呈氏移来此地定居，因此地地势低洼，夏季积水成泊，祖籍又称呈子，为不忘家乡，遂取村名呈子泊。聚落呈团块状分布。有幼儿园。经济以种植业为主。有公路经此。

周庄子 370782-A03-H32
[Zhōuzhuāngzi]

在市驻地密州街道西北方向 11.2 千米。舜王街道辖自然村。人口 500。明初，周氏由陕西省榆林府迁来山东，明中期族人迁此定居，以姓氏取村名周家庄。1981 年改称周庄子。聚落呈团块状分布。有幼儿园。经济以种植业为主。有公路经此。

马厂沟 370782-A03-H33
[Mǎchǎnggōu]

在市驻地密州街道西北方向 12.0 千米。舜王街道辖自然村。人口 400。明代，这一带是朝廷驻军屯垦之地，并在这里堆放草料、养马、驯马。村近处有一条大水沟，故常在此饮马，后成为村落，以此称村名马场沟，后写为马厂沟。聚落呈团块状分布。有幼儿园。经济以种植业为主。有公路经此。

魏家岭 370782-A03-H34
[Wèijiālǐng]

在市驻地密州街道西北方向 12.8 千米。舜王街道辖自然村。人口 500。以姓氏命名。聚落呈团块状分布。有幼儿园。经济以种植业为主。有公路经此。

双湾子 370782-A03-H35
[Shuāngwānzi]

在市驻地密州街道西北方向 13.0 千米。舜王街道辖自然村。人口 600。村西南侧和东北侧各有一个水湾，水湾处有泉，从不干涸，是古代居民生活的用水之源，故名村双湾。清末民国初，称双湾子。聚落呈团块状分布。有幼儿园。经济以种植业为主。有公路经此。

大焦家庄子 370782-A03-H36

［Dàjiāojiāzhuāngzi］

在市驻地密州街道西北方向 10.0 千米。舜王街道辖自然村。人口 900。韩氏祖籍山西，明初移民至安丘吴家庄，后一支族人移来此地定居，以姓氏建村称韩古庄。后丁、郭、焦、苑等姓氏相继移来入住。清初，焦氏人口繁衍，遂改村名为焦家庄。后因小焦家庄建村，故更名大焦家庄，后称大焦家庄子。聚落呈团块状分布。有幼儿园。经济以种植业为主。有公路经此。

小焦家庄子 370782-A03-H37

［Xiǎojiāojiāzhuāngzi］

在市驻地密州街道西北方向 10.0 千米。舜王街道辖自然村。人口 400。焦氏族人由焦家庄来这里定居并建村，因是晚辈建村，住户少，称小焦家庄。清末民初，称小焦家庄子。聚落呈团块状分布。有幼儿园。经济以种植业为主。有公路经此。

枳沟 370782-B01-H01

［Zhǐgōu］

枳沟镇人民政府驻地。在市驻地密州街道西南方向 32.0 千米。人口 6 200。因村内有布满枳树的大沟，故名枳沟。聚落呈团块状分布。有幼儿园、小学及老年大学。经济以制造业为主。206 国道、省道央赣路穿过。

蒋家庄 370782-B01-H02

［Jiǎngjiāzhuāng］

在市驻地密州街道西南方向 16.3 千米。枳沟镇辖自然村。人口 1 500。明末清初，徐氏由孔戈庄迁此定居，以姓氏取村名徐家庄。后蒋氏由东安村移来入住，人口繁衍兴盛，成为村中多数户，改村名蒋家庄。聚落呈团块状分布。有幼儿园。经济以种植业为主。有公路经此。

曹庄 370782-B01-H03

［Cáozhuāng］

在市驻地密州街道西南方向 20.7 千米。枳沟镇辖自然村。人口 700。以姓氏得名。聚落呈团块状分布。有幼儿园。经济以种植业为主。有公路经此。

薛家庄 370782-B01-H04

［Xuējiāzhuāng］

在市驻地密州街道西南方向 16.8 千米。枳沟镇辖自然村。人口 1 500。村名来历说法有二：一说元代薛氏来此，以姓氏取村名薛家庄；另一说因当地有一种白色野鸡冠花名雪茄花，故村名雪茄庄，后演称雪村，又演称薛家庄。聚落呈团块状分布。有幼儿园。经济以种植业为主。有公路经此。

臧家崖 370782-B01-H05

［Zāngjiāyá］

在市驻地密州街道西南方向 20.3 千米。枳沟镇辖自然村。人口 700。元末，臧氏由登州福山移来居住，因居住在潍河南岸的崖上，以地貌取村名崖上庄。清末，村中臧氏居多，遂以姓氏加地貌改称臧家崖。聚落呈团块状分布。有幼儿园。经济以种植业为主。有公路经此。

小埠头 370782-B01-H06

［Xiǎobùtóu］

在市驻地密州街道西南方向 18.6 千米。枳沟镇辖自然村。人口 1 200。以居处临枳沟和潍河渡口很近，南侧又有丘陵，称小埠头。聚落呈团块状分布。有幼儿园。经济以种植业为主。有公路经此。

薛家官庄 370782-B01-H07

［Xuējiāguānzhuāng］

在市驻地密州街道西南方向 20.2 千米。枳沟镇辖自然村。人口 400。明初，高氏由山西龙门县移来定居，因属官府移民，以姓氏取村名高家官庄。明末，薛氏迁入，高氏外迁，遂以姓氏更称薛家官庄。聚落呈团块状分布。有幼儿园。经济以种植业为主。有公路经此。

赵庄 370782-B01-H08

[Zhàozhuāng]

在市驻地密州街道西南方向 19.5 千米。枳沟镇辖自然村。人口 1 700。明初，臧氏由今臧家崖迁来定居，时有贾姓人家，村名已称赵庄，沿用至今。聚落呈团块状分布。有幼儿园。经济以种植业为主。有公路经此。

大北杏 370782-B01-H09

[Dàběixìng]

在市驻地密州街道西南方向 24.0 千米。枳沟镇辖自然村。人口 3 100。古代这里有一棵大银杏树，以银杏树取村名。住户以姓氏聚居，分别称李家北杏、王家北杏；清初郑氏由今五莲县吴家庄迁来王家北杏西北侧定居，以姓氏称郑家北杏，原李氏聚居的地方改称大北杏。后几个村迁并一处，统称大北杏。聚落呈团块状分布。有幼儿园。经济以种植业为主。有公路经此。

墙夼 370782-B01-H10

[Qiángkuǎng]

在市驻地密州街道西南方向 25.5 千米。枳沟镇辖自然村。人口 700。元代朱姓居此，因齐长城蜿蜒于居处南岭，势若高墙，遂以姓氏加地貌取村名朱家墙夼。中华人民共和国成立后，因村中已无朱氏后裔，故只称墙夼。聚落呈团块状分布。有幼儿园。经济以种植业为主。有公路经此。

河北 370782-B01-H11

[Héběi]

在市驻地密州街道西南方向 25.6 千米。

枳沟镇辖自然村。人口 400。明代，吕氏由沂州迁诸城，后族人移来此地定居，因居处在洪凝河北岸，以地理位置取村名河北。聚落呈团块状分布。有幼儿园。经济以种植业为主。有公路经此。

徐家沟 370782-B01-H12

[Xújiāgōu]

在市驻地密州街道西南方向 22.0 千米。枳沟镇辖自然村。人口 900。明初，徐氏迁日照，后族人移来此地定居，因居处丘陵连绵，沟壑纵横，遂以姓氏加地貌取村名徐家沟。聚落呈团块状分布。有幼儿园。经济以种植业为主。有公路经此。

后孙村 370782-B01-H13

[Hòusūncūn]

在市驻地密州街道西南方向 22.5 千米。枳沟镇辖自然村。人口 400。传说孙氏祖籍山西，在原籍开当铺破产后，于明初逃难辗转此地，因这里靠近官道，过往客商多，于是重操旧业，生意红火，人称孙氏当铺，后称村名孙当村。后有人家到南边居住另立村庄，称前孙当村，该村遂以方位称后孙当村，后简称后孙村。聚落呈团块状分布。有幼儿园。经济以种植业为主。有公路经此。

前孙村 370782-B01-H14

[Qiánsūncūn]

在市驻地密州街道西南方向 22.6 千米。枳沟镇辖自然村。人口 1 000。明末清初，董、陈等姓氏相继移来定居，因居处在后孙当村南，以方位称前孙当村，后简称前孙村。聚落呈团块状分布。有幼儿园。经济以种植业为主。有公路经此。

前水清 370782-B01-H15

[Qiánshuǐqīng]

在市驻地密州街道西南方向 22.4 千米。

枳沟镇辖自然村。人口 500。明末清初，臧氏族人移来定居，因居处东有小河，沟深水清，水流长年不断，北边已有村称水清沟，遂以方位和小河称村名前水清沟。1949年后称前水清。聚落呈团块状分布。有幼儿园。经济以种植业为主。有公路经此。

贾悦东村 370782-B02-H01
[Jiǎyuèdōngcūn]

贾悦镇人民政府驻地。在市驻地密州街道西方向 20.1 千米。人口 1 500。原名田庄，后因地处交通要道，商贾集聚，易名贾（gǔ）悦，后讹为贾（jiǎ）悦。后分为两个自然村，该村位于东，故名。聚落呈团块状分布。有学校、图书室。经济以加工业为主。省道薛馆路、央赣路经此。

贾悦西村 370782-B02-H02
[Jiǎyuèxīcūn]

在市驻地密州街道西北方向 20.5 千米。贾悦镇辖自然村。人口 1 700。传原名田庄，后因地处交通要道，商贾集聚，易名贾（gǔ）悦，后讹为贾（jiǎ）悦。后分为两个自然村，该村位于西，故名。聚落呈团块状分布。有幼儿园、小学、文化大院。经济以种植业为主。省道薛馆路经此。

阎家庄 370782-B02-H03
[Yánjiāzhuāng]

在市驻地密州街道西北方向 21.8 千米。贾悦镇辖自然村。人口 700。以姓氏取村名阎家庄。聚落呈团块状分布。有幼儿园。经济以种植业为主。有公路经此。

丁家庄 370782-B02-H04
[Dīngjiāzhuāng]

在市驻地密州街道西北方向 20.0 千米。贾悦镇辖自然村。人口 1 100。这里本是城里丁氏的地产，明初，杨氏来此租种丁氏的土地，随着人口繁衍，以姓氏取村名杨家庄。后杨氏家族衰落，王姓、丁姓等相继迁入，至清末，丁氏家族中有人考中举人，丁氏便以自己的姓氏更名丁家庄。聚落呈团块状分布。有幼儿园。经济以种植业为主。有公路经此。

臧家屯 370782-B02-H05
[Zāngjiātún]

在市驻地密州街道西北方向 19.2 千米。贾悦镇辖自然村。人口 600。因臧氏迁来定居，以姓氏称臧家庄。1981年，因有重名村，改称臧家屯。聚落呈团块状分布。有幼儿园。经济以种植业为主。有公路经此。

葛家同 370782-B02-H06
[Gějiātóng]

在市驻地密州街道西方向 19.9 千米。贾悦镇辖自然村。人口 1 000。明初，葛、徐、阎、王、高、赵六姓人家共同由山西迁此分别立村，为纪念同迁，各冠以姓氏命名，本村故名葛家同。聚落呈团块状分布。有幼儿园。经济以种植业为主。有公路经此。

周家水墩 370782-B02-H07
[Zhōujiāshuǐdūn]

在市驻地密州街道西北方向 21.3 千米。贾悦镇辖自然村。人口 600。明初，周氏迁今五莲县松柏林，后一支族人移来此地定居。居处河边有个高大土墩，故以姓氏、小河、土墩取村名周家水墩。聚落呈团块状分布。有幼儿园。经济以种植业为主。有公路经此。

冯家庄 370782-B02-H08
[Féngjiāzhuāng]

在市驻地密州街道西北方向 20.0 千米。贾悦镇辖自然村。人口 400。清初，冯氏分支来此定居，以姓氏取村名冯家庄。聚落呈团块状分布。有幼儿园。经济以种植业为主。有公路经此。

杨家水墩 370782-B02-H09
[Yángjiāshuǐdūn]

在市驻地密州街道西北方向22.2千米。贾悦镇辖自然村。人口200。明代，杨氏由西宋戈庄移来定居，因居处河边有个高大土墩，遂以地貌取村名水墩，后因重名，以姓氏称杨家水墩。聚落呈团块状分布。有幼儿园。经济以种植业为主。有公路经此。

王家庄 370782-B02-H10
[Wángjiāzhuāng]

在市驻地密州街道西北方向20.3千米。贾悦镇辖自然村。人口200。以姓氏取村名王家庄。聚落呈团块状分布。有幼儿园。经济以种植业为主。有公路经此。

王庄 370782-B02-H11
[Wángzhuāng]

在市驻地密州街道西北方向20.0千米。贾悦镇辖自然村。人口1 700。明代，王氏分别由今枳沟镇老村和今安丘市油坊迁来定居，以姓氏称王庄。聚落呈团块状分布。有幼儿园。经济以种植业为主。有公路经此。

王家同 370782-B02-H12
[Wángjiātóng]

在市驻地密州街道西南方向20.1千米。贾悦镇辖自然村。人口600。明初，葛、徐、阎、王、高、赵六姓人家共同由山西迁此分别立村，为纪念同迁，各冠以姓氏命名，本村故名王家同。聚落呈团块状分布。有幼儿园。经济以种植业为主。有公路经此。

西徐宋 370782-B02-H13
[Xīxúsòng]

在市驻地密州街道西方向19.0千米。贾悦镇辖自然村。人口1 300。明代，郭氏由山西移来定居，传说时居处有一月牙形石头，故取村名月石。后因居处位于徐宋村西南侧，故以姓氏称郭家徐宋。后以方位称西徐宋。聚落呈团块状分布。有幼儿园。经济以种植业为主。有公路经此。

赵家同 370782-B02-H14
[Zhàojiātóng]

在市驻地密州街道西方向20.2千米。贾悦镇辖自然村。人口500。明初，葛、徐、阎、王、高、赵六姓人家共同由山西迁此分别立村，为纪念同迁，各冠以姓氏命名，本村故名赵家同。聚落呈团块状分布。有幼儿园。经济以种植业为主。有公路经此。

阎家同 370782-B02-H15
[Yánjiātóng]

在市驻地密州街道西方向20.5千米。贾悦镇辖自然村。人口600。明初，葛、徐、阎、王、高、赵六姓人家共同由山西迁此分别立村，为纪念同迁，各冠以姓氏命名，本村故名阎家同。聚落呈团块状分布。有幼儿园。经济以种植业为主。有公路经此。

万家埠 370782-B02-H16
[Wànjiābù]

在市驻地密州街道西北方向22.7千米。贾悦镇辖自然村。人口1 200。明崇祯年间，张氏由寿光迁来，因居高处，以姓氏加地貌称张家埠。清咸丰年间，李氏迁来此地，称李家埠。后王氏移来定居，称王家埠。清末，万氏来此耕种，改村名为万家埠。聚落呈团块状分布。有幼儿园。经济以种植业为主。有公路经此。

韩庄 370782-B02-H17
[Hánzhuāng]

在市驻地密州街道西北方向17.5千米。

贾悦镇辖自然村。人口 2 200。韩氏于元初来此定居，以姓氏取村名韩庄。聚落呈团块状分布。有幼儿园。经济以种植业为主。有公路经此。

前徐宋 370782–B02–H18
[Qiánxúsòng]

在市驻地密州街道西方向 16.5 千米。贾悦镇辖自然村。人口 1 000。明朝前期，徐氏迁来定居，后其亲戚宋氏迁来，村名以两姓氏称徐宋。后来周围聚居了许多人家并分别建村，因这里的土地多属徐氏所有，便依徐宋村方位而称，该村在徐宋村南侧，故称前徐宋。聚落呈团块状分布。有幼儿园。经济以种植业为主。有公路经此。

官路庄 370782–B02–H19
[Guānlùzhuāng]

在市驻地密州街道西北方向 16.3 千米。贾悦镇辖自然村。人口 300。清嘉庆年间，因一县官集资修路，故名官路庄。聚落呈团块状分布。有幼儿园。经济以种植业为主。有公路经此。

徐家同 370782–B02–H20
[Xújiātóng]

在市驻地密州街道西方向 20.7 千米。贾悦镇辖自然村。人口 900。明初，葛、徐、阎、王、高、赵六姓人家共同由山西迁此分别立村，为纪念同迁，各冠以姓氏命名，本村故名徐家同。聚落呈团块状分布。有幼儿园。经济以种植业为主。有公路经此。

王门庄子 370782–B02–H21
[Wángménzhuāngzi]

在市驻地密州街道西北方向 17.9 千米。贾悦镇辖自然村。人口 900。清康熙年间，今密州街道大王瑞村王氏在此购置土地千余亩，并移来一支族人守业建村，根据原村名谐音称王门庄，民国初期写作王门庄子。聚落呈团块状分布。有幼儿园。经济以种植业为主。有公路经此。

东徐宋 370782–B02–H22
[Dōngxúsòng]

在市驻地密州街道西方向 16.0 千米。贾悦镇辖自然村。人口 600。因租种徐宋村徐氏的土地，以居处在前徐宋村东，称东徐宋。聚落呈团块状分布。有幼儿园。经济以种植业为主。有公路经此。

后徐宋 370782–B02–H23
[Hòuxúsòng]

在市驻地密州街道西方向 16.7 千米。贾悦镇辖自然村。人口 500。清初，高氏由韩庄迁住前徐宋，后来蜈蚣河北岸定居，以居处在前徐宋村北侧，称后徐宋。聚落呈团块状分布。有幼儿园。经济以种植业为主。有公路经此。

马家河 370782–B02–H24
[Mǎjiāhé]

在市驻地密州街道西北方向 15.3 千米。贾悦镇辖自然村。人口 300。最初马氏来此定居，以姓氏取村名马家庄。1981 年，以居处靠近太古庄河，更称马家河。聚落呈团块状分布。有幼儿园。经济以种植业为主。有公路经此。

荣子 370782–B02–H25
[Róngzi]

在市驻地密州街道西方向 14.8 千米。贾悦镇辖自然村。人口 1 000。明末清初，孙氏、隋氏等分别由今五莲县马鞍山和日照迁来耕种丁氏土地并定居下来。传说此地古代是军营，以此取名营子，后以谐音写作荣子。聚落呈团块状分布。有幼儿园。经济以种植业为主。有公路经此。

太古庄 370782-B02-H26
[Tàigǔzhuāng]

在市驻地密州街道西北方向 15.5 千米。贾悦镇辖自然村。人口 800。传说建村于宋初，称太古庄。聚落呈团块状分布。有幼儿园。经济以种植业为主。有公路经此。

东安家庄 370782-B02-H27
[Dōng'ānjiāzhuāng]

在市驻地密州街道西北方向 15.5 千米。贾悦镇辖自然村。人口 400。清末，张氏一支来此租种安氏的土地并定居下来，时已有安氏在此，后安氏迁往他乡，张氏建村，以地产所属称安家庄。1981 年该村以方位称东安家庄。聚落呈团块状分布。有幼儿园。经济以种植业为主。有公路经此。

孟家屯 370782-B02-H28
[Mèngjiātún]

在市驻地密州街道西北方向 15.3 千米。贾悦镇辖自然村。人口 400。古时孟氏曾在此居住，并以姓氏取村名孟家屯。聚落呈团块状分布。有幼儿园。经济以种植业为主。有公路经此。

前恪庄 370782-B02-H29
[Qiánkèzhuāng]

在市驻地密州街道西北方向 15.4 千米。贾悦镇辖自然村。人口 600。该村旧称双喜村，因有官员曾在这里住过一宿，临走时说："双喜村要啥没啥，还不如叫缺庄。"由此村名改为缺庄，后演称恪庄。清末，以居处水沟为界分为前、后两村，该村以方位称前恪庄。聚落呈团块状分布。有幼儿园。经济以种植业为主。有公路经此。

野场 370782-B02-H30
[Yěchǎng]

在市驻地密州街道西北方向 18.5 千米。贾悦镇辖自然村。人口 500。清代，这里为范家楼子村范氏的地产，此地初时是用来存放农具、晒粮的场院、账房及饲养牲畜的地方，因这里是范氏野外的场院，取村名范家野场，后简称野场。聚落呈团块状分布。有幼儿园。经济以种植业为主。有公路经此。

向阳 370782-B02-H31
[Xiàngyáng]

在市驻地密州街道西北方向 23.8 千米。贾悦镇辖自然村。人口 500。1974 年 8 月 13 日，诸城遭受历史上特大洪水灾害，位于诸城最北部的原凉台公社尚家庄被水淹没，经救助，部分脱险村民于 1975 年移来此处建新村。以心向红太阳取名向阳。聚落呈团块状分布。有幼儿园。经济以种植业为主。有公路经此。

于家屯 370782-B02-H32
[Yújiātún]

在市驻地密州街道西北方向 15.6 千米。贾悦镇辖自然村。人口 500。最初于氏移来定居，以姓氏取村名于家屯。聚落呈团块状分布。有幼儿园。经济以种植业为主。有公路经此。

罗家庄子 370782-B02-H33
[Luójiāzhuāngzi]

在市驻地密州街道西北方向 18.0 千米。贾悦镇辖自然村。人口 900。清康熙三十年（1691），罗氏五世族人由莒县招贤镇迁来，以姓氏取村名。聚落呈团块状分布。有幼儿园。经济以种植业为主。有公路经此。

石桥子 370782-B03-H01
[Shíqiáozi]

石桥子镇人民政府驻地。在市驻地密州街道西北方向 21.4 千米。人口 1 600。苏轼知密州时在此修建一座石桥，村以桥而得名。聚落呈团块状分布。有学校、图书室、幼儿园。经济以木器加工业为主。有公路经此。

东乔戈庄 370782-B03-H02
[Dōngqiáogēzhuāng]

在市驻地密州街道西北方向 19.6 千米。石桥子镇辖自然村。人口 700。明嘉靖年间，乔姓兄弟二人从湖北迁来在此定居，因为姓氏为乔，故名乔戈庄。后分居小河的东、西两侧，故以方位名东乔戈庄。聚落呈团块状分布。有幼儿园。经济以种植业为主。有公路经此。

高家岳旺 370782-B03-H03
[Gāojiāyuèwàng]

在市驻地密州街道西北方向 22.8 千米。石桥子镇辖自然村。人口 500。清朝年间，以高姓立村而得名。聚落呈团块状分布。有文化大院、图书室。经济以种植业为主。有公路经此。

吴家楼 370782-B03-H04
[Wújiālóu]

在市驻地密州街道西北方向 25.6 千米。石桥子镇辖自然村。人口 500。明末清初，吴姓来此盖了一座楼，自此取村名吴家楼。聚落呈团块状分布。有幼儿园。经济以种植业为主。有公路经此。

前王院 370782-B03-H05
[Qiánwángyuàn]

在市驻地密州街道西北方向 22.1 千米。石桥子镇辖自然村。人口 700。因王族在官场四周筑矮墙，故名王家院落，后更名王院。因分为四个村庄，该村在前，以方位称前王院。聚落呈团块状分布。有幼儿园。经济以种植业为主。有公路经此。

大近戈庄 370782-B03-H06
[Dàjìngēzhuāng]

在市驻地密州街道西北方向 25.0 千米。石桥子镇辖自然村。人口 1 500。明代，徐、周、董、王等姓氏相继移来定居，因西近纪信庙，庙侧有阁楼，初取村名近阁庄，以谐音写作近戈庄，后更名大近戈庄。聚落呈团块状分布。有幼儿园。经济以种植业为主。有公路经此。

胡家西院 370782-B03-H07
[Hújiāxīyuàn]

在市驻地密州街道西北方向 26.0 千米。石桥子镇辖自然村。人口 1 300。传说该村出了位胡姓武举，于是以其姓氏名村胡家西院。聚落呈团块状分布。有幼儿园。经济以种植业为主。有公路经此。

刘家庄 370782-B03-H08
[Liújiāzhuāng]

在市驻地密州街道西北方向 20.0 千米。石桥子镇辖自然村。人口 800。明英宗十三年（1448），刘氏由昌乐逃难来到荆山之东坡，给朱家村的朱氏扛长工。后因朱氏欺压刘氏，刘氏奋起抗争，朱氏迁往外地。清末，刘氏以姓氏改村名刘家庄。聚落呈团块状分布。有幼儿园。经济以种植业为主。有公路经此。

东楼子 370782-B03-H09
[Dōnglóuzi]

在市驻地密州街道西北方向 18.4 千米。石桥子镇辖自然村。人口 800。明代以后，因村北建有炮楼，遂以楼子为村名，以方位称东楼子。聚落呈团块状分布。有幼儿园。经济以种植业为主。有公路经此。

范家岭 370782-B03-H10
[Fànjiālǐng]

在市驻地密州街道西北方向 18.4 千米。石桥子镇辖自然村。人口 1 200。因这里是岭地,以姓氏加地貌特点称范家岭。聚落呈团块状分布。有幼儿园。经济以种植业为主。有公路经此。

龙石头河 370782-B03-H11
[Lóngshítouhé]

在市驻地密州街道西北方向 22.8 千米。石桥子镇辖自然村。人口 700。因村东小河附近石头较多,状如石龙,故取村名龙石头河。聚落呈团块状分布。有幼儿园。经济以种植业为主。有公路经此。

前浩仉 370782-B03-H12
[Qiánhàozhǎng]

在市驻地密州街道西北方向 17.0 千米。石桥子镇辖自然村。人口 1 200。明末,这里系大朱苏铺地主的地产,仉姓人家来此租种,因这里生长着遍地的蒿子,故取村名蒿仉庄,后更名前浩仉。聚落呈团块状分布。有幼儿园。经济以种植业为主。有公路经此。

张家清河 370782-B03-H13
[Zhāngjiāqīnghé]

在市驻地密州街道西北方向 29.3 千米。石桥子镇辖自然村。人口 300。明末清初,张氏八世族人由临朐县王家楼村迁来定居,形成村庄后,因渠河两岸村庄多以清河命名,故名村张家清河。聚落呈团块状分布。有幼儿园。经济以种植业为主。有公路经此。

刘家清河 370782-B03-H14
[Liújiāqīnghé]

在市驻地密州街道西北方向 29.0 千米。石桥子镇辖自然村。人口 700。明洪武年间,村民从山西洪洞县迁到此处定居。因北边临河,河水清澈,遂名刘家清河。聚落呈团块状分布。有幼儿园。经济以种植业为主。有公路经此。

大朱苏铺 370782-B03-H15
[Dàzhūsūpù]

在市驻地密州街道西北方向 19.8 千米。石桥子镇辖自然村。人口 1 100。明洪武年间,朱氏、苏氏自山西洪洞县迁此,因官府在此设铺舍,故称朱苏铺,后分为两村,此村规模大,故名为大朱苏铺。聚落呈团块状分布。有幼儿园。经济以种植业为主。有公路经此。

伴倒井子 370782-B03-H16
[Bàndǎojǐngzi]

在市驻地密州街道西北方向 22.6 千米。石桥子镇辖自然村。人口 1 100。传说汉世祖刘秀率部南征,午夜路经此地,人困马乏,见有一井,却未带汲水工具,又不肯惊扰百姓,正苦于无奈,此井忽然倾倒,井水随即涌出,兵马痛饮后悄然离去。天亮,乡亲们发现此井半倒,井边石板上留下了清晰的马蹄印,方知夜里竟是刘秀的兵马经过,村子因此传说得名。聚落呈团块状分布。有幼儿园。经济以种植业为主。有公路经此。

西臧家庄 370782-B03-H17
[Xīzāngjiāzhuāng]

在市驻地密州街道东北方向 19.0 千米。石桥子镇辖自然村。人口 1 200。明代,臧氏迁此定居,以姓氏取村名臧家庄。因有重名村,后以方位称西臧家庄。聚落呈团块状分布。有幼儿园。经济以种植业为主。有公路经此。

常吉疃 370782-B03-H18

[Chángjítuǎn]

在市驻地密州街道西北方向 25.5 千米。石桥子镇辖自然村。人口 600。清末，以"长（常）久吉利"之意，更村名常吉疃。聚落呈团块状分布。有幼儿园。经济以种植业为主。有公路经此。

鲁家岳旺 370782-B03-H19

[Lǔjiāyuèwàng]

在市驻地密州街道西北方向 21.8 千米。石桥子镇辖自然村。人口 500。清康熙年间，鲁氏迁居该村，取鲁家越过越旺之意，更名鲁家岳旺。聚落呈团块状分布。有幼儿园。经济以种植业为主。有公路经此。

都吉台 370782-B03-H20

[Dōujítái]

在市驻地密州街道西北方向 24.1 千米。石桥子镇辖自然村。人口 2 400。春秋鲁昭公二十五年（前 517），贵族季氏、郈氏在此斗鸡，故村得名斗鸡台，后演变为今名。聚落呈团块状分布。有汉平昌古城、斗鸡台等历史遗迹。经济以加工制造业为主。206 国道、省道央赣公路经此。

红土庙子 370782-B03-H21

[Hóngtǔmiàozi]

在市驻地密州街道西北方向 20.7 千米。石桥子镇辖自然村。人口 1 100。刘天学肩挑两个幼儿迁徙至红土岭下，见岭上有座庙，香火不断，就在岭下筑屋定居，故名红土庙子。聚落呈团块状分布。有幼儿园。经济以种植业为主。有公路经此。

彭戈庄 370782-B03-H22

[Pénggēzhuāng]

在市驻地密州街道西北方向 22.8 千米。石桥子镇辖自然村。人口 600。明洪武二年（1369），赵氏由青州府益都县迁都吉台，其后人迁此，时村已得名彭戈庄。聚落呈团块状分布。有幼儿园。经济以种植业为主。有公路经此。

赵家庄子 370782-B03-H23

[Zhàojiāzhuāngzi]

在市驻地密州街道西北方向 24.7 千米。石桥子镇辖自然村。人口 1 200。明洪武二年（1369），村民由山东益都赵家分支迁入，名赵家庄子。1974 年，因暴雨成灾，该村南迁与坡村合并，仍称赵家庄子。聚落呈团块状分布。有幼儿园。经济以种植业为主。有公路经此。

新疃 370782-B03-H24

[Xīntuǎn]

在市驻地密州街道西北方向 26.0 千米。石桥子镇辖自然村。人口 400。明洪武年间，祝、张、高、杨等姓家族定居，建村新疃。聚落呈团块状分布。有幼儿园。经济以种植业为主。有公路经此。

枳房 370782-B03-H25

[Zhǐfáng]

在市驻地密州街道西北方向 25.2 千米。石桥子镇辖自然村。人口 400。因定居时水边有个小房子，栽了几棵橘子树，以"橘生南方为橘，生于北方为枳"，取村名枳房。聚落呈团块状分布。有幼儿园。经济以种植业为主。有公路经此。

祝家店子 370782-B03-H26

[Zhùjiādiànzi]

在市驻地密州街道西北方向 25.3 千米。石桥子镇辖自然村。人口 400。清初，祝氏八世族人由祝家楼村迁来入住，清末，以姓氏更称祝家店子。聚落呈团块状分布。有幼儿园。经济以种植业为主。有公路经此。

祝家楼 370782-B03-H27

[Zhùjiālóu]

在市驻地密州街道西北方向 26.2 千米。石桥子镇辖自然村。人口 500。清初，祝氏由枳房村迁居此地，因居处高看得远，如在楼上，取村名祝家楼。聚落呈团块状分布。有幼儿园。经济以种植业为主。有公路经此。

相州 370782-B04-H01

[Xiàngzhōu]

相州镇人民政府驻地。在市驻地密州街道北方向 18.3 千米。人口 6 800。村临潍水，因潍水改道无常，村人备受迁徙漂泊之苦，此地宛如水中泊船，故名象舟，后演变为相州。聚落呈团块状分布。有王统照纪念馆等历史遗迹。经济以加工业为主。206 国道经此。

北营 370782-B04-H02

[Běiyíng]

在市驻地密州街道东北方向 29.0 千米。相州镇辖自然村。人口 800。西汉时期，此处曾驻扎部队，在北边、南边各驻扎一营盘，因此村在北，故名北营。聚落呈团块状分布。有幼儿园。经济以种植业为主。有公路经此。

曹家泊 370782-B04-H03

[Cáojiāpō]

在市驻地密州街道北方向 24.7 千米。相州镇辖自然村。人口 1 000。曹姓家族来此定居，因当时土地高低不平，水泊较多，村南村北是河，故名村曹家泊。聚落呈团块状分布。有幼儿园。经济以种植业为主。有公路经此。

大古县 370782-B04-H04

[Dàgǔxiàn]

在市驻地密州街道北方向 25.2 千米。相州镇辖自然村。人口 2 400。明洪武二年（1369），伏姓迁来居住，后孙姓、杨姓聚集在此，逐渐形成村落，因在古县城遗址处，故得名古县。后相距很近的两村以大小区分，本村称大古县。聚落呈团块状分布。有幼儿园。经济以种植业为主。有公路经此。

大双庙 370782-B04-H05

[Dàshuāngmiào]

在市驻地密州街道北方向 29.4 千米。相州镇辖自然村。人口 800。明洪武二年（1369），此地来了两位和尚建立了两座寺庙，后来有人来此居住，便取村名双庙。后因重名，且该村较大，取名大双庙。聚落呈团块状分布。有幼儿园。经济以种植业为主。有公路经此。

道明 370782-B04-H06

[Dàomíng]

在市驻地密州街道北方向 15.8 千米。相州镇辖自然村。人口 1 400。村庄坐落在潍河西岸，相传明末清初，此处买盐买鱼的人往来如梭，人流拥挤，到天明才能渡船，从此称村到明庄。后因庄西头有北京通往诸城的大道，故改称道明。聚落呈团块状分布。有幼儿园。经济以种植业为主。有公路经此。

丁家沙浯 370782-B04-H07

[Dīngjiāshāwú]

在市驻地密州街道北方向 28.8 千米。相州镇辖自然村。人口 800。此地处于潍河西岸，土地呈半沙性，张姓最早来此定居，取名张家沙窝。后来丁姓居多，演变为丁家沙浯。聚落呈团块状分布。有幼儿园。经济以种植业为主。有公路经此。

东城阳 370782-B04-H08
［Dōngchéngyáng］

在市驻地密州街道北方向 28.5 千米。相州镇辖自然村。人口 1 000。楚汉战争时，刘邦部下韩信与项羽部下龙且在潍水大战，韩信获胜后在都吉台立了城阳城，养马屯兵，发展农桑，后来居住人员越来越多，城阳城已无法容纳，便将部分人员分流到此，仍取名城阳。后分为三村，本村以位置称东城阳。聚落呈团块状分布。有幼儿园。经济以种植业为主。有公路经此。

东双庙 370782-B04-H09
［Dōngshuāngmiào］

在市驻地密州街道东北方向 30.0 千米。相州镇辖自然村。人口 700。因该村在大双庙村以东，故取名东双庙。聚落呈团块状分布。有幼儿园。经济以种植业为主。有公路经此。

东霞岗 370782-B04-H10
［Dōngxiágǎng］

在市驻地密州街道西北方向 24.6 千米。相州镇辖自然村。人口 1 300。唐朝，因山岗的顶端有一道观名栖霞观，村庄原坐落于山岗道观的东边，故名东霞岗。聚落呈团块状分布。有幼儿园。经济以种植业为主。有公路经此。

封家岭 370782-B04-H11
［Fēngjiālǐng］

在市驻地密州街道北方向 28.0 千米。相州镇辖自然村。人口 1 500。明洪武年间，封姓由山西省洪洞县迁入此地，因村东南是岭，故取村名封家岭。聚落呈团块状分布。有幼儿园。经济以种植业为主。有公路经此。

高直 370782-B04-H12
［Gāozhí］

在市驻地密州街道北方向 18.7 千米。相州镇辖自然村。人口 900。据传王氏家族在朝廷中做官，为人正直清正，品德高尚，故取村名高直。聚落呈团块状分布。有幼儿园。经济以种植业为主。有公路经此。

郭家屯 370782-B04-H13
［Guōjiātún］

在市驻地密州街道北方向 28.9 千米。相州镇辖自然村。人口 1 700。明洪武二年（1369），管姓人氏最早来此定居建村，后郭氏家族人丁兴旺，故名郭家屯。聚落呈团块状分布。有幼儿园。经济以种植业为主。有公路经此。

侯家岭 370782-B04-H14
［Hóujiālǐng］

在市驻地密州街道北方向 30.9 千米。相州镇辖自然村。人口 1 600。因村后有一大岭，侯姓人最早迁入，得名侯家岭。聚落呈团块状分布。有幼儿园。经济以种植业为主。有公路经此。

后曹村 370782-B04-H15
［Hòucáocūn］

在市驻地密州街道北方向 17.5 千米。相州镇辖自然村。人口 500。汉朝刘秀带兵屯扎于汉王山一带，此地屯兵为一曹兵马（曹为兵马编制单位），故此屯取名曹村。明清时期，此处有四家族居住，分为邱家曹村、叶家曹村、郑家曹村、曹家曹村四个村庄，1955 年后，以方位更名上曹村、中曹村、后曹村、南曹村，此村居后，称后曹村。聚落呈团块状分布。有幼儿园。经济以种植业为主。有公路经此。

后莲池 370782-B04-H16
[Hòuliánchí]

在市驻地密州街道北方向 22.2 千米。相州镇辖自然村。人口 2 000。明朝初年，村民由山西移民而来，因本地池塘众多，长满莲花，取名莲池。后分为两村，本村以位置称后莲池。聚落呈团块状分布。有幼儿园。经济以种植业为主。有公路经此。

后宋岗 370782-B04-H17
[Hòusònggǎng]

在市驻地密州街道北方向 26.5 千米。相州镇辖自然村。人口 400。因村前是前宋岗，故称后宋岗。聚落呈团块状分布。有幼儿园。经济以种植业为主。有公路经此。

胡兰 370782-B04-H18
[Húlán]

在市驻地密州街道北方向 21.8 千米。相州镇辖自然村。人口 1 700。明洪武二年（1369），李氏由河北枣强迁此定居。因这里有条小溪，溪边长满茂盛的兰花，故名村兰溪。后胡姓、杨姓等迁入，因胡姓人丁兴旺，改村名胡兰。聚落呈团块状分布。有幼儿园。经济以种植业为主。有公路经此。

惠吉林 370782-B04-H19
[Huìjílín]

在市驻地密州街道西北方向 24.6 千米。相州镇辖自然村。人口 800。因村民给惠姓学究看林而得名惠家林，后更名惠吉林。聚落呈团块状分布。有幼儿园。经济以种植业为主。有公路经此。

昌城 370782-B05-H01
[Chāngchéng]

昌城镇人民政府驻地。在市驻地密州街道东北方向 11.4 千米。人口 1 700。西汉初置昌县，筑城为治，得名昌城。聚落呈团块状分布。有学校。有昌县故城遗址等历史遗迹。经济以种植业、养殖业为主。有公路经此。

得利斯 370782-B05-H02
[Délìsī]

在市驻地密州街道东北方向 11.6 千米。昌城镇辖自然村。人口 2 800。原名郑家老庄，后以方位改称西老庄，2001 年因得利斯集团始改今名。聚落呈团块状分布。有小学。经济以加工业为主。有得利斯集团等企业。胶新铁路、青莱高速经此。

大花林 370782-B05-H03
[Dàhuālín]

在市驻地密州街道东北方向 20.4 千米。昌城镇辖自然村。人口 300。清末，因林地周围绿树掩映，花草间杂其间，百尺河又环绕居处，如处园林，因改村名为大花林。聚落呈团块状分布。有幼儿园。经济以种植业为主。有公路经此。

马家双塘 370782-B05-H04
[Mǎjiāshuāngtáng]

在市驻地密州街道东北方向 18.9 千米。昌城镇辖自然村。人口 600。因靠近大刘家双堂，且马氏居此，遂以姓氏称马家双堂，民国时期以谐音写为马家双塘。聚落呈团块状分布。有幼儿园。经济以种植业为主。有公路经此。

乔家巴山 370782-B05-H05
[Qiáojiābāshān]

在市驻地密州街道东北方向 22.1 千米。昌城镇辖自然村。人口 1 000。明初，乔氏由山西迁居高密市西注沟，以居巴山之阳，取村名乔家巴山。聚落呈团块状分布。有幼儿园。经济以种植业为主。有公路经此。

孙家巴山 370782-B05-H06
[Sūnjiābāshān]

在市驻地密州街道东北方向 22.1 千米。昌城镇辖自然村。人口 1 000。明初，孙氏由云南乌撒卫移住浙江，后辗转来此定居，与乔家巴山村乔氏结成亲，成家后人口繁衍壮大，因居处在巴山脚下，遂以姓氏称孙家巴山。聚落呈团块状分布。有幼儿园。经济以种植业为主。有公路经此。

王家巴山 370782-B05-H07
[Wángjiābāshān]

在市驻地密州街道东北方向 22.1 千米。昌城镇辖自然村。人口 2 200。因村子位于巴山前，所以取名巴山。后王氏居此，称王家巴山。聚落呈团块状分布。有幼儿园。经济以种植业为主。有公路经此。

寨里 370782-B05-H08
[Zhàilǐ]

在市驻地密州街道东北方向 20.0 千米。昌城镇辖自然村。人口 1 500。明初，潍河洪水泛滥，村西北潍河边幸有高崖一处，面积很大，如天然屏障，形如寨，村民在其上得以避洪水之灾，后以此称村名寨里。聚落呈团块状分布。有幼儿园。经济以种植业为主。有公路经此。

埠头 370782-B05-H09
[Bùtóu]

在市驻地密州街道东北方向 16.5 千米。昌城镇辖自然村。人口 800。传说吕氏最先迁此定居，因居处后边是岭，东北靠河，这里为路人渡河经过的地方，便依地势取村名埠头。聚落呈团块状分布。有幼儿园。经济以种植业为主。有公路经此。

东埠头 370782-B05-H10
[Dōngbùtóu]

在市驻地密州街道东北方向 16.7 千米。昌城镇辖自然村。人口 400。因村西有高岭，且建村时西边已有名埠头的村，遂以方位称东埠头。聚落呈团块状分布。有幼儿园。经济以种植业为主。有公路经此。

鹿家庄 370782-B05-H11
[Lùjiāzhuāng]

在市驻地密州街道东北方向 17.4 千米。昌城镇辖自然村。人口 200。以姓氏得名。聚落呈团块状分布。有幼儿园。经济以种植业为主。有公路经此。

西埠头 370782-B05-H12
[Xībùtóu]

在市驻地密州街道东北方向 18.0 千米。昌城镇辖自然村。人口 300。因居处位于埠岭西侧，又在大埠头村西，建村晚，遂称小埠头。1981 年，因有重名村，以方位称西埠头。聚落呈团块状分布。有幼儿园。经济以种植业为主。有公路经此。

小顺河 370782-B05-H13
[Xiǎoshùnhé]

在市驻地密州街道东北方向 16.9 千米。昌城镇辖自然村。人口 600。因居处在百尺河岸边，东北侧已有村称顺河庄，该村建村晚，住户少，遂称小顺河。聚落呈团块状分布。有幼儿园。经济以种植业为主。有公路经此。

东老庄 370782-B05-H14
[Dōnglǎozhuāng]

在市驻地密州街道东北方向 12.7 千米。昌城镇辖自然村。人口 2 900。明初，隋氏来此定居，名隋家庄。后来族人繁衍外迁，这里是隋氏的祖居地，改称隋家老庄。

1951年,该村因位于昌城村东,更称东老庄。聚落呈团块状分布。有幼儿园。经济以种植业为主。有公路经此。

东大宋 370782-B05-H15
［Dōngdàsòng］

在市驻地密州街道东北方向22.8千米。昌城镇辖自然村。人口1 300。明初,宋氏兄弟辗转来此,二人分东、西两处而居,初称小大宋,后因居处在西大宋东侧,以方位称东大宋。聚落呈团块状分布。有幼儿园。经济以种植业为主。有公路经此。

东姚戈庄 370782-B05-H16
［Dōngyáogēzhuāng］

在市驻地密州街道东北方向21.7千米。昌城镇辖自然村。人口400。以姓氏得名姚戈庄,后因居住分散,分为东、西两村,该村以方位称东姚戈庄。聚落呈团块状分布。有幼儿园。经济以种植业为主。有公路经此。

后疃 370782-B05-H17
［Hòutuǎn］

在市驻地密州街道东北方向23.2千米。昌城镇辖自然村。人口500。因居处位于大宋村西北的洼地里,依地理位置和地貌取村名后疃。聚落呈团块状分布。有幼儿园。经济以种植业为主。有公路经此。

西大宋 370782-B05-H18
［Xīdàsòng］

在市驻地密州街道东北方向22.2千米。昌城镇辖自然村。人口1 500。明初,宋氏兄弟辗转来此,二人分东、西两处而居,因是老大所居之地,取村名称大宋庄。清朝末年,林姓人家在村西开一店铺,人称林家店子。后两村合为一村,位于东大宋村西,故以方位称西大宋。聚落呈团块状分布。有幼儿园。经济以种植业为主。有公路经此。

西姚戈庄 370782-B05-H19
［Xīyáogēzhuāng］

在市驻地密州街道东北方向20.4千米。昌城镇辖自然村。人口900。以姓氏得名姚戈庄,后因居住分散,分为东、西两村,该村以方位称西姚戈庄。聚落呈团块状分布。有幼儿园。经济以种植业为主。有公路经此。

车家道口 370782-B05-H20
［Chējiādàokǒu］

在市驻地密州街道东北方向10.6千米。昌城镇辖自然村。人口500。原名大道口。民国时期,该村分为四村,遂以姓氏称车家道口。聚落呈团块状分布。有幼儿园。经济以种植业为主。有公路经此。

福胜 370782-B05-H21
［Fúshàng］

在市驻地密州街道东北方向11.1千米。昌城镇辖自然村。人口1 800。因福胜寺得名。聚落呈团块状分布。有幼儿园。经济以种植业为主。有公路经此。

百尺河 370782-B06-H01
［Bǎichǐhé］

百尺河镇人民政府驻地。在市驻地密州街道东北方向17.8千米。人口900。村在百尺河南岸,以河得名。聚落呈团块状分布。有市级非物质文化遗产项目百尺河大鼓。有学校。经济以加工业为主。省道平日路经此。

崔家庄 370782-B06-H02
［Cuījiāzhuāng］

在市驻地密州街道东北方向18.8千米。

百尺河镇辖自然村。人口 300。唐朝时，崔姓家族在此定居，以姓氏命名为崔家庄。聚落呈团块状分布。有幼儿园。经济以种植业为主。有公路经此。

树行 370782-B06-H03
[Shùháng]

在市驻地密州街道东北方向 17.6 千米。百尺河镇辖自然村。人口 400。相传该村周边曾是大户人家的树林子，因此称树行。聚落呈团块状分布。有幼儿园。经济以种植业为主。有公路经此。

谢家庄 370782-B06-H04
[Xièjiāzhuāng]

在市驻地密州街道东北方向 18.7 千米。百尺河镇辖自然村。人口 700。以姓氏称谢家庄。聚落呈团块状分布。有幼儿园。经济以种植业为主。有公路经此。

丁家岭子 370782-B06-H05
[Dīngjiālǐngzi]

在市驻地密州街道东北方向 18.1 千米。百尺河镇辖自然村。人口 500。明洪武二年（1369），丁姓来此定居并建村，且村后有一丘陵，故命名为丁家岭子。聚落呈团块状分布。有幼儿园。经济以种植业为主。有公路经此。

管家河套 370782-B06-H06
[Guǎnjiāhétào]

在市驻地密州街道东北方向 17.5 千米。百尺河镇辖自然村。人口 1 000。明洪武二年（1369），管姓来此定居并建村，且本地临近百尺河，土壤肥沃，故以姓氏命名为管家河套。聚落呈团块状分布。有幼儿园。经济以种植业为主。有公路经此。

刘家河套 370782-B06-H07
[Liújiāhétào]

在市驻地密州街道东北方向 17.6 千米。百尺河镇辖自然村。人口 600。明洪武二年（1369），刘姓二兄弟来此定居并建村，且本地临近百尺河，土壤肥沃，故命名为刘家河套。聚落呈团块状分布。有幼儿园。经济以种植业为主。有公路经此。

邱家河套 370782-B06-H08
[Qiūjiāhétào]

在市驻地密州街道东北方向 16.9 千米。百尺河镇辖自然村。人口 400。明洪武二年（1369），丘姓来此定居并建村，且本地临近百尺河，土壤肥沃，故命名为邱家河套。聚落呈团块状分布。有幼儿园。经济以种植业为主。有公路经此。

庄家河套 370782-B06-H09
[Zhuāngjiāhétào]

在市驻地密州街道东北方向 17.2 千米。百尺河镇辖自然村。人口 800。明洪武二年（1369），范姓来此定居并建村，且本地临近百尺河，土壤肥沃，故以姓氏命名为范家河套。民国时期庄姓家族逐渐壮大，取代范姓，更名为范家河套。聚落呈团块状分布。有幼儿园。经济以种植业为主。有公路经此。

东龙泉 370782-B06-H10
[Dōnglóngquán]

在市驻地密州街道东北方向 24.2 千米。百尺河镇辖自然村。人口 1 200。明代，周氏由桃林移来，时已有单氏在此，因居处在九龙埠南麓，山坡下有汩汩涌流的山泉，人称龙泉。后因重名，该村位在东侧，遂以方位称东龙泉。聚落呈团块状分布。有幼儿园。经济以种植业为主。有公路经此。

东鹿家庄 370782-B06-H11

[Dōnglùjiāzhuāng]

在市驻地密州街道东北方向 23.2 千米。百尺河镇辖自然村。人口 600。清朝初期，鹿姓担着长子、次子从高密上口村来此地居住，以姓氏和方位定名为小东鹿家庄，后更名为东鹿家庄。聚落呈团块状分布。有幼儿园。经济以种植业为主。有公路经此。

郎家庄 370782-B06-H12

[Lángjiāzhuāng]

在市驻地密州街道东北方向 24.6 千米。百尺河镇辖自然村。人口 200。清朝，郎姓一家三口游玩至此，见此处地形高，不易发生内涝，故定居，以姓氏取名郎家庄。聚落呈团块状分布。有幼儿园。经济以种植业为主。有公路经此。

魏家庄 370782-B06-H13

[Wèijiāzhuāng]

在市驻地密州街道东北方向 22.8 千米。百尺河镇辖自然村。人口 300。清朝，魏姓人家来此定居，名魏家庄。聚落呈团块状分布。有幼儿园。经济以种植业为主。有公路经此。

西龙泉 370782-B06-H14

[Xīlóngquán]

在市驻地密州街道东北方向 24.0 千米。百尺河镇辖自然村。人口 1 100。传说村后泉子通东海龙脉，故得名东龙泉。后从东龙泉分出，命名为西龙泉。聚落呈团块状分布。有幼儿园。经济以种植业为主。有公路经此。

小龙泉 370782-B06-H15

[Xiǎolóngquán]

在市驻地密州街道东北方向 24.2 千米。百尺河镇辖自然村。人口 200。清朝，陈氏人家从诸城陈家屯迁来种地，因居处位于东龙泉村西，人口少，取名小庄。1955 年改称东龙泉西小庄。人民公社时期更名为小龙泉。聚落呈团块状分布。有幼儿园。经济以种植业为主。有公路经此。

东盆渠 370782-B06-H16

[Dōngpénqú]

在市驻地密州街道东北方向 23.7 千米。百尺河镇辖自然村。人口 500。宋朝称为八里盆渠，后来分为四村，本村在东，故名东盆渠。聚落呈团块状分布。有幼儿园。经济以种植业为主。有公路经此。

后盆渠 370782-B06-H17

[Hòupénqú]

在市驻地密州街道东北方向 23.4 千米。百尺河镇辖自然村。人口 500。宋朝称为八里盆渠，后来分为四村，本村在后，故名后盆渠。聚落呈团块状分布。有幼儿园。经济以种植业为主。有公路经此。

郇家村 370782-B06-H18

[Xúnjiācūn]

在市驻地密州街道东北方向 22.3 千米。百尺河镇辖自然村。人口 800。明朝初期，郇氏家族迁入，名郇家村。聚落呈团块状分布。有幼儿园。经济以种植业为主。有公路经此。

李家庄子 370782-B06-H19

[Lǐjiāzhuāngzi]

在市驻地密州街道东北方向 25.3 千米。百尺河镇辖自然村。人口 300。明洪武年间，李氏自山西迁来，在此定居，后李氏家族逐渐壮大，故命名为李家庄子。聚落呈团块状分布。有幼儿园。经济以种植业为主。有公路经此。

逄家庄子 370782-B06-H20
[Pángjiāzhuāngzi]

在市驻地密州街道东北方向 24.2 千米。百尺河镇辖自然村。人口 300。宋朝逄姓在此定居，故名逄家庄子。聚落呈团块状分布。有幼儿园。经济以种植业为主。有公路经此。

辛兴 370782-B07-H01
[Xīnxīng]

辛兴镇人民政府驻地。在市驻地密州街道东北方向 13.9 千米。人口 1 900。清初有几户人家在此开店，名辛兴店，后演为辛兴。聚落呈团块状分布。有中小学、幼儿园等。经济以制造业为主。省道朱诸路经此。

大黄庄 370782-B07-H02
[Dàhuángzhuāng]

在市驻地密州街道东北方向 16.1 千米。辛兴镇辖自然村。人口 500。明代，黄氏迁此立村，以姓氏取村名黄家三庄，1981 年因有重名村，更称大黄庄。聚落呈团块状分布。有幼儿园。经济以种植业为主。有公路经此。

刘家小庄 370782-B07-H03
[Liújiāxiǎozhuāng]

在市驻地密州街道东北方向 15.4 千米。辛兴镇辖自然村。人口 400。清中期，刘氏族人移来给岳水村大户人家看茔地，后人口繁衍壮大形成村庄，因户数少，以姓氏取村名刘家小庄。聚落呈团块状分布。有幼儿园。经济以种植业为主。有公路经此。

米家庄 370782-B07-H04
[Mǐjiāzhuāng]

在市驻地密州街道东北方向 17.5 千米。辛兴镇辖自然村。人口 500。明晚期，米氏族人迁来管理地产并立村，称米家庄。聚落呈团块状分布。有幼儿园。经济以种植业为主。有公路经此。

祁家庄 370782-B07-H05
[Qíjiāzhuāng]

在市驻地密州街道东北方向 16.1 千米。辛兴镇辖自然村。人口 700。明初，祁氏迁来该地定居，以姓氏取村名祁家庄。聚落呈团块状分布。有幼儿园。经济以种植业为主。有公路经此。

陶家庄 370782-B07-H06
[Táojiāzhuāng]

在市驻地密州街道东北方向 16.4 千米。辛兴镇辖自然村。人口 600。明隆庆初年，陶氏迁来，以姓氏取村名陶家庄。聚落呈团块状分布。有幼儿园。经济以种植业为主。有公路经此。

小丁家庄 370782-B07-H07
[Xiǎodīngjiāzhuāng]

在市驻地密州街道东北方向 16.5 千米。辛兴镇辖自然村。人口 600。明嘉靖初年，丁氏迁此定居，以姓氏取村名。后因村小，称小丁家庄。聚落呈团块状分布。有幼儿园。经济以种植业为主。有公路经此。

大相谷 370782-B07-H08
[Dàxiànggǔ]

在市驻地密州街道东北方向 16.0 千米。辛兴镇辖自然村。人口 900。传说古时候有个相爷携家眷路经此地，适逢姑娘病亡，相爷只好就地将女儿遗体埋葬于村东南处，后人称此墓为相姑墓。后有人来此定居，依此墓取村名相姑，演称相谷，后更名大相谷。聚落呈团块状分布。有幼儿园。经济以种植业为主。有公路经此。

东花园 370782-B07-H09
［Dōnghuāyuán］

在市驻地密州街道东北方向 17.2 千米。辛兴镇辖自然村。人口 500。因是清朝丁氏地主的花园，故名花园，后以方位更名东花园。聚落呈团块状分布。有幼儿园。经济以种植业为主。有公路经此。

东辛兴 370782-B07-H10
［Dōngxīnxīng］

在市驻地密州街道东北方向 15.3 千米。辛兴镇辖自然村。人口 500。明洪武二年（1369），徐姓移民而来，因为离西辛兴较近又坐落在西辛兴东，故名东辛兴。聚落呈团块状分布。有幼儿园。经济以种植业为主。有公路经此。

东尹家庄 370782-B07-H11
［Dōngyǐnjiāzhuāng］

在市驻地密州街道东北方向 16.5 千米。辛兴镇辖自然村。人口 300。因尹姓兄弟在此地居住并建村，故名尹家庄，后更名东尹家庄。聚落呈团块状分布。有幼儿园。经济以种植业为主。有公路经此。

西花园 370782-B07-H12
［Xīhuāyuán］

在市驻地密州街道东北方向 17.0 千米。辛兴镇辖自然村。人口 600。因是清朝丁氏地主的花园，故名花园，后更名西花园。聚落呈团块状分布。有幼儿园。经济以种植业为主。有公路经此。

尧村 370782-B07-H13
［Yáocūn］

在市驻地密州街道东北方向 14.2 千米。辛兴镇辖自然村。人口 1 300。明初，窑姓在村西南烧制陶器，故名窑尚，后更名尧村。

聚落呈团块状分布。有幼儿园。经济以种植业为主。有公路经此。

大米沟 370782-B07-H14
［Dàmǐgōu］

在市驻地密州街道东北方向 12.0 千米。辛兴镇辖自然村。人口 1 000。明代，徐氏由广东元朗移来定居，时居处沟壑纵横，杂草丛生，下雨泥泞不堪，以此取村名泥沟。后因泥沟不好听，故改为大米沟。聚落呈团块状分布。有幼儿园。经济以种植业为主。有公路经此。

东米沟 370782-B07-H15
［Dōngmǐgōu］

在市驻地密州街道东北方向 12.5 千米。辛兴镇辖自然村。人口 400。清末，江氏因做生意出了名，遂以姓氏称村名江家泥沟。1958 年因居处在大米沟村东，以方位称东米沟。聚落呈团块状分布。有幼儿园。经济以种植业为主。有公路经此。

窦家岭 370782-B07-H16
［Dòujiālǐng］

在市驻地密州街道东北方向 12.5 千米。辛兴镇辖自然村。人口 500。因处岭地，且杜氏先来定居，故称杜家岭。后因窦氏人多，更称窦家岭。聚落呈团块状分布。有幼儿园。经济以种植业为主。有公路经此。

林家 370782-B08-H01
［Línjiā］

林家村镇人民政府驻地。在市驻地密州街道东方向 21.0 千米。人口 2 200。元末林姓在此立村，以姓氏得名。聚落呈团块状分布。有文化大院、幼儿园、小学。经济以种植业为主。省道泰薛路经此。

阿乐子 370782-B08-H02
[Ālèzi]

在市驻地密州街道东南方向 23.7 千米。林家村镇辖自然村。人口 600。相传，王氏从江苏海州迁至桃园，后经店子、插旗崖，许多年后王氏第七代分支迁至此处，风水先生看此处为风水宝地，最后决定在此处落户安家，取名我落，后演变为阿乐子。聚落呈团块状分布。有幼儿园。经济以种植业为主。有公路经此。

卜落林子 370782-B08-H03
[Bǔluòlínzi]

在市驻地密州街道东南方向 20.0 千米。林家村镇辖自然村。人口 500。据传，在明朝时期，有两只凤凰在此上空来回飞翔，没有落下，故名卜落林子。聚落呈团块状分布。有幼儿园。经济以种植业为主。有公路经此。

蔡家沟 370782-B08-H04
[Càijiāgōu]

在市驻地密州街道东南方向 19.8 千米。林家村镇辖自然村。人口 500。明末，蔡氏因避乱由河南辗转移来定居，居处依山傍水，沟壑纵横，故名蔡家沟。聚落呈团块状分布。有幼儿园。经济以种植业为主。有公路经此。

曹家洼 370782-B08-H05
[Cáojiāwā]

在市驻地密州街道东南方向 21.5 千米。林家村镇辖自然村。人口 500。据传明洪武年间，曹氏来此定居，因村后有一片洼地，故命名为曹家洼。聚落呈团块状分布。有幼儿园。经济以种植业为主。有公路经此。

白家村 370782-B08-H06
[Báijiācūn]

在市驻地密州街道东南方向 16.2 千米。林家村镇辖自然村。人口 400。明末清初，白氏逃荒至此定居，后王、殷、张等姓氏相继迁来入住，形成村落，为尊重白氏先居于此，故以其姓氏取村名白家村。聚落呈团块状分布。有幼儿园。经济以种植业为主。有公路经此。

插旗崖 370782-B08-H07
[Chāqíyá]

在市驻地密州街道东南方向 24.0 千米。林家村镇辖自然村。人口 800。据传北宋年间，杨家将刘金定在此地插旗招兵，明朝末年王姓人来此定居建村时，根据传说取名插旗崖。聚落呈团块状分布。有幼儿园。经济以种植业为主。有公路经此。

陈家庄 370782-B08-H09
[Chénjiāzhuāng]

在市驻地密州街道东南方向 21.6 千米。林家村镇辖自然村。人口 1 200。明初陈氏来此定居，以居处靠河，林木茂盛，初称陈家林子，后改称陈家庄。聚落呈团块状分布。有幼儿园。经济以种植业为主。有公路经此。

崔家沟 370782-B08-H10
[Cuījiāgōu]

在市驻地密州街道东南方向 26.0 千米。林家村镇辖自然村。人口 500。明末，崔姓来此定居并建村，名崔家沟。聚落呈团块状分布。有幼儿园。经济以种植业为主。有公路经此。

大福田 370782-B08-H11
[Dàfútián]

在市驻地密州街道东南方向 17.7 千米。

林家村镇辖自然村。人口900。原名大亩田，因旧时以田地为福，后改名为大福田。聚落呈团块状分布。有幼儿园。经济以种植业为主。有公路经此。

大沟崖 370782-B08-H12

[Dàgōuyá]

在市驻地密州街道东南方向16.7千米。林家村镇辖自然村。人口300。明洪武二年（1369），管姓从江苏海州移民而来，在管疃村定居。后来因分家来此居住，起初命名为麒麟村，后来因村外三面低矮，多为沟崖，因此更名为大沟崖。聚落呈团块状分布。有幼儿园。经济以种植业为主。有公路经此。

大观音山 370782-B08-H13

[Dàguānyīnshān]

在市驻地密州街道东南方向21.8千米。林家村镇辖自然村。人口400。据传，清初刘氏由西边的大观音山来此安家定居，村前山上有座观音庙，故取名为大观音山。聚落呈团块状分布。有幼儿园。经济以种植业为主。有公路经此。

大涝沟 370782-B08-H14

[Dàlàogōu]

在市驻地密州街道东南方向13.7千米。林家村镇辖自然村。人口700。据传，明洪武二年（1369），有一孙姓从山西迁来，因村前有一条河，取名大落沟，后改名为大涝沟。聚落呈团块状分布。有幼儿园。经济以种植业为主。有公路经此。

大岭沟 370782-B08-H15

[Dàlǐnggōu]

在市驻地密州街道东南方向25.2千米。林家村镇辖自然村。人口300。明末清初，徐氏十世族人为避战乱由今辛兴镇徐家卢水村移来此地，因居处在一条沟里，依地貌称村名大岭洼，后写为大岭沟。聚落呈团块状分布。有幼儿园。经济以种植业为主。有公路经此。

大龙湾 370782-B08-H16

[Dàlóngwān]

在市驻地密州街道东北方向20.0千米。林家村镇辖自然村。人口1 000。原名龙湾，因村西有龙湾，泉水很深，长年流水不断，后三村定居并建村，本村最大，更名为大龙湾。聚落呈团块状分布。有幼儿园。经济以种植业为主。有公路经此。

大麻沟 370782-B08-H17

[Dàmágōu]

在市驻地密州街道东北方向26.0千米。林家村镇辖自然村。人口600。由于该村地处丘陵，地势不平，此地有多个麻沟，沟乱如麻，故名麻沟，后因此处村户多人口多，为区别开来，故名大麻沟。聚落呈团块状分布。有幼儿园。经济以种植业为主。有公路经此。

大脉崖沟 370782-B08-H18

[Dàmàiyágōu]

在市驻地密州街道东南方向27.9千米。林家村镇辖自然村。人口200。相传，贾氏四兄弟从东贾家沟搬至此地，因在鲁山山脉有一山脉和多崖大沟，故取名大脉崖沟。聚落呈团块状分布。有幼儿园。经济以种植业为主。有公路经此。

大桥西 370782-B08-H19

[Dàqiáoxī]

在市驻地密州街道东南方向21.9千米。林家村镇辖自然村。人口900。据传，建村时村庄东临有一座石桥，故取名大桥西。聚落呈团块状分布。有幼儿园。经济以种植业为主。有公路经此。

大桃园 370782-B08-H20
［Dàtáoyuán］

在市驻地密州街道东南方向 21.9 千米。林家村镇辖自然村。人口 1 400。据传，明洪武二年（1369），王氏兄弟从城里王门村迁此居住，因河东靠小桃园，故取名为大桃园。聚落呈团块状分布。有幼儿园。经济以种植业为主。有公路经此。

大洼 370782-B08-H21
［Dàwǎ］

在市驻地密州街道东南方向 24.4 千米。林家村镇辖自然村。人口 500。明洪武二年（1369），袁氏、郭氏两姓最先迁来居住，因该村地势低矮平坦，水源充足，土地肥沃，故起名大洼。聚落呈团块状分布。有幼儿园。经济以种植业为主。有公路经此。

大岳峙 370782-B08-H22
［Dàyuèzhì］

在市驻地密州街道东南方向 16.0 千米。林家村镇辖自然村。人口 1 700。据传，明洪武二年（1369），于姓迁入此地居住，随后又有闫、刘、王等姓来此居住，因为居住地与村南山岳相对峙，便以地形命名为岳峙。因与村东小岳峙区别，更名为大岳峙。聚落呈团块状分布。有幼儿园。经济以种植业为主。有公路经此。

东大村 370782-B08-H23
［Dōngdàcūn］

在市驻地密州街道东南方向 18.8 千米。林家村镇辖自然村。人口 700。据传，管氏三世祖与四世祖迁入本村，改名为管家大村，后根据所在方位改称东大村。聚落呈团块状分布。有幼儿园。经济以种植业为主。有公路经此。

东店子 370782-B08-H24
［Dōngdiànzi］

在市驻地密州街道东南方向 24.9 千米。林家村镇辖自然村。人口 400。据说村民于明洪武年间迁入后，人们往来南海贩鱼，经过此处，一王姓在此开客栈，后人们称此为王家店子，又根据所在方向改称东店子。聚落呈团块状分布。有幼儿园。经济以种植业为主。有公路经此。

东公村 370782-B08-H25
［Dōnggōngcūn］

在市驻地密州街道东南方向 19.0 千米。林家村镇辖自然村。人口 1 600。据传，最先是公孙人氏在这里建村，村名为公孙。后来公孙氏在村中断了香火，村名改为公村。后因有重名村，更名为东公村。聚落呈团块状分布。有幼儿园。经济以种植业为主。有公路经此。

东河崖 370782-B08-H26
［Dōnghéyá］

在市驻地密州街道东方向 21.1 千米。林家村镇辖自然村。人口 600。据传明洪武二年（1369），王氏家族从山西洪洞县迁来，占产立村，遂起名王家河崖，后来为了区别于另外两个河崖村，按照其方位改为东河崖。聚落呈团块状分布。有幼儿园。经济以种植业为主。有公路经此。

东红 370782-B08-H27
［Dōnghóng］

在市驻地密州街道东南方向 26.0 千米。林家村镇辖自然村。人口 1 400。原名劝里，祖先为明洪武二年（1369）由山西迁移而来的移民，曲姓祖先迁来该村后家族发展很快，故村名曾称曲劝里。20 世纪 70 年代初，因歌曲《东方红》而得村名。聚落呈团块状分布。有幼儿园。经济以种植业为主。有公路经此。

东贾家沟 370782-B08-H28

[Dōngjiǎjiāgōu]

在市驻地密州街道东南方向31.0千米。林家村镇辖自然村。人口400。相传清顺治年间,一对贾氏兄弟由日照逃难至此,在此娶妻生子,因居住在河东,故取名东贾家沟。聚落呈团块状分布。有幼儿园。经济以种植业为主。有公路经此。

东龙湾 370782-B08-H29

[Dōnglóngwān]

在市驻地密州街道东北方向21.2千米。林家村镇辖自然村。人口500。传说明末清初,巩氏由山西省移来定居,时居处西边有一水湾,传说有龙蛰伏,因称龙湾,巩氏认为有吉祥之兆,以此取村名巩家龙湾。后因西边龙湾村建村早,称大龙湾,该村遂以方位称东龙湾。聚落呈团块状分布。有幼儿园。经济以种植业为主。有公路经此。

东茂才沟 370782-B08-H30

[Dōngmàocáigōu]

在市驻地密州街道东南方向20.4千米。林家村镇辖自然村。人口200。据传明朝时期,毛、蔡两姓在此居住,取名毛蔡沟。明朝末年,远姓来此居住并建村,定名为东茂财沟,2007年更名为东茂才沟。聚落呈团块状分布。有幼儿园。经济以种植业为主。有公路经此。

东升 370782-B08-H31

[Dōngshēng]

在市驻地密州街道东南方向22.1千米。林家村镇辖自然村。人口500。该村原名小官音山,明洪武二年(1369),刘氏从河南移民而来,定居在此,1965年更名为东升。

聚落呈团块状分布。有幼儿园。经济以种植业为主。有公路经此。

东树山子 370782-B08-H32

[Dōngshùshānzi]

在市驻地密州街道东南方向21.2千米。林家村镇辖自然村。人口300。因该村在竖山的东面,故名东竖山,后改为东树山子。聚落呈团块状分布。有幼儿园。经济以种植业为主。有公路经此。

东仲金口 370782-B08-H33

[Dōngzhòngjīnkǒu]

在市驻地密州街道东方向15.1千米。林家村镇辖自然村。人口900。明正德年间,徐、尹两姓氏迁此定居,因居处东是牛台山,村前是仲金山,居处在两山之间的山口,故得名仲金口,后因该村在仲金口东侧,取名东仲金口。聚落呈团块状分布。有幼儿园。经济以种植业为主。有公路经此。

独乐沟 370782-B08-H34

[Dúlègōu]

在市驻地密州街道东南方向24.0千米。林家村镇辖自然村。人口200。相传清雍正初年,杨文栋自诸城杨家岭出游到此,发现此地山清水秀,风景优美,故来此定居并建村,自叹"唯我独乐",以此名村独乐沟。聚落呈团块状分布。有幼儿园。经济以种植业为主。有公路经此。

高家河崖 370782-B08-H35

[Gāojiāhéyá]

在市驻地密州街道东北方向20.5千米。林家村镇辖自然村。人口600。据传,明洪武二年(1369),管氏家庭从山西洪洞县迁来,见此地三面环水,另一面土地肥沃,故定居,并取名管家河崖。后其家族人丁衰败，1701 年底高氏家族迁入，村名遂改为高家河崖。聚落呈团块状分布。有幼儿园。经济以种植业为主。有公路经此。

高家宅 370782-B08-H36
[Gāojiāzhái]

在市驻地密州街道东南方向 17.0 千米。林家村镇辖自然村。人口 600。最初为高姓居住，因其修建高大的住宅，故定名高家宅。聚落呈团块状分布。有幼儿园。经济以种植业为主。有公路经此。

沟头 370782-B08-H37
[Gōutóu]

在市驻地密州街道东方向 23.1 千米。林家村镇辖自然村。人口 400。因居处系一小河沟的源头，有两条自西向东的大沟，遂以此取村名沟头。聚落呈团块状分布。有幼儿园。经济以种植业为主。有公路经此。

管疃 370782-B08-H38
[Guǎntuǎn]

在市驻地密州街道东南方向 16.2 千米。林家村镇辖自然村。人口 700。明洪武二年（1369），管文正初到该村，见该村地形似坛子，便起名为管坛，后人因"坛"字太俗，遂起名为管疃。聚落呈团块状分布。有幼儿园。经济以种植业为主。有公路经此。

郭家村 370782-B08-H39
[Guōjiācūn]

在市驻地密州街道东方向 21.0 千米。林家村镇辖自然村。人口 1 000。相传此村为郭姓人家，由安徽一带逃荒至此，并安居下来，几经繁衍郭姓人丁兴旺，故名郭家村。聚落呈团块状分布。有幼儿园。经济以种植业为主。有公路经此。

韩信沟 370782-B08-H40
[Hánxìngōu]

在市驻地密州街道东北方向 20.4 千米。林家村镇辖自然村。人口 500。据传，汉朝大将韩信曾经带兵在此住过，村东、村北都有一条大沟，明朝末年有人来定居建村，故名韩信沟。聚落呈团块状分布。有幼儿园。经济以种植业为主。有公路经此。

黑王家沟 370782-B08-H41
[Hēiwángjiāgōu]

在市驻地密州街道东南方向 27.7 千米。林家村镇辖自然村。人口 500。据传明朝时期，李姓人家因杀牛被官府追查，逃亡到此时天黑定居下来，取名黑望家沟，后演为黑王家沟。聚落呈团块状分布。有幼儿园。经济以种植业为主。有公路经此。

后麻沟 370782-B08-H42
[Hòumágōu]

在市驻地密州街道东南方向 26.0 千米。林家村镇辖自然村。人口 600。由于该村地处丘岭，地势多不平坦，沟壑纵横，沟乱如麻，故名麻沟，后因该村在大麻沟后，故叫后麻沟。聚落呈团块状分布。有幼儿园。经济以种植业为主。有公路经此。

化石沟 370782-B08-H43
[Huàshígōu]

在市驻地密州街道东南方向 25.1 千米。林家村镇辖自然村。人口 200。传说清初，刚、王、杜三姓相继从胶南王门庄子、塔桥等地移来定居，因居处沟壑多，沟中出产滑石，故取村名滑石沟，民国初期以谐音写作化石沟。聚落呈团块状分布。有幼儿园。经济以种植业为主。有公路经此。

槐树荣 370782–B08–H44
[Huáishùróng]

在市驻地密州街道东北方向 23.2 千米。林家村镇辖自然村。人口 1 200。传说古代这里有棵大槐树，有人来此居住后为图吉利，以此取村名槐树荣。聚落呈团块状分布。有幼儿园。经济以种植业为主。有公路经此。

荒山口 370782–B08–H45
[Huāngshānkǒu]

在市驻地密州街道东南方向 22.1 千米。林家村镇辖自然村。人口 100。因该村三面环山，村内地面平整，有小河由西向东流淌，形似一人口，便更名荒山口。聚落呈团块状分布。有幼儿园。经济以种植业为主。有公路经此。

会家阿乐子 370782–B08–H46
[Huìjiā'ālèzi]

在市驻地密州街道东南方向 17.4 千米。林家村镇辖自然村。人口 400。因惠姓在此定居，故起名会家阿乐子。聚落呈团块状分布。有幼儿园。经济以种植业为主。有公路经此。

近枝子 370782–B08–H47
[Jìnzhīzi]

在市驻地密州街道东南方向 25.3 千米。林家村镇辖自然村。人口 600。据记载，1583 年，王姓第九世祖自冶家店子村迁至插旗崖村，又沿插旗崖村南选定一居点，此处为丘陵地貌，两条小河环村，拟名近枝子。聚落呈团块状分布。有幼儿园。经济以种植业为主。有公路经此。

孔家崖头 370782–B08–H48
[Kǒngjiāyátóu]

在市驻地密州街道东北方向 20.5 千米。林家村镇辖自然村。人口 500。据传最早来此定居的为孔姓，因紧傍河边崖头而居，故名孔家崖头。聚落呈团块状分布。有幼儿园。经济以种植业为主。有公路经此。

琅古尧 370782–B08–H49
[Lánggǔyáo]

在市驻地密州街道东南方向 24.8 千米。林家村镇辖自然村。人口 800。传说，秦始皇建琅琊台时在本处取土烧砖，故村得名琅玡古窑，后演为琅古尧。聚落呈团块状分布。有幼儿园。经济以种植业为主。有公路经此。

磊石沟 370782–B08–H50
[Lěishígōu]

在市驻地密州街道东南方向 24.5 千米。林家村镇辖自然村。人口 200。因该村坐落在磊石山脚下，有一条小河从村庄中间向东南流去，故名。聚落呈团块状分布。有幼儿园。经济以种植业为主。有公路经此。

皇华店 370782–B09–H01
[Huánghuádiàn]

皇华镇人民政府驻地。在市驻地密州街道南方向 12.8 千米。人口 1 300。此地有黄花山，是南北交通要道，因村中设有旅店，故得名黄花店，后演变为皇华店。有文化大院、小学、幼儿园。经济以种植业为主。有针织厂、橡胶厂、机械制造等企业。省道平日路经此。

大展村 370782–B09–H02
[Dàzhǎncūn]

在市驻地密州街道东南方向 10.5 千米。皇华镇辖自然村。人口 1 000。明代，孙氏迁来此地定居，其后王、臧二姓相继迁入。为祈愿该村大展宏图、吉祥兴旺，合议取村名展村，明末北移低处居住。清代，村中有人到西北岭上居住，逐渐发展成村落，建村称小展村，该村遂称大展村。聚落呈团块状分布。有幼儿园。经济以种植业为主。有公路经此。

小展村 370782-B09-H03
[Xiǎozhǎncūn]

在市驻地密州街道东南方向 9.5 千米。皇华镇辖自然村。人口 100。明代，孙氏迁来此地定居，其后王、臧二姓相继迁入，为祈愿该村大展宏图、吉祥兴旺，合议取村名展村，明末北移低处居住。清代，村中有人到西北岭上居住，逐渐发展成村落，建村称小展村。聚落呈团块状分布。有幼儿园。经济以种植业为主。有公路经此。

位井子 370782-B09-H04
[Wèijǐngzi]

在市驻地密州街道东南方向 9.5 千米。皇华镇辖自然村。人口 900。旧时村边有唐代古井，传魏徵曾率兵驻此，见河边有泉，遂用鞭杆掘而成井，后人称魏井，来此居住的人以魏井作村名。后来皎氏迁此定居，重建村庄，沿袭旧称魏井子，后逐渐以谐音写为位井子。聚落呈团块状分布。有幼儿园。经济以种植业为主。有公路经此。

朱泮一村 370782-B09-H05
[Zhūpànyīcūn]

在市驻地密州街道西南方向 7.9 千米。皇华镇辖自然村。人口 700。最初朱氏、潘氏在此定居，以两姓氏取村名朱潘，现写作朱泮。后分为三村，本村为朱泮一村。聚落呈团块状分布。有幼儿园。经济以种植业为主。有公路经此。

程子 370782-B09-H06
[Chéngzi]

在市驻地密州街道西南方向 12.0 千米。皇华镇辖自然村。人口 900。相传明初王氏来此定居时该地已有地名呈子，后来写为程子。又传说唐初程咬金曾在这一带驻扎，这里的百姓成为程咬金的子民，故名程子。聚落呈团块状分布。有幼儿园。经济以种植业为主。有公路经此。

西山坡 370782-B09-H07
[Xīshānpō]

在市驻地密州街道东南方向 9.5 千米。皇华镇辖自然村。人口 600。相传明万历年间，秦、曹二姓来此定居，后邰姓由河南迁入，因居处在常山西坡上，依地貌称西山坡。聚落呈团块状分布。有幼儿园。经济以种植业为主。有公路经此。

东山坡 370782-B09-H08
[Dōngshānpō]

在市驻地密州街道南方向 9.5 千米。皇华镇辖自然村。人口 400。清末，有董姓人家来此居住，后王氏人家来此居住，因居处在常山北麓的山坡上，西边已有西山坡村，故依方位和地貌称东山坡。聚落呈团块状分布。有幼儿园。经济以种植业为主。有公路经此。

西蔡家沟 370782-B09-H09
[Xīcàijiāgōu]

在市驻地密州街道东南方向 9.2 千米。皇华镇辖自然村。人口 500。传说明末蔡氏因避乱由河南辗转移来定居，居处依山傍水，沟壑纵横，遂以姓氏加地貌称蔡家沟。后因有重名村，便以方位称西蔡家沟。聚落呈团块状分布。有幼儿园。经济以种植业为主。有公路经此。

后我乐 370782-B09-H10
[Hòuwǒlè]

在市驻地密州街道南方向 6.6 千米。皇华镇辖自然村。人口 500。传说沈氏明代迁里南岭后定居，以姓氏加地貌名村沈家窝落，张、林等姓氏相继迁入定居，以谐音写作沈家我乐。后不再以姓氏称村名，且有重名村，便以方位称后我乐。聚落呈团块状分布。有幼儿园。经济以种植业为主。有公路经此。

西皇庄 370782-B09-H11
[Xīhuángzhuāng]

在市驻地密州街道南方向 12.0 千米。皇华镇辖自然村。人口 300。明末，赵氏、林氏迁此定居，时因居处人烟稀少，荒草野坡，村民分东、西而居，本村居西，名西荒庄，后以谐音命名为西皇庄。聚落呈团块状分布。有幼儿园。经济以种植业为主。有公路经此。

前我乐 370782-B09-H12
[Qiánwǒlè]

在市驻地密州街道西南方向 8.1 千米。皇华镇辖自然村。人口 300。明初，张氏由山西省洪洞县流落到河南，永乐年间迁至诸城，明嘉靖二年（1523）张家出了一名进士——张让，此处为张家地产，张氏后人从城里来此定居建村，以姓氏取村名张家我乐，后以方位称前我乐。聚落呈团块状分布。有幼儿园。经济以种植业为主。有公路经此。

中杨家庄子 370782-B09-H13
[Zhōngyángjiāzhuāngzi]

在市驻地密州街道东南方向 11.8 千米。皇华镇辖自然村。人口 1 100。明中后期，杨氏等姓分别由郝戈庄等地迁来定居，因系杨氏先来，以姓氏取村名杨家庄。后因有重名村，便以方位更名为中杨家庄子。聚落呈团块状分布。有幼儿园。经济以种植业为主。有公路经此。

东皇庄 370782-B09-H14
[Dōnghuángzhuāng]

在市驻地密州街道南方向 11.8 千米。皇华镇辖自然村。人口 300。明末，赵氏迁此定居，时因居处人烟稀少，荒草野坡，村民分东、西而居，本村居东，名东荒庄，后以谐音命名为东皇庄。聚落呈团块状分布。有幼儿园。经济以种植业为主。有公路经此。

中我乐 370782-B09-H15
[Zhōngwǒlè]

在市驻地密州街道东南方向 8.1 千米。皇华镇辖自然村。人口 200。明代吴氏由河南迁来定居，传说初称村名卧龙庄。清代，这里的地产属城里臧氏所有，臧氏族人移来定居，以姓氏称臧家我乐，后以方位称中我乐。聚落呈团块状分布。有幼儿园。经济以种植业为主。有公路经此。

杨家屯 370782-B09-H16
[Yángjiātún]

在市驻地密州街道南方向 12.3 千米。皇华镇辖自然村。人口 400。传说明初武姓人家来此定居，后繁衍成大户。明末，武氏迁往他乡，杨氏由桃林移来定居，以姓氏称村名杨家屯。聚落呈团块状分布。有幼儿园。经济以种植业为主。有公路经此。

沈家沟 370782-B09-H17
[Shěnjiāgōu]

在市驻地密州街道南方向 11.5 千米。皇华镇辖自然村。人口 200。传说明末清初，沈姓人家移来定居，居处多沟壑，以姓氏加地貌称沈家沟。聚落呈团块状分布。有幼儿园。经济以种植业为主。有公路经此。

西王家庄子 370782-B09-H18
[Xīwángjiāzhuāngzi]

在市驻地密州街道南方向 12.8 千米。皇华镇辖自然村。人口 1 000。王氏于明初由海州迁诸城南乡柳林村定居，后分支到今密州街道俗佳庄，八世族人移来此地定居，时先有王氏在，以姓名村王家庄，后因重名，以方位称西王家庄子。聚落呈团块状分布。有幼儿园。经济以种植业为主。有公路经此。

解家河子 370782-B09-H19
[Xièjiāhézi]

在市驻地密州街道南方向 14.2 千米。皇华镇辖自然村。人口 600。传说明初解氏由山西迁此定居，因居处有小河流过，以姓氏加地貌称村名解家河。清末民初，以口语习惯写为解家河子。聚落呈团块状分布。有幼儿园。经济以种植业为主。有公路经此。

大山 370782-B09-H20
[Dàshān]

在市驻地密州街道东南方向 15.8 千米。皇华镇辖自然村。人口 900。明初张、郭、姜等姓先后迁此重建村庄，因居北山，称楼子顶。中华人民共和国成立前，因西边有小转头山立村，该村遂称大转头山。20世纪 70 年代中后期，以在北山更名大山。聚落呈团块状分布。有幼儿园。经济以种植业为主。有公路经此。

小山 370782-B09-H21
[Xiǎoshān]

在市驻地密州街道东南方向 14.9 千米。皇华镇辖自然村。人口 300。清末形成村落时，因居处南、东面有两条河交叉东流，遂以地貌称剪子沟。民国时期，此处隶属河东岸的大转头山村，人称这里为小转头山子，后称小山。聚落呈团块状分布。有幼儿园。经济以种植业为主。有公路经此。

四十里铺 370782-B09-H22
[Sìshílǐpù]

在市驻地密州街道东南方向 15.8 千米。皇华镇辖自然村。人口 500。明永乐年间，傅姓由山西到此建村，因本村距离诸城城里四十里路，故名四十里铺。聚落呈团块状分布。有幼儿园。经济以种植业为主。有公路经此。

龙家庄子 370782-B09-H23
[Lóngjiāzhuāngzi]

在市驻地密州街道东南方向 17.2 千米。皇华镇辖自然村。人口 600。传说明初王氏由山西逃难至此，因居处在小河边，河西有块涝洼地名叫老龙窝，为图吉祥，便以此取村名龙家庄子；又传，明洪武二年（1369）王氏迁此立村，因此地有"落龙"的传说，故名；又传说因此地建有龙凤庙而得名。聚落呈团块状分布。有幼儿园。经济以种植业为主。有公路经此。

邰家沟 370782-B09-H24
[Táijiāgōu]

在市驻地密州街道东南方向 17.8 千米。皇华镇辖自然村。人口 600。传说最初有臧、台、丁等姓氏迁此居住，后发展成村落，台氏人口最旺，以台氏加地貌称台家沟，清末民初"台"字写为"邰"。聚落呈团块状分布。有幼儿园。经济以种植业为主。有公路经此。

柳树店 370782-B09-H25
[Liǔshùdiàn]

在市驻地密州街道东南方向 18.6 千米。皇华镇辖自然村。人口 1 000。明初，杨氏由山西迁桃林，后族人移来定居，因居处在驿道边，往来商贩常在此歇脚休息，故在此开店的多，以居处沟壑中多生枰柳树，故名柳树店。聚落呈团块状分布。有幼儿园。经济以种植业为主。有公路经此。

上康岭 370782-B09-H26
[Shàngkānglǐng]

在市驻地密州街道东南方向 16.5 千米。皇华镇辖自然村。人口 700。传说明代康氏迁居此地，后有族人及其他姓氏由康家岭村搬迁至西侧高处立村，称上康家岭，后简称上康岭。聚落呈团块状分布。有幼儿园。经济以种植业为主。有公路经此。

下康岭 370782-B09-H27
[Xiàkānglǐng]

在市驻地密州街道东南方向 16.6 千米。皇华镇辖自然村。人口 800。传说明代康氏迁居此地，因居处山岭，以姓氏加地貌称康家岭。后有族人及其他姓氏搬迁至西侧高处立村，称上康家岭，该村遂称下康家岭。后省字称下康岭。聚落呈团块状分布。有幼儿园。经济以种植业为主。有公路经此。

白粉子沟 370782-B09-H28
[Báifěnzigōu]

在市驻地密州街道东南方向 17.6 千米。皇华镇辖自然村。人口 1 100。村名来历有两种说法：一说明洪武八年（1375），岳、汤、杨三姓氏先后迁此定居，因古时曾有人在村西沟中烧过石灰，以此取村名白粉沟；另一说为白氏由山西汾阳迁来，为纪念来自汾水岸边，居处又在山沟里，以姓氏和家乡汾水及居处地貌取村名白汾沟，后演变成白粉子沟。聚落呈团块状分布。有幼儿园。经济以种植业为主。有公路经此。

相家沟 370782-B09-H29
[Xiàngjiāgōu]

在市驻地密州街道东南方向 19.3 千米。皇华镇辖自然村。人口 1 000。原为明末侍御丁惟宁地产，其子丁耀亢着手经营，因居处多沟壑且多生橡树和槚树，故初称橡槚沟，后以谐音演称今名。聚落呈团块状分布。有幼儿园。经济以种植业为主。有公路经此。

龙湾头 370782-B09-H30
[Lóngwāntóu]

在市驻地密州街道东南方向 20.7 千米。皇华镇辖自然村。人口 700。因此处北河里有深水湾，传说有龙蛰居，人称龙湾，这里又处在河头，以此称村名龙湾头。聚落呈团块状分布。有幼儿园。经济以种植业为主。有公路经此。

大寨 370782-B09-H31
[Dàzhài]

在市驻地密州街道东南方向 21.6 千米。皇华镇辖自然村。人口 100。清乾隆末年，周氏自桃林乡马庄子村逃难至此，为生活给龙湾头村丁氏看山场，这里被丁氏称为山寨上，民国时期改称大寨。聚落呈团块状分布。有幼儿园。经济以种植业为主。有公路经此。

黄崖前 370782-B09-H32
[Huángyáqián]

在市驻地密州街道东南方向 21.0 千米。皇华镇辖自然村。人口 50。清末，王氏由今五莲县户部村移来，给龙湾头村大户看山场并定居下来，民国时期形成村落，因居处背靠山崖，崖土黄色，故名黄崖前。聚落呈团块状分布。有幼儿园。经济以种植业为主。有公路经此。

上六谷 370782-B09-H33
［Shàngliùgǔ］

在市驻地密州街道东南方向 18.6 千米。皇华镇辖自然村。人口 300。明初先有张、赵二姓来此居住，因处山区，有大沟、小沟、汪家沟等纵横六道沟组成，故取村名六沟。后因居下六沟村南，地势又高，称上六沟，民国时期改称上六谷。聚落呈团块状分布。有幼儿园。经济以种植业为主。有公路经此。

下六谷 370782-B09-H34
［Xiàliùgǔ］

在市驻地密州街道东南方向 16.6 千米。皇华镇辖自然村。人口 900。明初李、韩两姓氏分别迁此定居，因处山区，有大沟、小沟、汪家沟等纵横六道沟组成，故取村名六沟。后因居上六沟村北，在下游，称下六沟，民国时期改称下六谷。

桃林 370782-B10-H01
［Táolín］

桃林镇人民政府驻地。在市驻地密州街道东南方向 24.5 千米。人口 900。明初杨氏在此立村，因有成片的桃树林得名。聚落呈团块状分布。有小学、幼儿园。经济以种植业为主。省道平日路经此。

史家沟 370782-B10-H02
［Shǐjiāgōu］

在市驻地密州街道东南方向 21.8 千米。桃林镇辖自然村。人口 400。相传史家沟原叫柿子沟，旧时居处周围到处是柿子树，因而得名，旧县志中写作"师家沟"。清嘉庆元年（1796），史氏十三世族人由官巷子移来为臧家看山，后以姓氏加地貌取村名史家沟。聚落呈团块状分布。有幼儿园。经济以种植业为主。有公路经此。

下赵家沟 370782-B10-H03
［Xiàzhàojiāgōu］

在市驻地密州街道东南方向 22.1 千米。桃林镇辖自然村。人口 200。清末，上赵家沟村赵氏迁来小河下游居住，后又有于、王、李、武等姓氏相继迁入，形成村落，因地势比上赵家沟村低，依地势称下赵家沟。聚落呈团块状分布。有幼儿园。经济以种植业为主。有公路经此。

上赵家沟 370782-B10-H04
［Shàngzhàojiāgōu］

在市驻地密州街道东南方向 21.2 千米。桃林镇辖自然村。人口 600。明代赵氏移来定居，居处坐落在一条东西狭长的山沟中，遂以姓氏加地貌称赵家沟。20 世纪 80 年代初，村落合并东迁并建立新村，因地势比下赵家沟高，故称上赵家沟。聚落呈团块状分布。有幼儿园。经济以种植业为主。有公路经此。

桃行 370782-B10-H05
［Táoháng］

在市驻地密州街道东南方向 21.0 千米。桃林镇辖自然村。人口 100。因山坡上桃树颇多，风景秀丽，据此称桃行。聚落呈团块状分布。有幼儿园。经济以种植业为主。有公路经此。

臧家沟 370782-B10-H06
［Zāngjiāgōu］

在市驻地密州街道东南方向 20.4 千米。桃林镇辖自然村。人口 400。明末清初，此处山高林密，为城里臧氏的地产，形成村落后，以地产所属称臧家沟。聚落呈团块状分布。有幼儿园。经济以种植业为主。有公路经此。

三官庙 370782-B10-H07

[Sānguānmiào]

　　在市驻地密州街道东南方向 26.7 千米。桃林镇辖自然村。人口 300。传说清中期，村民周氏因治病许愿，在村东独立小山顶上建三元庙，久之，村称三元庙，后改称三官庙。聚落呈团块状分布。有幼儿园。经济以种植业为主。有公路经此。

土楼 370782-B10-H08

[Tǔlóu]

　　在市驻地密州街道东南方向 26.7 千米。桃林镇辖自然村。人口 500。村名来历有两说：一说明中期，周氏六世族人自南石桥携家小逃难来此定居。这里山深林密人迹罕至，后又迁入几家看山种地的人家，渐成村落，因住处北部地势高，土墙草屋远看像楼房，以此取村名土楼。另一说是村名来源于村北的两个山头，人称大楼顶、小楼顶，村以此得名。聚落呈团块状分布。有幼儿园。经济以种植业为主。有公路经此。

管家沟 370782-B10-H09

[Guǎnjiāgōu]

　　在市驻地密州街道东南方向 25.3 千米。桃林镇辖自然村。人口 200。传说，因丁氏委托王氏管理这里的土地，故更名管家沟。聚落呈团块状分布。有幼儿园。经济以种植业为主。有公路经此。

文昌沟 370782-B10-H10

[Wénchānggōu]

　　在市驻地密州街道东南方向 22.3 千米。桃林镇辖自然村。人口 100。清道光初年，史家沟史氏族人史文昌来此定居，以名立村，称文昌沟。聚落呈团块状分布。有幼儿园。经济以种植业为主。有公路经此。

东桃园 370782-B10-H11

[Dōngtáoyuán]

　　在市驻地密州街道东南方向 33.0 千米。桃林镇辖自然村。人口 400。明洪武初年，徐氏由海州迁凤墩（现属胶南市），又逃荒至黄山东麓，见一小溪傍岭，西坡有杉树一片，宜居住，遂结草为庐，留居下来，人口繁衍，渐成村落，以桃树蔚然成林，得名桃园。至清后期，西桃园立村，该村遂以方位称东桃园。聚落呈团块状分布。有幼儿园。经济以种植业为主。有公路经此。

西桃园 370782-B10-H12

[Xītáoyuán]

　　在市驻地密州街道东南方向 32.2 千米。桃林镇辖自然村。人口 500。《王氏族谱》载，王氏原籍济南府历城县，祖居西南门外王家老庄，明末族人移来诸城南乡胜水集南河岔村西南，七世族人于清乾隆元年（1736）携妻带子前来居住，时居处只与东桃园村一路之隔，后人口繁衍，渐成村落，因居东桃园村西，以方位称西桃园。聚落呈团块状分布。有幼儿园。经济以种植业为主。有公路经此。

顺河庄 370782-B10-H13

[Shùnhézhuāng]

　　在市驻地密州街道东南方向 29.7 千米。桃林镇辖自然村。人口 100。明中后期，王氏来此给大户人家看山并定居下来，不久，赵、徐、周三家分别迁入，形成一个小山村，居处东西各有小河环绕，遂以地貌取村名顺河庄。聚落呈团块状分布。有幼儿园。经济以种植业为主。有公路经此。

下曹家沟 370782-B10-H14

[Xiàcáojiāgōu]

　　在市驻地密州街道东南方向 26.6 千米。

桃林镇辖自然村。人口 1 000。明初曹氏由曹家庄子移来定居，以姓氏加地貌称曹家沟。后因重名，以方位定名下曹家沟。聚落呈团块状分布。经济以种植业为主。有公路经此。

西响水崖 370782-B10-H15
［Xīxiǎngshuǐyá］

在市驻地密州街道东南方向 19.6 千米。桃林镇辖自然村。人口 400。明崇祯年间，李氏由黄山前村移来定居，不久赵氏迁来入住，因居处东有一悬崖，水流至此处成瀑布，哗哗作响，遂以此取村名响水崖。后东边有村也称响水崖，该村以方位称西响水崖。聚落呈团块状分布。有幼儿园。经济以种植业为主。有公路经此。

上曹家沟 370782-B10-H16
［Shàngcáojiāgōu］

在市驻地密州街道东南方向 26.3 千米。桃林镇辖自然村。人口 600。因此地系下曹家沟曹氏的地产，又是曹家沟河的上游，遂以地产所属和地势称上曹家沟。聚落呈团块状分布。有幼儿园。经济以种植业为主。有公路经此。

上刘家沟 370782-B10-H17
［Shàngliújiāgōu］

在市驻地密州街道东南方向 24.8 千米。桃林镇辖自然村。人口 200。明永乐初年，刘氏迁此，因居处有小河流过，且该村居小河上游，遂名上刘家沟。聚落呈团块状分布。有幼儿园。经济以种植业为主。有公路经此。

下刘家沟 370782-B10-H18
［Xiàliújiāgōu］

在市驻地密州街道东南方向 25.2 千米。桃林镇辖自然村。人口 300。清初刘氏迁此，因居处有小河流过，且该村居小河下游，遂名下刘家沟。聚落呈团块状分布。有幼儿园。经济以种植业为主。有公路经此。

东响水崖 370782-B10-H19
［Dōngxiǎngshuǐyá］

在市驻地密州街道东南方向 20.5 千米。桃林镇辖自然村。人口 200。清乾隆年间，刘氏由今高密市逢戈庄迁今密州街道下泊村，继迁此地定居，因居处在西响水崖村东，依方位称东响水崖。聚落呈团块状分布。有幼儿园。经济以种植业为主。有公路经此。

大鹤现 370782-B10-H20
［Dàhèxiàn］

在市驻地密州街道东南方向 25.3 千米。桃林镇辖自然村。人口 1 100。传说村中霍氏期待后人能做大官，显赫于世，故命村名霍现，后演为鹤现；又有传说，曲氏迁此，常见山林中小河边有仙鹤出现，遂称村名鹤现。后有村民到小河西另立村庄小鹤现，该村遂称大鹤现。聚落呈团块状分布。有幼儿园。经济以种植业为主。有公路经此。

寿光市

农村居民点

北郭 370783-A01-H01
［Běiguō］

在市驻地圣城街道西北方向 7.0 千米。圣城街道辖自然村。人口 300。因郭氏兄弟三人于明朝初由山西省洪洞县迁居此地，定名为郭家庄，又因村在县城北，称北郭。聚落呈团块状分布。经济以种植业为主。有公路经此。

北前三里 370783-A01-H02
［Běiqiánsānlǐ］

在市驻地圣城街道北方向 3.0 千米。圣城街道辖自然村。人口 200。明朝初年，崔、李二姓由山西省洪洞县迁此立村，以吉祥取名为兴旺村庄。后因距县大堂三里，又在北三里前，遂改名为北前三里。聚落呈团块状分布。经济以种植业为主，主要农作物有小麦、玉米、蔬菜。有公路经此。

北坦 370783-A01-H03
［Běitǎn］

在市驻地圣城街道东北方向 1.3 千米。圣城街道辖自然村。人口 300。清康熙年间，李氏一族居此，繁衍生息，人口兴旺，以吉祥意命名为兴李村。后因在县城北，村西头建一祭台，形似坛，遂更名北坛。后"坛"演为"坦"。聚落呈团块状分布。有小学 2 处。经济以种植业为主，种植玉米、小麦、蔬菜。有公路经此。

东付家庄 370783-A01-H04
［Dōngfùjiāzhuāng］

在市驻地圣城街道东方向 4.8 千米。圣城街道辖自然村。人口 900。始祖付颂，原籍河北枣强县，因战乱迁至寿光城东立村，故名。聚落呈团块状分布。有文化大院 1 处。经济以种植业为主，主要农作物有蔬菜、小麦、玉米。有公路经此。

东玉兔埠 370783-A01-H05
［Dōngyùtùbù］

在市驻地圣城街道西南方向 4.5 千米。圣城街道辖自然村。人口 700。因相传村后埠岭有玉兔出现而得名玉兔埠，后根据方位分为东、西玉兔埠。聚落呈团块状分布。有文化大院 1 处。经济以种植业为主，主要农作物有小麦、玉米、蔬菜。有公路经此。

韩家仕庄 370783-A01-H06
［Hánjiāshìzhuāng］

在市驻地圣城街道东北方向 4.8 千米。圣城街道辖自然村。人口 400。据传，清乾隆年间，韩氏由西景明迁居此地立村，因东临张家仕庄，故以姓氏命名为韩家仕庄。聚落呈团块状分布。有文化大院 1 处。经济以种植业为主，主要农作物有小麦、玉米、蔬菜。有公路经此。

郝家庄 370783-A01-H07
［Hǎojiāzhuāng］

在市驻地圣城街道西南方向 5.3 千米。圣城街道辖自然村。人口 200。旧时郝家宅科村郝士村家境贫寒，于范家东侧繁衍生息，形成聚落，遂取名郝家庄。聚落呈团块状分布。有文化大院 1 处。经济以种植业为主，主要农作物有蔬菜。有公路经此。

西玉兔埠 370783-A01-H08
［Xīyùtùbù］

在市驻地圣城街道西南方向 4.8 千米。圣城街道辖自然村。人口 900。因相传村后埠岭有玉兔出现而得名玉兔埠，后根据方位分为东、西玉兔埠。聚落呈团块状分布。有文化大院 1 处。经济以种植业为主，主要农作物有小麦、玉米。有公路经此。

金家庄子 370783-A01-H09
［Jīnjiāzhuāngzi］

在市驻地圣城街道东北方向 4.2 千米。圣城街道辖自然村。人口 200。以姓氏名村。聚落呈团块状分布。有文化大院 1 处。经济以种植业为主，主要农作物有小麦、玉米、无公害蔬菜等。有公路经此。

金马寨 370783-A01-H10
［Jīnmǎzhài］

在市驻地圣城街道东北方向 4.0 千米。

圣城街道辖自然村。人口 700。相传宋时，金人侵宋，金马队扎营于此地，故名。聚落呈团块状分布。有文化大院 1 处。经济以种植业为主，主要农作物有小麦、玉米、蔬菜、瓜果。有公路经此。

李二庄 370783-A01-H11
［Lǐ'èrzhuāng］

在市驻地圣城街道西南方向 4.9 千米。圣城街道辖自然村。人口 900。相传，李氏仲祖首居此地立村，以姓氏及兄弟排行序数得名李二庄。聚落呈团块状分布。有文化大院 1 处。经济以种植业为主，主要农作物有黄瓜。有公路经此。

杨家仕庄 370783-A01-H12
［Yángjiāshìzhuāng］

在市驻地圣城街道东北方向 5.3 千米。圣城街道辖自然村。人口 700。清初誉氏光在此立基，以姓氏命名誉家仕庄。至康熙年间，许氏由许家南部、杨仕由杨家庄子迁来分居于村东、村西。至乾隆年间，许、杨两氏人丁兴旺，遂许氏自称许家仕庄，杨氏谓杨家仕庄。民国后期合称杨家仕庄。聚落呈团块状分布。有文化大院 1 处。经济以种植业为主，主要农作物有蔬菜。有公路经此。

文家庄 370783-A02-H01
［Wénjiāzhuāng］

在市驻地圣城街道西北方向 3.8 千米。文家街道辖自然村。人口 3 500。该村为元朝时立村，原名闻家庄。1957 年在村前发掘一闻氏圆坟，内有石碑记述闻氏起源，元朝时，闻氏祖先自陕西迁来定居，命名为闻家庄。后文氏从潍县迁入，闻氏人口减少，而文氏人口增多，改"闻"为"文"，遂更名文家庄。聚落呈团块状分布。有农家书屋 2 处、学校 3 处。经济以种植业、交通运输业和商业为主。有公路经此。

南潘曲 370783-A02-H02
［Nánpānqū］

在市驻地圣城街道西南方向 5.8 千米。文家街道辖自然村。人口 1 400。立村于北宋初年，村中原有一条古河，源自青州，蜿蜒北去巨淀湖，村北约 1 千米左岸，原有北宋开国功臣潘美墓一座。缘此，其旁数村，皆称潘曲，因此村在前（南），故称南潘曲。聚落呈团块状分布。有文化大院 1 处、农家书屋 1 处。村中有一古槐。经济以种植业为主，主要农作物有韭菜。有公路经此。

张家河头 370783-A02-H03
［Zhāngjiāhétóu］

在市驻地圣城街道西方向 5.6 千米。文家街道辖自然村。人口 2 800。张氏始祖张让于明洪武二年（1369）率弟张本立、侄张河，由山西洪洞县迁入，居跃龙河上游，傍水而居，故名村张家河头。聚落呈团块状分布。有文化大院 3 处、农家书屋 1 处、学校 1 处。经济以种植业为主，主要农作物有韭菜。有公路经此。

四合 370783-A02-H04
［Sìhé］

在市驻地圣城街道西北方向 7.3 千米。文家街道辖自然村。人口 1 000。清末民初，为躲避苛捐杂税（按堡纳税），一说有苏家庄、吕家庄、张家庄子、小刘家桥，另一说为小刘家桥、张家庄子、梁家桥、吕家庄，四村约名士共同商定四村合一堡，名曰四合堡，后简称四合。聚落呈团块状分布。有文化大院 1 处、农家书屋 1 处。经济以蔬菜种植业为主。有公路经此。

桑家庄 370783-A02-H05
［Sāngjiāzhuāng］

在市驻地圣城街道西北方向 4.0 千米。

文家街道辖自然村。人口 2 300。明成化年间，桑氏始祖桑镇随母从河北枣强县迁到寿光，后赘王氏生九子，繁衍生息，人丁兴旺，以姓氏立村。聚落呈团块状分布。有文化大院 1 处、农家书屋 1 处、学校 2 处。经济以蔬菜种植业为主。有公路经此。

王端宇 370783-A02-H06
[Wángduānyǔ]

在市驻地圣城街道西北方向 7.2 千米。文家街道辖自然村。人口 900。明永乐三年（1405），王姓始祖王好山，由河北枣强县迁至寿邑城西王家老庄，六世祖守典率其曾孙青山移此，至十三世明道之子秉信号端宇，善做买卖，乐善好施，广交朋友，他以开店为业，来往商贾行人喜于店中就餐住宿，其店名气愈大，王端宇去世后，村民为了纪念这位乡贤，将村名更改为王端宇。聚落呈团块状分布。有文化大院 1 处、农家书屋 1 处。经济以种植业、养殖业为主。有公路经此。

韩家庄 370783-A02-H07
[Hánjiāzhuāng]

在市驻地圣城街道西北方向 8.0 千米。文家街道辖自然村。人口 2 500。明洪武年间，始祖韩仿从云南乌撒卫徙居寿光县城西北，卜居跃龙河畔立村，以姓氏名村。聚落呈团块状分布。有文化大院 1 处、农家书屋 1 处。经济以种植业为主，主要农作物有黄瓜、西红柿、辣椒。有公路经此。

南官桥 370783-A02-H08
[Nánguānqiáo]

在市驻地圣城街道西北方向 6.4 千米。文家街道辖自然村。人口 700。明永乐年间，王氏由山西省洪洞县迁此立村，因村居石桥南侧，故名南官桥。聚落沿东跃龙河呈带状分布。有文化大院 1 处、农家书屋 1 处。

经济以种植业为主，主要农作物有韭菜。有公路经此。

桑家营子 370783-A02-H09
[Sāngjiāyíngzi]

在市驻地圣城街道西北方向 3.5 千米。文家街道辖自然村。人口 1 100。据传明万历年间，韩氏一族在此立村，因此处安过兵营，故以姓氏命名为韩家营子。清康熙五十八年（1719），桑氏族人桑思瀚、桑思源兄弟迁入，繁衍生息，人丁兴旺，成为主户，韩氏迁走，遂更村名为桑家营子。聚落呈团块状分布。有文化大院 1 处、农家书屋 1 处。经济以蔬菜种植业为主。有公路经此。

后游家庄 370783-A02-H10
[Hòuyóujiāzhuāng]

在市驻地圣城街道西北方向 2.8 千米。文家街道辖自然村。人口 700。明洪武二年（1369），游氏始祖自河北枣强县大碾庄迁来，后游姓人丁兴旺，渐成村庄，遂以姓氏取名为游家庄。至三世，游谦和游谨兄弟两人分家居住，其一人搬迁到村前约 300 米处立村，以方位称前游家庄，原老村游家庄遂称后游家庄。聚落呈团块状分布。有文化大院 1 处、农家书屋 1 处。经济以种植业、交通运输业和商业为主。有公路经此。

北付家庄 370783-A02-H11
[Běifùjiāzhuāng]

在市驻地圣城街道北方向 6.7 千米。文家街道辖自然村。人口 1 200。相传傅氏在此立村，以姓氏命名为傅家庄，后为与城东傅家庄有别，遂称北傅家庄，1985 年后改称北付家庄。聚落呈团块状分布。有文化大院 1 处、农家书屋 1 处。经济以蔬菜种植业为主。有公路经此。

仇家庄 370783-A02-H12
［Zhǎngjiāzhuāng］

在市驻地圣城街道西南方向 2.3 千米。文家街道辖自然村。人口 900。村原名探马村，因宋代潘仁美出征时，有一探马曾在此扎过营，故名。据仇氏毅斋墓碑记载，明嘉靖年间，有仇氏族人卜居探马村，繁衍生息，人丁兴旺，仇氏成为主户，遂更名为仇家庄。聚落呈团块状分布。有文化大院 1 处、农家书屋 1 处、学校 1 处。经济以汽车维修和制造业、蔬菜加工业、储藏运输业为主。有公路经此。

前游家庄 370783-A02-H13
［Qiányóujiāzhuāng］

在市驻地圣城街道西北方向 2.8 千米。文家街道辖自然村。人口 1 000。明洪武二年（1369），游氏始祖自河北枣强县大碾庄迁来，后游姓人丁兴旺，渐成村庄，遂以姓氏取名为游家庄。至三世，游谦和游谨兄弟两人分家居住，其一人搬迁到村前约 300 米处立村，以方位称前游家庄。聚落呈团块状分布。有文化大院 1 处、农家书屋 1 处。经济以种植业、交通运输业和商业为主。有公路经此。

八里庄 370783-A02-H14
［Bālǐzhuāng］

在市驻地圣城街道西北方向 4.9 千米。文家街道辖自然村。人口 2 100。据李氏族谱记载，八里庄始建于 1405 年，李姓族人李胜由青州市夹涧河迁来立村，因该村距旧时寿光老县衙有八里之遥，故取名八里庄。聚落呈团块状分布。有文化大院 1 处、农家书屋 1 处。经济以种植业和养殖业为主。有公路经此。

北马店 370783-A02-H15
［Běimǎdiàn］

在市驻地圣城街道西北方向 9.1 千米。文家街道辖自然村。人口 1 600。据传明弘治十三年（1500），赵宪多在此立村，时名赵家宅子。后因村前有一条通往京城的大道，并设驿站，过往行人在此歇息、喂马，又因南邻马店村，遂更名为北马店。聚落呈团块状分布。有文化大院 1 处、农家书屋 1 处。经济以种植业为主。有公路经此。

孙家集 370783-A03-H01
［Sūnjiājí］

在市驻地圣城街道西南方向 8.8 千米。孙家集街道辖自然村。人口 1 300。明洪武二年（1369），始祖孙全福伴张氏由山西省洪洞县来此地立村，时名张孙集，后改名孙家集。聚落呈团块状分布。有农家书屋 1 处、学校 1 处。经济以种植业为主，主要农作物有黄瓜、苦瓜。308 国道经此。

三元朱 370783-A03-H02
［Sānyuánzhū］

在市驻地圣城街道西南方向 5.0 千米。孙家集街道辖自然村。人口 900。原名三院朱，后演变为今名。聚落呈团块状分布。有文化大院 1 处、农家书屋 1 处、学校 1 处。有寿光市青少年德育宫、山东省党员干部培训基地。经济以种植业为主，主要农作物有小麦、玉米、蔬菜。有信义果蔬、三元朱卷帘机厂、三元管业等企业。有公路经此。

胡营 370783-A03-H03
［Húyíng］

在市驻地圣城街道西南方向 6.2 千米。孙家集街道辖自然村。人口 2 100。西晋时期，胡人在此安营扎寨，遂得名胡营。聚落呈团块状分布。有文化大院 1 处、农家书屋 1 处。古迹有火山埠遗址、九女冢、莲花庵。经济以种植业为主，主要农作物有黄瓜、苦瓜、茄子。308 国道经此。

东马疃 370783-A03-H04
[Dōngmǎtuǎn]

在市驻地圣城街道西南方向 5.6 千米。孙家集街道辖自然村。人口 700。北宋年间金兵在此养马，后有人定居，根据方位取名东马疃。聚落呈团块状分布。有农家书屋 1 处、学校 1 处。经济以种植业为主，主要农作物有黄瓜、苦瓜、茄子。308 国道经此。

钓鱼台 370783-A03-H05
[Diàoyútái]

在市驻地圣城街道西南方向 8.4 千米。孙家集街道辖自然村。人口 800。村东北隅曾有一姜太公庙，内有姜太公钓鱼的塑像，村庄遂名钓鱼台。聚落呈团块状分布。有文化大院 1 处、农家书屋 1 处。经济以种植业为主，主要农作物有黄瓜、苦瓜、茄子。308 国道经此。

堤里 370783-A03-H06
[Dīlǐ]

在市驻地圣城街道西南方向 8.5 千米。孙家集街道辖自然村。人口 1 100。明洪武年间，始祖孙文素由山西洪洞县迁至寿光邑城南弥河以北，河堤以里，故名堤里。聚落呈团块状分布。有农家书屋 1 处。经济以种植业为主，主要农作物有黄瓜、苦瓜、茄子。308 国道经此。

岳寺韩 370783-A03-H07
[Yuèsìhán]

在市驻地圣城街道西南方向 11.0 千米。孙家集街道辖自然村。人口 1 800。明朝以前，村南有岳飞寺，明洪武年间，又有韩姓迁入，故名。聚落呈团块状分布。有农家书屋 1 处。经济以种植业为主，主要农作物有黄瓜、苦瓜、茄子。有公路经此。

岳寺李 370783-A03-H08
[Yuèsìlǐ]

在市驻地圣城街道西南方向 11.2 千米。孙家集街道辖自然村。人口 1 500。因旧时有岳飞庙而得名。聚落呈团块状分布。有文化大院 1 处、农家书屋 1 处。经济以种植业为主，主要农作物有黄瓜、苦瓜、茄子。有公路经此。

范于 370783-A03-H09
[Fànyú]

在市驻地圣城街道西南方向 11.4 千米。孙家集街道辖自然村。人口 1 300。元代范姓、于姓首居于此地，以姓氏命名为范于。聚落呈团块状分布。有文化大院 1 处、农家书屋 1 处。经济以种植业为主，主要农作物有黄瓜、苦瓜、茄子。有公路经此。

三元王 370783-A03-H10
[Sānyuánwáng]

在市驻地圣城街道西南方向 12.4 千米。孙家集街道辖自然村。人口 400。因原有三元殿，清代称三元庄，民国初期因与邻近两个村庄呈鼎足形，遂更名三元王。聚落呈团块状分布。有农家书屋 1 处。有市级文物保护单位大汶口文化遗址。经济以种植业为主，主要农作物有黄瓜、苦瓜。有公路经此。

郑家 370783-A03-H11
[Zhèngjiā]

在市驻地圣城街道西南方向 7.5 千米。孙家集街道辖自然村。人口 700。据传，该村立村时叫蒋郑村，后来蒋姓渐无，改名为台前郑村。清末，因郑姓占大多数，村名改为郑家。聚落呈团块状分布。有农家书屋1处。经济以种植业为主，主要农作物有黄瓜、苦瓜、茄子。308国道经此。

呙宋台 370783-A03-H12
[Guōsòngtái]

在市驻地圣城街道西南方向7.2千米。孙家集街道辖自然村。人口1 500。王氏始祖王川洲为避战乱迁居于此，繁衍生息，人丁兴旺，遂成村庄，时因有一土台，故名呙宋台。聚落呈团块状分布。有农家书屋1处。经济以种植业为主，主要农作物有黄瓜、苦瓜、茄子。有公路经此。

一甲 370783-A03-H13
[Yìjiǎ]

在市驻地圣城街道西南方向9.4千米。孙家集街道辖自然村。人口1 200。明洪武年间，朱姓始祖朱守信兄弟三人迁于此地立村，相传兄弟分居各称一家、二家、三家，后实行保甲制，一家遂演称为一甲。聚落呈团块状分布。有文化大院1处、农家书屋1处、学校1处。经济以种植业为主，主要农作物有黄瓜、苦瓜、茄子。有公路经此。

泽科 370783-A03-H14
[Zékē]

在市驻地圣城街道西南方向10.2千米。孙家集街道辖自然村。人口1 200。由于此处地势低洼，雨水多时，属于沼泽土质，粮食产量低，因此按沼泽科收税，故取村名为泽科。聚落呈团块状分布。有文化大院1处、农家书屋1处。经济以种植业为主，主要农作物有黄瓜、苦瓜。有公路经此。

大李家庄 370783-A03-H15
[Dàlǐjiāzhuāng]

在市驻地圣城街道西南方向10.6千米。孙家集街道辖自然村。人口1 800。明万历年间，李氏一族迁至此地，李姓成为大户，清咸丰年间，改名为大李家庄。聚落呈团块状分布。有文化大院1处、农家书屋1处、学校1处。经济以种植业为主，主要农作物有黄瓜、苦瓜。益羊铁路、308国道、226省道经此。

边线王 370783-A03-H16
[Biānxiànwáng]

在市驻地圣城街道西南方向11.7千米。孙家集街道辖自然村。人口1 500。村庄在益都、寿光边界，且村内王姓居多，故名边线王。聚落呈团块状分布。有农家书屋1处。有省级文物保护单位龙山文化遗址。经济以种植业为主，主要农作物有黄瓜、苦瓜。益羊铁路经此。

彭家 370783-A03-H17
[Péngjiā]

在市驻地圣城街道西南方向9.4千米。孙家集街道辖自然村。人口700。明洪武二年（1369），彭氏由山西洪洞县迁此立村，因姓得名彭家。聚落呈团块状分布。有农家书屋1处。经济以种植业为主，主要农作物有黄瓜、苦瓜。有公路经此。

石门董 370783-A03-H18
[Shíméndǒng]

在市驻地圣城街道西南方向6.6千米。孙家集街道辖自然村。人口2 700。明洪武二年（1369），董氏迁居此地立村，以姓氏取名董家庄，后因村西北侧有一古寺，寺前有一高大石门，遂更名为石门董。聚落呈团块状分布。有农家书屋1处、学校1

处。经济以种植业为主，主要农作物有黄瓜、苦瓜。有公路经此。

张家寨子 370783-A03-H19
[Zhāngjiāzhàizi]

在市驻地圣城街道西南方向 10.1 千米。孙家集街道辖自然村。人口 1 000。元末，张氏迁至此地，以姓命名为张家寨子。聚落呈团块状分布。有农家书屋 1 处、学校 1 处。有县级重点保护古树银杏古树 1 棵。经济以种植业为主，主要农作物有黄瓜、苦瓜。有公路经此。

洛城 370783-A04-H01
[Luòchéng]

在市驻地圣城街道东南方向 8.0 千米。洛城街道辖自然村。人口 3 300。因处于乐城故址而得名乐城，后因谐音演称洛城。聚落呈团块状分布。有文化大院 3 处、农家书屋 3 处。经济以种植业为主，主要农作物有小麦、玉米、蔬菜。有公路经此。

安平 370783-A04-H02
[Ānpíng]

在市驻地圣城街道东南方向 9.0 千米。洛城街道辖自然村。人口 300。因当地村民安定团结，平等相处，故名。聚落呈团块状分布。有文化大院 1 处、农家书屋 1 处。经济以种植业为主，主要农作物有小麦、玉米、蔬菜。有公路经此。

安全牟城 370783-A04-H03
[Ānquánmùchéng]

在市驻地圣城街道东北方向 9.0 千米。洛城街道辖自然村。人口 600。以吉祥嘉言而得名。聚落呈团块状分布。有文化大院 1 处、农家书屋 1 处。经济以种植业为主，主要农作物有小麦、玉米、蔬菜。有公路经此。

北城西 370783-A04-H04
[Běichéngxī]

在市驻地圣城街道东北方向 23.0 千米。洛城街道辖自然村。人口 900。相传，夏代立村，因在斟灌城西北隅，故名北城西。聚落呈团块状分布。有文化大院 1 处、农家书屋 1 处。经济以种植业为主，主要农作物有小麦、玉米、蔬菜。有公路经此。

北官庄 370783-A04-H05
[Běiguānzhuāng]

在市驻地圣城街道东北方向 13.0 千米。洛城街道辖自然村。人口 200。相传，始祖王义先因兄弟分居，由北河迁此为官人看庄子地而立村，时因南有大官庄，故名小官庄，后以地理位置改称北官庄。聚落呈团块状分布。有文化大院 1 处、农家书屋 1 处。经济以种植业为主，主要农作物有小麦、玉米、蔬菜。有公路经此。

北马家庄 370783-A04-H06
[Běimǎjiāzhuāng]

在市驻地圣城街道东北方向 20.0 千米。洛城街道辖自然村。人口 400。马氏从山西迁居寿光县留吕东北部立村，以姓氏命名，后为便于区别重名村，改称北马家庄。聚落呈团块状分布。有文化大院 1 处、农家书屋 1 处。经济以种植业为主，主要农作物有小麦、玉米、蔬菜。有公路经此。

北亓疃 370783-A04-H07
[Běiqítuǎn]

在市驻地圣城街道东北方向 10.0 千米。洛城街道辖自然村。人口 1 600。相传，宋朝以前亓氏首居此地立村，以姓得名。聚落呈团块状分布。有文化大院 1 处、农家书屋 1 处。经济以种植业为主，主要农作物有小麦、玉米、蔬菜。有公路经此。

北徐 370783-A04-H08
［Běixú］

在市驻地圣城街道东北方向 11.0 千米。洛城街道辖自然村。人口 900。相传，徐氏于唐朝在此立村，以姓氏及地理位置取名北徐。聚落呈团块状分布。有文化大院 1 处、农家书屋 1 处。经济以种植业为主，主要农作物有小麦、玉米、蔬菜。有公路经此。

北纸房 370783-A04-H09
［Běizhǐfáng］

在市驻地圣城街道东北方向 11.0 千米。洛城街道辖自然村。人口 1 400。南北朝时期，赫氏首居此地立村，时名北堤。明洪武年间，王氏由南河迁居北堤，后因造纸出名，遂更名北纸房。聚落呈团块状分布。有文化大院 1 处、农家书屋 1 处。经济以种植业为主，主要农作物有小麦、玉米、蔬菜。有公路经此。

卞家 370783-A04-H10
［Biànjiā］

在市驻地圣城街道东北方向 20.0 千米。洛城街道辖自然村。人口 900。始建于明朝，因卞氏首迁此处立村，以姓氏命名为卞家庄子，简称卞家。聚落呈团块状分布。有文化大院 1 处、农家书屋 1 处、学校 1 处。经济以种植业为主，主要农作物有小麦、玉米、蔬菜。有公路经此。

岔河 370783-A04-H11
［Chàhé］

在市驻地圣城街道东北方向 15.0 千米。洛城街道辖自然村。人口 800。明末，始祖李友能由临朐县柳山寨迁至稻田，至四世孙李千迁至槐埠，至五世孙李明儒由槐埠迁至丹河西岸河汊处立村，以谐音取名岔河。聚落呈团块状分布。有文化大院 1 处、农家书屋 1 处。经济以种植业为主，主要农作物有小麦、玉米、蔬菜。有公路经此。

柴家 370783-A04-H12
［Cháijiā］

在市驻地圣城街道东北方向 22.0 千米。洛城街道辖自然村。人口 1 000。据传，明末柴姓在此种地立庄子，后诸姓迁入，故名柴家庄子，简称柴家。聚落呈团块状分布。有文化大院 1 处、农家书屋 1 处。经济以种植业为主，主要农作物有小麦、玉米、蔬菜。有公路经此。

陈屯 370783-A04-H13
［Chéntún］

在市驻地圣城街道东北方向 19.0 千米。洛城街道辖自然村。人口 200。因全村皆姓陈，遂称陈屯。聚落呈团块状分布。有文化大院 1 处、农家书屋 1 处。经济以种植业为主，主要农作物有小麦、玉米、蔬菜。有公路经此。

成家 370783-A04-H14
［Chéngjiā］

在市驻地圣城街道东北方向 21.0 千米。洛城街道辖自然村。人口 800。明正德年间，成氏由广饶县颜信店迁此立村，以姓氏命名。聚落呈团块状分布。有文化大院 1 处、农家书屋 1 处。经济以种植业为主，主要农作物有小麦、玉米、蔬菜。有公路经此。

褚庄 370783-A04-H15
［Chǔzhuāng］

在市驻地圣城街道东南方向 8.0 千米。洛城街道辖自然村。人口 1 800。相传，褚氏兄弟三人从今河北省枣强县迁此立村，取名褚庄。聚落呈团块状分布。有文化大院 1 处、农家书屋 1 处。经济以种植业为主，主要农作物有小麦、玉米、蔬菜。有公路经此。

崔家庄子 370783-A04-H16
[Cuijiāzhuāngzi]

在市驻地圣城街道东北方向 20.0 千米。洛城街道辖自然村。人口 900。明万历年间，崔氏一族由增城迁此种地立村，以姓氏命名为崔家庄子。聚落呈团块状分布。有文化大院 1 处、农家书屋 1 处。经济以种植业为主，主要农作物有小麦、玉米、蔬菜。有公路经此。

丁家殿子 370783-A04-H17
[Dīngjiādiànzi]

在市驻地圣城街道东北方向 15.0 千米。洛城街道辖自然村。人口 1 300。相传，明朝丁氏首居此地立村，时因村南有一条马道，道旁有家开店的，故名丁家店子，后演为今名。聚落呈团块状分布。有文化大院 1 处、农家书屋 1 处。经济以种植业为主，主要农作物有小麦、玉米、蔬菜。有公路经此。

丁家楼 370783-A04-H18
[Dīngjiālóu]

在市驻地圣城街道东北方向 18.0 千米。洛城街道辖自然村。人口 1 400。清顺治年间，始祖迁此繁衍生息，人丁兴旺，家道殷实，并建楼一座，以此取名。聚落呈团块状分布。有文化大院 1 处、农家书屋 1 处。经济以种植业为主，主要农作物有小麦、玉米、蔬菜。有公路经此。

东陈家庄 370783-A04-H19
[Dōngchénjiāzhuāng]

在市驻地圣城街道东北方向 21.0 千米。洛城街道辖自然村。人口 500。明洪武二年（1369），始祖陈万迁至寿光县留吕店，时居黑洋河南岸，取名河南陈家庄，简称陈家庄，后为区别重名村，改称东陈家庄。聚落呈团块状分布。有文化大院 1 处、农家书屋 1 处。经济以种植业为主，主要农作物有小麦、玉米、蔬菜。有公路经此。

东范 370783-A04-H20
[Dōngfàn]

在市驻地圣城街道东北方向 15.0 千米。洛城街道辖自然村。人口 200。明末，始祖范果由临朐县石湾崖迁至寿光县城以东，卜居丹河以西立村，以姓氏取名范家庄子。中华人民共和国成立后，为避重名，按地理位置定名为东范家庄子，简称东范。聚落呈团块状分布。有文化大院 1 处、农家书屋 1 处。经济以种植业为主，主要农作物有小麦、玉米、蔬菜。有公路经此。

东高家庄 370783-A04-H21
[Dōnggāojiāzhuāng]

在市驻地圣城街道东北方向 15.0 千米。洛城街道辖自然村。人口 900。明洪武二年（1369），始祖由山西洪洞县迁至寿光县城东北，卜居丹河东岸立村，以姓氏取名高家庄。后为区别重名村，改名东高家庄。聚落呈团块状分布。有文化大院 1 处、农家书屋 1 处。经济以种植业为主，主要农作物有小麦、玉米、蔬菜。有公路经此。

东刘 370783-A04-H22
[Dōngliú]

在市驻地圣城街道东南方向 15.0 千米。洛城街道辖自然村。人口 700。清光绪年间，此处是南庄财主的佃户庄子，因刘姓为主户，故取名刘家庄子。后因在丹河西侧，亦称丹西刘家庄子。中华人民共和国成立后，为区别重名村，以方位称东刘。聚落呈团块状分布。有文化大院 1 处、农家书屋 1 处。经济以种植业为主，主要农作物有小麦、玉米、蔬菜。有公路经此。

马家庄 370783-A04-H23
[Mǎjiāzhuāng]

在市驻地圣城街道东南方向 9.0 千米。洛城街道辖自然村。人口 700。清咸丰年间，马氏兄弟由牛头镇迁此立村，以姓氏取名马家庄子，简称马家庄。聚落呈团块状分布。有文化大院 1 处、农家书屋 1 处。经济以种植业为主，主要农作物有小麦、玉米、蔬菜。有公路经此。

孙家庄 370783-A04-H24
[Sūnjiāzhuāng]

在市驻地圣城街道东南方向 10.0 千米。洛城街道辖自然村。人口 1 500。明永乐年间，始祖孙云龙由河北枣强县迁至寿光县城东南，卜居弥河东岸立村，以姓氏取名孙家庄。聚落呈团块状分布。有文化大院 1 处、农家书屋 1 处。经济以种植业为主，主要农作物有小麦、玉米、蔬菜。有公路经此。

东锡家邵 370783-A04-H25
[Dōngxījiāshào]

在市驻地圣城街道东北方向 12.0 千米。洛城街道辖自然村。人口 500。元延祐二年（1315），先祖锡赫显由北纸房迁居邵村以南立村，故取名锡家地。因人口兴旺，后逐渐分为两村，本村按方位称东锡家邵。聚落呈团块状分布。有文化大院 1 处、农家书屋 1 处。经济以种植业为主，主要农作物有小麦、玉米、蔬菜。有公路经此。

东于 370783-A04-H26
[Dōngyú]

在市驻地圣城街道东北方向 25.0 千米。洛城街道辖自然村。人口 200。相传，丁氏首居此处立村，取名丁家庄子。后于氏迁入繁衍生息，逐渐成为主户，因在县境东部边沿，以姓氏俗称东于。聚落呈团块状分布。有文化大院 1 处、农家书屋 1 处。经济以种植业为主，主要农作物有小麦、玉米、蔬菜。有公路经此。

张家庄 370783-A04-H27
[Zhāngjiāzhuāng]

在市驻地圣城街道东北方向 21.0 千米。洛城街道辖自然村。人口 1 000。始祖于明中期迁寿光县泊头子入赘刘氏，后世一族由泊头子迁居黑阳河村，因黑水成灾，遂以姓氏更名为张家庄。聚落呈团块状分布。有文化大院 1 处、农家书屋 1 处。经济以种植业为主，主要农作物有小麦、玉米、蔬菜。有公路经此。

东斟灌 370783-A04-H28
[Dōngzhēnguàn]

在市驻地圣城街道东北方向 23.0 千米。洛城街道辖自然村。人口 2 100。明嘉靖三十二年（1553），李氏由江西省南昌府丰城县湖芒屯迁至斟灌城落户，其三子李民于斟灌城东立村，故名东斟灌。聚落呈团块状分布。有文化大院 1 处、农家书屋 1 处。经济以种植业为主，主要农作物有小麦、玉米、蔬菜。有公路经此。

董家营子 370783-A04-H29
[Dǒngjiāyíngzi]

在市驻地圣城街道东北方向 12.0 千米。洛城街道辖自然村。人口 1 200。相传，汉朝叶氏在此立村，时名叶家营子，至元朝，董氏迁入此村，逐渐成为主户，遂更称董家营子。聚落呈团块状分布。有文化大院 1 处、农家书屋 1 处。经济以种植业为主，主要农作物有小麦、玉米、蔬菜。有公路经此。

董家庄子 370783-A04-H30
[Dǒngjiāzhuāngzi]

在市驻地圣城街道东北方向 25.0 千米。洛城街道辖自然村。人口 500。明初，董氏由山西迁居该村，逐渐发展为主户，遂名董家庄子。聚落呈团块状分布。有文化大院 1 处、农家书屋 1 处。经济以种植业为主，主要农作物有小麦、玉米、蔬菜。有公路经此。

斗鸡台 370783-A04-H31
[Dòujītái]

在市驻地圣城街道东北方向 26.0 千米。洛城街道辖自然村。人口 300。齐国时期，此处村民俗好吹竽鼓瑟斗鸡走狗，此台距城甚近，富家、大贾之人经常在此台聚集进行斗鸡游戏比赛，由此而名斗鸡台。聚落呈团块状分布。有文化大院 1 处、农家书屋 1 处。经济以种植业为主，主要农作物有小麦、玉米、蔬菜。有公路经此。

段家尧河 370783-A04-H32
[Duànjiāyáohé]

在市驻地圣城街道东南方向 10.0 千米。洛城街道辖自然村。人口 500。明洪武二年（1369），段氏始祖由山西省洪洞县迁至寿光县尧河畔定居，以姓氏取名段家庄。民国时期，县里办联庄会发旗，村写为段家尧河，由此即改称段家尧河。聚落呈团块状分布。有文化大院 1 处、农家书屋 1 处。经济以种植业为主，主要农作物有小麦、玉米、蔬菜。有公路经此。

安家庄 370783-A05-H01
[Ānjiāzhuāng]

在市驻地圣城街道西北方向 5.1 千米。古城街道辖自然村。人口 700。明末，安氏在此立村，以姓氏名安家庄。聚落呈团块状分布。经济以种植业为主，主要农作物有小麦、玉米、蔬菜等。有公路经此。

庵头 370783-A05-H02
[Āntóu]

在市驻地圣城街道西北方向 10.1 千米。古城街道辖自然村。人口 600。明嘉靖年间，姜氏三户从傅家庄迁居姑子庵以南立村，故村名庵头。聚落呈团块状分布。经济以种植业为主，主要农作物有小麦、玉米、蔬菜等。有公路经此。

北冯 370783-A05-H03
[Běiféng]

在市驻地圣城街道西北方向 9.4 千米。古城街道辖自然村。人口 600。元初冯氏立村，时名冯家庄，元末冯氏取其在寿光城北之意称北冯。经济以种植业为主，主要农作物有小麦、玉米、蔬菜等。有公路经此。

北洛 370783-A05-H04
[Běiluò]

在市驻地圣城街道西北方向 5.9 千米。古城街道辖自然村。人口 700。相传，"伯乐"买马经此夜宿过，故村称伯乐，后以谐音演称北洛。聚落呈团块状分布。经济以种植业为主，主要农作物有小麦、玉米、蔬菜等，盛产西红柿。有公路经此。

北马范 370783-A05-H05
[Běimǎfàn]

在市驻地圣城街道东北方向 5.0 千米。古城街道辖自然村。人口 1 100。相传，唐王征东，因弥水阻隔在此驻扎，设过南马房、北马房，马、范两姓在此马房遗址处立村，故称北马范。聚落呈团块状分布。经济以种植业为主，主要农作物有小麦、玉米、蔬菜等，盛产五彩椒。有公路经此。

后王 370783-A05-H06
［Hòuwáng］

在市驻地圣城街道东北方向 11.7 千米。古城街道辖自然村。人口 1 700。王氏始祖王好山，明永乐三年（1405）奉诏徙居山东省寿光县境西南部，在东、西跃龙河交汇处以南立基成村，民国时期统称为王家庄，自 1950 年以后称后王。聚落呈团块状分布。经济以种植业为主，主要农作物有小麦、玉米、蔬菜等。有公路经此。

贾庄 370783-A05-H07
［Jiǎzhuāng］

在市驻地圣城街道东北方向 5.3 千米。古城街道辖自然村。人口 500。相传，贾氏在此立村，以姓氏得名。经济以种植业为主，主要农作物有小麦、玉米、蔬菜等，盛产彩椒、丝瓜。有公路经此。

金旺 370783-A05-H08
［Jīnwàng］

在市驻地圣城街道北方向 9.1 千米。古城街道辖自然村。人口 300。明永乐年间，王氏始祖由山西省洪洞县迁此立村，传说弥河古道经此出现了一个河套，淘金的匠人在此处沙里淘金淘得多，流传下了"沙里淘金旺"的说法，故名金旺庄，简称金旺。聚落呈团块状分布。经济以种植业为主，主要农作物有小麦、玉米、蔬菜等，盛产西红柿。有公路经此。

久安官 370783-A05-H09
［Jiǔ'ānguān］

在市驻地圣城街道西北方向 12.9 千米。古城街道辖自然村。人口 1 500。明初任氏自雷子埠迁此立村，取长久平安之意，取名久安官。经济以种植业为主，主要农作物有小麦、玉米、蔬菜等，盛产彩椒、西红柿、黄瓜。有公路经此。

前疃 370783-A05-H10
［Qiántuǎn］

在市驻地圣城街道北方向 12.1 千米。古城街道辖自然村。人口 1 300。因官兵乘马路过此地并在此驻防，遂名乘马疃，清嘉庆年间析为前、后乘马疃，前乘马疃简称前疃。聚落呈团块状分布。经济以种植业为主，主要农作物有小麦、玉米、蔬菜等，盛产西红柿。有公路经此。

前王 370783-A05-H11
［Qiánwáng］

在市驻地圣城街道东北方向 9.0 千米。古城街道辖自然村。人口 600。王氏始祖王好山，明永乐三年（1405）奉诏徙居山东省寿光县境西南部，在东、西跃龙河交汇处以南立基成村，民国时期统称为王家庄，自 1950 年以后称前王。经济以种植业为主，主要农作物有小麦、玉米、蔬菜等，盛产西红柿。有公路经此。

桥子 370783-A05-H12
［Qiáozi］

在市驻地圣城街道西北方向 9.2 千米。古城街道辖自然村。人口 1 100。清乾隆年间，牟姓迁入，因颇有手艺，人称牟师傅。当时跃龙河两岸的村多以桥为名，故更称为牟师傅桥，后简称桥子。聚落呈团块状分布。经济以种植业为主，主要农作物有小麦、玉米、蔬菜等，盛产西红柿。有公路经此。

桑家官庄 370783-A05-H13
［Sāngjiāguānzhuāng］

在市驻地圣城街道西北方向 6.3 千米。古城街道辖自然村。人口 900。清道光年间，因桑姓增多，遂称桑家官庄。聚落呈团块状分布。经济以种植业为主，主要农作物有小麦、玉米、蔬菜等，盛产西红柿。有公路经此。

沙埠屯 370783-A05-H14

［Shābùtún］

在市驻地圣城街道东北方向 6.9 千米。古城街道辖自然村。人口 1 200。始祖原本是军籍屯户，系四川省成都府成都县水浒寺铁狮子巷人。明永乐年间诸将屯田，遂分拨至山东寿光城北屯田，因当时此地有个大沙埠，故取名沙埠屯。聚落呈团块状分布。经济以种植业为主，主要农作物有小麦、玉米、蔬菜等，盛产西红柿。有公路经此。

野虎 370783-A05-H15

［Yěhǔ］

在市驻地圣城街道东北方向 5.5 千米。古城街道辖自然村。人口 1 200。清朝曾称三合村，后称叶护村。因杨家位村后，"羊吃叶"意不祥，为求吉祥，遂更称野虎。聚落呈团块状分布。经济以种植业为主，主要农作物有小麦、玉米、蔬菜等，盛产西红柿。有公路经此。

义和 370783-A05-H16

［Yìhé］

在市驻地圣城街道东北方向 8.9 千米。古城街道辖自然村。人口 600。清初由毕氏在此立村，命名毕家村。1964 年村民聚意，为求团结更称义和。聚落呈团块状分布。经济以种植业为主，主要农作物有小麦、玉米、蔬菜等，盛产西红柿。有公路经此。

袁家官 370783-A05-H17

［Yuánjiāguān］

在市驻地圣城街道西北方向 7.4 千米。古城街道辖自然村。人口 500。明崇祯十三年（1640），先祖袁茂林由南张楼迁此立村，因居住跃龙河两岸的村多以官庄为名，故名袁家官。聚落呈团块状分布。经济以种植业为主，主要农作物有小麦、玉米、蔬菜等，盛产西红柿。有公路经此。

赵家井子 370783-A05-H18

［Zhàojiājǐngzi］

在市驻地圣城街道东北方向 7.5 千米。古城街道辖自然村。人口 400。明洪武年间，始祖赵能由河北省枣强县徙居山东蒲台县东老官赵家，后迁此立村。相传，村东庙前有眼砖井，亦称神井子，因此起名赵家井子。聚落呈团块状分布。经济以种植业为主，主要农作物有小麦、玉米、蔬菜等，盛产西红柿。有公路经此。

赵家庄 370783-A05-H19

［Zhàojiāzhuāng］

在市驻地圣城街道东北方向 7.2 千米。古城街道辖自然村。人口 1 400。赵氏五世祖赵武昝迁此立村，以姓氏取名赵家庄。聚落呈团块状分布。经济以种植业为主，主要农作物有小麦、玉米、蔬菜等，盛产西红柿。有公路经此。

周家庄 370783-A05-H20

［Zhōujiāzhuāng］

在市驻地圣城街道东北方向 6.3 千米。古城街道辖自然村。人口 1 200。始祖周好温自江南迁至贾庄入赘贾氏，至三世复姓周姓，故取名周家贾庄，至清嘉庆年间更名周家庄。聚落呈团块状分布。经济以种植业为主，主要农作物有小麦、玉米、蔬菜等，盛产五彩椒。有公路经此。

马庄 370783-B01-H01

［Mǎzhuāng］

化龙镇人民政府驻地。在市驻地圣城街道西方向 12.0 千米。人口 1 600。明洪武四年（1371），马氏迁居寿邑魏家岭（今魏家），后移今址立村，以姓氏得名。聚落呈团块状分布。有文化广场、中学、小学。经济以种植业为主，主要农作物有胡萝卜、韭菜、小麦、玉米。省道潍高公路经此。

化龙桥 370783-B01-H02
[Huàlóngqiáo]

在市驻地圣城街道西北方向 26.6 千米。化龙镇辖自然村。人口 1 200。明洪武十三年（1380），始祖迁居寿邑，初居白家桥，后移居石王庄，音讹为蛇庄。至清末，县长吴树升嫌村名不吉利，更名为化龙桥。聚落呈团块状分布。有文化大院 1 处、农家书屋 1 处。经济以种植业为主，主要农作物有小麦、玉米。有公路经此。

南柴 370783-B01-H03
[Nánchái]

在市驻地圣城街道西北方向 26.0 千米。化龙镇辖自然村。人口 3 100。明洪武二年（1369），柴氏太祖柴宏由山西省洪洞县徙居今址北部立村，时因地势低洼，取名柴家洼，后村址南迁，故名南柴。聚落呈团块状分布。有文化大院 1 处、农家书屋 1 处。古迹有懿德遐龄碑。经济以种植业为主，主要农作物有蔬菜、小麦、玉米。有公路经此。

务本 370783-B01-H04
[Wùběn]

在市驻地圣城街道西北方向 29.2 千米。化龙镇辖自然村。人口 1 900。相传轩氏立村，因地势洼、纳官粮少，取名轩官庄。后轩氏衰，魏氏兴，遂更名魏家官庄。清嘉庆年间，以纳官税少为誉，更称务本官庄，简称务本。聚落呈团块状分布。有文化大院 1 处、农家书屋 1 处。经济以种植业为主，主要农作物有小麦、玉米、胡萝卜等。有公路经此。

辛家庄 370783-B01-H05
[Xīnjiāzhuāng]

在市驻地圣城街道西北方向 27.7 千米。化龙镇辖自然村。人口 2 100。明初，辛氏始祖辛永，迁至寿邑城西龙泉河畔，北依石桥关、永河两村定居立村，因靠一片枣园，取名辛家枣行，后因辛氏人丁兴旺，遂称辛家庄。聚落呈团块状分布。有文化大院 1 处、农家书屋 1 处。经济以种植业为主，主要农作物有胡萝卜、小麦、玉米。有公路经此。

魏家 370783-B01-H06
[Wèijiā]

在市驻地圣城街道西北方向 27.3 千米。化龙镇辖自然村。人口 1 100。明洪武二年（1369），许、杨、魏三姓由山西洪洞县迁居此地立村，得名许杨魏家庄，后因附近有一土岭，遂更称为魏家岭，简称魏家。聚落呈团块状分布。有文化大院 1 处、农家书屋 1 处。经济以种植业为主，主要农作物有小麦、玉米、萝卜等。有公路经此。

鲍家庄子 370783-B01-H07
[Bàojiāzhuāngzi]

在市驻地圣城街道西北方向 29.5 千米。化龙镇辖自然村。人口 1 300。清顺治元年（1644），鲍氏由鲍家楼（今孙家集镇）迁此立村，以姓氏得名。聚落呈团块状分布。有文化大院 1 处、农家书屋 1 处。经济以种植业为主，主要农作物有小麦、玉米、胡萝卜等。有公路经此。

张屯 370783-B01-H08
[Zhāngtún]

在市驻地圣城街道西北方向25.5千米。化龙镇辖自然村。人口2 000。据张氏族谱考释：太始祖张君仁，南京广德州建平县人，明洪武年间就职千户，永乐年间随帝北征为世袭指挥，明正德十三年（1518），奉地5 600亩，屯田为民，在此立村，故名张家屯。聚落呈团块状分布。有文化大院1处、农家书屋1处。古迹有张屯李氏宗祠。经济以种植业为主，主要农作物有小麦、玉米、蔬菜和杂粮等。有公路经此。

苏社庄 370783-B01-H09
[Sūshèzhuāng]

在市驻地圣城街道西北方向25.3千米。化龙镇辖自然村。人口700。苏氏在此立村，以姓氏命名为苏社庄。聚落呈团块状分布。有文化大院1处、农家书屋1处。经济以种植业为主，主要农作物有小麦、玉米、蔬菜等。有公路经此。

北柴 370783-B01-H10
[Běichái]

在市驻地圣城街道西北方向29.8千米。化龙镇辖自然村。人口3 900。明洪武二年（1369），柴氏太祖柴宏由山西省洪洞县徙居今址南部立村，时因地势低洼，取名柴家洼。后分两部分南迁北移，各自居高处立村，南称南柴，北称北柴。聚落呈团块状分布。有文化大院2处、农家书屋2处、学校1处。古迹有北柴西村王家老宅。经济以种植业为主，主要农作物有小麦、玉米、胡萝卜等。有公路经此。

裴家岭 370783-B01-H11
[Péijiālǐng]

在市驻地圣城街道西北方向30.6千米。化龙镇辖自然村。人口1 900。始祖由山西省平阳府闻喜县首迁居寿禹王沟，清乾隆十三年（1748）迁至今址立村，时因东靠一土岭，以姓氏命名为裴家岭。聚落呈团块状分布。有文化大院1处、农家书屋1处、学校1处。经济以种植业为主，主要农作物有胡萝卜、小麦、玉米。有公路经此。

裴西 370783-B01-H12
[Péixī]

在市驻地圣城街道西北方向25.0千米。化龙镇辖自然村。人口200。裴西原名西庄，清嘉庆年间，由裴家岭村迁来部分户立村，因居村西头，故名西庄，后演为裴西。聚落呈团块状分布。有文化大院1处、农家书屋1处。经济以种植业为主，主要农作物有小麦、玉米、胡萝卜。有公路经此。

前张 370783-B01-H13
[Qiánzhāng]

在市驻地圣城街道西北方向25.0千米。化龙镇辖自然村。人口500。明隆庆四年（1570），张氏由山西省洪洞县迁居此地立村，因居裴家岭前，故以姓氏命名前张。有文化大院1处、农家书屋1处。经济以种植业为主，主要农作物有小麦、玉米、胡萝卜。有公路经此。

马家庄子 370783-B01-H14
[Mǎjiāzhuāngzi]

在市驻地圣城街道西北方向32.8千米。化龙镇辖自然村。人口600。明隆庆二年（1568），马氏由牛头镇迁此立村，以姓氏得名。聚落呈团块状分布。有文化大院1处、农家书屋1处。经济以种植业为主，主要农作物有小麦、玉米。有公路经此。

和平 370783-B01-H15

[Hépíng]

在市驻地圣城街道西北方向 32.5 千米。化龙镇辖自然村。人口 300。以吉祥嘉言而得名。聚落呈团块状分布。有文化大院 1 处、农家书屋 1 处。经济以种植业为主，主要农作物有小麦、玉米、胡萝卜等。有公路经此。

岳家 370783-B01-H16

[Yuèjiā]

在市驻地圣城街道西北方向 33.0 千米。化龙镇辖自然村。人口 400。明洪武年间，始祖迁此立村，以姓氏命名。聚落呈团块状分布。有文化大院 1 处、农家书屋 1 处。经济以种植业为主，主要农作物有小麦、玉米、胡萝卜等。有公路经此。

营里社 370783-B02-H01

[Yínglǐshè]

营里镇人民政府驻地。在市驻地圣城街道北方向 16.5 千米。人口 1 800。相传，因唐王东征其部下路过此地，曾在此设营，故名营里社。聚落呈团块状分布。有文化大院 1 处、农家书屋 1 处、小学 1 处、幼儿园 1 处。经济以种植业、制盐业、建筑业为主，主要农作物有小麦、玉米、小枣。荣（成）乌（海）高速公路经此。

益隆道口 370783-B02-H02

[Yìlóngdàokǒu]

在市驻地圣城街道东北方向 36.0 千米。营里镇辖自然村。人口 600。因此处为过路客商往来的渡河道口，遂称道口。至清末，村内孙姓四大家道殷实，成为当地有名的富户，字号分别为益盛、益茂、益发、益城，为吉祥遂更名为益隆道口。聚落呈团块状分布。有农家书屋 1 处。经济以种植业为主，主要农作物有小麦、玉米。有公路经此。

东浊北 370783-B02-H03

[Dōngzhuóběi]

在市驻地圣城街道西北方向 30.0 千米。营里镇辖自然村。人口 1 500。据传，隋朝在此挖一条东西河，因河水浑浊，取名浊河。中华人民共和国成立后，按居住状况分为三个村，该村居东，故称东浊北。聚落呈团块状分布。有农家书屋 1 处。经济以种植业为主，主要农作物有小麦、玉米。有公路经此。

西道口 370783-B02-H04

[Xīdàokǒu]

在市驻地圣城街道东北方向 35.0 千米。营里镇辖自然村。人口 600。因此处为过路客商往来的渡河道口，遂称道口。后因弥水冲击庄园，遂分散居住，建成数村，本村居西，故称西道口。聚落呈团块状分布。有农家书屋 1 处。经济以种植业为主，主要农作物有小麦、玉米。有公路经此。

东道口 370783-B02-H05

[Dōngdàokǒu]

在市驻地圣城街道东北方向 35.0 千米。营里镇辖自然村。人口 600。因此处为过路客商往来的渡河道口，遂称道口。后因弥水冲击庄园，遂分散居住，建成数村，本村居东，故称东道口。聚落呈团块状分布。有农家书屋 1 处。经济以种植业为主，主要农作物有小麦、玉米。有公路经此。

前浊北 370783-B02-H06

[Qiánzhuóběi]

在市驻地圣城街道东北方向 35.0 千米。营里镇辖自然村。人口 700。据传，隋朝在此挖一条东西河，因河水浑浊，取名浊河。

中华人民共和国成立后，按居住状况分为三个村，该村居前，故称前浊北。聚落呈团块状分布。有农家书屋1处。经济以种植业为主，主要农作物有小麦、玉米。有公路经此。

孙家河南道口 370783-B02-H07
[Sūnjiāhénándàokǒu]

在市驻地圣城街道东北方向35.0千米。营里镇辖自然村。人口1 300。因此处为过路客商往来的渡河道口，遂称道口。后因弥水冲击庄园，遂分散居住，建成数村，本村依姓氏和地理位置，取名孙家河南道口。聚落呈团块状分布。有农家书屋1处。经济以种植业为主，主要农作物有小麦、玉米。有公路经此。

孙家庄 370783-B02-H08
[Sūnjiāzhuāng]

在市驻地圣城街道西北方向28.0千米。营里镇辖自然村。人口2 100。相传，该村原居户全是孙姓，故名孙家庄。聚落呈团块状分布。有农家书屋1处、幼儿园1处。经济以种植业为主，主要农作物有小麦、玉米。有公路经此。

晋家疃 370783-B02-H09
[Jìnjiātuǎn]

在市驻地圣城街道西北方向28.0千米。营里镇辖自然村。人口500。明万历年间，晋氏在此立村，故取名晋家疃。聚落呈团块状分布。有农家书屋1处。经济以种植业为主，主要农作物有小麦、玉米。有公路经此。

王家河南道口 370783-B02-H10
[Wángjiāhénándàokǒu]

在市驻地圣城街道东北方向35.0千米。营里镇辖自然村。人口500。明嘉靖二年（1523），王氏始祖迁居寿光东北部灰河南岸，后弥水改道，将灰河吞没，时因此处为南北交通迁徙渡河口，故以姓氏和地理位置取名王家河南道口。聚落呈团块状分布。有农家书屋1处。经济以种植业为主，主要农作物有小麦、玉米。有公路经此。

东黑冢子 370783-B02-H11
[Dōnghēizhǒngzi]

在市驻地圣城街道东北方向35.0千米。营里镇辖自然村。人口1 300。因村西有秦始皇望海台，俗称黑冢，故名东黑冢子。聚落呈团块状分布。有农家书屋1处。经济以种植业为主，主要农作物有小麦、玉米。有公路经此。

西中疃 370783-B02-H12
[Xīzhōngtuǎn]

在市驻地圣城街道东北方向35.0千米。营里镇辖自然村。人口900。明永乐四年（1406），先祖兄弟三人迁此，因三家南北一条线，本村位置居中，故取名中疃。中华人民共和国成立后，按自然聚落分为东、西两村，本村居西边，故称西中疃。聚落呈团块状分布。有农家书屋1处。经济以种植业为主，主要农作物有小麦、玉米。有公路经此。

东中疃 370783-B02-H13
[Dōngzhōngtuǎn]

在市驻地圣城街道西北方向25.0千米。营里镇辖自然村。人口1 000。明永乐四年（1406），先祖兄弟三人迁此，因三家南北一条线，本村位置居中，故取名中疃。中华人民共和国成立后，按自然聚落分为东、西两村，本村居东边，故称东中疃。聚落呈团块状分布。有农家书屋1处、幼儿园1处。经济以种植业为主，主要农作物有小麦、玉米。有公路经此。

齐家黑冢子 370783-B02-H14
[Qíjiāhēizhǒngzi]

在市驻地圣城街道东北方向 35.0 千米。营里镇辖自然村。人口 600。明末，齐氏一族由山西省迁寿光东北 50 里，因在东、西两黑冢子村前立村，故名齐家黑冢子。聚落呈团块状分布。有农家书屋 1 处。经济以种植业为主，主要农作物有小麦、玉米。有公路经此。

北李家庄 370783-B02-H15
[Běilǐjiāzhuāng]

在市驻地圣城街道西北方向 26.0 千米。营里镇辖自然村。人口 300。相传清道光年间，李万峰从蒲台迁此，以姓氏命名为李家庄，后更名北李家庄。聚落呈团块状分布。有农家书屋 1 处。经济以种植业为主，主要农作物有小麦、玉米。有公路经此。

陈家营 370783-B02-H16
[Chénjiāyíng]

在市驻地圣城街道东北方向 35.0 千米。营里镇辖自然村。人口 1 000。相传唐太宗征东时部下曾在此设营，故以村中大姓冠名陈家营。聚落呈团块状分布。有农家书屋 1 处。经济以种植业为主，主要农作物有小麦、玉米。有公路经此。

李家营 370783-B02-H17
[Lǐjiāyíng]

在市驻地圣城街道东北方向 35.0 千米。营里镇辖自然村。人口 600。相传唐太宗征东时部下曾在此设营，故以村中大姓冠名李家营。聚落呈团块状分布。有农家书屋 1 处。经济以种植业为主，主要农作物有小麦、玉米。有公路经此。

西浊北 370783-B02-H18
[Xīzhuóběi]

在市驻地圣城街道北方向 18.5 千米。营里镇辖自然村。人口 1 600。据传，隋朝在此挖一条东西河，因河水浑浊，取名浊河。中华人民共和国成立后，按居住状况分为三个村，该村居西，故称西浊北。有小学。经济以种植业、养殖业为主，主要农作物有小麦、玉米、棉花、小枣。有公路经此。

北洋头 370783-B03-H01
[Běiyángtóu]

台头镇人民政府驻地。在市驻地圣城街道西北方向 25.0 千米。人口 3 300。居阳河下游北岸，有"上出国老，下出侯"的吉言传说，遂取名北阳头，后演为今名。有文化广场 1 处、农家书屋 1 处、学校 3 处。经济以种植业为主，主要农作物有小麦、玉米。有公路经此。

北台头 370783-B03-H02
[Běitáitóu]

在市驻地圣城街道西北方向 25.0 千米。台头镇辖自然村。人口 3 800。因在凤凰台以北，故名北台头。聚落呈团块状分布。有文化广场 1 处、农家书屋 1 处、学校 2 处。经济以种植业为主。有公路经此。

东庄 370783-B03-H03
[Dōngzhuāng]

在市驻地圣城街道西北方向 30.0 千米。台头镇辖自然村。人口 2 200。隋氏一族由彭家道口迁此，人丁兴旺，逐渐成为彭家道口村东侧一大庄，1929 年改称东庄。聚落呈团块状分布。有文化大院 1 处、农家书屋 1 处、幼儿园 1 处。经济以防水产业、种植业为主。有公路经此。

北孙家庄子 370783-B03-H04
[Běisūnjiāzhuāngzi]

在市驻地圣城街道西北方向 20.0 千米。台头镇辖自然村。人口 1 300。明洪武二年（1369），孙氏先祖孙慈兄弟二人由河北省枣强县迁居今青州市阳河镇小孙家庄，后北移居北徐村，孙姓兴旺，遂更名为北孙家庄子。聚落呈团块状分布。有文化大院 1 处、农家书屋 1 处、幼儿园 1 处。经济以种植业为主。223 省道经此。

刘家河头 370783-B03-H05
[Liújiāhétóu]

在市驻地圣城街道西北方向 35.0 千米。台头镇辖自然村。人口 2 700。刘氏氏族于明洪武十三年（1380）迁此立村，因居古阳河、织女河、干河三水交汇形成的河套处，故取名刘家河套，后因河流改道，远离村庄，遂演称刘家河头。聚落呈团块状分布。有文化大院 1 处、农家书屋 1 处、幼儿园 1 处。经济以防水产业、橡胶轮胎制造业、种植业为主。有公路经此。

南兵 370783 B03 H06
[Nánbīng]

在市驻地圣城街道西北方向 20.0 千米。台头镇辖自然村。人口 900。清初，丁氏在此立村，以姓氏命名为丁家庄子。相传，丁氏原为吴三桂部下之兵，为逃难由南方而来，起名难兵。因为难兵为村名不好听，后更名为南兵。聚落呈团块状分布。有文化大院 1 处、农家书屋 1 处。经济以防水产业、种植业为主。226 省道经此。

邢家茅坨 370783-B03-H07
[Xíngjiāmáotuó]

在市驻地圣城街道西北方向 20.0 千米。台头镇辖自然村。人口 1 800。明洪武年间，贺氏首居此地立村，时名贺家；邢氏始祖由河北省枣强县迁居贺家庄西北邻一里许，称邢家坡。后因两姓结亲，邢氏遂移居贺家庄。后来邢氏人丁兴旺，因村四周多崎岖不平盛长茅草，遂改名邢家茅坨。聚落呈团块状分布。有文化大院 2 处、农家书屋 2 处。经济以种植大棚蔬菜为主。223 省道经此。

郑家埝 370783-B03-H08
[Zhèngjiāniǎn]

在市驻地圣城街道西北方向 25.0 千米。台头镇辖自然村。人口 3 800。相传太始祖郑澄为枣强县正堂时，因功皇上赐一御辇，为纪念前人功德，遂取名郑辇，后演变为郑家埝。聚落呈团块状分布。有文化大院 1 处、农家书屋 1 处、学校 2 处。经济以防水产业、种植业为主。有公路经此。

彭家道口 370783-B03-H09
[Péngjiādàokǒu]

在市驻地圣城街道西北方向 30.0 千米。台头镇辖自然村。人口 4 200。明初，彭氏在此立村，因位处进京要道路口，故名彭家道口。聚落呈团块状分布。有文化大院 4 处、农家书屋 4 处、学校 2 处。经济以防水产业、种植业为主。有公路经此。

大坨 370783-B03-H10
[Dàtuó]

在市驻地圣城街道西北方向 25.0 千米。台头镇辖自然村。人口 3 200。因此处原为韦陀寺遗址，故取"陀"字，命名大陀，后"陀"字演变为"坨"字，名大坨。聚落呈团块状分布。有文化大院 1 处、农家书屋 1 处、学校 2 处。经济以防水产业、种植业为主。有公路经此。

马家庄 370783-B03-H11

[Mǎjiāzhuāng]

在市驻地圣城街道西北方向 25.0 千米。台头镇辖自然村。人口 2 300。元朝，因巨淀湖茅草生长茂盛，官府在此设立放马场，又因巨淀湖地势低洼，遇阴雨天雨水淹没马匹，因此南迁至现村庄居住处，立木桩拴马，称拴马庄。明洪武二年（1369），马氏由山西省洪洞县迁此立村，因拴马庄庄名不雅，遂以姓氏命名为马家庄。聚落呈团块状分布。有文化大院 1 处、农家书屋 1 处。经济以种植蔬菜大棚为主。有公路经此。

牛头镇 370783-B03-H12

[niútóuzhèn]

在市驻地圣城街道西北方向 25.0 千米。台头镇辖自然村。人口 10 000。因传说古人曾于此地作战，摆过"牤牛阵"，故更名为牛头镇。聚落呈带状分布。有幼儿园 1 处、小学 1 处、中学 1 处。经济以种植业为主，主要农作物有小麦、玉米。有公路经此。

田柳 370783-B04-H01

[Tiánliǔ]

田柳镇人民政府驻地。在市驻地圣城街道北方向 10.0 千米。人口 1 200。明朝田氏由山西迁至此，与刘氏同居，立村谓田刘庄，后刘氏迁出，取柳即兴旺发达之意，改称田柳。聚落呈团块状分布。有文化大院 1 处、农家书屋 1 处、学校 2 处。经济以种植业为主，主要作物有小麦、玉米、蔬菜。有公路经此。

北岭 370783-B04-H02

[Běilǐng]

在市驻地圣城街道北方向 20.0 千米。田柳镇辖自然村。人口 600。李文广迁此立村，因村北有一土岭，故名北岭。聚落呈团块状分布。有文化大院 1 处、农家书屋 1 处。经济以种植业为主，种植小麦、玉米、大棚蔬菜。有公路经此。

崔家庄 370783-B04-H03

[Cuījiāzhuāng]

在市驻地圣城街道北方向 21.0 千米。田柳镇辖自然村。人口 2 700。元明之际，烽火不止，村落十有九墟，先祖崔荣福迁此定居，以姓氏命名为崔家庄。聚落呈团块状分布。有文化大院 1 处、农家书屋 1 处。有省级文物保护单位植庭学校旧址、省级爱国主义教育基地李植庭纪念馆。经济以种植业为主，主要作物有小麦、玉米、蔬菜。有公路经此。

北王里 370783-B04-H04

[Běiwánglǐ]

在市驻地圣城街道北方向 20.0 千米。田柳镇辖自然村。人口 1 400。王氏立村，汉制百户为"里"，故名北王里。聚落呈团块状分布。有文化大院 1 处、农家书屋 1 处。经济以种植业为主，主要作物有小麦、玉米和蔬菜。有公路经此。

常家庄 370783-B04-H05

[Chángjiāzhuāng]

在市驻地圣城街道北方向 26.0 千米。田柳镇辖自然村。人口 2 700。明永乐年间，始祖常本让迁此立村，以姓氏得名常家庄。聚落呈团块状分布。有文化大院 1 处、农家书屋 1 处、学校 1 处。经济以种植业为主，主要农作物有小麦、玉米、蔬菜。有公路经此。

袁家桥 370783-B04-H06

[Yuánjiāqiáo]

在市驻地圣城街道北方向 25.0 千米。田柳镇辖自然村。人口 2 100。明洪武二年

（1369），袁氏迁此立村，时因东靠跃龙河，河上有一木桥，故名袁家桥。聚落呈团块状分布。有文化大院1处、农家书屋1处。经济以种植业为主，主要农作物有小麦、玉米、蔬菜。有公路经此。

赵家庄 370783-B04-H07

［Zhàojiāzhuāng］

在市驻地圣城街道北方向22.0千米。田柳镇辖自然村。人口700。先祖赵始安，于明永乐初年，由今江苏省苏州奉诏迁此立村，取名赵家庄。聚落呈团块状分布。有文化大院1处、农家书屋1处。经济种植为主，主要作物有小麦、玉米、蔬菜。有公路经此。

薛家庄 370783-B04-H08

［Xuējiāzhuāng］

在市驻地圣城街道北方向25.0千米。田柳镇辖自然村。人口1 100。相传，元朝薛氏立村，故名薛家庄。聚落呈团块状分布。有文化大院1处、农家书屋1处、图书活动室1处。经济以种植业为主，主要农作物有小麦、玉米、蔬菜。有公路经此。

西王高 370783-B04-H09

［Xīwánggāo］

在市驻地圣城街道北方向26.0千米。田柳镇辖自然村。人口800。清道光年间，王氏祖迁入，依村西南高岭地段定居，故名西王高。聚落呈团块状分布。有文化大院1处、农家书屋1处。经济以种植业为主，主要作物有小麦、玉米、蔬菜。有公路经此。

西兴王 370783-B04-H10

［Xīxīngwáng］

在市驻地圣城街道北方向25.0千米。田柳镇辖自然村。人口600。民国初期，该村由西王高析出，取名西兴王。聚落呈团块状分布。有文化大院1处、农家书屋1处。经济以种植业为主，主要作物有小麦、玉米、蔬菜。有公路经此。

阎家庄子 370783-B04-H11

［Yánjiāzhuāngzi］

在市驻地圣城街道北方向23.0千米。田柳镇辖自然村。人口800。明嘉靖年间，先祖恺始迁居山东寿光城北南桑杭，后复迁住址山东北一里许，立北崖村。至隆庆二年（1568），因避洪水迁居此地立村，以姓氏取名阎家庄子。聚落呈团块状分布。有文化大院1处、农家书屋1处。经济以种植业为主，主要作物有小麦、玉米、蔬菜。有公路经此。

尹家宋 370783-B04-H12

［Yǐnjiāsòng］

在市驻地圣城街道北方向21.0千米。田柳镇辖自然村。人口800。据传，明万历年间，始祖尹景元兄弟四人迁此立村，时名尹家台子，后因避弥水灾害，迁入木家庄。1949年后按村中大姓更名为尹家宋。聚落呈团块状分布。有文化大院1处、农家书屋1处。经济以种植业为主，主要作物有小麦、玉米、蔬菜。有公路经此。

王家庄 370783-B04-H13

［Wángjiāzhuāng］

在市驻地圣城街道北方向22.0千米。田柳镇辖自然村。人口1 100。清代村民以姓立村王家庄。聚落呈团块状分布。有文化大院1处、农家书屋1处。经济以种植业为主，主要作物有小麦、玉米、蔬菜。有公路经此。

苇园子 370783-B04-H14

［Wěiyuánzi］

在市驻地圣城街道北方向21.0千米。

田柳镇辖自然村。人口 800。因立村人从张家庄苇湾附近迁此，故名苇园子。聚落呈团块状分布。有文化大院 1 处、农家书屋 1 处。经济以种植业为主，主要作物有小麦、玉米、蔬菜。有公路经此。

唐家庄 370783-B04-H15
［Tángjiāzhuāng］

在市驻地圣城街道北方向 21.0 千米。田柳镇辖自然村。人口 500。明永乐年间，始祖唐怀远迁此立村，以姓名村。聚落呈团块状分布。有文化大院 1 处、农家书屋 1 处。经济以种植业为主，主要作物有小麦、玉米、蔬菜。有公路经此。

李家庄子 370783-B04-H16
［Lǐjiāzhuāngzi］

在市驻地圣城街道北方向 21.0 千米。田柳镇辖自然村。人口 1 100。明成化十二年（1476），四世祖李鼎为耕种方便，由崔家庄迁此立村，时名李家屋子，逐渐形成村庄，称李家庄子。聚落呈团块状分布。有文化大院 1 处、农家书屋 1 处。经济以种植业为主，主要作物有小麦、玉米、蔬菜。有公路经此。

刘家桥 370783-B04-H17
［Liújiāqiáo］

在市驻地圣城街道北方向 22.0 千米。田柳镇辖自然村。人口 900。因村北跃龙河上建有一桥，故冠以姓氏称刘家桥。聚落呈团块状分布。有文化大院 1 处、农家书屋 1 处。经济以种植业为主，主要作物有小麦、玉米、蔬菜。有公路经此。

马家塘 370783-B04-H18
［Mǎjiātáng］

在市驻地圣城街道北方向 22.0 千米。田柳镇辖自然村。人口 300。清乾隆二十四年（1759）以姓名村，故名马家塘。聚落呈团块状分布。有文化大院 1 处、农家书屋 1 处。经济以种植业为主，主要作物有小麦、玉米、蔬菜。有公路经此。

南袁庄 370783-B04-H19
［Nányuánzhuāng］

在市驻地圣城街道北方向 22.0 千米。田柳镇辖自然村。人口 800。本以姓氏命名袁家庄，至明隆庆年间，村庄受弥水侵袭，河岸塌，分为南、北二村，该村为南袁庄。聚落呈团块状分布。有文化大院 1 处、农家书屋 1 处。经济以种植业为主，主要作物有小麦、玉米、蔬菜。有公路经此。

坡里 370783-B04-H20
［Pōlǐ］

在市驻地圣城街道北方向 22.0 千米。田柳镇辖自然村。人口 400。明洪武年间，因受异姓排挤，先居者北迁至郊野立村，即称坡里。聚落呈团块状分布。有文化大院 1 处、农家书屋 1 处。经济以种植业为主，主要作物有小麦、玉米、蔬菜。有公路经此。

上口 370783-B05-H01
［Shàngkǒu］

上口镇人民政府驻地。在市驻地圣城街道东北方向 12.0 千米。人口 3 300。因处弥河古道北岸渡口之上，故名。有文化大院 3 处、农家书屋 3 处、学校 3 处。经济以种植业为主，主要作物有小麦、玉米。有晨宇窗饰有限公司、顺发饲料厂等企业。有公路经此。

东北上口 370783-B05-H02
［Dōngběishàngkǒu］

在市驻地圣城街道东北方向 25.0 千米，上口镇辖自然村。人口 1 300。因村居古弥河北岸，时上有佳通的渡口，故取村名北上口。因聚落逐步发展为东、西两个自然村，按方位遂称东北上口。聚落呈团块状分布。有文化大院 1 处、农家书屋 1 处。古迹有李铉家族墓地。经济以种植业为主，主要农作物有小麦、玉米、蔬菜。有公路经此。

西北上口 370783-B05-H03
[Xīběishàngkǒu]

在市驻地圣城街道东北方向 25.0 千米。上口镇辖自然村。人口 1 100。因村居古弥河北岸，时上有佳通的渡口，故取村名北上口。因聚落逐步发展为东、西两个自然村，按方位遂称西北上口。聚落呈团块状分布。有文化大院 1 处、农家书屋 1 处。经济以种植业为主，主要农作物有小麦、玉米、蔬菜。有公路经此。

程北上口 370783-B05-H04
[Chéngběishàngkǒu]

在市驻地圣城街道东北方向 25.0 千米。上口镇辖自然村。人口 500。北宋末期，游姓、王姓迁入立村游王庄。明隆庆年间，程氏从广饶县大营庄迁入，逐渐成为主姓，后王姓迁出，遂更称程家北上口，简称程北上口。聚落呈团块状分布。有文化大院 1 处、农家书屋 1 处。经济以种植业为主，主要农作物有小麦、玉米、苹果。有公路经此。

小南楼 370783-B05-H05
[Xiǎonánlóu]

在市驻地圣城街道东北方向 20.0 千米。上口镇辖自然村。人口 3 100。清朝初期，赵王南楼王氏兄弟分居迁此立村，称西庄子，后称小王南楼，简称小南楼。聚落呈团块状分布。有文化大院 4 处、农家书屋 4 处。经济以种植业为主，主要农作物有小麦、玉米。有公路经此。

赵王南楼 370783-B05-H06
[Zhàowángnánlóu]

在市驻地圣城街道东北方向 20.0 千米。上口镇辖自然村。人口 2 100。据赵、王氏族谱考，明洪武年间，赵、王二始祖迁至寿光县城东北部弥河东畔定居，因弥河水年年泛滥成灾，便于村南建一土楼做观察哨，遂以姓氏命名为赵王南楼。聚落呈团块状分布。有文化大院 2 处、农家书屋 2 处。经济以种植业为主，主要农作物有小麦、玉米和果树。有公路经此。

南楼老庄 370783-B05-H07
[Nánlóulǎozhuāng]

在市驻地圣城街道东北方向 21.0 千米。上口镇辖自然村。人口 500。明洪武二年（1369），始祖刘守信由德州迁至弥河东畔择高地定居立村，当时弥河常泛滥，四周被淹，但该村地势高，水患少，故取名南楼庄。后村民逐渐分居，迁往附近立村，形成多个村庄，南楼庄为这些村的始祖庄，遂改称南楼老庄。聚落呈团块状分布。有文化大院 1 处、农家书屋 1 处。经济以种植业为主，主要农作物有小麦、玉米、蔬菜。有公路经此。

双井口 370783-B05-H08
[Shuāngjǐngkǒu]

在市驻地圣城街道东北方向 20.0 千米。上口镇辖自然村。人口 1 600。因先祖挖一水井，其井盖为一块双口石板，遂称双井口。聚落呈团块状分布。有文化大院 1 处、农家书屋 1 处。经济以种植业为主，主要农作物有小麦、玉米。有公路经此。

黄家河口 370783-B05-H09
[Huángjiāhékǒu]

在市驻地圣城街道东北方向 21.0 千米。

上口镇辖自然村。人口 500。明初，黄氏由山西洪洞县迁入山东寿光县城东北部弥河东岸定居，故名黄家庄子，后因从侯镇通往寿光城的运盐船只大量经此渡河，黄家在此设一渡口，遂改称黄家河口。聚落呈团块状分布。有文化大院 1 处、农家书屋 1 处。经济以种植业为主，主要农作物有小麦、玉米。有公路经此。

东堤 370783-B05-H10

[Dōngdī]

在市驻地圣城街道东北方向 22.0 千米。上口镇辖自然村。人口 1 500。明朝末期，刘东周由南楼迁至弥河西岸依堤立村，遂称南楼堤。至清康熙年间，村庄扩大发展，逐步形成两个聚落点，即称为东堤、西堤。聚落呈团块状分布。有文化大院 1 处、农家书屋 1 处。经济以种植业为主，主要农作物有小麦、玉米。有公路经此。

西堤 370783-B05-H11

[Xīdī]

在市驻地圣城街道东北方向 21.0 千米。上口镇辖自然村。人口 500。明朝末期，刘东周由南楼迁至弥河西岸依堤立村，遂称南楼堤。至清康熙年间，村庄扩大发展，逐步形成两个聚落点，即称为东堤、西堤。聚落呈团块状分布。有文化大院 1 处、农家书屋 1 处。经济以种植业为主，主要农作物有小麦、玉米。有公路经此。

河疃 370783-B05-H12

[Hétuǎn]

在市驻地圣城街道东北方向 18.0 千米。上口镇辖自然村。人口 2 000。因弥河环绕取名河疃。聚落呈团块状分布。有文化大院 1 处、农家书屋 1 处。经济以种植业为主，主要农作物有小麦、玉米、蔬菜。有金盛源固废处理、金果窗饰等企业。有公路经此。

三北楼 370783-B05-H13

[Sānběilóu]

在市驻地圣城街道东北方向 22.0 千米。上口镇辖自然村。人口 400。始祖张岸南于明初迁居寿光县城东北 30 里，在弥河东岸立村，取名张家北楼村。至七世祖大业、建业、修业兄弟三人在村东南处建房宅三处，聚落面积逐年增大，形成三个自然村庄，故名三北楼。聚落呈团块状分布。有文化大院 1 处、农家书屋 1 处。经济以种植业为主，主要农作物有小麦、玉米。有公路经此。

颜家北楼 370783-B05-H14

[Yánjiāběilóu]

在市驻地圣城街道东北方向 23.0 千米。上口镇辖自然村。人口 300。明万历年间，颜氏从张家北楼迁入，至清道光年间，颜氏发展成为主户，故名颜家北楼。聚落呈团块状分布。有文化大院 1 处、农家书屋 1 处。经济以种植业为主，主要农作物有小麦、玉米、蔬菜。有窗帘加工厂、恒越石油配件厂等企业。有公路经此。

甄家北楼 370783-B05-H15

[Zhēnjiāběilóu]

在市驻地圣城街道东北方向 22.0 千米。上口镇辖自然村。人口 500。明洪武年间，始祖甄伟迁至寿光县城东北 30 里弥河东畔，西依张家北楼定居，故名甄家北楼。聚落呈团块状分布。有文化大院 1 处、农家书屋 1 处。经济以种植业为主，主要农作物有小麦、玉米、蔬菜。有公路经此。

张家北楼 370783-B05-H16

[Zhāngjiāběilóu]

在市驻地圣城街道东北方向 21.0 千米。上口镇辖自然村。人口 1 000。据张氏家谱记载，始祖张岸南于明初迁居寿光县城东北，在弥河东岸立村。相传唐王东征高丽时，在此地屯兵，制造楼船准备渡海，以后凡在此立村的多以楼字为名，遂以姓氏取名张家北楼。聚落呈团块状分布。有文化大院1处、农家书屋1处。经济以种植业为主，主要农作物有小麦、玉米、蔬菜。有公路经此。

王家北楼 370783-B05-H17

[Wángjiāběilóu]

在市驻地圣城街道东北方向22.0千米。上口镇辖自然村。人口1 400。明永乐年间，王氏始祖从河北枣强县迁至此地，因在南楼北，故名北楼，又因王姓最多，后更名王家北楼。聚落呈团块状分布。有文化大院1处、农家书屋1处。经济以种植业为主，主要农作物有小麦、玉米。有公路经此。

东景明 370783-B05-H18

[Dōngjǐngmíng]

在市驻地圣城街道东北方向24.0千米。上口镇辖自然村。人口900。因村西有寿圣寺，寺匾额为"春和景明"，故得名东景明。聚落呈团块状分布。有文化大院1处、农家书屋1处。经济以种植业为主，主要农作物有小麦、玉米。有公路经此。

兴旺庄 370783-B05-H19

[Xīngwàngzhuāng]

在市驻地圣城街道东北方向23.0千米。上口镇辖自然村。人口900。元末，始祖为避战乱迁至寿光县，首居北河，后移居张家屯，又迁此立村，取名程家庄子。后乡里纷纷迁入，时呈兴隆旺盛之景象，为吉祥遂称兴旺庄。有文化大院1处、农家书屋1处。经济以种植业为主，主要农作物有小麦、玉米、蔬菜。有公路经此。

贾王南邵 370783-B05-H20

[Jiǎwángnánshào]

在市驻地圣城街道东北方向22.0千米。上口镇辖自然村。人口1 200。明洪武二年（1369），贾氏始祖贾元志由河北省枣强县迁居寿光东北张家南邵前立村，取名贾王南邵。厥后王氏由山西洪洞县迁此立村，取名王木匠庄子，后更称王家南邵。民国时期两村合并，总称贾王南邵。有文化大院1处、农家书屋1处。经济以种植业为主，主要农作物有小麦、玉米、蔬菜。有公路经此。

侯镇 370783-B06-H01

[Hóuzhèn]

侯镇人民政府驻地。在市驻地圣城街道东北方向20.3千米。人口5 600。以姓名村。聚落呈团块状分布。有文化大院1处、农家书屋1处、学校1处。经济以种植业为主。有公路经此。

北宋岭 370783-B06-H02

[Běisònglǐng]

在市驻地圣城街道东北方向31.8千米。侯镇辖自然村。人口600。清嘉庆九年（1804），宋氏从西岔河迁此立村，因地处高岭，以姓氏命名为宋家岭。中华人民共和国成立后，与南宋岭村对称，遂谓北宋岭。聚落呈团块状分布。有文化大院1处、农家书屋1处。经济以种植业为主。有公路经此。

北杨家 370783-B06-H03

[Běiyángjiā]

在市驻地圣城街道东北方向21.4千米。侯镇辖自然村。人口400。明永乐年间，杨氏始祖由山西洪洞县迁至寿光县侯镇东北角定居，以姓氏取名杨家，后演为北杨家。

聚落呈团块状分布。有文化大院 1 处、农家书屋 1 处。经济以种植业为主，主要农作物有小麦、玉米等。有公路经此。

北寨 370783-B06-H04
[Běizhài]

在市驻地圣城街道东北方向 22.6 千米。侯镇辖自然村。人口 700。明洪武二十三年（1390），因党姓人数最多，故名党家寨。崇祯末年，因造反被诛九族，党氏灭亡。后有齐、吴、马、王、方等姓氏迁入，改名北寨。聚落呈团块状分布。有文化大院 1 处、农家书屋 1 处。经济以种植业为主，主要种植玉米、小麦、葡萄。有公路经此。

东柴庄 370783-B06-H05
[Dōngcháizhuāng]

在市驻地圣城街道东北方向 17.2 千米。侯镇辖自然村。人口 400。明末，柴氏一族由柴庄东迁一里立村，取名东柴庄。聚落呈团块状分布。有文化大院 1 处、农家书屋 1 处。经济以种植业为主，主要农作物有小麦、玉米、蔬菜等。有公路经此。

东地沟 370783-B06-H06
[Dōngdìgōu]

在市驻地圣城街道东北方向 25.7 千米。侯镇辖自然村。人口 500。清乾隆五十二年（1787），为管理北灶子庄土地，王明在弥河古道东岸立村落户，取名小一沟，后改名为小地沟，1985 年改名为东地沟。聚落呈团块状分布。有文化大院 1 处、农家书屋 1 处。经济以种植业为主，主产小麦、玉米。有公路经此。

甫刘 370783-B06-H07
[Fǔliú]

在市驻地圣城街道东北方向 24.0 千米。侯镇辖自然村。人口 700。明永乐三年（1405），先祖由山西洪洞县迁至营里镇袁刘村，至明正德年间，第五代裔孙刘奉先携家眷迁此定居，后因寿光境内同名的村庄过多，故取百家姓"祖武甫刘"后二姓作为村名，易名甫刘。聚落呈团块状分布。有文化大院 1 处、农家书屋 1 处。经济以种植业为主，主要种植小麦、玉米。有公路经此。

郭家洼 370783-B06-H08
[Guōjiāwā]

在市驻地圣城街道东北方向 27.6 千米。侯镇辖自然村。人口 300。清嘉庆二年（1797），始祖宋须美从西岔河迁此立村，村址原属郭姓洼地，故名。聚落呈团块状分布。有文化大院 1 处、农家书屋 1 处。经济以种植业为主，主要农作物有小麦、玉米等。有公路经此。

果子园 370783-B06-H09
[Guǒziyuán]

在市驻地圣城街道东北方向 16.5 千米。侯镇辖自然村。人口 600。因回河口元朝礼部尚书宋彦墓碑载"东至果子园"，故得此名。聚落呈团块状分布。有文化大院 1 处、农家书屋 1 处。经济以种植业为主，主要农作物有小麦、玉米等。有公路经此。

红庙 370783-B06-H10
[Hóngmiào]

在市驻地圣城街道东北方向 15.2 千米。侯镇辖自然村。人口 600。因村后偏西有一座古庙四壁红色，便更名为红庙子，后称红庙。聚落呈团块状分布。有文化大院 1 处、农家书屋 1 处。经济以种植业为主，主要农作物有小麦、玉米、蔬菜等。有公路经此。

侯家河东 370783-B06-H11

[Hóujiāhédōng]

在市驻地圣城街道东北方向 19.6 千米。侯镇辖自然村。人口 500。明末，侯氏迁此，人丁兴旺，逐渐成为主户，后因村在老弥河东岸，遂更称侯家河东。聚落呈团块状分布。有文化大院 1 处、农家书屋 1 处。经济以种植业为主，主要农作物有小麦、玉米。有公路经此。

碱疃 370783-B06-H12

[Jiǎntuǎn]

在市驻地圣城街道东北方向 14.8 千米。侯镇辖自然村。人口 700。因土地荒碱成片，故取村名为碱疃。聚落呈团块状分布。有文化大院 1 处、农家书屋 1 处。经济以种植业为主，主要农作物有小麦、玉米、蔬菜等。有公路经此。

老大营 370783-B06-H13

[Lǎodàyíng]

在市驻地圣城街道东北方向 25.2 千米。侯镇辖自然村。人口 1 500。明洪武二年（1369），李深兄弟二人由山西省洪洞县迁至寿光，仲祖居侯镇河西，叔祖居李家营，伯祖居此。相传，唐王征东时曾在此设营，故取名老大营。聚落呈团块状分布。有文化大院 1 处、农家书屋 1 处。经济以种植业为主，主要农作物有小麦、玉米等。有公路经此。

李家 370783-B06-H14

[Lǐjiā]

在市驻地圣城街道东北方向 22.1 千米。侯镇辖自然村。人口 200。据传该村始建于唐朝，李氏先祖迁至弥河崖，取名李家河崖，后简称李家。聚落呈团块状分布。有文化大院 1 处、农家书屋 1 处。经济以种植业

为主，主要农作物有小麦、玉米等。有公路经此。

李家河东 370783-B06-H15

[Lǐjiāhédōng]

在市驻地圣城街道东北方向 20.3 千米。侯镇辖自然村。人口 1 000。明洪武年间，李世德迁至古弥河东岸河东庄定居，李姓兴旺，遂改称李家河东。聚落呈团块状分布。有文化大院 1 处、农家书屋 1 处。经济以种植业为主，主要农作物有小麦、玉米等。有公路经此。

李家台 370783-B06-H16

[Lǐjiātái]

在市驻地圣城街道东北方向 27.7 千米。侯镇辖自然村。人口 800。清乾隆二十一年（1756），徐永春迁此定居一土台子之上，取名立家站，民国期间改为李家台。聚落呈团块状分布。有文化大院 1 处、农家书屋 1 处。经济以种植业为主，主要农作物有小麦、玉米等。有公路经此。

李桥 370783-B06-H17

[Lǐqiáo]

在市驻地圣城街道东北方向 11.4 千米。侯镇辖自然村。人口 1 100。清嘉庆三年（1798），李公茂檀伐林木，搭一木桥，定名李家桥，后简称李桥。聚落呈团块状分布。有文化大院 1 处、农家书屋 1 处。经济以种植业为主，主要农作物有小麦、玉米等。有公路经此。

刘家辛章 370783-B06-H18

[Liújiāxīnzhāng]

在市驻地圣城街道东北方向 21.2 千米。侯镇辖自然村。人口 400。唐王征东时，设五营三帐，五营在东，三帐在西，该村为三帐中心，名刘家新帐。明朝孟氏迁于此地，

更为刘家辛章。聚落呈团块状分布。有文化大院 1 处、农家书屋 1 处。经济以种植业、养殖业为主，主要农作物有小麦、玉米、大豆等，养殖鹌鹑、狐狸。有公路经此。

炉房 370783-B06-H19
[Lúfáng]

在市驻地圣城街道东北方向 21.0 千米。侯镇辖自然村。人口 500。相传，唐王征东时路经此处，并在此设炉备造兵器，始祖王氏筑一炉房，以打造兵器为生，故名炉房。聚落呈团块状分布。有文化大院 1 处、农家书屋 1 处。经济以种植业为主，主要农作物有小麦、玉米等。有公路经此。

孟家河东 370783-B06-H20
[Mèngjiāhédōng]

在市驻地圣城街道东北方向 19.7 千米。侯镇辖自然村。人口 700。明嘉靖年间立村，故名孟常庄，后改名为孟家河东。聚落呈团块状分布。有文化大院 1 处、农家书屋 1 处。经济以种植业为主，主要农作物有小麦、玉米、大田菜等。有公路经此。

南宋岭 370783-B06-H21
[Nánsònglǐng]

在市驻地圣城街道东北方向 30.3 千米。侯镇辖自然村。人口 500。清乾隆四十九年（1784），宋氏先祖由西岔河村迁此立村，取村名宋家岭，后因位置改称南宋岭。聚落呈团块状分布。有文化大院 1 处、农家书屋 1 处。经济以种植业为主，主要农作物有小麦、玉米等。有公路经此。

南寨 370783-B06-H22
[Nánzhài]

在市驻地圣城街道东北方向 19.0 千米。侯镇辖自然村。人口 1 200。唐朝立村，唐王征东时，曾驻扎在侯镇南，故称南寨。

聚落呈团块状分布。有文化大院 1 处、农家书屋 1 处。经济以种植业为主，主要农作物有小麦、玉米等。有公路经此。

小泊头 370783-B06-H23
[Xiǎobótóu]

在市驻地圣城街道东北方向 21.0 千米。侯镇辖自然村。人口 400。清朝立村，张氏从大泊头子迁此定居。因在大泊头村东，故名东泊头，亦称小泊头。聚落呈团块状分布。有文化大院 1 处、农家书屋 1 处。经济以种植业为主，主要农作物有小麦、玉米、大田菜、苹果等。有公路经此。

张家围子 370783-B06-H24
[Zhāngjiāwéizi]

在市驻地圣城街道东北方向 31.0 千米。侯镇辖自然村。人口 200。清道光年间，张姓始祖由西方吕村（今上口镇）迁此立村，因濒临渤海，常遭潮袭，故设土墙以防潮袭，又因张姓在村内为主户，故得名张家围子。聚落呈团块状分布。有文化大院 1 处、农家书屋 1 处。经济以种植业为主，主要农作物有小麦、玉米等。有公路经此。

仉家 370783-B06-H25
[Zhǎngjiā]

在市驻地圣城街道东北方向 20.3 千米。侯镇辖自然村。人口 800。相传村始名为卢家疃。明永乐年间，仉氏迁居卢家疃，繁衍生息，仉氏兴旺成为主户，并建一庙宇，遂更村名为仉家庙，后简称仉家。聚落呈团块状分布。有文化大院 1 处、农家书屋 1 处。经济以种植业为主，主要农作物有小麦、玉米、苹果等。有公路经此。

赵家辛章 370783-B06-H26
[Zhàojiāxīnzhāng]

在市驻地圣城街道东北方向 21.7 千米。

侯镇辖自然村。人口1 700。始祖赵子禄于明永乐四年（1406）奉诏迁至山东省寿光县丹河下游定居，逐渐形成村庄，以姓氏命名为赵家营。相传，唐王东征经此地，曾在此设"三帐"，遂更称赵家新帐，后谐音赵家辛章。聚落呈团块状分布。有文化大院1处、农家书屋1处。经济以种植业为主，主要农作物有小麦、玉米、大豆等。有公路经此。

钟家 370783-B06-H27
[Zhōngjiā]

在市驻地圣城街道东北方向22.7千米。侯镇辖自然村。人口500。明朝钟氏始祖从昌乐县唐吾钟家庄迁此立村，以姓氏取名为钟家。聚落呈团块状分布。有文化大院1处、农家书屋1处。经济以种植业为主，主要农作物有小麦、玉米等。有公路经此。

黄孟庄 370783-B07-H01
[Huángmèngzhuāng]

纪台镇人民政府驻地。在市驻地圣城街道南方向13.9千米。人口500。明洪武年间，孟氏立村，取名孟家庄。清康熙年间，黄氏迁来依孟家庄定居，取名黄家庄。至乾隆年间，两村合并，遂称黄孟庄。有文化大院1处、农家书屋1处。经济以种植业为主，主要农作物有长茄。青银高速经此。

安家 370783-B07-H02
[Ānjiā]

在市驻地圣城街道西南方向17.7千米。纪台镇辖自然村。人口1 400。明洪武二年（1369），安伸明迁至寿光城南30里古柳村，繁衍生息，成为主户，遂更名为安家。聚落呈团块状分布。有文化大院1处、农家书屋1处。古迹有安致远的才子碑、安志远晚读堂、安志远墓。经济以种植业为主，主要农作物有长茄。胶济铁路经此。

青龙孙 370783-B07-H03
[Qīnglóngsūn]

在市驻地圣城街道东南方向14.1千米。纪台镇辖自然村。人口700。因尧河经过村西蜿蜒向北流，形似龙，故冠以村中大姓俗称青龙孙家庄，后简称青龙孙。聚落呈团块状分布。有农家书屋1处。经济以种植业为主，主要农作物有长茄、尖椒。青银高速经此。

殷家庄 370783-B07-H04
[Yīnjiāzhuāng]

在市驻地圣城街道西南方向15.6千米。纪台镇辖自然村。人口500。殷氏于明初迁此立村，以姓氏取名殷家庄。聚落呈团块状分布。有文化大院1处、农家书屋1处。经济以种植业为主，主要农作物有长茄、尖椒。有公路经此。

周家庄 370783-B07-H05
[Zhōujiāzhuāng]

在市驻地圣城街道东北方向6.3千米。纪台镇辖自然村。人口1 000。明洪武年间，周氏迁此地立村，以姓氏取名周家庄。聚落呈团块状分布。有文化大院1处、农家书屋1处。经济以种植业为主，主要农作物有长茄。有公路经此。

王府庄 370783-B07-H06
[Wángfǔzhuāng]

在市驻地圣城街道西南方向15.7千米。纪台镇辖自然村。人口1 000。清乾隆四十一年（1776），孟氏由纪台村迁此立村，因青州府恒王曾在此设一庄子，名曰王府庄子，以此而名王府庄。聚落呈团块状分布。有文化大院1处、农家书屋1处。经济以种植业为主，主要农作物有长茄、尖椒。有公路经此。

冯家庄 370783-B07-H07

［Féngjiāzhuāng］

在市驻地圣城街道西南方向 9.0 千米。纪台镇辖自然村。人口 1 200。元末冯氏在此立村，以姓氏命名为冯家庄。聚落呈团块状分布。有文化大院 1 处、农家书屋 1 处。经济以种植业为主，主要农作物有长茄、尖椒。有公路经此。

宋家庄子 370783-B07-H08

［Sòngjiāzhuāngzi］

在市驻地圣城街道东南方向 7.0 千米。纪台镇辖自然村。人口 1 300。明末宋氏首居此地立村，以姓氏命名为宋家庄子。聚落呈团块状分布。有文化大院 1 处、农家书屋 1 处。经济以种植业为主，主要农作物有长茄。有公路经此。

苏秦庄 370783-B07-H09

［Sūqínzhuāng］

在市驻地圣城街道东南方向 8.3 千米。纪台镇辖自然村。人口 800。明洪武年间，苏氏由山西洪洞县迁来定居，称苏家庄；秦氏由河北省枣强县迁来依苏家庄居住，称秦家庄，后合称苏秦庄。聚落呈团块状分布。有农家书屋 1 处。经济以种植业为主，主要农作物有长茄、辣椒。有公路经此。

镇武庙 370783-B07-H10

［Zhènwǔmiào］

在市驻地圣城街道东南方向 8.2 千米。纪台镇辖自然村。人口 700。清初，村东建有一座镇武庙，由此得名镇武庙。聚落呈团块状分布。有农家书屋 1 处。经济以种植业为主，主要农作物有茄子。有公路经此。

齐家庄 370783-B07-H11

［Qíjiāzhuāng］

在市驻地圣城街道东南方向 8.3 千米。纪台镇辖自然村。人口 700。明洪武年间，齐氏迁此立村，以姓氏命名为齐家庄。聚落呈团块状分布。有文化大院 1 处、农家书屋 1 处。经济以种植业为主，主要农作物有长茄。有公路经此。

郭家庄 370783-B07-H12

［Guōjiāzhuāng］

在市驻地圣城街道东南方向 7.6 千米。纪台镇辖自然村。人口 500。明洪武年间，两郭氏分别由今河北省枣强县、山西省洪洞县迁此立村，以姓氏命名为郭家庄。聚落呈团块状分布。有农家书屋 1 处。经济以种植业为主，主要农作物有长茄。有公路经此。

东方 370783-B07-H13

［Dōngfāng］

在市驻地圣城街道东南方向 7.4 千米。纪台镇辖自然村。人口 1 200。因村北侧有西汉文学家、武帝时太中大夫东方朔之庙、东方朔之墓，故名。聚落呈团块状分布。有文化大院 2 处、农家书屋 2 处。有县级文物保护遗址东方朔纪念堂、汉碑。经济以种植业为主，主要农作物有长茄。308 国道经此。

赵家尧河 370783-B07-H14

［Zhàojiāyáohé］

在市驻地圣城街道东南方向 9.4 千米。纪台镇辖自然村。人口 1 000。明初以姓氏和自然地理实体得名。聚落呈团块状分布。有农家书屋 1 处。经济以种植业为主，主要农作物有长茄。308 国道经此。

凤凰庄子 370783-B07-H15
[Fènghuángzhuāngzi]

在市驻地圣城街道东南方向 8.8 千米。纪台镇辖自然村。人口 500。明洪武年间，朱、张二氏由山西洪洞县徙居此地立村，时名东西庄子。后因传说此地东北侧曾落过凤凰，遂更名凤凰庄子。聚落呈团块状分布。有文化大院 1 处、农家书屋 1 处。经济以种植业为主，主要农作物有长茄。308 国道经此。

吴家庙子 370783-B07-H16
[Wújiāmiàozi]

在市驻地圣城街道东南方向 15.0 千米。纪台镇辖自然村。人口 1 200。明洪武年间，吴氏首居此地立村，因有一家开店，以姓氏命名为吴家店子，后更名吴家庙子。聚落呈团块状分布。有文化大院 1 处、农家书屋 1 处。经济以种植业为主，主要农作物有长茄。青银高速经此。

青邱 370783-B07-H17
[Qīngqiū]

在市驻地圣城街道东南方向 15.5 千米。纪台镇辖自然村。人口 1 400。因村东北一里许有一古冢"青邱"而得名。聚落呈团块状分布。有农家书屋 1 处。经济以种植业为主，主要农作物有长茄。青银高速经此。

张家楼子 370783-B07-H18
[Zhāngjiālóuzi]

在市驻地圣城街道东南方向 15.9 千米。纪台镇辖自然村。人口 700。明洪武年间以姓氏得名。聚落呈团块状分布。有文化大院 1 处、农家书屋 1 处。经济以种植业为主，主要农作物有长茄。青银高速经此。

张家庙子 370783-B07-H19
[Zhāngjiāmiàozi]

在市驻地圣城街道东南方向 13.3 千米。纪台镇辖自然村。人口 1 300。相传，明末耿氏首居此地立村，时名耿家庄子，随后张祥、张恒兄弟两家踵至村东侧立村，名曰张祥家庄子。清初，张家修建一菩萨庙，两村遂总称张家庙子。聚落呈团块状分布。有文化大院 1 处、农家书屋 1 处。经济以种植业为主，主要农作物有长茄。有公路经此。

纪台 370783-B07-H20
[Jìtái]

在市驻地圣城街道南方向 10.0 千米。纪台镇辖自然村。人口 1 900。原为西周时期纪国都城，后因城东北处有一点将台，故名纪台。有文化大院 2 处、农家书屋 2 处、学校 2 处。古迹有点将台和古城墙遗址。经济以种植业为主，主要农作物有小麦、玉米、长茄。工业有有机肥料等企业。青银高速经此。

官路 370783-B08-H01
[Guānlù]

稻田镇人民政府驻地。在市驻地圣城街道东南方向 11.8 千米。人口 1 300。因村旁有一条通往京都的大道，遂称官路。聚落呈团块状分布。有文化大院 1 处、农家书屋 1 处。经济以种植业为主。323 省道经此。

南齐 370783-B08-H02
[Nánqí]

在市驻地圣城街道东南方向 10.4 千米。稻田镇辖自然村。人口 1 000。明朝年间为李家庄，后因村北靠齐家湾，故名。聚落呈团块状分布。有文化大院 1 个。经济以种植业为主。有公路经此。

桂河 370783-B08-H03
[Guìhé]

在市驻地圣城街道东南方向 12.5 千米。稻田镇辖自然村。人口 3 200。因桂河从村境流过，故名。聚落呈团块状分布。有文化大院 3 处、农家书屋 2 处、学校 1 处。经济以种植业为主。济青高速经此。

北慈 370783-B08-H04
[Běicí]

在市驻地圣城街道东北方向 16.1 千米。稻田镇辖自然村。人口 1 400。明洪武年间，北仉庄杨西城的佃户们在此种地，形成一个庄子，时名杨家庄子，后更名北慈。聚落呈团块状分布。有文化大院 1 个。经济以种植业为主。有公路经此。

东稻田 370783-B08-H05
[Dōngdàotián]

在市驻地圣城街道东方向 10.0 千米。稻田镇辖自然村。人口 2 300。因居古丹河东岸，耕地低洼宜种水稻，遂名东稻田。聚落呈团块状分布。有文化大院 1 处、农家书屋 1 处、学校 2 处。经济以运输业、商业为主。224 省道、323 省道经此。

王望 370783-B08-H06
[Wángwàng]

在市驻地圣城街道东方向 13.5 千米。稻田镇辖自然村。人口 2 200。春秋齐桓公年间，管仲西征，桓公特筑八角台，传说齐桓公常到此台望管仲，故名王望。聚落呈团块状分布。有文化大院 2 处、农家书屋 2 处。经济以种植业为主。有公路经此。

田马 370783-B08-H07
[Tiánmǎ]

在市驻地圣城街道东南方向 9.9 千米。

稻田镇辖自然村。人口 1 800。因村内古时驻有军队，经常去西湾中饮马，并放马田间，遂更村名曰田马。聚落呈团块状分布。有文化大院 1 处、农家书屋 1 处。经济以种植业为主，主要农作物有甜瓜、西红柿、小麦、玉米。有公路经此。

西赵庙 370783-B08-H08
[Xīzhàomiào]

在市驻地圣城街道东南方向 14.1 千米。稻田镇辖自然村。人口 800。明朝以姓立村赵家庙子，后依位置改称西赵庙。聚落呈团块状分布。有文化大院 1 处、农家书屋 1 处、学校 1 处。经济以种植业为主，主要农作物有玉米、小麦。有公路经此。

东赵庙 370783-B08-H09
[Dōngzhàomiào]

在市驻地圣城街道东南方向 14.5 千米。稻田镇辖自然村。人口 400。明万历年间，赵中良在此立村，因位赵家庙子东侧，故名东赵庙。聚落呈团块状分布。经济以商业为主。有公路经此。

陶官 370783-B08-H10
[Táoguān]

在市驻地圣城街道东方向 14.0 千米。稻田镇辖自然村。人口 2 700。相传，唐朝末年陶氏在此立村，因官兵李普路过此村，故名陶官。聚落呈团块状分布。有文化广场、幼儿园。经济以种植业为主，主要农作物有小麦、玉米、西红柿、甜瓜。有公路经此。

宋家稻庄 370783-B08-H11
[Sòngjiādàozhuāng]

在市驻地圣城街道东北方向 13.9 千米。稻田镇辖自然村。人口 2 000。相传，汉朝时取村名稻庄。后宋氏始祖迁此依稻庄定居立村，故名宋家稻庄。聚落呈团块状分布。

经济以种植业为主，主要农作物有小麦、玉米。有公路经此。

何家 370783-B08-H12
[Héjiā]

在市驻地圣城街道东北方向18.3千米。稻田镇辖自然村。人口2 400。清嘉庆年间，以姓立村何家庄，简称何家。聚落呈团块状分布。有文化大院1处、农家书屋1处、学校1处。经济以种植业为主，主要农作物有小麦、玉米。有公路经此。

李营 370783-B08-H13
[Lǐyíng]

在市驻地圣城街道东方向11.1千米。稻田镇辖自然村。人口1 300。唐太宗东征时，部下辛、罗二将率兵马曾在此临丹水扎五营三寨，总称辛罗营，后因李姓留居此地藤萝湾南岸，取名为李家营，简称李营。聚落呈团块状分布。有小学。古迹有李莪华纪念堂。经济以种植业为主，主要农作物有小麦、玉米。有公路经此。

马寨 370783-B08-H14
[Mǎzhài]

在市驻地圣城街道东北方向14.2千米。稻田镇辖自然村。人口800。原名北寨里，后马氏繁衍生息，成为主户，遂更名马家寨子，简称马寨。聚落呈团块状分布。经济以种植业为主，主要农作物有黄瓜、小麦、玉米等。有公路经此。

孟家桥 370783-B08-H15
[Mèngqiáo]

在市驻地圣城街道东南方向8.3千米。稻田镇辖自然村。人口800。原名齐章村。清雍正年间，孟氏在村前丹河之上修桥一座，遂更名孟家桥。聚落呈团块状分布。有文化大院1处、农家书屋1处。经济以

种植业为主，主要农作物有西红柿、甜瓜、黄瓜等。有公路经此。

南韩 370783-B08-H16
[Nánhán]

在市驻地圣城街道东南方向10.4千米。稻田镇辖自然村。人口1 200。明初立村，时因居韩家花园南侧，故名南韩。聚落呈团块状分布。有文化大院1处、农家书屋1处。经济以种植业为主，主要农作物有西红柿、小麦、玉米、香瓜、樱桃。有公路经此。

南河崖 370783-B08-H17
[Nánhéyá]

在市驻地圣城街道东方向16.0千米。稻田镇辖自然村。人口900。以地理方位称南河崖。聚落呈团块状分布。有文化大院1处、农家书屋1处。经济以种植业为主，主要农作物有小麦、玉米。有公路经此。

前东刘 370783-B08-H18
[QiándōngLiú]

在市驻地圣城街道东方向12.6千米。稻田镇辖自然村。人口600。因在东刘营村东南，故称前东刘。聚落呈团块状分布。有文化大院1处。经济以种植业为主，主要农作物有小麦、玉米等。有公路经此。

水南 370783-B08-H19
[Shuǐnán]

在市驻地圣城街道东方向15.1千米。稻田镇辖自然村。人口1 000。因定居桂河南岸，冠以姓氏取名水南刘，后改称水南。聚落呈团块状分布。有文化大院1处、农家书屋1处。经济以种植业为主，主要农作物有小麦、玉米、蔬菜。有公路经此。

西菜园　370783-B08-H20
[Xīcàiyuán]

在市驻地圣城街道东南方向 14.6 千米。稻田镇辖自然村。人口 1 200。因居民多以种菜为主，且在桂河以西，故名西菜园。聚落呈团块状分布。有文化大院 1 处、农家书屋 1 处。经济以种植业为主，主要农作物有香瓜、西红柿、油菜、茼蒿等。有公路经此。

西桂　370783-B08-H21
[Xīguì]

在市驻地圣城街道东南方向 12.0 千米。稻田镇辖自然村。人口 500。因在桂河之西而得名。聚落呈团块状分布。有文化大院 1 处、农家书屋 1 处。经济以种植业为主，主要农作物有小米、玉米、蔬菜等。有公路经此。

兴隆　370783-B08-H22
[Xīnglóng]

在市驻地圣城街道东南方向 13.5 千米。稻田镇辖自然村。人口 1 000。因地势较高，东西延伸形似卧龙，取名兴龙，后因谐音演称兴隆。聚落呈团块状分布。有幼儿园 1 处。经济以种植业为主，主要农作物有小麦、玉米、西红柿、五彩椒、甜瓜。有公路经此。

殷家　370783-B08-H23
[Yīnjiā]

在市驻地圣城街道东南方向 12.1 千米。稻田镇辖自然村。人口 700。明朝时以姓氏得名殷家。聚落呈团块状分布。有文化大院 1 处。经济以种植业为主，主要农作物有洋香瓜、西红柿、小麦、玉米。有公路经此。

吴家　370783-B08-H24
[Wújiā]

在市驻地圣城街道东南方向 13.9 千米。稻田镇辖自然村。人口 800。以姓氏得名。聚落呈团块状分布。有幼儿园 1 处。经济以种植业为主，主要农作物有西红柿、辣椒、甜瓜。有公路经此。

国家埠　370783-B08-H25
[Guójiābù]

在市驻地圣城街道东南方向 11.6 千米。稻田镇辖自然村。人口 500。元初，国氏由侯镇河南村迁此立村，因居一土埠前，冠以姓氏称国家埠。聚落呈团块状分布。有文化大院 1 处、农家书屋 1 处。经济以种植业为主，主要农作物有小麦、玉米等。有公路经此。

阁上　370783-B08-H26
[Géshàng]

在市驻地圣城街道东南方向 9.1 千米。稻田镇辖自然村。人口 1 200。因地理位置得名阁东，因东为上，亦名阁上。聚落呈团块状分布。有文化大院 1 处、农家书屋 1 处、学校 1 处。经济以种植业为主，主要农作物有西红柿、香瓜。224 省道经此。

羊口　370783-B09-H01
[Yángkǒu]

羊口镇人民政府驻地。在市驻地圣城街道北方向 42.7 千米。人口 22 400。原名塘头，故址在小清河北岸老码头，因塘头营而得名。1892 年以桥南的水沟名代之，时沟南端有两条自然水沟汇入，一向东南，一向西南，类似羊角，故名羊角沟。商埠南迁后，遂以此沟更名，改塘头为羊角沟。因羊角沟属水陆码头，亦是港口，东通渤海诸港口，故简为羊口。聚落呈团块状分布。有文化广场 1 处、学校 5 处。经济以渔业、化工产业为主，盛产毛蛤、螃蟹、光鱼、虾皮、大虾等海洋产品。有公路经此。

八面河 370783-B09-H02
[Bāmiànhé]

在市驻地圣城街道北方向 43.5 千米，羊口镇辖自然村。人口 900。清嘉庆年间，以此处八口锅熬盐而得名八面镬，后因 "镬" 字难以书写，且村四面环河，故称八面河。聚落呈团块状分布。有文化大院 1 处、农家书屋 1 处。经济以种植业、近海捕捞业、运输养殖业为主。有公路经此。

菜央子 370783-B09-H03
[Càiyāngzi]

在市驻地圣城街道北方向 36.6 千米，羊口镇辖自然村。人口 1 300。早年间，营里人氏王秉和带妻儿逃荒至此，定居以后吴、杨、刘诸姓依次迁入，当时人们主要以野菜为生，故名菜央子。聚落呈团块状分布。有文化大院 1 处、农家书屋 1 处。经济以种植业为主，主产棉花、玉米等。有公路经此。

曹辛庄 370783-B09-H04
[Cáoxīnzhuāng]

在市驻地圣城街道北方向 38.4 千米，羊口镇辖自然村。人口 2 000。据传，明洪武二年（1369），曹姓由山西省洪洞县迁至此地，故名曹辛庄。聚落呈团块状分布。有文化大院 1 处、农家书屋 1 处、幼儿园 1 处。经济以种植业为主，主要农作物有棉花、小麦。有公路经此。

单家庄子 370783-B09-H05
[Shànjiāzhuāngzi]

在市驻地圣城街道北方向 36.1 千米，羊口镇辖自然村。人口 700。据传明隆庆年间，单氏数人捕鱼至此，观其地理位置较好，便迁此居住，时称单家屋子，后陈、张、李、麻等氏迁来集居，逐渐形成村庄，改名为单家庄子。聚落呈团块状分布。有文化大院 1 处、农家书屋 1 处。经济以种植业为主，主产棉花、玉米、小麦等，因有丰富的地下卤水资源，故兼有制盐业。有公路经此。

丁家庄子 370783-B09-H06
[Dīngjiāzhuāngzi]

在市驻地圣城街道北方向 38.4 千米，羊口镇辖自然村。人口 600。明洪武十年（1377），八世祖丁海鹏之三子迁此立村，以姓氏取名丁家庄子。聚落呈团块状分布。有文化大院 1 处、农家书屋 1 处。经济以种植业为主，主要农作物有棉花、玉米等。有公路经此。

东桃园 370783-B09-H07
[Dōngtáoyuán]

在市驻地圣城街道北方向 41.5 千米。羊口镇辖自然村。人口 200。1911 年，刘伯学由北木桥、刘可信由广北先后迁此立村，以在小清河上摆渡为生，取名刘家河口。1922 年，黄安之从筏子口迁居刘家沟及刘家河口附近，并沿河种植桃园，桃子连年丰收，许多船客在此靠岸吃桃，久而久之，桃园代替了刘家河口，后加以方位称东桃园。聚落呈团块状分布。有文化大院 1 处、农家书屋 1 处。经济以种植业为主，主要农作物有棉花、玉米、小麦等。有公路经此。

官台 370783-B09-H08
[Guāntái]

在市驻地圣城街道北方向 31.9 千米，羊口镇辖自然村。人口 2 400。据碑文记载，古有台，相传为齐国盐署之地。元至治元年（1321），皇帝派盐官驻此，创修官台场大使公署，后人聚居，村由此得名。聚落呈团块状分布。有文化大院 1 处、农家书屋 1 处。经济以种植业为主，主要农作物有棉花、玉米、小麦等。有公路经此。

侯辛庄 370783-B09-H09
[Hóuxīnzhuāng]

在市驻地圣城街道北方向 39.2 千米，羊口镇辖自然村。人口 1 100。因此地生活辛苦，故冠以姓氏取名侯家辛庄，简称侯辛庄。聚落呈团块状分布。有文化大院 1 处、农家书屋 1 处。经济以种植业为主，主要农作物有棉花、小麦、玉米、蔬菜。

杨家庄子 370783-B09-H10
[Yángjiāzhuāngzi]

在市驻地圣城街道北方向 27.8 千米，羊口镇辖自然村。人口 3 500。杨氏家族原籍山西省洪洞县，明朝初年迁居现在的寿光市营里镇孙家庄村，后杨氏一支从孙家庄到此处开荒种地，以杨氏立庄，故名杨家庄子。聚落呈团块状分布。有文化大院 1 处、农家书屋 1 处、小学 1 处、幼儿园 1 处。经济以种植业为主，主要农作物有小麦、玉米、棉花。有公路经此。

安丘市

城市居民点

金稻园小区 370784-I01
[Jīndàoyuán Xiǎoqū]

在县级市市区东南部。人口 1 300。总面积 4 公顷。因人们期盼金色的明天，盼望团团圆圆，故命名为金稻园。2003 年始建，2006 年正式使用。建筑总面积 44 000 平方米，多层住宅楼 11 栋，现代建筑风格。

绿地面积 2 640 平方米，有健身器材等配套设施。

农村居民点

磨埠 370784-A01-H01
[Móbù]

在市驻地新安街道东北方向 1.5 千米。新安街道辖自然村。人口 700。明洪武二年（1369），刘氏迁此立村，因村前岭上盛产磨石，村民以生产石磨为生，故取名磨埠。聚落呈团块状分布。经济以商贸业为主。有公路经此。

辛家庄 370784-A01-H02
[Xīnjiāzhuāng]

在市驻地新安街道南方向 2.5 千米。新安街道辖自然村。人口 700。明洪武年间，辛氏迁此立村，以姓氏取村名辛家庄。聚落呈团块状分布。经济以商贸业为主。有公路经此。

石羊官庄 370784-A01-H03
[Shíyángguānzhuāng]

在市驻地新安街道西北方向 3.5 千米。新安街道辖自然村。人口 300。明末，秦氏由南方游迁至此，与看守坟茔者交好，留居为家，后繁衍成村，因村北墓地里有石羊、石猪，以此取村名石羊官庄。聚落呈团块状分布。经济以商贸业为主。有公路经此。

马连官庄 370784-A01-H04
[Mǎliánguānzhuāng]

在市驻地新安街道西北方向 5.0 千米。新安街道辖自然村。人口 200。明初建村，名马兰官庄。据《潘氏族谱》载，清道光五年（1825），潘氏迁马兰官庄；1948 年后演变为马连官庄。聚落呈团块状分布。经济以商贸业为主。有公路经此。

郑家石龙子 370784-A01-H05
［Zhèngjiāshílóngzi］

在市驻地新安街道西北方向 7.7 千米。新安街道辖自然村。人口 1 000。据《郑氏支谱》载，郑氏于明代中期由五莲长城岭迁此，因村外有一岩石，形似一条龙，故名郑家石龙子。聚落呈团块状分布。经济以种植业、商贸业为主，主要农作物有玉米、小麦、花生。有公路经此。

张家石龙子 370784-A01-H06
［Zhāngjiāshílóngzi］

在市驻地新安街道西北方向 5.7 千米。新安街道辖自然村。人口 600。据《张氏族谱》载，明正统年间，张氏由昌乐尖家子迁此，因村北有一龙形巨石，遂取名张家石龙子。聚落呈团块状分布。经济以商贸业为主。有公路经此。

涝洼 370784-A01-H07
［Làowā］

在市驻地新安街道西北方向 6.2 千米。新安街道辖自然村。人口 400。村系明万历年间杨氏所立，因村坐落于四周高中间低洼之处，故取名杨家涝洼，后简称涝洼。聚落呈团块状分布。经济以种植业为主，主要农作物有小麦、玉米、花生等。206 国道经此。

薛家庄 370784-A01-H08
［Xuējiāzhuāng］

在市驻地新安街道西北方向 4.8 千米。新安街道辖自然村。人口 900。据考，明洪武年间，薛氏立村，以姓氏名村。聚落呈团块状分布。经济以商贸业为主。有公路经此。

于家营子 370784-A01-H09
［Yújiāyíngzi］

在市驻地新安街道西南方向 2.6 千米。新安街道辖自然村。人口 800。明初，于氏迁此，以姓氏取村名于家营子。聚落呈团块状分布。经济以商贸业为主。有公路经此。

归家疃 370784-A01-H10
［Guījiātuǎn］

在市驻地新安街道西方向 4.0 千米。新安街道辖自然村。人口 1 500。相传，安丘至潍县官道经过该村，官道两侧店铺林立，故取村名东店。元末战乱时，居民流离失所，战乱之后还乡，改名归家疃。聚落呈团块状分布。经济以商贸业为主。有公路经此。

范家庄 370784-A01-H11
［Fànjiāzhuāng］

在市驻地新安街道西南方向 3.4 千米。新安街道辖自然村。人口 500。明初，范氏由安丘城北门里迁居小汶河北岸立村，以姓氏取村名范家庄。聚落呈团块状分布。经济以商贸业为主。有公路经此。

刘家营子 370784-A01-H12
［Liújiāyíngzi］

在市驻地新安街道西南方向 3.3 千米。新安街道辖自然村。人口 500。明洪武年间，刘氏迁此，以姓氏取村名刘家营子。聚落呈团块状分布。经济以商贸业为主。有公路经此。

小河崖 370784-A01-H13
［Xiǎohéyá］

在市驻地新安街道西方向 4.4 千米。新安街道辖自然村。人口 400。清雍正年间，陈氏由安丘城迁此，以姓氏取名陈家庄。后因与村西陈家庄重名，遂以村在小汶河岸边，改称为小河崖。聚落呈团块状分布。经济以种植业为主，主要农作物有小麦、玉米等。206 国道经此。

付家庙子 370784-A01-H14
［Fùjiāmiàozi］

在市驻地新安街道西北方向 1.5 千米。新安街道辖自然村。人口 800。相传，明初傅氏迁此，建村于古庙附近，取名傅家庙子，后"傅"字逐渐演变为"付"字。聚落呈团块状分布。经济以商贸业为主。有公路经此。

关王 370784-A01-H15
［Guānwáng］

在市驻地新安街道西南方向 10.0 千米。新安街道辖自然村。人口 800。因村中有座关王庙，故取村名关王庙，后简称关王。聚落呈团块状分布。经济以种植业为主，主要农作物有小麦、玉米、花生、果蔬等。有公路经此。

黑牛冢 370784-A01-H16
［Hēiniúzhǒng］

在市驻地新安街道西方向 6.6 千米。新安街道辖自然村。人口 600。相传，东汉年间，黑牛将军在此与倭寇大战，为了纪念在此战死的黑牛将军，在村北用人力筑成一冢，后此地渐成村落，取村名黑牛冢。聚落呈团块状分布。经济以种植业为主，主要农作物有小麦、玉米、花生等。有公路经此。

三教堂 370784-A01-H17
［Sānjiàotáng］

在市驻地新安街道西南方向 3.5 千米。新安街道辖自然村。人口 500。村东建一庙宇，供奉道、儒、佛三教鼻祖，其时香火萦绕，名三教堂，村以此为名。聚落呈团块状分布。经济以玻璃钢制造业为主。有公路经此。

岔河子 370784-A01-H18
［Chàhézi］

在市驻地新安街道西南方向 4.4 千米。新安街道辖自然村。人口 1 500。因村地处汶河与小汶河汇流处，改村名岔河子。聚落呈团块状分布。经济以玻璃钢制造业为主。有公路经此。

尧洼 370784-A01-H19
［Yáowā］

在市驻地新安街道西南方向 8.5 千米。新安街道辖自然村。人口 1 300。相传，明洪武年间，丁氏迁此立村，以烧窑为业，因地势低洼，故称窑窝，1977 年后改称尧洼。聚落呈团块状分布。经济以种植业为主，主要农作物有小麦、玉米、花生等。潍日高速经此。

灵山官庄 370784-A01-H20
［Língshānguānzhuāng］

在市驻地新安街道西北方向 5.3 千米。新安街道辖自然村。人口 600。以村北灵山而得名。聚落呈团块状分布。经济以种植业、商贸业为主，主要农作物有小麦、玉米、花生等。有公路经此。

宋家尧 370784-A01-H21
［Sòngjiāyáo］

在市驻地新安街道西北方向 6.4 千米。新安街道辖自然村。人口 900。明末，宋氏由莱阳县迁此立村，以村居古窑场附近，故以姓氏取村名宋家窑，后演变为宋家尧。聚落呈团块状分布。经济以种植业、商贸业为主，主要农作物有小麦、玉米、花生等。有齐鲁酒地产业园、立坤木业等企业。有公路经此。

冯家沟 370784-A01-H22
[Féngjiāgōu]

在市驻地新安街道西北方向 4.8 千米。新安街道辖自然村。人口 200。据传，明朝中期，有冯姓人迁此居住，因此地南、北、西三面环沟，遂取名冯家沟。聚落呈团块状分布。经济以种植业、商贸业为主，主要农作物有小麦、玉米、花生等。有公路经此。

丰台 370784-A01-H23
[Fēngtái]

在市驻地新安街道西北方向 6.5 千米。新安街道辖自然村。人口 400。据《刘氏族谱》载，明永乐末年立村，刘氏由潍县马司庄迁此，因立村于古烽火台附近，遂取村名烽台，1948 年演变为丰台。聚落呈团块状分布。经济以种植业、商贸业为主，主要农作物有小麦、玉米、花生等。有公路经此。

前朱家官庄 370784-A01-H24
[Qiánzhūjiāguānzhuāng]

在市驻地新安街道西北方向 6.3 千米。新安街道辖自然村。人口 500。明朝初期，有朱姓人朱隐迁居塔山（今灵山）西南居住立村，以姓氏和方位名村。聚落呈团块状分布。经济以种植业、商贸业为主，主要农作物有小麦、玉米、花生等。有公路经此。

大明官庄 370784-A01-H25
[Dàmíngguānzhuāng]

在市驻地新安街道西北方向 5.2 千米。新安街道辖自然村。人口 300。明洪武初年，曲氏奉牒迁此立村，因当时明朝刚建立，遂取名大明官庄。聚落呈团块状分布。经济以种植业、商贸业为主，主要农作物有小麦、玉米、花生等。有公路经此。

后朱家官庄 370784-A01-H25
[Hòuzhūjiāguānzhuāng]

在市驻地新安街道西北方向 6.5 千米。新安街道辖自然村。人口 400。明朝初期，有朱姓人朱隐迁居塔山（今灵山）西南居住立村，以姓氏和方位名村。聚落呈团块状分布。经济以种植业、商贸业为主，主要农作物有小麦、玉米、花生等。有公路经此。

黄家坟庄 370784-A01-H26
[Huángjiāfénzhuāng]

在市驻地新安街道东北方向 2.5 千米。新安街道辖自然村。人口 400。《黄氏支谱》载，明隆庆年间，黄氏由黄家营迁此建村，因在刘郿墓附近，北有石马坟庄，遂以姓氏取村名黄家坟庄。聚落呈团块状分布。经济以种植业、商贸业为主，主要农作物有小麦、玉米、花生等。有公路经此。

刘家尧 370784-A01-H27
[Liújiāyáo]

在市驻地新安街道西北方向 4.3 千米。新安街道辖自然村。人口 1 500。明代中叶，刘氏由潍县马司村迁此，因立村于古窑场附近，故取名刘家窑，"窑"字后演变为"尧"字。聚落呈团块状分布。经济以种植业、商贸业为主，主要农作物有小麦、玉米、花生等。有三源铝业、长安铁塔、科灵空调等企业。有公路经此。

东石马坟庄 370784-A01-H28
[Dōngshímǎfénzhuāng]

在市驻地新安街道东北方向 4.2 千米。新安街道辖自然村。人口 600。据考，明代以前即有此村，村庄在五代梁中书刘郿墓附近，因墓前有石马，故取名石马坟庄，后以村中南北水沟为界分为两个村，该村在水沟以东，称东石马坟庄。聚落呈团块状分布。有学校 1 处。经济以种植业为主，主要农作物有大葱、大姜、小麦、玉米、花生等。有公路经此。

埠南头 370784-A01-H29
[Bùnántóu]

在市驻地新安街道东北方向 4.6 千米。新安街道辖自然村。人口 900。明洪武年间，张氏迁此定居，因在一小岭埠南端，故取村名埠南头。聚落呈团块状分布。经济以种植业为主，主要农作物有小麦、玉米、花生等。经济以小麦、玉米、花生。有公路经此。

河北东张排 370784-A01-H30
[Héběidōngzhāngpái]

在市驻地新安街道东北方向 5.6 千米。新安街道辖自然村。人口 900。相传王氏为避难至安丘解获庄（今偕户），十二世迁居张排庄，该村居东，称东张排，2007 年 9 月设立安丘市新安街道时更名为河北东张排。聚落呈团块状分布。经济以种植业为主，主要农作物有大葱、大姜。有公路经此。

埠下 370784-A01-H31
[Bùxià]

在市驻地新安街道东南方向 21.0 千米。新安街道辖自然村。人口 200。孙氏从友戈迁此立村，原来在张家屯居住，以后为了种地方便，便来到了岭的西面，故名岭西，后改名埠下。聚落呈团块状分布。经济以种植业为主，主要农作物有大姜、大蒜、芋头、大葱、土豆。有公路经此。

大朱聊 370784-A01-H32
[Dàzhūliáo]

在市驻地新安街道东南方向 20.0 千米。新安街道辖自然村。人口 1 100。相传明洪武年间为朱氏所建，取名朱聊村，小朱聊建村后，为示区别，称大朱聊。聚落呈团块状分布。经济以种植业为主，主要农作物有小麦、玉米、花生、土豆、大葱、芋头。有公路经此。

东仓上 370784-A01-H33
[Dōngcāngshàng]

在市驻地新安街道东方向 8.0 千米。新安街道辖自然村。人口 700。因是春秋时期杞国（杞王封地）的粮仓所在地，明初李姓先祖移居于此，取名仓上。因村居东面，故取名东仓上。经济以种植业为主，主要农作物有大葱、土豆。有公路经此。

东院庄 370784-A01-H34
[Dōngyuànzhuāng]

在市驻地新安街道东方向 15.0 千米。新安街道辖自然村。人口 600。相传明朝时期，该村张文锦载京官拜院士，其族人在该村定居并建村，因此有院庄一说，后因所在位置称东院庄。聚落呈团块状分布。经济以种植业为主，主要农作物有圆葱、小麦、玉米、土豆等。有公路经此。

东韩吉 370784-A01-H35
[Dōnghánjí]

在市驻地新安街道东方向 9.0 千米。新安街道辖自然村。人口 1 200。相传明洪武年间韩氏迁此建村，为求吉祥取名韩吉。因村居东，故名东韩吉。聚落呈团块状分布。经济以种植业为主，主要农作物有大姜、大蒜、大葱、土豆等。有公路经此。

河洼 370784-A01-H36
[Héwā]

在市驻地新安街道东南方向 22.0 千米。新安街道辖自然村。人口 500。据考，清顺治年间已有此村，因村前有小河，地势低洼，故名河洼。聚落呈团块状分布。经济以种植业为主，主要农作物有大姜、大蒜、草莓等。有公路经此。

北关 370784-A02-H01

［Běiguān］

在市驻地新安街道西南方向 4.9 千米。兴安街道辖自然村。人口 2 100。相传，明洪武年间，从河北枣强迁来殷、陈、李 3 姓在此居住，因原在北城门外，故名。聚落呈团块状分布。经济以租赁经营业为主。有公路经此。

城北 370784-A02-H02

［Chéngběi］

在市驻地新安街道西南方向 5.2 千米。兴安街道辖自然村。人口 3 000。因村地处原安丘县城以北而得名。聚落呈团块状分布。有小学。经济以租赁经营业为主。有公路经此。

城里 370784-A02-H03

［Chénglǐ］

在市驻地新安街道西南方向 5.0 千米。兴安街道辖自然村。人口 2 300。因在县城中部、城里路两侧，故名。聚落呈团块状分布。经济以租赁经营业为主。有公路经此。

大城埠 370784-A02-H04

［Dàchéngbù］

在市驻地新安街道西南方向 8.2 千米。兴安街道辖自然村。人口 1 400。因村处埠岭上，地势高突，故名城埠。小城埠建村后，为示区别，称大城埠。聚落呈团块状分布。经济以租赁经营业为主。有公路经此。

大庄 370784-A02-H05

［Dàzhuāng］

在市驻地新安街道西南方向 12.7 千米。

兴安街道辖自然村。人口 1 900。清初，李氏由甘泉迁来立村，取村名大庄。聚落呈团块状分布。经济以种植业为主，主要农作物有西瓜、甜瓜、小麦、花生等。有公路经此。

道口 370784-A02-H06

［Dàokǒu］

在市驻地新安街道西南方向 13.8 千米。兴安街道辖自然村。人口 1 900。明初，谢氏迁来后，以摆渡为生，因村在汶河渡口，故名谢家道口。明末清初，张氏自山西迁此居住后，改为道口。聚落呈团块状分布。经济以种植业、加工业为主，主要农作物有圆葱、玉米、大蒜、花生等，加工业主要为蔬菜加工。有公路经此。

东南街 370784-A02-H07

［Dōngnánjiē］

在市驻地新安街道西南方向 7.6 千米。兴安街道辖自然村。人口 1 400。安丘城内划分东南隅、西南隅、东北隅、西北隅，中华人民共和国成立后，东南隅改为东南街。聚落呈团块状分布。经济以租赁经营业为主。有公路经此。

王家楼 370784-A02-H08

［Wángjiālóu］

在市驻地新安街道南方向 8.2 千米。兴安街道辖自然村。人口 700。明朝年间，始祖由河北枣强县迁徙至此，因建有一土楼，故取名为王家楼。聚落呈团块状分布。经济以租赁经营业为主。有公路经此。

东小关 370784-A02-H09

［Dōngxiǎoguān］

在市驻地新安街道西南方向 8.3 千米。兴安街道辖自然村。人口 1 300。明万历《安丘县志》载，地处东关以南，韩家后以东，古称小东关。后因西连西小关，故称东小关。聚落呈团块状分布。有小学、幼儿园。经济以种植业、租赁经营业为主。有公路经此。

河南 370784-A02-H10

[Hénán]

在市驻地新安街道西南方向22.0千米。兴安街道辖自然村。人口1 300。因村在白芬子村前洪沟河南岸，故取村名河南。聚落呈团块状分布。经济以种植业为主，主要农作物有大姜、大蒜、小麦、玉米等。有公路经此。

黑埠 370784-A02-H11

[Hēibù]

在市驻地新安街道西南方向17.9千米。兴安街道辖自然村。人口1 100。因村址在黑山后埠，取村名黑山，后改为黑埠。聚落呈团块状分布。经济以种植业为主，主要农作物有土豆、姜、葱、蒜、小麦、玉米、花生等。有公路经此。

葫芦埠 370784-A02-H12

[Húlubù]

在市驻地新安街道西南方向28.0千米。兴安街道辖自然村。人口1 800。村北之埠岭形似葫芦，名葫芦埠，村遂以埠名为名。聚落呈团块状分布。经济以种植业为主，主要农作物有小麦、花生、土豆、玉米等。有公路经此。

老庄子 370784-A02-H13

[Lǎozhuāngzi]

在市驻地新安街道西南方向9.2千米。兴安街道辖自然村。人口1 100。明初，韩氏在此立村，有一分支向东，又立一村，取村名为小韩家庄村，原村称为韩家后老庄子村，后简称为老庄子。聚落呈团块状

分布。经济以种植业、租赁经营业为主。有公路经此。

罗家庄 370784-A02-H14

[Luójiāzhuāng]

在市驻地新安街道西南方向22.6千米。兴安街道辖自然村。人口400。相传，明末罗氏由山西迁此立村，以姓氏得名。聚落呈团块状分布。经济以种植业为主，主要农作物有小麦、玉米、花生等。有公路经此。

马家楼 370784-A02-H15

[Mǎjiālóu]

在市驻地新安街道南方向8.6千米。兴安街道辖自然村。人口700。明万历年间，在京城为官的马从龙退休还乡，在村内建楼一座，名曰真歇楼，周围乡人称该楼为马家楼，后渐为村名。聚落呈团块状分布。有小学。经济以租赁经营业为主。有公路经此。

南三里庄 370784-A02-H16

[Nánsānlǐzhuāng]

在市驻地新安街道西南方向9.3千米。兴安街道辖自然村。人口1 000。因在县城南三华里处，故名南三里庄。聚落呈团块状分布。经济以种植业、商贸业为主，主要农作物有小麦、玉米、蔬菜等。有公路经此。

霹雷山 370784-A02-H17

[Pīléishān]

在市驻地新安街道西南方向29.0千米。兴安街道辖自然村。人口600。因村南山上多石灰岩，风化严重，怪石嶙峋，形似被雷击过，故名霹雷山，村以山为名。聚落呈团块状分布。经济以种植业为主，主要农作物有小麦、玉米、花生、生姜。有公路经此。

十二户 370784-A02-H18

[Shí'èrhù]

在市驻地新安街道西南方向 6.3 千米。兴安街道辖自然村。人口 2 000。早年间发现石碑一块，上书"十二姑"，后因位置和谐音演为十二户。聚落呈团块状分布。经济以租赁经营业为主。有公路经此。

三合 370784-A02-H19

[Sānhé]

在市驻地新安街道西南方向 4.7 千米。兴安街道辖自然村。人口 2 800。明洪武年间，董、李、马三姓分别从河北枣强迁居寿光贵河、安丘北关、昌邑下河，后迁来渠丘城北田家庄西南居住，亦称田阁（戈）庄。1948 年，为与其他田戈庄有别，以三姓联合建村，起名三合，寓意齐心合力，共谋发展。聚落呈团块状分布。有幼儿园 2 处。经济以租赁经营业、商贸业为主。有公路经此。

三里庄 370784-A02-H20

[Sānlǐzhuāng]

在市驻地新安街道西南方向 12.0 千米。兴安街道辖自然村。人口 1 000。据《王氏墓志铭》载，明万历年间，王氏立村，因在县城南三华里处，故名三里庄。聚落呈团块状分布。经济以种植业、商贸业为主，主要农作物有大葱、圆葱、大蒜、大姜、葡萄。有公路经此。

三十里铺 370784-A02-H21

[Sānshílǐpù]

在市驻地新安街道西南方向 19.5 千米。兴安街道辖自然村。人口 2 100。聚落呈团块状分布。经济以种植业为主，主要作物有小麦、玉米、花生。有公路经此。

石泉 370784-A02-H22

[Shíquán]

在市驻地新安街道东北方向 11.2 千米。兴安街道辖自然村。人口 3 900。因村东有一石泉，故取名石泉。聚落呈团块状分布。经济以种植业为主，主要农作物有小麦、玉米、土豆、大姜、西瓜、大葱等。有公路经此。

苇园 370784-A02-H23

[Wěiyuán]

在市驻地新安街道西南方向 11.5 千米。兴安街道辖自然村。人口 2 200。明洪武年间，赵氏建村，因村子附近有一苇塘，故取村名苇园。聚落呈团块状分布。经济以种植业为主，主要农作物有大葱、大姜、西瓜、甜瓜、小麦、玉米。有公路经此。

前七里沟 370784-A02-H24

[Qiánqīlǐgōu]

在市驻地新安街道西南方向 12.3 千米。兴安街道辖自然村。人口 600。因在七里沟村南边，故取村名前七里沟。聚落呈团块状分布。经济以种植业为主，养殖业为辅，主要农作物有大蒜、大葱、玉米等，养殖水貂、狐狸。有公路经此。

小河崖 370784-A02-H25

[Xiǎohéyá]

在市驻地新安街道西南方向 12.9 千米。兴安街道辖自然村。人口 900。清乾隆年间，田氏立村，因村处金沟河畔，故取村名小河崖。聚落呈团块状分布。经济以种植业为主，主要农作物有玉米、花生、大蒜、洋葱、大葱、土豆。有公路经此。

务稼庄 370784-A02-H26

[Wùjiàzhuāng]

在市驻地新安街道西南方向 7.4 千米。

兴安街道辖自然村。人口 300。据传，明末清初，大臣刘正宗因受诬陷而亡后，又有一镇守厦门的刘氏官员受诬罢官，刘氏因此在安丘城里相府内立牌告诫子孙"屋要小，地要少，光念书，莫赶考"，并将刘氏居住的该村更名为务稼庄。聚落呈团块状分布。经济以商贸业为主。有公路经此。

西关 370784-A02-H27
[Xīguān]

在市驻地新安街道西南方向 7.5 千米。兴安街道辖自然村。人口 1 700。因村处原安丘县城南门外以西，故名西关。聚落呈团块状分布。经济以租赁经营业、商贸业为主。有公路经此。

相戈 370784-A02-H28
[Xiànggē]

在市驻地新安街道西南方向 19.1 千米。兴安街道辖自然村。人口 2 000。明洪武二年（1369），村原名相家里，后演变为相阁，中华人民共和国成立后简称相戈。聚落呈团块状分布。经济以种植业为主，主要农作物有小麦、玉米、花生、芋头、大姜等。有公路经此。

烟市街 370784-A02-H29
[Yānshìjiē]

在市驻地新安街道西南方向 7.5 千米。兴安街道辖自然村。人口 1 100。因是安丘烟叶交易集散地，故名。聚落呈带状分布。经济以租赁经营业、商贸业。有公路经此。

营里 370784-A02-H30
[Yínglǐ]

在市驻地新安街道西南方向 19.7 千米。兴安街道辖自然村。人口 2 000。2011 年，大东营、小东营、近家营、南营、西营合为一村，名营里。聚落呈团块状分布。经济以种植业为主，主要农作物有玉米、小麦、花生、大姜、芋头、大葱等。有公路经此。

朱田戈 370784-A02-H31
[Zhūtiángē]

在市驻地新安街道西南方向 4.4 千米。兴安街道辖自然村。人口 1 200。明洪武年间，朱氏由河北枣强迁居渠丘城北松园里，原名田家庄，后演变为田阁庄。1948 年后，因朱姓居多，更名为朱田戈。聚落呈团块状分布。经济以租赁经营业、商贸业为主。有公路经此。

庄头 370784-A02-H32
[Zhuāngtóu]

在市驻地新安街道西南方向 9.0 千米。兴安街道辖自然村。人口 1 400。古时在县城四关之外的地域，多以"头"命名，该村因地处县城西门之外，故名庄头。聚落呈团块状分布。经济以商贸业为主。有公路经此。

邹家坊子 370784-A02-H33
[Zōujiāfāngzi]

在市驻地新安街道南方向 7.8 千米。兴安街道辖自然村。人口 700。明洪武年间，邹氏迁此，为了生计，开一家店铺，故起名邹家坊子。聚落呈团块状分布。经济以商贸业为主。有公路经此。

邹家洼 370784-A02-H34
[Zōujiāwā]

在市驻地新安街道西南方向 18.6 千米。兴安街道辖自然村。人口 1 000。明嘉靖年间，邹氏迁此建村，因地处低洼，故名。聚落呈团块状分布。经济以种植业、商贸业为主，主要农作物有小麦、玉米等。有公路经此。

曹家楼 370784-A02-H35
[Cáojiālóu]

在市驻地新安街道西南方向 9.9 千米。兴安街道辖自然村。人口 1 400。原名李家楼，清康熙年间曹氏由东关迁来，李氏迁出，改名曹家楼。聚落呈团块状分布。经济以种植业为主，主要农作物有小麦、玉米、花生、杂粮等。有公路经此。

大近戈 370784-A02-H36
[Dàjìngē]

在市驻地新安街道西南方向 13.0 千米。兴安街道辖自然村。人口 1 200。据考，明成化年间即有此村，因靠近县城 1 千米，故名近戈庄。因村后有一小村紧邻，也随叫近戈庄，为区分同名村，故称大近戈。聚落呈团块状分布。经济以种植业为主，主要农作物有大蒜、大葱、玉米。有公路经此。

东场街 370784-A02-H37
[Dōngchǎngjiē]

在市驻地新安街道西南方向 6.9 千米。兴安街道辖自然村。人口 1 300。1950 年以前，南关大集市场的半数都集中在此地，故称东场街。聚落呈团块状分布。经济以租赁经营业为主。有公路经此。

东关 370784-A02-H38
[Dōngguān]

在市驻地新安街道西南方向 6.5 千米。兴安街道辖自然村。人口 1 700。东关村原名草市街，后更名东关街。秦始皇二十六年（前 221），琅琊郡设在安丘，城内有四关，本村为东关，故名。聚落呈团块状分布。经济以商贸业为主。有公路经此。

韩家后 370784-A02-H39
[Hánjiāhòu]

在市驻地新安街道西南方向 6.7 千米。兴安街道辖自然村。人口 1 700。因韩姓居多而得名。聚落呈团块状分布。经济以商贸业为主。有公路经此。

高家埠 370784-A02-H40
[Gāojiābù]

在市驻地新安街道西南方向 11.6 千米。兴安街道辖自然村。人口 1 000。始建于元朝，有一户姜姓人家在此居住。后几经战乱，历代变迁，至明洪武年间，有高姓一族迁至此处定居，因地形呈团岭之状，故起名高家埠。聚落呈团块状分布。经济以种植业为主，主要农作物有大姜、大葱、土豆。有公路经此。

南关 370784-A02-H41
[Nánguān]

在市驻地新安街道西南方向 11.5 千米。兴安街道辖自然村。人口 1 100。因在以前县城的南门关，故名南关。聚落呈团块状分布。经济以制造业和加工业为主。有公路经此。

南关头 370784-A02-H42
[Nánguāntóu]

在市驻地新安街道西南方向 7.7 千米。兴安街道辖自然村。人口 1 300。据记载，王、李、辜三姓于明朝在此立村。相传，旧时县城四关以外的居民点多以"头"命名，该村在南关以南，故名南关头。聚落呈团块状分布。经济以食品加工业、商贸业为主。有公路经此。

南十里 370784-A02-H43
[Nánshílǐ]

在市驻地新安街道西南方向 11.9 千米。兴安街道辖自然村。人口 2 800。由王家十里河村、小韩家十里河村、李家十里河村、大韩家十里河、朱家埠合并而成，故名南十里。聚落呈团块状分布。经济以种植业为主，主要农作物有小麦、玉米、花生等。有公路经此。

七里庄 370784-A02-H44
[Qīlǐzhuāng]

在市驻地新安街道西南方向 15.0 千米。兴安街道辖自然村。人口 1 500。因距离县城七里路程，故起名七里庄。聚落呈团块状分布。经济以种植业为主，主要农作物有大姜、大葱、大蒜、玉米、小麦。有公路经此。

阡里 370784-A02-H45
[Qiānlǐ]

在市驻地新安街道西南方向 24.0 千米。兴安街道辖自然村。人口 1 200。传说，古时每遇暴雨，村北岭上洪水直冲村庄，威胁很大，人们在岭下挖沟筑阡，以挡洪水，从此，村庄便称为阡里。有小学 1 处。经济以种植业为主，主要农作物有小麦、花生、玉米、大姜、土豆等。有公路经此。

山东头 370784-A02-H46
[Shāndōngtóu]

在市驻地新安街道西南方向 16.5 千米。兴安街道辖自然村。人口 1 700。因位于山之东侧，故名。聚落呈团块状分布。经济以种植业为主，主要农作物有大姜、土豆、玉米、芋头等。

小尖子埠 370784-A02-H47
[Xiǎojiānzibù]

在市驻地新安街道西南方向 23.0 千米。兴安街道辖自然村。人口 500。清康熙年间，李氏由安丘西关迁此，为与大尖子埠区别，取村名小尖子埠。聚落呈团块状分布。经济以种植业为主，主要农作物有大姜、土豆、玉米、芋头等。有公路经此。

四海 370784-A02-H48
[Sìhǎi]

在市驻地新安街道西南方向 12.7 千米。兴安街道辖自然村。人口 600。清乾隆年间，朱氏由昌乐迁此立村。因村处埠岭顶部，站在山顶看到四面是水，取眼观四海之意，起名四海。聚落呈团块状分布。经济以种植业为主，主要农作物有大姜、大葱。有公路经此。

宋家园 370784-A02-H49
[Sòngjiāyuán]

在市驻地新安街道西南方向 11.0 千米。兴安街道辖自然村。人口 900。清代中期，宋氏来此居住，因靠县城，多数居民种菜，故取村名为宋家园。聚落呈团块状分布。经济以加工制造业为主。有公路经此。

金家庄 370784-A02-H50
[Jīnjiāzhuāng]

在市驻地新安街道西南方向 13.3 千米。兴安街道辖自然村。人口 700。明万历年间，金氏自寿光迁此立村，以姓氏取村名金家庄。聚落呈团块状分布。经济以种植业为主，主要农作物有大蒜、玉米等。有公路经此。

西巷子 370784-A02-H51
[Xīxiàngzi]

在市驻地新安街道西南方向 7.0 千米。兴安街道辖自然村。人口 900。原与硝市村共称南关，1982 年分为两个村，取旧时之名为西巷子。聚落呈团块状分布。经济以商贸业为主。有公路经此。

夏庄 370784-A02-H52
[Xiàzhuāng]

在市驻地新安街道西南方向 30.0 千米。兴安街道辖自然村。人口 1 700。清雍正年间，夏姓人家由藏马山之阳迁居此地，以姓氏取名。聚落呈团块状分布。经济以种植业为主，主要农作物有小麦、花生、土豆、玉米等。有公路经此。

小庄子 370784-A02-H53
[Xiǎozhuāngzi]

在市驻地新安街道西南方向 9.5 千米。兴安街道辖自然村。人口 800。清朝初年，王氏由小石泉迁此村立，因当时人少村小，命名为王小庄子，后简称小庄子。聚落呈团块状分布。经济以种植业为主，种植小麦、土豆。

谢家 370784-A02-H54
[Xièjiā]

在市驻地新安街道西南方向 11.5 千米。兴安街道辖自然村。人口 1 100。以姓氏命名。聚落呈团块状分布。经济以种植业为主，主要农作物有姜、蒜。有公路经此。

白芬子 370784-A02-H55
[Báifēnzi]

在市驻地新安街道西南方向 21.0 千米。兴安街道辖自然村。人口 1 600。村原系白氏所立，明初殷氏迁来后，因村前有白氏坟墓，故取村名白坟，后演变为白芬子。聚落呈团块状分布。经济以种植业为主，主要农作物有小麦、玉米、大姜、大蒜、大葱、芋头等。有公路经此。

凌河 370784-B01-H01
[Línghé]

凌河镇人民政府驻地。在市驻地新安街道西南方向 16.0 千米。人口 3 600。据考元代已有此村，东有灵河，亦称凌子河，村以河得名。聚落呈团块状分布。有幼儿园 1 处、小学 1 处、中学 1 处。经济以种植业、

农产品加工业为主，主要农作物有大姜、大葱、小麦、玉米等。有公路经此。

大路 370784-B01-H02
[Dàlù]

在市驻地新安街道西南方向 30.0 千米。凌河镇辖自然村。人口 2 100。相传，明嘉靖年间村前有一条密州府通青州府的大路，故得此村名。聚落呈团块状分布。有文化广场 1 处、幼儿园 1 处、小学 1 处。经济以种植业为主，主要农作物有大葱、大姜。221 省道经此。

石家庄 370784-B01-H03
[Shíjiāzhuāng]

在市驻地新安街道西南方向 32.5 千米。凌河镇辖自然村。人口 1 300。以姓氏取村名石家庄。聚落呈团块状分布。有文化广场 1 处、幼儿园 1 处。有石家庄民俗博物馆。经济以种植业为主，主要农作物有大葱、大姜。有公路经此。

前儒林庄 370784-B01-H04
[Qiánrúlínzhuāng]

在市驻地新安街道西南方向 32.0 千米。凌河镇辖自然村。人口 700。据传，村处通青州府的大路边，有人在此开店，店主崇尚儒学，取店名儒林店，后成村落，取名儒林庄。明末，为区别同名村，以村后有庙，称前儒林庄。聚落呈团块状分布。有文化广场 1 处。经济以种植业为主，主要农作物有小麦、玉米、大姜、大葱等。有公路经此。

小大路 370784-B01-H05
[Xiǎodàlù]

在市驻地新安街道西南方向 31.5 千米。凌河镇辖自然村。人口 500。该村系大路村的派生村，建于清乾隆年间，因在大路村北，取名北大路，后改称小大路。聚落呈团块

状分布。有文化广场 1 处。经济以种植业为主，主要农作物有大葱、大姜等。有公路经此。

泉子崖 370784-B01-H06
[Quánziyá]

在市驻地新安街道西南方向 36.0 千米。凌河镇辖自然村。人口 800。因村前有泉，故取村名泉子崖。聚落呈团块状分布。有文化广场 1 处。经济以种植业、商贸业为主，主要农作物有小麦、玉米、大姜、大葱。有公路经此。

光甫 370784-B01-H07
[Guāngfǔ]

在市驻地新安街道西南方向 12.0 千米。凌河镇辖自然村。人口 1 600。据碑文记载，宋末，麻光甫来此立村，取名光甫。聚落呈团块状分布。有文化广场 1 处。经济以种植业为主，主要农作物有大葱、大姜、花生、蔬菜等。有公路经此。

李家水西 370784-B01-H08
[Lǐjiāshuǐxī]

在市驻地新安街道西南方向 15.0 千米。凌河镇辖自然村。人口 800。相传，明永乐年间，李氏由李家沟迁此，因居汶河西岸，故称李家水西。聚落呈团块状分布。有文化广场 1 处。经济以种植业为主，主要农作物有葱、姜、花生等。有公路经此。

孟家庄 370784-B01-H09
[Mèngjiāzhuāng]

在市驻地新安街道西南方向 10.0 千米。凌河镇辖自然村。人口 300。相传，明末，孟氏由昌乐县董孟村迁此立村，以姓氏取名。聚落呈团块状分布。有文化广场 1 处。经济以种植业为主，主要农作物有小麦、玉米、大葱、大姜。有公路经此。

富家庄子 370784-B01-H10
[Fùjiāzhuāngzi]

在市驻地新安街道西南方向 32.0 千米。凌河镇辖自然村。人口 800。相传傅氏立村，以姓氏得名，后演变为富家庄子。聚落呈团块状分布。有文化广场 1 处。经济以种植业和养殖业为主，养殖特种动物水貂、狐狸等。有公路经此。

雷家沟 370784-B01-H11
[Léijiāgōu]

在市驻地新安街道西南方向 21.0 千米。凌河镇辖自然村。人口 700。据《雷氏族谱》记载，明洪武年间，雷氏兄弟由赤埠迁居此地，因处山沟，故取名雷家沟。聚落呈团块状分布。有文化广场 1 处。经济以种植业为主，主要农作物有大姜、花生、大桃、大樱桃等。有公路经此。

刘家庄子 370784-B01-H12
[Liújiāzhuāngzi]

在市驻地新安街道西南方向 31.0 千米。凌河镇辖自然村。人口 700。以姓氏得村名刘家庄子。聚落呈团块状分布。有文化广场 1 处。经济以种植业为主，主要农作物有大葱、大姜。有公路经此。

佘家庙子 370784-B01-H13
[Shéjiāmiàozi]

在市驻地新安街道西南方向 33.0 千米。凌河镇辖自然村。人口 600。据村内碑文记载，明隆庆二年（1568），大水过后，冲来一尊圣母神像于盘龙山下，附近散居村民募捐建成寺庙，将圣母像供于庙中，以后香火不断，有佘氏族人居住于庙东，遂取名佘家庙子。聚落呈团块状分布。有文化广场 1 处。经济以种植业为主，主要农作物有大葱、大姜。有公路经此。

郑家河 370784-B01-H14
[Zhèngjiāhé]

在市驻地新安街道西南方向 25.0 千米。凌河镇辖自然村。人口 1 100。据考，清康熙年间，郑氏由土山迁此，立村于河畔，故名郑家河。聚落呈团块状分布。有文化广场 1 处。经济以种植业和养殖业为主。有公路经此。

老中阿 370784-B01-H15
[Lǎozhōng'ē]

在市驻地新安街道西南方向 22.0 千米。凌河镇辖自然村。人口 1 100。始祖德林公系周灵王太子晋，因是周灵王后人，故以"王"为姓，谓塚陵王氏。族人自春秋时期始，世居塚阿，因部分族人迁居他地而又多以"塚阿"命名，为怀念祖辈，演称老中阿。聚落呈团块状分布。有文化广场 1 处。经济以种植业、制造业为主，主要农作物有大葱、大姜。有公路经此。

吕家埠 370784-B01-H16
[Lǚjiābù]

在市驻地新安街道西南方向 24.0 千米。凌河镇辖自然村。人口 400。因姓氏和地形得名。聚落呈团块状分布。有文化广场 1 处。经济以种植业为主，主要农作物有大葱、大姜、玉米、花生。有公路经此。

牟山店子 370784-B01-H17
[Mùshāndiànzi]

在市驻地新安街道西南方向 17.0 千米。凌河镇辖自然村。人口 500。建村时路西侧开店者颇多，商业繁荣，故取名牟山店，又名山后店，今称牟山店子。聚落呈团块状分布。有文化广场 1 处。经济以种植业为主，主要农作物有小麦、玉米、花生。有公路经此。

牟山前 370784-B01-H18
[Mùshānqián]

在市驻地新安街道西南方向 18.0 千米。凌河镇辖自然村。人口 1 300。因在牟山前山脚下，故名牟山前。聚落呈团块状分布。有文化广场 1 处、农家书屋 1 处。经济以种植业为主，主要农作物有小麦、玉米、花生。有公路经此。

皂角树 370784-B01-H19
[Zàojiǎoshù]

在市驻地新安街道西南方向 19.0 千米。凌河镇辖自然村。人口 1 000。清乾隆初年，刘氏迁入其南部并定居，取名刘家南园。后因庄内多植皂角树，故更名皂角树。聚落呈团块状分布。有文化广场 1 处。民间艺术有地方剧种茂腔。经济以种植业为主，主要农作物有小麦、玉米、花生、葱、姜。有公路经此。

关王庙 370784-B01-H20
[Guānwángmiào]

在市驻地新安街道西南方向 30.0 千米。凌河镇辖自然村。人口 600。相传，明代黄氏、方氏开始居住，村旁有关帝庙一座，人称庙子上。清朝初期李氏迁入，改名为关王庙。聚落呈团块状分布。有文化广场 1 处。经济以种植业为主，主要农作物有葱、姜。有公路经此。

水泊 370784-B01-H21
[Shuǐpō]

在市驻地新安街道西南方向 31.0 千米。凌河镇辖自然村。人口 1 400。因地下为水沙层，是汶河古河场中心，拥有丰富地下水资源，故得名水泊。聚落呈团块状分布。有文化广场 1 处。经济以种植业为主，主要农作物有大葱、大姜。有公路经此。

王家赤埠 370784-B01-H22
[Wángjiāchìbù]

在市驻地新安街道西南方向 33.0 千米。凌河镇辖自然村。人口 1 200。王氏立村于一红土阜岭东侧，故取名王家赤埠。聚落呈团块状分布。有文化广场 1 处。经济以种植业为主，主要农作物有西瓜、大葱、大姜、南瓜、辣椒等。有公路经此。

偕户 370784-B01-H23
[Xiéhù]

在市驻地新安街道西南方向 30.0 千米。凌河镇辖自然村。人口 3 500。相传，有人在此居住开店，在店中有人释放过战俘，其中有一部分人获释后在此定居，因一同获得自由，遂取村名偕获，亦称解获，后来"获"字演变成"户"字。聚落呈团块状分布。有文化广场 1 处。经济以种植业为主，主要农作物有姜、大葱。有公路经此。

朱家埠 370784-B01-H24
[Zhūjiābù]

在市驻地新安街道西南方向 30.0 千米。凌河镇辖自然村。人口 1 000。据传，原系姜氏立村，取名姜家庄。明代，朱氏来到该村，后来人丁兴旺，改称朱家埠。聚落呈团块状分布。有文化广场 1 处。经济以种植业为主，主要农作物有小麦、玉米、花生和西瓜。有公路经此。

大芷坊 370784-B01-H25
[Dàzhǐfāng]

在市驻地新安街道西南方向 26.0 千米。凌河镇辖自然村。人口 1 000。相传，早年有造纸作坊，初名纸坊，后演变为芷坊，又更名为大芷坊。聚落呈团块状分布。有文化广场 1 处。经济以种植业为主，主要农作物有葱、姜。有公路经此。

南官庄 370784-B01-H26
[Nánguānzhuāng]

在市驻地新安街道西南方向 39.0 千米。凌河镇辖自然村。人口 600。相传，官府迁民至此，当时多以官庄命名，又因地势低洼多水，故取名龙王官庄，后称南官庄。聚落呈团块状分布。有文化广场 1 处。经济以种植业为主，主要农作物有大葱、圆葱、芹菜、桃等。有公路经此。

圈子 370784-B01-H27
[Quānzi]

在市驻地新安街道西南方向 30.0 千米。凌河镇辖自然村。人口 1 600。相传始祖原籍河北枣强县，明初，由昌乐黄家洼迁至此地，因北有红河，南有汶河，该村被河包围，故取名圈子。聚落呈团块状分布。有文化广场 1 处。经济以种植业为主，主要农作物有大葱、大姜、韭菜等。有公路经此。

于家水西 370784-B01-H28
[Yújiāshuǐxī]

在市驻地新安街道西南方向 28.0 千米。凌河镇辖自然村。人口 1 400。明隆庆年间，于氏由南庄子村迁此立村，因汶河由村前流至村东南转向北，与村后小红河相汇，故名于家水西。聚落呈团块状分布。有文化广场 1 处。经济以种植业为主，主要农作物有葱、姜等。有公路经此。

冢子坡 370784-B01-H29
[Zhǒngzipō]

在市驻地新安街道西南方向 31.0 千米。凌河镇辖自然村。人口 800。因村后有古冢一座，故名冢子坡。聚落呈团块状分布。有文化广场 1 处。经济以种植业为主，主要农作物有大葱、大姜、芦笋。有公路经此。

后沟 370784-B01-H30

［Hòugōu］

在市驻地新安街道西南方向44.0千米。凌河镇辖自然村。人口500。自明朝年间迁来，清嘉庆十二年（1807），赵氏立村，在留山西面、崮山后面，故称后崮山沟村，简称后沟。聚落呈团块状分布。有文化广场1处。经济以种植业为主，主要农作物有大葱、大姜、花生、桃等。有公路经此。

李家西部 370784-B01-H31

［Lǐjiāxīwú］

在市驻地新安街道西南方向40.0千米。凌河镇辖自然村。人口1 000。先辈立村时，为纪念部城过去的辉煌和历史，取村名皆不忘"部"字，故冠以姓氏称李家西部。聚落呈团块状分布。有文化广场1处。古迹有部城遗址。经济以种植业为主，主要农作物有大葱、大姜、花生、西瓜等。有公路经此。

刘家西部 370784-B01-H32

［Liújiāxīwú］

在市驻地新安街道西南方向40.0千米。凌河镇辖自然村。人口1 100。先辈立村时，为纪念部城过去的辉煌和历史，取村名皆不忘"部"字，故冠以姓氏称刘家西部。聚落呈团块状分布。经济以种植业为主，主要农作物有大葱、大姜、花生、西瓜等。有公路经此。

南部 370784-B01-H33

［Nánwú］

在市驻地新安街道西南方向42.0千米。凌河镇辖自然村。人口2 300。据考证，该村历史悠久，名称来历不可考，原名部南庄，后来改名南部。聚落呈团块状分布。有文化广场1处。经济以种植业为主，主要农作物有大葱、大姜、花生、西瓜等。有公路经此。

张家陡沟 370784-B01-H34

［Zhāngjiādǒugōu］

在市驻地新安街道西南方向43.0千米。凌河镇辖自然村。人口1 100。因村前有一条既深又陡的沟，故冠以姓氏称张家陡沟。聚落呈团块状分布。有文化广场1处。经济以种植业为主，主要农作物有大桃、大樱桃、核桃、大姜。有公路经此。

慈埠 370784-B01-H35

［Cíbù］

在市驻地新安街道西南方向24.0千米。凌河镇辖自然村。人口1 000。潘家慈埠、毕家慈埠和孙家慈埠合为一个村，称为慈埠。聚落呈团块状分布。有文化广场、农家书屋。经济以种植业为主，主要农作物有葱、姜等。有公路经此。

店子 370784-B01-H36

［Diànzi］

在市驻地新安街道西南方向23.0千米。凌河镇辖自然村。人口500。据《栾氏族谱》记载，明洪武年间，栾氏由山西迁此立村，因处于慈母山南麓的草甸子处，故取名为慈埠甸子，后演变为慈埠店子，现简称店子。聚落呈团块状分布。有文化广场1处、幼儿园1处。有市级文物保护单位王母墓、王修墓。经济以种植业为主，主要农作物有葱、姜等。有公路经此。

儒林 370784-B01-H37

［Rúlín］

在市驻地新安街道西南方向21.0千米。凌河镇辖自然村。人口700。因此地榆树颇多，初名榆林，后演变为儒林。聚落呈团块状分布。有文化广场1处。经济以种植业为主，主要农作物有大姜、大葱。有公路经此。

阳旭 370784-B01-H38
［Yángxù］

在市驻地新安街道西南方向 26.0 千米。凌河镇辖自然村。人口 1 900。明洪武年间，潘、王两姓由河北枣强县迁此，分立两村，称阳城、旭村，后两村逐渐扩大，连成一村，改称阳旭。聚落呈团块状分布。有文化广场 1 处。古迹有天齐庙。经济以种植业为主，主要农作物有大姜、大葱。有公路经此。

东纪庄 370784-B01-H39
［Dōngjìzhuāng］

在市驻地新安街道西南方向 36.0 千米。凌河镇辖自然村。人口 1 600。此地原为纪国地，相传，纪亡之后，移民不忘其国，成为纪庄。明末，西纪庄立村后，改称东纪庄。聚落呈团块状分布。有文化广场 1 处。经济以种植业为主，主要农作物有玉米、葱、西瓜等。221 省道经此。

李家赤埠 370784-B01-H40
［Lǐjiāchìbù］

在市驻地新安街道西南方向 35.0 千米。凌河镇辖自然村。人口 700。相传清康熙初年，李氏由夏坡迁来，因村东靠一红土埠岭，故取名李家赤埠。聚落呈团块状分布。有文化广场 1 处。经济以种植业为主，主要农作物有玉米、葱、西瓜。221 省道经此。

西纪庄 370784-B01-H41
［Xījìzhuāng］

在市驻地新安街道西南方向 37.0 千米。凌河镇辖自然村。人口 700。系原纪庄派生村，相传，明末，王姓由纪庄迁居此地，因在纪庄以西，故名西纪庄。聚落呈团块状分布。有文化广场 1 处。经济以种植业为主，主要农作物有玉米、葱、西瓜等。221 省道经此。

西涝山 370784-B01-H42
［Xīlàoshān］

在市驻地新安街道西南方向 39.0 千米。凌河镇辖自然村。人口 600。相传明朝朱元璋时期，赵氏和李氏由山西迁来，因地质逢雨就涝，以位置取名为西涝山。聚落呈团块状分布。有文化广场 1 处。经济以种植业为主，主要农作物有大姜、大葱。有公路经此。

陈家沟 370784-B01-H43
［Chénjiāgōu］

在市驻地新安街道西南方向 39.0 千米。凌河镇辖自然村。人口 800。据传，元代即有陈姓在此居住，村名陈家庄。明洪武年间，有陈氏母子四人从河北枣强县迁来，因村内有一河沟，遂改名陈家沟。聚落呈团块状分布。有文化广场 1 处。经济以种植业为主，主要农作物有小麦、玉米、花生、樱桃等。有公路经此。

官庄西 370784-B02-H01
［Guānzhuāngxī］

官庄镇人民政府驻地。在市驻地新安街道南方向 17.0 千米。人口 1 200。"官庄"始于何年无考，名称传说有二：一说古时村中曾出过大官，故名官庄；一说古时官府令民于此垦荒屯田，由官府直接管辖，不交纳赋税，故名。1980 年 11 月官庄村以位置分为官庄东、官庄西两个自然村。聚落呈团块状分布。有图书室 1 处、幼儿园 2 处。经济以种植业为主，主要农作物有小麦、玉米、花生等。有公路经此。

官庄东 370784-B02-H02

［Guānzhuāngdōng］

在市驻地新安街道南方向 29.0 千米。官庄镇辖自然村。人口 1 500。"官庄"始于何年无考，名称传说有二：一说古时村中曾出过大官，故名官庄；一说古时官府令民于此垦荒屯田，由官府直接管辖，不交纳赋税，故名。1980 年 11 月官庄村以位置分为官庄东、官庄西两个自然村。聚落呈团块状分布。经济以种植业为主，主要农作物有小麦、玉米、花生等。省道央赣路经此。

包家泉 370784-B02-H03

［Bāojiāquán］

在市驻地新安街道西南方向 30.1 千米。官庄镇辖自然村。人口 400。据考证建村有 900 年，因村南有泉，日夜清澈，故名包家泉。聚落呈团块状分布。经济以种植业为主，主要农作物有小麦、玉米、花生、芋头等。有公路经此。

北河洼 370784-B02-H04

［Běihéwā］

在市驻地新安街道西南方向 31.0 千米。官庄镇辖自然村。人口 100。因位置和自然地理实体而得名。聚落呈团块状分布。经济以种植业为主，主要农作物有小麦、玉米、花生等。有公路经此。

北李家庄 370784-B02-H05

［Běilǐjiāzhuāng］

在市驻地新安街道南方向 29.5 千米。官庄镇辖自然村。人口 700。因姓氏和所在方位而得名。聚落呈团块状分布。经济以种植业为主，主要农作物有小麦、玉米、花生等。有公路经此。

北上河头 370784-B02-H06

［Běishànghétóu］

在市驻地新安街道西南方向 32.5 千米。官庄镇辖自然村。人口 200。据考，此处为挥金河发源地，故名上河头。又因村庄在源头北侧，因此称北上河头。聚落呈团块状分布。经济以种植业为主，主要农作物有小麦、玉米、花生、芋头等。有公路经此。

别家屯 370784-B02-H07

［Biéjiātún］

在市驻地新安街道南方向 31.0 千米。官庄镇辖自然村。人口 700。据考，明永乐年间，别氏立村，一世原为永乐军中之士，后受赐立村于此地，取名别家屯。聚落呈团块状分布。经济以种植业为主，主要农作物有大桃、黄烟。有公路经此。

埠南头 370784-B02-H08

［Bùnántóu］

在市驻地新安街道南方向 34.1 千米。官庄镇辖自然村。人口 1 000。因村在埠岭之南，故名。聚落呈团块状分布。经济以种植业为主，主要农作物有小麦、玉米、花生、蔬菜。有公路经此。

常家庄 370784-B02-H09

［Chángjiāzhuāng］

在市驻地新安街道西南方向 34.0 千米。官庄镇辖自然村。人口 30。相传此地是汉代名将常玉春的马场，故称常家庄。聚落呈团块状分布。经济以种植业为主，主要农作物有小麦、玉米、花生、蔬菜。有公路经此。

大阿陀 370784-B02-H10

［Dà'ētuó］

在市驻地新安街道南方向 29.0 千米。

官庄镇辖自然村。人口 600。在明朝以前是红云寺的花园，明朝初期被铲。弘治十五年（1502），孙氏由江南沙河镇迁来此处，起名苑庄，后改名为带有佛教色彩的阿陀。又因孙氏人丁繁衍，部分族人迁去河南崖另立新村小阿陀，故此村改称大阿陀。聚落呈团块状分布。经济以种植业为主，主要农作物有芋头、大姜。有公路经此。

大草坡　370784-B02-H11
［Dàcǎopō］

在市驻地新安街道南方向 32.6 千米。官庄镇辖自然村。人口 700。据考证，明洪武二年（1369）立村，因此地满坡杂草丛生，故取名草坡。后分成两个村，人口多的称大草坡，少的称小草坡。聚落呈团块状分布。经济以种植业为主，主要农作物有小麦、玉米等。有公路经此。

大河洼　370784-B02-H12
［Dàhéwā］

在市驻地新安街道西南方向 30.0 千米。官庄镇辖自然村。人口 500。相传很久以前，此处地势低洼，河流分支众多，耕地富足且肥沃，以地势取名河汙村，中华人民共和国成立后更名为大河洼。聚落呈团块状分布。经济以种植业为主，主要农作物有小麦、玉米、花生、大姜等。有公路经此。

大马家庄　370784-B02-H13
［Dàmǎjiāzhuāng］

在市驻地新安街道南方向 30.5 千米。官庄镇辖自然村。人口 400。因西有草坡，东有小泉，有草有水适宜马生存，故名马家庄。后为与村南的小马家庄区分，改名为大马家庄。聚落呈团块状分布。经济以种植业为主，主要农作物有小麦、玉米等。省道央赣路经此。

大南坦　370784-B02-H14
［Dànántǎn］

在市驻地新安街道西南方向 35.6 千米。官庄镇辖自然村。人口 400。古时此地有一水湾，称饮马潭，山在东北，潭在南，故称南潭。明洪武年间，郭氏由山西洪洞县迁此，立村后以此取名南潭。小南潭立村后，改称大南潭，后"潭"演变为"坦"字。聚落呈团块状分布。经济以种植业为主，主要农作物有大姜、大桃。有公路经此。

东都家庄　370784-B02-H15
［Dōngdūjiāzhuāng］

在市驻地新安街道西南方向 28.0 千米。官庄镇辖自然村。人口 300。相传，明洪武二年（1369）有都姓人家从山西洪洞县迁至老峒峪，然后分至这里，都氏成为首个住进该村的人家，故取名都家庄，后以方位称东都家庄。聚落呈团块状分布。经济以种植业为主，主要农作物有小麦、玉米、花生、芋头等。有公路经此。

东黄家庄　370784-B02-H16
［Dōnghuángjiāzhuāng］

在市驻地新安街道西南方向 28.5 千米。官庄镇辖自然村。人口 500。1958 年，成立鼋泉公社，因辖区内有两个黄家庄，该村位置居东，遂以方位改称东黄家庄。聚落呈团块状分布。经济以种植业为主，主要农作物有小麦、玉米、姜、芋头、花生、黄烟等。有公路经此。

东利见　370784-B02-H17
［Dōnglìjiàn］

在市驻地新安街道南方向 36.0 千米。官庄镇辖自然村。人口 900。民国时期设利见乡，后一分为二，此为东利见。聚落呈团块状分布。经济以种植业为主，主要农作物有大蒜、大葱、小麦、玉米等。有公路经此。

东毛家庄 370784-B02-H18
［Dōngmáojiāzhuāng］

在市驻地新安街道南方向 29.5 千米。官庄镇辖自然村。人口 200。因姓氏和所在方位而得名。聚落呈团块状分布。经济以种植业为主，主要农作物有小麦、玉米、花生、大葱、大蒜等。有公路经此。

东上河头 370784-B02-H19
［Dōngshànghétóu］

在市驻地新安街道西南方向 32.0 千米。官庄镇辖自然村。人口 300。据考，此处为挥金河发源地，故名上河头。又因村庄在源头东侧，因此称东上河头。聚落呈团块状分布。经济以种植业为主，主要农作物有小麦、玉米、花生、芋头、大姜等。有公路经此。

甘家庄 370784-B02-H20
［Gānjiāzhuāng］

在市驻地新安街道南方向 33.6 千米。官庄镇辖自然村。人口 700。相传，明初甘氏立村，以姓氏取名，后一直沿用至今。聚落呈团块状分布。经济以种植业为主，主要农作物有小麦、玉米等。有公路经此。

东挑河 370784-B02-H21
［Dōngtiāohé］

在市驻地新安街道南方向 29.5 千米。官庄镇辖自然村。人口 200。因地处洪沟河以西，改名东挑河。聚落呈团块状分布。经济以种植业为主，主要农作物有小麦、玉米、花生、大葱等。有公路经此。

高家埠 370784-B02-H22
［Gāojiābù］

在市驻地新安街道南方向 33.2 千米。官庄镇辖自然村。人口 300。高氏由马家河子迁出，因立村埠岭上，遂以姓氏取名高家埠。聚落呈团块状分布。经济以种植业为主，主要农作物有小麦、玉米、花生、大桃等。有公路经此。

东小泉 370784-B02-H23
［Dōngxiǎoquán］

在市驻地新安街道南方向 32.0 千米。官庄镇辖自然村。人口 500。据考证，清康熙年间立村，因处小泉旁边，取名小泉。西小泉立村后，改为东小泉。聚落呈团块状分布。经济以种植业为主，主要农作物有小麦、玉米、大蒜、大葱等。有公路经此。

东小庄 370784-B02-H24
［Dōngxiǎozhuāng］

在市驻地新安街道西南方向 33.0 千米。官庄镇辖自然村。人口 600。该村系大寿山的几户人家在大寿山村东集聚发展而成，故名东小庄。聚落呈团块状分布。经济以种植业为主，主要农作物有小麦、玉米、大蒜、大葱等。有公路经此。

朵戈庄 370784-B02-H25
［Duǒgēzhuāng］

在市驻地新安街道南方向 36.0 千米。官庄镇辖自然村。人口 300。相传在很久以前，在现朵戈庄村西南有一姓金的大户人家，人丁兴旺，但经常欺负东南处的另一户人家，这户人家一气之下领着全家人躲到此处，最初为躲戈庄，后演为朵戈庄。聚落呈团块状分布。经济以种植业为主，主要农作物有小麦、玉米、花生、大姜、大葱等。有公路经此。

高家辛庄子 370784-B02-H26
[Gāojiāxīnzhuāngzi]

在市驻地新安街道西南方向 33.0 千米。官庄镇辖自然村。人口 400。原名王家庄，原居住此地的是王姓族人。明崇祯年间，高氏从秦戈庄迁入本村。为区别于高家庄子和高家寨庄，从此改村名为高家辛庄子。聚落呈团块状分布。经济以种植业为主，主要农作物有小麦、玉米、花生、大桃等。有公路经此。

高家营 370784-B02-H27
[Gāojiāyíng]

在市驻地新安街道南方向 32.5 千米。官庄镇辖自然村。人口 900。后武孝廉高季荣在此定居，称高家营。聚落呈团块状分布。经济以种植业为主，主要农作物有大姜、小麦、玉米、芋头。有公路经此。

高家庄子 370784-B02-H28
[Gāojiāzhuāngzi]

在市驻地新安街道西南方向 32.0 千米。官庄镇辖自然村。人口 900。古代高姓人家在此立村，取名高家庄子。聚落呈团块状分布。经济以种植业为主，主要农作物有大姜、小麦、玉米、芋头、葡萄。有公路经此。

圭图泉 370784-B02-H29
[Guītúquán]

在市驻地新安街道南方向 32.4 千米。官庄镇辖自然村。人口 300。据说，明洪武年间立村，村后小泉内有一岩石露出，形似乌龟饮水，取名龟头泉。后改为圭图泉。聚落呈团块状分布。经济以种植业为主，主要农作物有小麦、玉米、大姜、大葱等。有公路经此。

河北管公 370784-B02-H30
[Héběiguǎngōng]

在市驻地新安街道西南方向 30.0 千米。官庄镇辖自然村。人口 600。据考，这里为三国高士管宁故乡，管宁一生不慕名利，注重名节，成为一代名士，后人仰慕管宁，附近居民多以"管公"名村，因村在挥金河北岸，遂称河北管公，沿用至今。聚落呈团块状分布。有学校、幼儿园。经济以种植业为主，主要农作物有小麦、玉米、大姜、大葱等。有公路经此。

河南管公 370784-B02-H31
[Hénánguǎngōng]

在市驻地新安街道西南方向 30.0 千米。官庄镇辖自然村。人口 900。该村为李氏立村，为纪念三国高士管宁，最初定名为李家管公，1949 年改名为河南管公。聚落呈团块状分布。经济以种植业为主，主要农作物有大姜、大葱、大桃。有公路经此。

十字路 370784-B02-H32
[Shízìlù]

在市驻地新安街道西南方向 31.5 千米。官庄镇辖自然村。人口 400。因村在十字路口处，故名十字路。聚落呈团块状分布。经济以种植业为主，主要农作物有大桃。有公路经此。

后朱家庄 370784-B02-H33
[Hòuzhūjiāzhuāng]

在市驻地新安街道南方向 35.2 千米。官庄镇辖自然村。人口 800。明洪武年间，朱家埠朱姓人家迁来定居，有朱氏立村之说，取名朱家庄，后以方位更名后朱家庄。聚落呈团块状分布。有幼儿园。经济以种植业为主，主要农作物有大姜、大葱、小麦、玉米等。有公路经此。

白石岭 370784-B02-H34

［Báishílǐng］

在市驻地新安街道西南方向31.0千米。官庄镇辖自然村。人口700。明嘉靖十八年（1539），张氏由大官庄迁此立村，因村所在地埠岭多白石（重晶石），故名白石岭。聚落呈团块状分布。经济以种植业为主，主要农作物有小麦、玉米、芋头、花生。有公路经此。

前大盛 370784-B03-H01

［Qiándàshèng］

大盛镇人民政府驻地。在市驻地新安街道西南方向39.0千米。人口1 200。因北邻尹家大盛，取名前大盛。聚落呈团块状分布。有图书室。经济以种植业为主，主要农作物有小麦、玉米、大姜等。省道下小公路经此。

陈家庄 370784-B03-H02

［Chénjiāzhuāng］

在市驻地新安街道西南方向42.1千米。大盛镇辖自然村。人口200。据《陈氏族谱》载，1522年，陈氏由潍县徙居此地，以姓氏得名，一直沿用至今。聚落呈团块状分布。经济以种植业、桑蚕养殖业为主。有公路经此。

大申明亭 370784-B03-H03

［Dàshēnmíngtíng］

在市驻地新安街道西南方向34.3千米。大盛镇辖自然村。人口500。明洪武八年（1375），官府命地方里邑在此置申明、旌善二亭，民有恶善，即书写其人姓名事迹于板榜之上。明中期，赵姓由赵家庄迁居此地立村，以此取村名申明亭，后改称大申明亭。聚落呈团块状分布。经济以种植业为主，主要农作物有芋头、花生。有公路经此。

东丁家沟 370784-B03-H04

［Dōngdīngjiāgōu］

在市驻地新安街道西南方向41.8千米。大盛镇辖自然村。人口200。元代丁氏立村于山坡沟旁，取名丁家沟，后为与西丁家沟有别，改称东丁家沟。聚落呈团块状分布。经济以桑蚕养殖业为主。有公路经此。

东石崖子 370784-B03-H05

［Dōngshíyázi］

在市驻地新安街道西南方向35.1千米。大盛镇辖自然村。人口900。村西濒鲤龙河，村南有个石崖头，以此取名石崖子，后分为两村，该村居东，称东石崖子。聚落呈团块状分布。经济以种植业为主，主要农作物有大姜、芋头、土豆。有公路经此。

东辛兴 370784-B03-H06

［Dōngxīnxīng］

在市驻地新安街道西南方向36.9千米。大盛镇辖自然村。人口1 000。据《辛氏先茔碑》载，明代中期，辛氏由崖洼迁此，为盼兴旺，取名辛兴。西辛兴立村后，遂称东辛兴。聚落呈团块状分布。经济以种植业为主，主要农作物有小麦、玉米、西瓜。有公路经此。

龙王庙 370784-B03-H07

［Lóngwángmiào］

在市驻地新安街道西南方向43.2千米。大盛镇辖自然村。人口700。明洪武年间，王氏由临朐县迁此立村，初称王家庄，后在村东龙湾崖建一座规模较大的龙王庙，庙分前殿、后殿，雕梁画栋，正面雕刻纹龙数条，栩栩如生，庙内有壁画，一时香火甚盛，此后便呼村为龙王庙。聚落呈团块状分布。经济以桑蚕养殖业为主。有公路经此。

南黑山 370784-B03-H08
［Nánhēishān］

在市驻地新安街道西南方向 40.9 千米。大盛镇辖自然村。人口 30。据《安丘黑山韩氏族谱》载，明洪武年间，韩氏由山西洪洞县迁居此地，因靠近黑山，遂以山名为村名，北黑山立村后，改今名。聚落呈团块状分布。经济以种植业、桑蚕养殖业为主。有公路经此。

南石家营 370784-B03-H09
［Nánshíjiāyíng］

在市驻地新安街道西南方向 39.5 千米。大盛镇辖自然村。人口 300。明永乐年间，有一石姓将军曾在此安营扎寨，后人在此立村，以此取名石家营，北石家营立村后，改为今名。聚落呈团块状分布。有文化大院、农家书屋。经济以种植业为主，主要农作物有洋葱、小麦、芋头等。有公路经此。

牛家沟 370784-B03-H10
［Niújiāgōu］

在市驻地新安街道西南方向 41.4 千米。大盛镇辖自然村。人口 600。明初，牛氏徙居此地，因村居山沟处，遂取名牛家沟。聚落呈团块状分布。有农家书屋。经济以种植业、桑蚕养殖业为主。有公路经此。

牛沐 370784-B03-H11
［Niúmù］

在市驻地新安街道西南方向 38.7 千米。大盛镇辖自然村。人口 1 500。传说古时村前有一大湾，常有神牛出没，故名牛沐。聚落呈团块状分布。有市级非物质文化遗产牛沐寺、牛沐钟传说。经济以种植业为主，主要农作物有小麦、玉米、花生、芋头。有公路经此。

尚庄 370784-B03-H12
［Shàngzhuāng］

在市驻地新安街道西南方向 36.7 千米。大盛镇辖自然村。人口 900。明隆庆年间水灾后，任氏由楼子南迁里许立村，因在原村之前，且地势高，取名上庄，后演为尚庄。聚落呈团块状分布。经济以种植业为主，主要农作物有芋头、花生。有公路经此。

寺坡 370784-B03-H13
［Sìpō］

在市驻地新安街道西南方向 38.8 千米。大盛镇辖自然村。人口 300。清初，李氏由李家河迁居此地，因村处一古寺之西的山坡上，故名寺坡。聚落呈团块状分布。经济以种植业、桑蚕养殖业为主。有公路经此。

寺前 370784-B03-H14
［Sìqián］

在市驻地新安街道西南方向 37.6 千米。大盛镇辖自然村。人口 300。据《辛氏支谱》载，清康熙三年（1664），始祖由辛兴迁此立村，因在瑞应寺之南，故名。聚落呈团块状分布。经济以桑蚕养殖业为主。有公路经此。

田辛庄子 370784-B03-H15
［Tiánxīnzhuāngzi］

在市驻地新安街道西南方向 40.0 千米。大盛镇辖自然村。人口 200。明初，李田心携妻带子由山西洪洞县迁此定居，后世为纪念其始迁祖，取村名田心庄子，后演为田辛庄子。聚落呈团块状分布。经济以种植业为主，主要农作物有小麦、玉米、土豆、芋头、大姜、花生。

吴家院庄 370784-B03-H16
[Wújiāyuànzhuāng]

在市驻地新安街道西南方向 37.8 千米。大盛镇辖自然村。人口 600。吴氏原籍枣强，元末迁居于此地，以其地依山傍水，林木繁茂，故取名苑庄，后"苑"字演变为"院"字，其他院庄立村后，遂冠姓氏称吴家院庄。聚落呈团块状分布。经济以种植业为主，主要农作物有西瓜、洋葱、花生、棉花。

西丁家沟 370784-B03-H17
[Xīdīngjiāgōu]

在市驻地新安街道西南方向 42.3 千米。大盛镇辖自然村。人口 500。元代，丁氏立村于山坡沟旁，取名丁家沟。为与东丁家沟有别，改今名。聚落呈团块状分布。经济以种植业、桑蚕养殖业为主。有公路经此。

下马疃 370784-B03-H18
[Xiàmǎtuǎn]

在市驻地新安街道西南方向 37.8 千米。大盛镇辖自然村。人口 1 300。明初杨氏迁此立村，因此地原是放马的地方，遂取名马疃，后因区别重名村，更名下马疃。聚落呈团块状分布。经济以种植业为主，主要农作物有大姜、芋头、芸豆。有公路经此。

小官庄 370784-B03-H19
[Xiǎoguānzhuāng]

在市驻地新安街道西南方向 37.1 千米。大盛镇辖自然村。人口 300。因村邻近大官庄，故名小官庄。聚落呈团块状分布。经济以种植业为主，主要农作物有小麦、玉米、花生。有公路经此。

朱家官庄 370784-B03-H20
[Zhūjiāguānzhuāng]

在市驻地新安街道西南方向 34.8 千米。大盛镇辖自然村。人口 300。明朝中期，朱氏由王家庄迁此，因在一黑土山附近，初名粪山子官庄，后因村名不雅，以姓氏改称朱家官庄。聚落呈团块状分布。经济以种植业为主，主要农作物有玉米、小麦、花生。有公路经此。

石埠子四村 370784-B04-H01
[Shíbùzisìcūn]

石埠子镇人民政府驻地。在市驻地新安街道西南方向 40.5 千米。人口 1 200。因村后有一高埠岩石裸露而得名石埠子，因村大分四村，故名。有图书室 1 处、幼儿园 1 处。聚落呈团块状分布。经济以种植业为主，主要农作物有草莓、大姜、小麦、玉米。有公路经此。

庵上 370784-B04-H02
[Ānshàng]

在市驻地新安街道西南方向 39.0 千米。石埠子镇辖自然村。人口 1 100。传说，明永乐年间，马氏由山西洪洞县迁此立村，后因村西山下有一座尼姑庵，故名庵上。有幼儿园、图书室。古迹有一石牌坊。经济以种植业为主，主要农作物有小麦、玉米。有公路经此。

孟家旺 370784-B04-H03
[Mèngjiāwàng]

在市驻地新安街道西南方向 43.5 千米。石埠子镇辖自然村。人口 800。明万历年间，孟氏由莒县孟家哨子迁此建村。因村在城顶山南麓山旺中，故取名孟家旺。有图书室。经济以种植业为主，主要农作物有樱桃。有公路经此。

二村 370784-B04-H04
[Èrcūn]

在市驻地新安街道北方向 0.5 千米。

石埠子镇辖自然村。人口 600。因村四周平坦，唯村北有一岩石裸露的小埠，以此取名石埠子，1959 年分为二村、三村、四村、五村四个自然村，该村是二村。聚落呈团块状分布。有中学、小学、幼儿园。经济以种植业为主，主要农作物有草莓、大姜、小麦、玉米。有公路经此。

冢头 370784-B04-H05
[Zhǒngtóu]

在市驻地新安街道西南方向 47.1 千米。石埠子镇辖自然村。人口 1 200。明成化年间，刘氏由潍县马司迁此，村东有一土冢，故名冢头。聚落呈团块状分布。有文体广场。经济以种植业为主，主要农作物有草莓、大姜、小麦、玉米、花生。有公路经此。

南王家庄 370784-B04-H06
[Nánwángjiāzhuāng]

在市驻地新安街道西南方向 47.0 千米。石埠子镇辖自然村。人口 1 400。明洪武初年，王氏先辈兄弟迁至益都县（现青州市）豆腐巷，后迁此立村，以姓氏取村名王家庄。后因重名，依据方位更名南王家庄。聚落呈团块状分布。经济以种植业为主，主要农作物有草莓、大姜、小麦、玉米。有公路经此。

东刘家庄子 370784-B04-H07
[Dōngliújiāzhuāngzi]

在市驻地新安街道西南方向 45.3 千米。石埠子镇辖自然村。人口 800。该村以姓氏取名，因在西刘家庄子以东，故称东刘家庄子。聚落呈团块状分布。经济以种植业为主，主要农作物有油桃、毛桃、小麦、玉米等。有公路经此。

豆角地 370784-B04-H08
[Dòujiǎodì]

在市驻地新安街道西南方向 53.9 千米。石埠子镇辖自然村。人口 800。相传该村村址原为本镇北王家庄村一家地主专种豆角的土地，明末清初，李氏由山西迁来当佃户，因李氏忠诚，故送此地立村，名豆角地。聚落呈团块状分布。有文体广场。经济以种植业为主，主要农作物有大樱桃。有公路经此。

河北营子 370784-B04-H09
[Héběiyíngzi]

在市驻地新安街道西南方向 60.4 千米。石埠子镇辖自然村。人口 800。汉末，赤眉军在石埠子建樊王城，在渠河北岸设立军营。明洪武年间，张氏迁此称张家营子，后杨、郭、臧等姓迁入，以村在渠河北岸，改称河北营子。聚落呈团块状分布。经济以种植业为主，主要农作物有草莓、大桃、大姜。有公路经此。

东召忽 370784-B04-H10
[Dōngshàohū]

在市驻地新安街道西南方向 57.6 千米。石埠子镇辖自然村。人口 1 100。因处春秋时齐国大夫召忽之墓东侧，故取村名东召忽。聚落呈团块状分布。经济以种植业、商业为主，主要农作物有小麦、玉米、花生。有公路经此。

西殷民 370784-B04-H11
[Xīyīnmín]

在市驻地新安街道西南方向 58.0 千米。石埠子镇辖自然村。人口 600。据传明洪武二年（1369）殷氏迁此立村，以位置命名西殷民。聚落呈团块状分布。经济以种植业为主，主要农作物有小麦、玉米、花生、蔬菜。有公路经此。

车苗 370784-B04-H12
[Chēmiáo]

在市驻地新安街道西南方向 59.5 千米。石埠子镇辖自然村。人口 600。据考，明洪武年间，车、苗两姓迁此立村，分别以姓氏取村名车家庄、苗家庄。1974 年 6 月，因水灾冲毁村庄，两村合一，并为车苗。聚落呈团块状分布。经济以种植业为主，主要农作物有玉米、小麦、草莓、生姜。有公路经此。

裴家官庄 370784-B04-H13
[Péijiāguānzhuāng]

在市驻地新安街道西南方向 58.7 千米。石埠子镇辖自然村。人口 300。原名范家官庄，清乾隆初年，裴氏迁入后，人口剧增，范氏人口渐少，遂将村改称裴家官庄。聚落呈团块状分布。经济以种植业为主，主要农作物有大樱桃、核桃、小麦、花生、玉米。有公路经此。

张靳 370784-B04-H14
[Zhāngjìn]

在市驻地新安街道西南方向 42.3 千米。石埠子镇辖自然村。人口 1 200。以汉族为主，其中 2 人为锡伯族。因张、靳两姓住此最早，故以两个姓氏取村名张靳。聚落呈团块状分布。有文体广场 1 处、幼儿园 1 处。经济以种植业为主，主要农作物有小麦、玉米、花生、大姜、草莓。有公路经此。

崖头 370784-B04-H15
[Yátóu]

在市驻地新安街道西南方向 44.7 千米。石埠子镇辖自然村。人口 1 100。原籍淮安府赣榆县，元末为避乱卜居崖头庄，因村在渠河岸边崖头上，故名。聚落呈团块状分布。有历史文化展馆 1 处。经济以种植业为主，主要农作物有小麦、玉米、花生、大姜、草莓。有公路经此。

胡峪二村 370784-B04-H16
[Húyù'èrcūn]

在市驻地新安街道西南方向 53.5 千米。石埠子镇辖自然村。人口 700。因村南、北、西三面环山，唯村东是一出口，形似壶状，以此取名壶峪，后演变为胡峪。1987 年胡峪大队分成胡峪一村、胡峪二村、胡峪三村三个自然村，该村为胡峪二村。聚落呈团块状分布。经济以种植业为主，主要农作物有樱桃、大桃、花生。有公路经此。

天桥子 370784-B04-H17
[Tiānqiáozi]

在市驻地新安街道西南方向 54.9 千米。石埠子镇辖自然村。人口 800。明天启二年（1622），邵氏由邵家崖迁此，村西有一座小石桥，因桥面比村内地面高出许多，人称天桥，村以此取名天桥子。聚落呈团块状分布。经济以种植业为主，主要农作物有大樱桃。有公路经此。

柳河峪 370784-B04-H18
[Liǔhéyù]

在市驻地新安街道西南方向 55.5 千米。石埠子镇辖自然村。人口 500。以村中小河两岸绿柳成荫，遂改称柳河峪。聚落呈团块状分布。经济以种植业为主，主要农作物有樱桃、板栗、小米、花生。有公路经此。

保国山 370784-B04-H19
[Bǎoguóshān]

在市驻地新安街道西南方向 53.2 千米。石埠子镇辖自然村。人口 700。明洪武年间，陈氏迁此立村，初称陈家庄，后以村旁的山名定村名保国山。聚落呈团块状分布。

经济以种植业为主，主要农作物有樱桃、板栗、花生、小米。有公路经此。

上株梧　370784-B04-H20
［Shàngzhūwú］

在市驻地新安街道西南方向44.9千米。石埠子镇辖自然村。人口1 400。明初，马氏立村，立村时村内有一梧桐树，又分两村，因该村地势高，故称上株梧。聚落呈团块状分布。经济以种植业为主，主要农作物有大樱桃、大桃、花生。有公路经此。

金鸡窝　370784-B04-H21
［Jīnjīwō］

在市驻地新安街道西南方向42.8千米。石埠子镇辖自然村。人口400。据传，古时村西有座山，名鸡山子。鸡山子上松树茂密，野草丛生，常有金鸡啼鸣，人称此地是金鸡窝。清康熙年间，周氏来此居住，以地片名取村名金鸡窝。聚落呈团块状分布。经济以种植业为主，主要农作物有桃树、大樱桃、小麦、玉米、花生。有公路经此。

南仕居园　370784-B04-H22
［Nánshìjūyuán］

在市驻地新安街道西南方向43.5千米。石埠子镇辖自然村。人口1 300。以汉族为主，有拉祜族1人。清末，阮氏由外地迁来定居，修建了一座很大的园子，在南门横匾上写有"仕居园"三字，此后，村改称南仕居园。聚落呈团块状分布。经济以种植业为主，主要农作物有大葱、大姜、芋头、小麦、玉米。有公路经此。

清河套子　370784-B04-H23
［Qīnghétàozi］

在市驻地新安街道西南方向45.7千米。石埠子镇辖自然村。人口800。因该村三面环河，村庄坐落在河套中，故名清河套子。

聚落呈团块状分布。经济以种植业为主，主要农作物有小麦、玉米、花生、大姜、草莓。有公路经此。

大坡子　370784-B04-H24
［Dàpōzi］

在市驻地新安街道西南方向38.6千米。石埠子镇辖自然村。人口900。据《刘氏族谱》载，明洪武年间，刘氏由山西洪洞县迁此，因在一埠岭西坡，称坡西村，后村北建小坡村，遂改称大坡子。聚落呈团块状分布。有文体广场。经济以种植业为主，主要农作物有小麦、玉米、花生、大桃、大姜。有公路经此。

大陆戈庄　370784-B04-H25
［Dàlùgēzhuāng］

在市驻地新安街道西南方向36.7千米。石埠子镇辖自然村。人口1 000。明末，马氏由马家寨庄迁此，因立村人排行第六，故称六哥庄，后演为陆阁庄，小陆阁庄建村后，改称大陆阁庄，现演变为大陆戈庄。聚落呈团块状分布。有文体广场。经济以种植业为主，主要农作物有小麦、玉米、花生、大姜、大桃。有公路经此。

后韩寺庄　370784-B04-H26
［Hòuhánsìzhuāng］

在市驻地新安街道西南方向51.7千米。石埠子镇辖自然村。人口900。据传，明洪武年间，刘氏迁此立村，因村西南有座韩氏庙，故以此取村名后韩寺庄。聚落呈团块状分布。有文体广场。经济以种植业为主，主要农作物有小麦、玉米、草莓、大桃。有公路经此。

于家河　370784-B04-H27
［Yújiāhé］

在市驻地新安街道西南方向59.0千米。

石埠子镇辖自然村。人口1 300。明初，于氏立村，因村西有老子河，村前有渠河，遂以姓氏取村名于家河。聚落呈团块状分布。经济以种植业为主，主要农作物有西瓜、花生、小麦、玉米。有公路经此。

孔家庄 370784-B04-H28
［Kǒngjiāzhuāng］

在市驻地新安街道西南方向58.9千米。石埠子镇辖自然村。人口600。孔子第六十一代孙孔闻宾游学至此，见其地背山面水，风景优美，遂在此留居，后成村落，以姓氏取村名孔家庄。聚落呈团块状分布。经济以种植业为主，主要农作物有黄烟、花生、小麦、玉米。有公路经此。

马头山 370784-B04-H29
［Mǎtóushān］

在市驻地新安街道西南方向58.5千米。石埠子镇辖自然村。人口900。明初程氏迁此，因村后有座山名马头山，以山名取村名马头山。聚落呈团块状分布。经济以种植业为主，主要农作物有小米、花生、大桃。有公路经此。

蒯沟 370784-B04-H30
［Kuǎigōu］

在市驻地新安街道西南方向57.3千米。石埠子镇辖自然村。人口1 100。据《殷氏支谱》载，元末，殷氏为避战乱迁此，因村内有一深沟，常年积水，蒯草丛生，以此取村名蒯沟。聚落呈团块状分布。经济以种植业为主，主要农作物有小麦、玉米、谷子、花生、大桃、大樱桃。有公路经此。

张解 370784-B04-H31
［Zhāngxiè］

在市驻地新安街道西南方向59.9千米。石埠子镇辖自然村。人口1 500。以汉族为主，有佤族2人。据传，村系张、解二姓所建，以姓氏取村名张解。聚落呈团块状分布。有文体广场。经济以种植业为主，主要农作物有小麦、玉米、花生、草莓、大姜。有公路经此。

陈家楼 370784-B04-H32
［Chénjiālóu］

在市驻地新安街道西南方向49.3千米。石埠子镇辖自然村。人口1 000。明嘉靖年间，陈氏由石堆迁此立村，相传陈氏建房高大，邻村称楼上，后冠以姓氏称陈家楼。聚落呈团块状分布。经济以种植业为主，主要农作物有小麦、玉米、花生、大姜、大葱。有公路经此。

岐山 370784-B04-H33
［Qíshān］

在市驻地新安街道西南方向39.5千米。石埠子镇辖自然村。人口800。因村东有一小山，名岐山，故以山名取村名岐山。聚落呈团块状分布。经济以种植业为主，主要农作物有小麦、玉米、花生、大桃、油桃。有公路经此。

王庄 370784-B04-H34
［Wángzhuāng］

在市驻地新安街道西南方向58.7千米。石埠子镇辖自然村。人口1 500。据《王氏族谱》载，明初王氏徙此，以姓氏取名。聚落呈团块状分布。有幼儿园1处。经济以种植业为主，主要农作物有大桃、小麦、玉米、花生、谷子。有公路经此。

罗家官庄 370784-B04-H35
［Luójiāguānzhuāng］

在市驻地新安街道西南方向61.2千米。石埠子镇辖自然村。人口100。明末，罗姓来此定居并建村，更名罗家官庄。经济以种植业为主，主要农作物有小樱桃、小麦、玉米、花生、谷子。有公路经此。

石堆 370784-B05-H01

［Shíduī］

石堆镇人民政府驻地。在市驻地新安街道东方向 11.0 千米。人口 1 800。明代立村，因村前多天然石堆得名。有文化广场 1 处。经济以种植业为主，主要农作物有大姜、土豆、小麦、玉米等。有公路经此。

大亭子 370784-B05-H02

［Dàtíngzi］

在市驻地新安街道东南方向 13.2 千米。石堆镇辖自然村。人口 900。因村西有一花园，园内建一凉亭，立村时人口众多，分居而立，分为韩家亭子、肖家亭子、马家亭子、王家亭子四个村，肖家亭子在这几个村中人口最多，故改为大亭子。聚落呈团块状分布。有小学 1 处、幼儿园 1 处。经济以种植业为主，主要农作物有小麦、玉米。有富星木业、万泉食品等企业。有公路经此。

王家亭子 370784-B05-H03

［Wángjiātíngzi］

在市驻地新安街道东南方向 11.8 千米。石堆镇辖自然村。人口 800。据《王氏族谱》记载，王氏本姓岳，为避免秦桧之害，岳氏后人投奔其外祖家躲避，后易姓为王，迁此居住，因村后有一大槐，建一花园，园内建一凉亭子，故称王家亭子。聚落呈团块状分布。有文化大院 1 处、农家书屋 1 处。经济以种植业为主，主要农作物有姜、土豆。有公路经此。

马家亭子 370784-B05-H04

［Mǎjiātíngzi］

在市驻地新安街道东南方向 12.5 千米。

石堆镇辖自然村。人口 600。因村西有一凉亭子，村中马氏人口占多数，故称马家亭子。聚落呈团块状分布。有文化广场 1 处、小学 1 处。经济以种植业为主，主要农作物有大姜、土豆。有公路经此。

董家下坡 370784-B05-H05

［Dǒngjiāxiàpō］

在市驻地新安街道东南方向 11.9 千米。石堆镇辖自然村。人口 800。因该村地势低洼，西边是一大岭，该村建在坡下，故冠以姓氏得名董家下坡。聚落呈团块状分布。有文化广场 1 处。经济以种植业为主，主要农作物有大姜。有公路经此。

高家下坡 370784-B05-H06

［Gāojiāxiàpō］

在市驻地新安街道东南方向 11.5 千米。石堆镇辖自然村。人口 1 000。据考，该村很久以前有几户高姓人家在此居住，因西边是一个大埠，村建在埠东边坡下，故命名该村为高家下坡。聚落呈团块状分布。有文化大院 1 处、农家书屋 1 处。经济以种植业为主，主要农作物有大姜、土豆。有公路经此。

宿家埠 370784-B05-H07

［Sùjiābù］

在市驻地新安街道东南方向 11.3 千米。石堆镇辖自然村。人口 600。据考，宿家埠由原宿姓人选址，因该村在一个大山岭的高处，所以得名宿家埠。聚落呈团块状分布。有文化大院 1 处、农家书屋 1 处、小学 1 处。经济以种植业为主，主要农作物有甜瓜、大姜、苹果、蜜桃等。有公路经此。

石沟 370784-B05-H08

［Shígōu］

在市驻地新安街道东南方向 15.0 千米。

石堆镇辖自然村。人口 700。因该村在石沟北侧，故名石沟。聚落呈团块状分布。有文化广场 1 处。经济以种植业为主，主要农作物有大姜、瓜果、大白菜。有公路经此。

大下坡 370784-B05-H09
[Dàxiàpō]

在市驻地新安街道东南方向 13.8 千米。石堆镇辖自然村。人口 1 700。相传，明洪武年间，韩氏由山西迁来建村，因村庄在埠岭下坡处，故取村名韩家下坡，后因比周围其他下坡村规模大，所以改村名为大下坡。聚落呈团块状分布。有文化广场 1 处、小学 1 处。经济以种植业为主，主要农作物有大姜、土豆、大葱、芋头、西瓜。有公路经此。

东柳杭 370784-B05-H10
[Dōngliǔháng]

在市驻地新安街道东南方向 12.1 千米。石堆镇辖自然村。人口 400。据《马氏族谱》载，明初，马氏迁此立村，因此地多柳树，故取村名柳行，后为与史角河西岸的柳行村有别，以方位改称东柳行，后"行"演变为"杭"。聚落呈团块状分布。有文化广场 1 处。经济以种植业为主，主要农作物有西瓜、黄瓜、西红柿、芋头、大姜、大葱、牛蒡、苹果、梨、桃、草莓。有公路经此。

东后孟戈 370784-B05-H11
[Dōnghòumènggē]

在市驻地新安街道东南方向 13.9 千米。石堆镇辖自然村。人口 700。南朝宋时，此地为御大夫孟怀玉封地，故取村名孟家庄，后演变为孟戈庄。1984 年划分为四个村，按地理位置，本村在东北，故取名为东后孟戈。聚落呈团块状分布。有小学 1 处。经济以种植业为主，主要农作物有大葱、

芋头、土豆、牛蒡、西红柿、黄瓜。有公路经此。

西后孟戈 370784-B05-H12
[Xīhòumènggē]

在市驻地新安街道东南方向 13.7 千米。石堆镇辖自然村。人口 400。相传，南朝宋时，此地为御大夫孟怀玉封地，故取村名孟家庄，后演变为孟戈庄。1984 年分为四个村，按地理位置，本村在西北，故取村名为西后孟戈。聚落呈团块状分布。有小学 1 处。经济以种植业为主，主要农作物有大姜、大葱、芋头、土豆、香菜、黄瓜等。有公路经此。

麻埠庄 370784-B05-H13
[Mábùzhuāng]

在市驻地新安街道东南方向 15.7 千米。石堆镇辖自然村。人口 800。因村东村西有众多小埠岭，故取村名麻埠庄。聚落呈团块状分布。有文化广场 1 处。经济以种植业为主，主要农作物有大姜、大葱、圆葱、牛蒡、土豆等。有公路经此。

西王里居 370784-B05-H14
[Xīwánglǐjū]

在市驻地新安街道东南方向 18.0 千米。石堆镇辖自然村。人口 900。相传因刘秀藏身于此而得名王里居，后因位置改称西王里居。聚落呈团块状分布。有文化广场 1 处。经济以种植业为主，主要农作物有小麦、玉米、花生、大豆、大姜、大葱、牛蒡、芋头、土豆、黄瓜、茄子等。有公路经此。

东王里居 370784-B05-H15
[Dōngwánglǐjū]

在市驻地新安街道东南方向 18.4 千米。石堆镇辖自然村。人口 500。相传因刘秀藏身于此而得名王里居，后因位置改称东王

里居。聚落呈团块状分布。有文化广场1处。经济以种植业为主，主要农作物有小麦、玉米、花生、大豆、大姜、大葱、芋头、土豆等。有公路经此。

大老子村　370784-B06-H01
[Dàlǎozǐcūn]

柘山镇人民政府驻地。在市驻地新安街道南方向60.0千米。人口1 700。传老子曾到摘药山采药，汉初老子后裔来此建村，故名。聚落呈团块状分布。有幼儿园1处。经济以种植业为主，主要农作物有花生、红薯。有公路经此。

北丘家庄　370784-B06-H02
[Běiqiūjiāzhuāng]

在市驻地新安街道西南方向55.0千米。柘山镇辖自然村。人口900。明隆庆年间，丘氏由安丘城北迁居此地，因临范家沟，地势相对低洼，初名下范家沟，后以姓氏改称丘家庄。南丘家庄立村后，改称北丘家庄。聚落呈团块状分布。有农家书屋1处。经济以种植业为主，主要农作物有花生、玉米、红薯、小麦。有公路经此。

北章庄　370784-B06-H03
[Běizhāngzhuāng]

在市驻地新安街道西南方向61.0千米。柘山镇辖自然村。人口1 200。村始建于明代，以毕姓为主，原名毕家章庄，后改为北章庄。聚落呈团块状分布。有农家书屋1处。经济以种植业为主，主要农作物有花生、玉米、红薯、小麦。有公路经此。

曹家河　370784-B06-H04
[Cáojiāhé]

在市驻地新安街道西南方向58.0千米。柘山镇辖自然村。人口800。明嘉靖年间，曹氏从辉渠镇曹家峪迁来建村，因在河边，故称曹家河。聚落呈团块状分布。有农家书屋1处。经济以种植业为主，主要农作物有花生、小麦、玉米、红薯。有公路经此。

陈家车庄　370784-B06-H05
[Chénjiāchēzhuāng]

在市驻地新安街道西南方向67.0千米。柘山镇辖自然村。人口800。明万历年间，陈氏由山西洪洞县迁来，先居程家车庄，后迁此立村，因邻近其他车庄，遂冠以姓氏取村名陈家车庄。聚落呈团块状分布。有农家书屋1处。经济以种植业为主，主要农作物有花生、玉米、红薯。有公路经此。

程家车庄　370784-B06-H06
[Chéngjiāchēzhuāng]

在市驻地新安街道西南方向66.0千米。柘山镇辖自然村。人口600。明万历年间，程氏由河南程家大村迁此立村，因村庄在解家车庄附近，遂冠以姓氏取村名程家车庄。聚落呈团块状分布。有农家书屋1处。经济以种植业为主，主要农作物有花生、玉米、红薯。有公路经此。

大苑一村　370784-B06-H07
[Dàyuànyīcūn]

在市驻地新安街道西南方向70.0千米。柘山镇辖自然村。人口500。明洪武初年，高氏由山西洪洞县迁此立村，因此地山岭连绵，地域辽阔，山林环抱，很像一处游玩打猎的园林，故取名大苑。1973年因计划修建石壁口水库，分迁为四个独立的村庄，该村称大苑一村。聚落呈团块状分布。有农家书屋1处。经济以种植业为主，主要农作物有小麦、玉米、红薯、花生。有公路经此。

范家沟 370784-B06-H08

[Fànjiāgōu]

在市驻地新安街道西南方向 56.0 千米。柘山镇辖自然村。人口 1 000。明洪武初年，范氏兄弟三人由河北枣强迁此定居，因立村于沟边，故名范家沟。聚落呈团块状分布。有农家书屋 1 处。经济以种植业为主，主要农作物有小麦、玉米、红薯、花生。有公路经此。

郭家秋峪 370784-B06-H09

[Guōjiāqiūyù]

在市驻地新安街道西南方向 65.0 千米。柘山镇辖自然村。人口 1 400。明天顺年间，郭氏由孝廉庄迁此立村，因村庄在名为秋峪的山峪中，遂冠以姓氏取村名郭家秋峪。聚落呈团块状分布。有农家书屋 1 处。经济以种植业为主，主要农作物有小麦、玉米、红薯、花生。有公路经此。

华家宅 370784-B06-H10

[Huájiāzhái]

在市驻地新安街道西南方向 53.0 千米。柘山镇辖自然村。人口 700。相传，华氏立村，后华氏家族遭朝廷围剿灭亡。明朝，刘氏一世祖从山东蓬莱阁小桃园逃荒至此，搬至华氏的旧屋中居住，故取村名华家宅。聚落呈团块状分布。有农家书屋 1 处。经济以种植业为主，主要农作物有小麦、玉米、红薯、花生。有公路经此。

槐抱榆 370784-B06-H11

[Huáibàoyú]

在市驻地新安街道西南方向 65.0 千米。柘山镇辖自然村。人口 700。据《张氏墓碑》载，明崇祯元年（1628），张氏由张家陡沟迁此立村，因村边有一株古槐，从已经腹空的树干中生长出一株榆树，人称槐抱榆，村以此得名。聚落呈团块状分布。有农家书屋 1 处。经济以种植业为主，主要农作物有小麦、玉米、红薯、花生。有公路经此。

薛家庄 370784-B06-H12

[Xuējiāzhuāng]

在市驻地新安街道西南方向 73.0 千米。柘山镇辖自然村。人口 1 500。明洪武年间，薛氏由山西洪洞县迁此立村，以姓氏取村名薛家庄。聚落呈团块状分布。有农家书屋 1 处。经济以种植业为主，主要农作物有小麦、玉米、红薯、花生等。有公路经此。

兴旺沟 370784-B06-H13

[Xīngwànggōu]

在市驻地新安街道西南方向 68.0 千米。柘山镇辖自然村。人口 600。邢氏立村，因村庄在山沟内，故取村名邢家沟，后来村人盼望经济繁荣，生活幸福，故改村名为兴旺沟。聚落呈团块状分布。有农家书屋 1 处。经济以种植业为主，主要农作物有小麦、玉米、红薯、花生。有公路经此。

谭家秋峪 370784-B06-H14

[Tánjiāqiūyù]

在市驻地新安街道西南方向 63.0 千米。柘山镇辖自然村。人口 1 500。谭氏于明宣德二年（1427）由临朐县谭马庄迁此立村，因村庄在名叫秋峪的山峪中，遂冠以姓氏取村名谭家秋峪。聚落呈团块状分布。有农家书屋 1 处。经济以种植业为主，主要农作物有小麦、玉米、红薯、花生。有公路经此。

王家沟 370784-B06-H15

[Wángjiāgōu]

在市驻地新安街道西南方向 60.0 千米。柘山镇辖自然村。人口 700。据《王氏族谱》

载，王氏由青州迁此立村，因村庄坐落在山沟旁，故名王家沟。聚落呈团块状分布。有农家书屋1处。经济以种植业为主，主要农作物有小麦、玉米、花生、丹参、黄芩、大姜、西红柿。有公路经此。

西古庙 370784-B06-H16
[Xīgǔmiào]

在市驻地新安街道西南方向56.0千米。柘山镇辖自然村。人口1 600。因村东有古代所建龙王庙，香火甚盛，遂命名古庙。东古庙立村后，按方位改称西古庙。聚落呈团块状分布。有农家书屋1处。经济以种植业为主，主要农作物有小麦、玉米、红薯、花生。有公路经此。

辉渠 370784-B07-H01
[Huīqú]

辉渠镇人民政府驻地。在市驻地新安街道西南方向30.0千米。人口2 900。清初有3条小河汇于村北，故名汇渠，后演变为今名。聚落呈团块状分布。有文化广场2处、幼儿园2处。经济以种植业为主，主要农作物有大葱、大姜、小米、蜜桃等。有公路经此。

北涧 370784-B07-H02
[Běijiàn]

在市驻地新安街道西南方向55.7千米。辉渠镇辖自然村。人口200。原名青岗涧，明嘉靖三十年（1551），鞠氏迁此分南北两处立村，都称青岗涧，后为使两村有别，遂各冠以方位词，该村在北，称北涧。聚落呈环状分布。有文化讲堂1处、文化大院1处、小学1处、幼儿园2处。经济以种植业为主，主要农作物有春谷、大樱桃。有公路经此。

洞西头 370784-B07-H03
[Dòngxītóu]

在市驻地新安街道西南方向57.0千米。辉渠镇辖自然村。人口1 000。相传，村东金鸡山上有一石洞，村建于石洞西口之下，遂称洞西头。聚落呈环状分布。有文化大院1处、文化讲堂1处、小学1处、幼儿园2处。经济以种植业为主，主要农作物有小麦、玉米、花生、地瓜、谷子等。有公路经此。

南涧 370784-B07-H04
[Nánjiàn]

在市驻地新安街道西南方向55.5千米。辉渠镇辖自然村。人口300。原名青岗涧，明嘉靖三十年（1551），鞠氏迁此分南北两处立村，都称青岗涧，后为使两村有别，遂各冠以方位词，该村在南，称南涧。聚落呈环状分布。有文化大院1处、文化讲堂1处、小学1处、幼儿园2处。经济以种植业为主，主要农作物有春谷、大樱桃。有公路经此。

李家河 370784-B07-H05
[Lǐjiāhé]

在市驻地新安街道西南方向52.0千米。辉渠镇辖自然村。人口500。据《李氏族谱》载，清嘉庆十年（1805），李氏由东白山头迁居此地，因村处河畔，故名。聚落呈带状分布。有文化大院1处、文化讲堂1处、小学1处、幼儿园2处。古迹有龙山文化遗址1处。经济以种植业为主，主要农作物有大姜、大葱、大樱桃。有公路经此。

尚家庄 370784-B07-H06
[Shàngjiāzhuāng]

在市驻地新安街道西南方向51.5千米。辉渠镇辖自然村。人口500。相传，尚氏原居杏山之前，明末迁山后立村，以姓氏取名尚家庄。聚落呈散状分布。有文化大院1处、文化讲堂1处、小学1处、幼儿园2处。经济以种植业为主，主要农作物有大姜、大葱、大樱桃、小樱桃。有公路经此。

石灰尧子 370784-B07-H07
[Shíhuīyáozi]

在市驻地新安街道西南方向52.5千米。辉渠镇辖自然村。人口400。村后山上多石灰岩，古时人们曾在此烧石灰，故名石灰窑子，后"窑"字演变为"尧"字。聚落呈散状分布。有文化大院1处、文化讲堂1处、小学1处、幼儿园2处。经济以种植业为主，主要农作物有春谷、大樱桃。有公路经此。

东辉渠 370784-B07-H08
[Dōnghuīqú]

在市驻地新安街道西南方向51.0千米。辉渠镇辖自然村。人口300。据考，清康熙年间，李氏由辉渠迁居此地，因在辉渠东，故称东辉渠。聚落呈团块状分布。有文化大院1处、文化讲堂1处、小学1处、幼儿园2处。经济以种植业为主，主要农作物有大姜、大葱。有公路经此。

东南山 370784-B07-H09
[Dōngnánshān]

在市驻地新安街道西南方向51.8千米。辉渠镇辖自然村。人口300。村建于清初，因在辉渠东南的山坡上，故称辉渠东南山，后简称东南山。聚落呈环状分布。有文化大院1处、文化讲堂1处、小学1处、幼儿园2处。经济以种植业为主，主要农作物有大葱、大姜、花生等。有公路经此。

吉山店子 370784-B07-H10
[Jíshāndiànzi]

在市驻地新安街道西南方向52.0千米。辉渠镇辖自然村。人口400。据《王氏族谱》载，清康熙十二年（1673），王氏兄弟二人由东小庄迁吉台山北，村在通往青州的大道旁，以开店为生，故取名吉山店子。聚落呈团块状分布。有文化大院1处、农家书屋2处、乡村博物馆1处、学校1处、幼儿园2处。经济以种植业、石灰开采业为主，主要农作物有小麦、玉米、春谷、葱姜等。有公路经此。

阿涧 370784-B07-H11
[Ājiàn]

在市驻地新安街道西南方向55.5千米。辉渠镇辖自然村。人口400。村三面环山，原名泉子旺。因村前有一险恶深涧，周围群众称此地为恶涧，村亦以此为名，后演变为阿涧。聚落呈散状分布。有文化大院1处、文化讲堂1处、小学1处、幼儿园2处。经济以种植业为主，主要农作物有小麦、玉米、花生、谷子等。有公路经此。

绪泉 370784-B07-H12
[Xùquán]

在市驻地新安街道西南方向55.0千米。辉渠镇辖自然村。人口1900。村内有泉，水极清澈旺盛，从未干涸。相传，古时泉北有一寺院，居民散居于寺院以东山坡上。明万历年间，寺院焚毁，原散居周围的农户陆续聚集到水泉周围居住，形成村落，始称聚泉，后演为绪泉。聚落呈带状分布。有文化大院1处、文化讲堂1处、小学1处、幼儿园2处。经济以种植业为主，主要农作物有小麦、玉米、谷子、花生等。有公路经此。

同歌尧 370784-B07-H13
［Tónggēyáo］

在市驻地新安街道西南方向 51.5 千米。辉渠镇辖自然村。人口 600。古时，人们在此烧制盆罐，称村为盆罐窑。民国初年，因村名不雅，遂以谐音改称同歌尧，取"歌颂尧舜，祈愿太平兴隆"之意。聚落呈带状分布。有文化大院 1 处、文化讲堂 1 处、小学 1 处、幼儿园 2 处。经济以种植业为主，主要农作物有小麦、花生、谷子、大葱、大姜等。有公路经此。

朱家河 370784-B07-H14
［Zhūjiāhé］

在市驻地新安街道西南方向 52.0 千米。辉渠镇辖自然村。人口 1 300。据《朱氏族谱》载，明永乐初年朱氏迁居此地，因立村于河畔，故名朱家河。聚落呈带状分布。有文化大院 1 处、文化讲堂 1 处、小学 1 处、幼儿园 2 处。经济以种植业为主，主要农作物有大姜、大葱、小麦、玉米。有公路经此。

雹泉 370784-B07-H15
［Báoquán］

在市驻地新安街道西南方向 22.0 千米。辉渠镇辖自然村。人口 3 600。因村内有泉，泉水从石函中迸出，颗颗如雨雹，名曰雹泉，村因泉名。聚落呈团块状分布。有幼儿园 1 处、文化广场 1 处。有公路经此。

雹泉西南村 370784-B07-H16
［Báoquánxīnáncūn］

在市驻地新安街道西南方向 33.5 千米。辉渠镇辖自然村。人口 800。因村内有泉，泉水从石函中迸出，颗颗如雨雹，名曰雹泉，村因泉名。后雹泉村分为四村，本村在雹泉村的西南角，故称雹泉西南村。聚落呈带状分布。有文化大院 1 处、农家书屋 2 处、乡村博物馆 1 处、学校 1 处、幼儿园 2 处。经济以种植业为主，主要农作物有大桃、大樱桃、大姜、小麦、玉米。有公路经此。

蔡家庄 370784-B07-H17
［Càijiāzhuāng］

在市驻地新安街道西南方向 26.1 千米。辉渠镇辖自然村。人口 500。蔡氏立村，以姓氏取村名蔡家庄。聚落呈带状分布。有小学 1 处、幼儿园 2 处、文化大院 1 处、农家书屋 1 处。经济以种植业为主，主要农作物有大姜、大葱、小麦、玉米。有公路经此。

常家岭 370784-B07-H18
［Chángjiālǐng］

在市驻地新安街道西南方向 50.3 千米。辉渠镇辖自然村。人口 800。明末，常氏由焦疃迁此立村，因居于山岭之上，故取村名常家岭。有小学 1 处、幼儿园 1 处、文化大院 1 处、农家书屋 1 处。经济以种植业为主，主要农作物有大樱桃、春谷。有公路经此。

大寿山 370784-B07-H19
［Dàshòushān］

在市驻地新安街道西南方向 31.2 千米。辉渠镇辖自然村。人口 1 100。明初，始祖由海州当陆村迁安丘县五十里铺，二世迁此立村，因靠近寿山，遂以山名取村名寿山，小寿山立村后，改称大寿山。聚落呈带状分布。有文化大院 1 处、农家书屋 2 处、乡村博物馆 1 处、学校 1 处、幼儿园 2 处。经济以种植业为主，主要农作物有大桃、大葱、大姜。有公路经此。

东尚庄 370784-B07-H20
［Dōngshàngzhuāng］

在市驻地新安街道西南方向 35.4 千米。

辉渠镇辖自然村。人口 400。清朝初年，王氏由大寿山迁此建村，因在尚庄村东，故名。聚落呈带状分布。有文化大院 1 处、农家书屋 2 处、乡村博物馆 1 处、学校 1 处、幼儿园 2 处。经济以种植业为主，主要农作物有大桃、大姜、大葱。有公路经此。

范家庄子 370784-B07-H21

[Fànjiāzhuāngzi]

在市驻地新安街道西南方向 49.7 千米。辉渠镇辖自然村。人口 900。据《范氏族谱》记载，明万历二年（1574），始祖由范家沟迁此立村，以姓氏得名。有文化大院 1 处、农家书屋 2 处、小学 1 处、幼儿园 1 处。经济以种植业为主，主要农作物有大姜、大葱、大樱桃。有公路经此。

富平官庄 370784-B07-H22

[Fùpíngguānzhuāng]

在市驻地新安街道西南方向 34.1 千米。辉渠镇辖自然村。人口 1 500。原名傅裴官庄，系明洪武初年傅、裴两姓迁此所建，后傅、裴两姓皆无，村名演变为富平官庄。聚落呈带状分布。有文化大院 1 处、农家书屋 2 处、乡村博物馆 1 处、学校 1 处、幼儿园 2 处。经济以种植业为主，主要农作物有大桃、大姜、大葱。有公路经此。

胡家旺 370784-B07-H23

[Hújiāwàng]

在市驻地新安街道西南方向 43.2 千米。辉渠镇辖自然村。人口 800。因胡氏立村于南、北、西三面环山的山旺中，故名胡家旺。聚落呈环状分布。有文化大院 1 处、农家书屋 2 处、乡村博物馆 1 处、学校 1 处、幼儿园 2 处。经济以种植业为主，主要农作物有大桃、大樱桃。有公路经此。

花石涧 370784-B07-H24

[Huāshíjiàn]

在市驻地新安街道西南方向 43.5 千米。辉渠镇辖自然村。人口 800。相传，焦氏立村，因村东有一既深又陡的山涧，涧内石头多有明显的花纹，故取名花石涧。聚落呈散状分布。有文化大院 1 处、农家书屋 2 处、小学 1 处、幼儿园 1 处。经济以种植业为主，主要农作物有蜜桃、大樱桃、大姜、花生、玉米、小麦等。有公路经此。

黄石板坡 370784-B07-H25

[Huángshíbǎnpō]

在市驻地新安街道西南方向 46.0 千米。辉渠镇辖自然村。人口 800。村建于山坡上，山上岩石多为厚 10 厘米左右的黄色石板，故取村名黄石板坡。聚落呈散状分布。有文化大院 1 处、文化讲堂 1 处、小学 1 处、幼儿园 2 处。经济以种植业为主，主要农作物有春谷。有公路经此。

获鹿山前 370784-B07-H26

[Huòlùshānqián]

在市驻地新安街道西南方向 45.0 千米。辉渠镇辖自然村。人口 600。因坐落在获鹿山前坡，故名。聚落呈环状分布。有文化大院 1 处、文化讲堂 1 处、小学 1 处、幼儿园 2 处。经济以种植业为主，主要农作物有春谷。有公路经此。

姜家庄子 370784-B07-H27

[Jiāngjiāzhuāngzi]

在市驻地新安街道西南方向 24.2 千米。辉渠镇辖自然村。人口 500。相传，江氏于明初立村，以姓氏取村名江家庄子，清咸丰之后演为姜家庄子。聚落呈带状分布。有文化大院 1 处、农家书屋 1 处、小学 1 处、幼儿园 2 处。经济以种植业为主，主要农作物有大姜、大葱。有公路经此。

老峒峪 370784-B07-H28

[Lǎotóngyù]

在市驻地新安街道西南方向 39.2 千米。辉渠镇辖自然村。人口 1 200。据考，该村建于明初，因该村在峒山一侧"石当山回水曲处"之地形，故取名峒峪。后来又相继建立中峒峪、下峒峪，因此村建立早，故取名老峒峪。聚落呈环状分布。有文化大院 1 处、农家书屋 2 处、乡村博物馆 1 处、学校 1 处、幼儿园 2 处。经济以种植业为主，主要农作物有大桃。有公路经此。

李家沟 370784-B07-H29

[Lǐjiāgōu]

在市驻地新安街道西南方向 44.0 千米。辉渠镇辖自然村。人口 1 300。相传，元代邢姓在此居住，称邢家沟。明洪武初年，李氏迁来后，改称李家沟。聚落呈环状分布。有文化大院 1 处、文化讲堂 1 处、小学 1 处、幼儿园 2 处。经济以种植业为主，主要农作物有小麦、玉米、花生、小米、红薯等。有公路经此。

刘家店子 370784-B07-H30

[Liújiādiànzi]

在市驻地新安街道西南方向 24.7 千米。辉渠镇辖自然村。人口 700。明初，刘氏迁此立村，因村处大道旁，曾开设旅店，故取名刘家店子。聚落呈带状分布。有文化大院 1 处、农家书屋 1 处、小学 1 处、幼儿园 2 处。经济以种植业为主，主要农作物有小麦、玉米、花生、大姜、大葱。有公路经此。

刘家林 370784-B07-H31

[Liújiālín]

在市驻地新安街道西南方向 35.1 千米。辉渠镇辖自然村。人口 200。因这里原为刘氏墓地，故称刘家林。聚落呈环状分布。有文化大院 1 处、农家书屋 1 处、小学 1 处、幼儿园 2 处。经济以种植业为主，主要农作物有大姜、大葱。有公路经此。

山李家庄 370784-B07-H32

[Shānlǐjiāzhuāng]

在市驻地新安街道西南方向 37.0 千米。辉渠镇辖自然村。人口 600。李姓建村，因处留山山坡上，故名山李家庄。聚落呈散状分布。有文化大院 1 处、农家书屋 1 处、小学 1 处、幼儿园 2 处。经济以种植业为主，主要农作物有春谷、地瓜、小麦、玉米、花生等。有公路经此。

曹家峪 370784-B07-H33

[Cáojiāyù]

在市驻地新安街道西南方向 36.0 千米。辉渠镇辖自然村。人口 2 700。明初曹氏立村，因处山峪中，故名。聚落呈带状分布。有文化大院 1 处、农家书屋 1 处、小学 1 处、幼儿园 2 处。经济以种植业为主，主要农作物有大姜、大葱、小麦、玉米、花生等。有公路经此。

谋家河 370784-B07-H34

[Móujiāhé]

在市驻地新安街道西南方向 37.0 千米。辉渠镇辖自然村。人口 1 200。明代牟氏由登州福山县迁居牟家河里，复迁居下牟家庄，因牟氏立村于河边，故名牟家河。后牟氏迁走，村名改为谋稼河，后"稼"字演变为"家"。聚落呈带状分布。有文化大院 1 处、文化讲堂 1 处、小学 1 处、幼儿园 2 处。经济以种植业为主，主要农作物有大姜、大葱、小麦、玉米、花生等。有公路经此。

团山子 370784-B07-H35

［Tuánshāzi］

在市驻地新安街西南方向 35.0 千米。辉渠镇辖自然村。人口 1 600。相传，此地原名四环村，后村庄南移，靠近团山子，遂以山名村。聚落呈带状分布。有文化大院 1 处、农家书屋 1 处、小学 1 处、幼儿园 2 处。经济以种植业为主，主要农作物有大姜、大葱、小麦、玉米、花生等。有公路经此。

石家峪 370784-B07-H36

［Shíjiāyù］

在市驻地新安街道西南方向 39.0 千米。辉渠镇辖自然村。人口 700。据传元朝时就有此村庄，村系石氏所立，因在山峪中，故名。聚落呈散状分布。有文化大院 1 处、文化讲堂 1 处、小学 1 处、幼儿园 2 处。经济以种植业为主，主要农作物有谷子、小米。有公路经此。

落鸦石 370784-B07-H37

［Luòyāshí］

在市驻地新安街道西南方向 38.4 千米。辉渠镇辖自然村。人口 500。据民间传说，村东有一巨石，形似老牛，又落过乌鸦，遂以此取村名落鸦石。聚落呈带状分布。有文化大院 1 处、农家书屋 2 处、乡村博物馆 1 处、学校 1 处、幼儿园 2 处。经济以种植业为主，主要农作物有花生、玉米、小麦、谷子。有公路经此。

马湾 370784-B07-H38

［Mǎwān］

在市驻地新安街道西南方向 48.0 千米。辉渠镇辖自然村。人口 300。最早是马姓来这里定居，村东山有一泉，泉子下有一个土湾，因为放牧的人都来这里饮马，故名马湾。聚落呈散状分布。有文化大院 1 处、文化讲堂 1 处、小学 1 处、幼儿园 2 处。经济以种植业为主，主要农作物有花生、玉米、小麦、谷子。有公路经此。

山前 370784-B07-H39

［Shānqián］

在市驻地新安街道西南方向 34.1 千米。辉渠镇辖自然村。人口 700。据《王氏支谱》载，明末，王氏由大寿山迁来，原名神山前，1966 年后简称山前。聚落呈环状分布。有文化大院 1 处、农家书屋 2 处、乡村博物馆 1 处、学校 1 处、幼儿园 2 处。经济以种植业为主，主要农作物有大桃、小麦、玉米。有公路经此。

上头 370784-B07-H40

［Shàngtóu］

在市驻地新安街道西南方向 58.2 千米。辉渠镇辖自然村。人口 300。清顺治年间，于氏由西崔巴峪迁此立村，因立村于西崔巴峪之西的山坡上，地势高，且又是温泉河的最上游，故称上头。聚落呈环状分布。有文化大院 1 处、农家书屋 2 处、小学 1 处、幼儿园 1 处。经济以种植业为主，主要农作物有芋头、谷子、花生、大樱桃等。有公路经此。

温泉 370784-B07-H41

［Wēnquán］

在市驻地新安街道西南方向 44.3 千米。辉渠镇辖自然村。人口 2 900。据考，该村建于明朝，因该村村东北角有一泉，常年水温 25℃，故以泉名取村名温泉。聚落呈散状分布。有文化大院 1 处、农家书屋 2 处、小学 1 处、幼儿园 1 处。经济以种植业为主，主要农作物有大桃、大樱桃、花生、玉米、谷子、芋头等。有公路经此。

窝洛 370784-B07-H42

［Wōluò］

在市驻地新安街道西南方向 55.4 千米。辉渠镇辖自然村。人口 300。清雍正初年，始祖由西崔巴峪移居此地立村，因四面皆山，村居低洼处，以地形取村名窝洛。聚落呈环状分布。有文化大院 1 处、农家书屋 2 处、小学 1 处、幼儿园 1 处。经济以种植业为主，主要农作物有大樱桃、小樱桃、芋头、土豆、小麦、玉米、花生、地瓜。有公路经此。

西北崖 370784-B07-H43

［Xīběiyá］

在市驻地新安街道西南方向 39.6 千米。辉渠镇辖自然村。人口 700。明洪武初年，王氏迁于此地，因村居老峒峪西北角崖头上，故取名峒峪西北崖，后简称西北崖。聚落呈环状分布。有文化大院 1 处、农家书屋 2 处、乡村博物馆 1 处、学校 1 处、幼儿园 2 处。经济以种植业为主，主要农作物有桃、大樱桃、小麦、玉米、花生、谷子等。有公路经此。

西沟 370784-B07-H44

［Xīgōu］

在市驻地新安街道西南方向 47.5 千米。辉渠镇辖自然村。人口 100。该村是石门村的派生村，石门村为王氏于清道光元年（1821）建村，因在石门村西的山沟内，故名石门西沟，现简称西沟。聚落呈散状分布。有文化大院 1 处、农家书屋 2 处、小学 1 处、幼儿园 1 处。经济以种植业为主，主要农作物有小麦、玉米、花生、谷子等。有公路经此。

西浒崖 370784-B07-H45

［Xīxǔyá］

在市驻地新安街道西南方向 44.8 千米。辉渠镇辖自然村。人口 900。清乾隆年间，始祖由石山子迁来此地，因在温泉河西岸山崖边，取名浒崖。东浒崖立村后，改称西浒崖。聚落呈散状分布。有文化大院 1 处、农家书屋 2 处、小学 1 处、幼儿园 1 处。经济以种植业为主，主要农作物有大姜、芋头、大樱桃、花生、玉米、谷子、小麦等。有公路经此。

西旧庙 370784-B07-H46

［Xījiùmiào］

在市驻地新安街道西南方向 27.0 千米。辉渠镇辖自然村。人口 500。因古时这里建有刘裕庙，遂取村名旧庙，后分东、西两村，该村在西，称西旧庙。聚落呈环状分布。有文化大院 1 处、农家书屋 1 处、小学 1 处、幼儿园 2 处。经济以种植业为主，主要农作物有大樱桃、小樱桃、大桃、油桃、花生、玉米、小麦等。有公路经此。

西尚庄 370784-B07-H47

［Xīshàngzhuāng］

在市驻地新安街道西南方向 35.4 千米。辉渠镇辖自然村。人口 300。因村位于凌河上游东岸，依河而居，地势又比村北的下庄较高，故取村名上庄，后演变为尚庄，北尚庄、东尚庄立村后，因位置改称西尚庄。聚落呈环状分布。有文化大院 1 处、农家书屋 2 处、乡村博物馆 1 处、学校 1 处、幼儿园 2 处。经济以种植业为主，主要农作物有大桃、油桃、小麦、玉米、花生等。有公路经此。

下涝坡 370784-B07-H48

［Xiàlàopō］

在市驻地新安街道西南方向 45.0 千米。辉渠镇辖自然村。人口 800。相传，元代已有此村，系赵氏所立，因村处山坡，土薄易涝，故名涝坡。上涝坡立村后，本村改为下涝坡。聚落呈散状分布。有文化大院1处、农家书屋2处、小学1处、幼儿园1处。经济以种植业为主，主要农作物有谷子、花生、小麦、玉米、地瓜等。有公路经此。

夏坡 370784-B07-H49
［Xiàpō］

在市驻地新安街道西南方向24.3千米。辉渠镇辖自然村。人口2 600。元代已有此村，原名夏村。明正德年间，李氏由田庄迁入，明嘉靖以后，改称夏坡。聚落呈带状分布。有文化大院1处、农家书屋1处、小学1处、幼儿园2处。经济以种植业为主，主要农作物有大姜、大葱、土豆、玉米、小米、花生等。有公路经此。

小麦峪 370784-B07-H50
［Xiǎomàiyù］

在市驻地新安街道西南方向43.0千米。辉渠镇辖自然村。人口300。相传峰山李氏始祖十一公有一女李伯翠，终身未嫁，其兄长李伯良将二儿子过继给她，李伯翠带着过继儿子在此定居，十一公将此地称为小女峪，哥哥李伯良改称小妹峪，后改为小麦峪，沿用至今。聚落呈环状分布。有文化大院1处、文化讲堂1处、小学1处、幼儿园2处。经济以种植业为主，主要农作物有春谷。有公路经此。

杏山子 370784-B07-H51
［Xìngshānzi］

在市驻地新安街道西南方向36.4千米。辉渠镇辖自然村。人口900。明洪武年间，李氏由海州笔思口迁此立村，因临近杏山，遂以山名取村名杏山子。聚落呈带状分布。有文化大院1处、农家书屋2处、乡村博物馆1处、学校1处、幼儿园2处。经济以种植业为主，主要农作物有小麦、玉米、花生等。有公路经此。

岳家庄 370784-B07-H52
［Yuèjiāzhuāng］

在市驻地新安街道西南方向38.1千米。辉渠镇辖自然村。人口600。元朝立村，岳氏以姓氏名村，故称岳家庄。聚落呈带状分布。有文化大院1处、农家书屋2处、乡村博物馆1处、学校1处、幼儿园2处。经济以种植业为主，主要农作物有大桃、草莓、小麦、玉米、花生等。有公路经此。

中峒峪 370784-B07-H53
［Zhōngtóngyù］

在市驻地新安街道西南方向34.8千米。辉渠镇辖自然村。人口1 200。因村南部有一座铜山，又在老峒峪和下峒峪中间，故名中峒峪。聚落呈带状分布。有文化大院1处、农家书屋2处、乡村博物馆1处、学校1处、幼儿园2处。经济以种植业为主，主要农作物有玉米、红薯、花生、大桃。有公路经此。

祖官 370784-B07-H54
［Zǔguān］

在市驻地新安街道西南方向37.3千米。辉渠镇辖自然村。人口1 300。据传有崔姓先到此居住，后又有李姓居住，此前该村址上曾建有道观，故称宗观，后演为祖官。聚落呈带状分布。有文化大院1处、农家书屋1处、小学1处、幼儿园2处。经济以种植业为主，主要作物有小麦、玉米、花生、大姜、大葱。有公路经此。

店子 370784-B08-H01
［Diànzi］

邵山镇人民政府驻地。在市驻地新安街道西南方向45.0千米。人口1 300。清康熙三十六年（1697），王氏由双埠迁来，因村在河边一片繁茂的草地上，故取名为甸子，后演变为店子。聚落呈团块状分布。有幼儿园 2 处、图书室 1 处、文化广场 1 处。经济以种植业为主，主要农作物有小麦、玉米。有公路经此。

安山子 370784-B08-H02
[Ānshānzi]

在市驻地新安街道西南方向 48.2 千米。峁山镇辖自然村。人口 200。因村在东安山的山坡上，故以山名取村名安山子。聚落呈团块状分布。经济以种植业为主，主要农作物有小麦、玉米、花生、大姜等。有公路经此。

北张家庄子 370784-B08-H03
[Běizhāngjiāzhuāngzi]

在市驻地新安街道西南方向 43.8 千米。峁山镇辖自然村。人口 300。清康熙年间，张氏由张家沟迁来后，改村名为张家庄子。雍正年间，为与另一张家庄子区别，以方位改称北张家庄子。聚落呈带状分布。经济以种植业为主，主要农作物有小麦、花生、地瓜等。省道下小路经此。

闭门山 370784-B08-H04
[Bìménshān]

在市驻地新安街道西南方向 50.5 千米。峁山镇辖自然村。人口 100。因村南山上凹陷处有一峭立石壁，似两扇石门封闭着山腹，以此取名闭门山。聚落呈团块状分布。经济以种植业为主，主要农作物有小麦、花生、地瓜等。有公路经此。

卜家庄 370784-B08-H05
[Bǔjiāzhuāng]

在市驻地新安街道西南方向 42.1 千米。峁山镇辖自然村。人口 200。清朝初期卜氏立村，以姓氏取名为卜家庄。聚落呈团块

状分布。经济以种植业为主，主要农作物有大葱、芋头、丹参、小麦、花生、玉米。有公路经此。

曹家峪 370784-B08-H06
[Cáojiāyù]

在市驻地新安街道西南方向 49.3 千米。峁山镇辖自然村。人口 800。明万历年间，曹氏由临淄矮槐树镇脱籍入安邑之岘山（太平山）东峪居住，取村名曹家峪。聚落呈带状分布。经济以种植业为主，主要农作物有小麦、花生、地瓜等，盛产核桃。有公路经此。

陈家沟 370784-B08-H07
[Chénjiāgōu]

在市驻地新安街道西南方向 41.1 千米。峁山镇辖自然村。人口 600。据考，元代陈氏迁此立村，因村内多沟壑，故取村名陈家沟。聚落呈散状分布。经济以种植业为主，主要农作物有小麦、花生、地瓜、大葱等。有公路经此。

大埠沟 370784-B08-H08
[Dàbùgōu]

在市驻地新安街道西南方向 46.0 千米。峁山镇辖自然村。人口 400。据考，明万历年间，李氏由汶河北的李家庄迁此立村，因村在一处较大埠岭的南坡山沟处，故取村名大埠沟。聚落呈团块状分布。经济以种植业为主，主要农作物有小麦、玉米、花生等。有公路经此。

大陡山子 370784-B08-H09
[Dàdǒushānzi]

在市驻地新安街道西南方向 50.4 千米。峁山镇辖自然村。人口 600。因村在陡山西侧，故取村名陡山子，后更名大陡山子。聚落呈团块状分布。有幼儿园 1 处。经

济以种植业为主，主要农作物有小麦、花生、地瓜等。有公路经此。

杜家庄 370784-B08-H10
[Dùjiāzhuāng]

在市驻地新安街道西南方向49.4千米。郚山镇辖自然村。人口800。明洪武年间，杜氏由枣强县迁此，以姓氏取村名杜家庄。聚落呈团块状分布。经济以种植业为主，主要农作物有小麦、花生、地瓜等。有公路经过。

范家沟 370784-B08-H11
[Fànjiāgōu]

在市驻地新安街道西南方向41.6千米。郚山镇辖自然村。人口700。据《范氏族谱》载，范氏于明万历年间迁此定居，因村居山沟旁，故名。聚落呈团块状分布。有公路经此。

房家庄 370784-B08-H12
[Fángjiāzhuāng]

在市驻地新安街道西南方向42.0千米。郚山镇辖自然村。人口700。据考，元代方氏在此居住，以姓氏取名方家庄，后方姓渐无，房姓改称今名。聚落呈带状分布。经济以种植业为主，主要农作物有小麦、花生、地瓜等。有公路经此。

郭家河 370784-B08-H13
[Guōjiāhé]

在市驻地新安街道西南方向42.4千米。郚山镇辖自然村。人口300。原是墨黑地块，农民常将农具放在这里，以此命名为搁家伙。清嘉庆年间，有人迁此居住，后因谐音讹为郭家河。聚落呈团块状分布。经济以种植业、养殖业为主，主要农作物有小麦、花生、玉米等，养殖黄牛、猪等牲畜。有公路经此。

河西 370784-B08-H14
[Héxī]

在市驻地新安街道西南方向41.6千米。郚山镇辖自然村。人口700。明嘉靖十一年（1532），辛氏由崖洼迁居此地，立村于鲤龙河西岸，故取村名河西。聚落呈带状分布。经济以种植业为主，主要农作物有小麦、花生、地瓜等。有公路经此。

贺家沟 370784-B08-H15
[Hèjiāgōu]

在市驻地新安街道西南方向48.0千米。郚山镇辖自然村。人口400。贺氏立村于山沟处，故名。聚落呈散状分布。经济以种植业为主，主要农作物有小麦、花生、地瓜等。有公路经此。

后疃 370784-B08-H16
[Hòutuǎn]

在市驻地新安街道西南方向47.5千米。郚山镇辖自然村。人口400。明隆庆二年（1568），徐氏由高密凉台徙此定居，因立村于卧虎山之阴，取名后疃。聚落呈团块状分布。经济以种植业为主，主要农作物有花生、小麦。有高速公路经此。

黄皿旺 370784-B08-H17
[Huángmǐnwàng]

在市驻地新安街道西南方向47.0千米。郚山镇辖自然村。人口200。据《张氏族谱》载，明洪武年间，张氏由山西洪洞县迁居此地，立村于黄皿山下山旺里，故名。聚落呈团块状分布。经济以种植业为主，主要农作物有小麦、花生。有公路经此。

黄崖头 370784-B08-H18
[Huángyátóu]

在市驻地新安街道西南方向42.7千米。

邵山镇辖自然村。人口 700。明初，李氏由亭子村迁此立村，因村处于黄土崖头之上，故名黄崖头。聚落呈团块状分布。经济以种植业为主，主要农作物有西瓜、西红柿等。有公路经此。

贾孟 370784-B08-H19
[Jiǎmèng]

在市驻地新安街道西南方向 43.5 千米。邵山镇辖自然村。人口 500。王氏由潍县王皮官庄迁居此地，因村东有贾孟山，故以山名取村名贾孟。聚落呈团块状分布。有中学。经济以种植业为主，主要农作物有小麦、玉米、花生等。有公路经此。

教子峪 370784-B08-H20
[Jiàozǐyù]

在市驻地新安街道西南方向 44.0 千米。邵山镇辖自然村。人口 700。明代，刘氏由双埠迁居此山峪定居，取村名为教子峪。聚落呈团块状分布。经济以种植业为主，主要农作物有小麦、花生。有公路经此。

冷家山 370784-B08-H21
[Lěngjiāshān]

在市驻地新安街道西南方向 45.1 千米。邵山镇辖自然村。人口 1 000。相传，1374 年冷氏迁此立村，因村庄靠近山岭，故取村名冷家山。聚落呈团块状分布。经济以种植业为主，主要农作物有花生、小麦。有公路经此。

金冢子 370784-B09-H01
[Jīnzhǒngzi]

金冢子镇人民政府驻地。在市驻地新安街道东南方向 15.0 千米。人口 1 100。传说该村后古冢为金姓之坟冢，明朝李姓由博兴县迁入建村，故名金冢子。聚落呈团块状分布。有幼儿园 2 所、图书室 1 处。经济以种植业为主，主要农作物有小麦、玉米。有公路经此。

水右官庄 370784-B09-H02
[Shuǐyòuguānzhuāng]

在市驻地新安街道东南方向 20.1 千米。金冢子镇辖自然村。人口 600。据传村后有一塘湾养过水牛，故取名水牛官庄，后人认为村名不雅，改为水右官庄。聚落呈团块状分布。经济以种植业为主，主要农作物有小麦、玉米。有公路经此。

桑杭 370784-B09-H03
[Sānghàng]

在市驻地新安街道东南方向 17.5 千米。金冢子镇辖自然村。人口 700。聚落呈团块状分布。经济以种植业为主，主要农作物有小麦、玉米、大姜、大蒜、大葱。有公路经此。

军屯 370784-B09-H04
[Jūntún]

在市驻地新安街道东南方向 19.5 千米。金冢子镇辖自然村。人口 700。据传该村系刘氏所建，东汉末年，曹军屯在此村，故建村时取名军屯。聚落呈团块状分布。经济以种植业为主，主要农作物有小麦、玉米、大姜、大蒜、大葱。有公路经此。

沙里沟 370784-B09-H05
[Shālǐgōu]

在市驻地新安街道东南方向 14.5 千米。金冢子镇辖自然村。人口 600。据考，村原名永富屯，后因村东有条小河常年流水，河中流沙，故改村名沙里沟。聚落呈团块状分布。经济以种植业为主，主要农作物有小麦、玉米、大姜、大蒜、大葱等。有公路经此。

芦洼 370784-B09-H06

[Lúwā]

在市驻地新安街道东南方向 14.1 千米。金冢子镇辖自然村。人口 700。萱氏与贾戈约在元代建村，村周围是遍生芦苇的洼地，故名芦洼。聚落呈团块状分布。经济以种植业为主，主要农作物有小麦、玉米、大姜、大蒜等。有公路经此。

草店子 370784-B09-H07

[Cǎodiànzi]

在市驻地新安街道东南方向 13.6 千米。金冢子镇辖自然村。人口 900。据传陆岐至城东十五里立客店，设有草料以备过往官府马队使用，故名草店子。聚落呈团块状分布。有小学 1 处。经济以种植业为主，主要农作物有小麦、玉米、大姜、大蒜、大葱等。有公路经此。

张家庄子 370784-B09-H08

[Zhāngjiāzhuāngzi]

在市驻地新安街道东南方向 24.3 千米。金冢子镇辖自然村。人口 1 000。相传，元末张氏建村，以姓氏取村名张家庄子。聚落呈团块状分布。经济以种植业为主，主要农作物有小麦、玉米、大姜、大蒜、大葱等。有公路经此。

曹家营 370784-B09-H09

[Cáojiāyíng]

在市驻地新安街道东南方向 24.1 千米。金冢子镇辖自然村。人口 600。明初曹氏由河北枣强县迁此立村，以姓氏取村名曹家营。聚落呈团块状分布。经济以种植业为主，主要农作物有小麦、玉米、大姜、大蒜、大葱等。有公路经此。

东金堆 370784-B09-H10

[Dōngjīnduī]

在市驻地新安街道东南方向 20.1 千米。金冢子镇辖自然村。人口 300。建于明洪武二年（1369），因村庄在中金堆东侧，故名东金堆。聚落呈团块状分布。经济以种植业为主，主要农作物有小麦、玉米、大姜、大葱等。有公路经此。

西金堆 370784-B09-H11

[Xījīnduī]

在市驻地新安街道东南方向 20.3 千米。金冢子镇辖自然村。人口 700。因村庄在中金堆西侧，故名西金堆。聚落呈团块状分布。经济以种植业为主，主要农作物有小麦、玉米、辣椒、大葱等。有公路经此。

中金堆 370784-B09-H12

[Zhōngjīnduī]

在市驻地新安街道东南方向 20.2 千米。金冢子镇辖自然村。人口 700。据传，过去有人为官府收粮钱，因所收钱粮多，称为金堆庄，东、西金堆立村后，改称中金堆。聚落呈团块状分布。经济以种植业为主，主要农作物有小麦、玉米、大姜、大葱等。有公路经此。

阿洛 370784-B09-H13

[Āluò]

在市驻地新安街道东南方向 19.2 千米。金冢子镇辖自然村。人口 500。明洪武四年（1371），有村民自山西来此立村，名新阿洛，后简称阿洛，沿用至今。聚落呈团块状分布。经济以种植业为主，主要农作物有小麦、玉米、大姜、豌豆、大葱等。有公路经此。

前双庙 370784-B09-H14
[Qiánshuāngmiào]

在市驻地新安街道东南方向 18.8 千米。金冢子镇辖自然村。人口 500。此地同时建有两村，该村居前，故名前双庙。聚落呈团块状分布。经济以种植业为主，主要农作物有小麦、玉米、大姜、豌豆、大葱等。有公路经此。

后双庙 370784-B09-H15
[Hòushuāngmiào]

在市驻地新安街道东南方向 18.9 千米。金冢子镇辖自然村。人口 600。此地同时建有两村，该村居后，故名后双庙。聚落呈团块状分布。经济以种植业为主，主要农作物有小麦、玉米、大姜、豌豆、大葱等。有公路经此。

东南戈 370784-B09-H16
[Dōngnángē]

在市驻地新安街道东南方向 26.7 千米。金冢子镇辖自然村。人口 1 000。该村建于中南戈庄东侧，故名东南戈。聚落呈团块状分布。经济以种植业为主，主要农作物有小麦、玉米。有公路经此。

红冢 370784-B09-H17
[Hóngzhǒng]

在市驻地新安街道东南方向 25.6 千米。金冢子镇辖自然村。人口 400。因村东有一红色土堆形似冢子，故名红冢。聚落呈团块状分布。经济以种植业为主，主要农作物有小麦、玉米、大姜、花生、大葱等。有公路经此。

梁家官庄 370784-B09-H18
[Liángjiāguānzhuāng]

在市驻地新安街道东南方向 26.2 千米。金冢子镇辖自然村。人口 1 000。梁氏于明洪武二年（1369）始迁安丘城东南响水崖庄，一世祖（系三支）蓁公于清康熙初年徙居此地建村，以姓氏命名为梁家官庄。聚落呈团块状分布。经济以种植业为主，主要农作物有小麦、玉米、大姜、花生、蔬菜等。有公路经此。

永和 370784-B10-H01
[Yǒnghé]

景芝镇人民政府驻地。在市驻地新安街道东南方向 25.0 千米。人口 1 000。取"永久和平"之意，故名。聚落呈团块状分布。有幼儿园 2 所、文化广场 2 处、图书室 1 处。经济以商贸业为主。有公路经此。

老庄子 370784-B10-H02
[Lǎozhuāngzi]

在市驻地新安街道东南方向 30.2 千米。景芝镇辖自然村。人口 300。据考，1370 年，李姓从河北枣强县迁来建村，起名李家老庄子，后改为老庄子。聚落呈团块状分布。经济以种植业为主，主要农作物有小麦、玉米、花生、大姜等。有公路经此。

李水崖 370784-B10-H03
[Lǐshuǐyá]

在市驻地新安街道东南方向 28.5 千米。景芝镇辖自然村。人口 800。明初毕氏立村，取名毕家响水崖。清初李氏迁来，毕氏逐渐迁走，改名李家响水崖，后简称李水崖。聚落呈团块状分布。经济以种植业为主，主要农作物有小麦、玉米、花生等。有公路经此。

孟家官庄 370784-B10-H04
[Mèngjiāguānzhuāng]

在市驻地新安街道东南方向 27.6 千米。景芝镇辖自然村。人口 500。据《孟氏家谱》

载，孟氏于明万历年间由景芝迁来，取名孟家官庄。聚落呈团块状分布。经济以种植业为主，主要农作物有小麦、玉米、花生、棉花、桃等。有公路经此。

东石埠 370784-B10-H05
[Dōngshíbù]

在市驻地新安街道东南方向 35.4 千米。景芝镇辖自然村。人口 500。据考，王氏由河北枣强县迁此建村，因在西小石埠村东，故称东小石埠，今简称东石埠。聚落呈带状分布。有文化广场 1 处。经济以种植业为主，主要农作物有小麦、玉米、黄瓜、西红柿、大葱、大姜等。有公路经此。

大湖埠 370784-B10-H06
[Dàhúbù]

在市驻地新安街道东南方向 32.2 千米。景芝镇辖自然村。人口 600。因村西有湾，村后依埠，据此取名湖埠，此后在村东北又立一村，称小湖埠，该村遂称大湖埠。聚落呈团块状分布。经济以种植业为主，主要农作物有小麦、玉米。有公路经此。

大兴 370784-B10-H07
[Dàxīng]

在市驻地新安街道东南方向 26.2 千米。景芝镇辖自然村。人口 800。明代中期康氏立村，以姓氏取名康家庄。清初，康氏无人，刘姓兴，为盼人丁兴旺，改称为大兴。聚落呈团块状分布。经济以种植业为主，主要农作物有小麦、玉米。有公路经此。

东营 370784-B10-H08
[Dōngyíng]

在市驻地新安街道东南方向 28.2 千米。景芝镇辖自然村。人口 1 400。古时曾是驻兵的营地，分东、西两处，以此取名东小营，后简称东营。聚落呈团块状分布。有小学 1

处。经济以种植业为主，主要农作物有小麦、玉米。有公路经此。

宋官疃 370784-B10-H09
[Sòngguāntuǎn]

在市驻地新安街道东南方向 31.2 千米。景芝镇辖自然村。人口 1 100。据传，原村在今址西南，因山上有大片枫叶，初名枫叶村，后来村中宋氏有人在外做官，遂改称宋官疃。聚落呈团块状分布。经济以种植业为主，主要农作物有小麦、玉米。有绿化苗圃、橡胶厂、制鞋厂、食品厂、石料厂等企业。有公路经此。

庆安北 370784-B10-H10
[Qìng'ānběi]

在市驻地新安街道东南方向 27.2 千米。景芝镇辖自然村。人口 1 000。以汉族为主，有土家族 2 人、壮族 1 人。原名后巷子，后更名为庆安北。聚落呈团块状分布。经济以工艺品制造业、运输业、建筑业、餐饮服务业为主。有公路经此。

鹿村 370784-B10-H11
[Lùcūn]

在市驻地新安街道东南方向 26.6 千米。景芝镇辖自然村。人口 1 800。据《鹿氏族谱》载，明洪武初年，鹿氏由河南归德府辘辘湾迁此，以姓氏取名鹿家庄子，后简称鹿村。聚落呈团块状分布。有幼儿园。经济以种植业为主，主要农作物有小麦、玉米、大姜等。206 国道经此。

程家庄子 370784-B10-H12
[Chéngjiāzhuāngzi]

在市驻地新安街道东南方向 26.2 千米。景芝镇辖自然村。人口 600。宋代已有该村，以姓氏得名。聚落呈团块状分布。经济以种植业为主，主要农作物有小麦、玉米、西瓜、大姜，盛产蜜桃、樱桃。有公路经此。

戴家沙浯 370784-B10-H13
[Dàijiāshāwú]

在市驻地新安街道东南方向 31.8 千米。景芝镇辖自然村。人口 1 200。明天顺四年（1460）以姓氏建村，名戴家沙浯。聚落呈团块状分布。经济以种植业为主，主要农作物有大葱、大姜、小麦、玉米。

大夫 370784-B10-H14
[Dàifu]

在市驻地新安街道东南方向 32.9 千米。景芝镇辖自然村。人口 600。据《刘氏族谱》载，明洪武初年徙居高密，"承祖天朝荣士大夫,感先德,袭祖籍,治庄名曰刘家大夫"，后简称大夫。聚落呈团块状分布。经济以种植业为主，主要农作物有大葱、大姜、小麦、玉米。206 国道经此。

戴家庄 370784-B10-H15
[Dàijiāzhuāng]

在市驻地新安街道东南方向 29.3 千米。景芝镇辖自然村。人口 1 700。以姓氏名村。聚落呈团块状分布。经济以种植业为主，主要农作物有小麦、玉米、花生等。206 国道经此。

南杨庄 370784-B10-H16
[Nányángzhuāng]

在市驻地新安街道东南方向 32.7 千米。景芝镇辖自然村。人口 600。据《杨氏族谱》载，明隆庆二年（1568），三世徙居浯水东立村，取名杨庄。1958 年，为区别同名村，按方位改称南杨庄。聚落呈团块状分布。经济以种植业为主，主要农作物有大葱、大姜、小麦、玉米。206 国道经此。

仁安 370784-B10-H17
[Rén'ān]

在市驻地新安街道东南方向 27.1 千米。景芝镇辖自然村。人口 800。因村庄坐落在景芝镇九门之一的仁安门，故取村名仁安。聚落呈散状分布。经济以商贸业为主。有公路经此。

孙家沙浯 370784-B10-H18
[Sūnjiāshāwú]

在市驻地新安街道东南方向 32.9 千米。景芝镇辖自然村。人口 1 600。原称老庄子，后以姓氏取名孙家沙浯。聚落呈团块状分布。有幼儿园 1 处。经济以种植业、商贸业为主，主要农作物有小麦、玉米、大姜、大葱等。有公路经此。

菜园 370784-B10-H19
[Càiyuán]

在市驻地新安街道东南方向 28.5 千米。景芝镇辖自然村。人口 500。据《郝氏族谱》载，明初，郝氏由山西太原府迁景芝东门外，以种菜为主，故取村名菜园。聚落呈团块状分布。经济以种植业、养殖业、建筑业等为主。有公路经此。

大付岗 370784-B10-H20
[Dàfùgǎng]

在市驻地新安街道东南方向 29.8 千米。景芝镇辖自然村。人口 1 000。据《傅氏族谱》记载，明洪武初年，傅氏自河北枣强县迁此，因村处平原的高地上，取名阜岗，后将"阜"演变成"傅"，因聚落比其他傅岗大，称大傅岗，后演为大付岗。聚落呈团块状分布。经济以种植业为主，主要农作物有小麦、玉米、大姜等。有公路经此。

阜康 370784-B10-H21

[Fùkāng]

在市驻地新安街道东南方向 29.8 千米。景芝镇辖自然村。人口 1 600。明永乐年间，始祖自河北枣强县迁来，起名东南前疃，景芝镇设立九门时，南门为阜康门，随门起名阜康。聚落呈团块状分布。有小学、幼儿园。经济以种植业为主，主要农作物有小麦、玉米。有公路经此。

启文 370784-B10-H22

[Qǐwén]

在市驻地新安街道东南方向 28.1 千米。景芝镇辖自然村。人口 1 200。明永乐年间，始祖自河北枣强县迁来，起名东南前疃，景芝镇设立九门时，东南门为启文门，随门起名启文。聚落呈团块状分布。经济以种植业为主，主要农作物有小麦、玉米。有公路经此。

大由方 370784-B10-H23

[Dàyóufāng]

在市驻地新安街道东南方向 35.2 千米。景芝镇辖自然村。人口 1 100。土氏于明隆庆二年（1568）由湖北枣阳县迁居此地，因有榨油作坊，故取村名为油坊，小油坊建村后，改称大油坊，现称大由方。聚落呈团块状分布。有农家书屋 1 处、小学 1 处。经济以种植业为主，主要农作物有小麦、生姜、大葱等。有公路经此。

伏留 370784-B10-H24

[Fúliú]

在市驻地新安街道东南方向 36.1 千米。景芝镇辖自然村。人口 2 000。相传，秦始皇焚书坑儒，伏生避难于此地，后人以此取村名伏留。聚落呈团块状分布。有农家书屋 1 处。经济以种植业为主，主要农作物有小麦、玉米、花生、大姜等。有公路经此。

彭旺店子 370784-B10-H25

[Péngwàngdiànzi]

在市驻地新安街道东南方向 29.3 千米。景芝镇辖自然村。人口 400。据考，汉朝大将彭越为平息战乱而战斗于此，后葬于此地，因村东南有彭王家而取村名彭旺甸子，后演变为彭旺店子。聚落呈团块状分布。有农家书屋 1 处。经济以种植业为主，主要农作物有小麦、玉米、大姜、苹果等。有公路经此。

大市留 370784-B10-H26

[Dàshìliú]

在市驻地新安街道东南方向 23.3 千米。景芝镇辖自然村。人口 1 200。明初石氏建村，因村中设有工夫市而取名市留，小市留建村后，因当时村落比小市留大，改称大市留。聚落呈团块状分布。有农家书屋 1 处。经济以种植业为主，主要农作物有小麦、玉米、花生、蒜黄。有公路经此。

东王官疃 370784-B10-H27

[Dōngwángguāntuǎn]

在市驻地新安街道东南方向 28.1 千米。景芝镇辖自然村。人口 700。据考，古时此地有条较大的官道，道路旁建有接官亭，村人常来观看过往的官员，故取名望官疃，后演变为王官疃，又分东、西两村，此村在东，称东王官疃。聚落呈团块状分布。经济以种植业为主，主要农作物有小麦、玉米。有公路经此。

南甘泉 370784-B10-H28

[Nángānquán]

在市驻地新安街道东南方向 23.1 千米。景芝镇辖自然村。人口 1 600。据考，明代初期已有此村，因在甘泉东南，故称南甘泉。聚落呈团块状分布。经济以种植业为主，主要农作物有小麦、玉米、花生、大姜。

有山东增宇包装有限公司和绣花厂等企业。有公路经此。

逄家庄 370784-B10-H29
［Pángjiāzhuāng］

在市驻地新安街道东南方向 32.5 千米。景芝镇辖自然村。人口 1 400。明洪武初年，逄氏由河北枣强县迁此，以姓氏改村名为逄家庄。聚落呈带状分布。经济以种植业为主，主要作物有小麦、玉米、花生等。有公路经此。

洛岗 370784-B10-H30
［Luògǎng］

在市驻地新安街道东南方向 32.6 千米。景芝镇辖自然村。人口 1 600。据传，1369年，由三大户迁此建村，村名一直为洛岗。聚落呈团块状分布。有农家书屋 1 处、幼儿园 1 处。经济以种植业为主，主要农作物有大葱、大姜、小麦、玉米。有公路经此。

前屯 370784-B10-H31
［Qiántún］

在市驻地新安街道东南方向 25.6 千米。景芝镇辖自然村。人口 1 100。据考，清朝时杨氏迁此建村，起村名为杨家屯，后本村青年秀才牛景文改为养稼屯，中华人民共和国成立后改为前屯。聚落呈团块状分布。经济以种植业为主，主要农作物有大姜、大葱、小麦、玉米、猕猴桃。有公路经此。

前院 370784-B10-H32
［Qiányuàn］

在市驻地新安街道东南方向 25.7 千米。景芝镇辖自然村。人口 1 800。据考，明洪武年间，这里有座大寺院，名曰石佛寺，因建村于寺院之南，称南院，后改称前院。聚落呈团块状分布。经济以种植业为主，

主要农作物有小麦、玉米、山药、芋头。有公路经此。

北景芝 370784-B10-H33
［Běijǐngzhī］

在市驻地新安街道东南方向 27.9 千米。景芝镇辖自然村。人口 1 200。据《李氏族谱》载，明洪武初年，李氏奉诏迁民，由河北枣强县迁居于戈庄，后迁居甘泉，由甘泉迁居此地，在景芝以北定居，以景芝命名，取村名北景芝。聚落呈团块状分布。有文化广场 1 处。经济以种植业为主，主要农作物有小麦、玉米、蔬菜。有公路经此。

埠口 370784-B10-H34
［Bùkǒu］

在市驻地新安街道东南方向 28.4 千米。景芝镇辖自然村。人口 1 400。《高氏族谱》载，明洪武初年，高氏由河北徙此，因村前横卧一条埠岭，近村处较低，为南北往来通道，故以地形取村名埠口。聚落呈团块状分布。有文化广场。经济以种植业为主，主要农作物有小麦、玉米、樱桃等。有公路经此。

东庄子 370784-B10-H35
［Dōngzhuāngzi］

在市驻地新安街道东南方向 28.1 千米。景芝镇辖自然村。人口 1 300。据《赵氏族谱》载，清顺治十四年（1657），赵氏迁此立村，因地处景芝以东，取名东庄子。聚落呈团块状分布。有农家书屋 1 处。经济以种植业为主，主要农作物有小麦、玉米、大葱、洋葱、大姜等。

丰田 370784-B10-H36
［Fēngtián］

在市驻地新安街道东南方向 29.8 千米。景芝镇辖自然村。人口 700。1957 年同建

胜村成立丰田建胜合作社，1972 年丰田、建设村合并为大河北村，1987 年两村分开，本村为丰田。聚落呈团块状分布。有幼儿园、文化广场。古迹有商朝古遗址。经济以种植业为主，主要农作物有小麦、玉米、花生、黄烟，盛产大樱桃。有公路经此。

鞠家庄子 370784-B10-H37
[Jūjiāzhuāngzi]

在市驻地新安街道东南方向 28.6 千米。景芝镇辖自然村。人口 600。据《鞠氏族谱》载，始祖于明成化年间迁此，以姓氏取村名鞠家庄子。聚落呈团块状分布。有文化广场 1 处。经济以种植业为主，主要农作物有小麦、玉米、大姜、大葱及大樱桃。有公路经此。

大里岗 370784-B10-H38
[Dàlǐgǎng]

在市驻地新安街道东南方向 33.2 千米。景芝镇辖自然村。人口 1 000。明初李氏建村，因处渠河北岸一稍高的土岗上，取名李岗。后李氏分支立村居住，该村比小李岗规模大，称大李岗，后写作大里岗。聚落呈团块状分布。经济以种植业为主，主要农作物有小麦、玉米、大姜、大蒜、大葱等。有公路经此。

丁家庄子 370784-B10-H39
[Dīngjiāzhuāngzi]

在市驻地新安街道东南方向 37.0 千米。景芝镇辖自然村。人口 300。相传，村系丁氏所立，因在一片松林之西，原名松院庄。后以姓氏改名为丁家庄子，流传至今。聚落呈团块状分布。经济以种植业为主，主要农作物有大姜、大蒜、大葱、西红柿、黄瓜等。有公路经此。

宋家里岗 370784-B10-H40
[Sòngjiālǐgǎng]

在市驻地新安街道东南方向 37.1 千米。景芝镇辖自然村。人口 600。传说明洪武二年（1369），宋姓有一支从连池出来立村，因临近大里岗、小里岗，遂取名宋家里岗。聚落呈团块状分布。经济以种植业为主，主要农作物有小麦、玉米、大姜、大蒜、葱等。有公路经此。

石家埠 370784-B10-H41
[Shíjiābù]

在市驻地新安街道东南方向 31.2 千米。景芝镇辖自然村。人口 2 000。因建村时距汉代平昌城十里，由此得名十里铺。清中期以后，逐渐演变为石家埠。聚落呈团块状分布。有小学、初中。经济以种植业为主，主要农作物有小麦、玉米、黄瓜、西红柿、大葱、大姜等。有丽芳服装厂、宏达门窗厂等企业。有公路经此。

高家庄 370784-B10-H42
[Gāojiāzhuāng]

在市驻地新安街道东南方向 33.8 千米。景芝镇辖自然村。人口 1 300。据考，明洪武年间，高氏由山西省洪洞县迁至此，以姓氏取名高家庄。聚落呈团块状分布。经济以种植业为主，主要农作物有小麦、玉米、黄瓜、西红柿、大葱、大姜等。有公路经此。

班岗 370784-B10-H43
[Bāngǎng]

在市驻地新安街道东南方向 28.4 千米。景芝镇辖自然村。人口 1 600。据传，村系班氏所建，原名班家庄。后村落东移，建在一土岗上，遂改称班岗。聚落呈团块状分布。经济以种植业为主，主要农作物有小麦、玉米、黄瓜、西红柿。有公路经此。

高密市

城市居民点

曹家楼小区 370785-I01
[Cáojiālóu Xiǎoqū]

在县级市市区北部。人口 550。以原村名命名。2008 年始建，2010 年正式使用。建筑总面积 16 297 平方米，多层住宅楼 5 栋，现代建筑风格。通公交车。

春雨花园 370785-I02
[Chūnyǔ Huāyuán]

在县级市市区中部。210 户。"春"指一年的第一季、生机，"雨"是从云层中降落的水滴，"花园"是种植果蔬花木的地方，故取名春雨花园。2005 年始建，2007 年正式使用。建筑总面积 28 235 平方米，多层住宅楼 19 栋，现代建筑风格。绿化率 35%，有中央广场、健身器材等配套设施。通公交车。

凤凰景苑 370785-I03
[Fènghuáng Jǐngyuàn]

在县级市市区西部。人口 1 800。总面积 6.8 公顷。高密市，人称凤城、凤凰城，小区以此得名。2009 年始建，2010 年正式使用。建筑总面积 84 588 平方米，多层住宅楼 19 栋，现代建筑风格。绿化率 30.02%，有超市、诊所等配套设施。通公交车。

凤城丽景 370785-I04
[Fèngchéng Lìjǐng]

在县级市市区东部。813 户。总面积 33 公顷。高密又称凤城，"丽景"是指高密凤城胶河畔一道靓丽的风景，故称为凤城丽景。2009 年始建，2012 年正式使用。建筑总面积 250 000 平方米，多层住宅楼 22 栋，现代建筑风格。绿化率 32.9%，有幼儿园、小学、超市、卫生所等配套设施。通公交车。

湖滨花园 370785-I05
[Húbīn Huāyuán]

在县级市市区西南部。2 000 户。总面积 21.15 公顷。因靠近南湖植物园而得名。2006 年始建，2007 年正式使用。建筑总面积 260 272 平方米，住宅楼 53 栋，其中高层 6 栋、多层 47 栋，现代建筑风格。绿化率 38.05%，有超市、公园、学校等配套设施。通公交车。

胶河花园 370785-I06
[Jiāohé Huāyuán]

在县级市市区东南部。60 户。总面积 13 公顷。因临近胶河而得名。2006 年始建，同年正式使用。建筑总面积 37 370.4 平方米，别墅 103 套。通公交车。

锦绣花园 370785-I07
[Jǐnxiù Huāyuán]

在县级市市区东部。人口 486。总面积 13.1 公顷。锦绣花园的名称指祈愿住户拥有美好的前程。2011 年始建，2014 年正式使用。建筑总面积 100 872.5 平方米，多层住宅楼 4 栋。通公交车。

翰林书苑 370785-I08
[Hànlín Shūyuàn]

在县级市市区南部。人口 1 800。总面积 6.9 公顷。该小区是由高密市教育局开发，小区内居住的多是教书育人的老师，书香气息浓厚，故名。2009 年始建，2011 年正式使用。建筑总面积 93 760.74 平方米，住宅楼 23 栋，其中高层 2 栋、多层 21 栋。绿化率 14.6%，有小学、幼儿园、便民超市等配套设施。通公交车。

南湖花园 370785-I09
[Nánhú Huāyuán]

在县级市市区南部。人口 790。总面积 2.3 公顷。因位于南湖植物园畔，故名。2003 年始建，2004 年正式使用。建筑总面积 30 701.52 平方米，多层住宅楼 8 栋。绿化率 40%，有便民超市、卫生所等配套设施。通公交车。

文苑小区 370785-I10
[Wényuàn Xiǎoqū]

在县级市市区南部。人口 2 216。总面积 28.5 公顷。苑区居民以教师为主，故名。2000 年始建，2003 年正式使用。建筑总面积 80 256.44 平方米，多层住宅楼 19 栋。绿化率 48.5%，有中学、小学、酒店、商场等配套设施。通公交车。

农村居民点

西关 370785-A01-H01
[Xīguān]

在市驻地醴泉街道西方向 1.0 千米。醴泉街道辖自然村。人口 3 100。因所在位置而得名。聚落呈团块状分布。有中学。古迹有唐初高密县治所义城堡遗址。经济以商贸业为主。有公路经此。

城里 370785-A01-H02
[Chénglǐ]

在市驻地醴泉街道西方向 1.4 千米。醴泉街道辖自然村。人口 1 600。因该村在旧城墙里而得名。聚落呈团块状分布。经济以种植业为主。有公路经此。

苗家 370785-A01-H03
[Miáojiā]

在市驻地醴泉街道西方向 1.8 千米。醴泉街道辖自然村。人口 800。明初，苗姓建村，故名苗家。聚落呈团块状分布。经济以制造业为主。有公路经此。

文化村 370785-A01-H04
[Wénhuàcūn]

在市驻地醴泉街道东方向 1.0 千米。醴泉街道辖自然村。人口 1 800。因吉祥嘉言而得名。有小学 1 处、幼儿园 1 处。古迹有原高密市委党校旧址。聚落呈团块状分布。经济以商贸业为主。通公交车。

北大王庄 370785-A01-H05
[Běidàwángzhuāng]

在市驻地醴泉街道北方向 1.2 千米。醴泉街道辖自然村。人口 4 000。明洪武年间，王姓由河南嵩县迁来县城居住，指派佃户来此种地，后渐成村，名大王家庄，后因所在位置改今名。聚落呈团块状分布。有图书馆。经济以商贸业为主。有公路经此。

小王家庄 370785-A01-H06
[Xiǎowángjiāzhuāng]

在市驻地醴泉街道北方向 1.0 千米。醴泉街道辖自然村。人口 2 000。明代，王姓立村，因北有大王家庄，故名。聚落呈团块状分布。经济以商贸业为主。有公路经此。

北栾家庄 370785-A01-H07
[Běiluánjiāzhuāng]

在市驻地醴泉街道西北方向 2.0 千米。醴泉街道辖自然村。人口 2 700。明嘉靖年间，栾姓由即墨迁居大王家庄，崇祯六年（1633）北移此地定居，名栾家庄，后因所在位置改今名。聚落呈团块状分布。有学校、幼儿园。经济以制造业、纺织业为主。有公路经此。

皋头 370785-A01-H08
[Gāotóu]

在市驻地醴泉街道北方向 1.5 千米。醴泉街道辖自然村。人口 2 700。北宋末，昝姓由山西太原迁来，建居于百脉湖西南角高地上，取名皋头。聚落呈团块状分布。有幼儿园 1 处。经济以种植业为主，主要农作物有棉花、蔬菜。有公路经此。

尧头 370785-A01-H09
[Yáotóu]

在市驻地醴泉街道北方向 2.0 千米。醴泉街道辖自然村。人口 9 000。明初，单姓由凤阳迁此立村，嘉靖二年（1523），县衙在此立窑烧砖，故取村名窑头，后演为今名。聚落呈团块状分布。有文化广场 1 处、小学 1 处、幼儿园 1 处。经济以商贸业为主。有公路经此。

永安 370785-A01-H10
[Yǒng'ān]

在市驻地醴泉街道西北方向 3.0 千米。醴泉街道辖自然村。人口 3 600。北宋，李姓建村，名小李家庄。明洪武二年（1369）发大水，6 户幸存，移地重建，名陆家庄。清康熙年间，翰林李元直改村名为县西。乾隆时，李氏为答谢神灵，在村西建灵应庵（庙），村袭庙名，后雅化为永安。聚落呈团块状分布。有幼儿园 2 处、小学 1 处。经济以种植业为主，主要农作物有樱桃、梨。有公路经此。

老木田 370785-A01-H11
[Lǎomùtián]

在市驻地醴泉街道西北方向 2.5 千米。醴泉街道辖自然村。人口 1 900。宋末，李姓由陇西迁来高密城定居，以此地为墓地，称老墓田，其族人于墓田西南立村，名老墓田，后演为老木田。聚落呈团块状分布。有幼儿园 1 处。经济以制鞋业为主。有公路经此。

万家 370785-A01-H12
[Wànjiā]

在市驻地醴泉街道西北方向 2.0 千米。醴泉街道辖自然村。人口 1 000。明初，万姓由山西逃荒至此定居，名万家。聚落呈团块状分布。经济以商贸业为主。有公路经此。

三官庙 370785-A01-H13
[Sānguānmiào]

在市驻地醴泉街道西方向 6.0 千米。醴泉街道辖自然村。人口 1 100。清代，王姓从灵应庵（今高密镇永安村）迁来定居，后村建三官庙，村袭庙名。聚落呈团块状分布。经济以商贸业为主。有公路经此。

崔家 370785-A02-H14
[Cuījiā]

在市驻地醴泉街道西方向 5.0 千米。醴泉街道辖自然村。人口 500。明万历年间，崔姓立村，名崔家。聚落呈团块状分布。经济以加工业为主。有公路经此。

小庄 370785-A01-H15
[Xiǎozhuāng]

在市驻地醴泉街道西方向 4.0 千米。醴泉街道辖自然村。人口 1 300。元至治三年（1323），仪宾洪自卞家庄（现属高密镇）迁来立村，名仪家小庄，又名南小庄，后简化为今名。聚落呈团块状分布。经济以加工业为主。有公路经此。

刘新 370785-A01-H16
[Liúxīn]

在市驻地醴泉街道西方向 6.5 千米。醴泉街道辖自然村。人口 900。清初，刘姓立村，名刘家村，1981 年更今名。聚落呈团块状分布。经济以加工业为主。有公路经此。

倪家庵 370785-A01-H17
[Níjiā'ān]

在市驻地醴泉街道西方向 6.0 千米。醴泉街道辖自然村。人口 1 100。明洪武年间，倪姓自临沂迁来立村，后村东建菩萨庙，故取今名。聚落呈团块状分布。经济以加工业、纺织业为主。有公路经此。

前毛家庄 370785-A01-H18
[Qiánmáojiāzhuāng]

在市驻地醴泉街道西北方向 1.8 千米。醴泉街道辖自然村。人口 1 100。明末，毛姓由莱州迁此立村，名毛家庄。附近张家大庄改称后毛家庄后，此村更今名。聚落呈团块状分布。古迹有古庙 1 处。经济以种植业、养殖业为主，主要农作物有小麦、玉米。有公路经此。

后毛家庄 370785-A01-H19
[Hòumáojiāzhuāng]

在市驻地醴泉街道西北方向 8.0 千米。醴泉街道辖自然村。人口 1 100。元末，张姓从山西洪洞县迁此立村，名张家庄。明初其北建村，因重名，改名张家大庄。明末，村前建毛家庄，又更今名。聚落呈团块状分布。古迹有清末古桥 1 座。经济以种植业为主，主要农作物有小麦、玉米。有公路经此。

张家小庄 370785-A01-H20
[Zhāngjiāxiǎozhuāng]

在市驻地醴泉街道西北方向 9.0 千米。醴泉街道辖自然村。人口 400。明初，张姓立村，名张家庄。因其南有张家庄，该村规模较小，故改今名。聚落呈团块状分布。经济以种植业为主。有公路经此。

高家屯 370785-A01-H21
[Gāojiātún]

在市驻地醴泉街道西北方向 8.0 千米。醴泉街道辖自然村。人口 300。明隆庆三年（1569），高姓兄弟从昌邑县岞山迁来立村，名高家庄，后演为今名。聚落呈团块状分布。有高密振源水泥厂、裕丰纺织厂等企业。有公路经此。

雷家庄 370785-A01-H22
[Léijiāzhuāng]

在市驻地醴泉街道西北方向 10.0 千米。醴泉街道辖自然村。人口 800。明永乐年间，雷姓立村，名雷家庄。聚落呈团块状分布。经济以种植业、养殖业、商贸业为主。有公路经此。

殷家楼 370785-A01-H23
[Yīnjiālóu]

在市驻地醴泉街道西北方向 10.0 千米。醴泉街道辖自然村。人口 900。明嘉靖初年，殷姓由河南汝宁府迁此立村，名殷家庄。清初，一殷姓大户在村中建楼 1 栋，故更名殷家楼。聚落呈团块状分布。经济以种植业为主，主要农作物有小麦、玉米。有公路经此。

鲍家庄 370785-A01-H24
[Bàojiāzhuāng]

在市驻地醴泉街道西北方向 12.5 千米。醴泉街道辖自然村。人口 500。明洪武年间，鲍姓兄弟从山西洪洞县迁此立村，名鲍家庄。聚落呈团块状分布。经济以种植业为主，主要农作物有小麦、玉米。有山泰橡胶厂、吉航橡胶有限公司等企业。有公路经此。

辛店 370785-A01-H25
[Xīndiàn]

在市驻地醴泉街道西北方向22.0千米。醴泉街道辖自然村。人口400。清道光年间，李姓由雷家庄迁此，开店为生，辛勤经营，故名辛店。聚落呈团块状分布。经济以种植业、养殖业、商贸业为主。有公路经此。

永丰庄 370785-A01-H26
[Yǒngfēngzhuāng]

在市驻地醴泉街道西北方向10.0千米。醴泉街道辖自然村。人口1 100。清雍正年间，宋姓由大屯（今属仁和乡）迁此立村，取名永丰庄，寄永远丰收之望。聚落呈团块状分布。有公路经此。

田家庄 370785-A01-H27
[Tiánjiāzhuāng]

在市驻地醴泉街道西方向10.0千米。醴泉街道辖自然村。人口900。明崇祯十二年（1639）田姓立村，故名。聚落呈团块状分布。经济以种植业、商贸业为主。有公路经此。

周家庄 370785-A01-H28
[Zhōujiāzhuāng]

在市驻地醴泉街道西方向6.0千米。醴泉街道辖自然村。人口500。明洪武二年（1369），周姓迁此立村，名周家庄。聚落呈团块状分布。有公路经此。

绳家庄 370785-A01-H29
[Shéngjiāzhuāng]

在市驻地醴泉街道西方向9.0千米。醴泉街道辖自然村。人口400。清康熙年间，绳姓由山西迁此定居，名绳家庄。聚落呈团块状分布。经济以种植业、商贸业为主。有公路经此。

关爷庙 370785-A01-H30
[Guānyémiào]

在市驻地醴泉街道西方向5.0千米。醴泉街道辖自然村。人口1 400。明代，常姓由河南迁此立村，名太保庄。天启三年（1623），村建关爷庙，村袭庙名。聚落呈团块状分布。经济以种植业、商贸业为主。有宝岛木门等企业。有公路经此。

王村 370785-A01-H31
[Wángcūn]

在市驻地醴泉街道西方向5.0千米。醴泉街道辖自然村。人口1 200。明末，王姓建村，名王家庄，1982年地名普查时更今名。经济以种植业、商贸业为主。有公路经此。

葛家集 370785-A01-H32
[Gějiājí]

在市驻地醴泉街道西方向5.0千米。醴泉街道辖自然村。人口1 000。明洪武年间，葛姓自武定府阳信县迁来定居，名葛家庄。民国初年，辟为集，更今名。聚落呈团块状分布。有小学1处。经济以种植业、商贸业为主。有瑞景机械等企业。有公路经此。

傅沈屯 370785-A01-H33
[Fùshěntún]

在市驻地醴泉街道西南方向7.0千米。醴泉街道辖自然村。人口400。明崇祯十年（1637）孙姓建村，名孙家屯。后傅姓、沈姓相继迁入，人丁兴旺，故改今名。聚落呈团块状分布。经济以种植业为主，主要农作物有葡萄。有公路经此。

于家 370785-A01-H34

[Yújiā]

在市驻地醴泉街道西方向 4.0 千米。醴泉街道辖自然村。人口 1 000。明万历十二年（1584），于坤正由山西洪洞县迁来立村，名于家。聚落呈团块状分布。经济以种植业为主，主要农作物有葡萄。有宏丰机床、建平纺织、乐乐玩具等企业。有公路经此。

钟家屯 370785-A01-H35

[Zhōngjiātún]

在市驻地醴泉街道西方向 5.0 千米。醴泉街道辖自然村。人口 1 200。明初，钟姓由山西洪洞县钟家冢子迁此定居，取名钟家屯。聚落呈团块状分布。有学校。有公路经此。

罗家庄 370785-A02-H01

[Luójiāzhuāng]

在市驻地醴泉街道东南方向 5.4 千米。朝阳街道辖自然村。人口 1 700。据《高密县地名志》记载，明初罗姓由苗家村迁来定居，名罗家庄。明万历年间系单姓的佃户村，改称单家庄。中华人民共和国成立后恢复原名罗家庄。聚落呈团块状分布。经济以商贸业为主。有公路经此。

沈家八里 370785-A02-H02

[Shěnjiābālǐ]

在市驻地醴泉街道东南方向 3.4 千米。朝阳街道辖自然村。人口 1 100。因姓氏和距离而得名。聚落呈团块状分布。有小学。经济以制造业为主。有海宇鞋业、奥龙鞋业、孚日电机、路通橡胶、大洋金属等企业。有公路经此。

王党 370785-A02-H03

[Wángdǎng]

在市驻地醴泉街道东北方向 8.0 千米。朝阳街道辖自然村。人口 1 300。据传王党本是东汉末年一个人名，受封划地于此，与东部同样受封的张鲁常年对峙，二人为封地狼烟常起。王党育有二女，无男丁，在一次冲突中王党不敌张鲁，被张鲁杀死于村后，故村后有一处地名叫王党塚子。王党的两个女儿看到狼烟信号赶来后，王党已战死，后人为纪念王党英勇豪气，将村名改为王党。聚落呈团块状分布。经济以种植业为主，主要农作物有小麦、玉米、谷子。有公路经此。

鲁家庙 370785-A02-H04

[Lǔjiāmiào]

在市驻地醴泉街道东北方向 6.5 千米。朝阳街道辖自然村。人口 1 400。相传明初最早由张姓在此建一古庙，叫紫微观，后来鲁姓由河南迁入，落居于紫微观之侧，故称鲁家庙。聚落呈团块状分布。经济以种植业为主。有公路经此。

娘娘庙 370785 A02 H05

[Niángniangmiào]

在市驻地醴泉街道西北方向 2.9 千米。朝阳街道辖自然村。人口 13 500。明代建村，因有娘娘庙而得名。聚落呈团块状分布。古迹有娘娘庙（又称薄后庙）、甜水井等。经济以纺织业为主。有公路经此。

许家庄 370785-A02-H06

[Xújiāzhuāng]

在市驻地醴泉街道东方向 2.8 千米。朝阳街道辖自然村。人口 2 400。明代高密城里财主张姓家人来此居住立村。因为明初的水灾，城里地势低洼，许家庄处于城东丘岭高处，可以用来蓄存庄稼粮食，故称蓄稼庄，后演为许家庄。聚落呈团块状分布。经济以金属铸造业为主。有公路经此。

东栾家庄 370785-A02-H07
[Dōngluánjiāzhuāng]

在市驻地醴泉街道东南方向 3.5 千米。朝阳街道辖自然村。人口 3 500。明代栾姓建村，名栾家庄，后因位置改称今名。聚落呈团块状分布。有小学 1 处、幼儿园 1 处。经济以租赁业、纺织业为主。有公路经此。

邓家村 370785-A02-H08
[Dèngjiācūn]

在市驻地醴泉街道东南方向 5.5 千米。朝阳街道辖自然村。人口 1 500。根据出土墓碑墓志铭记载，明洪武年间，本村由邓氏老大邓莽立庄，故曰邓家庄，现改为邓家村。聚落呈团块状分布。经济以商贸业为主。有公路经此。

姚哥庄 370785-A02-H09
[Yáogēzhuāng]

在市驻地醴泉街道东南方向 8.0 千米。朝阳街道辖自然村。人口 4 300。原名陶哥庄，后改"陶"为谐音"姚"字，名姚哥庄。聚落呈团块状分布。有中学、小学、幼儿园。经济以种植业为主，主要农作物有小麦、玉米、花生。有公路经此。

斜沟崖 370785-A02-H10
[Xiégōuyái]

在市驻地醴泉街道东南方向 16.0 千米。朝阳街道辖自然村。人口 1 000。因地理环境而得名。聚落呈团块状分布。经济以种植业为主，主要农作物有小麦、玉米、高粱、地瓜、大豆、西瓜、洋葱、大蒜、大白菜等。有公路经此。

大王家庄 370785-A02-H11
[Dàwángjiāzhuāng]

在市驻地醴泉街道东南方向 12.0 千米。朝阳街道辖自然村。人口 1 300。早期王姓迁此立村长期居住，故名大王家庄。聚落呈团块状分布。有小学 1 处。经济以种植业为主，主要农作物有小麦、谷子、高粱、地瓜、大豆、玉米等。有公路经此。

南曲 370785-A02-H12
[Nánqū]

在市驻地醴泉街道东方向 9.0 千米。朝阳街道辖自然村。人口 2 400。南宋末年，仪姓族人从外地迁来建村。建村在沟渠南，取名南渠，后演变为南曲。聚落呈团块状分布。有幼儿园、小学。经济以种植业、木器加工为主，主要农作物有小麦、玉米。有公路经此。

贺家庄 370785-A02-H13
[Hèjiāzhuāng]

在市驻地醴泉街道东南方向 13.0 千米。朝阳街道辖自然村。人口 400。原名禾稼庄，后演称今名贺家庄。聚落呈团块状分布。有山东登升安防有限公司等企业。有公路经此。

毛家屯 370785-A02-H14
[Máojiātún]

在市驻地醴泉街道东南方向 15.0 千米。朝阳街道辖自然村。人口 1 600。因毛姓从高密宋家泊子迁来，称毛家屯。聚落呈团块状分布。有小学、幼儿园。经济以种植业为主，主要农作物有小麦、玉米、土豆、西瓜、花生、蔬菜。有公路经此。

冯家庄 370785-A02-H15
[Féngjiāzhuāng]

在市驻地醴泉街道东北方向 9.0 千米。朝阳街道辖自然村。人口 800。清雍正年间，冯姓首先迁此搭屋定居，故名冯家屋子，后演称冯家庄。聚落呈团块状分布。有幼儿园、小学。经济以种植业和养殖业为主。胶济铁路经此。

芝兰庄 370785-A02-H16
[Zhīlánzhuāng]

在市驻地醴泉街道东南方向 18.0 千米。朝阳街道辖自然村。人口 3 200。明初，肖姓自山西迁此立新村，村名雅化为肖紫兰庄。清末德国人在此修胶济铁路，因站名翻译有误，衍成芝兰庄，沿用至今。聚落呈团块状分布。有小学、幼儿园。经济以种植业为主，主要农作物有玉米、小麦。有公路经此。

东牟 370785-A02-H17
[Dōngmù]

在市驻地醴泉街道东南方向 17.0 千米。朝阳街道辖自然村。人口 3 000。当时乔姓首迁者落户村东一片大麦地里，而大麦古称为"牟"（诗经云：贻我来牟），故名。聚落呈团块状分布。有小学、幼儿园。经济以种植业为主，主要农作物有小麦、玉米、土豆等。有公路经此。

单家荒 370785-A02-H18
[Shànjiāhuāng]

在市驻地醴泉街道东南方向 17.0 千米。朝阳街道辖自然村。人口 700。清乾隆年间，刘姓由楚家庄迁此定居，因此地是高密绅士单边郎家的一片牧场，也称荒地，故名单家荒，村名沿用至今。聚落呈团块状分布。经济以种植业为主，主要农作物有小麦、高粱、地瓜、大豆。有公路经此。

张鲁寺 370785-A02-H19
[Zhānglǔsì]

在市驻地醴泉街道东北方向 12.0 千米。朝阳街道辖自然村。宋代此地建有一寺庙，名肇兴寺。因此寺近靠张奴河，故人多称之为张奴寺，后演称张鲁寺，村以此得名。聚落呈团块状分布。有小学 1 处。经济以种植业为主，主要农作物有小麦、小麦、大豆、花生、葱、蒜等。有公路经此。

张鲁集 370785-A02-H20
[Zhānglǔjí]

在市驻地醴泉街道东北方向 14.0 千米。朝阳街道辖自然村。人口 2 800。相传，楚汉潍水之战后，韩信之仆张奴在此定居开店，名张奴集，后演为今名。聚落呈团块状分布。有小学。经济以种植业为主，主要农作物有小麦、玉米。有公路经此。

姜家屯 370785-A03-H01
[Jiāngjiātún]

在市驻地醴泉街道西南方向 6.1 千米。密水街道辖自然村。人口 1 600。以姓氏得名。聚落呈团块状分布。经济以商贸业、种植业为主。有公路经此。

拒城河 370785-A03-H02
[Jùchénghé]

在市驻地醴泉街道西南方向 13.6 千米。密水街道辖自然村。人口 700。明初，张姓立村，以处拒城河之滨而得名。聚落呈团块状分布。经济以种植业为主，主要农作物有玉米、花生、地瓜。有公路经此。

北王柱 370785-A03-H03
[Běiwángzhù]

在市驻地醴泉街道西南方向 16.2 千米。密水街道辖自然村。人口 1 100。明天启年间，孙姓建村，名王柱。后因其南有另一王柱村，故更今名。聚落呈团块状分布。经济以种植业为主。有公路经此。

后窎庄 370785-A03-H04
[Hòudiàozhuāng]

在市驻地醴泉街道西南方向 16.3 千米。

密水街道辖自然村。人口 1 000。明嘉靖年间，李姓建村，因南有杜家鸶庄，取名李家鸶庄，后演为今名。聚落呈团块状分布。经济以种植业为主。有公路经此。

王家屯 370785-A03-H05
[Wángjiātún]

在市驻地醴泉街道西南方向 12.7 千米。密水街道辖自然村。人口 800。相传清朝初期设立新垦民屯，王姓首居，以民屯之意定名为王家屯。聚落呈团块状分布。经济以种植业为主。有公路经此。

后窝洛 370785-A01-H06
[Hòuwōluò]

在市驻地醴泉街道西南方向 12.8 千米。密水街道辖自然村。人口 500。明万历二年（1574），王姓迁来，于窝洛西北定居，名后窝洛。聚落呈团块状分布。经济以种植业为主。有公路经此。

东锅框 370785-A03-H07
[Dōngguōkuāng]

在市驻地醴泉街道南方向 14.5 千米。密水街道辖自然村。人口 400。明中叶，房姓在此地以东立村，时该地有锅灶残迹，传为兵事所遗，村民以锅框为村名，后以方位称东锅框。聚落呈团块状分布。经济以种植业为主。有公路经此。

西锅框 370785-A03-H08
[Xīguōkuāng]

在市驻地醴泉街道南方向 14.5 千米。密水街道辖自然村。人口 900。明中叶，房姓在此地以东立村，时该地有锅灶残迹，传为兵事所遗，村民以锅框为村名，后以方位称西锅框。聚落呈团块状分布。经济以种植业为主。有公路经此。

大店子 370785-A03-H09
[Dàdiànzi]

在市驻地醴泉街道西南方向 9.9 千米。密水街道辖自然村。人口 700。明洪武年间，此处系胶县至景芝必经之路，李姓于此开一车店，取名车店村，后演称店子。清初，因村东立小店子，遂更今名。聚落呈团块状分布。经济以种植业为主。有公路经此。

小店子 370785-A03-H10
[Xiǎodiànzi]

在市驻地醴泉街道西南方向 9.6 千米。密水街道辖自然村。人口 300。传说，明洪武年间，一张姓人家在此开店，后多户在此居住，为区别于大店子，更名小店子。聚落呈团块状分布。经济以种植业为主。有公路经此。

新民庄 370785-A03-H11
[Xīnmínzhuāng]

在市驻地醴泉街道西南方向 10.0 千米。密水街道辖自然村。人口 600。原为逃荒乞讨者聚居之地，清初名民屯，后取名新民庄。聚落呈团块状分布。经济以种植业为主，主要农作物有小麦、玉米、花生。有公路经此。

梁家屯 370785-A03-H12
[Liángjiātún]

在市驻地醴泉街道西南方向 11.4 千米。密水街道辖自然村。人口 800。明洪武年间，梁姓迁此定居，取名梁家屯。聚落呈团块状分布。经济以种植业为主，主要农作物有小麦、玉米。有公路经此。

杨戈庄 370785-A03-H13
[Yánggēzhuāng]

在市驻地醴泉街道南方向 6.3 千米。密水街道辖自然村。人口 1 500。明末杨氏立村，名杨戈庄，后杨姓渐无，其他姓氏迁入，杨戈庄之村名沿用至今。聚落呈团块状分布。经济以种植业为主，主要农作物有小麦、玉米、花生等。有公路经此。

东关 370785-A03-H14
[Dōngguān]

在市驻地醴泉街道东南方向 1.8 千米。密水街道辖自然村。人口 7 000。因所在旧城区位得名东关。聚落呈团块状分布。经济以商贸业为主。有公路经此。

梓童庙 370785-A03-H15
[Zǐtóngmiào]

在市驻地醴泉街道东南方向 2.6 千米。密水街道辖自然村。人口 3 600。明初，彭姓由四川彭县迁来此地居住。元末，乳山举子梓童投考遇雨，张伞路干，人疑为神，遂建庙祭祀，名梓童庙，村以此得名。聚落呈团块状分布。经济以种植业、商贸业为主。有公路经此。

张家埠 370785-A03-H16
[Zhāngjiābù]

在市驻地醴泉街道东南方向 2.7 千米。密水街道辖自然村。人口 6 100。明末，张姓从高密城东关松园迁来，建村于长陵南端的高埠上，故名张家埠。聚落呈团块状分布。经济以种植业、商贸业为主。有公路经此。

农丰 370785-A03-H17
[Nóngfēng]

在市驻地醴泉街道东南方向 1.2 千米。密水街道辖自然村。人口 9 200。因吉祥嘉言而得名。聚落呈团块状分布。经济以租赁业为主。有公路经此。

碾头 370785-A03-H18
[Niǎntóu]

在市驻地醴泉街道东南方向 1.0 千米。密水街道辖自然村。人口 4 700。明代属高密县东隅镇，明万历年间，村内有一碾户专为县衙碾米，被人称为"碾头"，后来演为村名。聚落呈团块状分布。经济以制鞋业为主。有公路经此。

西三里庄 370785-A03-H19
[Xīsānlǐzhuāng]

在市驻地醴泉街道东南方向 2.2 千米。密水街道辖自然村。人口 3 400。因距县衙三里，取名三里庄。因与其东面一村重名，后更今名。聚落呈团块状分布。经济以制鞋业为主。有公路经此。

南关 370785-A03-H20
[Nánguān]

在市驻地醴泉街道西南方向 0.9 千米。密水街道辖自然村。人口 11 000。因在县城城墙南侧，故名。聚落呈团块状分布。经济以种植业、商贸业为主。有泰和建筑公司、天和置业公司等企业。有公路经此。

小胡兰前 370785-A03-H21
[Xiǎohúlánqián]

在市驻地醴泉街道西南方向 2.1 千米。密水街道辖自然村。人口 3 100。明万历年间，方姓立村，因村的西北面有一个胡兰冢，其南有胡兰阡，故名小胡兰阡，后改"阡"为"前"。聚落呈团块状分布。经济以制造业、服务业为主。有公路经此。

刘戈庄 370785-A03-H22
[Liúgēzhuāng]

在市驻地醴泉街道西南方向 5.0 千米。密水街道辖自然村。人口 3 000。明初，刘姓由青州迁此立村，名刘哥庄，后称刘戈庄。聚落呈团块状分布。经济以种植业为主，主要农作物有葡萄、玉米、小麦。有公路经此。

张吉 370785-A03-H23
[Zhāngjí]

在市驻地醴泉街道西南方向 1.5 千米。密水街道辖自然村。人口 2 600。明洪武二年（1369），张姓迁此定居，名张家村，后演为今名。聚落呈团块状分布。经济以种植业、商贸业为主。有公路经此。

初家 370785-A03-H24
[Chūjiā]

在市驻地醴泉街道西南方向 2.8 千米。密水街道辖自然村。人口 3 000。明万历年间，初姓从山西迁来定居，名初家。聚落呈团块状分布。经济以种植业为主，主要农作物有小麦、玉米、大豆。有公路经此。

幸福村 370785-A03-H25
[Xìngfúcūn]

在市驻地醴泉街道西南方向 3.9 千米。密水街道辖自然村。人口 1 000。因吉祥嘉言而得名。聚落呈团块状分布。经济以种植业为主，主要农作物有小麦、玉米、葡萄等。有公路经此。

柏城 370785-B01-H01
[Bǎichéng]

柏城镇人民政府驻地。在市驻地醴泉街道东南方向 7.5 千米。人口 2 400。因明崇祯时，此处松柏茂密，气势如城而得名。聚落呈团块状分布。有文化活动中心、幼儿园、中学、小学。经济以种植业为主，主要农作物有小麦、玉米、花生、土豆等。胶州—王村公路经此。

何家村 370785-B01-H02
[Héjiācūn]

在市驻地醴泉街道东南方向 8.0 千米。柏城镇辖自然村。人口 1 600。明初，何姓由河间府迁此定居，名何家村。聚落呈团块状分布。经济以种植业为主，主要农作物有小麦、玉米。有公路经此。

夏家沟 370785-B01-H03
[Xiàjiāgōu]

在市驻地醴泉街道东南方向 13.0 千米。柏城镇辖自然村。人口 1 300。相传，明代夏姓立村，因西部、南部都有沟，取名夏家沟。聚落呈团块状分布。经济以种植业为主，主要农作物有小麦、玉米。有公路经此。

沟南 370785-B01-H04
[Gōunán]

在市驻地醴泉街道东南方向 10.0 千米。柏城镇辖自然村。人口 1 400。根据所处地理位置得名。聚落呈团块状分布。有文化广场 1 处。经济以制鞋业为主。有公路经此。

苑家疃 370785-B01-H05
[Yuànjiātuǎn]

在市驻地醴泉街道东南方向 9.0 千米。柏城镇辖自然村。人口 1 000。明初苑姓祖先迁此立村，取名苑家疃。聚落呈团块状分布。经济以种植业为主，主要种植花卉苗木。有公路经此。

后朱家集 370785-B01-H06
[Hòuzhūjiājí]

在市驻地醴泉街道东南方向 15.0 千米。柏城镇辖自然村。人口 1 300。明朝朱姓由云南迁来立村，名朱家庄，1986 年改为后朱家集。聚落呈团块状分布。有文化广场1处。经济以种植业为主，主要农作物有小麦、玉米、土豆等。有公路经此。

王丰屯 370785-B01-H07
［Wángfēngtún］

在市驻地醴泉街道南方向14.1千米。柏城镇辖自然村。人口400。因王氏移居此地，起名王家庄，1989年改为王丰屯。聚落呈团块状分布。有文化广场1处。经济以种植业为主，主要农作物有小麦、玉米。有公路经此。

小河崖 370785-B01-H08
［Xiǎohéyá］

在市驻地醴泉街道东南方向10.0千米。柏城镇辖自然村。人口1 600。因自然地理实体而得名。聚落呈团块状分布。经济以种植业为主。有公路经此。

李家营 370785-B01-H09
［Lǐjiāyíng］

在市驻地醴泉街道东南方向21.0千米。柏城镇辖自然村。人口1 700。明万历年间，崔氏立村，取名崔家莹。后李氏迁入，人丁兴旺，更名为李家莹。1982年更名为李家营。聚落呈团块状分布。有小学1处、中学1处。经济以种植业为主，主要农作物有小麦、玉米、土豆等。有公路经此。

徐家㟫庄 370785-B01-H10
［Xújiādiàozhuāng］

在市驻地醴泉街道东南方向22.0千米。柏城镇辖自然村。人口1 700。明初，徐姓人家自山西凤凰屯村迁来此地，以姓氏和地理特征，取名徐家㟫庄。聚落呈团块状分布。经济以种植业为主，主要农作物有小麦、玉米、土豆等。有公路经此。

祝家庄 370785-B01-H11
［Zhùjiāzhuāng］

在市驻地醴泉街道东南方向21.0千米。柏城镇辖自然村。人口1 700。相传祝氏明朝初从莱州祝家庄移民于高密，立村祝家庄。聚落呈团块状分布。经济以种植业为主，主要农作物有小麦、玉米、土豆等。有公路经此。

张家庄 370785-B01-H12
［Zhāngjiāzhuāng］

在市驻地醴泉街道东南方向19.0千米。柏城镇辖自然村。人口500。清乾隆年间，张氏由高密县搬来，命名为张家庄。聚落呈团块状分布。经济以种植业为主，主要农作物有小麦、玉米、土豆等。有公路经此。

晏王庙 370785-B01-H13
［Yànwángmiào］

在市驻地醴泉街道东南方向15.5千米。柏城镇辖自然村。人口800。明末，城律王姓迁此建村。地处晏婴庙前，取名晏王庙。聚落呈团块状分布。古迹有晏子冢遗址。经济以种植业为主，主要农作物有小麦、玉米、土豆。胶州—王村公路经此。

葛家庙子 370785-B01-H14
［Gějiāmiàozi］

在市驻地醴泉街道东南方向23.0千米。柏城镇辖自然村。人口700。明嘉靖年间，葛姓从云南迁来立村，因村有三官庙，故名葛家庙子。聚落呈团块状分布。经济以种植业为主，主要农作物有小麦、玉米。有公路经此。

李家屯 370785-B01-H15
［Lǐjiātún］

在市驻地醴泉街道东南方向25.0千米。

柏城镇辖自然村。人口 700。明初，有李姓人家前来此地择高而居，取名李家庄，1984 年改名为李家屯。聚落呈团块状分布。经济以种植业为主，主要农作物有小麦、玉米、土豆等。有公路经此。

谢家屯 370785-B01-H16
[Xièjiātún]

在市驻地醴泉街道东南方向 27.0 千米。柏城镇辖自然村。人口 200。明朝，河南谢氏兄弟二人迁此立村，取名谢家屯。聚落呈团块状分布。有文化广场、农家书屋。经济以种植业为主，主要农作物有小麦、玉米、土豆、花生、核桃、桃。有公路经此。

东姚家屯 370785-B01-H17
[Dōngyáojiātún]

在市驻地醴泉街道东南方向 29.0 千米。柏城镇辖自然村。人口 300。明洪武二年（1369），有姚氏立村，后因位置定名东姚家屯。聚落呈团块状分布。经济以种植业为主，主要农作物有小麦、玉米、土豆、苹果、桃、梨。有公路经此。

鲁家园 370785-B01-H18
[Lǔjiāyuán]

在市驻地醴泉街道东南方向 24.0 千米。柏城镇辖自然村。人口 1 100。聚落呈团块状分布。经济以种植业为主，主要农作物有小麦、玉米、土豆、地瓜、芋头、花生。有公路经此。

向阳 370785-B01-H19
[Xiàngyáng]

在市驻地醴泉街道东南方向 21.0 千米。柏城镇辖自然村。人口 600。因吉祥嘉言而得名。聚落呈团块状分布。经济以种植业为主，主要农作物有小麦、玉米、土豆等。有公路经此。

褚家王吴 370785-B01-H20
[Chǔjiāwángwú]

在市驻地醴泉街道西南方向 26.0 千米。柏城镇辖自然村。人口 1 000。此地旧时有官仓名"东王""西吴"，又因褚姓居首，故名。聚落呈团块状分布。经济以种植业为主，主要农作物有小麦、玉米、土豆等。有公路经此。

柿子园 370785-B01-H21
[Shìziyuán]

在市驻地醴泉街道西南方向 24.0 千米。柏城镇辖自然村。人口 700。明洪武二年（1369），单、傅两姓由山西洪洞县迁此定居，因此地原有几棵大柿子树，故而得名柿子园。聚落呈团块状分布。有小学、中学。经济以种植业为主，主要农作物有小麦、玉米、花生。有公路经此。

曾家店子 370785-B01-H22
[Zēngjiādiànzi]

在市驻地醴泉街道西南方向 25.0 千米。柏城镇辖自然村。人口 600。明洪武二年（1369），始祖从山西洪洞县迁来，有曾姓立村，在村中开店，由曾家大店而得名。聚落呈团块状分布。经济以种植业为主，主要农作物有小麦、玉米、花生。有公路经此。

杨家栏子 370785-B01-H23
[Yángjiālánzi]

在市驻地醴泉街道南方向 27.0 千米。柏城镇辖自然村。人口 800。明洪武年间，杨姓由胶南杨家山里迁来立村，村前有一公共墓地，俗称栏子，故名杨家栏子。聚落呈团块状分布。有小学 1 处。经济以种植业为主，主要农作物有小麦、玉米、花生。有公路经此。

河外 370785-B01-H24
[Héwài]

在市驻地醴泉街道南方向 26.0 千米。柏城镇辖自然村。人口 400。此地旧时有官仓名"东王""西吴",明洪武二年(1369)钟姓来此立村,因地处胶河东侧,与钟家王吴有河里、河外之分,又称河外王吴,1986 年改今名。聚落呈团块状分布。经济以种植业为主,主要农作物有小麦、玉米、土豆、花生。有公路经此。

颜家太洛 370785-B01-H25
[Yánjiātàiluò]

在市驻地醴泉街道南方向 26.0 千米。柏城镇辖自然村。人口 1 100。明初,颜回六十一代贤孙颜宣从曲阜逃荒到此落户,因靠胶河,南有李家太洛,故名颜家太洛。聚落呈团块状分布。经济以种植业为主,主要农作物有小麦、玉米、土豆等。有公路经此。

臧家王吴 370785-B01-H26
[Zāngjiāwángwú]

在市驻地醴泉街道西南方向 26.0 千米。柏城镇辖自然村。人口 1 300。明初由臧姓立村,因此地旧时有官仓名"东王""西吴",故名。聚落呈团块状分布。经济以种植业为主,主要农作物有小麦、玉米、土豆等。有公路经此。

夏庄 370785-B02-H01
[Xiàzhuāng]

夏庄镇人民政府驻地。在市驻地醴泉街道东北方向 15.0 千米。人口 1 500。元代,夏姓家族迁此立村,故名。有农家书屋、中学、小学等。经济以种植业为主,主要农作物有小麦、玉米、香葱、韭菜等。有纺织、机械制造、生物制剂生产等产业。济青高速经此。

王家官庄 370785-B02-H02
[Wángjiāguānzhuāng]

在市驻地醴泉街道东北方向 7.0 千米。夏庄镇辖自然村。人口 1 300。明永乐年间,王姓自湖北黄岗县迁此立村,因附近村名官庄,故名。聚落呈团块状分布。经济以种植业为主,主要农作物有小麦、棉花。有公路经此。

龙王官庄 370785-B02-H03
[Lóngwángguānzhuāng]

在市驻地醴泉街道东北方向 7.0 千米。夏庄镇辖自然村。人口 400。村前有龙王庙,俗称庙后,后因附近村名官庄,故改名龙王官庄。聚落呈团块状分布。经济以种植业为主,主要农作物有小麦、棉花。有公路经此。

綦家 370785-B02-H04
[Qíjiā]

在市驻地醴泉街道东北方向 5.5 千米。夏庄镇辖自然村。人口 2 100。村落因姓氏而得名。聚落呈团块状分布。经济以种植业为主,主要农作物有小麦、棉花。有公路经此。

赵家官庄 370785-B02-H05
[Zhàojiāguānzhuāng]

在市驻地醴泉街道东北方向 6.8 千米。夏庄镇辖自然村。人口 700。因姓氏而得名。聚落呈团块状分布。经济以种植业为主,主要农作物有小麦、棉花。有公路经此。

曙光 370785-B02-H06
[Shǔguāng]

在市驻地醴泉街道东北方向 5.5 千米。夏庄镇辖自然村。人口 700。明正德年间,周姓自胶州迁来立村,取名周家庄,后因嘉言更名曙光。聚落呈团块状分布。经济以种植业为主，主要农作物有小麦、棉花。有公路经此。

十里堡 370785-B02-H07
[Shílǐpù]

在市驻地醴泉街道东北方向 5.5 千米。夏庄镇辖自然村。人口 1 400。明嘉靖年间，杜姓自阳信县迁来立村，因距当时的高密县政府十里，故名十里堡。聚落呈团块状分布。经济以种植业为主，主要农作物有小麦、棉花。有公路经此。

沙窝 370785-B02-H08
[Shāwō]

在市驻地醴泉街道东北方向 9.7 千米。夏庄镇辖自然村。人口 1 300。明隆庆年间，杜姓由阳信县桑落村迁此定居，因此地一片荒沙，故名沙窝。聚落呈团块状分布。经济以种植业为主。有公路经此。

张家南直 370785-B02-H09
[Zhāngjiānánzhí]

在市驻地醴泉街道东北方向 11.0 千米。夏庄镇辖自然村。人口 700。明正统年间，张姓由高密城里三街迁来定居，因当时附近有村名南直，故名张家南直。聚落呈团块状分布。经济以种植业为主，主要农作物有小麦、棉花。有公路经此。

王家南直 370785-B02-H10
[Wángjiānánzhí]

在市驻地醴泉街道东北方向 10.8 千米。夏庄镇辖自然村。人口 400。明崇祯年间，王姓从潍县东关迁此立村，因当时附近有村名南直，故名王家南直。聚落呈团块状分布。经济以种植业为主，主要农作物有小麦、玉米、大豆。有公路经此。

郭家泊子 370785-B02-H11
[Guōjiāpōzi]

在市驻地醴泉街道东北方向 11.5 千米。夏庄镇辖自然村。人口 1 200。明万历年间，郭姓由郭家南直迁来定居，因附近有都泊（小鹿湾），故称郭家泊子。聚落呈团块状分布。经济以种植业为主，主要农作物有小麦、棉花。有公路经此。

郭家南直 370785-B02-H12
[Guōjiānánzhí]

在市驻地醴泉街道东北方向 10.6 千米。夏庄镇辖自然村。人口 1 700。明永乐年间，张姓由河南直隶迁来立村，为纪念故地，取名南直庄，后更名郭家南直。聚落呈团块状分布。经济以种植业为主，主要农作物有小麦、棉花。有公路经此。

宋家泊子 370785-B02-H13
[Sòngjiāpōzi]

在市驻地醴泉街道东北方向 11.5 千米。夏庄镇辖自然村。人口 1 500。明初，孙姓迁来定居，因附近有都泊（小鹿湾），故名孙家泊子。明嘉靖年间，宋姓迁入，人丁兴旺，孙姓迁出，遂更今名。聚落呈团块状分布。经济以种植业为主，主要农作物有小麦、棉花。有公路经此。

沟崖 370785-B02-H14
[Gōu'ái]

在市驻地醴泉街道东北方向 9.7 千米。夏庄镇辖自然村。人口 300。明洪武年间，于姓从登州大水泊土楼迁来立村，因村中有一条沟，建居于沟崖，故名。聚落呈团块状分布。经济以种植业为主。有公路经此。

高家店 370785-B02-H15
[Gāojiādiàn]

在市驻地醴泉街道东北方向 10.0 千米。夏庄镇辖自然村。人口 900。明洪武年间，高姓从山西洪洞县迁来立村，因开设店铺，故名高家店。聚落呈团块状分布。经济以种植业为主，主要农作物有花生。有公路经此。

河西 370785-B02-H16
[Héxī]

在市驻地醴泉街道东北方向 10.5 千米。夏庄镇辖自然村。人口 1 400。明万历年间，李姓由河北枣强县迁来立村，因定居河西岸得名。聚落呈团块状分布。经济以种植业为主，主要农作物有小麦、棉花。有公路经此。

东张家 370785-B02-H17
[Dōngzhāngjiā]

在市驻地醴泉街道东北方向 11.0 千米。夏庄镇辖自然村。人口 200。明初，张姓由河北迁来立村，取名张家村。1981 年更今名。聚落呈团块状分布。经济以种植业为主，主要农作物有小麦、棉花、韭菜。有公路经此。

茂早屯 370785-B02-H18
[Màozǎotún]

在市驻地醴泉街道东北方向 12.0 千米。夏庄镇辖自然村。人口 1 000。明嘉靖年间，管姓由即墨蓝村迁此定居，取名槐树底庄。清初，官府在此设民屯，后雅化为茂早屯。聚落呈团块状分布。经济以种植业为主，主要农作物有小麦、棉花、黄瓜。有公路经此。

河崖 370785-B02-H19
[Héyá]

在市驻地醴泉街道东北方向 14.9 千米。夏庄镇辖自然村。人口 400。明洪武年间，贾姓迁此立村，因建于故胶河道北崖，故名河崖。聚落呈团块状分布。有小学、幼儿园。经济以种植业为主，主要农作物有小麦、谷子、高粱、地瓜、大豆、花生等。有公路经此。

牟家园 370785-B02-H20
[Mùjiāyuán]

在市驻地醴泉街道东北方向 13.7 千米。夏庄镇辖自然村。人口 700。明万历年间，徐姓迁此立村，名徐家庄。清康熙年间，牟姓迁入，人丁兴旺，因建宅于园地，更今名。聚落呈团块状分布。经济以种植业为主，主要农作物有小麦、谷子、大豆、花生。有公路经此。

下村 370785-B02-H21
[Xiàcūn]

在市驻地醴泉街道东北方向 14.9 千米。夏庄镇辖自然村。人口 300。村始建于清康熙年间，时有刘姓者由即墨料店迁此定居，因地处河崖东头，河水自西东流，故名河崖下村，简称下村。聚落呈团块状分布。经济以种植业为主，主要农作物有小麦、谷子、大豆、花生。有公路经此。

郭家园 370785-B02-H22
[Guōjiāyuán]

在市驻地醴泉街道东北方向 14.6 千米。夏庄镇辖自然村。人口 600。明嘉靖年间，郭娃从郭家泊子迁此定居，因建菜园地，故称郭家园。聚落呈团块状分布。经济以种植业为主，主要农作物有小麦、谷子、高粱、地瓜、大豆、花生等。有公路经此。

王家园 370785-B02-H23
[Wángjiāyuán]

在市驻地醴泉街道东北方向 13.9 千米。

夏庄镇辖自然村。人口 300。1700 年，王氏自高密县李仙庄王家寺东小庄迁此定居，因村址坐落于河崖街南园，故名王家园。聚落呈团块状分布。经济以种植业为主，主要农作物有小麦、谷子、大豆、花生等。有公路经此。

王新屯 370785-B02-H24
[Wángxīntún]

在市驻地醴泉街道东北方向 12.8 千米。夏庄镇辖自然村。人口 700。明崇祯年间，王姓由平度市马二丘迁此定居，取名王家庄。1980 年地名普查时，更今名。聚落呈团块状分布。经济以种植业为主，主要农作物有小麦、谷子、大豆、花生、玉米。有公路经此。

郭家小庄 370785-B02-H25
[Guōjiāxiǎozhuāng]

在市驻地醴泉街道东北方向 14.3 千米。夏庄镇辖自然村。人口 600。村始建于清顺治年间，郭氏三人首迁此地立村，因立村人少，村小，故名郭家小庄。聚落呈团块状分布。经济以种植业为主，主要农作物有小麦、谷子、大豆、花生、玉米。有公路经此。

刘家台子 370785-B02-H26
[Liújiātáizi]

在市驻地醴泉街道东北方向 14.3 千米。夏庄镇辖自然村。人口 500。清康熙年间，刘氏先人迁此搭台定居，放牛为生，称放牛台子，后更为刘家台子至今。聚落呈团块状分布。经济以种植业为主，主要农作物有小麦、玉米、土豆等。有公路经此。

东流口子 370785-B02-H27
[Dōngliúkǒuzi]

在市驻地醴泉街道东北方向 15.0 千米。夏庄镇辖自然村。人口 1 700。明崇祯年间，

该村张姓先人由今河崖镇郭家官庄迁此搭屋居住，遂定村名张家屋子。后胶河决口，水从村中东流，乡人呼之为东流口子，遂演为村名。聚落呈团块状分布。经济以种植业为主，主要农作物有小麦、玉米、土豆等。有公路经此。

阎家 370785-B02-H28
[Yánjiā]

在市驻地醴泉街道东北方向 15.2 千米。夏庄镇辖自然村。人口 1 000。明嘉靖年间，阎姓先人首迁于此立村，故名阎家庄，1981 年更今名。聚落呈团块状分布。经济以种植业为主，主要农作物有小麦、玉米、土豆等。有公路经此。

向阳 370785-B02-H29
[Xiàngyáng]

在市驻地醴泉街道东北方向 15.1 千米。夏庄镇辖自然村。人口 900。明万历年间，李、臧两姓迁此立村，取名李家庄。明天启年间，因下迁百步，改称下庄。1981 年更今名。聚落呈团块状分布。经济以种植业为主，主要农作物有小麦、玉米、土豆等。有公路经此。

平安 370785-B02-H30
[Píng'ān]

在市驻地醴泉街道东北方向 19.0 千米。夏庄镇辖自然村。人口 800。清嘉庆年间，万姓兄弟在此分地择居，称三份子荒。1947 年，名平安庄。1980 年更今名。聚落呈团块状分布。经济以种植业为主，主要农作物有小麦、玉米、土豆等。有公路经此。

沙口子 370785-B02-H31
[Shākǒuzi]

在市驻地醴泉街道东北方向 19.0 千米。夏庄镇辖自然村。人口 1 100。清嘉庆年间，

宋姓由平度县朱家村迁此定居，因地洼易涝，为祈求永远丰收，取名永丰屯。1912年胶河决口，淤泥沉积，遂更今名。聚落呈团块状分布。经济以种植业为主，主要农作物有小麦、谷子、大豆、花生、玉米、土豆。有公路经此。

孙家口 370785-B02-H32
[Sūnjiākǒu]

在市驻地醴泉街道东北方向 25.8 千米。夏庄镇辖自然村。人口 800。明洪武年间，孙姓先人首迁此地立村，因地处运粮河岸，为河口地带，故名孙家口。聚落呈团块状分布。经济以种植业为主，主要农作物有小麦、谷子、大豆、花生、玉米、土豆。有公路经此。

谭家荒 370785-B02-H33
[Tánjiāhuāng]

在市驻地醴泉街道东北方向 25.5 千米。夏庄镇辖自然村。人口 500。因村址坐落于谭氏田野之荒地，故名谭家荒。聚落呈团块状分布。经济以种植业为主，主要农作物有小麦、谷子、大豆、花生、玉米、土豆。有公路经此。

艾丘 370785-B02-H34
[Àiqiū]

在市驻地醴泉街道东北方向 24.0 千米。夏庄镇辖自然村。人口 1 100。明崇祯年间，吴姓从平度县吴家口迁此定居，因建村于艾草丛生的高地，故名艾丘。聚落呈团块状分布。经济以种植业为主，主要农作物有小麦、谷子、大豆、花生、玉米、土豆。有公路经此。

公婆庙 370785-B02-H35
[Gōngpómiào]

在市驻地醴泉街道东北方向 23.7 千米。夏庄镇辖自然村。人口 1 800。明末，有王氏来此立村，取村名官庄屯。相传村内原有两户人家联姻，男未婚少亡，女照常嫁到男方家，与亡夫牌位拜堂成亲，婚后待公婆至孝，一时传为佳话，村人念其节孝，建庙以祀之，村随庙而更名为公婆庙。聚落呈团块状分布。经济以种植业为主，主要农作物有小麦、谷子、大豆、花生、玉米、土豆。有公路经此。

姜庄 370785-B03-H01
[Jiāngzhuāng]

姜庄镇人民政府驻地。在市驻地醴泉街道北方向 12.0 千米。人口 3 400。宋末以前，现村南石桥为草木结构桥，故初名草桥村，后姜姓迁此定居，更名姜家庄，清中期改称姜庄。有学校。有国家级非物质文化遗产扑灰年画。经济以种植业为主，主要农作物有小麦、玉米。有公路经此。

仁和庄 370785-B03-H02
[Rénhézhuāng]

在市驻地醴泉街道北方向 10.0 千米。姜庄镇辖自然村。人口 2 400。清末，丁户已繁，多姓杂居，引"和睦"之意，取名为仁和庄。聚落呈团块状分布。经济以种植业为主，主要农作物有草莓、油桃、樱桃。有公路经此。

梁家 370785-B03-H03
[Liángjiā]

在市驻地醴泉街道北方向 10.0 千米。姜庄镇辖自然村。人口 700。该村系清初官设之民屯，因梁氏先来立村，故名梁家屯。1981 年地名普查时，更名为梁家。聚落呈团块状分布。有幼儿园。经济以商贸业为主。有公路经此。

新兴庄 370785-B03-H04
[Xīnxīngzhuāng]

在市驻地醴泉街道北方向 6.0 千米。姜庄镇辖自然村。人口 400。多姓集居，官府为勉其垦兴，取名新兴庄。聚落呈团块状分布。经济以种植业为主，主要农作物有小麦、高粱、谷子、大豆、玉米、地瓜、棉花等。有公路经此。

旗台村 370785-B03-H05
[Qítáicūn]

在市驻地醴泉街道北方向 5.0 千米。姜庄镇辖自然村。人口 2 100。明末清初綦姓建村，命名为綦家台子，后演为旗台村。聚落呈带状分布。经济以种植业为主，主要农作物有苹果、葡萄。有公路经此。

甄家屯 370785-B03-H06
[Zhēnjiātún]

在市驻地醴泉街道北方向 10.0 千米。姜庄镇辖自然村。人口 500。村系清顺治年间新垦民屯，因徐姓迁此立村，故村名徐家屯。康熙年间，甄姓由平度县亭口迁入后，人丁兴旺，故又更名甄家屯。聚落呈带状分布。经济以种植业为主，主要农作物有小麦、玉米。有公路经此。

方家庄 370785-B03-H07
[Fāngjiāzhuāng]

在市驻地醴泉街道北方向 15.0 千米。姜庄镇辖自然村。人口 200。明永乐年间，始有方姓自徽州府迁此立村，故称方家庄。聚落呈团块状分布。经济以种植业为主，主要农作物有小麦、玉米。有公路经此。

周家 370785-B03-H08
[Zhōujiā]

在市驻地醴泉街道北方向 15.0 千米。姜庄镇辖自然村。人口 500。明洪武二年（1369），周姓自武宁府惠民县桑落村迁此立村，取名周家庄。因重名，1986 年改称今名。聚落呈团块状分布。经济以种植业为主，主要农作物有小麦、玉米。有公路经此。

赵家圈 370785-B03-H09
[Zhàojiāquān]

在市驻地醴泉街道北方向 15.0 千米。姜庄镇辖自然村。人口 300。明初，赵姓从云南小麻湾迁来，后赵姓家族出一武举人，此人常在村南一场地骑马演武，时人俗称演武场为大圈，故村名演称赵家圈。聚落呈团块状分布。经济以种植业为主，主要农作物有小麦、玉米。有公路经此。

棉花屯 370785-B03-H10
[Miánhuātún]

在市驻地醴泉街道北方向 15.0 千米。姜庄镇辖自然村。人口 400。明晚期，王姓、栾姓建村，因村四周种植棉花，且所产棉花质优量大，故得村名棉花屯。聚落呈团块状分布。经济以种植业为主，主要农作物有小麦、玉米。有公路经此。

北高家庄 370785-B03-H11
[Běigāojiāzhuāng]

在市驻地醴泉街道北方向 15.0 千米。姜庄镇辖自然村。人口 500。明朝末期，高姓一支由草桥村迁此定居，故称高家庄。1986 年，为与南高家庄区别，更今名。聚落呈团块状分布。经济以商贸业为主。有公路经此。

苘湾崖 370785-B03-H12
[Qǐngwān'ái]

在市驻地醴泉街道北方向 20.0 千米。姜庄镇辖自然村。人口 800。因此地地势稍高，周围全是沼泽，长有芦苇、蒲草等，当时的村民除种粮食作物外，还种上苘麻，以备冬季在窖子里编草鞋，时人大都居住湾崖高处，故此而得名。聚落呈团块状分布。经济以种植业为主，主要农作物有小麦、玉米。有公路经此。

艾山屯 370785-B03-H13
[Àishāntún]

在市驻地醴泉街道北方向 18.0 千米。姜庄镇辖自然村。人口 300。清顺治年间，艾、逄二姓由胶南县艾山村迁此立村定居，为念祖籍艾山而得名。聚落呈团块状分布。经济以种植业为主，主要农作物有小麦、高粱、大豆、谷子。有公路经此。

刘家口子 370785-B03-H14
[Liújiākǒuzi]

在市驻地醴泉街道北方向 25.0 千米。姜庄镇辖自然村。人口 700。明末，刘姓始祖自青州府迁至村东胶莱河岸处立村。旧时为方便潍县至胶县、平度客商交通，在要道两岸外有较大豁口，借此取村名刘家口子。聚落呈团块状分布。经济以商贸业为主。有公路经此。

岳家屯 370785-B03-H15
[Yuèjiātún]

在市驻地醴泉街道北方向 20.0 千米。姜庄镇辖自然村。人口 300。因姓氏而得名。聚落呈团块状分布。经济以手工业为主。有公路经此。

潘家 370785-B03-H16
[Pānjiā]

在市驻地醴泉街道北方向 21.0 千米。姜庄镇辖自然村。人口 700。相传于姓来此最早，后肖、张两姓迁来。时间不长，潘姓随后迁来并逐渐强大，故村名潘家。聚落呈带状分布。经济以种植业为主，主要农作物有小麦、玉米。有公路经此。

崔家 370785-B03-H17
[Cuījiā]

在市驻地醴泉街道北方向 21.0 千米。姜庄镇辖自然村。人口 1 400。相传明初赵姓先来居住，明万历年间，崔姓徙此定居、建村，因村处胶莱河崖，故取名崔家河崖，后演称今名。聚落呈带状分布。经济以种植业为主，主要农作物有小麦、玉米。有公路经此。

伊家长村 370785-B03-H18
[Yījiāchángcūn]

在市驻地醴泉街道北方向 16.0 千米。姜庄镇辖自然村。人口 1 200。元末明初，常姓首迁此地立村，后逄姓自安徽凤阳府迁此。时因天灾兵乱，民不聊生，颠沛流离，人们渴望有一长存久安之地，取吉言名"常存"，后谐音"长村"。后伊姓由现栖霞迁来，族繁丁兴，故冠以伊姓，称伊家长村。聚落呈团块状分布。古迹有庙宇 4 座。经济以制造业、纺织业为主。有公路经此。

隋家屯 370785-B03-H19
[Suíjiātún]

在市驻地醴泉街道北方向 13.0 千米。姜庄镇辖自然村。人口 1 300。清嘉庆年间，隋姓由胶州五里堆村迁来，后隋姓出了一名京官隋希武，相传在工部任职，于是改村名隋家屯。聚落呈团块状分布。经济以种植业为主，主要农作物有小麦、玉米。有公路经此。

聂家庄 370785-B03-H20
[Nièjiāzhuāng]

在市驻地醴泉街道北方向 15.0 千米。姜庄镇辖自然村。人口 1 500。明万历初年，河北泊镇连年遭灾歉收，聂姓先人聂福来为图生计，便携带全家逃荒来到了李仙庄，不久迁今址立村，名聂家庄，沿用至今。

聚落呈团块状分布。经济以种植业为主，主要农作物有小麦、玉米。有公路经此。

王家寺 370785-B03-H21

[Wángjiāsì]

在市驻地醴泉街道北方向 16.0 千米。姜庄镇辖自然村。人口 600。王氏迁此立村后，因附近有幸福寺，以寺庙取村名为王家寺。聚落呈团块状分布。经济以种植业为主，主要农作物有小麦、玉米。有公路经此。

顺河庄 370785-B03-H22

[Shùnhézhuāng]

在市驻地醴泉街道北方向 10.0 千米。姜家镇辖自然村。明末清初建村。因整个村落皆沿古新河而居，取吉祥意，故称顺河庄。聚落呈带状分布。经济以纺织业为主。有公路经此。

高家屋子 370785-B03-H23

[Gāojiāwūzi]

在市驻地醴泉街道北方向 12.5 千米。姜庄镇辖自然村。人口 400。清初王姓迁入立村，因村北有一小土丘，有人说此处是龙王所居，故村民建龙王庙一座，村由此得名龙王固墩。后高氏迁入，人丁兴旺，改名为高家屋子。聚落呈团块状分布。经济以种植业为主，主要农作物有小麦、玉米。有公路经此。

唐家 370785-B03-H24

[Tángjiā]

在市驻地醴泉街道东北方向 19.5 千米。姜庄镇辖自然村。人口 700。传说，唐氏始祖由烟台迁来建村，以姓氏命名为唐家。聚落呈团块状分布。经济以种植业为主，主要农作物有小麦、玉米。有公路经此。

咸家屯 370785-B03-H25

[Xiánjiātún]

在市驻地醴泉街道北方向 17.5 千米。姜庄镇辖自然村。人口 1 200。清初，董咸由平度县迁此定居，取名咸家屯。聚落呈团块状分布。经济以种植业为主，主要农作物有小麦、玉米、土豆。有公路经此。

大楚家 370785-B03-H26

[Dàchǔjiā]

在市驻地醴泉街道北方向 19.5 千米。姜庄镇辖自然村。人口 800。明万历年间，楚姓由楚家庄迁此定居，因村前有一水沟，取名楚家沟。清咸丰年间，因其北立小楚家，遂更今名。聚落呈团块状分布。经济以种植业为主，主要农作物有小麦、玉米。有公路经此。

岔河 370785-B03-H27

[Chàhé]

在市驻地醴泉街道北方向 14.0 千米。姜庄镇辖自然村。人口 400。清嘉庆年间，先是夏姓迁立此村，后其他姓氏也迁于此村，因旧胶莱河在此分流，村居分流岔口，故名岔河。聚落呈团块状分布。经济以种植业为主，主要农作物有小麦、玉米。有公路经此。

大侯家 370785-B03-H28

[Dàhóujiā]

在市驻地醴泉街道东北方向 20.0 千米。姜庄镇辖自然村。人口 1 100。明洪武年间，侯姓由山西省洪洞县迁此定居，分立东、西两侯家，兄居东，名大侯家。聚落呈团块状分布。经济以种植业为主，主要农作物有小麦、玉米。有公路经此。

徐家庙子 370785-B03-H29
［Xújiāmiàozi］

在市驻地醴泉街道北方向 20.5 千米。姜庄镇辖自然村。人口 500。明天启年间，徐姓自云南斑鸠店迁此立村，取名徐家。清康熙年间，于村东建一庙宇，故村得名徐家庙，后演为今名。聚落呈团块状分布。经济以种植业为主，主要农作物有小麦、玉米。有公路经此。

杨兰 370785-B03-H30
［Yánglán］

在市驻地醴泉街道东北方向 15.0 千米。姜庄镇辖自然村。人口 400。清道光年间，阎姓由李家长村迁此设栏牧羊，取名羊栏。后綦姓迁入，因村中有大杨树，雅化为杨兰。聚落呈团块状分布。经济以种植业为主，主要农作物有小麦、玉米。有公路经此。

东牟家 370785-B04-H01
［Dōngmùjiā］

大牟家镇人民政府驻地。在市驻地醴泉街道西北方向 21.0 千米。人口 500。明洪武年间，牟氏家族迁此立村，取名牟家。明末，因北侧建小牟家，改称大牟家。清顺治年间，赵姓迁居村西，取名西牟家，遂村改称东牟家。有图书室、中学、小学。经济以种植业、养殖业为主，主要农作物有小麦、棉花、蔬菜等，养殖桑蚕、家禽。有公路经此。

谭家庄 370785-B04-H02
［Tánjiāzhuāng］

在市驻地醴泉街道西北方向 25.1 千米。大牟家镇辖自然村。人口 300。明朝中后期有谭姓在此立村，在此之前有张家庄数户人家，谭姓立村后并入谭家庄。聚落呈团块状分布。经济以种植业为主，主要农作物有小麦、玉米、花生等。有公路经此。

西刘家庄 370785-B04-H03
［Xīliújiāzhuāng］

在市驻地醴泉街道西北方向 23.2 千米。大牟家镇辖自然村。人口 700。明朝中期，刘姓由昌邑县北孟镇刘家营子村迁来，时有韩、王、李等姓，后来由于变故，只剩刘氏一族，故取名刘家庄，后以方位更名为西刘家庄。聚落呈团块状分布。经济以种植业为主，主要农作物有小麦、玉米、花生等。有公路经此。

黑王家 370785-B04-H04
［Hēiwángjiā］

在市驻地醴泉街道西北方向 19.7 千米。大牟家镇辖自然村。人口 100。明朝初立村，相传先由王、董两姓来此居住，王姓有黑牛一头，董姓有花牛一头，即起名为黑牛王花牛董村，后从潍县、平度及邻村迁来部分王姓先人，逐渐人丁兴旺，族众颇繁，董姓渐衰，至清初即改名为黑王家。聚落呈团块状分布。经济以种植业为主，主要农作物有小麦、玉米、花生等。

大泊子 370785-B04-H05
［Dàpōzi］

在市驻地醴泉街道西北方向 36.3 千米。大牟家镇辖自然村。人口 700。明朝初年，张氏兄弟三人由山西省移民至此立村，由于地形低洼，取名张家泊子。1709 年，有部分户迁村西不远处居住，立村中泊子和西泊子，于是张家泊子改为大泊子。聚落呈团块状分布。经济以种植业为主，主要农作物有小麦、玉米、花生、土豆等。

魏家坊 370785-B04-H06
［Wèijiāfāng］

在市驻地醴泉街道西北方向 33.8 千米。大牟家镇辖自然村。人口 600。魏姓先人于元末自四川魏家胡同迁来，以姓名村。聚落呈团块状分布。经济以种植业为主，主要农作物有小麦、玉米、花生等。有公路经此。

新河村 370785-B04-H07
[Xīnhécūn]

在市驻地醴泉街道西北方向 32.7 千米。大牟家镇辖自然村。人口 500。20 世纪 50 年代初，为杜绝水患，村民在上级组织下，开挖了一条发源于昌邑南部，向东北注入胶莱河的小河，同时，河上新建石板桥一座，小河取名为小流河，故村名新河村。聚落呈团块状分布。经济以种植业为主，主要农作物有小麦、玉米、花生等。有公路经此。

王家庄子 370785-B04-H08
[Wángjiāzhuāngzi]

在市驻地醴泉街道西北方向 33.2 千米。大牟家镇辖自然村。人口 800。相传此村是王姓先人在此立村，故得名王家庄子。聚落呈团块状分布。经济以种植业为主，主要农作物有小麦、玉米、花生等。有公路经此。

张肖寨 370785-B04-H09
[Zhāngxiāozhài]

在市驻地醴泉街道西北方向 32.3 千米。大牟家镇辖自然村。人口 1 100。相传，明洪武年间，张、肖两姓从山西迁来，故名张肖寨。聚落呈团块状分布。经济以种植业为主，主要农作物有小麦、玉米、花生等。有公路经此。

南集 370785-B04-H10
[Nánjí]

在市驻地醴泉街道西北方向 28.7 千米。大牟家镇辖自然村。人口 1 000。明正统年间，孙姓落户于周戈庄集市南侧，故名南集。聚落呈团块状分布。经济以种植业为主，主要农作物有小麦、玉米、花生等。有公路经此。

周戈庄 370785-B04-H11
[Zhōugēzhuāng]

在市驻地醴泉街道西北方向 29.5 千米。大牟家镇辖自然村。人口 1 000。周姓立村，原名周哥庄，因"哥"难写，"戈"好写，渐演变为周戈庄。聚落呈团块状分布。经济以种植业为主，主要农作物有小麦、玉米、花生等。有公路经此。

郇李家 370785-B04-H12
[Huánlǐjiā]

在市驻地醴泉街道西北方向 19.6 千米。大牟家镇辖自然村。人口 700。明泰昌年间，郇姓、李姓同时迁此立村，故称郇李家庄，后演为今名。聚落呈团块状分布。经济以种植业为主，主要农作物有小麦、玉米、花生等。有公路经此。

张户庄 370785-B04-H13
[Zhānghùzhuāng]

在市驻地醴泉街道西北方向 17.5 千米。大牟家镇辖自然村。人口 800。明末清初，因有张姓单门独户立下村志，故名张户庄。聚落呈团块状分布。经济以种植业为主，主要农作物有小麦、玉米、花生等。有公路经此。

王官庄 370785-B04-H14
[Wángguānzhuāng]

在市驻地醴泉街道西北方向 15.8 千米。大牟家镇辖自然村。人口 1 400。王姓先人于清初携子从巴山相州迁来落户，因系官屯，故名王官庄。聚落呈团块状分布。有小学 1 处。经济以种植业为主，主要农作物有小麦、玉米、花生等。有公路经此。

北斜沟 370785-B04-H15
[Běixiégōu]

在市驻地醴泉街道西北方向 25.7 千米。大牟家镇辖自然村。人口 800。村南有一条较大的排水沟，由东南向北流，故名斜沟。后因沟南又有一村，遂改名为北斜沟。聚落呈团块状分布。经济以种植业为主，主要农作物有小麦、玉米、花生等。有公路经此。

大迟家 370785-B04-H16
[Dàchíjiā]

在市驻地醴泉街道西北方向 24.6 千米。大牟家镇辖自然村。人口 1 900。明末，迟姓由河北省南皮县迁此立村，取村名迟家。后因村南侧立小迟家，故改称大迟家。聚落呈团块状分布。经济以种植业为主，主要农作物有小麦、玉米、花生等。有公路经此。

南斜沟 370785 B04 H17
[Nánxiégōu]

在市驻地醴泉街道西北方向 24.8 千米。大牟家镇辖自然村。人口 900。因立村时村北有一条较大的排水沟，由东南向北流，以此取村名南斜沟。聚落呈团块状分布。经济以种植业为主，主要农作物有小麦、玉米、花生等。有公路经此。

小杜家 370785-B04-H18
[Xiǎodùjiā]

在市驻地醴泉街道西北方向 22.2 千米。大牟家镇辖自然村。人口 500。明洪武年间，杜姓先人从山西洪洞县北关迁居滨州，后由滨州迁至潍县东乡睦村，由睦村又迁至高密西北乡胶莱河南岸立村定居，取名杜家村。清雍正年间，杜家村南新立一村，取名南杜家村，杜家村渐渐演称小杜家。

聚落呈团块状分布。经济以种植业为主，主要农作物有小麦、玉米、花生等。有公路经此。

小辛家 370785-B04-H19
[Xiǎoxīnjiā]

在市驻地醴泉街道西北方向 21.3 千米。大牟家镇辖自然村。人口 900。明末清初，辛氏六世祖在大辛家村东立村，为区别于大辛家，取名为小辛家。聚落呈团块状分布。经济以种植业为主，主要农作物有小麦、玉米、花生等。有公路经此。

大孙家 370785-B04-H20
[Dàsūnjiā]

在市驻地醴泉街道西北方向 22.5 千米。大牟家镇辖自然村。人口 1 300。因姓氏而得名。聚落呈团块状分布。经济以种植业为主，主要农作物有小麦、玉米、花生等。有公路经此。

李党家 370785 B04 H21
[Lǐdǎngjiā]

在市驻地醴泉街道西北方向 17.9 千米。大牟家镇辖自然村。人口 1 300。明万历年间，有李姓文美者担四子由昌邑县金台迁此，后有刘、张两姓迁来，故初名李刘张家庄。后因李家四子长大成人，特别是次子李党长得身材魁梧，一表人才，在村中声誉极高，久而久之李党便改村名为李党家，沿用至今。聚落呈团块状分布。经济以种植业为主，主要农作物有小麦、玉米、花生等。有公路经此。

北杨家庄 370785-B04-H22
[Běiyángjiāzhuāng]

在市驻地醴泉街道西北方向 20.3 千米。大牟家镇辖自然村。人口 900。荆姓福者从平度崔家镇迁来立村，取名荆家庄。随后杨、陈、刘三姓陆续迁来，由于杨姓家族发展较快且势力大，村名改为杨帮家，后改为杨家庄。后为区分同名村，以位置定名北杨家庄。聚落呈团块状分布。经济以种植业为主，主要农作物有小麦、玉米、花生等。有公路经此。

西牟家 370785-B04-H23
[Xīmùjiā]

在市驻地醴泉街道西北方向 21.8 千米。大牟家镇辖自然村。人口 1 000。明朝初年，牟姓、李姓立村，取名牟家。后赵姓、刘姓迁来，向西发展，称为大牟家西头，1961 年称为西牟家。聚落呈团块状分布。经济以种植业为主，主要农作物有小麦、玉米、花生等。有公路经此。

史家庄子 370785-B04-H24
[Shǐjiāzhuāngzi]

在市驻地醴泉街道西北方向 27.6 千米。大牟家镇辖自然村。人口 900。据传明洪武年间，本村史姓先人史文礼从山西来此地建村，故名史家庄子。聚落呈团块状分布。经济以种植业为主，主要农作物有小麦、玉米、花生等。有公路经此。

官厅 370785-B04-H25
[Guāntīng]

在市驻地醴泉街道西北方向 26.7 千米。大牟家镇辖自然村。人口 600。明代为衡王府的牧场，此牧场中设官亭，亭前有空地，名"官场"或"亭场"，是衡王府军马休息之场所。清初，有严姓者来此立村，遂取名官亭，后演为官厅。聚落呈团块状分布。经济以种植业为主，主要农作物有小麦、玉米、花生等。有公路经此。

秦家庄子 370785-B04-H26
[Qínjiāzhuāngzi]

在市驻地醴泉街道西北方向 30.2 千米。大牟家镇辖自然村。人口 1 300。秦姓祖先于明洪武年间由安徽省迁来，以姓名村，取名秦家庄子。聚落呈团块状分布。经济以种植业为主，主要农作物有小麦、玉米、花生等。有公路经此。

阚家 370785-B05-H01
[Kànjiā]

阚家镇人民政府驻地。在市驻地醴泉街道西方向 16.0 千米。人口 2 100。明洪武年间，因阚姓祖先迁此而得名。聚落呈团块状分布。有图书室、幼儿园等。经济以种植业为主，主要农作物有小麦、玉米、花生、葡萄等。有公路经此。

方戈庄 370785-B05-H02
[Fānggēzhuāng]

在市驻地醴泉街道西北方向 24.3 千米。阚家镇辖自然村。人口 2 300。清初，岳姓由胶县大杭迁此立村。此处北面丘陵连绵，起伏数里，曰笔架山，东有文渠河，南有墨水湾，有利于战时防御，故名防戈庄，后演称方戈庄。聚落呈环状分布。有高密市爱国主义教育基地精忠岳祠。经济以食品加工业为主。有公路经此。

袁家 370785-B05-H03
[Yuánjiā]

在市驻地醴泉街道西方向 16.0 千米。阚家镇辖自然村。人口 800。明洪武二年（1369），袁姓祖先明、晖兄弟二人自云南迁此立村，取名袁家。聚落呈团块状分布。经济以种植业为主，主要农作物有小麦、玉米。

尚义官庄 370785-B05-H04

[Shàngyìguānzhuāng]

在市驻地醴泉街道西方向 18.5 千米。阚家镇辖自然村。人口 700。以吉祥嘉言而得名。聚落呈团块状分布。经济以食品加工业为主。

吴家营 370785-B05-H05

[Wújiāyíng]

在市驻地醴泉街道西方向 25.0 千米。阚家镇辖自然村。人口 900。明末白姓建村，名白家营。清雍正八年（1730），吴姓迁入，经多年变迁，吴姓越来越多，而无白姓人家，故改为吴家营。聚落呈团块状分布。经济以种植业为主，主要农作物有小麦、玉米、桃子。有公路经此。

徐睦庄 370785-B05-H06

[Xúmùzhuāng]

在市驻地醴泉街道西方向 20.0 千米。阚家镇辖自然村。人口 2 200。传说清初立村时，村里有一徐姓老太太年纪很高，德高望重，人尊称徐母，由此得村名徐母庄，后演称徐睦庄。聚落呈团块状分布。经济以种植业为主，主要农作物有西瓜。有公路经此。

谭家营 370785-B05-H07

[Tánjiāyíng]

在市驻地醴泉街道西北方向 20.0 千米，阚家镇辖自然村。人口 2 800。明洪武年间，谭、尹两表兄弟由山东省郯城迁此立村，建村于高阳南茔，故得村名谭家营。聚落呈团块状分布。古迹有神像庙 1 处。经济以种植业为主，主要农作物有桃。有公路经此。

卢家庄 370785-B05-H08

[Lújiāzhuāng]

在市驻地醴泉街道西方向 20.0 千米。阚家镇辖自然村。人口 600。明洪武二年（1369），卢姓祖先由山西临汾府迁此立村，取名卢家庄。聚落呈团块状分布。古迹有神像庙 1 处。经济以种植业为主，主要农作物有小麦、玉米、梨。有公路经此。

张家屋子 370785-B05-H09

[Zhāngjiāwūzi]

在市驻地醴泉街道西方向 18.0 千米。阚家镇辖自然村。人口 900。相传，杜姓最早迁此立村，搭建一土屋居住，取名杜家屋子。后来，张姓迁来，并任闾长，又改名为张家屋子。聚落呈团块状分布。经济以种植业为主，主要农作物有花生。

松兴屯 370785-B05-H10

[Sōngxīngtún]

在市驻地醴泉街道西方向 20.0 千米。阚家镇辖自然村。人口 700。明末李姓迁此立村，系新垦民屯。因村东庙前有古松三株，故名松兴屯。聚落呈团块状分布。有小学、幼儿园。经济以种植业为主，主要农作物有圣女果。

红庙子 370785-B05-H11

[Hóngmiàozi]

在市驻地醴泉街道西南方向 16.0 千米。阚家镇辖自然村。人口 600。明末清初，李姓祖先由江南省宿迁县红花埠迁此立村，村有镇武庙、菩萨庙，墙皆红色，俗称红庙子，后演为村名。聚落呈团块状分布。经济以种植业为主，主要农作物有玉米。有公路经此。

三教堂 370785-B05-H12
[Sānjiàotáng]

在市驻地醴泉街道西南方向 16.0 千米。阚家镇辖自然村。人口 600。清顺治年间，王姓从胶州迁来立村，建村于老五龙河河底，道光四年（1824 年），村建庙堂一座，供奉儒、释、道三教始祖，名三教堂，村袭庙名，故名三教堂。聚落呈团块状分布。经济以种植业为主，主要农作物有火龙果。

坊岭 370785-B05-H13
[Fānglǐng]

在市驻地醴泉街道西南方向 16.0 千米。阚家镇辖自然村。人口 2 100。据说，高密县城在汉朝以前有一官宦人家与潍县某氏联姻，为方便往来，修了一条东西向的高土路，官河以东到高密的路段叫坊路，官河以西叫官路，该村因坊路而取名。聚落呈散状分布。经济以种植业为主，主要农作物有小麦、玉米。有公路经此。

官亭 370785-B05-H14
[Guāntíng]

在市驻地醴泉街道西北方向 17.0 千米。阚家镇辖自然村。人口 1 200。明洪武年间，兵部在此设放马场一处，并建有一处官员前来巡视和歇脚的亭子，称为观望亭，后延续谐音为官亭，以此为村名，沿用至今。聚落呈团块状分布。古迹有孙文墓、孙文碑。经济以种植业为主，主要农作物有小麦、玉米。有公路经此。

高家楼 370785-B05-H15
[Gāojiālóu]

在市驻地醴泉街道西方向 15.0 千米。阚家镇辖自然村。人口 900。清末，高姓迁入，在此搭一屋子居住，传说时任县官出访路过此地时，发现此处地势较高，故改村名为高家楼。聚落呈散状分布。经济以种植业、养殖业为主，主要农作物有玉米、小麦、花生，养殖鸡、鸭、猪等。有公路经此。

尹家宅 370785-B05-H16
[Yǐnjiāzhái]

在市驻地醴泉街道西南方向 13.0 千米。阚家镇辖自然村。人口 1 200。因姓氏而得名。聚落呈团块状分布。经济以种植业为主，主要农作物有葡萄。有公路经此。

兴隆官庄 370785-B05-H17
[Xīnglóngguānzhuāng]

在市驻地醴泉街道西南方向 19.0 千米。阚家镇辖自然村。人口 1 100。明隆庆年间，陈姓迁此立村，属新设官庄，在明万历年间更名为兴隆官庄。聚落呈团块状分布。经济以种植业为主，主要农作物有梨。有公路经此。

双羊店 370785-B05-H18
[Shuāngyángdiàn]

在市驻地醴泉街道西方向 23.0 千米。阚家镇辖自然村。人口 4 900。明初，李姓由山西洪洞县迁此立村，村初名双杨店，后改"杨"为"羊"。聚落呈团块状分布。古迹有明朝文物群。经济以商贸业为主。有公路经此。

吉林庄 370785-B05-H19
[Jílínzhuāng]

在市驻地醴泉街道西方向 21.0 千米。阚家镇辖自然村。人口 500。因吉祥嘉言而得名，象征吉祥临福地，人旺财源广。聚落呈团块状分布。古迹有古墓 1 座。经济以种植业为主，主要农作物有李子。有公路经此。

西于家埠 370785-B05-H20

[Xīyújiābù]

在市驻地醴泉街道西方向 18.0 千米。阚家镇辖自然村。人口 1 400。明洪武二年（1369），于姓三兄弟从山西省先迁至下洼，后由下洼迁来此处，因此处西距潍河 2.5 千米，北靠埠子，是一块风水宝地，故在此立村，取名于家埠。后有人在村东立村，取名东于家埠，于是以方位更名西于家埠。聚落呈团块状分布。经济以种植业为主，主要农作物有小麦和玉米。

前塔庄 370785-B05-H21

[Qiántǎzhuāng]

在市驻地醴泉街道西方向 27.0 千米。阚家镇辖自然村。人口 300。明代，赵姓迁来定居，因村北有古塔，故名塔庄。1960年，人民公社下设生产大队，分为后塔庄大队和前塔庄大队，本村居南，为前塔庄。聚落呈团块状分布。经济以种植业为主，主要农作物有小麦和玉米。有公路经此。

高戈庄 370785-B05-H22

[Gāogēzhuāng]

在市驻地醴泉街道西方向 25.0 千米。阚家镇辖自然村。人口 2 400。明初，济阳县刘姓祖先迁此立村，因地处岭上，称高阁庄，后演为高戈庄。聚落呈团块状分布。古迹有土冢 1 处。经济以种植业为主，主要农作物有苹果。有公路经此。

姚家山甫 370785-B05-H23

[Yáojiāshānfǔ]

在市驻地醴泉街道西方向 23.0 千米。阚家镇辖自然村。人口 1 500。因地处砺阜山前，故冠以姓氏称姚家山阜，清末重修族谱时将"阜"改写为"甫"。聚落呈团块状分布。经济以种植业为主，主要农作物有哈密瓜。有公路经此。

前三皇屯 370785-B05-H24

[Qiánsānhuángtún]

在市驻地醴泉街道西方向 20.0 千米。阚家镇辖自然村。人口 700。因该村在三皇庙前，故名前三皇屯。聚落呈团块状分布。经济以种植业为主，主要农作物有甜瓜、玉米和小麦。有公路经此。

盛水屯 370785-B05-H25

[Shèngshuǐtún]

在市驻地醴泉街道西方向 20.0 千米。阚家镇辖自然村。人口 1 600。因村东北角有一口泉井，一年四季昼夜涌泉水，泉源非常旺盛，水质甘甜，邻村人皆来此泉取水饮用，因此而得名盛水屯。聚落呈团块状分布。经济以种植业为主，主要农作物有葡萄。

井沟 370785-B06-H01

[Jǐnggōu]

井沟镇人民政府驻地。在市驻地醴泉街道西南方向 22.0 千米。人口 1 800。因旧时此地井、沟偏多，井、沟联称而得名。有中学、小学。经济以种植业、养殖业、加工业为主，主要农作物有小麦、玉米、棉花等。有公路经此。

呼家庄 370785-B06-H02

[Hūjiāzhuāng]

在市驻地醴泉街道西南方向 10.9 千米。井沟镇辖自然村。人口 700。明洪武二年（1369），徐、乎两姓先人同时由山西临汾地区迁来定居，因乎姓户门大，家业兴旺，故取名乎家庄。明末，李姓从老墓田迁来居住，乎氏渐衰，"乎"字演变为"呼"字，称呼家庄至今。聚落呈团块状分布。有幼儿园 1 处、小学 1 处、中学 1 处。经济以农机制造业为主。有公路经此。

草泊 370785-B06-H03
[Cǎopō]

在市驻地醴泉街道西南方向 17.6 千米。井沟镇辖自然村。人口 400。村建于明初，吴姓首居，因处店子河东南侧，塘泊较多，苇草丛生，故名。聚落呈团块状分布。有青少年教育基地刘连仁故居。经济以种植业为主，主要农作物有小麦、玉米、棉花。有公路经此。

东丁家庄 370785-B06-H04
[Dōngdīngjiāzhuāng]

在市驻地醴泉街道西南方向 19.0 千米。井沟镇辖自然村。人口 900。相传明初有丁姓先来此居住，以姓名村，故称丁家庄，后以方位更名东丁家庄。聚落呈团块状分布。经济以种植业、养殖业为主，主要农作物有小麦、玉米。有公路经此。

凤凰屯 370785-B06-H05
[Fènghuángtún]

在市驻地醴泉街道西南方向 19.9 千米。井沟镇辖自然村。人口 400。明初，有姚姓自广饶县逃荒至此定居，姚氏世为佃户，人穷思富，遂取名凤凰屯，含凤落宝地之意。聚落呈团块状分布。经济以种植业为主，主要农作物有小麦、玉米。有公路经此。

城后王家庄 370785-B06-H06
[Chénghòuwángjiāzhuāng]

在市驻地醴泉街道西南方向 21.3 千米。井沟镇辖自然村。人口 300。传说，本村王姓先人约于元末明初来此居住，因在城阴城以北，故取村名城后王家庄。聚落呈团块状分布。经济以养殖业、木板加工业为主。有公路经此。

城后刘家庄 370785-B06-H07
[Chénghòuliújiāzhuāng]

在市驻地醴泉街道西南方向 21.3 千米。井沟镇辖自然村。人口 300。因在城阴城以北，故取村名城后刘家庄。聚落呈团块状分布。经济以种植业、木板加工业为主，主要农作物有玉米、小麦。有公路经此。

前营 370785-B06-H08
[Qiányíng]

在市驻地醴泉街道西南方向 22.3 千米。井沟镇辖自然村。人口 300。本村坐落在古城阴城南面，传说楚汉战争时期潍水之战的主战场在此，楚国大将龙且在城阴城一带屯兵 20 万，本村址也是其中一营，因在城南，故称前营。聚落呈团块状分布。经济以种植业为主，主要农作物有玉米、小麦。有公路经此。

后营 370785-B06-H09
[Hòuyíng]

在市驻地醴泉街道西南方向 21.7 千米。井沟镇辖自然村。人口 700。传楚汉战争时期，楚国大将龙且于潍河东畔陈兵 20 万，大军沿岸安营扎寨，中军大营分前后两座，在城阴城南北，该村是北营，俗称后营。聚落呈团块状分布。古迹有鹅鸭池、汉井。经济以种植业为主，主要农作物有小麦、玉米。有公路经此。

尤河头 370785-B06-H10
[Yóuhétóu]

在市驻地醴泉街道西南方向 15.9 千米。井沟镇辖自然村。人口 800。明初，丁氏由诸城县藏马山下丁家大村迁居此地立村。红绣河自村前向东北流去，后因河水漫溢，河身移于村西而名悠河头，演为尤河头至今。聚落呈散状分布。经济以种植业为主，主要农作物有小麦、玉米。有公路经此。

前店子 370785-B06-H11

[Qiándiànzi]

在市驻地醴泉街道西南方向 15.0 千米。井沟镇辖自然村。人口 500。明弘治年间，嵇氏先居此地，因嵇氏开店，称店子。清道光年间，店子河决口，店被冲去一半，露出壁子墙，人称半壁店子。清代为防兵乱骚扰，筑起围墙，在村内挖了一条大沟，沟南为前店子，沟北为后店子。聚落呈散状分布。经济以种植业为主，主要农作物有小麦、玉米。有公路经此。

后店子 370785-B06-H12

[Hòudiànzi]

在市驻地醴泉街道西南方向 14.6 千米。井沟镇辖自然村。人口 700。明弘治年间，嵇氏迁居此地，此处有一条从景芝通往高密、青岛的大路，客商络绎不绝，因之开了一处旅店，取名店子。清代为防散兵游勇的骚扰，村民围村筑墙，在村中挖东西向大沟一条，沟南为前店子，沟北为后店子。聚落呈散状分布。经济以种植业为主，主要农作物有小麦、玉米。有公路经此。

后宋戈庄 370785-B06-H13

[Hòusònggēzhuāng]

在市驻地醴泉街道西南方向 18.7 千米。井沟镇辖自然村。人口 1 800。明初本村由宋姓所立，取名宋戈庄，又称小宋戈庄。后分为二村，北为后小宋戈庄，1949 年后改称后宋戈庄。聚落呈带状分布。有幼儿园 1 处。经济以木板加工业为主。

前宋戈庄 370785-B06-H14

[Qiánsònggēzhuāng]

在市驻地醴泉街道西南方向 18.7 千米。井沟镇辖自然村。人口 1 300。明初先有宋姓来此居住，以姓氏立村，故名宋戈庄。

因村后也有个宋戈庄，故该村名前宋戈庄。聚落呈团块状分布。经济以木板加工业为主。有公路经此。

大柴家庄 370785-B06-H15

[Dàcháijiāzhuāng]

在市驻地醴泉街道西南方向 19.8 千米。井沟镇辖自然村。人口 1 000。元末明初，有柴姓者由山西移民迁此立村，名曰柴家庄，1980 年改今名。聚落呈团块状分布。经济以种植业、木板加工业为主，主要农作物有小麦、玉米。有公路经此。

寨庄 370785-B06-H16

[Zhàizhuāng]

在市驻地醴泉街道西南方向 20.6 千米。井沟镇辖自然村。人口 500。秦末，楚汉两军在此发生过潍水之战，此处是楚兵的一个营寨，故名。聚落呈散状分布。有小学 1 处、幼儿园 1 处。有市级文物保护单位城阴城遗址。经济以种植业、木板加工业为主，主要农作物有黄桃。有公路经此。

后单家庄 370785-B06-H17

[Hòushànjiāzhuāng]

在市驻地醴泉街道西南方向 10.9 千米。井沟镇辖自然村。人口 300。明洪武初年，单氏兄弟由山西洪洞县迁来定居，取名单家庄。后不断有外姓迁来聚居，遂成前、后两个单家庄，因该村在沟以北，故称后单家庄。聚落呈团块状分布。经济以种植业为主，主要农作物有玉米、小麦。有凯旋消毒制剂有限公司等企业。有公路经此。

小南庄 370785-B06-H18

[Xiǎonánzhuāng]

在市驻地醴泉街道西南方向 11.1 千米。井沟镇辖自然村。人口 400。明万历年间，李氏由高密城迁至呼家庄村南立村，因呼家庄村北有一李家庄，故名前李家庄。后因呼家庄村有大集，改称集南村。之后，又因聚落小，改称小南庄。聚落呈团块状分布。有中学1处、小学1处、幼儿园1处。经济以种植业为主，主要农作物有小麦、玉米。有凯旋消毒制剂有限公司、龙源机械科技有限公司等企业。有公路经此。

集西　370785-B06-H19

[Jíxī]

在市驻地醴泉街道西南方向11.2千米。井沟镇辖自然村。人口500。明洪武二年（1369），徐姓由山西平阳府迁来此地立村，当时五龙河在村的东侧，以其地理特征取名河西村。1981年全国地名普查，因村在呼家庄大集以西，改名为集西。聚落呈带状分布。经济以林业、种植业为主。有公路经此。

赵家老庄　370785-B06-H20

[Zhàojiālǎozhuāng]

在市驻地醴泉街道西南方向14.6千米。井沟镇辖自然村。人口1 300。明洪武年间，赵氏先人由青州府益都县迁来立村，取村名赵家老庄。聚落呈带状分布。经济以养殖业为主。有公路经此。

后下口　370785-B06-H21

[Hòuxiàkǒu]

在市驻地醴泉街道西南方向12.2千米。井沟镇辖自然村。人口600。清乾隆年间，王氏自山西洪洞县迁潍县，王氏之子腾龙复迁此地立村，村建于古河道上，且系河之下口，故名下口。后居者日多，聚落不断繁衍兴旺，以村内小沟为界，沟南为前下口，沟北为后下口。聚落呈团块状分布。经济以养殖业、种植业为主。有公路经此。

大沙坞　370785-B06-H22

[Dàshāwù]

在市驻地醴泉街道西南方向13.8千米。井沟镇辖自然村。人口1 600。明朝初年，王氏由德州迁来立村，其时五龙河绕村东南200米，村周围是一片沙地，而该村地处周围沙地的低处，故以地理特征取名为沙坞。后聚落日大，为区别于河东王家沙坞、闫家沙坞，遂称大沙坞。聚落呈团块状分布。经济以种植业为主。有公路经此。

福盛屯　370785-B06-H23

[Fúshèngtún]

在市驻地醴泉街道西南方向14.0千米。井沟镇辖自然村。人口600。以吉祥嘉言命名，取幸福昌盛之意。聚落呈团块状分布。有电子阅览室、图书室。经济以种植业为主，主要农作物有玉米、小麦。有公路经此。

林家庙子　370785-B06-H24

[Línjiāmiàozi]

在市驻地醴泉街道西南方向18.0千米。井沟镇辖自然村。人口1 000。相传林氏先人原居福建省闽侯县，后迁至山西省洪洞县，明初再度迁徙辗转至此，至清末，林姓已成本村大姓。因村东红绣河（现店子河）拐弯处建有一处菩萨庙，因庙得村名，遂称林家庙子。聚落呈团块状分布。经济以种植业为主，主要农作物有玉米、小麦。有公路经此。

孙家官庄　370785-B06-H25

[Sūnjiāguānzhuāng]

在市驻地醴泉街道西南方向17.7千米。井沟镇辖自然村。人口1 200。明初尤姓由山西迁来立村，取名尤家庄。明天顺年间，邹平孙姓应官诏垦殖于此，取名永盛官庄，后改称孙家官庄。聚落呈团块状分布。经济以种植业为主,主要农作物有玉米、小麦。有荣基水泥厂等企业。有公路经此。

吴家庄 370785-B06-H26
[Wújiāzhuāng]

在市驻地醴泉街道西南方向 16.3 千米。井沟镇辖自然村。人口 1 400。以姓氏名村。聚落呈团块状分布。有小学 1 处、幼儿园 1 处。经济以种植业为主,主要农作物有玉米、小麦。有公路经此。

孙家庄 370785-B06-H27
[Sūnjiāzhuāng]

在市驻地醴泉街道西南方向 15.0 千米。井沟镇辖自然村。人口 1 500。明天启年间,孙氏世德由山西洪洞县迁来立村,以姓取名孙家庄。聚落呈团块状分布。有图书室 1 处、小学 1 处。经济以种植业为主。有公路经此。

张家墩 370785-B06-H28
[Zhāngjiādūn]

在市驻地醴泉街道西南方向 13.8 千米。井沟镇辖自然村。人口 1 600。明初,有张姓人家自山西临汾地区迁来此地,择高而居,以地理特征、姓氏取名张家墩。聚落呈团块状分布。经济以商贸业为主。有公路经此。

河南 370785-B06-H29
[Hénán]

在市驻地醴泉街道西南方向 22.0 千米。井沟镇辖自然村。人口 1 100。明初,有范姓者立村于店子河南岸,故名。聚落呈团块状分布。有农家书屋。经济以种植业为主。有公路经此。

金宝山 370785-B06-H30
[Jīnbǎoshān]

在市驻地醴泉街道西南方向 20.2 千米。井沟镇辖自然村。人口 900。因自然地理实体而得名。聚落呈团块状分布。有公路经此。

水城 370785-B06-H31
[Shuǐchéng]

在市驻地醴泉街道西南方向 23.1 千米井沟镇辖自然村。人口 1 500。明初,李姓由陇西迁此定居,取名水城。聚落呈团块状分布。经济以种植业为主。有公路经此。

柴沟 370785-B07-H01
[Cháigōu]

柴沟镇人民政府驻地。在市驻地醴泉街道西南方向 20.0 千米。人口 1 600。元末,此地沟壑纵横,树木丛生,其北为柴村,名柴村南沟。明初,邱姓迁此建村,遂名柴沟。有幼儿园、中学、小学。经济以种植业为主,主要农作物有小麦、玉米、花生、黄烟等。有机械、服装、橡胶轮胎、建筑材料等产业。胶新铁路经此。

逄戈庄 370785-B07-H02
[Pánggēzhuāng]

在市驻地醴泉街道西南方向 26.0 千米。柴沟镇辖自然村。人口 1 800。明洪武年间,逄姓族人迁此定居,取名逄家庄。明弘治年间,刘姓由砀山迁入,改称逄戈庄。有文化活动中心、幼儿园等。有刘墉纪念馆。经济以种植业为主,主要农作物有小麦、玉米、花生、黄烟等。有公路经此。

邱家大村 370785-B07-H03
[Qiūjiādàcūn]

在市驻地醴泉街道西南方向 17.5 千米。柴沟镇辖自然村。人口 2 000。曾名柴村,建于元朝。明洪武初年，邱氏祖先来这里定居。第六世邱櫥中进士后，邱氏家族越来越兴旺，村民商议改村名为邱家大村。聚落呈团块状分布。经济以种植业为主，主要农作物有小麦、玉米、花生、葡萄等。有公路经此。

袁家庄 370785-B07-H04
[Yuánjiāzhuāng]

在市驻地醴泉街道西南方向 21.0 千米。柴沟镇辖自然村。人口 600。相传，明洪武二年（1369），袁姓兄弟自云南迁来立村，名袁家村，1981 年更名为袁家庄。聚落呈团块状分布。经济以种植业为主，主要农作物有小麦、玉米、花生。有公路经此。

牛氏庄 370785-B07-H05
[Niúshìzhuāng]

在市驻地醴泉街道西南方向 21.5 千米。柴沟镇辖自然村。人口 300。明末，范姓的看茔户董姓在此立村，其妻牛氏聪明能干，勤俭持家，夫妻二人很是相爱，当时称该村为董牛氏村。后来姓董农夫去世，其妻牛氏很是悲伤，立志使村发展壮大。于是，她白天下地干活，晚上纺纱织布，很快使本村远近闻名，牛氏过世后，本村村民为了纪念她，称该村为牛氏庄。聚落呈团块状分布。经济以种植业为主，主要农作物有小麦、玉米、花生。有公路经此。

西店 370785-B07-H06
[Xīdiàn]

在市驻地醴泉街道西南方向 20.0 千米。柴沟镇辖自然村。人口 800。元末，一锡姓人家以开店为生，又因村坐落于五龙河以西，外界都叫本村西小庄，后演为今名。聚落呈团块状分布。有党建主题公园。经济以种植业为主，主要农作物有小麦、玉米、花生等，特产芦笋。有公路经此。

葛家 370785-B07-H07
[Gějiā]

在市驻地醴泉街道西南方向 22.0 千米。柴沟镇辖自然村。人口 600。以姓氏命名。聚落呈团块状分布。古迹有金代崇宁寺遗址。经济以种植业为主，主要农作物有小麦、玉米、蔬菜等。有公路经此。

郝家 370785-B07-H08
[Hǎojiā]

在市驻地醴泉街道西南方向 22.0 千米。柴沟镇辖自然村。人口 1 000。相传范、郝两姓同时由河南迁居于此立村。取村名时，范姓礼让以郝姓为主，遂为郝家。聚落呈团块状分布。古迹有卧佛寺遗址。经济以种植业为主，主要农作物有小麦、玉米、花生。有公路经此。

高家 370785-B07-H09
[Gāojiā]

在市驻地醴泉街道西南方向 23.0 千米。柴沟镇辖自然村。人口 500。明洪武三年（1370），高姓始祖高文举自山西省洪洞县迁徙于此立村，遂名高家。聚落呈团块状分布。有乡村记忆馆。经济以种植业为主，主要农作物有小麦、玉米、花生等，特产蓝莓、大樱桃、黄金梨、葡萄。有公路经此。

西旺 370785-B07-H10
[Xīwàng]

在市驻地醴泉街道西南方向 25.0 千米。柴沟镇辖自然村。人口 2 100。相传，明洪武二年（1369），李姓和柳氏祖先由山西洪洞县迁此立村，这里地势平坦，土壤肥沃，又处在五龙河西，具有"河西旺地"之称，故名西旺。聚落呈团块状分布。经济以种植业为主，主要农作物有小麦、玉米、花生。有公路经此。

马旺 370785-B07-H11

[Mǎwàng]

在市驻地醴泉街道西南方向 25.0 千米。柴沟镇辖自然村。人口 1 400。元末，山西马姓为逃避兵乱，迁此定居，名马旺，寓马姓兴旺之意。聚落呈团块状分布。有小学。经济以种植业为主，主要农作物有小麦、玉米。有公路经此。

房家屯 370785-B07-H12

[Fángjiātún]

在市驻地醴泉街道西南方向 27.0 千米。柴沟镇辖自然村。人口 200。相传明代中期房姓在此立村，故称房家屯。聚落呈团块状分布。经济以种植业为主，主要农作物有小麦、玉米、花生。有公路经此。

王家庄 370785-B07-H13

[Wángjiāzhuāng]

在市驻地醴泉街道西南方向 24.0 千米。柴沟镇辖自然村。人口 1 000。相传，明万历三十七年（1609），王姓由文登县迁此立村，取名王家庄。聚落呈团块状分布。经济以种植业为主，主要农作物有小麦、玉米、花生。有公路经此。

董家庄 370785-B07-H14

[Dǒngjiāzhuāng]

在市驻地醴泉街道西南方向 22.0 千米。柴沟镇辖自然村。人口 400。因董姓居多，故称董家庄。聚落呈团块状分布。经济以种植业为主，主要农作物有小麦、玉米、花生。有公路经此。

李家庄 370785-B07-H15

[Lǐjiāzhuāng]

在市驻地醴泉街道西南方向 25.0 千米。柴沟镇辖自然村。人口 900。明嘉靖年间，李姓由高密城迁此立村，以姓氏取名李家庄。聚落呈团块状分布。经济以种植业为主，主要农作物有小麦、玉米、花生。有公路经此。

郑家 370785-B07-H16

[Zhèngjiā]

在市驻地醴泉街道西南方向 25.0 千米。柴沟镇辖自然村。人口 600。相传元末有高、李两姓在此立村，当时高姓家族大，所以立名为高家庄。清朝初期，郑氏后人从东北化山迁至高家庄。郑姓在此定居后，勤劳淳朴，可谓是人财两旺。1986 年改名为郑家。聚落呈团块状分布。经济以种植业为主，主要农作物有小麦、玉米、花生。有公路经此。

北张家屯 370785-B07-H17

[Běizhāngjiātún]

在市驻地醴泉街道西南方向 22.0 千米。柴沟镇辖自然村。人口 700。明朝中叶，张姓祖先自杨家屯移居到此，自立为村，叫施家屯，后因张姓的人越来越多，便改名为张家屯。后因重名，改为北张家屯。聚落呈团块状分布。经济以种植业为主，主要农作物有小麦、玉米、花生等，特产苹果。有公路经此。

养马村 370785-B07-H18

[Yǎngmǎcūn]

在市驻地醴泉街道西南方向 25.0 千米。柴沟镇辖自然村。人口 500。明朝初年，徐姓建村。这里丘陵起伏，杂草丛生，村西南有饮马泉，水很甜并且成汪，利于养马，故立村名为养马村。聚落呈团块状分布。经济以种植业为主，主要农作物有小麦、玉米、花生。有公路经此。

松家岭 370785-B07-H19
［Sōngjiālǐng］

在市驻地醴泉街道西南方向 27.0 千米。柴沟镇辖自然村。人口 200。清嘉庆年间，张姓等三家来得最早，给大王柱村孙氏家族看茔，故取名孙家茔。后因为在该村西部岭坡孙氏家族的茔中有一大片松树，1947 年雅化取名为松家岭至今。聚落呈团块状分布。经济以种植业为主，主要农作物有小麦、玉米、花生、黄烟。有公路经此。

张戈庄 370785-B07-H20
［Zhānggēzhuāng］

在市驻地醴泉街道西南方向 25.0 千米。柴沟镇辖自然村。人口 900。元末，张姓立村，名张家庄，后取"执张干戈，人不犯我，我不犯人"之意演称张戈庄。聚落呈团块状分布。经济以种植业为主，主要农作物有小麦、玉米、花生。有公路经此。

鸢庄 370785-B07-H21
［Diàozhuāng］

在市驻地醴泉街道西南方向 20.0 千米。柴沟镇辖自然村。人口 700。明洪武二年（1369），杜姓兄弟来此立村，取安身立业之意命名为鸢庄。聚落呈团块状分布。经济以种植业为主，主要农作物有小麦、玉米、花生。有公路经此。

潘家栏子 370785-B07-H22
［Pānjiālánzi］

在市驻地醴泉街道西南方向 21.0 千米。柴沟镇辖自然村。人口 400。明洪武二年（1369），潘姓由河南荥阳迁此定居，名潘家村，明朝中叶改名为潘家小庄。后因村东紧靠凤台埠岭，岭地泄水，流经村内，每遇大雨，洪水成灾，村民筑堰拦水，导引入河，故改称潘家栏子。聚落呈团块状分布。经济以种植业为主，主要农作物有小麦、玉米、花生。有公路经此。

朱公 370785-B07-H23
［Zhūgōng］

在市驻地醴泉街道西南方向 22.0 千米。柴沟镇辖自然村。人口 800。朱公村名来源有两种说法，一种是相传明朝初年刘、宋等姓先来此集居，因处朱公河西侧，取名朱公；还有一种说法，就是朱姓先来此集聚，因其为人公道正派，后人为留纪念而取朱公为名。聚落呈团块状分布。有小学。经济以种植业为主，主要农作物有小麦、玉米、花生等，特产苹果、梨。有公路经此。

任鹿家庄 370785-B07-H24
［Rénlùjiāzhuāng］

在市驻地醴泉街道西南方向 26.0 千米。柴沟镇辖自然村。人口 600。明宣德年间，鹿姓立村，名鹿家庄。继之，任姓来居，为望族。后鹿姓无嗣，认任甥为继子，清末改今名。聚落呈团块状分布。经济以种植业、木材加工业为主，主要农作物有小麦、玉米、花生。有公路经此。

土庄 370785-B07-H25
［Tǔzhuāng］

在市驻地醴泉街道西南方向 25.0 千米。柴沟镇辖自然村。人口 700。苗姓迁入该村后认为"禾苗入土则旺"，故取名土庄。聚落呈团块状分布。有小学。经济以种植业为主，主要农作物有小麦、玉米、花生、黄烟。有田园食品等企业。有公路经此。

昌邑市

农村居民点

虫埠 370786-A01-H01
[Chóngbù]

在市驻地奎聚街道西北方向 5.0 千米。奎聚街道辖自然村。人口 500。明洪武年间，孙、黄等姓在村西北角的土埠上定居，土埠形如卧蚕，故得名卧蚕埠。后因蛇多，清乾隆年间改称虫埠。聚落呈团块状分布。经济以种植业为主，主要农作物有小麦、玉米，另有苗木种植业。

南隅 370786-A01-H02
[Nányú]

在市驻地奎聚街道西方向 1.5 千米。奎聚街道辖自然村。人口 1 400。元末明初，姜、张、梁、王、黄等姓氏由山西洪洞县迁至古昌邑县城南定居，繁衍生息，后西迁另立村落，与南关成为一村，因而称为南隅。聚落呈团块状分布。经济以商贸业为主。

东隅 370786-A01-H03
[Dōngyú]

在市驻地奎聚街道西北方向 1.0 千米。奎聚街道辖自然村。人口 1 700。明洪武年间开始，城围设四隅，因处于城东部，故称东隅。聚落呈团块状分布。有省级文物保护单位姜氏祠堂。经济以租赁业为主。

孙家道照 370786-A01-H04
[Sūnjiādàozhào]

在市驻地奎聚街道西北方向 5.0 千米。奎聚街道辖自然村。人口 1 100。明洪武年间，孙姓由山东乐安县（今广饶县）迁此落户，因地处鄑水河岸旁，有村影倒映水中，景观优美，取名倒照。又因附近有通向辛戈山的大道，演变为道照，后冠以姓氏改今名。聚落呈团块状分布。经济以种植业为主，主要农作物有小麦、玉米、大姜。

薛家园子 370786-A01-H05
[Xuējiāyuánzi]

在市驻地奎聚街道北方向 5.5 千米。奎聚街道辖自然村。人口 600。清康熙年间，陶姓迁此定居，因建有果园，栽植果树，连片成园，取名陶家院子，继薛姓迁居后，改称今名。聚落呈团块状分布。经济以种植业为主。

李家埠 370786-A01-H06
[Lǐjiābù]

在市驻地奎聚街道北方向 4.5 千米。奎聚街道辖自然村。人口 1 500。民国时期，因李姓居多，改称李家埠。聚落呈团块状分布。经济以种植业为主，主要农作物有苗木、小麦、玉米。

石湾店南村 370786-A01-H07
[Shíwāndiànnáncūn]

在市驻地奎聚街道东北方向 6.0 千米。奎聚街道辖自然村。人口 1 400。明隆庆年间，徐姓自登州（今牟平县）迁此定居，因村建于潍河渡口石桥湾塘处，并开设店铺，故名石湾店，后以位置改今名。聚落呈团块状分布。经济以种植业为主，主要农作物有小麦、玉米、大豆。

邰家辛庄 370786-A01-H08
[Táijiāxīnzhuāng]

在市驻地奎聚街道东北方向 6.5 千米。奎聚街道辖自然村。人口 1 200。明隆庆年间，邰姓由诸城迁此立村，因西邻黄家辛庄，遂取名邰家新庄，后演称今名。聚落呈团块状分布。经济以种植业为主。

吴家辛庄 370786-A01-H09

［Wújiāxīnzhuāng］

在市驻地奎聚街道北方向 3.5 千米。奎聚街道辖自然村。人口 300。明万历年间，杨姓先人由湖北枣阳县迁此定居，因新建家园，取名新庄，后吴姓自河北省枣强县迁入居住，改称今名。聚落呈团块状分布。经济以种植业为主。

东店 370786-A01-H10

［Dōngdiàn］

在市驻地奎聚街道东北方向 1.0 千米。奎聚街道辖自然村。人口 1 400。明朝，徐、刘两姓迁此立村，当时村北有从莱州府通往青州府的官道，取名官道村。后吴、李等姓相继迁来村前定居，在官道旁开店，因在城东，取名东店。因两村相连，1955 年合称东店。聚落呈团块状分布。经济以商贸业为主。

上台 370786-A01-H11

［Shàngtái］

在市驻地奎聚街道东方向 2.0 千米。奎聚街道辖自然村。人口 300。明洪武年间，先人从四川大槐树迁来立村，因其地有古代所筑的炮台，取名炮村。后为与另两同名村区别，因其居东，改称上炮。清末，因"炮"字不吉利，又因村居文山南坡的高台之上，改称上台。聚落呈团块状分布。经济以商贸业、种植业为主。

西关 370786-A01-H12

［Xīguān］

在市驻地奎聚街道西方向 2.0 千米。奎聚街道辖自然村。人口 700。元代，石、刘等姓迁此立村，四周湾塘环绕，后扩建，居民迁出在西侧建新村，因处于交通关口处，故称西关。聚落呈团块状分布。经济以商贸业、种植业为主。

董家城后 370786-A01-H13

［Dǒngjiāchénghòu］

在市驻地奎聚街道西北方向 2.0 千米。奎聚街道辖自然村。人口 800。明洪武年间，董、宋等姓由山西省迁居县城后，与今郝家城后同村，称东城后，1926 年分为两个自然村，该村董姓居多，改称董家城后。聚落呈团块状分布。经济以商贸业、种植业为主。

黄家辛庄 370786-A01-H14

［Huángjiāxīnzhuāng］

在市驻地奎聚街道北方向 5.0 千米。奎聚街道辖自然村。人口 1 300。明弘治年间，彭姓迁此定居，因村立于砂岭旁，取名彭家砂岭。后黄、唐等姓相继迁居，年增人盛，形成新庄，以黄姓人盛，改称黄家辛庄。聚落呈团块状分布。经济以种植业为主，主要农作物有山楂、桃、梨等。

孙家岔河 370786-A01-H15

［Sūnjiāchàhé］

在市驻地奎聚街道西北方向 6.0 千米。奎聚街道辖自然村。人口 1 000。明初立村，潍河从村南由东向西流过。因河边有一条河汊，两面靠水，被视为风水宝地，故张、杨、孙、郭等姓在此立村，取名岔河。据传，隆庆年间，河道改为由村东向北流去，形成河套，故名岔河套。1950 年因孙姓居多，为区分于其他岔河村，取名孙家岔河。聚落呈团块状分布。经济以种植业为主，主要农作物有小麦、玉米、大豆。

东逄翟 370786-A01-H16

［Dōngpángzhái］

在市驻地奎聚街道西北方向 5.0 千米。奎聚街道辖自然村。人口 800。明洪武二年（1369），四川移民迁徙至此，逄姓与程姓立村，故名逄程。清朝按方位改称今名。

聚落呈团块状分布。经济以种植业为主，主要农作物有小麦、玉米、大豆。

徐家北逄 370786-A02-H01
[Xújiāběipáng]

在市驻地奎聚街道西南方向 4.0 千米。都昌街道辖自然村。人口 600。明崇祯年间，徐姓从瓦城迁来定居，称徐家道。清咸丰年间，因居南逄之北，改称今名。聚落呈团块状分布。经济以种植业为主，畜牧业为辅，主要农作物有玉米、小麦。

南店 370786-A02-H02
[Nándiàn]

在市驻地奎聚街道西方向 1.0 千米。都昌街道辖自然村。人口 1 000。明初立村，地处青州府至莱州府官道旁，居民在此开店，北距县城三里，取名三里店。清朝时改今名。聚落呈团块状分布。经济以种植业为主。有公路经此。

傅徐城后 370786-A02-H03
[Fùxúchénghòu]

在市驻地奎聚街道西北方向 2.6 千米。都昌街道辖自然村。人口 400。清初，傅、徐两姓迁西城后（今于范城后）以西立村，称西城后，后改今名。聚落呈团块状分布。经济以商贸业为主。

刘家辛戈 370786-A02-H04
[Liújiāxīngē]

在市驻地奎聚街道西北方向 3.8 千米。都昌街道辖自然村。人口 1 200。明永乐年间，刘姓自岱邱迁此立村，因处古城郭之旁，取名新郭。为与其他新郭村区别，改称刘家新郭，后谐音称为刘家辛戈。聚落呈团块状分布。经济以商贸业为主。

黄家辛戈 370786-A02-H05
[Huángjiāxīngē]

在市驻地奎聚街道西北方向 1.8 千米。都昌街道辖自然村。人口 700。元延祐中期，黄姓迁此，因居古城郭旁，取名新郭，后改称黄家新郭，又以谐音演变今名。聚落呈团块状分布。经济以商贸业为主。有公路经此。

东大营 370786-A02-H06
[Dōngdàyíng]

在市驻地奎聚街道东南方向 3.5 千米。都昌街道辖自然村。人口 1 300。明万历年间，杨姓迁居于东、西大营之间定居，称中大营。1944 年，东、中大营两村合称东大营。经济以种植业为主，主要农作物有大姜。有公路经此。

南逄 370786-A02-H07
[Nánpáng]

在市驻地奎聚街道西南方向 5.0 千米。都昌街道辖自然村。人口 1 200。明初，先有逄姓居此，继尹、吉、周、李、韩等姓陆续迁入。因人口增多，分为两村，该村居南称南逄公村，后演称南逄。聚落呈团块状分布。经济以种植业为主，主要农作物有大姜。

后埠 370786-A02-H08
[Hòubù]

在市驻地奎聚街道西南方向 6.5 千米。都昌街道辖自然村。人口 1 100。明洪武年间立村，因在村西土埠东侧有一常年水流不息的渊泉，得名埠渊泉。为区别于前埠渊泉，称后埠渊泉。后因前埠渊泉改称前埠阳，遂称后埠阳，今称后埠。聚落呈团块状分布。经济以租赁业为主。有公路经此。

白玉 370786-A02-H09
［Báiyù］

在市驻地奎聚街道西南方向 7.1 千米。都昌街道辖自然村。人口 300。明初，姜姓自昌邑县城迁此立村，以此处的玉皇庙命村名。明末，王姓从山西太原迁此立村，以此处的白衣庙为村名。1949 年两村合并，取各村首字，称白玉。聚落呈团块状分布。经济以租赁业为主。

东化埠 370786-A02-H10
［Dōnghuàbù］

在市驻地奎聚街道西南方向 14.5 千米。都昌街道辖自然村。人口 400。北宋元祐年间，黄姓从安徽迁来定居于牛头埠前。据《黄氏祖茔碑》载："画埠者，其地水木清丽，若图画云。"故名画埠。明朝因有西画埠，故按方位称东画埠。又因立村早于西画埠，曾称大画埠。后谐称东花埠、东华埠，又演为今名。聚落呈团块状分布。经济以种植业、商贸业为主。

王候章 370786-A02-H11
［Wánghòuzhāng］

在市驻地奎聚街道西方向 14.0 千米。都昌街道辖自然村。人口 700。相传，元朝建村，称唐家园。明洪武年间，王姓自山西洪洞县迁此定居，因在申明亭东面，居民集中此处候听旧官府宣讲"章程"，得名东候章。1945 年改称王候章。聚落呈团块状分布。经济以种植业、商贸业为主。有公路经此。

双台 370786-A02-H12
［Shuāngtái］

在市驻地奎聚街道西南方向 15.0 千米。都昌街道辖自然村。人口 1 900。明成化年间立村，因村南有两座并列的大土台子，故名。聚落呈团块状分布。经济以种植业、商贸业为主。

乖场 370786-A02-H13
［Guāichǎng］

在市驻地奎聚街道西南方向 6.9 千米。都昌街道辖自然村。人口 400。相传，清顺治年间，单、史等姓迁入居住。后因此地乖草丛生，取名乖场。清光绪年间，史姓移至乖场村前定居，称史家庄。后两村合并复称乖场。聚落呈团块状分布。经济以种植业、商贸业为主。

岞埠 370786-A02-H14
［Zuòbù］

在市驻地奎聚街道西南方向 8.5 千米。都昌街道辖自然村。人口 1 100。元代立村于卧牛埠东侧，取名佐埠，后演称岞埠。聚落呈团块状分布。古迹有徐长庚故居。经济以种植业、商贸业为主。

家庄 370786-A02-H15
［Jiāzhuāng］

在市驻地奎聚街道西北方向 8.5 千米。都昌街道辖自然村。人口 700。西汉天汉年间，姜姓迁此立村，取名姜家庄，后姜姓绝，遂去"姜"字称家庄。聚落呈团块状分布。经济以种植业、商贸业为主。有公路经此。

王耨 370786-A02-H16
［Wángnòu］

在市驻地奎聚街道西南方向 8.0 千米。都昌街道辖自然村。人口 1 600。相传，古有一国王在此，因其与民同耕而得名。聚落呈团块状分布。经济以种植业为主，主要农作物有大姜、草莓。

北兴福 370786-A02-H17
[Běixīngfú]

　　在市驻地奎聚街道西北方向 14.2 千米。都昌街道辖自然村。人口 1 300。传说，因曾在固王冢处拾到齐币、汉币，并出土铜器、铜印章等文物，认为此地是兴隆福地，命名兴福。清光绪年间，按方位称今名。聚落呈团块状分布。有县级文物保护单位固王冢。经济以种植业、商贸业为主。

西永安 370786-A02-H18
[Xīyǒng'ān]

　　在市驻地奎聚街道西北方向 18.0 千米。都昌街道辖自然村。人口 3 400。明末，众人盼永得平安，改称永安。清末，因中永安改为东永安，故按方位改今名。聚落呈团块状分布。经济以种植业、养殖业、商贸业为主。有公路经此。

渔埠 370786-A02-H19
[Yúbù]

　　在市驻地奎聚街道西北方向 13.1 千米。都昌街道辖自然村。人口 1 000。明天启年间，孙姓由潍县迁此落户，因在土埠上建房居住，捕鱼为业，取名渔屋。清康熙年间，改称渔埠。聚落呈团块状分布。经济以种植业、商贸业为主。有公路经此。

渔洞埠 370786-A02-H20
[Yúdòngbù]

　　在市驻地奎聚街道西北方向 19.0 千米。都昌街道辖自然村。人口 1 900。明洪武年间，李姓由山西洪洞县迁入安家落户并立村，因坐落于芙蓉池土埠东侧，挖洞而居，捕鱼为业，故名。聚落呈团块状分布。有市级非物质文化遗产蒲苇草编。经济以渔业、手工业为主。

东永安 370786-A02-H21
[Dōngyǒng'ān]

　　在市驻地奎聚街道西北方向 17.0 千米。都昌街道辖自然村。人口 2 600。明洪武年间，丛姓自山西洪洞县迁此立村于芙蓉池畔，取名蓉岸。清末，因有西永安，取名东永安。聚落呈团块状分布。经济以种植业、商贸业为主。有公路经此。

角埠 370786-A02-H22
[Jiǎobù]

　　在市驻地奎聚街道西北方向 12.9 千米。都昌街道辖自然村。人口 1 300。明洪武年间，刘姓自山西洪洞县迁来定居于元宝埠西南角下，称南角埠。继张姓迁埠的东北角下，称北角埠。后马姓迁居两村之间的一条道上，称马家道。1955 年因三村并列于埠角下，合称角埠。聚落呈团块状分布。经济以种植业、商贸业为主。有公路经此。

远东庄 370786-A02-H23
[Yuandongzhuang]

　　在市驻地奎聚街道西北方向 15.0 千米。都昌街道辖自然村。人口 1 300。明洪武年间，宋姓迁此立村于芙蓉池北岸，得名蓉岸，后谐称永安。明末，按方位称东永安。清末，俗称东庄，又因该村距西永安比中永安远，故命名远东庄。聚落呈团块状分布。经济以种植业、商贸业为主。有公路经此。

北金家口 370786-A03-H01
[Běijīnjiākǒu]

　　在市驻地奎聚街道东方向 4.0 千米。围子街道辖自然村。人口 1 100。据考证，明初，先有金姓从平度麻兰迁来昌邑县陶埠社桃花山前定居，明隆庆二年（1568），大水淹了郝家湾，潍河东移，原村庄大部分随水而去，此后该村便成为交通要道上有名的潍河渡口，故取名金家口村，清嘉庆年间改名为北金家口至今。聚落呈团块状分布。经济以种植业为主，主要农作物有小麦、玉米等。

北于郜 370786-A03-H02
[Běiyúgào]

在市驻地奎聚街道东方向 15.0 千米。围子街道辖自然村。人口 500。明嘉靖年间，邢姓立村，始称邢家郜。清康熙年间，于姓迁居，繁衍昌盛，改称于家郜，后以方位更名北于郜。聚落呈团块状分布。经济以种植业为主，主要农作物有小麦、玉米等。

簸箕掌 370786-A03-H03
[Bòjizhǎng]

在市驻地奎聚街道东方向 20.0 千米。围子街道辖自然村。人口 1 800。因形似簸箕而得名。聚落呈团块状分布。经济以种植业为主，主要农作物有小麦、玉米等。

仓街 370786-A03-H04
[Cāngjiē]

在市驻地奎聚街道东方向 10.0 千米。围子街道辖自然村。人口 1 700。因有一县一仓之说，故称仓上，后改为仓街。聚落呈团块状分布。经济以种植业为主，主要农作物有小麦、玉米、大豆。

搭连营 370786-A03-H05
[Dāliányíng]

在市驻地奎聚街道东南方向 20.0 千米。围子街道辖自然村。人口 1 300。宋末立村，因当时驻军建有大营，故取名搭连营。聚落呈团块状分布。经济以种植业为主，主要农作物有大姜、大葱、土豆、白菜。

东黄埠 370786-A03-H06
[Dōnghuángbù]

在市驻地奎聚街道东南方向 18.0 千米。围子街道辖自然村。人口 1 600。村北有一丘埠，北宋末年在丘埠建一座黄姑庙，四方香客云集，黄公夫妇在此建客栈，村故名黄埠店，后因位置改称今名。聚落呈团块状分布。经济以种植业为主。

董家隅庄 370786-A03-H07
[Dǒngjiāyúzhuāng]

在市驻地奎聚街道东方向 6.0 千米。围子街道辖自然村。人口 1 600。明洪武二年（1369），董氏从四川省火球县斑鸠嘴村狮子胡同迁此，卜居胶莱河西岸，立村董家老庄。定居之后，移居又建一村，即董家隅庄。聚落呈团块状分布。经济以种植业为主。

葛家 370786-A03-H08
[Gějiā]

在市驻地奎聚街道东南方向 20.0 千米。围子街道辖自然村。人口 700。明永乐年间，葛姓从河北省枣强县正定府迁来，以姓氏为村名。聚落呈团块状分布。经济以种植业为主，主要农作物有小麦、玉米、大姜、大葱、土豆。

古城里 370786-A03-H09
[Gǔchénglǐ]

在市驻地奎聚街道东南方向 8.0 千米。围子街道辖自然村。人口 600。因原是密乡故城，故称故城，后演为今名。聚落呈团块状分布。经济以铸造业为主。

官道郜 370786-A03-H10
[Guāndàogào]

在市驻地奎聚街道东南方向 10.0 千米。

围子街道辖自然村。人口 600。明洪武年间，刘姓由山西省洪洞县迁入，因莱州府通往燕京的大道从村内通过，故名。聚落呈团块状分布。经济以种植业为主，主要农作物有小麦、玉米、大姜。

韩家 370786-A03-H11

[Hánjiā]

在市驻地奎聚街道东方向 15.0 千米。围子街道辖自然村。人口 700。以姓氏名村。聚落呈团块状分布。经济以种植业为主。有公路经此。

梁家郜 370786-A03-H12

[Liángjiāgào]

在市驻地奎聚街道东南方向 11.0 千米。围子街道辖自然村。人口 1 200。明朝初年，周、朱、卢、于四姓移居此地。到明末，四姓人未逃脱屠村之厄运，只留下了传说。后有吴、刘二户来此。吴、刘二姓人是姑表兄弟，明末移民至此，繁衍子孙，史称刘家郜。清乾隆年间，梁氏移此，至 1912 年改名梁家郜。聚落呈团块状分布。经济以种植业为主，主要农作物有小麦、玉米、大姜、大葱、土豆。

密埠店 370786-A03-H13

[Mìbùdiàn]

在市驻地奎聚街道东方向 18.0 千米。围子街道辖自然村。人口 2 600。明洪武年间，徐姓从掖县迁至密埠店南端棘子埠上立村并得名。后因地处昌邑与平度交通要道，店家甚多，改称密埠店。聚落呈团块状分布。经济以种植业为主。

张董 370786-A03-H14

[Zhāngdǒng]

在市驻地奎聚街道东方向 6.0 千米。围子街道辖自然村。人口 700。明洪武二年（1369），张姓由河北省枣强县大碾庄迁来定居，首来十户，故名十家张，后人繁户增，取扶持安宁之意，改名张家扶宁。明末董姓迁此立村，因邻张家扶宁，命名为董家扶宁。两村于 1945 年合并命名为张董。聚落呈团块状分布。经济以种植业为主，主要农作物有小麦、玉米、大姜。

张家 370786-A03-H15

[Zhāngjiā]

在市驻地奎聚街道东方向 10.0 千米。围子街道辖自然村。人口 600。以姓氏名村。聚落呈团块状分布。经济以种植业为主，主要农作物有小麦、玉米、大姜。

南营 370786-A03-H16

[Nányíng]

在市驻地奎聚街道东南方向 15.0 千米。围子街道辖自然村。人口 1 100。因古代军队在此设兵营，取名南营。聚落呈团块状分布。经济以种植业为主，主要农作物有小麦、玉米、大姜等。

前陶埠 370786-A03-H17

[Qiántáobù]

在市驻地奎聚街道南方向 8.0 千米。围子街道辖自然村。人口 1 400。始祖敬益公于清道光十八年（1838）举家迁至昌邑县东南，因村内有一条大河沟名为桃花沟，又称桃埠村，后因陶氏居民增多改为陶埠，后因位置改为今名。聚落呈团块状分布。经济以种植业为主，主要农作物有大姜、土豆。

乔家 370786-A03-H18

[Qiáojiā]

在市驻地奎聚街道东南方向 22.0 千米。围子街道辖自然村。人口 500。清顺治年间，乔姓一族从石埠迁入，人丁兴旺，居户日增，故以姓氏名村。聚落呈团块状分布。经济以种植业为主，主要农作物有小麦、玉米、大姜、大葱、土豆。

曲家郜 370786-A03-H19
[Qūjiāgào]

在市驻地奎聚街道东方向15.0千米。围子街道辖自然村。人口400。以姓氏名村。聚落呈团块状分布。经济以种植业为主，主要农作物有小麦、玉米、大姜、大葱等。

宋庄 370786-A03-H20
[Sòngzhuāng]

在市驻地奎聚街道东南方向9.0千米。围子街道辖自然村。人口3 400。以姓氏名村。聚落呈团块状分布。经济以种植业为主，主要农作物有小麦、玉米、大姜、大葱、土豆。

孙斜 370786-A03-H21
[Sūnxié]

在市驻地奎聚街道东方向12.0千米。围子街道辖自然村。人口1 900。明洪武初年，孙氏先祖孙谦同其兄弟孙让从今河北省枣强县迁来此地定居，取名孙些字庄，寓意让孙氏后人多读书多识字。后人口繁衍，成为周围最大的村落，所以又名大些字村，后以孙些字村的谐音定名为孙斜。聚落呈团块状分布。经济以种植业为主，主要农作物有小麦、玉米、萝卜等。

王家隅庄 370786-A03-H22
[Wángjiāyúzhuāng]

在市驻地奎聚街道东方向5.8千米。围子街道辖自然村。人口1 000。明洪武年间，王氏由山西省洪洞县迁来定居建村，因村庄西近潍河边，以姓氏和地理位置命名为王家隅庄。聚落呈团块状分布。经济以种植业为主，主要农作物有小麦、玉米、大姜、大葱、土豆。

王珂 370786-A03-H23
[Wángkē]

在市驻地奎聚街道东南方向10.0千米。围子街道辖自然村。人口1 700。相传在很多年以前，有一个叫王可的小男孩跟随母亲逃荒到此地，以乞讨开荒为生，居住在此地。当时人们为了说清此地，就以男孩的名字王可传为地名，后演为今名。聚落呈团块状分布。经济以种植业为主，主要农作物有小麦、玉米、大姜、大葱、土豆。

南宫 370786-A03-H24
[Nángōng]

在市驻地奎聚街道东方向6.0千米。围子街道辖自然村。人口800。宫姓始祖宫成，1242年左右到青州任职途中道经昌邑，看好文山之东的平原之地，因民风淳朴好客，乃置产业移妻儿居住，立村宫家庄。后来随着人口不断兴旺发达，分为南宫和北宫两个自然村，本村居南，故名南宫。聚落呈团块状分布。经济以种植业为主，主要农作物有小麦、玉米、大姜、大葱、土豆。

西黄埠 370786-A03-H25
[Xīhuángbù]

在市驻地奎聚街道南方向15.0千米。围子街道辖自然村。人口900。村北有一丘埠，北宋末年在丘埠建一座黄姑庙，四方香客云集，黄公夫妇在此建客栈，村故名黄埠店，后因位置改称今名。聚落呈团块状分布。经济以种植业为主，主要农作物有小麦、玉米、大姜、大葱、土豆。

西小章 370786-A03-H26
[Xīxiǎozhāng]

在市驻地奎聚街道南方向10.0千米。围子街道辖自然村。人口1 600。元末明初，徐达征山东曾将大帐设在今大章一带，将小帐设在小章一带，后传为大章、小章。民国时期，潍河决堤，村里少数村民搬到村西高坡地定居，故名。聚落呈团块状分布。经济以种植业为主，主要农作物有小麦、玉米、大姜、大葱。

辛立 370786–A03–H27
[Xīnlì]

在市驻地奎聚街道东方向 10.0 千米。围子街道辖自然村。人口 500。据王、张、李、邵四姓家谱记载，清康熙二十二年（1683），村民先后由安丘、平度、诸城及周边村姜二村、周家村、邵家村、徐郚村移居此地建村立业，以吉祥嘉言取名新富，后改为辛立。聚落呈团块状分布。经济以种植业为主，主要农作物有小麦、玉米、土豆。

辛赵 370786–A03–H28
[Xīnzhào]

在市驻地奎聚街道东南方向 9.5 千米。围子街道辖自然村。人口 1 500。明洪武年间，辛凯迁此定居，后赵丹从山西洪洞县迁入，二人以姓氏立村，故名。聚落呈团块状分布。经济以种植业为主，主要农作物有小麦、玉米、大姜、大葱、土豆。

杨家郚 370786–A03–H29
[Yángjiāgào]

在市驻地奎聚街道东方向 12.0 千米。围子街道辖自然村。人口 800。明洪武三年（1370），杨姓由四川弘农县迁至该地，立村杨家郚。聚落呈团块状分布。经济以种植业为主，主要农作物有小麦、玉米、大姜、大葱、土豆。

姚家郚 370786–A03–H30
[Yáojiāgào]

在市驻地奎聚街道东方向 12.0 千米。围子街道辖自然村。人口 1 500。元至元三年（1337），姚氏由四川成都府绵竹县西北祝沟姚家村迁入山东莱州府昌邑南乡山阳，二世又自山阳迁入本县东乡立村，取名姚家郚。聚落呈团块状分布。经济以种植业为主，主要农作物有小麦、玉米、大姜。

永富庄 370786–A03–H31
[Yǒngfùzhuāng]

在市驻地奎聚街道东方向 4.0 千米。围子街道辖自然村。人口 900。以吉祥嘉言得名，寓意盼生活永远富裕。聚落呈团块状分布。经济以种植业为主，主要农作物有小麦、玉米、大姜。

于家郚 370786–A03–H32
[Yújiāgào]

在市驻地奎聚街道东南方向 15.0 千米。围子街道辖自然村。人口 600。因于姓先来此地而定名为于家郚。聚落呈团块状分布。经济以种植业为主，主要农作物有小麦、玉米。

苑家庄 370786–A03–H33
[Yuànjiāzhuāng]

在市驻地奎聚街道东方向 8.0 千米。围子街道辖自然村。人口 600。始祖苑克能，原籍直省顺天府（今河北省）霸州苑家口，于宋元之交徙居昌邑，村庄以姓氏命名，故名苑家庄。聚落呈团块状分布。经济以种植业为主，主要农作物有小麦、玉米、大姜。

柳疃 370786–B01–H01
[Liǔtuǎn]

柳疃镇人民政府驻地。在市驻地奎聚街道北方向 10.0 千米。人口 1 400。明时立村，因处小龙河畔，遍地柳树葱茂，取名柳杭。清朝时潍河决口，淤成沙滩，改名柳滩，后"滩"字演变成"疃"字。聚落呈团块状分布。有小学。经济以种植业为主，主要农作物有小麦、玉米、大豆。有公路经此。

太平集 370786-B01-H02
[Tàipíngjí]

在市驻地奎聚街道北方向 3.5 千米。柳疃镇辖自然村。人口 800。清道光年间，徐姓由徐家宅科徙居此地，盼过太平日子，取名太平鸠。清道光年间，因设集市，改称太平集。聚落呈团块状分布。经济以种植业为主，主要农作物有小麦、玉米。

西付 370786-B01-H03
[Xīfù]

在市驻地奎聚街道北方向 4.6 千米。柳疃镇辖自然村。人口 1 100。因姓氏和所在位置而得名。聚落呈团块状分布。经济以种植业为主，主要农作物有小麦、玉米。

吴家庙 370786-B01-H04
[Wújiāmiào]

在市驻地奎聚街道北方向 3.6 千米。柳疃镇辖自然村。人口 300。明初，吴姓由梁家庄迁此定居，称小吴家庄。天启年间，范姓自范家庄迁来落户，称小范家庄。崇祯年间，高姓从东高家庄迁入，称小高家庄。1947 年三村合并，因吴姓早居，村南有座关帝庙，故名吴家庙。聚落呈团块状分布。经济以种植业为主，主要农作物有玉米、小麦。

郭家车道 370786-B01-H05
[Guōjiāchēdào]

在市驻地奎聚街道北方向 12.0 千米。柳疃镇辖自然村。人口 500。明洪武初年，朱元璋安定天下时，大搞迁民和计民授田政策。在此期间，祖先由河北枣强县迁居北乡，名郭家宅科。后因其地水苦难食，即迁此处，当时为北部通往县城大道旁，因此得名郭家车道。聚落呈团块状分布。经济以种植业为主，主要农作物有小麦、玉米、大豆。

河崖 370786-B01-H06
[Héyá]

在市驻地奎聚街道西北方向 12.0 千米。柳疃镇辖自然村。人口 300。明成化年间，王姓二人自河北枣强县洼里村迁至柳疃小龙河居住，后潍河决口，故又徙居此地，定名河崖。聚落呈团块状分布。经济以种植业为主，主要农作物有小麦、玉米、大豆。

金家庄 370786-B01-H07
[Jīnjiāzhuāng]

在市驻地奎聚街道西北方向 12.0 千米。柳疃镇辖自然村。人口 600。明洪武年间，金姓族人从湖北省枣阳县迁此定居，故名。聚落呈团块状分布。经济以种植业为主，主要农作物有小麦、玉米、大豆。

后官庄 370786-B01-H08
[Hòuguānzhuāng]

在市驻地奎聚街道西北方向 17.5 千米。柳疃镇辖自然村。人口 1 200。元末，谭姓首先来立村，建三官庙一座，取名谭家庙子；与此同时又有张姓迁来。因战乱、瘟疫，谭、张二姓日渐消无。明洪武二年（1369），魏氏始祖魏进自四川迁来，改名魏家官庄。为与前官庄有所区别，故以所处方位更名后官庄。聚落呈团块状分布。经济以种植业为主，主要农作物有小麦、玉米。

前官庄 370786-B01-H09
[Qiánguānzhuāng]

在市驻地奎聚街道西北方向 17.2 千米。柳疃镇辖自然村。人口 300。元末，谭姓首先来立村，建三官庙一座，取名谭家庙子；

与此同时又有张姓迁来。因战乱、瘟疫，谭、张二姓日渐消无。明洪武二年（1369），魏氏始祖魏进自四川迁来，改名魏家官庄。因居后官庄前，又改称今名。聚落呈团块状分布。经济以种植业为主，主要农作物有小麦、玉米。

北西高 370786-B01-H10
[Běixīgāo]

在市驻地奎聚街道西北方向 17.0 千米。柳疃镇辖自然村。人口 500。明末清初，高姓迁入昌邑，取名高家庄。后因本地取名高家庄的村庄较多，为示区别，根据方位取名北西高。聚落呈团块状分布。经济以种植业为主，主要农作物有玉米、小麦。

青阜 370786-B01-H11
[Qīngfù]

在市驻地奎聚街道西北方向 19.0 千米。柳疃镇辖自然村。人口 1 400。因村中有一上埠，埠及两侧生长着密集的青草，故名青埠，后称青阜。聚落呈团块状分布。经济以种植业为主，主要农作物有小麦、玉米、大豆。

灶户 370786-B01-H12
[Zàohù]

在市驻地奎聚街道西北方向 22.0 千米。柳疃镇辖自然村。人口 1 300。因村民支灶熬盐为业，故名。聚落呈团块状分布。经济以种植业为主，主要农作物有小麦、玉米、大豆。

横地 370786-B01-H13
[Héngdì]

在市驻地奎聚街道西北方向 18.0 千米。柳疃镇辖自然村。人口 600。据传，当时因该村的耕地多为东西长、南北短，故名。聚落呈团块状分布。经济以种植业为主，主要农作物有小麦、玉米、大豆。

郭家庄 370786-B01-H14
[Guōjiāzhuāng]

在市驻地奎聚街道东北方向 10.0 千米。奎聚街道辖自然村。人口 600。以姓氏名村。聚落呈团块状分布。经济以种植业为主，主要农作物有小麦、玉米、大豆。

刘家车道 370786-B01-H15
[Liújiāchēdào]

在市驻地奎聚街道东北方向 18.0 千米。柳疃镇辖自然村。人口 1 200。明隆庆年间，刘姓自四川成都迁此定居，因村在从渔尔镇巡检司通往县城的大道旁而得名刘家车道。聚落呈团块状分布。经济以种植业为主，主要农作物有小麦、玉米、大豆。

申明亭 370786-B01-H16
[Shēnmíngtíng]

在市驻地奎聚街道北方向 20.0 千米。柳疃镇辖自然村。人口 1 000。申明亭之名始于明洪武五年（1372），因本村设有申明亭一处，故名。聚落呈团块状分布。经济以种植业为主，主要农作物有小麦、玉米、大豆、地瓜。

东陈 370786-B01-H17
[Dōngchén]

在市驻地奎聚街道西北方向 12.0 千米。柳疃镇辖自然村。人口 700。明初，陈姓由四川成都迁入居住，后来韩姓由柳疃迁入居住，本村有两大姓氏，后为方便，以村中南北道为界划为东陈和西陈，本村居东，故名。聚落呈团块状分布。经济以种植业、纺织业为主。

阎家庵 370786-B01-H18

[Yánjiā'ān]

在市驻地奎聚街道北方向 11.0 千米。柳疃镇辖自然村。人口 1 100。清康熙年间，因在村内修建一座庙，庙东有莲花池，故称莲花庵。后因庙主姓阎，改成阎家庵。聚落呈团块状分布。经济以种植业为主，主要农作物有小麦、玉米、大豆。

史家庄 370786-B01-H19

[Shǐjiāzhuāng]

在市驻地奎聚街道西北方向 16.0 千米。柳疃镇辖自然村。人口 500。史氏一世祖讳文公于明洪武初年迁此，以姓取名称史家庄。聚落呈团块状分布。经济以种植业为主，主要农作物有小麦、玉米、大豆。

后青 370786-B01-H20

[Hòuqīng]

在市驻地奎聚街道西北方向 18.0 千米。柳疃镇辖自然村。人口 500。据《林氏宗谱》记载，始祖原籍武定府阳信县桑埝村，明初迁户宝州县，后来昌邑，先居于居信乡之门八镇，后徙青阜社青乡庄，依著名的青乡大寺定名，1947 年改称后青。聚落呈团块状分布。有县级非物质文化遗产林鹏飞剪纸。经济以种植业为主，主要农作物有小麦、玉米、大豆。

老官 370786-B01-H21

[Lǎoguān]

在市驻地奎聚街道西北方向 20.0 千米。柳疃镇辖自然村。人口 500。明永乐二年（1404），徐氏三兄弟举家从河北枣强县东部迁至昌邑北部立村，取名八甲老官，后改为老官。经济以种植业为主，主要农作物有小麦、玉米、大豆。

北玉 370786-B01-H22

[Běiyù]

在市驻地奎聚街道北方向 15.0 千米。柳疃镇辖自然村。人口 400。原以玉皇庙而得名，后以方位简称北玉。聚落呈团块状分布。经济以种植业为主，主要农作物有小麦、玉米、大豆。

龙池 370786-B02-H01

[Lóngchí]

龙池镇人民政府驻地。在市驻地奎聚街道西北方向 12.0 千米。人口 1 900。明初立村，因村北有形似龙状的土丘和池塘，得名龙池。聚落呈团块状分布。有小学。经济以种植业为主，主要农作物有小麦、玉米、棉花。有养殖、晒盐、染织、餐饮、食品加工等企业。有公路经此。

西白塔 370786-B02-H02

[Xībáitǎ]

在市驻地奎聚街道西北方向 15.0 千米。龙池镇辖自然村。人口 800。因古建筑白塔而得名。聚落呈团块状分布。经济以种植业为主，主要农作物有小麦、玉米、大豆。

瓦西 370786-B02-H03

[Wǎxī]

在市驻地奎聚街道西北方向 23.0 千米。龙池镇辖自然村。人口 1 100。明初因庙宇皆覆琉璃瓦，演变为瓦城，后分为瓦西、瓦北、瓦东三个村。聚落呈团块状分布。经济以种植业为主，主要农作物有小麦、玉米、花生、棉花等。

瓦东 370786-B02-H04

[Wǎdōng]

在市驻地奎聚街道西北方向 23.0 千米。龙池镇辖自然村。人口 900。明初因庙宇皆覆琉璃瓦，演变为瓦城，后分为瓦西、瓦北、瓦东三个村。聚落呈团块状分布。经济以种植业为主，主要农作物有小麦、玉米、花生、大豆、高粱、棉花等。

马渠 370786-B02-H05
[Mǎqú]

在市驻地奎聚街道西北方向 14.0 千米。龙池镇辖自然村。人口 3 200。相传北宋初期，天下初定，但小股流寇反贼四处作乱，兵荒马乱，赵匡胤领兵四处征讨，曾经路过此处，在此处安营扎寨，在南北沟放马饮马，此村因而名马渠。聚落呈团块状分布。经济以种植业为主，主要农作物有小麦、玉米、大豆。

郭疃 370786-B02-H06
[Guǒtuǎn]

在市驻地奎聚街道西北方向 14.0 千米。龙池镇辖自然村。人口 1 700。因姓氏而得名。聚落呈团块状分布。经济以种植业为主，主要农作物有小麦、玉米、大豆、棉花等。

二甲庄 370786-B02-H07
[Èrjiǎzhuāng]

在市驻地奎聚街道西北方向 18.0 千米。龙池镇辖自然村。人口 200。因明初实行保甲制，始祖在西川时属第二甲，因恋故土，称二甲庄。聚落呈团块状分布。经济以种植业为主，主要农作物有小麦、大豆、玉米等。

东利渔 370786-B02-H08
[Dōnglìyú]

在市驻地奎聚街道西北方向 33.0 千米。龙池镇辖自然村。人口 1 000。建于东汉时期，依虞河安村，百姓多以打草、捕鱼、熬盐三种职业谋生，因获利于渔盐，故名利渔。中华人民共和国成立后，以虞河为界，

以东归属昌邑，以西归属潍县（现寒亭区），于是形成两个利渔村，为加以区分，以位置称东利渔。聚落呈团块状分布。经济以种植业为主，主要农作物有小麦、玉米、大豆。

东白塔 370786-B02-H09
[Dōngbáitǎ]

在市驻地奎聚街道西北方向 20.0 千米。龙池镇辖自然村。人口 1 000。因古建筑白塔而得名。聚落呈团块状分布。经济以种植业为主，主要农作物有小麦、玉米、大豆。

岱邱 370786-B02-H10
[Dàiqiū]

在市驻地奎聚街道西北方向 18.0 千米。龙池镇辖自然村。人口 1 600。始建于明永乐年间，相传村北有一大丘，故取名大丘，明末雅化为岱邱。聚落呈团块状分布。经济以种植业为主，主要农作物有小麦、玉米、大豆。

卜庄 370786-B03-H01
[Bǔzhuāng]

卜庄镇人民政府驻地。在市驻地奎聚街道东北方向 15.0 千米。人口 1 600。明永乐年间，徐姓立村，称徐家庄子。后居民为避灾难，占卜择地立村，故名卜庄。聚落呈团块状分布。有幼儿园、小学、中学。经济以种植业为主，主要农作物有小麦、玉米、棉花、葡萄、梨枣、桃子等。206 国道经此。

大陆 370786-B03-H02
[Dàlù]

在市驻地奎聚街道西北方向 14.0 千米。卜庄镇辖自然村。人口 1 400。明洪武六年（1373），陆姓由四川迁居陆家宅科，至

永乐年间，东移立村陆家庄。1958 年成立人民公社时改今名。聚落呈团块状分布。有小学、图书室等。经济以种植业为主，主要农作物有小麦、玉米、梨、枣等。有公路经此。

刘庄 370786-B03-H03
[Liúzhuāng]

在市驻地奎聚街道西南方向 15.0 千米。卜庄镇辖自然村。人口 1 300。因村内刘姓居多，故以姓氏命名。聚落呈团块状分布。经济以种植业为主，主要农作物有小麦、玉米、梨、枣、大姜。

永合 370786-B03-H04
[Yǒnghé]

在市驻地奎聚街道西南方向 15.0 千米。卜庄镇辖自然村。人口 1 300。因是三个村合并而成，故名。聚落呈团块状分布。经济以种植业为主，主要农作物有小麦、玉米、梨、枣等。有公路经此。

后张 370786-B03-H05
[Hòuzhāng]

在市驻地奎聚街道西南方向 17.0 千米。卜庄镇辖自然村。人口 500。明洪武年间，张、郭二姓迁此定居，取名张郭庄。1923 年，改名为张戈庄。1960 年，分为前张戈庄、后张戈庄，后演为今名。聚落呈团块状分布。经济以种植业为主，主要农作物有小麦、玉米等。有公路经此。

李泊 370786-B03-H06
[Lǐpō]

在市驻地奎聚街道西南方向 17.0 千米。卜庄镇辖自然村。人口 500。明万历年间，李氏兄弟由河北枣强县迁此定居，见地势由南向北渐低，故在高处建村，取名李家泊子，后演为李泊。聚落呈团块状分布。

经济以种植业为主，主要农作物有小麦、玉米、棉花。

西董 370786-B03-H07
[Xīdǒng]

在市驻地奎聚街道西南方向 17.0 千米。卜庄镇辖自然村。人口 200。明天启年间，董姓自四川迁此立村，以姓氏称董家庄，后为与东董村区别，称西董。聚落呈团块状分布。经济以种植业为主。有公路经此。

广刘 370786-B03-H08
[Guǎngliú]

在市驻地奎聚街道西南方向 13.0 千米。卜庄镇辖自然村。人口 300。1942 年，刘家道和广茂道合并，合称广刘。聚落呈团块状分布。经济以种植业为主，主要农作物有小麦、玉米等。有公路经此。

郝家庄 370786-B03-H09
[Hǎojiāzhuāng]

在市驻地奎聚街道西南方向 13.0 千米。卜庄镇辖自然村。人口 900。郝氏始祖于明隆庆二年（1568）迁此立村，取村名东南园子，民国时期为取扶安嘉言，冠以姓氏称郝家扶安，后更名郝家庄。聚落呈团块状分布。经济以种植业为主，主要农作物有小麦、玉米等。有公路经此。

王家扶宁 370786-B03-H10
[Wángjiāfúníng]

在市驻地奎聚街道西南方向 13.0 千米。卜庄镇辖自然村。人口 700。明初王氏迁此，因吉祥嘉言，取名王家抚宁，中华人民共和国成立后，渐渐演变为王家扶宁。聚落呈团块状分布。经济以种植业为主，主要农作物有小麦、玉米、大姜。

大河北 370786-B03-H11

[Dàhéběi]

在市驻地奎聚街道西南方向 15.0 千米。卜庄镇辖自然村。人口 900。1945 年，因村处媒河北岸，故名大河北。聚落呈团块状分布。经济以种植业为主，主要农作物有小麦、玉米、大豆、大姜。

大河南 370786-B03-H12

[Dàhénán]

在市驻地奎聚街道西南方向 15.0 千米。卜庄镇辖自然村。人口 900。因村处媒河南岸，故名大河南。聚落呈团块状分布。经济以种植业为主。

李家庄 370786-B03-H13

[Lǐjiāzhuāng]

在市驻地奎聚街道西南方向 15.0 千米。卜庄镇辖自然村。人口 200。因姓氏而得名。聚落呈团块状分布。经济以种植业为主，主要农作物有小麦、玉米。

大李家庄 370786-B03-H14

[Dàlǐjiāzhuāng]

在市驻地奎聚街道西南方向 18.0 千米。卜庄镇辖自然村。人口 300。因姓氏而得名。聚落呈团块状分布。经济以种植业为主，主要农作物有小麦、玉米。

大窑 370786-B03-H15

[Dàyáo]

在市驻地奎聚街道西南方向 18.0 千米。卜庄镇辖自然村。人口 1 300。因唐王曾在此烧窑制陶而得名。聚落呈团块状分布。经济以种植业为主，主要农作物有小麦、玉米等。有公路经此。

马疃 370786-B03-H16

[Mǎtuǎn]

在市驻地奎聚街道西南方向 18.0 千米。卜庄镇辖自然村。人口 800。元至正二十二年（1362），马氏由河北枣强县毛儿庄迁至昌邑北乡潍水东岸立村，始称马家庄，后演为今名。聚落呈团块状分布。经济以种植业为主，主要农作物有小麦、玉米等。有公路经此。

金山 370786-B03-H17

[Jīnshān]

在市驻地奎聚街道西方向 16.0 千米。卜庄镇辖自然村。人口 900。明嘉靖年间，有崔氏两兄弟率先来到狗冢山下结庐而居，开荒种田。后有付姓、马姓等先后迁来定居，逐渐成村。立村后，因依据狗冢山而居，故取名为狗冢山村。后因为狗冢山特有的地理风貌，背靠小山，三面有水，且湾塘中荷花盛开，景色甚美，于是有智者提出倡议，将村名改为了莲化山村。1958 年成立人民公社，村名改为金山。聚落呈团块状分布。经济以种植业为主，主要农作物有小麦、玉米、梨、枣、黄桃、葡萄等。

马家 370786-B03-H18

[Mǎjiā]

在市驻地奎聚街道西南方向 16.0 千米。卜庄镇辖自然村。人口 1 100。明洪武初年，马氏始祖马仁贵自河北枣强县徙迁至昌邑胶莱河西畔定居，故名马家。聚落呈团块状分布。经济以种植业为主，主要农作物有小麦、玉米等。有公路经此。

郑家 370786-B03-H19

[Zhèngjiā]

在市驻地奎聚街道西方向 16.0 千米。卜庄镇辖自然村。人口 1 900。因地处低洼，四面环水，故得名郑家泊。后随着环境变迁，水源减少，改为郑家坡，现简化为郑家。聚落呈团块状分布。经济以种植业为主，主要农作物有小麦、玉米。

南泊 370786-B03-H20
[Nánpō]

在市驻地奎聚街道西南方向 16.0 千米。卜庄镇辖自然村。人口 200。清同治年间，高姓自高戈庄东移至潍河冲积滩上立村，故名潍河庄。1944 年与北邻小泊子、东围子合并为一个村，因村处姜家泊南，改名南泊。聚落呈团块状分布。经济以种植业和畜牧业为主，主要农作物有小麦、玉米等。

韩家桥 370786-B03-H21
[Hánjiāqiáo]

在市驻地奎聚街道西南方向 16.0 千米。卜庄镇辖自然村。人口 300。因姓氏而得名。聚落呈团块状分布。经济以种植业为主，主要农作物有小麦、玉米等。有公路经此。

姜泊 370786-B03-H22
[Jiāngpō]

在市驻地奎聚街道西南方向 16.0 千米。卜庄镇辖自然村。人口 1 200。姜氏先祖在古潍河畔立村，故名。聚落呈团块状分布。经济以种植业为主，主要农作物有小麦、玉米等。有公路经此。

南任 370786-B03-H23
[Nánrén]

在市驻地奎聚街道西南方向 18.0 千米。卜庄镇辖自然村。人口 700。明朝，任氏迁此立村，按照方位称本村为西南任家，于1953 年与小马家合并统称南任。聚落呈团块状分布。经济以种植业为主，主要农作物有小麦、玉米等。

孙家 370786-B03-H24
[Sūnjiā]

在市驻地奎聚街道西南方向 18.0 千米。卜庄镇辖自然村。人口 600。因姓氏而得名。聚落呈团块状分布。经济以种植业为主，主要农作物有小麦、玉米等。

新胜 370786-B03-H25
[Xīnshèng]

在市驻地奎聚街道西南方向 18.0 千米。卜庄镇辖自然村。人口 600。明洪武二年（1369），贾兴从四川成都至山西徙居山东昌邑，选择了胶莱河西岸这片肥沃的土地定居下来，取名贾家。卢姓故址在贾家村北一里许的胶莱河西岸，庄名卢家庄。后因胶莱河冲坏村庄，一部分人到了贾家村，取名河崖卢家。1949 年两村合为一个村，谓新胜。聚落呈团块状分布。经济以手工业为主。

夏店 370786-B03-H26
[Xiàdiàn]

在市驻地奎聚街道西南方向 13.0 千米。卜庄镇辖自然村。人口 1 600。以姓氏名村。聚落呈团块状分布。经济以种植业、畜牧业为主，主要农作物有玉米、小麦。

徐家庄 370786-B03-H27
[Xújiāzhuāng]

在市驻地奎聚街道西南方向 13.0 千米。卜庄镇辖自然村。人口 700。以姓氏名村。聚落呈团块状分布。经济以种植业、畜牧业为主，主要农作物有玉米、小麦。

三教堂 370786-B03-H28
[Sānjiàotáng]

在市驻地奎聚街道西南方向 13.0 千米。卜庄镇辖自然村。人口 700。明隆庆年间，孙姓先人迁此立村，在古老的潍河东岸定居，立村名三角头。后因潍河泛滥，河岸坍塌，河东岸的土地不断塌入河中，河道东迁，村民们从同治年间不断向东搬迁，清光绪年间在新村东头重建三教堂庙，从此村庄改名三教堂。聚落呈团块状分布。经济以种植业、畜牧业为主，主要农作物有玉米和小麦。

白衣庙 370786-B03-H29
[Báiyīmiào]

在市驻地奎聚街道西南方向15.0千米。卜庄镇辖自然村。人口900。明永乐二年（1404），张氏迁此立村，携观音像，建庄后立庙朝夕奉祀。因"观世音"亦称"白衣大士"，故起村名白衣庙。聚落呈团块状分布。经济以种植业为主，主要农作物有小麦、玉米、大豆。

东赵 370786-B03-H30
[Dōngzhào]

在市驻地奎聚街道西南方向16.0千米。卜庄镇辖自然村。人口400。因姓氏和地理位置而得名。聚落呈团块状分布。经济以种植业为主，主要农作物有小麦、玉米等。

毛家寨 370786-B03-H31
[Máojiāzhài]

在市驻地奎聚街道西南方向15.0千米。卜庄镇辖自然村。人口200。明朝中叶，一位毛姓官员在此工地收租，村名毛家庄子，后演为今名。聚落呈团块状分布。经济以种植业为主，主要农作物有小麦、玉米、大豆。

饮马 370786-B04-H01
[Yìnmǎ]

饮马镇人民政府驻地。在市驻地奎聚街道南方向23.0千米。人口5 900。相传秦始皇东游过此饮马，由此得村名。聚落呈团块状分布。有幼儿园、小学、中学。古迹有烈士祠。有公路经此。

葛庄 370786-B04-H02
[Gězhuāng]

在市驻地奎聚街道南方向15.0千米。饮马镇辖自然村。人口2 300。因姓氏而得名。聚落呈团块状分布。经济以种植业为主，主要农作物有小麦、玉米、土豆、大姜、西瓜等。

沟流 370786-B04-H03
[Gōuliú]

在市驻地奎聚街道南方向18.0千米。饮马镇辖自然村。人口400。明洪武年间，刘姓由四川迁此立村，因村立于大沟西侧，故名沟里流家。后又因村前有青龙河，村东有大沟，常年潺潺流水，改名沟流。聚落呈团块状分布。经济以种植业为主，主要农作物有小麦、玉米、大姜、土豆、大葱等。

郝家屯 370786-B04-H04
[Hǎojiātún]

在市驻地奎聚街道南方向22.7千米。饮马镇辖自然村。人口400。因姓氏而得名。聚落呈团块状分布。经济以种植业为主，主要农作物有小麦、玉米、花生、土豆等。

饮马西南村 370786-B04-H05
[Yìnmǎxīnáncūn]

在市驻地奎聚街道东南方向35.0千米。饮马镇辖自然村。人口1 400。相传秦始皇东游曾在此饮马，故名。后按地理位置分为东南、西南、西北、东北四隅，西南隅后改称饮马西南村。聚落呈团块状分布。经济以种植业为主，主要农作物有小麦、玉米、大豆、棉花等。

后柳杭 370786-B04-H06
［Hòuliǔháng］

在市驻地奎聚街道南方向 17.3 千米。饮马镇辖自然村。人口 1 300。明初，谭、于两姓由四川省迁至柳行后立村，故名后柳杭。聚落呈团块状分布。经济以种植业为主，主要农作物有小麦、玉米、土豆、大姜、草莓等。

后马兰屯 370786-B04-H07
［Hòumǎlántún］

在市驻地奎聚街道南方向 16.3 千米。饮马镇辖自然村。人口 800。明初，多姓在湾旁立村，因湾中遍生马莲，得名马莲湾。又以马姓率众在田间栽马莲有功名，改称马莲屯，后演称马兰屯。为耕种方便，分为两个自然村，该村居后，名后马兰屯。聚落呈团块状分布。经济以种植业为主，主要农作物有姜、小麦、玉米、土豆等。

贾家庄 370786-B04-H08
［Jiǎjiāzhuāng］

在市驻地奎聚街道南方向 20.0 千米。饮马镇辖自然村。人口 200。清顺治年间，贾姓立村，故名贾家新庄，后演为今名。聚落呈团块状分布。经济以种植业为主，主要农作物有小麦、玉米、土豆、大姜等。

教书庄 370786-B04-H09
［Jiāoshūzhuāng］

在市驻地奎聚街道南方向 16.5 千米。饮马镇辖自然村。人口 300。明洪武年间，有几户人家联资请先生教其子女学文，周围村庄也助资送子到此求学，清乾隆年间为鼎盛时期，有来求学者，都找教书庄，村名由此而得。聚落呈团块状分布。经济以种植业为主，主要农作物有小麦、玉米、大姜、土豆等。

库户庄 370786-B04-H10
［Kùhùzhuāng］

在市驻地奎聚街道南方向 19.7 千米。饮马镇辖自然村。人口 300。明嘉靖年间，鲁姓迁此立村，时因生活困苦，得名苦户庄。后改"苦"为"库"，称库户庄。聚落呈团块状分布。经济以种植业为主，主要农作物有小麦、玉米、土豆、大姜等。

李家庄 370786-B04-H11
［Lǐjiāzhuāng］

在市驻地奎聚街道南方向 23.9 千米。饮马镇辖自然村。人口 200。清乾隆年间，李姓由昌邑韩家巷迁来立村，故名。聚落呈团块状分布。经济以种植业为主，主要农作物有小麦、玉米、花生、土豆等。

林家埠 370786-B04-H12
［Línjiābù］

在市驻地奎聚街道南方向 15.3 千米。饮马镇辖自然村。人口 600。明初，段姓由四川迁来立村，因村处埠东，故名段家埠。清咸丰年间，林姓迁居此村。后村无段姓，林姓兴，1945 年改名林家埠。聚落呈团块状分布。经济以种植业为主，主要农作物有小麦、玉米、花生、土豆和大姜等，盛产苹果等。

刘家屯 370786-B04-H13
［Liújiātún］

在市驻地奎聚街道南方向 20.2 千米。饮马镇辖自然村。人口 500。明朝，马、孙等姓立村，故名万户屯。清顺治年间，刘姓由围子镇陶埠迁入居住。后以村民刘姓居多，改名刘家屯。聚落呈团块状分布。经济以种植业为主，主要农作物有小麦、玉米、花生和杂粮等。

流河 370786-B04-H14
［Liúhé］

在市驻地奎聚街道南方向 17.0 千米。饮马镇辖自然村。人口 2 200。明洪武年间，赵、凌、陈等姓立村。因地多河汊，得名流河。明永乐年间，因设集市，改称流河街。后复称流河。聚落呈团块状分布。经济以种植业为主，主要农作物有小麦、玉米、土豆、大姜等。

田家庄 370786-B04-H15
［Tiánjiāzhuāng］

在市驻地奎聚街道南方向 17.0 千米。饮马镇辖自然村。人口 700。明初，田姓由本县田家老庄迁来立村，取名田家庄子，后改称田家庄。聚落呈团块状分布。经济以种植业为主，主要农作物有小麦、玉米等。有公路经此。

王家庄 370786-B04-H16
［Wángjiāzhuāng］

在市驻地奎聚街道南方向 17.0 千米。饮马镇辖自然村。人口 600。明初，王姓由四川省迁来立村，故名王家庄。聚落呈团块状分布。经济以种植业为主，主要农作物有小麦、玉米、大姜、土豆等。有公路经此。

西金台 370786-B04-H17
［Xījīntái］

在市驻地奎聚街道南方向 16.5 千米。饮马镇辖自然村。人口 5 500。明洪武二年（1369），李姓由四川省迁此立村，因村处金台埠西侧，故名。聚落呈团块状分布。经济以种植业为主，主要农作物有小麦、玉米、花生、土豆、大姜、花生、苹果、桃等。

伊家庄子 370786-B04-H18
［Yījiāzhuāngzi］

在市驻地奎聚街道南方向 20.4 千米。饮马镇辖自然村。人口 700。明永乐年间，伊姓由山西省洪洞县迁此立村，以姓氏立村。聚落呈团块状分布。经济以种植业为主，主要农作物有小麦、玉米、土豆、西瓜等。有公路经此。

埠头 370786-B04-H19
［Bùtóu］

在市驻地奎聚街道南方向 14.5 千米。饮马镇辖自然村。人口 1 400。明正德年间，王姓由今河北省枣强县柳林庄迁此立村，因东、北两面环埠，村以埠得名，故名埠头。聚落呈团块状分布。经济以种植业为主，主要农作物有小麦、玉米、土豆、大姜等。

吴家庄 370786-B04-H20
［Wújiāzhuāng］

在市驻地奎聚街道南方向 15.7 千米。饮马镇辖自然村。人口 200。明成化年间，有吴姓由潍县迁至沟流村西南角立村，故名小西南。后来在青龙河上架砖桥一座，以村处河南，改名砖桥南。清乾隆年间，以北有教书庄，改名吴家教书庄，后演称吴家庄。聚落呈团块状分布。经济以种植业为主，主要农作物有小麦、玉米、土豆、大姜等。有公路经此。

西孙家薛庄 370786-B04-H21
［Xísūnjiāxuēzhuāng］

在市驻地奎聚街道南方向 15.0 千米。饮马镇辖自然村。人口 1 200。唐朝立村雪花殿，后演称薛花殿。因潍河决口冲毁此殿，明隆庆年间，孙、陈、别诸姓在薛花殿遗址立村，因孙姓居多，且东有薛庄，故名西孙家薛庄。聚落呈团块状分布。经济以种植业为主，主要农作物有小麦、玉米、花生、大姜等。

杨家桥 370786-B04-H22
[Yángjiāqiáo]

在市驻地奎聚街道南方向 18.0 千米。饮马镇辖自然村。人口 1 200。明正德年间，杨姓从寒亭区迁此立村，并在吴沟河建一小桥，故名。聚落呈团块状分布。经济以种植业为主，主要农作物有小麦、玉米、土豆等，盛产大姜。有公路经此。

八里庄子 370786-B04-H23
[Bālǐzhuāngzi]

在市驻地奎聚街道东南方向 35.0 千米。饮马镇辖自然村。人口 500。明永乐年间，孙姓由山西洪洞县徙来立村，取名孙家庄。因距饮马八市里，1912 年改称八里庄子。聚落呈团块状分布。经济以种植业、纺织业为主，主要农作物有小麦、玉米、土豆等。

大谢家庄 370786-B04-H24
[Dàxièjiāzhuāng]

在市驻地奎聚街道东南方向 40.0 千米。饮马镇辖自然村。人口 800。谢姓自金家口迁此立村，取名谢家庄。后来张、郑、孙、佟、路等姓徙居，诸姓繁衍，改称今名。聚落呈团块状分布。经济以种植业为主。

孟家庄子 370786-B04-H25
[Mèngjiāzhuāngzi]

在市驻地奎聚街道东南方向 35.0 千米。饮马镇辖自然村。人口 600。明成化年间，孟姓自潮海迁此立村，为盼太平，取名太平庄。清初，杨、于、刘、孙等姓相继迁居，村民认为孟姓建村有功，改称孟

家庄子。聚落呈团块状分布。经济以种植业为主，主要农作物有小麦、玉米、大豆、棉花等。

前赶仙庄 370786-B04-H26
[Qiángǎnxiānzhuāng]

在市驻地奎聚街道南方向 35.0 千米。饮马镇辖自然村。人口 1 200。传云，有仙人路过，村人追赶至此，得名赶仙庄。后因村处山前，改称今名。聚落呈团块状分布。经济以种植业为主，主要农作物有小麦、玉米、大豆、棉花等。

山阳 370786-B04-H27
[Shānyáng]

在市驻地奎聚街道南方向 30.0 千米。饮马镇辖自然村。人口 4 000。因在博陆山前而得名。聚落呈团块状分布。经济以种植业为主，主要农作物有梨。

山阴 370786-B04-H28
[Shānyīn]

在市驻地奎聚街道南方向 30.0 千米。饮马镇辖自然村。人口 200。因处博陆山之阴而得名。聚落呈团块状分布。经济以种植业为主。有公路经此。

吴沟 370786-B04-H29
[Wúgōu]

在市驻地奎聚街道东南方向 30.0 千米。饮马镇辖自然村。人口 1 600。因村地势低洼，村庄南多处雨水顺流而下，汇集成五龙河，每年雨季灾情必至。明永乐五年（1407），刘氏率村民开沟挖河三十五里，引水入胶，后冠以姓氏称吴沟。聚落呈团块状分布。经济以种植业为主，主要农作物有小麦、玉米、大豆、棉花等。

杨家楼 370786-B04-H30
[Yángjiālóu]

在市驻地奎聚街道东南方向 32.0 千米。饮马镇辖自然村。人口 2 000。明成化年间，杨姓从饮马迁此立村，取名杨家庄。明末，因杨氏建楼一座，改称杨家楼。聚落呈团块状分布。经济以种植业为主，主要农作物有小麦、玉米、大豆、棉花等。

饮马东南村 370786-B04-H31
[Yǐnmǎdōngnáncūn]

在市驻地奎聚街道东南方向 35.0 千米。饮马镇辖自然村。人口 1 700。相传秦始皇东游曾在此饮马，故名。后按地理位置分为东南、西南、西北、东北四隅，东南隅后改成饮马东南村。聚落呈团块状分布。经济以种植业为主，主要农作物有小麦、玉米、大豆、棉花等。

饮马西北村 370786-B04-H32
[Yǐnmǎxīběicūn]

在市驻地奎聚街道东南方向 32.0 千米饮马镇辖自然村。人口 1 700。相传秦始皇东游曾在此饮马，故名，后按地理位置分为东南、西南、西北、东北四隅，西北隅后改成饮马西北村。聚落呈团块状分布。经济以种植业为主，主要农作物有小麦、玉米、大豆、棉花等。

北孟 370786-B05-H01
[Běimèng]

北孟镇人民政府驻地。在市驻地奎聚街道东南方向 30.0 千米。人口 500。唐代立村，因地处南孟山北而得名北孟。聚落呈团块状分布。经济以种植业为主，主要农作物有小麦、玉米、棉花、大姜、苹果、桃、猕猴桃等。有公路经此。

曹戈庄 370786-B05-H02
[Cáogēzhuāng]

在市驻地奎聚街道东南方向 34.0 千米。北孟镇辖自然村。人口 1 600。明初，王、曹两姓立村，以曹姓居多，取名曹阁庄，后演称曹戈庄。聚落呈团块状分布。经济以种植业为主，主要农作物有小麦、玉米、花生等。

大南孟 370786-B05-H03
[Dànánmèng]

在市驻地奎聚街道东南方向 33.5 千米。北孟镇辖自然村。人口 1 100。明朝，李、吴两姓先后迁来立村，因村处孟山南，故名南孟，后因有小南孟，改名大南孟。聚落呈团块状分布。经济以种植业为主，主要农作物有小麦、玉米、花生、桃。

大望仙庄 370786-B05-H04
[Dàwàngxiānzhuāng]

在市驻地奎聚街道东南方向 31.6 千米。北孟镇辖自然村。人口 700。传说，前人望见南埠有神仙，故名望仙庄。1912 年，因东有小望仙庄，改称大望仙庄。聚落呈团块状分布。经济以种植业为主，主要农作物有小麦、玉米、花生等。

东角兰 370786-B05-H05
[Dōngjiǎolán]

在市驻地奎聚街道东南方向 34.4 千米。北孟镇辖自然村。人口 1 600。元朝，村内建一庙，庙内有一块异石，有识之士用铜烟袋锅敲，发出角声，同时，在异石旁盛生数簇马兰花，故改名角兰。后因居西角兰东，改名东角兰。聚落呈团块状分布。经济以种植业、纺织业为主，主要农作物有小麦、玉米、苹果。有公路经此。

范家邱 370786-B05-H06
[Fànjiāqiū]

在市驻地奎聚街道东南方向 44.5 千米。北孟镇辖自然村。人口 900。明初，范姓自诸城县迁此立村，因地处丘陵得名。聚落呈团块状分布。经济以种植业为主，主要农作物有小麦、玉米、花生等。

高阳 370786-B05-H07
[Gāoyáng]

在市驻地奎聚街道东南方向 46.3 千米。北孟镇辖自然村。人口 2 900。因坐落于埠南向阳处而得名。聚落呈团块状分布。经济以种植业为主，主要农作物有小麦、玉米。

韩家高阳 370786-B05-H08
[Hánjiāgāoyáng]

在市驻地奎聚街道东南方向 45.0 千米。北孟镇辖自然村。人口 1 100。因在高阳西，按方位称西高阳。明崇祯年间，韩姓迁来居住，改称韩家高阳。聚落呈团块状分布。经济以种植业为主，主要农作物有小麦、玉米、花生等。

后李家庄子 370786-B05-H09
[Hòulǐjiāzhuāngzi]

在市驻地奎聚街道东南方向 25.2 千米。北孟镇辖自然村。人口 600。清顺治年间，赵姓迁此立村，因时居茅屋，以姓氏得名赵家屋子。后因有前李家庄子，改成今名。聚落呈团块状分布。经济以种植业为主，主要农作物有小麦、玉米等。

后刘家营子 370786-B05-H10
[Hòuliújiāyíngzi]

在市驻地奎聚街道东南方向 24.1 千米。北孟镇辖自然村。人口 300。明初，刘姓从山西洪洞县迁此立村，因村靠埠，雨后路旁积水成泉。相传，宋朝军队曾在此安营，取名水沓营。后因刘姓人丁繁衍，改名刘家营子。后分为前、后两个自然村，该村居后，故名后刘家营子。聚落呈团块状分布。经济以种植业为主，主要农作物有小麦、玉米、棉花。

后朱家庄子 370786-B05-H11
[Hòuzhūjiāzhuāngzi]

在市驻地奎聚街道东南方向 28.3 千米。北孟镇辖自然村。人口 1 100。明洪武年间，徐姓立村，取名徐家庄。后朱姓迁居，改名朱家老庄。后因有前朱家庄子，改为今名。聚落呈团块状分布。经济以种植业为主，主要农作物有小麦、玉米、花生。

凰瑞埠 370786-B05-H12
[Huángruìbù]

在市驻地奎聚街道东南方向 39.0 千米。北孟镇辖自然村。人口 1 900。明正统年间，栾姓从山西迁此定居，因村北有埠，形似卧凤凰，故名凰睡埠，后改名凰瑞埠。聚落呈团块状分布。经济以种植业为主，主要农作物有小麦、玉米、花生。

老匙沟 370786-B05-H13
[Lǎochígōu]

在市驻地奎聚街道东南方向 37.9 千米。北孟镇辖自然村。人口 1 800。明初，匙姓迁此落户。村前有水沟，俗称匙家沟。后陈姓迁入，村落渐大，取名老匙沟。聚落呈团块状分布。经济以种植业为主，主要农作物有小麦、玉米、花生。

李戈庄 370786-B05-H14
[Lǐgēzhuāng]

在市驻地奎聚街道东南方向 32.2 千米。北孟镇辖自然村。人口 2 900。明初，李姓从四川迁来立村，故名。聚落呈团块状分布。

经济以种植业为主，主要农作物有小麦、玉米、花生、大姜，盛产梨。

麻姑庄 370786-B05-H15
［Mágūzhuāng］

在市驻地奎聚街道东南方向45.0千米。北孟镇辖自然村。人口1 200。明初，冯、王二姓迁来立村，因村内建有麻姑庙，取名麻姑屯。隆庆年间，方姓迁入，改称麻姑庄。聚落呈团块状分布。经济以种植业为主，主要农作物有小麦、玉米、花生、苹果、桃。

前李家埠 370786-B05-H16
［Qiánlǐjiābù］

在市驻地奎聚街道东南方向27.1千米。北孟镇辖自然村。人口2 000。明代，王姓迁至埠上定居，取名王家埠。后李姓迁入，村无王姓后改名李家埠。又因与李家埠乡的李家埠重名，1985年更名为前李家埠。聚落呈团块状分布。经济以种植业为主，主要农作物有小麦、玉米、花生、大姜、桃、杏、草莓。

上河头 370786-B05-H17
［Shànghétóu］

在市驻地奎聚街道东南方向40.6千米。北孟镇辖自然村。人口900。明初立村，因村立于河上游，故名。聚落呈团块状分布。经济以种植业为主，主要农作物有小麦、玉米、花生。有公路经此。

孙家营子 370786-B05-H18
［Sūnjiāyíngzi］

在市驻地奎聚街道东南方向23.7千米。北孟镇辖自然村。人口1 100。明初，朱姓立朱家庄，王姓立王家院落。后孙姓迁来定居，因孙姓居多，以邻村多营子，故名孙家营子。聚落呈团块状分布。经济以种植业为主，主要农作物有小麦、玉米、花生等。

塔耳堡 370786-B05-H19
［Tǎěrpù］

在市驻地奎聚街道东南方向39.8千米。北孟镇辖自然村。人口500。清末建村，南依塔耳堡山，故名。聚落呈团块状分布。经济以种植业为主，主要农作物有小麦、玉米、花生等。有公路经此。

太平 370786-B05-H20
［Tàipíng］

在市驻地奎聚街道东南方向27.9千米。北孟镇辖自然村。人口900。因吉祥嘉言而得名。聚落呈团块状分布。经济以种植业为主，主要农作物有小麦、玉米。

田戈庄 370786-B05-H21
［Tiángēzhuāng］

在市驻地奎聚街道东南方向36.5千米。北孟镇辖自然村。人口1 200。元末，田姓立村，得名田戈庄。聚落呈团块状分布。经济以种植业为主，主要农作物有小麦、玉米、花生。

万和屯 370786-B05-H22
［Wànhétún］

在市驻地奎聚街道东南方向36.1千米。北孟镇辖自然村。人口1 100。明洪武年间，孙姓自山西迁来定居，后李、于、张、曹等30余姓相继迁入，人众户盛，取名万户屯。明末，分为长丰屯、腰庄、万和屯3个自然村。1946年夏，合为一村，仍称万户屯，后演称万和屯。聚落呈团块状分布。经济以种植业为主，主要农作物有小麦、玉米、花生等。

王家 370786-B05-H23

[Wángjiā]

在市驻地奎聚街道东南方向28.4千米。北孟镇辖自然村。人口800。明洪武年间，王姓从昌邑县迁来立村，故名王家。聚落呈团块状分布。经济以种植业为主，主要农作物有小麦、玉米、大蒜、大姜、草莓、花生、苹果等。

魏马 370786-B05-H24

[Wèimǎ]

在市驻地奎聚街道东南方向27.3千米。北孟镇辖自然村。人口1 100。明洪武年间，马姓自河北枣强县迁来本村，故名马家村。明末，魏姓迁至马家村北侧定居，得名魏家村。后因两村毗连，1983年合并改称魏马。聚落呈团块状分布。经济以种植业为主，主要农作物有小麦、玉米、苹果、桃、大姜。

西角兰 370786-B05-H25

[Xījiǎolán]

在市驻地奎聚街道东南方向34.7千米。北孟镇辖自然村。人口900。明初，毕姓从山西省迁此立村，因村处东角兰西，取名西角兰。聚落呈团块状分布。经济以种植业、养殖业为主，主要农作物有小麦、玉米、棉花、花生、大姜、苹果。

西李家崖子 370786-B05-H26

[Xīlǐjiā'áizi]

在市驻地奎聚街道东南方向27.9千米。北孟镇辖自然村。人口200。清康熙年间，李姓由宋庄王珂乡迁入立村，因处大沟西崖，故名西李家崖子。聚落呈团块状分布。经济以种植业为主，主要农作物有小麦、玉米。

小南孟 370786-B05-H27

[Xiǎonánmèng]

在市驻地奎聚街道东南方向33.2千米。北孟镇辖自然村。人口2 300。传说明朝初年，方、马两姓立村，因在孟山叫南孟，后有邻村叫大南孟，故名小南孟。聚落呈团块状分布。经济以种植业为主，主要农作物有小麦、玉米、花生、地瓜、桃、苹果。

小望仙庄 370786-B05-H28

[Xiǎowàngxiānzhuāng]

在市驻地奎聚街道东南方向31.7千米。北孟镇辖自然村。人口200。因西靠大望仙庄，改名小望仙庄。聚落呈团块状分布。经济以种植业为主，主要农作物有小麦、玉米、花生等。

中李家营子 370786-B05-H29

[Zhōnglǐjiāyíngzi]

在市驻地奎聚街道东南方向23.8千米。北孟镇辖自然村。人口300。清顺治年间，李姓从四川省迁来立村，取名李家老庄。相传，宋朝军队在此扎营，改名李家营子。李氏后裔又在前、后李家营子中立村，故称今名。聚落呈团块状分布。经济以种植业为主，主要农作物有小麦、玉米、花生等。

朱甫 370786-B05-H30

[Zhūfǔ]

在市驻地奎聚街道东南方向42.4千米。北孟镇辖自然村。人口1 200。元代，齐姓立村，因地处昌邑县南部，南方属火、色赤，又多土埠，故美其名曰朱阜，后演称朱甫。聚落呈团块状分布。经济以种植业为主，主要农作物有小麦、玉米等。

朱家巷子 370786-B05-H31

[Zhūjiāxiàngzi]

在市驻地奎聚街道东南方向28.8千米。

北孟镇辖自然村。人口 600。明初，徐姓迁此立村，因建房排列成巷，取名徐家巷子。清康熙年间，朱姓由朱家老庄迁入居住，后因朱姓居多，改名朱家巷子。聚落呈团块状分布。经济以种植业为主，主要农作物有小麦、玉米、花生、苹果、桃、柿子等。

朱阳 370786-B05-H32
[Zhūyáng]

在市驻地奎聚街道东南方向 40.8 千米。北孟镇辖自然村。人口 2 400。明初，朱、杨二姓立村，以姓氏取名朱杨村，后演称朱阳。聚落呈团块状分布。经济以种植业为主，主要农作物有小麦、玉米、花生。

下营 370786-B06-H01
[Xiàyíng]

下营镇人民政府驻地。在市驻地奎聚街道北方向 23.0 千米。人口 3 100。明隆庆年间立村，因建于古营寨台墩处，得名营台。后因处潍河最下游，又改下营。聚落呈团块状分布。经济以种植业、养殖业为主，主要农作物有小麦、玉米、花生、棉花，养殖鱼、虾、贝类、海参等。有公路经此。

廒里 370786-B06-H02
[Áolǐ]

在市驻地奎聚街道东北方向 23.6 千米。下营镇辖自然村。人口 900。明洪武年间，李姓自四川迁此定居，以熬盐为业，古名曾称灶户，后称廒里。聚落呈团块状分布。经济以种植业为主，主要农作物有小麦、玉米、大豆、棉花等。

辛庄 370786-B06-H03
[Xīnzhuāng]

在市驻地奎聚街道东北方向 20.6 千米。下营镇辖自然村。人口 600。明初，刘、孙两姓迁来立村，以吉祥嘉言名新庄，意为

新立村。1938 年因大海潮，村庄被淹没，村民历尽艰辛，重建家园，为使子孙后代记住先辈的辛苦，故改名辛庄。聚落呈团块状分布。经济以制盐业、种植业为主，主要农作物有小麦、玉米、大豆、棉花。

军营 370786-B06-H04
[Jūnyíng]

在市驻地奎聚街道东北方向 21.2 千米。下营镇辖自然村。人口 200。明代中期，王姓立村，相传，因古代曾在此设军营而得名。聚落呈团块状分布。经济以种植业为主，主要农作物有小麦、玉米、大豆、棉花等。

火道 370786-B06-H05
[Huǒdào]

在市驻地奎聚街道东北方向 17.0 千米。下营镇辖自然村。人口 1 000。传说唐王东征高丽来村借火，故取名火道。聚落呈团块状分布。经济以种植业为主，主要农作物有小麦、玉米、大豆、棉花等。

常家 370786-B06-H06
[Chángjiā]

在市驻地奎聚街道东北方向 21.8 千米。下营镇辖自然村。人口 400。元末，常姓自常德县迁此立村，以姓取名。聚落呈团块状分布。经济以种植业为主，主要农作物有小麦、玉米、大豆、棉花等。

海眼 370786-B06-H07
[Hǎiyǎn]

在市驻地奎聚街道东北方向 13.8 千米。下营镇辖自然村。人口 400。据传，村民挖井取水，井出双泉，水往上蹿，每逢北风刮起，听有隐隐潮声，由此得村名海眼。聚落呈团块状分布。经济以种植业为主，主要农作物有小麦、玉米、大豆、棉花等。

大院 370786-B06-H08

［Dàyuàn］

在市驻地奎聚街道东北方向 15.9 千米。下营镇辖自然村。人口 700。明嘉靖年间，马姓自直隶（今河北省）枣强县迁居潍河西岸立村，以织网捕鱼为生，始称网户院，后户增人盛，村落渐大，居民筹资修寺庙曰青龙寺，村名改称青龙寺网户院。清嘉庆年间，潍水泛滥，村址东移，因马姓居多，改称马家大院，后简称大院。聚落呈团块状分布。经济以种植业为主，主要农作物有小麦、玉米、大豆、棉花等。

滩子 370786-B06-H09

［Tānzi］

在市驻地奎聚街道东北方向 16.9 千米。下营镇辖自然村。人口 500。清光绪年间，因处潍河滩地，故称滩子。聚落呈团块状分布。经济以种植业为主，主要农作物有小麦、玉米、大豆、棉花等。

吕家 370786-B06-H10

［Lǚjiā］

在市驻地奎聚街道东北方向 22.8 千米。下营镇辖自然村。人口 1 700。明初，吕氏迁居至此，以姓氏名村吕家庄，后因与夏店乡吕家庄重名，更称今名。聚落呈团块状分布。经济以种植业为主，主要农作物有小麦、玉米、大豆、棉花等。

张家寨 370786-B06-H11

［Zhāngjiāzhài］

在市驻地奎聚街道东北方向 13.9 千米。下营镇辖自然村。人口 300。明洪武年间，张姓自直隶（今河北省）枣强县迁居潍水东岸，因常遭潍水侵袭，修筑围墙，取名寨里庄。清代中期，冠以姓氏改称张家寨。聚落呈团块状分布。经济以种植业为主，主要农作物有小麦、玉米、大豆、棉花等。

王家庙 370786-B06-H12

［Wángjiāmiào］

在市驻地奎聚街道东北方向 15.0 千米。下营镇辖自然村。人口 400。明永乐年间，王姓自王家庄迁此看管一片柳杭，后渐成村落，始称王家柳杭。清初，村东建起土地庙，改称王家庙。聚落呈团块状分布。经济以种植业为主，主要农作物有小麦、玉米、大豆、棉花等。

临朐县

城市居民点

新天地 370724-I01

［Xīntiāndì］

在县城中部。人口 2 000。总面积 12 公顷。由原来的南关村居民平房区改造楼房，寓意环境焕然一新，故名新天地。2010 年始建，2011 年正式使用。建筑总面积 75 000 平方米，住宅楼 12 栋，其中高层 7 栋、多层 5 栋，中式建筑风格。绿化率 30%，有小学、公园等配套设施。通公交车。

农村居民点

西坦 370724-A01-H01

［Xītǎn］

在县驻地城关街道西北方向 1.0 千米。城关街道辖自然村。人口 4 900。因县城外西北角古有社稷坛而得名西坦。聚落呈带状分布。有文化广场 1 处。经济以手工业为主。有公路经此。

李家庄 370724-A01-H02

［Lǐjiāzhuāng］

在县驻地城关街道西南方向 3.0 千米。

城关街道辖自然村。人口1 100。元末李氏立村，以姓氏命名。聚落呈带状分布。有文化广场1处。经济以种植业为主。有公路经此。

纸坊 370724-A01-H03
[Zhǐfáng]

在县驻地城关街道西南方向4.0千米。城关街道辖自然村。人口2 800。元朝刘姓立村，古时人们利用龙泉河水浸泡桑皮加工桑皮纸，作坊众多，故演称纸坊。聚落呈带状分布。有文化广场1处。经济以种植业为主。

寨子崮 370724-A01-H04
[Zhàizigù]

在县驻地城关街道西南方向6.0千米。城关街道辖自然村。人口800。因村北马头崮设有寨子，得名寨子崮。聚落呈带状分布。经济以种植业为主。有公路经此。

教场 370724-A01-H05
[Jiàochǎng]

在县驻地城关街道北方向3.0千米。城关街道辖自然村。人口600。明嘉靖年间为县衙习武之校场，故名。聚落呈带状分布。有文化广场1处。经济以种植业为主。有公路经此。

南五里庄 370724-A01-H06
[Nánwǔlǐzhuāng]

在县驻地城关街道西南方向1.5千米。城关街道辖自然村。人口600。因位县衙南五华里，名南五里庄。聚落呈带状分布。经济以种植业为主。有公路经此。

大捎门 370724-A01-H07
[Dàshāomén]

在县驻地城关街道西南方向2.5千米。

城关街道辖自然村。人口600。明洪武年间，王氏由山西省洪洞县铁板桥村迁鲁南大王庄，后裔王祥迁此立村，初名拾家郡，沿称王家哨门，后俗称捎门，小捎门立村后改名为大捎门。聚落呈带状分布。有文化广场1处。经济以种植业为主。有公路经此。

西郡 370724-A01-H08
[Xījùn]

在县驻地城关街道西方向1.5千米。城关街道辖自然村。人口1 000。金代时期，西氏立村，故名西郡。聚落呈带状分布。经济以种植业为主。有公路经此。

月庄 370724-A01-H09
[Yuèzhuāng]

在县驻地城关街道西北方向1.5千米。城关街道辖自然村。人口1 700。古时村西有一条南北走向自然水沟，村民跨沟而居，故名越沟庄。又因县城西去青州王坟必越此沟，又名逾沟庄，后渐演为今名月庄。聚落呈带状分布。有文化广场1处。经济以种植业为主，主要农作物有大樱桃等。有公路经此。

弥南 370724-A02-H01
[Mínán]

在县驻地城关街道南方向1.7千米。东城街道辖自然村。人口2 500。张姓自山西省洪洞县迁此立村，因处弥河东南岸，有一条长胡同，得名弥南胡同。1949年始，简称弥南。聚落呈带状分布。经济以种植业为主，主要农作物有小麦、玉米等。有公路经此。

产贝河 370724-A02-H02
[Chǎnbèihé]

在县驻地城关街道东南方向5.3千米。东城街道辖自然村。人口500。地名来历不可考。聚落呈带状分布。经济以种植业为主。有公路经此。

东黄埠店 370724-A02-H03
[Dōnghuángbùdiàn]

在县驻地城关街道东南方向 5.0 千米。东城街道辖自然村。人口 500。宋末辛氏由上林迁入，明万历年间，贺姓迁入屯居于黄埠店之西，于是便有东、西黄埠店之分，该村以方位称东黄埠店。聚落呈带状分布。经济以种植业为主。有公路经此。

孔村 370724-A02-H04
[Kǒngcūn]

在县驻地城关街道西南方向 7.5 千米。东城街道辖自然村。人口 3 300。以姓氏名村。聚落呈带状分布。经济以种植业为主，主要农作物有小麦、玉米。有公路经此。

七贤店 370724-A02-H05
[Qīxiándiàn]

在县驻地城关街道东南方向 5.2 千米。东城街道辖自然村。人口 2 200。相传，晋代"竹林七贤"曾云游此地，至明初，赵姓迁入定居，并设店，故得此名。聚落呈带状分布。经济以种植业为主。有公路经此。

朱位 370724-A02-H06
[Zhūwèi]

在县驻地城关街道西南方向 5.4 千米。东城街道辖自然村。人口 2 200。相传尧王之子丹朱曾游历于此，故取名朱位。聚落呈带状分布。有市级文物保护单位马愉墓、状元祠堂。经济以种植业为主。有公路经此。

西朱 370724-A02-H07
[Xīzhū]

在县驻地城关街道西南方向 4.7 千米。东城街道辖自然村。人口 2 700。明末，有朱位村明状元马愉之孙马轩来此立村，居朱位以西，故取名西朱。聚落呈带状分布。经济以种植业、养殖业为主，主要农作物有小麦、玉米等。有公路经此。

杨家场 370724-A02-H08
[Yángjiāchǎng]

在县驻地城关街道东南方向 1.2 千米。东城街道辖自然村。人口 1 100。杨姓自山西省洪洞县迁此立村，初名杨家宅，后演为杨家场。聚落呈带状分布。经济以种植业为主。有公路经此。

陈家上庄 370724-A02-H09
[Chénjiāshàngzhuāng]

在县驻地城关街道东南方向 2.4 千米。东城街道辖自然村。人口 1 300。据传，郑姓到此立村，初名郑家庄，后来陈姓购买此处大量田产，故名陈家上庄。聚落呈带状分布。经济以种植业为主。有公路经此。

吴家庙 370724-A02-H10
[Wújiāmiào]

在县驻地城关街道东方向 1.8 千米。东城街道辖自然村。人口 1 100。明永乐五年（1407），吴姓从河北省赵县迁此，当时东有龙王庙，西有关帝庙，故得名吴家庙。聚落呈带状分布。经济以铝型材生产、防火产品加工业为主。有公路经此。

五井东村 370724-B01-H01
[WǔjǐngDōngcūn]

五井镇人民政府驻地。在县驻地城关街道西南方向 8.5 千米。人口 2 300。因旧有社学井、双眼井、学堂井、倒垂槐井、西小井等五水井，处五水井之东而得名。聚落呈团块状分布。有文化广场、小学、幼儿园。经济以种植业为主，主要农作物有小麦、玉米、大豆等。省道仲临路经此。

花园河 370724-B01-H02

[Huāyuánhé]

在县驻地城关街道西南方向 9.0 千米。五井镇辖自然村。人口 1 400。清乾隆二年（1737），许美、许治兄弟自朱音村，高姓自大楼村相继迁此，因有许家花园，且临小河，故名花园河。聚落呈带状分布。经济以种植业为主。有公路经此。

马庄 370724-B01-H03

[Mǎzhuāng]

在县驻地城关街道西南方向 11.7 千米。五井镇辖自然村。人口 1 700。唐初，刘氏自诸城迁此立村，至明成化年间，该刘姓与衡恭王联姻，被封为仪宾，因养马颇多而声闻四里，得名马庄。聚落呈带状分布。经济以种植业为主。有公路经此。

嵩山寺 370724-B01-H04

[Sōngshānsì]

在县驻地城关街道西南方向 17.3 千米。五井镇辖自然村。人口 200。明代郝庄张氏购置嵩山东麓大片山地，并捐赠龙泉寺僧庙地数十亩，遂成庙土，族人迁此邻寺立村，渐成村落，称嵩山寺。聚落呈带状分布。经济以种植业为主。有公路经此。

马峪 370724-B01-H05

[Mǎyù]

在县驻地城关街道西南方向 9.3 千米。五井镇辖自然村。人口 100。村西南有一峪，名马峪，传为青州衡王府放马场，故名。聚落呈带状分布。经济以种植业为主。有公路经此。

前朱音 370724-B01-H06

[Qiánzhūyīn]

在县驻地城关街道西南方向 7.5 千米。

五井镇辖自然村。人口 900。明洪武年间，许姓自安徽省砀山县迁此立村，因处朱家岭之阴，故名。村民许信凭荐举为官，仕至江西道御史。后来人丁繁衍，渐以沟为界扩为二村，本村居前，故名前朱阴，后渐演变为前朱音。聚落呈带状分布。经济以种植业为主。有公路经此。

北黄谷 370724-B01-H07

[Běihuánggǔ]

在县驻地城关街道西南方向 18.0 千米。五井镇辖自然村。人口 500。清乾隆年间，邹平恒台镇张氏在京为官，与大贪官山东巡抚国泰有隙，恐有灭门之祸，故来避居于交通闭塞的山谷中。山间连翘遍地，春来黄花满山，故取村名黄谷。后因山南有南黄谷村，遂以方位称北黄谷。聚落呈带状分布。经济以种植业为主。有公路经此。

淹子岭 370724-B01-H08

[Yānzǐlǐng]

在县驻地城关街道西南方向 19.7 千米。五井镇辖自然村。人口 100。《临朐续志》载："山半有渊，水深莫测"，故名淹子，淹子岭由此得名，村名亦由岭名而来。聚落呈带状分布。经济以种植业为主。有公路经此。

九杰 370724-B01-H09

[Jiǔjié]

在县驻地城关街道西南方向 15.0 千米。五井镇辖自然村。人口 1 400。传说巴姓兄妹九人，精通武艺，行侠仗义，朝廷官员路过时听说后曰："真九杰也。"九杰由此得名。聚落呈带状分布。经济以种植业为主。有公路经此。

冶源　370724-B02-H01
［Yěyuán］

冶源镇人民政府驻地。在县驻地城关街道南方向 7.5 千米。人口 5 700。村落因处冶水之源而得名。聚落呈带状分布。有小学、中学。经济以种植业、养殖业为主，主要农作物有小麦、玉米、大豆等，养殖虹鳟鱼。有公路经此。

吕家楼　370724-B02-H02
［Lǔjiālóu］

在县驻地城关街道西南方向 3.8 千米。冶源镇辖自然村。人口 700。明崇祯年间，吕广率吕侃、吕策自今临朐镇水磨迁此定居，建小楼一座，得名吕家楼。经济以种植业为主。有公路经此。

红新村　370724-B02-H03
［Hóngxīncūn］

在县驻地城关街道西南方向 9.8 千米。冶源镇辖自然村。人口 1 700。明嘉靖年间立村，因原址有红色庙宇，又因此地是青州衡王府封地，建有王舍，故名红庙子王舍。1984 年队改村后称红新村。聚落呈带状分布。经济以种植业为主。有公路经此。

赵家楼　370724-B02-H04
［Zhàojiālóu］

在县驻地城关街道西南方向 6.0 千米。冶源镇辖自然村。人口 1 200。清道光年间，赵姓在村内建三层楼房一座，故名。聚落呈带状分布。经济以种植业为主。有公路经此。

白塔桥　370724-B02-H05
［Báitǎqiáo］

在县驻地城关街道西南方向 13.5 千米。冶源镇辖自然村。人口 1 300。村西建有汉代时期白崖寺，寺内有白塔，故名白塔。1981 年第一次全国地名普查时与原白塔公社白塔村重名，为有所区别，因村东有古石桥，改称白塔桥。聚落呈带状分布。经济以种植业为主。有公路经此。

前洼子　370724-B02-H06
［Qiánwāzi］

在县驻地城关街道西南方向 6.0 千米。冶源镇辖自然村。人口 1 000。明万历年间，钱塘张氏自逢峪涝洼村迁此立村，因北邻洼子（即今后洼子），取名前洼子。聚落呈带状分布。有省级非物质文化遗产项目洼子跑麒麟。经济以种植业为主。有公路经此。

老崖崮　370724-B02-H07
［Lǎoyágù］

在县驻地城关街道南方向 9.7 千米。冶源镇辖自然村。人口 1 900。因村西小龙门石崖上有洞窟，得名老崖窟，后演为老崖崮。聚落呈团块状分布。古迹有小龙门石崖上的洞窟和老崖崮摩崖石刻。经济以种植业为主，主要农作物有小麦、玉米、大豆等。有公路经此。

谭家小崔　370724-B02-H08
［Tánjiāxiǎocuī］

在县驻地城关街道西南方向 6.0 千米。冶源镇辖自然村。人口 1 700。明万历年间，谭姓自今纸坊乡大谭马庄迁此定居，因处小埠山下，取村名小崔。又以村处孙家小崔之北，习称北小崔，后改称谭家小崔。聚落呈带状分布。经济以种植业为主。有公路经此。

薛家庙　370724-B02-H09
［Xuējiāmiào］

在县驻地城关街道西南方向 3.8 千米。

冶源镇辖自然村。人口1 100。明洪武二年（1369），薛氏先祖薛渲从山西洪洞县迁入临朐县此地立村。因村东建有一庙叫三元庙，薛氏先祖迁住最早，故称薛家庙。聚落呈带状分布。经济以种植业为主。有公路经此。

界首 370724-B02-H10
[Jièshǒu]

在县驻地城关街道西南方向12.0千米。冶源镇辖自然村。人口1 400。据传，春秋战国时期齐国与鲁国交界处为一界石，本村是齐国距此碑最近的村庄，故名界首。聚落呈带状分布。经济以种植业为主。有公路经此。

寺头 370724-B03-H01
[Sìtóu]

寺头镇人民政府驻地。在县驻地城关街道西南方向20.3千米。人口1 100。明代立村，周边有佛寺数座，因处诸寺之首的衍德寺西侧而得名。经济以种植业为主，主要农作物有黄烟、山楂、苹果、中草药等。有公路经此。

赵家北坡 370724-B03-H02
[Zhàojiābĕipō]

在县驻地城关街道西南方向21.8千米。寺头镇辖自然村。人口200。据传，元代即有宋、高、张、郭等姓在此居住，因村处佛显庄北，村东有一山泉，故取名佛泉村。清代赵氏入居后，改佛泉村为赵家北坡。聚落呈带状分布。经济以种植业为主。有公路经此。

石佛堂 370724-B03-H03
[Shífótáng]

在县驻地城关街道西南方向16.5千米。寺头镇辖自然村。人口1 100。据传北宋初即有此村，姚姓先居，名艾峪村。北宋元丰八年（1085）易为石佛堂。聚落呈带状分布。有县级文物保护单位石佛堂村。经济以种植业为主。有公路经此。

偏龙头 370724-B03-H04
[Piānlóngtóu]

在县驻地城关街道西南方向18.0千米。寺头镇辖自然村。人口500。因村北两条土岭南延至石河北岸，宛如两条巨龙汲水，村处东侧一条龙头之前，故名偏龙头。聚落呈带状分布。经济以种植业为主。有公路经此。

瑞庄 370724-B03-H05
[Ruìzhuāng]

在县驻地城关街道南方向16.0千米。寺头镇辖自然村。人口900。明洪武年间，倪姓自今陕西省洪洞县迁此立村，以吉祥嘉言命名。聚落呈带状分布。经济以种植业为主。有公路经此。

崔册 370724-B03-H06
[Cuīcè]

在县驻地城关街道南方向21.0千米。寺头镇辖自然村。人口1 000。明初因村内有一人为官府催缴粮款，掌管簿册，得名催册，后演为今名。聚落呈带状分布。经济以种植业为主。有公路经此。

九山 370724-B04-H01
[Jiǔshān]

九山镇人民政府驻地。在县驻地城关街道西南方向34.4千米。人口1 300。因地处九泉崮（俗称九山）南麓，四面群山环抱而得名。有文化广场、小学等。经济以种植业为主，主要农作物有葡萄、蜜桃、有机苹果等。有公路经此。

响水崖 370724-B04-H02

[Xiǎngshuǐyá]

在县驻地城关街道西南方向 27.0 千米。九山镇辖自然村。人口 1 100。因村前南山西侧有山泉形成瀑布，因此得名响水崖。聚落呈带状分布。经济以种植业为主。有公路经此。

朱庄 370724-B04-H03

[Zhūzhuāng]

在县驻地城关街道西南方向 28.5 千米。九山镇辖自然村。人口 1 500。传说古时村东北山岭时常有野猪出没，取名猪庄，后演为今名。聚落呈带状分布。经济以种植业为主。有公路经此。

褚庄 370724-B04-H04

[Chǔzhuāng]

在县驻地城关街道西南方向 30.0 千米。九山镇辖自然村。人口 1 600。明朝中期，褚姓自山西省迁此立村，得名褚庄。聚落呈带状分布。经济以种植业为主。有公路经此。

大尧峪 370724-B04-H05

[Dàyáoyù]

在县驻地城关街道西南方向 27.0 千米。九山镇辖自然村。人口 1 400。因地处山沟，有木炭窑，故名窑峪，1949 年后演变为今名。聚落呈带状分布。经济以种植业为主。有公路经此。

南沟 370724-B04-H06

[Nángōu]

在县驻地城关街道西南方向 33.0 千米。九山镇辖自然村。人口 300。1894 年，宋姓自宋家王庄来此立村，因处宋家王庄南山下，遂名宋家王庄南山，1986 年改为南沟。聚落呈带状分布。经济以种植业为主。有公路经此。

上城隍 370724-B04-H07

[Shàngchénghuáng]

在县驻地城关街道南方向 33.8 千米。九山镇辖自然村。人口 800。因村北有一座城隍庙，故名。聚落呈带状分布。经济以种植业为主。有公路经此。

青杨峪 370724-B04-H08

[Qīngyángyù]

在县驻地城关街道西南方向 30.0 千米。九山镇辖自然村。人口 700。因村处山峪，村前、村西、河边全是青杨树，故名青杨峪。聚落呈带状分布。经济以种植业为主。有公路经此。

北牛寨 370724-B04-H09

[Běiniúzhài]

在县驻地城关街道西南方向 32.0 千米。九山镇辖自然村。人口 900。原名牛寨，南牛寨村成立后，依方位得名北牛寨。聚落呈带状分布。经济以种植业为主。有公路经此。

辛寨 370724-B05-H01

[Xīnzhài]

辛寨镇人民政府驻地。在县驻地城关街道东南方向 13.6 千米。人口 2 900。传东汉末年袁绍之大将辛毗曾在此驻兵扎寨，后其副将马云超裔胄留驻此地，遂得名。聚落呈团块状分布。经济以种植业为主。有公路经此。

王家西圈 370724-B05-H02

[Wángjiāxīquān]

在县驻地城关街道东南方向 11.5 千米。辛寨镇辖自然村。人口 2 300。因辛寨河至此绕村半圈而得名。聚落呈团块状分布。有市级文物保护单位王家圈村元帅楼。经济以种植业为主。有公路经此。

猫林沟 370724-B05-H03

[Māolíngōu]

在县驻地城关街道东南方向 9.0 千米。辛寨镇辖自然村。人口 800。明末，进士傅国督饷辽左，因辽阳溃败事件，被朝廷削籍归田。傅国回乡购置田产，立村云黄庄。所养六年之猫"鉴玄"死后，傅国为猫立坟，称猫林。村民以之为奇，将村名云黄庄改称猫林沟。聚落呈带状分布。经济以种植业为主。有公路经此。

曾家寨 370724-B05-H04

[Zēngjiāzhài]

在县驻地城关街道东南方向 10.0 千米。辛寨镇辖自然村。人口 700。原名乌鸦寨，曾氏入住后，认为此名不雅，遂改称曾家寨。聚落呈带状分布。经济以种植业为主。有公路经此。

张陆河 370724-B05-H05

[Zhānglùhé]

在县驻地城关街道东南方向 12.0 千米。辛寨镇辖自然村。人口 1 700。晋咸宁元年（275）立村，名獐鹿河。明初张氏迁此立村，因"獐鹿"为村名不雅，便改为张陆河。聚落呈带状分布。经济以种植业为主。有公路经此。

大峪 370724-B05-H06

[Dàyù]

在县驻地城关街道东南方向 13.0 千米。辛寨镇辖自然村。人口 2 400。因处大山沟，故名大峪。聚落呈带状分布。经济以种植业为主。有公路经此。

大张龙 370724-B05-H07

[Dàzhānglóng]

在县驻地城关街道东南方向 12.0 千米。辛寨镇辖自然村。人口 1 900。因村北有土岭似卧龙戏水，故冠以姓氏名大张龙。聚落呈带状分布。经济以种植业为主。有公路经此。

南流 370724-B05-H08

[Nánliú]

在县驻地城关街道东南方向 9.0 千米。辛寨镇辖自然村。人口 2 600。丹河水由村东北向南环绕半周，故得村名南流。聚落呈带状分布。经济以种植业为主。有公路经此。

东盘阳 370724-B05-H09

[Dōngpányáng]

在县驻地城关街道东南方向 10.0 千米。辛寨镇辖自然村。人口 1 200。临朐古称骈邑，盘阳古称般阳。村外南北朝之宋时般阳县城故址，故名般阳，后演为盘阳。1949 年，盘阳扩为二村，该村居东，故名东盘阳。聚落呈带状分布。经济以种植业为主。有公路经此。

西盘阳 370724-B05-H10

[Xīpányáng]

在县驻地城关街道东南方向 10.0 千米。辛寨镇辖自然村。人口 1 000。临朐古称骈邑，盘阳古称般阳。村处南北朝之宋时般阳县城故址，故名般阳，后演为盘阳。1949 年，盘阳扩为二村，该村居西，故名西盘阳。经济以种植业为主。有公路经此。

张陆店子 370724-B05-H11

[Zhānglùdiànzi]

在县驻地城关街道东南方向 12.0 千米。

辛寨镇辖自然村。人口1 500。因东邻张禄河，习称张禄店，后演称张陆店子。聚落呈带状分布。经济以种植业为主。有公路经此。

红庙子 370724-B05-H12
[Hóngmiàozi]

在县驻地城关街道西南方向9.7千米。辛寨镇辖自然村。人口800。明洪武初年，重建七圣堂庙于红窑村东头，因新建庙墙柱多红色，来往行人多不知此庙之名，称红庙子，村因此得名。聚落呈带状分布。经济以种植业为主。有公路经此。

王村楼 370724-B05-H13
[Wángcūnlóu]

在县驻地城关街道东南方向9.0千米。辛寨镇辖自然村。人口1 400。明崇祯年间，王氏七世、太学生王启仿遵从先辈王佐才之意迁至本地，建一小楼而得名王家楼。因重名，1980年更称王村楼。聚落呈带状分布。经济以种植业为主。有公路经此。

东半中 370724-B05-H14
[Dōngbànzhōng]

在县驻地城关街道东南方向10.5千米。辛寨镇辖自然村。人口300。因纪山发源的丹水把丹朱墓冢冲毁一半，所剩一半被称作半冢。本村因处半冢东侧，以方位称东半冢，后演称东半中。聚落呈带状分布。经济以种植业为主。有公路经此。

东蒋峪 370724-B06-H01
[Dōngjiǎngyù]

蒋峪镇人民政府驻地。在县驻地城关街道东南方向24.4千米。人口1 900。传说当地两个青年兄弟在道观边看了一盘棋，等棋局结束，已过去二十年的光景，放在路边的鱼已变为"酱鱼"，后演为蒋峪。因以蒋峪河为界划为二村，该村居东，故名。聚落呈带状分布。经济以种植业为主，主要农作物有花生、甘薯等。有公路经此。

蒋峪南店 370724-B06-H02
[Jiǎngyùnándiàn]

在县驻地城关街道东南方向18.0千米。蒋峪镇辖自然村。人口1 300。曾名南店。明万历年间，吴姓自今山西省岚县吴家庄子迁此立村，因处蒋峪村南、交通要道旁设有店铺，得名南店。因有重名村，1980年更称蒋峪南店。聚落呈带状分布。经济以种植业为主。有公路经此。

冯家楼 370724-B06-H03
[Féngjiālóu]

在县驻地城关街道东南方向20.0千米。蒋峪镇辖自然村。人口700。明洪武二十八年（1395），冯姓自山西省洪洞县迁此立村。明万历年间，冯惟敏后裔由今冶源车家沟村迁入，因建青砖小楼两座，故名冯家楼。聚落呈带状分布。经济以种植业为主。有公路经此。

草山亭 370724-B06-H04
[Cǎoshāntíng]

在县驻地城关街道东南方向28.0千米。蒋峪镇辖自然村。人口600。明洪武年间立村。原村处古驿道旁，西距东镇2千米，行人香客不及谒庙，在此向沂山神草草参拜，故名草参亭，后演为草山亭。聚落呈带状分布。经济以种植业为主。有公路经此。

上寺院 370724-B06-H05
[Shàngsìyuàn]

在县驻地城关街道东南方向29.0千米。蒋峪镇辖自然村。人口700。因该处原有明朝寺院，又在东镇庙西，地势较高，故取名上寺院。聚落呈带状分布。经济以种植业为主。有公路经此。

东镇庙 370724-B06-H06
[Dōngzhènmiào]

在县驻地城关街道东南方向 30.0 千米。蒋峪镇辖自然村。人口 300。村东有著名寺庙东镇庙，村名从之。聚落呈带状分布。经济以种植业为主。有公路经此。

佛崖底 370724-B06-H07
[Fóyádǐ]

在县驻地城关街道东南方向 30.0 千米。蒋峪镇辖自然村。人口 200。清末立村，村东有佛爷庙，取名佛爷底，后演称佛崖底。聚落呈带状分布。经济以种植业为主。有公路经此。

大官庄 370724-B06-H08
[Dàguānzhuāng]

在县驻地城关街道东南方向 30.0 千米。蒋峪镇辖自然村。人口 300。清朝中期，张姓自今柳山镇郭家庄迁居立村，因土地瘠薄，免纳皇粮，故名官庄。清乾隆年间，小官庄立村后，称大官庄。聚落呈带状分布。经济以种植业为主。有公路经此。

禅寺院 370724-B06-H09
[Chánsìyuàn]

在县驻地城关街道东南方向 35.0 千米。蒋峪镇辖自然村。人口 400。清道光年间立村，因东临禅寺院，故称为禅寺院。聚落呈带状分布。经济以种植业为主。有公路经此。

沂东 370724-B06-H10
[Yídōng]

在县驻地城关街道东南方向 30.0 千米。蒋峪镇辖自然村。人口 300。据说明末孙姓自山西迁居该处立户，故起名孙家庄。1980 年地名普查时，因县内有重名村，该村在沂山东坡脚下，故改名沂东。聚落呈带状分布。经济以种植业为主。有公路经此。

沂泉 370724-B06-H11
[Yíquán]

在县驻地城关街道东南方向 30.0 千米。蒋峪镇辖自然村。人口 400。清乾隆年间，李姓自昌乐县白塔镇山坡村迁此立村，因村东崖有鹁鸪栖居，取名鹁鸪村，后演为博根腿。后因名不雅，因处在沂山脚下，山下有泉，故取名沂泉。聚落呈带状分布。经济以种植业为主。有公路经此。

前唐家河 370724-B06-H12
[Qiántángjiāhé]

在县驻地城关街道东南方向 30.0 千米。蒋峪镇辖自然村。人口 200。清初，唐姓立村，因临汶河得名唐家河。赵姓迁居后，就有了前、后唐河之分，演变成了今天的前唐家河。聚落呈带状分布。经济以种植业为主。有公路经此。

北石砬 370724-B06-H13
[Běishílá]

在县驻地城关街道东南方向 25.0 千米。蒋峪镇辖自然村。人口 700。清雍正年间立村，因雨水冲刷水土流失等原因，岩石堆积成山无土，故取名石砬村，后以方位称北石砬。聚落呈带状分布。经济以种植业为主。有公路经此。

小关 370724-B06-H14
[Xiǎoguān]

在县驻地城关街道东南方向 24.0 千米。蒋峪镇辖自然村。人口 2 500。战国时期，齐国在齐长城由北往南依次设小关、大关、穆陵关，由此得名。聚落呈带状分布。经济以种植业为主。有公路经此。

东上林　370724-B07-H01
[Dōngshànglín]

山旺镇人民政府驻地。在县驻地城关街道东北方向11.1千米。人口2 600。相传宋元时期，此地曾是一阁老的花园，花木成林，故名上林。后分为东、西二林，此村以方位称东上林。有幼儿园、小学等。有省级文物保护单位东上林东南遗址。经济以种植业为主，主要农作物有小麦、桃、大樱桃等。长深高速公路、潍九路经此。

百沟　370724-B07-H02
[Bǎigōu]

在县驻地城关街道东北方向9.0千米。山旺镇辖自然村。人口900。传说明末有和尚在村南和尚岭上建有一寺庙，养了一百条狗看护寺庙，命名百狗村，后演为百沟。聚落呈带状分布。经济以种植业为主。有公路经此。

洛地　370724-B07-H03
[Luòdì]

在县驻地城关街道东北方向8.3千米。山旺镇辖自然村。人口700。村南凤凰山极像一只凤凰，凤凰不落无宝之地，故名落地，后演为洛地。聚落呈带状分布。经济以种植业为主。有公路经此。

山旺　370724-B07-H04
[Shānwàng]

在县驻地城关街道东北方向10.5千米。山旺镇辖自然村。人口400。三国时期，辛姓自今郯城县迁此立村，因处尧山南麓沟内，以吉祥意取名山旺。聚落呈带状分布。经济以种植业为主。有公路经此。

申明亭　370724-B07-H05
[Shēnmíngtíng]

在县驻地城关街道东北方向12.0千米。山旺镇辖自然村。人口700。明钟岷迁居此地立村，官府在村西建有亭子，在此讲约教条、申明道理，故名申明亭，村名从之。聚落呈带状分布。经济以种植业为主。有公路经此。

安家庄　370724-B07-H06
[Ānjiāzhuāng]

在县驻地城关街道东北方向10.0千米。山旺镇辖自然村。人口1 100。元末明初，安姓徙此立村，故名安家庄。聚落呈带状分布。经济以种植业为主。有公路经此。

北李家山　370724-B07-H07
[Běilǐjiāshān]

在县驻地城关街道东北方向7.0千米。山旺镇辖自然村。人口600。明末，李道光由青州黄楼镇赵希寺迁至此地，李道光其人好行善事，自幼为人表率，中老年更是德高望重。相传其晚年修道成仙列入仙班，临走在村东大岩上留脚印，从此常有过往行人路过此处，停留观望，亦常有好奇者慕名而来。村民为纪念李道光，改村名为北李家山。聚落呈带状分布。经济以种植业为主。有公路经此。

樊家庙　370724-B07-H08
[Fánjiāmiào]

在县驻地城关街道东北方向10.5千米。山旺镇辖自然村。人口1 200。明朝前期，樊、冀二氏为逃避战乱从外地先后到此地定居，明朝中期，此地修建一处较大规模的三霄娘娘庙，村因此得名樊家庙。聚落呈带状分布。经济以种植业为主。有公路经此。

两县村 370724-B07-H09

［Liǎngxiàncūn］

在县驻地城关街道东北方向 8.3 千米。山旺镇辖自然村。人口 600。中华人民共和国成立前此处划分为两村，街北属益都县，道南为临朐县，故得其名两县村。聚落呈带状分布。经济以种植业为主。有公路经此。

柳山寨 370724-B08-H01

［Liǔshānzhài］

柳山镇人民政府驻地。在县驻地城关街道东南方向 19.8 千米。人口 1 800。因临柳山西麓，又处西汉朱虚侯刘章所设北寨旧址而得名。经济以种植业为主。有公路经此。

后疃 370724-B08-H02

［Hòutuǎn］

在县驻地城关街道东南方向 13.5 千米。柳山镇辖自然村。人口 2 100。村北有疃山，故名后疃。聚落呈带状分布。经济以种植业为主。有公路经此。

辛庄 370724-B08-H03

［Xīnzhuāng］

在县驻地城关街道东北方向 10.0 千米。柳山镇辖自然村。人口 1 000。明朝初年，辛氏立村，故名辛庄子，因与他村重名，1980 年更称辛庄。聚落呈带状分布。经济以种植业为主。有公路经此。

花家庄 370724-B08-H04

［Huājiāzhuāng］

在县驻地城关街道东北方向 9.0 千米。柳山镇辖自然村。人口 300。明天启年间，花氏七世祖花瑶成夫妇迁此立村，故名花家庄。聚落呈带状分布。经济以种植业为主。有公路经此。

英山河 370724-B08-H05

［Yīngshānhé］

在县驻地城关街道东北方向 10.5 千米。柳山镇辖自然村。人口 700。明成化年间，于姓自山西省迁此立村，取名于家大庄。清初，李姓自本镇窖子沟迁入，以处英山河畔，改称英山河。聚落呈带状分布。经济以种植业为主。有公路经此。

洋河 370724-B08-H06

［Yánghé］

在县驻地城关街道东南方向 12.5 千米。柳山镇辖自然村。人口 1 600。明洪武元年（1368），王氏由山西省洪洞县迁入立村，因处洋河上游，取名上洋河。后因有重名村，1980 年更名为洋河。聚落呈带状分布。经济以种植业为主。有公路经此。

西翠飞 370724-B08-H07

［Xīcuìfēi］

在县驻地城关街道东南方向 14.5 千米。柳山镇辖自然村。人口 500。明成化年间，王姓立村。因处孟津河西畔，芦苇连片翠绿飞舞，取名西翠飞。聚落呈带状分布。有民俗文化长廊、红色文化长廊。经济以种植业为主。有公路经此。

庙山 370724-B08-H08

［Miàoshān］

在县驻地城关街道东南方向 15.0 千米。柳山镇辖自然村。人口 1 800。明朝时期因村内山上建关帝庙，遂称庙山。聚落呈带状分布。经济以种植业为主。有公路经此。

城头村 370724-B08-H09

［Chéngtóucūn］

在县驻地城关街道东南方向 24.5 千米。柳山镇辖自然村。人口 1 200。因处汉至南北朝朱虚县故城南端而得名。古迹有朱虚古城遗址。经济以种植业为主，主要农作物有芹菜。有公路经此。

昌乐县

农村居民点

蔡辛 370725-A01-H01
[Càixīn]

在县驻地宝都街道西北方向 13.0 千米。宝都街道辖自然村。人口 800。明初蔡姓由益都县迁此立村，取名蔡家庄。原村址在北郭后，清初被水淹没，北迁里许重建新村，取名蔡家新村，简称蔡辛。聚落呈团块状分布。经济以种植业为主。有公路经此。

南关 370725-A01-H02
[Nánguān]

在县驻地宝都街道南方向 3.0 千米。宝都街道辖自然村。人口 2 000。因在古城南门外，故名南关。聚落呈团块状分布。经济以商贸业为主。有公路经此。

东山李 370725-A01-H03
[Dōngshānlǐ]

在县驻地宝都街道东南方向 2.0 千米。宝都街道辖自然村。人口 1 000。李氏自明正德年间从河北省枣强县迁到昌乐，居于东山徐家庄，后改为李家庄。因背靠草山子，后李氏人口渐多，改名为东山李家庄，简称东山李。聚落呈团块状分布。经济以商贸业为主。有公路经此。

东庄王 370725-A01-H04
[Dōngzhuāngwáng]

在县驻地宝都街道西南方向 20.0 千米。宝都街道辖自然村。人口 600。明洪武年间，王姓从今惠民地区花沟店迁来立村，因在刘家庄东，取名东庄。后来，族人加"王"字于后，称东庄王。聚落呈团块状分布。经济以种植业为主。有公路经此。

后营子 370725-A01-H05
[Hòuyíngzi]

在县驻地宝都街道西南方向 6.0 千米。宝都街道辖自然村。人口 500。相传汉韩信击齐军破龙且时曾屯兵于此，乡人以此名村，初名营子，后分为前、后营子。聚落呈团块状分布。经济以种植业为主。有公路经此。

前营子 370725-A01-H06
[Qiányíngzi]

在县驻地宝都街道西方向 5.0 千米。宝都街道辖自然村。人口 500。相传汉韩信击齐军破龙且时曾屯兵于此，乡人以此名村，初名营子，后分为前、后营子。聚落呈团块状分布。经济以种植业为主。有公路经此。

前东 370725-A01-H07
[Qiándōng]

在县驻地宝都街道东南方向 0.6 千米。宝都街道辖自然村。人口 800。明初，邢姓、王姓立村，名邢王庄。清初，田姓由本镇今田老庄迁入，因在故里之东，改称东村。1958 年分为前、后两村，本村居南称前东。聚落呈团块状分布。经济以商贸业为主。有公路经此。

后东 370725-A01-H08
[Hòudōng]

在县驻地宝都街道东南方向 1.2 千米。宝都街道辖自然村。人口 600。明初，邢姓、王姓立村，名邢王庄。清初，田姓由本镇今田老庄迁入，因在故里之东，改称东村。

1958年分为前、后两村，本村居北称后东。聚落呈团块状分布。经济以商贸业为主。有公路经此。

东徐园 370725-A01-H09
[Dōngxúyuán]

在县驻地宝都街道西南方向4.0千米。宝都街道辖自然村。人口500。据传，明成化年间，徐姓由枣强县迁来，成立西徐家院子，秦姓后从老县城迁入西徐家院子东侧，起名东徐家院子，中华人民共和国成立后改名东徐园。聚落呈团块状分布。经济以种植业为主。有公路经此。

五阎庄 370725-A01-H10
[Wǔyánzhuāng]

在县驻地宝都街道西南方向3.0千米。宝都街道辖自然村。人口600。清初，阎氏由县城迁来定居，有排行第五者，长得虎背熊腰，臂力过人，自恃力大，常常横行乡里，人称五阎王，遂名村五阎王庄，后更名五阎庄。聚落呈团块状分布。经济以种植业、商贸业为主。有公路经此。

南张 370725-A01-H11
[Nánzhāng]

在县驻地宝都街道西南方向7.0千米。宝都街道辖自然村。人口300。清初，张姓由昌乐县城迁来立村，取名张家庄。1958年，因当地有两个张家庄，改称南张庄，1981年更名南张。聚落呈团块状分布。经济以种植业为主。有公路经此。

北流泉 370725-A01-H12
[Běiliúquán]

在县驻地宝都街道东南方向1.0千米。宝都街道辖自然村。人口700。据传，村东南部有柳泉郡，村在郡北，故取名北柳泉。明洪武十八年（1385），王氏始祖来此定居，

改名北流泉，取源远流长之义。聚落呈团块状分布。有县级文物保护单位柳泉古城。经济以商贸业为主。有公路经此。

吴家池子 370725-A01-H13
[Wújiāchízi]

在县驻地宝都街道东南方向1.5千米。宝都街道辖自然村。人口800。相传，明朝初年，吴姓人氏由河北枣强县迁此立村，因村东北山坡上有一泓清泉，形如墨池，冬夏不竭，长年流淌，故取村名为吴家池子。聚落呈团块状分布。经济以商贸业为主。有公路经此。

申明亭 370725-A01-H14
[Shēnmíngtíng]

在县驻地宝都街道西南方向3.7千米。宝都街道辖自然村。人口600。明初建村，明洪武八年（1375）各社皆建申明、旌善二亭，该村临近申明亭，遂以亭取名。聚落呈团块状分布。经济以种植业、商贸业为主。有公路经此。

砚家河 370725-A01-H15
[Yànjiāhé]

在县驻地宝都街道西方向4.2千米。宝都街道辖自然村。人口600。相传宋代颜姓在丹河旁建村，名颜家河。清代称阎家河。民国时期，村前有条河为大丹河，形似砚台，故取名砚家河。聚落呈团块状分布。经济以种植业、商贸业为主。有公路经此。

老庄 370725-A01-H16
[Lǎozhuāng]

在县驻地宝都街道东南方向6.8千米。宝都街道辖自然村。人口400。明初，刘氏祖先刘松由山西洪洞县迁来定居，后称刘家老庄，村中只刘氏一姓，后演称老庄。聚落呈团块状分布。经济以种植业为主，

主要农作物有甜瓜、小麦、玉米。有公路经此。

观音庙 370725-A01-H17

［Guānyīnmiào］

在县驻地宝都街道东南方向 6.6 千米。宝都街道辖自然村。人口 200。村有观音菩萨庙一座，清康熙年间重修，后取村名为观音庙。聚落呈团块状分布。经济以种植业为主，主要农作物有小麦、玉米。有公路经此。

半截楼 370725-A01-H18

［Bànjiélóu］

在县驻地宝都街道东南方向 7.0 千米。宝都街道辖自然村。人口 300。原名东山庄，刘姓在此庄盖楼，后楼建一半终止，更名半截楼。聚落呈团块状分布。经济以种植业为主，主要农作物有小麦、玉米。有公路经此。

耿王 370725-A02-H01

［Gěngwáng］

在县驻地宝都街道东北方向 2.9 千米。宝城街道辖自然村。人口 600。明中期，耿姓从耿家庄迁入，和王家庄组合，并为耿王。聚落呈团块状分布。经济以商贸业为主。309 国道经此。

后石埠 370725-A02-H02

［Hòushíbù］

在县驻地宝都街道东北方向 5.7 千米。宝城街道辖自然村。人口 400。村西有黑石埠，故村名石埠，后改为后石埠。聚落呈团块状分布。经济以商贸业为主。有公路经此。

黄埠 370725-A02-H03

［Huángbù］

在县驻地宝都街道东北方向 5.6 千米。宝城街道辖自然村。人口 1 500。因村背倚黄土埠，取名黄埠。聚落呈团块状分布。经济以商贸业为主。有公路经此。

龙角 370725-A02-H04

［Lóngjiǎo］

在县驻地宝都街道东北方向 6.9 千米。宝城街道辖自然村。人口 1 200。原村西埠下有沟，曲似龙，取名龙角。聚落呈团块状分布。经济以商贸业为主。有公路经此。

石家庄 370725-A02-H05

［Shíjiāzhuāng］

在县驻地宝都街道东北方向 6.0 千米。宝城街道辖自然村。人口 600。石姓立村，故名石家庄。聚落呈团块状分布。经济以种植业为主。济青高速经此。

东风 370725-A02-H06

［Dōngfēng］

在县驻地宝都街道北方向 2.8 千米。宝城街道辖自然村。人口 1 000。因历史时期而得名。聚落呈团块状分布。有县级文物保护单位东风鼓楼。经济以商贸业、种植业为主。109 国道经此。

玉皇庙 370725-A02-H07

［Yùhuángmiào］

在县驻地宝都街道东北方向 1.6 千米。宝城街道辖自然村。人口 600。因村有明永乐年间所修玉皇大帝庙，故名玉皇庙。聚落呈团块状分布。经济以商贸业为主。有公路经此。

八里庄 370725-A02-H08

[Bālǐzhuāng]

在县驻地宝都街道东北方向 6.7 千米。宝城街道辖自然村。人口 700。距离昌乐县人民政府八里，故取名八里庄。聚落呈团块状分布。经济以种植业为主，主要农作物有甜瓜、小麦、玉米。有公路经此。

大东庄 370725-A03-H01

[Dàdōngzhuāng]

在县驻地宝都街道东北方向 11.0 千米。朱刘街道辖自然村。人口 1 400。明洪武年间，设村居住，因在朱刘店东，故称店东庄。明成化年间，因人口增多，改名大东庄至今。聚落呈团块状分布。经济以种植业为主，主要农作物有小麦、玉米、杂粮等。胶济铁路经此。

东圈 370725-A03-H02

[Dōngquān]

在县驻地宝都街道东北方向 8.6 千米。朱刘街道辖自然村。人口 500。元末明初，张姓自河北枣强迁来立村，因三面环山（孤山、牛山、马山）一面靠水（桂河）而取名圈子。后圈子又划分为东圈、西圈、北圈三个村。聚落呈团块状分布。古迹有汉代古墓。经济以种植业为主。有公路经此。

都昌 370725-A03-H03

[Dūchāng]

在县驻地宝都街道东北方向 15.0 千米。朱刘街道辖自然村。人口 2 000。南朝建元元年（479），因八王永嘉之乱，将汉置都昌县从昌邑城西迁至昌乐城东北，即西汉时的乐望城，仍沿用都昌之名。聚落呈团块状分布。有小学。经济以种植业为主，主要农作物有小麦、玉米。有公路经此。

钱家庄 370725-A03-H04

[Qiánjiāzhuāng]

在县驻地宝都街道东北方向 11.0 千米。朱刘街道辖自然村。人口 1 300。据村志记载，在明景泰年间，钱姓三兄弟自浙江省钱塘县迁来山东落户，老二落户于此，以姓氏名村。聚落呈团块状分布。经济以种植业为主。有公路经此。

三庙 370725-A03-H05

[Sānmiào]

在县驻地宝都街道东北方向 9.1 千米。朱刘街道辖自然村。人口 1 000。明初，李姓由本镇东南庄迁此建立九级庙村，随后孙、张两姓分别建立孙家庙村、张家庙村，1948 年三村合并，统一称三庙。聚落呈团块状分布。经济以种植业为主。有公路经此。

山坡 370725-A03-H06

[Shānpō]

在县驻地宝都街道东北方向 7.9 千米。朱刘街道辖自然村。人口 1 100。因地处孤山北坡，取名山坡。聚落呈团块状分布。经济以种植业为主。有公路经此。

九级 370725-A03-H07

[Jiǔjí]

在县驻地宝都街道东北方向 8.6 千米。朱刘街道辖自然村。人口 800。村名来历说法有二：一说此处最早是集市，因规模较大，故称九集，后演为九级；另一说因古时村中有座观音庙，台阶有九级，遂取名九级庙，后庙宇不存，村名简称为九级。聚落呈团块状分布。经济以种植业为主。有公路经此。

万庄 370725-A03-H08

[Wànzhuāng]

在县驻地宝都街道东北方向 9.7 千米。

朱刘街道辖自然村。人口 2 200。万氏始祖于南宋末年奉国策移民，从山西省洪洞县大刘家庄迁至此，时称清惠乡万家，后改称万庄。聚落呈团块状分布。经济以种植业为主。有山东万山集团有限公司等企业。有公路经此。

魏家庄 370725-A03-H09
[Wèijiāzhuāng]

在县驻地宝都街道东北方向 12.0 千米。朱刘街道辖自然村。人口 1 500。据村志记载，宋末元初，战乱不止，灾荒不断，当时魏家庄部落人口较少，魏氏族人较早居住在此处，便取名魏家庄。聚落呈团块状分布。经济以种植业为主，主要农作物有小麦、玉米、棉花。有公路经此。

西南庄 370725-A03-H10
[Xīnánzhuāng]

在县驻地宝都街道东方向 15.0 千米。朱刘街道辖自然村。人口 1 500。明洪武年间，始祖自河北省枣强县迁来建村，因在朱刘店南，故称南庄。后来村内有一条小溪由南向北流过，村庄以此为界，分为东南庄和西南庄。聚落呈团块状分布。经济以种植业为主，主要农作物有小麦、玉米。有公路经此。

东南庄 370725-A03-H11
[Dōngnánzhuāng]

在县驻地宝都街道东南方向 9.3 千米。朱刘街道辖自然村。人口 1 500。明洪武年间，始祖自河北省枣强县迁来建村，因在朱刘店南，故称南庄。后来村内有一条小溪由南向北流过，村庄以此为界，分为东南庄和西南庄。聚落呈团块状分布。经济以种植业为主，主要农作物有小麦、玉米。有公路经此。

刘坤家 370725-A03-H12
[Liúkūnjiā]

在县驻地宝都街道东南方向 10.8 千米。朱刘街道辖自然村。人口 700。传说清朝后期，刘坤带领族人迁此，以人名为村名。聚落呈团块状分布。经济以种植业为主，主要农作物有小麦、玉米。有公路经此。

刘双泉 370725-A03-H13
[Liúshuāngquán]

在县驻地宝都街道东南方向 10.8 千米。朱刘街道辖自然村。人口 900。明初刘姓自朱刘店迁入，因"时天旱无雨，桂河水干，唯村西南角涌出两泉"而命名刘双泉。聚落呈团块状分布。经济以种植业为主，主要农作物有小麦、玉米。有公路经此。

刘宣家 370725-A03-H14
[Liúxuānjiā]

在县驻地宝都街道东南方向 7.0 千米。朱刘街道辖自然村。人口 500。据传明洪武年间，刘姓迁此定居并建村，取名刘宣家。聚落呈团块状分布。经济以种植业为主，主要农作物有小麦、玉米。有公路经此。

庵上湖 370725-A04-H01
[Ānshànghú]

在县驻地宝都街道东南方向 20.0 千米。五图街道辖自然村。人口 700。清朝时村西有姑子庵，故村称庵上胡，后因旁边有湖，改名为庵上湖。聚落呈团块状分布。经济以种植业、旅游业为主，主要农作物有蔬菜。有公路经此。

响水崖 370725-A04-H02
[Xiǎngshuǐyá]

在县驻地宝都街道东南方向 14.0 千米。五图街道辖自然村。人口 400。因早前村东有一条由南向北流的河，河水由高处流向崖下，夜间落水声能传很远，因水流声响亮而得名。聚落呈团块状分布。经济以种植业、旅游业为主，主要农作物有蔬菜。有公路经此。

南郝 370725-A04-H03
[Nánhǎo]

在县驻地宝都街道西南方向 10.0 千米。五图街道辖自然村。明永乐年间前，村中有几户姓郝的，遂冠以姓氏得名郝村。后因洪水泛滥在村北冲了一条沟，故改称南郝。聚落呈团块状分布。经济以种植业为主，主要农作物有瓜果蔬菜。有公路经此。

五图 370725-A04-H04
[Wǔtú]

在县驻地宝都街道东南方向 15.0 千米。五图街道辖自然村。人口 1 100。明已有村，以村周有五色土取名五土，因此名拗口而改称五图。聚落呈团块状分布。经济以运输业和服务业为主。有公路经此。

曹家庙 370725-A04-H05
[Cáojiāmiào]

在县驻地宝都街道东南方向 17.0 千米。五图街道辖自然村。人口 500。明朝初曹氏由潍县城北桥子村迁来，于庙旁居住，遂名曹家庙。聚落呈团块状分布。经济以种植业为主，主要农作物有玉米、小麦。

崔家庄子 370725-A04-H06
[Cuījiāzhuāngzi]

在县驻地宝都街道南方向 6.0 千米。五图街道辖自然村。人口 1 000。崔姓来此定居并建村，名崔家庄子。聚落呈团块状分布。经济以商贸业为主。

韩信 370725-A04-H07
[Hánxìn]

在县驻地宝都街道西南方向 13.0 千米。五图街道辖自然村。人口 1 400。刘邦部下有一大将名韩信，曾在此驻军，为了纪念大将韩信，故名。聚落呈团块状分布。经济以种植业为主。

马家龙湾 370725-A04-H08
[Mǎjiālóngwān]

在县驻地宝都街道西南方向 7.5 千米。五图街道辖自然村。人口 1 000。由马氏建村，因四面环水，有土沟，弯曲似龙，故名马家龙湾。聚落呈团块状分布。经济以种植业为主。

邓家庄 370725-A04-H09
[Dèngjiāzhuāng]

在县驻地宝都街道东南方向 17.0 千米。五图街道辖自然村。人口 700。因村西靠马山，取有马就有蹬之意命名，后演为邓家庄。聚落呈团块状分布。经济以种植业为主，主要农作物有西瓜、蔬菜。有公路经此。

北寨 370725-A04-H10
[Běizhài]

在县驻地宝都街道南方向 9.0 千米。五图街道辖自然村。人口 900。据说汉朝韩信在附近安营，营地在此地北边，由此得名北寨。聚落呈团块状分布。经济以种植业为主。

泉二头 370725-A04-H11
[Quán'èrtóu]

在县驻地宝都街道东南方向 23.0 千米。五图街道辖自然村。人口 500。传说清朝时期田姓人在此居住，并在村西头挖出二个泉子，故名。聚落呈团块状分布。经济以种植业为主。有公路经此。

四泉 370725-A04-H12
［Sìquán］

在县驻地宝都街道东南方向 21.0 千米。五图街道辖自然村。人口 700。明末，孙姓来此定居并建村，原名孙家庄，后因昌乐县辖区内有多个村庄叫孙家庄，村坐落在四泉山东南角，为方便区分，后改为四泉。聚落呈团块状分布。经济以种植业为主。有公路经此。

东上疃 370725-A04-H13
［Dōngshàngtuǎn］

在县驻地宝都街道东南方向 16.0 千米。五图街道辖自然村。人口 1 400。东晋时期立村，原名十里长疃，后因明末一场山洪将村庄冲为东、西两段，本村为东段，故称东上疃。聚落呈团块状分布。经济以商贸业、养殖业为主。有公路经此。

乔东 370725-B01-H01
［Qiáodōng］

乔官镇人民政府驻地。在县驻地宝都街道南方向 14.5 千米。人口 1 500。据传，明代乔姓官人赴任途中卒，葬于营兆道旁，得名乔官。后分为三村，本村为乔东。有幼儿园、小学。经济以加工制造业为主。有公路经此。

土埠沟 370725-B01-H02
［Tǔbùgōu］

在县驻地宝都街道南方向 9.0 千米。乔官镇辖自然村。人口 400。因村东、村西有土埠，村中、村北有巨沟，故名。聚落呈团块状分布。经济以种植业为主，主要农作物有桃、小麦、玉米、花生、地瓜。有公路经此。

响水崖 370725-B01-H03
［Xiǎngshuǐyá］

在县驻地宝都街道南方向 9.0 千米。乔官镇辖自然村。人口 800。因地处龙头山下，每逢秋季，山上水声响彻数里，故名响水崖。聚落呈团块状分布。经济以种植业为主，主要农作物有小麦、玉米、花生、小米等。有公路经此。

豹山 370725-B01-H04
［Bàoshān］

在县驻地宝都街道南方向 9.0 千米。乔官镇辖自然村。人口 400。元初有黄氏迁至豹山脚下建村，因邻豹山得名。聚落呈团块状分布。经济以种植业为主，主要农作物有小麦、玉米、花生、地瓜等。有公路经此。

北夏 370725-B01-H05
［Běixià］

在县驻地宝都街道南方向 5.0 千米。乔官镇辖自然村。人口 800。明正统年间，夏氏五世祖自昌乐城迁此立村，故名夏家庄子，后更名北夏。聚落呈团块状分布。经济以种植业为主，主要农作物有小麦、玉米。

北岩北村 370725-B01-H06
［Běiyánběicūn］

在县驻地宝都街道西南方向 8.0 千米。乔官镇辖自然村。人口 1 300。宋代严氏立村，名北严，清朝演称北岩，后按照位置分为北岩北村。聚落呈团块状分布。经济以种植业为主，主要农作物有小麦、玉米、瓜菜。有公路经此。

北岩南村 370725-B01-H07
［Běiyánnáncūn］

在县驻地宝都街道西南方向 8.0 千米。

乔官镇辖自然村。人口 1 000。宋代严氏立村，名北严，清朝演称北岩，后按照位置分为北岩南村。聚落呈团块状分布。经济以种植业为主，主要农作物有小麦、玉米、瓜菜。有公路经此。

北岩西村 370725-B01-H08
[Běiyánxīcūn]

在县驻地宝都街道西南方向 8.0 千米。乔官镇辖自然村。人口 1 100。宋代严氏立村，名北严，清朝演称北岩，后按照位置分为北岩西村。聚落呈团块状分布。经济以种植业为主，主要农作物有小麦、玉米、瓜菜。有公路经此。

北展 370725-B01-H09
[Běizhǎn]

在县驻地宝都街道南方向 15.0 千米。乔官镇辖自然村。人口 1 700。金人定十年（1170）《潍州昌乐县北展富祥院创建佛像论》碑载北展店，明初李氏由寿光县纪台迁入，仍称北展店，后简称北展。经济以种植业、旅游业为主，主要农作物有小麦、玉米、花生。224 省道经此。

毕都 370725-B01-H10
[Bìdū]

在县驻地宝都街道西南方向 20.0 千米。乔官镇辖自然村。人口 800。传说村中有一小池，池水有毒不能饮用，后来有一云游的僧人路过，用笔蘸了池水，在墙上作画，又用池水涮笔，从此池水变得清冽甘美，毒性消除了，故取名避毒，也写作毕毒，后改作毕都。聚落呈团块状分布。经济以种植业为主，主要农作物有小麦、玉米、花生、谷物等。有公路经此。

苍山 370725-B01-H11
[Cāngshān]

在县驻地宝都街道西南方向 17.0 千米。乔官镇辖自然村。人口 600。因处苍山北得名。聚落呈团块状分布。经济以种植业为主，主要农作物有瓜菜。有公路经此。

常家庄 370725-B01-H12
[Chángjiāzhuāng]

在县驻地宝都街道南方向 7.0 千米。乔官镇辖自然村。人口 1 500。清代常姓迁入，以姓氏名村常家庄。聚落呈团块状分布。经济以种植业、养殖业为主。有公路经此。

大葛家庄 370725-B01-H13
[Dàgějiāzhuāng]

在县驻地宝都街道西南方向 12.0 千米。乔官镇辖自然村。人口 700。元大德年间，有葛成、葛旺迁入此地，因村南有泉水眼，故名葛家泉，清乾隆年间改为葛家庄，因村南有小葛家庄，故又称大葛家庄。聚落呈团块状分布。经济以种植业为主，主要农作物有瓜菜、小麦、玉米、花生、小米。223 省道经此。

丁家淳于 370725-B01-H14
[Dīngjiāchúnyú]

在县驻地宝都街道西南方向 18.0 千米。乔官镇辖自然村。人口 200。明永乐年间，丁姓由昌乐县城南迁来立村，因近淳于髡墓，取名丁家淳于。聚落呈团块状分布。经济以种植业为主，主要农作物有小麦、玉米、花生等。有公路经此。

杜家沟 370725-B01-H15
[Dùjiāgōu]

在县驻地宝都街道西南方向 23.0 千米。

乔官镇辖自然村。人口 400。清初，杜姓从益都董庄迁来，因临墨水河，取名杜家沟。聚落呈团块状分布。经济以种植业为主，主要农作物有小麦、玉米、花生。有公路经此。

高家阳阜　370725-B01-H16
[Gāojiāyángfù]

在县驻地宝都街道东南方向 14.0 千米。乔官镇辖自然村。人口 1 600。明永乐年间，高姓由濠泗迁来，村南有风雨埠，故取名高家阳阜。聚落呈团块状分布。经济以种植业为主，主要农作物有小麦、玉米、花生等。有公路经此。

耿家官庄　370725-B01-H17
[Gěngjiāguānzhuāng]

在县驻地宝都街道东南方向 14.0 千米。乔官镇辖自然村。人口 600。耿姓自五图街道耿安村迁来立村，取名耿家官庄。聚落呈团块状分布。经济以种植业为主，主要农作物有蔬菜、小麦、玉米、花生等。有公路经此。

郝家沟　370725-B01-H18
[Hǎojiāgōu]

在县驻地宝都街道西南方向 13.0 千米。乔官镇辖自然村。人口 300。清光绪元年（1875），郝姓由平柳院迁来立村，名郝家沟。聚落呈团块状分布。经济以种植业为主，主要农作物有小麦、玉米、花生等。有公路经此。

黑山子　370725-B01-H19
[Hēishānzi]

在县驻地宝都街道西南方向 15.0 千米。乔官镇辖自然村。人口 200。清代，于氏因居住地西北靠黑山，起名黑山，后于氏添子，故更名为黑山子。聚落呈团块状分布。经济以种植业为主，主要农作物有小麦、玉米、花生等。有公路经此。

花园　370725-B01-H20
[Huāyuán]

在县驻地宝都街道东南方向 14.0 千米。乔官镇辖自然村。人口 500。董姓自昌乐北关迁来立村，因山花遍地，取名花园。聚落呈团块状分布。经济以种植业为主，主要农作物有蔬菜、小麦、玉米、花生等。有公路经此。

黄家洼　370725-B01-H21
[Huángjiāwā]

在县驻地宝都街道南方向 12.0 千米。乔官镇辖自然村。人口 1 400。明初，黄姓自山西省洪洞县迁来立村，因地势低洼，取名黄家洼。聚落呈团块状分布。经济以制造业、种植业为主，主要农作物有小麦、玉米。有公路经此。

姬家庄子　370725-B01-H22
[Jījiāzhuāngzi]

在县驻地宝都街道西南方向 14.0 千米。乔官镇辖自然村。人口 500。明初，临朐县姬家河有两兄弟姬龙、姬虎携家人迁来此地，姬虎携家人迁往南音村，姬龙携家人在此立村，取名姬家庄子。聚落呈团块状分布。经济以种植业为主，主要农作物有小麦、玉米、花生、谷子等。有公路经此。

荆山坡　370725-B01-H23
[Jīngshānpō]

在县驻地宝都街道西南方向 12.0 千米。乔官镇辖自然村。人口 500。明末，张姓自昌乐城西西店迁此立村，因村处荆山东南坡，故名荆山坡。聚落呈团块状分布。经济以种植业为主，主要农作物有瓜菜。有公路经此。

梁家庄 370725-B01-H24
［ Liángjiāzhuāng ］

在县驻地宝都街道南方向 10.0 千米。乔官镇辖自然村。人口 1 700。宋已有村，因梁姓世代居住于此，故称梁家庄。聚落呈团块状分布。经济以种植业为主，种植小麦、玉米。有公路经此。

刘府 370725-B01-H25
［ Liúfǔ ］

在县驻地宝都街道南方向 10.0 千米。乔官镇辖自然村。人口 600。相传，明万历年间，刘姓立村，村名刘府庄，后简称刘府。聚落呈团块状分布。经济以种植业为主，主要农作物有小麦、玉米、甜瓜、尖椒。有公路经此。

龙泉院 370725-B01-H26
［ Lóngquányuàn ］

在县驻地宝都街道南方向 12.0 千米。乔官镇辖自然村。人口 1 100。相传唐朝建龙泉寺，村名为老古刹村，后改名为龙泉院。聚落呈团块状分布。经济以种植业为主，主要农作物有小麦、玉米、花生。有公路经此。

孟家淳于 370725-B01-H27
［ Mèngjiāchúnyú ］

在县驻地宝都街道南方向 15.0 千米。乔官镇辖自然村。人口 1 000。明初，孟氏迁此立村，因临近淳于凫冢，取名孟家淳于。聚落呈团块状分布。经济以种植业为主，主要农作物有小麦、玉米、花生、蔬菜等。有公路经此。

苗埠 370725-B01-H28
［ Miáobù ］

在县驻地宝都街道南方向 10.0 千米。乔官镇辖自然村。人口 300。明末，邢姓由邢家庄迁来，看到此处风水非常好，适合居住，并有数座大庙，因此取名庙埠，民国时期改为苗埠。聚落呈团块状分布。经济以种植业为主，主要农作物有小麦、玉米等。有公路经此。

苗家庄子 370725-B01-H29
［ Miáojiāzhuāngzi ］

在县驻地宝都街道西南方向 24.0 千米。乔官镇辖自然村。人口 300。元已有此村，苗姓为土著，名兴隆官庄。清初，李氏由李家河迁入，易名苗家庄子。聚落呈团块状分布。经济以种植业为主，主要农作物有小麦、玉米、花生、谷物等。有公路经此。

南夏家庄 370725-B01-H30
［ Nánxiàjiāzhuāng ］

在县驻地宝都街道南方向 6.0 千米。乔官镇辖自然村。人口 400。明正统年间，夏氏一支析居方山南立村，名夏家庄。清初，北夏家庄立村，本村易名南夏家庄。聚落呈团块状分布。经济以种植业为主，主要农作物有小麦、玉米等。有公路经此。

南音 370725-B01-H31
［ Nányīn ］

在县驻地宝都街道西南方向 13.0 千米。乔官镇辖自然村。人口 1 000。元代，栾姓、殷姓居此，取名栾殷，明初改为南殷，后演变为南音。聚落呈团块状分布。经济以种植业为主，主要农作物有小麦、玉米、花生、瓜菜等。有公路经此。

潘家槐林 370725-B01-H32
［ Pānjiāhuáilín ］

在县驻地宝都街道西南方向 22.0 千米。乔官镇辖自然村。人口 1 000。明洪武年间，潘姓自河北省枣强县迁来立村，因村东北有槐荫寺，此处槐树多而茂盛，取名潘家槐林。聚落呈团块状分布。经济以种植业为主，主要农作物有小麦、玉米、花生、谷物等。有公路经此。

庞家淳于 370725-B01-H33
[Pángjiāchúnyú]

在县驻地宝都街道南方向 16.0 千米。乔官镇辖自然村。人口 800。明正德年间，庞姓由商家庄迁来立村，因近淳于髡墓，取名庞家淳于。聚落呈团块状分布。经济以种植业为主，主要农作物有小麦、玉米、花生、水果等。有公路经此。

乔南 370725-B01-H34
[Qiáonán]

在县驻地宝都街道南方向 8.0 千米。乔官镇辖自然村。人口 1 500。相传有乔姓官人夫妇携仆赴任时经过此地，官人病卒，营兆道旁，村以传说而名乔官，后分为三村，本村因位置称乔南。聚落呈团块状分布。经济以种植业、商贸业为主。有公路经此。

乔西 370725-B01-H35
[Qiáoxī]

在县驻地宝都街道南方向 8.0 千米。乔官镇辖自然村。人口 1 000。相传有乔姓官人夫妇携仆赴任时经过此地，官人病卒，营兆道旁，村以传说而名乔官，后分为三村，本村因位置称乔西。聚落呈团块状分布。经济以种植业、木板加工业为主，主要农作物有小麦、玉米等。有公路经此。

秦家淳于 370725-B01-H36
[Qínjiāchúnyú]

在县驻地宝都街道西南方向 17.0 千米。乔官镇辖自然村。人口 900。明永乐年间，秦姓自今昌乐城南三里迁来立村，因邻近淳于髡的墓葬，故名秦家淳于。聚落呈团块状分布。经济以种植业为主，主要农作物有小麦、玉米、花生、地瓜等。有公路经此。

青龙山 370725-B01-H37
[Qīnglóngshān]

在县驻地宝都街道西南方向 19.0 千米。乔官镇辖自然村。人口 600。该村有山蜿蜒似龙，取名青龙山，村以山得名。聚落呈团块状分布。经济以种植业为主，主要农作物有小麦、玉米、花生、谷物等。有公路经此。

唐家店子 370725-B01-H38
[Tángjiādiànzi]

在县驻地宝都街道南方向 5.0 千米。乔官镇辖自然村。人口 600。相传元代唐姓立村，经营店铺，故村得名唐家店子。聚落呈团块状分布。经济以种植业为主，主要农作物有小麦、玉米、核桃。224 省道经此。

团埠坡 370725-B01-H39
[Tuánbùpō]

在县驻地宝都街道南方向 7.0 千米。乔官镇辖自然村。人口 500。因村在圆形土埠下，取名团埠坡，并沿用至今。聚落呈团块状分布。经济以种植业为主，主要农作物有小麦、玉米、瓜菜等。有公路经此。

王家槐林 370725-B01-H40
[Wángjiāhuáilín]

在县驻地宝都街道西南方向 21.0 千米。乔官镇辖自然村。人口 400。明洪武年间，王姓自今河北省枣强县迁来立村，因村东北有槐荫寺，此处槐树多而茂盛，取名王家槐林。聚落呈团块状分布。经济以种植业为主，主要农作物有小麦、玉米、花生、谷物等。有公路经此。

西级 370725-B01-H41
［Xījí］

在县驻地宝都街道东南方向 17.0 千米。乔官镇辖自然村。人口 700。明洪武二年（1369），王福新从河北省枣强县迁至寿光蔻家坞，因此地盐碱加之旱涝歉收，故携其三子，与其兄弟迁此，取名西级。聚落呈团块状分布。经济以种植业为主，主要农作物有小麦、玉米、花生。有公路经此。

下坡 370725-B01-H42
［Xiàpō］

在县驻地宝都街道南方向 12.0 千米。乔官镇辖自然村。人口 800。因村在团山子坡下，取名下坡。聚落呈团块状分布。经济以种植业、木板制造业为主，主要农作物有小麦、玉米。有公路经此。

小善地 370725-B01-H43
［Xiǎoshàndì］

在县驻地宝都街道东南方向 12.0 千米。乔官镇辖自然村。人口 500。清朝中期，郝姓由马宋河西迁来，在大官庄以南建村，取名小官庄村，民国初更名为小善地。聚落呈团块状分布。经济以种植业为主，主要农作物有小麦、玉米。有公路经此。

歇头仓 370725-B01-H44
［Xiētóucāng］

在县驻地宝都街道南方向 7.0 千米。乔官镇辖自然村。人口 1 400。明朝初期，于姓自文登迁卧虎山北立村，该村距县城二十五里，方言谓二十五里为一"歇头"。村中又有一大仓，过往人等遂称此村为歇头仓。聚落呈团块状分布。经济以种植业为主，主要农作物有小麦、玉米等。有公路经此。

杨家淳于 370725-B01-H45
［Yángjiāchúnyú］

在县驻地宝都街道西南方向 17.0 千米。乔官镇辖自然村。人口 900。明永乐年间，杨姓自郦部卞家庄迁来立村，因邻近淳于髡的墓葬，取名杨家淳于。聚落呈团块状分布。经济以种植业为主，主要农作物有小麦、玉米、花生、地瓜等。有公路经此。

尹家淳于 370725-B01-H46
［Yǐnjiāchúnyú］

在县驻地宝都街道南方向 18.0 千米。乔官镇辖自然村。人口 600。明永乐年间，丁姓由昌乐县城南迁来立村，近淳于髡墓，因淳于髡有七个女儿，其五女出嫁尹家村，后改为尹家淳于。聚落呈团块状分布。经济以种植业为主，主要农作物有小麦、玉米、花生、水果等。有公路经此。

于家山前 370725-B01-H47
［Yújiāshānqián］

在县驻地宝都街道南方向 9.0 千米。乔官镇辖自然村。人口 1 200。明初，于姓迁此立村，因村后有一座人山，故取名丁家山前。聚落呈团块状分布。经济以种植业为主，主要农作物有小麦、玉米、花生、地瓜、杂粮、蔬菜。223 省道经此。

岳泉 370725-B01-H48
［Yuèquán］

在县驻地宝都街道西南方向 8.0 千米。乔官镇辖自然村。人口 1 100。原来叫刘家庄子，李世民带兵路过此地，部分士兵因病饮用村西泉水而好转，故村改名为药泉，后演变为岳泉。聚落呈团块状分布。经济以种植业为主，主要农作物有瓜菜、玉米、小麦。有公路经此。

赵家淳于 370725-B01-H49
[Zhàojiāchúnyú]

在县驻地宝都街道西南方向 18.0 千米。乔官镇辖自然村。人口 900。明代前期，赵姓自解召迁来立村，因邻近淳于髡墓，取名赵家淳于。聚落呈团块状分布。古迹有赵西林故居。经济以种植业为主，主要农作物有小麦、玉米、花生、水果等。有公路经此。

驻马河 370725-B01-H50
[Zhùmǎhé]

在县驻地宝都街道东南方向 16.0 千米。乔官镇辖自然村。人口 500。传说明朝朱元璋征战山东，在村北朱河饮过战马，起名驻马河。聚落呈团块状分布。经济以种植业为主，主要农作物有小麦、玉米、花生、黄烟、蔬菜等。有公路经此。

郚部北村 370725-B02-H01
[Tángwúběicūn]

在县驻地宝都街道南方向 33.0 千米。郚部镇辖自然村。人口 2 600。春秋战国时期称吾国，因唐尧之后受封吾地，后演变为郚部。后因郚部村中间有东西大街，故街北为郚部北村。聚落呈团块状分布。经济以种植业为主。有公路经此。

卞家庄 370725-B02-H02
[Biànjiāzhuāng]

在县驻地宝都街道西南方向 28.0 千米。郚部镇辖自然村。人口 1 100。明正德年间，卞姓由郚部迁此，村以姓氏取名卞家庄。聚落呈团块状分布。经济以种植业为主。有公路经此。

大岔河 370725-B02-H03
[Dàchàhé]

在县驻地宝都街道东南方向 35.0 千米。郚部镇辖自然村。人口 1 300。相传，唐时已有此村，傅氏居此，因在埠前，取名大埠头。明初，葛氏由今河北省枣强县清水湾迁入，后以村处漳河与九曲河交汇处，改名岔河。明初，东岔河村立，本村易名大岔河。聚落呈团块状分布。经济以种植业为主。有公路经此。

青上 370725-B02-H04
[Qīngshàng]

在县驻地宝都街道南方向 30.0 千米。郚部镇辖自然村。人口 1 500。元已有村，青姓于马驹岭西南坡上立村，故名。聚落呈团块状分布。经济以种植业为主，主要农作物有西瓜、花生。有公路经此。

赵家岭 370725-B02-H05
[Zhàojiālǐng]

在县驻地宝都街道南方向 30.0 千米。郚部镇辖自然村。人口 700。相传，此地在明代为昌乐城北关赵姓的牧马场，名赵家岭。聚落呈团块状分布。经济以种植业为主，主要农作物有花生。有公路经此。

高镇 370725-B02-H06
[Gāozhèn]

在县驻地宝都街道南方向 30.0 千米。郚部镇辖自然村。人口 1 300。宋代刁氏由河北枣强县迁来立村，南傍白浪河，北临小潴河，因三面临河，村民惧水之患，乃取“以高镇水”之意，命名高镇。聚落呈团块状分布。经济以种植业为主。有公路经此。

南展 370725-B02-H07
[Nánzhǎn]

在县驻地宝都街道南方向 30.0 千米。郚部镇辖自然村。人口 900。明中期，路氏由临淄迁往此处立村，因居北展之南，故名南展。聚落呈团块状分布。经济以种植业为主，主要农作物有西瓜、花生。有公路经此。

苇沟 370725-B02-H08

[Wěigōu]

在县驻地宝都街道西南方向 28.0 千米。鄌郚镇辖自然村。人口 500。清初，王姓由东山王（今昌东镇）迁此立村，以村周多沟多苇，故命名为苇沟。聚落呈团块状分布。经济以种植业为主，主要农作物有花生、白菜。有公路经此。

孟家峪 370725-B02-H09

[Mèngjiāyù]

在县驻地宝都街道西南方向 26.0 千米。鄌郚镇辖自然村。人口 300。明初，孟姓自孟家淳于迁此，于姓自李家河迁此，以姓氏取名孟家于。清初，因三面环山，取名孟家峪。聚落呈团块状分布。经济以种植业为主，主要农作物有白菜、花生。有公路经此。

路家庄子 370725-B02-H10

[Lùjiāzhuāngzi]

在县驻地宝都街道南方向 35.0 千米。鄌郚镇辖自然村。人口 500。元已有村，卢氏居之，年久以姓谐音名路家庄子。聚落呈团块状分布。经济以种植业为主，主要农作物有蔬菜。有公路经此。

清东 370725-B02-H11

[Qīngdōng]

在县驻地宝都街道东南方向 35.0 千米。鄌郚镇辖自然村。人口 800。相传宋元时期已有村，吕姓居此，名清风岭。明代中期以后，李、秦二姓徙居此地，清末取"里有仁风美"之意，易名清风里。又因居东，名清东。聚落呈团块状分布。经济以种植

业为主，主要农作物有瓜果蔬菜。有公路经此。

清西 370725-B02-H12

[Qīngxī]

在县驻地宝都街道东南方向 35.0 千米。鄌郚镇辖自然村。人口 600。相传宋元时期已有村，吕姓居此，名清风岭。明代中期以后，李、秦二姓徙居此地，清末取"里有仁风美"之意，易名清风里。又因居西，名清西。聚落呈团块状分布。经济以种植业为主，主要农作物有瓜果蔬菜。有公路经此。

高一村 370725-B02-H13

[Gāoyīcūn]

在县驻地宝都街道南方向 35.0 千米。鄌郚镇辖自然村。人口 1 000。明清时期，秦姓从山西来此定居并建村，以地势取名高崖村。后来公社改造，改名高一村。聚落呈团块状分布。经济以种植业为主，主要农作物有瓜果蔬菜。有公路经此。

高三村 370725-B02-H14

[Gāosāncūn]

在县驻地宝都街道南方向 35.0 千米。鄌郚镇辖自然村。人口 700。明清时期，秦姓从山西来此定居并建村，以地势取名高崖村。后来公社改造，改名高三村。聚落呈团块状分布。经济以种植业为主，主要农作物有瓜果蔬菜。有公路经此。

西李家庄 370725-B02-H15

[Xīlǐjiāzhuāng]

在县驻地宝都街道南方向 36.0 千米。鄌郚镇辖自然村。人口 1 200。明洪武初年，李氏由山西洪洞县迁此立村，因南临汶河，取名汶阳村，又名西本村。清末以姓氏改为李家庄，1981 年改名为西李家庄。聚落呈团

块状分布。经济以种植业为主，主要农作物有蔬菜。有公路经此。

东包庄 370725-B02-H16

[Dōngbāozhuāng]

在县驻地宝都街道南方向 36.0 千米。郎郡镇辖自然村。人口 800。元代即有此村，鲍姓居此，以姓氏取名鲍庄。明代，徐、李、张等姓相继迁入，村名冠以方位称东包庄。聚落呈团块状分布。经济以种植业为主，主要农作物有大姜、洋葱。有公路经此。

西包庄 370725-B02-H17

[Xībāozhuāng]

在县驻地宝都街道南方向 36.0 千米。郎郡镇辖自然村。人口 500。元代即有此村，鲍姓居此，以姓氏取名鲍庄。明代，徐、李、张等姓相继迁入，村名冠以方位称西包庄。聚落呈团块状分布。经济以种植业为主，主要农作物有大姜、洋葱。有公路经此。

大王庄 370725-B02-H18

[Dàwángzhuāng]

在县驻地宝都街道南方向 36.0 千米。郎郡镇辖自然村。人口 1 100。明代已有村，王姓居此，故名王家庄，1981 年更名大王庄。聚落呈团块状分布。经济以种植业为主，主要农作物有大姜、洋葱。有公路经此。

东水码头 370725-B02-H19

[Dōngshuǐmǎtóu]

在县驻地宝都街道南方向 37.0 千米。郎郡镇辖自然村。人口 800。元末，徐姓由西水沫头迁此立村，名东水沫头。民国期间汶河水灾，村民损失惨重，以水沫头村名音近"水没头"，不吉利，故冠以方位改为东水码头。聚落呈团块状分布。经济以种植业为主，主要农作物有大姜、洋葱。有公路经此。

西水码头 370725-B02-H20

[Xīshuǐmǎtóu]

在县驻地宝都街道南方向 37.0 千米。郎郡镇辖自然村。人口 900。原名西水沫头，民国期间汶河水灾，村民损失惨重，以水沫头村名音近"水没头"，不吉利，故冠以方位改为西水码头。聚落呈团块状分布。经济以种植业为主，主要农作物有大姜、洋葱。有公路经此。

龙旺河 370725-B02-H21

[Lóngwànghé]

在县驻地宝都街道西南方向 28.0 千米。郎郡镇辖自然村。人口 400。明末，张姓自临朐辛山迁居于此，孟津河流经村东形成一水湾，潭阔水深，俗称龙王湾，据此，取村名为龙旺河。聚落呈团块状分布。经济以种植业为主，主要农作物有花生、白菜。有公路经此。

青石河 370725-B02-H22

[Qīngshíhé]

在县驻地宝都街道西南方向 30.0 千米。郎郡镇辖自然村。人口 500。1750 年，石氏由青州府迁来，因东临孟津河，此地有山有水，石氏祖先取名为石家庄。1981 年更名为青石河，含来自青州，且居河畔之意。聚落呈团块状分布。经济以种植业为主，主要农作物有花生。有公路经此。

任居官庄 370725-B02-H23

[Rénjūguānzhuāng]

在县驻地宝都街道南方向 37.0 千米。郎郡镇辖自然村。人口 700。明前期，任姓由安丘县上庄迁此定居，以埠取名团埠官庄，清中期，以姓氏取名任居官庄。聚落呈团块状分布。经济以种植业为主，主要农作物有瓜果蔬菜。有公路经此。

善庄 370725-B02-H24
[Shànzhuāng]

在县驻地宝都街道南方向 37.0 千米。郎部镇辖自然村。人口 1 400。元已有村，单姓居此，以姓氏取名单庄。明中期，秦姓自高崖迁入，后改为善庄。聚落呈团块状分布。经济以种植业为主，主要农作物有瓜果蔬菜。有公路经此。

西山旺 370725-B02-H25
[Xīshānwàng]

在县驻地宝都街道西南方向 30.0 千米。郎部镇辖自然村。人口 400。明中期，董氏自宜都城（今青州市）迁此立村，因临长山子，以吉祥意，取村名山旺。明末，李姓于村东立村，取名东山旺，本村遂改名西山旺。聚落呈团块状分布。经济以种植业为主，主要农作物有花生。有公路经此。

寨里 370725-B02-H26
[Zhàilǐ]

在县驻地宝都街道南方向 36.0 千米。郎部镇辖自然村。人口 1 000。明代已有村，据传此地为汉朱虚侯刘章屯兵修武之地，人称刘旧寨，后渐成村庄，取名寨里。聚落呈团块状分布。经济以种植业为主，主要农作物有桃。有公路经此。

徐家庙 370725-B02-H27
[Xújiāmiào]

在县驻地宝都街道南方向 35.0 千米。郎部镇辖自然村。人口 800。元末，宋姓、徐姓居此，以居处多枣树，名枣行村。明初，徐姓捐资在村东北建三官庙，村名渐易为徐家庙。聚落呈团块状分布。经济以种植业为主，主要农作物有西瓜、蔬菜。有公路经此。

泊庄 370725-B02-H28
[Pōzhuāng]

在县驻地宝都街道东南方向 38.0 千米。郎部镇辖自然村。人口 1 800。因地势低洼，遍地水泊，取名泊庄。聚落呈团块状分布。经济以种植业为主，主要农作物有瓜果蔬菜。有公路经此。

矬帐 370725-B02-H29
[Cuózhàng]

在县驻地宝都街道南方向 37.0 千米。郎部镇辖自然村。人口 900。据传，宋元时已有此村，张氏居此，因户数少取名小营。明中期，张姓由安丘县张家沟迁居于此。清末，村民用高粱秸编成的箔帐当围墙，邻村称为箔帐村，后因箔帐低矮，本村遂易村名为矬帐。聚落呈团块状分布。经济以种植业为主，主要农作物有蔬菜。有公路经此。

大北良 370725-B02-H30
[Dàbeiliang]

在县驻地宝都街道东南方向 36.0 千米。郎部镇辖自然村。人口 1 000。据传明成祖朱棣征北时，在漳河北岸设北粮，故村名北粮，后写作北良。清初，村北另设一村，名小北良，本村遂易名为大北良。聚落呈团块状分布。经济以种植业为主，主要农作物有蔬菜。有公路经此。

大洛车埠 370725-B02-H31
[Dàluòchēbù]

在县驻地宝都街道南方向 35.0 千米。郎部镇辖自然村。人口 300。该村始建于元朝，村前有古刹一座，相传主持和尚的佣人李二婆妻王氏，驾车至埠前落车定居，故取村名落车埠，后演称洛车埠，又更名大洛车埠。聚落呈团块状分布。经济以种植业为主，主要农作物有蔬菜。有公路经此。

董家沟 370725-B02-H32
[Dǒngjiāgōu]

在县驻地宝都街道西南方向 26.0 千米。郎郚镇辖自然村。人口 300。明初，董姓居此，以临沟壑，故名董家沟。聚落呈团块状分布。经济以种植业为主，主要农作物有花生。有公路经此。

丁家庄 370725-B02-H33
[Dīngjiāzhuāng]

在县驻地宝都街道南方向 40.0 千米。郎郚镇辖自然村。人口 900。明代已有村，丁氏居此，名丁家庄。聚落呈团块状分布。经济以种植业为主，主要农作物有大姜、洋葱。有公路经此。

东刘家沟 370725-B02-H34
[Dōngliújiāgōu]

在县驻地宝都街道南方向 27.0 千米。郎郚镇辖自然村。人口 400。元末，崔氏由小阿陀（今大宅科）迁此立村，名崔家河。明初，刘氏由河北枣强县迁入，村东、村南靠近河沟，改村名为刘家沟。明中期，南刘家沟立村，本村改为东刘家沟。聚落呈团块状分布。经济以种植业为主。有公路经此。

莱家沟 370725-B02-H35
[Láijiāgōu]

在县驻地宝都街道西南方向 35.0 千米。郎郚镇辖自然村。人口 400。元朝莱氏家族首居于此，故名莱家沟。聚落呈团块状分布。经济以种植业为主，主要农作物有小麦、花生、玉米等。有公路经此。

白塔 370725-B02-H36
[Báitǎ]

在县驻地宝都街道南方向 50.0 千米。郎郚镇辖自然村。人口 1 200。据传建村时，村西岭建有寺院白塔寺，故取名白塔。聚落呈团块状分布。经济以种植业为主，主要农作物有地瓜、芋头、花生。

窝铺 370725-B02-H37
[Wōpù]

在县驻地宝都街道南方向 39.0 千米。郎郚镇辖自然村。人口 600。元末，张姓二公携子孙躲避战乱，自河北省东光县来此居住并建村，搭建草棚，筑其地铺，故得窝铺之名。聚落呈带状分布。经济以种植业为主，主要农作物有地瓜、芋头、花生。

池子 370725-B02-H38
[Chízi]

在县驻地宝都街道南方向 62.0 千米。郎郚镇辖自然村。人口 500。明末，王姓由洛村来此定居，因村东有片荷花池而取名荷花池，后更名池子。聚落呈带状分布。经济以种植业为主，主要农作物有地瓜、芋头、花生。有公路经此。

东前韩 370725-B02-H39
[Dōngqiánhán]

在县驻地宝都街道南方向 49.0 千米。郎郚镇辖自然村。人口 500。明洪武年间，韩宁、韩让兄弟二人由山西洪洞县迁入此地，取名前韩家庄，后以位置称东前韩。聚落呈带状分布。经济以种植业为主，主要农作物有地瓜、芋头、花生。有公路经此。

黄冢坡 370725-B02-H40
[Huángzhǒngpō]

在县驻地宝都街道南方向 42.0 千米。郎郚镇辖自然村。人口 700。据传明朝之前一皇妃去沂山东镇庙上香，行至此处，突发疾病而亡，被就地埋葬，起一大坟，黄冢坡因距此坟很近而得名。聚落呈团块状分布。经济以种植业为主，主要农作物有地瓜、花生、桃、李子。

克家洼 370725-B02-H41
[Kèjiāwā]

在县驻地宝都街道南方向 45.0 千米。鄌郚镇辖自然村。人口 1 000。1959 年冬修高崖水库前，原村有一面洼一面岑，所以叫克家洼。聚落呈带状分布。经济以种植业为主，主要农作物有地瓜、花生。

山坡 370725-B02-H42
[Shānpō]

在县驻地宝都街道南方向 55.0 千米。鄌郚镇辖自然村。人口 900。原名李家集子，在大沂路东低洼地，因经常发水迁至路西，故名山坡。聚落呈团块状分布。古迹有山坡遗址。经济以种植业为主，主要农作物有地瓜、玉米、花生。

洛村 370725-B02-H43
[Luòcūn]

在县驻地宝都街道南方向 57.0 千米。鄌郚镇辖自然村。人口 2 400。传说一只凤凰看好宝地在此逗留一时，后建村为洛村。聚落呈带状分布。古迹有洛村古楼。经济以种植业为主，主要农作物有地瓜、玉米、花生、桃、小麦。

前河野 370725-B02-H44
[Qiánhéyě]

在县驻地宝都街道南方向 56.5 千米。鄌郚镇辖自然村。人口 500。明洪武年间，始祖由山西洪洞县迁居临朐刘家营村后，又从刘家营村分出，迁到村东北处，在汶河两岸立村，河崖以南为前河野。聚落呈带状分布。经济以种植业为主，主要农作物有地瓜、玉米、花生、小麦。

山坡西沟 370725-B02-H45
[Shānpōxīgōu]

在县驻地宝都街道南方向 55.5 千米。鄌郚镇辖自然村。人口 200。据传清前期始祖从山西洪洞县迁到山坡村落户，与李姓结婚后育有孩子并共同生活居住，儿子长大后在村西沟中建房独立生活，故名山坡西沟。聚落呈带状分布。经济以种植业为主。

孙家沟 370725-B02-H46
[Sūnjiāgōu]

在县驻地宝都街道南方向 47.5 千米。鄌郚镇辖自然村。人口 900。据说，建村时，因村东有一处孙姓的林地而得名孙家沟。聚落呈带状分布。经济以种植业为主。

东寺后 370725-B02-H47
[Dōngsìhòu]

在县驻地宝都街道南方向 50.0 千米。鄌郚镇辖自然村。人口 1 000。相传明朝有一座寺庙，村庄坐落于庙东，故名东寺后。聚落呈带状分布。经济以种植业为主，主要农作物有地瓜、花生。

红河 370725-B03-H01
[Hónghé]

红河镇人民政府驻地。在县驻地宝都街道东南方向 35.0 千米。人口 1 900。明万历年间，吴氏四世祖吴三重迁至红溪建村，因濒临红河，故名。聚落呈团块状分布。有幼儿园、小学、中学。古迹有红河遗址。经济以商贸业为主。有公路经此。

钓鱼台 370725-B03-H02
[Diàoyútái]

在县驻地宝都街道东南方向 35.0 千米。红河镇辖自然村。人口 400。相传河岸有陡起处，昔有隐士垂钓其上，下有一村，因以为名。聚落呈团块状分布。经济以种植业、商贸业为主，主要农作物有小麦、花生、芋头、大姜。

庵泉 370725-B03-H03

[Ānquán]

在县驻地宝都街道东南方向 46.0 千米。红河镇辖自然村。人口 1 000。元末，吴氏迁入庵上村，庵上村与西庵河为邻，有一处尼姑庵，后改名西庵，1981 年又改名庵泉。聚落呈散状分布。经济以种植业为主，主要农作物有大蒜、黄豆、茅菜、秋葵、白萝卜、香瓜。

林泉峪 370725-B03-H04

[Línquányù]

在县驻地宝都街道东南方向 36.0 千米。红河镇辖自然村。人口 300。清康熙年间，鞠姓由沂水县岩峪村迁来立村。原村址在白浪河南，后移白浪河北，多林木，且处在两山之间，取名林泉峪。聚落呈团块状分布。经济以种植业为主，主要农作物有大姜、小麦、花生、玉米。

少槐 370725-B03-H05

[Shàohuái]

在县驻地宝都街道东南方向 46.0 千米。红河镇辖自然村。人口 900。原名邵槐庄，邵氏迁至，有古槐一株，故名邵槐。后由秦氏、刘氏大户改名为古槐村。再之后古槐枯死，又发幼树株，改名少槐。聚落呈团块状分布。经济以种植业为主，主要农作物有大姜、大葱、土豆等。有公路经此。

芦沟 370725-B03-H06

[Lúgōu]

在县驻地宝都街道东南方向 42.0 千米。红河镇辖自然村。人口 700。因沟中多芦苇，取名芦沟。聚落呈团块状分布。有文化广场 1 处。经济以种植业为主，主要农作物有花生、小麦、玉米、大姜。

小阿陀 370725-B03-H07

[Xiǎo'ētuó]

在县驻地宝都街道东南方向 40.0 千米。红河镇辖自然村。人口 900。村在阿弥陀佛庙附近，遂取"阿陀"二字作村名。清代，附近的埚坨村演称阿陀，本村遂易名小阿陀。聚落呈团块状分布。有文化广场 1 处。经济以种植业为主，主要农作物有花生、小麦、玉米、大姜。

仕子庄 370725-B03-H08

[Shìzǐzhuāng]

在县驻地宝都街道东南方向 44.0 千米。红河镇辖自然村。人口 500。明万历年间，衡王府高察的佣人立村，其乳名柿子，故以立村人乳名作村名。清道光年间，孙姓迁入，谐音改村名为仕子庄，含使子孙为仕之意。聚落呈团块状分布。有文化广场 1 处。经济以种植业为主，主要农作物有大姜、苹果、芋头、马铃薯。有公路经此。

毛圈 370725-B03-H09

[Máoquān]

在县驻地宝都街道东南方向 38.0 千米。红河镇辖自然村。人口 300。明末，毛姓立村，因沟环村，故名毛圈。聚落呈团块状分布。经济以种植业为主，主要农作物有花生、小麦、玉米、大姜、芋头、马铃薯。

水泊 370725-B03-H10

[Shuǐpō]

在县驻地宝都街道东南方向 47.0 千米。红河镇辖自然村。人口 1 800。传说明朝时间，于姓建村叫水溪，刘姓建村叫泊子，后两村合并，称为水泊。聚落呈团块状分布。有文化广场 1 处。经济以种植业为主，主要农作物有西瓜、蔬菜。

油房地 370725-B03-H11
[Yóufángdì]

在县驻地宝都街道东南方向 41.0 千米。红河镇辖自然村。人口 300。清康熙二十一年（1682），朱姓迁入以经营油坊致富，村名渐改油坊地，后写为油房地。聚落呈团块状分布。经济以种植业为主，主要农作物有大姜、芋头、马铃薯、大姜。有公路经此。

下皂户 370725-B03-H12
[Xiàzàohù]

在县驻地宝都街道东南方向 36.0 千米。红河镇辖自然村。人口 800。因在寿光时户籍原属盐场，取村名为灶户，俗写作皂户，后因位置改称下皂户。聚落呈团块状分布。有文化广场 1 处。经济以种植业为主，主要农作物有黄烟、大姜、花生、玉米等。

皂角树 370725-B03-H13
[Zàojiǎoshù]

在县驻地宝都街道东南方向 39.0 千米。红河镇辖自然村。人口 500。明隆庆二年（1568），张姓由安丘县罗庄迁来，立于皂角树旁，取名皂角树。聚落呈团块状分布。有文化广场 1 处。经济以种植业为主，主要农作物有小麦、玉米、花生、大姜。

枣杭 370725-B03-H14
[Zǎoháng]

在县驻地宝都街道东南方向 37.0 千米。红河镇辖自然村。人口 400。据传，宋姓由宋家老庄（本镇）迁此立村，村内多枣树，取名枣行，清代演变为枣杭。聚落呈团块状分布。经济以种植业为主，主要农作物有小麦、玉米、花生、大姜。

双泉 370725-B03-H15
[Shuāngquán]

在县驻地宝都街道东南方向 41.0 千米。红河镇辖自然村。人口 300。因村处两沟之间，沟内各有一泉，故名双泉。聚落呈团块状分布。经济以种植业为主，主要农作物有小麦、玉米、花生等。有公路经此。

小章 370725-B03-H16
[Xiǎozhāng]

在县驻地宝都街道东南方向 42.0 千米。红河镇辖自然村。人口 900。明中期，于姓迁入，两村合一，依村南大章而居，取名小章。聚落呈团块状分布。经济以种植业为主，主要农作物有花生、小麦、玉米、大姜、芋头、马铃薯。

元吉 370725-B03-H17
[Yuánjí]

在县驻地宝都街道东南方向 47.0 千米。红河镇辖自然村。人口 700。明初，刘氏由今河北省迁来立村，以吉祥之意取名元吉。聚落呈团块状分布。有文化广场 1 处。经济以种植业为主，主要农作物有小麦、玉米、花生、大姜、芋头等。有公路经此。

浴马沟 370725-B03-H18
[Yùmǎgōu]

在县驻地宝都街道东南方向 49.0 千米。红河镇辖自然村。人口 900。原名李马沟村，传说明景泰年间京城一官员经此沟浴马，遂改村名为浴马沟。聚落呈团块状分布。有文化广场 1 处。经济以种植业为主，主要农作物有大葱、芋头、大姜、马铃薯。有公路经此。

辛家庄 370725-B03-H19
[Xīnjiāzhuāng]

在县驻地宝都街道东南方向 26.8 千米。

红河镇辖自然村。人口 300。明已有村，韩姓居此，村名永乐官庄。明景泰年间，孟姓由董孟（今阿陀乡）迁入成立新村，后改称新庄子，后演为辛家庄。聚落呈团块状分布。经济以种植业为主，主要农作物有大姜、蔬菜等。有公路经此。

野鸡沟 370725-B03-H20
[Yějīgōu]

在县驻地宝都街道东南方向 43.0 千米。红河镇辖自然村。人口 300。因村周围常有野鸡啼鸣，故名野鸡沟。聚落呈团块状分布。古迹有清道光年间广济桥碑记 1 块。经济以种植业为主，主要农作物有小麦、玉米、花生、大姜、葱、马铃薯。

小湖田 370725-B03-H21
[Xiǎohútián]

在县驻地宝都街道东南方向 38.0 千米。红河镇辖自然村。人口 700。明初，张姓由湖填（今本镇大湖田）迁此立村，名小湖田。聚落呈团块状分布。有文化广场 1 处。经济以种植业为主，主要农作物有花生、小麦、玉米、大姜。

船底 370725-B03-H22
[Chuándǐ]

在县驻地宝都街道东南方向 37.0 千米。红河镇辖自然村。人口 600。明初，栾姓由安丘县慈埠来此立村，因所处地形如覆舟，取名船底至今。聚落呈团块状分布。经济以种植业为主，主要农作物有花生、小麦、玉米、大姜。

龙沟崖 370725-B03-H23
[Lónggōuyá]

在县驻地宝都街道东南方向 41.0 千米。红河镇辖自然村。人口 400。村西临沟，弯曲似龙，取名为龙沟崖。聚落呈团块状分布。

有文化广场 1 处。经济以种植业为主，主要农作物有大姜、芋头、土豆。有公路经此。

漩沟 370725-B03-H24
[Xuángōu]

在县驻地宝都街道东南方向 33.0 千米。红河镇辖自然村。人口 300。村四周环沟，系水流漩涡冲刷而成，取名漩沟。聚落呈团块状分布。经济以种植业为主，主要农作物有黄烟、大姜、花生、玉米。

小下坡 370725-B03-H25
[Xiǎoxiàpō]

在县驻地宝都街道东南方向 45.0 千米。红河镇辖自然村。人口 300。因临张家下坡村，取名小下坡。聚落呈团块状分布。有文化广场 1 处。经济以种植业为主，主要农作物有大姜、花生。

屯里 370725-B03-H26
[Túnlǐ]

在县驻地宝都街道东南方向 43.0 千米。红河镇辖自然村。人口 500。明洪武初年，始祖从河北枣强县迁入，此人叫周先伟，故取名周家屯。后刘氏、赵氏等相继迁入，清光绪初年，众姓聚居，改名屯里。聚落呈团块状分布。有文化广场 1 处。经济以种植业为主，主要农作物有芋头、马铃薯、大姜。

户全 370725-B03-H27
[Hùquán]

在县驻地宝都街道东南方向 42.0 千米。红河镇辖自然村。人口 800。古代洪水较多，因村庄坐落于岭前沟边，祈求户户安全，故取名户全。聚落呈团块状分布。有文化广场 1 处。经济以种植业为主，主要农作物有小麦、玉米、花生。有公路经此。

平原 370725-B03-H28
[Píngyuán]

在县驻地宝都街道东南方向 51.0 千米。红河镇辖自然村。人口 4 000。本村何姓自古居此，因迁址至汶河平原地带，故名。聚落呈团块状分布。古迹有平原遗址。经济以种植业为主，主要农作物有大姜、西瓜、大葱、芋头。有公路经此。

埠南头 370725-B03-H29
[Bùnántóu]

在县驻地宝都街道东南方向 46.0 千米。红河镇辖自然村。人口 1 100。明朝年间，因处于土埠南头而得名。聚落呈团块状分布。有文化广场 1 处。经济以种植业为主，主要农作物有西瓜、蔬菜。有公路经此。

店子 370725-B03-H30
[Diànzi]

在县驻地宝都街道东南方向 54.0 千米。红河镇辖自然村。人口 1 000。元朝吴姓立村，名吴家院庄。明隆庆二年（1568），村被洪水冲没，吴氏迁居高崖（今本县漳河）岔河，次年，张、薛二姓逃荒至此，恰好车辆散坏，遂定居，取村名车辆店子，后简称店子。聚落呈团块状分布。有文化广场 1 处。经济以种植业为主，主要农作物有西瓜、蔬菜。有公路经此。

张家楼 370725-B03-H31
[Zhāngjiālóu]

在县驻地宝都街道东南方向 56.0 千米。红河镇辖自然村。人口 900。明初，张姓自今河北省枣强县迁此立村，以姓氏取名张家庄。明末村内盖楼一幢，渐易名为张家楼。聚落呈团块状分布。有文化广场 1 处。经济以种植业为主，主要农作物有西瓜、蔬菜。有公路经此。

小宅科 370725-B03-H32
[Xiǎozháikē]

在县驻地宝都街道东南方向 35.0 千米。红河镇辖自然村。人口 400。在大宅科南，取名小宅科。聚落呈团块状分布。经济以种植业为主，主要农作物有小麦、花生、玉米等。

丁家沟 370725-B03-H33
[Dīngjiāgōu]

在县驻地宝都街道东南方向 36.0 千米。红河镇辖自然村。人口 300。明代中期，丁姓由安丘县丁家山迁来立村于沟旁，名丁家沟。聚落呈团块状分布。经济以种植业为主，主要农作物有黄烟、花生、玉米、大姜等。

东皋营 370725-B03-H34
[Dōnggāoyíng]

在县驻地宝都街道东南方向 54.0 千米。红河镇辖自然村。人口 2 900。明洪武二年（1369），刘东皋自今河北省枣强县清水涯迁此立村，以立村人取名东皋营。聚落呈团块状分布。有文化广场 1 处。经济以种植业为主，主要农作物有西瓜、韭菜、芋头、马铃薯。有公路经此。

将军堂 370725-B03-H35
[Jiāngjūntáng]

在县驻地宝都街道东南方向 40.0 千米。红河镇辖自然村。人口 200。相传，唐朝李世民与多名将军在此驻扎过，遂取名将军堂。聚落呈团块状分布。经济以种植业为主，主要农作物有大樱桃、黄金梨。

尚家岭 370725-B03-H36
[Shàngjiālǐng]

在县驻地宝都街道东南方向 48.0 千米。

红河镇辖自然村。人口 100。明洪武年间，尚姓由山西洪洞县迁此立村，名尚家庄，后易名尚家岭。聚落呈团块状分布。经济以种植业为主，主要农作物有花生、小麦、玉米、大姜。有公路经此。

务家楼 370725-B03-H37
[Wùjiālóu]

在县驻地宝都街道东南方向 55.0 千米。红河镇辖自然村。人口 800。明初，吴姓立村，取名吴村。后村中没有吴姓，改名为务家楼。聚落呈团块状分布。经济以种植业为主，主要农作物有蔬菜。有公路经此。

养廉 370725-B03-H38
[Yǎnglián]

在县驻地宝都街道东南方向 45.0 千米。红河镇辖自然村。人口 400。清顺治年间，高察之子由朱汉分居此地立村，命村名养廉。聚落呈团块状分布。经济以种植业为主，主要农作物有大姜、大葱。有公路经此。

黄崖头 370725-B03-H39
[Huángyátóu]

在县驻地宝都街道东南方向 43.0 千米。红河镇辖自然村。人口 200。明中期，陶氏由红河镇庄皋迁此立村，因处于黄土崖上，取名黄崖头。聚落呈团块状分布。经济以种植业为主，主要农作物有花生、小麦、玉米、大姜。

阎家沟 370725-B03-H40
[Yánjiāgōu]

在县驻地宝都街道东南方向 42.0 千米。红河镇辖自然村。人口 400。明洪武年间，阎姓迁于此，因村在沟旁，取名阎家沟。聚落呈团块状分布。经济以种植业为主，主要农作物有小麦、玉米、花生。

老沟岔 370725-B03-H41
[Lǎogōuchà]

在县驻地宝都街道东南方向 39.0 千米。红河镇辖自然村。人口 100。因村前一南北大沟分东西两岔，故取名老沟岔。聚落呈团块状分布。经济以种植业为主，主要农作物有花生、小麦、玉米、大姜。

石匠官庄 370725-B03-H42
[Shíjiàngguānzhuāng]

在县驻地宝都街道东南方向 39.0 千米。红河镇辖自然村。人口 300。相传，明初武姓兄弟由山西省洪洞县迁来立村，武姓兄弟善射箭，故名射箭官庄，后以谐音称石匠官庄。聚落呈团块状分布。经济以种植业为主，主要农作物有花生、小麦、玉米、大姜。

西古疃 370725-B03-H43
[Xīgǔtuǎn]

在县驻地宝都街道东南方向 39.0 千米。红河镇辖自然村。人口 400。立村于原古疃村西，故名西古疃。聚落呈团块状分布。经济以种植业为主，主要农作物有大姜、土豆。有公路经此。

苏家庄 370725-B03-H44
[Sūjiāzhuāng]

在县驻地宝都街道东南方向 50.0 千米。红河镇辖自然村。人口 700。明洪武年间，苏姓由河北省枣强县迁入，先居红河，复迁至此村，取名苏家庄。聚落呈团块状分布。有文化广场。古迹有苏家庄遗址。经济以种植业为主，主要农作物有大姜、葱、芋头。有公路经此。

后双沟 370725-B03-H45
[Hòushuānggōu]

在县驻地宝都街道东南方向 41.0 千米。

红河镇辖自然村。人口 600。原名双沟,后张姓由张家河洼迁此立村,村南立前双沟,本村改为后双沟。聚落呈团块状分布。有文化广场 1 处。经济以种植业为主,主要农作物有大姜、苹果、玉米、小麦。有腾邦食品有限公司、祥军羽毛粉加工厂、风来羽毛粉加工厂等企业。有公路经此。

纪家屯 370725-B03-H46
[Jìjiātún]

在县驻地宝都街道东南方向 51.0 千米。红河镇辖自然村。人口 400。明初,始祖由临朐县纪家河西迁此立村,以纪姓为主,取名纪家屯。聚落呈团块状分布。古迹有纪家屯汉墓。经济以种植业为主,主要农作物有小麦、玉米、花生、大姜、芋头。有公路经此。

朱汉 370725-B03-H47
[Zhūhàn]

在县驻地宝都街道东南方向 44.0 千米。红河镇辖自然村。人口 1 500。唐贞观三年(629)建村,时名周韩村,又名周韩里。明正德年间,高姓从安徽濠泗迁此居住,高氏五世祖高税任明朝翰林院主考,从此周韩里改名朱翰,后简写成朱汉。聚落呈团块状分布。古迹有朱汉遗址。经济以种植业为主,主要农作物有苹果、大姜。有朱汉果品专业合作社、朱汉石磨面粉厂等企业。有公路经此。

大李平安 370725-B03-H48
[Dàlǐpíng'ān]

在县驻地宝都街道东南方向 56.0 千米。红河镇辖自然村。人口 200。因村中大姓和吉祥嘉言而得名。聚落呈团块状分布。古迹有清代石刻 2 处。经济以种植业为主,主要农作物有玉米、小麦、大姜、大葱。有公路经此。

北秦庄 370725-B03-H49
[Běiqínzhuāng]

在县驻地宝都街道东南方向 25.4 千米。红河镇辖自然村。人口 500。明朝秦氏由高崖里迁此立村,取名秦家庄子,1981 年更名为北秦庄。聚落呈团块状分布。经济以种植业为主,主要农作物有小麦、玉米、花生等。

曹家庄 370725-B03-H50
[Cáojiāzhuāng]

在县驻地宝都街道东南方向 47.0 千米。红河镇辖自然村。人口 500。明永乐年间,曹姓由安丘城莲池村迁此立村,以姓氏取名曹家庄。聚落呈散状分布。经济以种植业为主,主要农作物有大姜、芋头、葱。有公路经此。

南于家庄 370725-B03-H51
[Nányújiāzhuāng]

在县驻地宝都街道东南方向 52.0 千米。红河镇辖自然村。人口 300。明初,于姓由安丘县水西迁此立村,命名为于家庄,1958 年因位置更名为南于家庄。聚落呈团块状分布。经济以种植业为主,主要农作物有花生、小麦、玉米、大姜、大葱、芋头。有公路经此。

小岭 370725-B03-H52
[Xiǎolǐng]

在县驻地宝都街道东南方向 43.0 千米。红河镇辖自然村。人口 100。因村处于岭上,取名小岭。聚落呈团块状分布。经济以种植业为主,主要农作物有大姜、大葱、苹果。有公路经此。

高铁庄 370725-B03-H53
[Gāotiězhuāng]

在县驻地宝都街道东南方向 46.0 千米。

红河镇辖自然村。人口 200。明崇祯年间，高国祯，乳名铁，由朱汉迁来立村，以建村人乳名取名高铁家庄，民国后简称高铁庄。聚落呈团块状分布。经济以种植业为主，主要农作物有大姜。有公路经此。

马宋 370725-B04-H001
［Mǎsòng］

营丘镇人民政府驻地。在县驻地宝都街道东南方向 25.0 千米。人口 1 800。唐代马姓、宋姓二氏建村，名曰马宋。有小学 1 处、中学 1 处。经济以种植业为主，主要农作物有小麦、玉米、花生等。有公路经此。

毕家皇庄 370725-B04-H002
［Bìjiāhuángzhuāng］

在县驻地宝都街道东南方向 35.3 千米。营丘镇辖自然村。人口 300。明正德年间，皇族朱姓在此设立皇庄，丰姓居住，名丰皇庄。清初，毕姓自潍县迁入，更名毕家皇庄。聚落呈团块状分布。经济以种植业为主，主要农作物有大姜。有公路经此。

东张庄 370725-B04-H003
［Dōngzhāngzhuāng］

在县驻地宝都街道东南方向 34.8 千米。营丘镇辖自然村。人口 300。明朝中期，张玉礼携子孙由昌乐西店村迁至马宋村东北处约 5 里处立村，取名张家辛牟庄。1938年，因有抗日游击队在本村驻防，为防日伪政府报复，在向其汇报时伪报为张家庄。1989 年，因全县同名村太多，而本村在原马宋镇政府东侧，故改名为东张庄。聚落呈团块状分布。经济以种植业为主，主要农作物有黄瓜、大姜。有公路经此。

郝家辛牟 370725-B04-H004
［Hǎojiāxīnmù］

在县驻地宝都街道东南方向 34.0 千米。营丘镇辖自然村。人口 400。明嘉靖年间，郝姓六世祖由平柳院迁马宋东北处立村，因附近村多以"辛牟"命名，故取村名郝家辛牟。聚落呈团块状分布。经济以种植业为主，主要农作物有大姜。有公路经此。

河西 370725-B04-H005
［Héxī］

在县驻地宝都街道东南方向 32.3 千米。营丘镇辖自然村。人口 400。唐朝时已有该村，村西南有天齐庙，故名天齐庙庄。后因东与马宋隔河相望，遂改称马宋河西。清代形成东、西两村，名东河西、西河西。中华人民共和国成立后，两村合并，统称河西。聚落呈团块状分布。经济以种植业为主，主要农作物有黄瓜、大姜。有公路经此。

后唐家店子 370725-B04-H006
［Hòutángjiādiànzi］

在县驻地宝都街道东南方向 34.3 千米。营丘镇辖自然村。人口 600。始建于明万历年间，唐氏迁此，因有前唐家店子，而该村居后，故名后唐家店子。聚落呈团块状分布。古迹有河西遗址。经济以种植业为主，主要农作物有西红柿、芸豆、大姜。

李家洼子 370725-B04-H007
［Lǐjiāwāzi］

在县驻地宝都街道东南方向 32.0 千米。营丘镇辖自然村。人口 400。明成化十三年（1477），李良、李柱、李桐由寿光乐邑迁来，选址龙旦河南立村，因此处低洼，李姓居住，故称李家洼子。聚落呈团块状分布。经济以种植业为主，主要农作物有大姜、花生。有公路经此。

刘家阳阜 370725-B04-H008
[Liújiāyángfù]

在县驻地宝都街道东南方向 31.3 千米。营丘镇辖自然村。人口 300。明崇祯三年（1630），刘氏祖刘养高自朱刘东迁居至此，因北有龙丹河，南有凤凰岭，属龙凤之地，以姓氏命名。聚落呈团块状分布。经济以种植业为主，主要农作物有大姜、花生。有公路经此。

刘家营 370725-B04-H009
[Liújiāyíng]

在县驻地宝都街道东南方向 32.8 千米。营丘镇辖自然村。人口 1 300。因刘姓居多，故村名刘家营。聚落呈团块状分布。经济以种植业为主，主要农作物有小麦、玉米、大姜、花生、葱、芋头等。有公路经此。

孟家洼子 370725-B04-H010
[Mèngjiāwāzi]

在县驻地宝都街道东南方向 34.8 千米。营丘镇辖自然村。人口 500。元朝已有此村，名王家洼子。明初，孟氏由山西路安州迁来，后更名为孟家洼子。聚落呈团块状分布。经济以种植业为主，主要农作物有大姜。有公路经此。

南崔 370725-B04-H011
[Náncuī]

在县驻地宝都街道东南方向 34.8 千米。营丘镇辖自然村。人口 800。崔氏迁入后，称崔家埠庄，后又改名崔家庄。1981 年 6 月因位置更名南崔。聚落呈团块状分布。经济以种植业为主，主要农作物有小麦、玉米、大姜、花生、葱、芋头等。有公路经此。

庞家河沟 370725-B04-H012
[Pángjiāhégōu]

在县驻地宝都街道东南方向 34.2 千米。营丘镇辖自然村。人口 400。明洪武年间，庞氏三世在此立村，故以姓氏和自然地理实体命名。聚落呈团块状分布。经济以种植业为主，主要农作物有小麦、玉米、大姜、花生、葱、芋头等。有公路经此。

前唐家店子 370725-B04-H013
[Qiántángjiādiànzi]

在县驻地宝都街道东南方向 34.4 千米。营丘镇辖自然村。人口 600。宋朝别氏立村，名别家庄。元代聂氏在此开店，改称聂家店子。明中期，唐氏由马宋迁入，改称前唐家店子。聚落呈团块状分布。经济以种植业为主，主要农作物有大姜。有康乐塑料有限公司等企业。有公路经此。

寺后 370725-B04-H014
[Sìhòu]

在县驻地宝都街道南方向 46.0 千米。营丘镇辖自然村。人口 400。元代，潘、杨两姓在此立村，在原村址以南、马宋村以北有洪福寺，故而得名寺后。聚落呈团块状分布。经济以种植业为主，主要农作物有小麦、玉米、大姜、花生、葱、芋头。有公路经此。

唐家老庄 370725-B04-H015
[Tángjiālǎozhuāng]

在县驻地宝都街道东南方向 32.1 千米。营丘镇辖自然村。人口 600。明朝，唐氏由山西洪洞县迁入河北枣强县后再迁入昌乐定居，遂名唐家老庄。聚落呈团块状分布。经济以种植业为主，主要农作物有小麦、玉米、大姜、花生、葱、芋头等。有公路经此。

唐家辛牟 370725-B04-H016
［Tángjiāxīnmù］

在县驻地宝都街道东南方向 35.2 千米。营丘镇辖自然村。人口 100。清朝，唐姓由唐家店子迁此立村，因邻村多以"辛牟"命名，遂取名唐家辛牟。聚落呈团块状分布。经济以种植业为主，主要农作物有小麦、玉米、大姜、花生、葱、芋头等。有公路经此。

唐家庄子 370725-B04-H017
［Tángjiāzhuāngzi］

在县驻地宝都街道东南方向 34.3 千米。营丘镇辖自然村。人口 200。唐柱、唐梁、唐桐于明成化二十三年（1487）由山西省洪洞县迁来，选了白浪河北崖立村，因这里土地平坦，故称唐家庄子。聚落呈团块状分布。经济以种植业为主，主要农作物有大姜、花生。有公路经此。

张辛安 370725-B04-H018
［Zhāngxīn'ān］

在县驻地宝都街道东南方向 34.2 千米。营丘镇辖自然村。人口 500。1771 年，张姓由白浪河北岸张家辛牟村迁来，原名窝铺村，民国时期改为张辛安。聚落呈团块状分布。经济以种植业为主，主要农作物有小麦、玉米、大姜、花生、葱、芋头等。有公路经此。

北崔 370725-B04-H019
［Běicuī］

在县驻地宝都街道东南方向 33.2 千米。营丘镇辖自然村。人口 400。崔姓建村，故名崔家庄，1983 年因位置改为北崔。聚落呈团块状分布。经济以种植业为主，主要农作物有西红柿、小麦、玉米。有公路经此。

河头 370725-B04-H020
［Hétóu］

在县驻地宝都街道东南方向 31.2 千米。营丘镇辖自然村。人口 700。明宣德年间，王姓自金钗河南王家庄迁来立村，因村近金钗河的发源地，取名河头。聚落呈团块状分布。潍日高速、309 国道经此。

北申明亭 370725-B04-H021
［Běishēnmíngtíng］

在县驻地宝都街道东南方向 32.4 千米。营丘镇辖自然村。人口 400。因此地有申明亭，村由此得名。1958 年，因马宋西南亦有申明亭，本村遂更名北申明亭。聚落呈团块状分布。经济以种植业为主。有公路经此。

陈坡 370725-B04-H022
［Chénpō］

在县驻地宝都街道东南方向 32.9 千米。营丘镇辖自然村。人口 700。明正德年间，陈氏兄弟由河北沧州迁至今营丘镇的西北坡定居，故名。聚落呈团块状分布。经济以种植业为主。有公路经此。

丛家阳阜 370725-B04-H023
［Cóngjiāyángfù］

在县驻地宝都街道东南方向 31.0 千米。营丘镇辖自然村。人口 800。以姓氏命名。聚落呈团块状分布。经济以种植业为主，主要农作物有大姜、小麦、玉米。有公路经此。

丛闫 370725-B04-H024
［Cóngyán］

在县驻地宝都街道东南方向 32.8 千米。营丘镇辖自然村。人口 500。丛姓于明末由昌乐县丛家阳阜村迁来，闫姓于清初由昌乐县闫家巷子迁来，以两家姓氏而得名。聚落呈团块状分布。经济以种植业为主，主要农作物有大姜、小麦、玉米。有公路经此。

付家坡子 370725-B04-H025
[Fùjiāpōzi]

在县驻地宝都街道东南方向 32.8 千米。营丘镇辖自然村。人口 200。明嘉靖元年（1522），付姓自河北枣强县迁到潍县北望台村，后又迁到此处。村庄最早称增圣堂、增圣村，因村西北有高坡，村东北有望不到边的大洼地，故改为付家坡子。聚落呈团块状分布。经济以种植业为主。有公路经此。

古城店 370725-B04-H026
[Gǔchéngdiàn]

在县驻地宝都街道东南方向 32.8 千米。营丘镇辖自然村。人口 200。周武王封姜子牙为齐侯，建都于营丘古城，本村在古城西南方，有刘姓在此开店，故取村名为古城店。聚落呈团块状分布。经济以种植业为主。有公路经此。

和睦官庄 370725-B04-H027
[Hémùguānzhuāng]

在县驻地宝都街道东南方向 31.6 千米。营丘镇辖自然村。人口 500。明朝中期，因多姓聚居，取诸姓和睦相处之意，取名和睦官庄。聚落呈团块状分布。经济以种植业为主，主要农作物有大姜、小麦、玉米。有公路经此。

姜家河 370725-B04-H028
[Jiāngjiāhé]

在县驻地宝都街道东南方向 32.4 千米。营丘镇辖自然村。人口 500。元朝初期，由姜氏立村，名姜家庄。明初期，姜氏迁出。

明洪武二十四年（1391），刘氏先祖率子由乐安小张村迁居昌乐郭齐落户，天启年间，自郭齐迁址古城店，后迁入姜家庄永居。自此，姜家庄只有刘氏，1998 年更名为姜家河。聚落呈团块状分布。经济以种植业为主。309 国道经此。

李家河岔 370725-B04-H029
[Lǐjiāhéchà]

在县驻地宝都街道东南方向 32.0 千米。营丘镇辖自然村。人口 500。明初，李氏三兄弟由山西省洪洞县迁徙到此处，发现有条小河，水流清澈，在河边驻足休整，遂在此立村定居，取村名李家河岔。聚落呈团块状分布。经济以种植业为主。有公路经此。

荣家阳阜 370725-B04-H030
[Róngjiāyángfù]

在县驻地宝都街道东南方向 31.0 千米。营丘镇辖自然村。人口 600。根据姓氏及地理位置而得名。聚落呈团块状分布。经济以种植业为主，主要农作物有大姜、小麦、玉米。有公路经此。

太平官庄 370725-B04-H031
[Tàipíngguānzhuāng]

在县驻地宝都街道东南方向 31.2 千米。营丘镇辖自然村。人口 300。明朝张氏在此立村，因村庄西、北、东面均为丘陵，村庄驻地较为平缓，故称为太平官庄。聚落呈团块状分布。经济以种植业为主，主要农作物有大姜、小麦、玉米。有公路经此。

王家老庄 370725-B04-H032
[Wángjiālǎozhuāng]

在县驻地宝都街道东南方向 32.0 千米。营丘镇辖自然村。人口 600。根据姓氏而得名。聚落呈团块状分布。经济以种植业为主，主要农作物有大姜、小麦、玉米。有公路经此。

王家坡子 370725-B04-H033
[Wángjiāpōzi]

在县驻地宝都街道东南方向 31.0 千米。营丘镇辖自然村。人口 400。根据姓氏及地势环境而得名。聚落呈团块状分布。经济以种植业为主，主要农作物有大姜。有公路经此。

王疃 370725-B04-H034
[Wángtuǎn]

在县驻地宝都街道东南方向 31.2 千米。营丘镇辖自然村。人口 900。元末，王氏迁此立村，故名王疃。聚落呈团块状分布。经济以种植业为主。有公路经此。

吴家庄 370725-B04-H035
[Wújiāzhuāng]

在县驻地宝都街道东南方向 31.0 千米。营丘镇辖自然村。人口 200。以姓氏名村。聚落呈团块状分布。经济以种植业为主。有公路经此。

阿陀 370725-B04-H036
[Ētuó]

在县驻地宝都街道东南方向 40.0 千米。营丘镇辖自然村。人口 1 600。原名新八店，清初改为阿陀街，后改名阿陀。聚落呈团块状分布。经济以种植业为主，主要农作物有小麦、玉米、花生、大葱、大姜。有公路经此。

大徐家庄 370725-B04-H037
[Dàxújiāzhuāng]

在县驻地宝都街道东南方向 41.5 千米。营丘镇辖自然村。人口 800。元末清初，徐姓自湖北省襄阳府迁此建村，以姓名村。聚落呈团块状分布。经济以种植业为主，主要农作物有小麦、玉米、花生、大葱、大姜。有公路经此。

东王家庄 370725-B04-H038
[Dōngwángjiāzhuāng]

在县驻地宝都街道东南方向 41.0 千米。营丘镇辖自然村。人口 400。明成祖初年，王姓由河北省枣强县迁入，选此处立村，定村名为王家庄。后因有人在村西立村为王家庄，为示区分，居西的为西王家庄，居东的为东王家庄。聚落呈团块状分布。经济以种植业为主，主要农作物有小麦、玉米、花生、大葱、大姜。有公路经此。

郝家宅科 370725-B04-H039
[Hǎojiāzháikē]

在县驻地宝都街道东南方向 42.0 千米。营丘镇辖自然村。人口 300。明初，郝姓自山西迁入此地定居建村，名为郝家宅科。清末分散迁出，部分迁入阿陀村居住，后村内无郝姓。明末，刘姓由山西洪洞县迁入，仍称郝家宅科。聚落呈团块状分布。经济以种植业为主，主要农作物有大姜、小麦、玉米。有公路经此。

刘家宅科 370725-B04-H040
[Liújiāzháikē]

在县驻地宝都街道东南方向 42.6 千米。营丘镇辖自然村。人口 300。明洪武二年（1369），刘姓自今河北省枣强县迁此土埠前定居，名刘土埠。因附近村庄多以"宅科"命名，清初改称刘家宅科。聚落呈团块状分布。经济以种植业为主，主要农作物有大姜、小麦、玉米。有公路经此。

西王家庄 370725-B04-H041

[Xīwángjiāzhuāng]

在县驻地宝都街道东南方向 40.6 千米。营丘镇辖自然村。人口 400。以姓氏和方位命名。聚落呈团块状分布。经济以种植业为主，主要农作物有小麦、玉米、花生、大葱、大姜。有公路经此。

西刘家河 370725-B04-H042

[Xīliújiāhé]

在县驻地宝都街道东南方向 42.6 千米。营丘镇辖自然村。人口 400。明洪武年间，刘姓分别由山西省洪洞县大槐树底和阿陀迁来，曰刘家宅子，后因人丁繁衍分为东、西两村，本村为西刘家河。聚落呈团块状分布。经济以种植业为主，主要农作物有小麦、玉米、花生、大葱、大姜。有公路经此。

西赵家庄 370725-B04-H043

[Xīzhàojiāzhuāng]

在县驻地宝都街道东南方向 40.6 千米。营丘镇辖自然村。人口 800。明朝初期，赵氏由河北省枣强县迁此立村，取村名赵家老庄。后因阿陀东有赵家庄，遂改村名为西赵家庄。聚落呈团块状分布。经济以种植业为主，主要农作物有小麦、玉米、花生、大葱、大姜。有公路经此。

小徐家庄 370725-B04-H044

[Xiǎoxújiāzhuāng]

在县驻地宝都街道东南方向 42.6 千米。营丘镇辖自然村。人口 400。宋元时期已有此村，王氏世居，曰王家庄。清朝，徐氏迁入，遂更名为小徐家庄。聚落呈团块状分布。经济以种植业为主，主要农作物有小麦、玉米、花生、大葱、大姜。有公路经此。

张庄 370725-B04-H045

[Zhāngzhuāng]

在县驻地宝都街道东南方向 42.6 千米。营丘镇辖自然村。人口 600。清初，张氏由阿陀迁此立村，取名张家庄。1981 年更名张庄。聚落呈团块状分布。经济以种植业为主，主要农作物有小麦、玉米、花生、大葱、大姜。有公路经此。

崔家庄 370725-B04-H046

[Cuījiāzhuāng]

在县驻地宝都街道东南方向 40.6 千米。营丘镇辖自然村。人口 700。明成化十一年（1475），崔姓自寿光陵上迁此立村，取村名崔家庄。聚落呈团块状分布。经济以种植业为主，主要农作物有蔬菜、花生、黄桃、大姜等。有公路经此。

北赵家庄 370725-B04-H047

[Běizhàojiāzhuāng]

在县驻地宝都街道东南方向 38.6 千米。营丘镇辖自然村。人口 300。明洪武年间，国氏兄弟在此建村，村名国家庄。朱元璋征伐山东时，国氏绝迹，只留有密姓，后赵氏自湖北枣阳移民至此，因赵姓居多，故改为赵家庄，后以方位称北赵家庄。聚落呈团块状分布。经济以种植业为主。309 国道经此。

大河西 370725-B04-H048

[Dàhéxī]

在县驻地宝都街道东南方向 41.6 千米。营丘镇辖自然村。人口 700。明万历年间，刘、崔、高、姜 4 姓由徐州沛县迁此立村，因村址在孝妇河西面，村内有姜姓开设的商铺（店），故取村名为河西店。后村分为大、小河西两村，本村为大河西。聚落呈团块状分布。经济以种植业为主，主要农作物有草莓、黄桃、大姜。有公路经此。

东枣林 370725-B04-H049

［Dōngzǎolín］

在县驻地宝都街道东南方向 42.4 千米。营丘镇辖自然村。人口 1 100。明洪武至永乐年间，先祖由河北枣强县迁入此地立村，因处枣林东，故取名为东枣林。聚落呈团块状分布。经济以种植业为主，主要农作物有草莓、黄桃、大姜。有公路经此。

后张次 370725-B04-H050

［Hòuzhāngcì］

在县驻地宝都街道东南方向 42.6 千米。营丘镇辖自然村。人口 600。明成化年间，杜姓由河北省枣强县迁此立村，因处张次村北，名后张次。聚落呈团块状分布。经济以种植业为主，主要农作物有草莓、黄桃、大姜。有公路经此。

胡家庄 370725-B04-H051

［Hújiāzhuāng］

在县驻地宝都街道东南方向 40.4 千米。营丘镇辖自然村。人口 200。胡姓来此立村，取村名胡家庄。聚落呈团块状分布。经济以种植业为主，主要农作物有草莓、黄桃、大姜。有公路经此。

吉阿 370725-B04-H052

［Jí'ē］

在县驻地宝都街道东南方向 38.0 千米。营丘镇辖自然村。人口 600。地名来历不可考。聚落呈团块状分布。经济以种植业为主。309 国道经此。

李家庄 370725-B04-H053

［Lǐjiāzhuāng］

在县驻地宝都街道东南方向 40.6 千米。营丘镇辖自然村。人口 300。明洪武年间，李氏世祖由河北省枣强县迁入，选址建村，取村庄名为李家庄。聚落呈团块状分布。经济以种植业为主，主要农作物有草莓、黄桃、大姜。有公路经此。

前张次 370725-B04-H054

［Qiánzhāngcì］

在县驻地宝都街道东南方向 41.4 千米。营丘镇辖自然村。人口 500。相传，唐代已有村，张姓居住，取名张次（次，居住）。明成化年间，村北立后张次，本村遂改称前张次。聚落呈团块状分布。经济以种植业为主，主要农作物有草莓、黄桃、大姜。有公路经此。

三冢子 370725-B04-H055

［Sānzhǒngzi］

在县驻地宝都街道东南方向 39.2 千米。营丘镇辖自然村。人口 600。因村西北方向有三座汉代坟冢，故村名三冢子，后演变为三冢子。聚落呈团块状分布。经济以种植业为主，主要农作物有草莓、黄桃、韭菜、大姜等。有公路经此。

滕家上埠 370725-B04-H056

［Téngjiāshàngbù］

在县驻地宝都街道东南方向 39.6 千米。营丘镇辖自然村。人口 500。明初，滕姓迁入，以姓氏名村。聚落呈团块状分布。经济以种植业为主，主要农作物有草莓、黄桃、大姜。有公路经此。

滕家下埠 370725-B04-H057

［Téngjiāxiàbù］

在县驻地宝都街道东南方向 40.0 千米。营丘镇辖自然村。人口 800。明初，滕姓迁入，以姓氏名村。聚落呈团块状分布。经济以种植业为主，主要农作物有草莓、黄桃、大姜。有公路经此。

西枣林 370725-B04-H058

[Xīzǎolín]

在县驻地宝都街道东南方向 42.0 千米。营丘镇辖自然村。人口 400。明朝，刘氏祖先自河北省枣强县迁此立村，因处枣林西区，取名为西枣林。聚落呈团块状分布。经济以种植业为主，主要农作物有花生、黄桃、大姜等。有公路经此。

小河西 370725-B04-H059

[Xiǎohéxī]

在县驻地宝都街道东南方向 42.2 千米。营丘镇辖自然村。人口 200。清末，赵氏由木县商家庄迁入此地立村，因在河西岸，取名小河西。聚落呈团块状分布。经济以种植业为主，主要农作物有草莓、黄桃、大姜。有公路经此。

小尹家庄 370725-B04-H060

[Xiǎoyǐnjiāzhuāng]

在县驻地宝都街道东南方向 42.0 千米。营丘镇辖自然村。人口 200。明初，先民由河南开封府祥符县迁至此，因村南有大尹家庄，故该村名小尹家庄。聚落呈团块状分布。经济以种植业为主，主要农作物有草莓、黄桃、大姜。有公路经此。

丁家营 370725-B04-H061

[Dīngjiāyíng]

在县驻地宝都街道东南方向 43.0 千米。营丘镇辖自然村。人口 800。传说明末丁氏自诸城基马山迁来立村，起名丁家营。聚落呈团块状分布。经济以种植业为主，主要农作物有草莓、黄桃、大姜。有公路经此。

卓家铺 370725-B04-H062

[Zhuójiāpù]

在县驻地宝都街道东南方向 42.0 千米。营丘镇辖自然村。人口 300。卓氏太祖由山西洪洞县迁入，民国时期以开铺为生，村称卓家铺。聚落呈团块状分布。经济以种植业为主，主要农作物有草莓、黄桃、大姜。有公路经此。

张家庄 370725-B04-H063

[Zhāngjiāzhuāng]

在县驻地宝都街道东南方向 43.4 千米。营丘镇辖自然村。人口 300。以姓氏名村。聚落呈团块状分布。经济以种植业为主，主要农作物有草莓、黄桃、大姜。有公路经此。

崔家河 370725-B04-H064

[Cuījiāhé]

在县驻地宝都街道东南方向 47.0 千米。营丘镇辖自然村。人口 200。明洪武年间，崔氏由山西省洪洞县迁此立村，因南临小汶河，取村名崔家河。聚落呈团块状分布。经济以种植业为主。有公路经此。

东沙沟 370725-B04-H065

[Dōngshāgōu]

在县驻地宝都街道东南方向 45.0 千米。营丘镇辖自然村。人口 300。明洪武年间，祖先由山西省洪洞县迁至此处，先由周、刘立村，取名沙沟。后因在沟东，遂称东沙沟。聚落呈团块状分布。经济以种植业为主，主要农作物有姜、西瓜。有公路经此。

东太平 370725-B04-H066

[Dōngtàipíng]

在县驻地宝都街道东南方向 46.0 千米。营丘镇辖自然村。人口 400。因村庄在亓家店子村北部，取村名为店子北头，后以吉祥嘉言改为太平店。因附近已有西太平店子，1958 年改为东太平。聚落呈团块状分布。经济以种植业为主，主要农作物有玉米、麦子、花生。有公路经此。

东赵家庄 370725-B04-H067
[Dōngzhàojiāzhuāng]

在县驻地宝都街道东南方向 44.0 千米。营丘镇辖自然村。人口 300。清朝赵氏立村，为了与西赵家庄区别，故称东赵家庄。聚落呈团块状分布。经济以种植业为主，主要农作物有大姜、大葱、花生、玉米。有公路经此。

侯家河 370725-B04-H068
[Hóujiāhé]

在县驻地宝都街道东南方向 46.0 千米。营丘镇辖自然村。人口 300。明洪武年间，侯氏由山西省洪洞县迁此立村，因北邻小汶河，故取名侯家河。聚落呈团块状分布。经济以种植业为主，主要农作物有玉米、小麦、花生、蔬菜等。有公路经此。

李庄 370725-B04-H069
[Lǐzhuāng]

在县驻地宝都街道东南方向 43.6 千米。营丘镇辖自然村。人口 200。明初，李氏自河北省枣强县西关迁居潍县，先居白浪河西小李家村，后由小李家迁居阿陀村东北处立村，取村名李家庄，1989 年更名为李庄。聚落呈团块状分布。经济以种植业为主，主要农作物有小麦、玉米、花生、大葱、大姜。有公路经此。

刘辛庄 370725-B04-H070
[Liúxīnzhuāng]

在县驻地宝都街道东南方向 44.6 千米。营丘镇辖自然村。人口 300。清初，刘氏由西刘家河迁此立村，取名刘新庄，后改为刘辛庄。聚落呈团块状分布。经济以种植

业为主，主要农作物有大姜、大葱等。有公路经此。

亓家店子 370725-B04-H071
[Qíjiādiànzi]

在县驻地宝都街道东南方向 45.0 千米。营丘镇辖自然村。人口 800。明隆庆年间，亓氏自莱芜迁此立村，取名亓家店子。聚落呈团块状分布。经济以种植业为主，主要农作物有桃子、南瓜。有公路经此。

山王 370725-B04-H072
[Shānwáng]

在县驻地宝都街道东南方向 47.0 千米。营丘镇辖自然村。人口 500。据传元朝时，三支王姓在此定居，取名三王。清朝初年，因靠近蟠龙山，更名为山王。聚落呈团块状分布。经济以种植业、养殖业为主。有公路经此。

田家老庄 370725-B04-H073
[Tiánjiālǎozhuāng]

在县驻地宝都街道东南方向 45.0 千米。营丘镇辖自然村。人口 700。明初，田氏从昌乐县城南隅田村迁此立村，后田姓迁居他处者甚多，遂称本村为田家老庄。聚落呈团块状分布。经济以种植业为主，主要农作物有小麦、玉米、葱、姜。有公路经此。

王俊寺 370725-B04-H074
[Wángjùnsì]

在县驻地宝都街道东南方向 37.0 千米。营丘镇辖自然村。人口 900。相传东晋时期，此地实为东、西两个村庄，有仙人名曰王俊，扮作僧人从此经过，见此处男耕女织，乡风淳朴，是一风水宝地，遂从衡山化缘得来一座寺庙，立于两村中间，取名王俊寺，村以此得名。聚落呈团块状分布。经济以

种植业为主，主要农作物有蔬菜。有公路经此。

西沙沟 370725-B04-H075
[Xīshāgōu]

在县驻地宝都街道东南方向 44.6 千米。营丘镇辖自然村。人口 300。明洪武年间，周氏由山西省洪洞县迁至此处立村，因南邻小汶河，故取名西沙沟。聚落呈团块状分布。经济以种植业为主，主要农作物有小麦、玉米、葱、姜。有公路经此。

辛宅子 370725-B04-H076
[Xīnzháizi]

在县驻地宝都街道东南方向 44.0 千米。营丘镇辖自然村。人口 600。明初，谭氏迁此居住立村，曰谭家庄。清初，谭氏迁出，刘氏自郑王庄迁入，更名为新宅子，后演为辛宅子。聚落呈团块状分布。经济以种植业为主，主要农作物有西红柿、大姜、大葱等。潍日高速经此。

大梁家官庄 370725-B04-H077
[Dàliángjiāguānzhuāng]

在县驻地宝都街道东南方向 46.0 千米。营丘镇辖自然村。人口 300。相传，明末梁氏由潍县城迁到此地定居建村，命名为大梁家官庄。聚落呈团块状分布。经济以种植业为主，主要农作物有小麦、玉米、花生、大姜、西瓜。有公路经此。

麻家河 370725-B04-H078
[Májiāhé]

在县驻地宝都街道东南方向 48.0 千米。营丘镇辖自然村。人口 900。明隆庆五年（1571），麻氏由安丘迁此立村，村名麻家庄。至万历元年（1573），因村前临河，遂改为麻家河。聚落呈团块状分布。经济

以种植业为主，主要农作物有瓜菜。102 省道经此。

孟家栏 370725-B04-H079
[Mèngjiālán]

在县驻地宝都街道东南方向 50.0 千米。营丘镇辖自然村。人口 500。村中孟氏在墨水河东建有兰花园，明嘉靖年间，改名为孟家兰。1984 年人民公社改乡，因刻换公章时将"兰"字刻为"栏"字，村名遂改为孟家栏。聚落呈团块状分布。经济以商贸业为主。102 省道经此。

田家木庄 370725-B04-H080
[Tiánjiāmùzhuāng]

在县驻地宝都街道东南方向 48.0 千米。营丘镇辖自然村。人口 500。明成化年间，田姓由河北省迁入昌乐城南田家老庄，后分至阿陀田家老庄，又迁至兴隆山下立村，取村名田家木庄。聚落呈团块状分布。经济以种植业为主，主要农作物有姜、葱、西瓜、西红柿。有公路经此。

兴隆官庄 370725-B04-H081
[Xīnglóngguānzhuāng]

在县驻地宝都街道东南方向 48.0 千米。营丘镇辖自然村。人口 200。清初，刘氏迁至兴隆山下立村，故取名兴隆官庄。聚落呈团块状分布。经济以种植业为主，主要农作物有花生。有公路经此。

杨家楼 370725-B04-H082
[Yángjiālóu]

在县驻地宝都街道东南方向 48.0 千米。营丘镇辖自然村。人口 200。明隆庆五年（1571），杨氏迁此定居建村，修一小楼，得名杨家楼。聚落呈团块状分布。经济以种植业为主，主要农作物有葱、姜。有公路经此。

赵家崖头 370725-B04-H083
[Zhàojiāyátóu]

在县驻地宝都街道东南方向 49.0 千米。营丘镇辖自然村。人口 900。明洪武年间，赵、张两姓由山西省洪洞县迁入，因村西有崖头，故名赵家崖头。聚落呈团块状分布。经济以商贸业为主。102 省道经此。

祝家庄 370725-B04-H084
[Zhùjiāzhuāng]

在县驻地宝都街道东南方向 48.8 千米。营丘镇辖自然村。人口 600。明弘治三年（1490），祝氏由山西省洪洞县迁此立村，村名祝家庄。聚落呈团块状分布。经济以种植业为主，主要农作物有小麦、玉米、蔬菜、西瓜。有公路经此。

苗山子 370725-B04-H085
[Zhuóshānzi]

在县驻地宝都街道东南方向 52.0 千米。营丘镇辖自然村。人口 1 000。明初，杨姓由昌邑县杨家下密迁至兴隆山下立村，兴隆山当时称苗山、木苗山，遂以山名命村名为苗山子。聚落呈团块状分布。经济以商贸业为主。有大华环境科技公司、潍坊联强机械有限公司、金星环保公司等企业。206 省道经此。

城角头 370725-B04-H086
[Chéngjiǎotóu]

在县驻地宝都街道东南方向 32.6 千米。营丘镇辖自然村。人口 500。据传元朝劈氏在此立村，因坐落在齐国古都的西南角，所以起名为城角头。聚落呈团块状分布。经济以种植业为主。309 国道经此。

城前 370725-B04-H087
[Chéngqián]

在县驻地宝都街道东南方向 33.0 千米。营丘镇辖自然村。人口 400。明永乐年间，高氏由江南濠泗（今安徽凤阳至江苏一带）迁居昌乐县朱汉镇，又由朱汉迁至古城前立村定居，因村在古城前，故取名城前。聚落呈团块状分布。经济以种植业为主。309 国道经此。

戴家辛牟 370725-B04-H088
[Dàijiāxīnmù]

在县驻地宝都街道东南方向 33.2 千米。营丘镇辖自然村。人口 300。明正德年间，戴姓从昌乐城西戴家庄迁此立村，因临近村庄多叫辛牟村，取名戴家辛牟。聚落呈团块状分布。经济以种植业为主，主要农作物有大姜、小麦、玉米。有公路经此。

高家庙 370725-B04-H089
[Gāojiāmiào]

在县驻地宝都街道东南方向 32.6 千米。营丘镇辖自然村。人口 800。明初，高进到此定居，取名高家庄。清康熙二十一年（1682），在村东北建庙宇，改村名为高家庙。聚落呈团块状分布。经济以种植业为主。309 国道经此。

高家辛牟 370725-B04-H090
[Gāojiāxīnmù]

在县驻地宝都街道东南方向 32.8 千米。营丘镇辖自然村。人口 300。清乾隆年间，高氏十一世祖熙公、烈公，十二世祖文德公从程家庄迁此立村，因临近村庄多以"辛牟"命名，故取名高家辛牟。聚落呈团块状分布。经济以种植业为主，主要农作物有大姜、小麦、玉米。有公路经此。

古城 370725-B04-H091
[Gǔchéng]

在县驻地宝都街道东南方向 32.6 千米。营丘镇辖自然村。人口 1 200。《太公祠碑记》载："昌乐城东南五十里，营丘镇西，有古城焉，考文邑乘，太公始封之地。数传迁蒲姑。"虽历千百年，而外城、内城土垣尚存，故称为古城。聚落呈团块状分布。古迹有营陵故城、太公祠、齐长城遗址、窦公渠、八角琉璃井等。经济以种植业为主。309国道经此。

郝家老庄 370725-B04-H092
[Hǎojiālǎozhuāng]

在县驻地宝都街道东南方向32.8千米。营丘镇辖自然村。人口400。郝氏由山西洪洞县迁来，选址白浪河北岸立村，称郝家老庄。聚落呈团块状分布。经济以种植业为主，主要农作物有大姜、小麦、玉米。有公路经此。

营邱河南 370725-B04-H093
[Yíngqiūhénán]

在县驻地宝都街道东南方向33.0千米。营丘镇辖自然村。人口700。明洪武二年（1369），河南开封人滕文秀迁来此地，选址白浪河岸立村，因村北有金钗河（又名营邱河），故名营邱河南。聚落呈团块状分布。经济以种植业为主。309国道经此。

黎家 370725-B04-H094
[Líjiā]

在县驻地宝都街道东南方向33.0千米。营丘镇辖自然村。人口400。黎家原名逄家庄，系商代逄伯陵建逄国旧址。元延祐元年（1314），黎姓入住，更名黎家。聚落呈团块状分布。经济以种植业为主。309国道经此。

三图 370725-B04-H095
[Sāntú]

在县驻地宝都街道东南方向32.8千米。营丘镇辖自然村。人口200。地名来历不可考。聚落呈团块状分布。经济以种植业为主，主要农作物有大姜、小麦、玉米。有公路经此。

滕家辛牟 370725-B04-H096
[Téngjiāxīnmù]

在县驻地宝都街道东南方向33.0千米。营丘镇辖自然村。人口600。滕姓由本镇营邱河南村迁入，因临近村庄多以"辛牟"命名，故名。聚落呈团块状分布。经济以种植业为主，主要农作物有大姜、小麦、玉米。有公路经此。

小北 370725-B04-H097
[Xiǎoběi]

在县驻地宝都街道东南方向33.6千米。营丘镇辖自然村。人口300。明初，滕氏由山西省洪洞县迁至河南省开封府，后经开封府祥符县迁至营丘河南立村，因居老家以北起名小北庄，后简化为小北。聚落呈团块状分布。经济以种植业为主。309国道经此。

徐河口 370725-B04-H098
[Xúhékǒu]

在县驻地宝都街道东南方向33.0千米。营丘镇辖自然村。人口300。明洪武年间，徐氏由临淄迁此立村，因地处通往白浪河南北之要道，俗称河口，冠以姓氏取名徐河口。聚落呈团块状分布。经济以种植业为主。309国道经此。

营邱 370725-B04-H099
[Yíngqiū]

在县驻地宝都街道东南方向32.9千米。营丘镇辖自然村。人口800。公元前1051年，周武王封姜尚为齐侯，建都营邱，起名营邱村。聚落呈团块状分布。经济以种植业为主。309国道经此。

张家辛牟 370725-B04-H100
[Zhāngjiāxīnmù]

在县驻地宝都街道东南方向 32.9 千米。营丘镇辖自然村。人口 300。明初，张氏由山西省洪洞县迁此立村，初名张家机房，后因邻村多以"辛牟"命名，故改名张家辛牟。聚落呈团块状分布。经济以种植业为主，主要农作物有大姜、小麦、玉米。有公路经此。

周家辛牟 370725-B04-H101
[Zhōujiāxīnmù]

在县驻地宝都街道东南方向 32.0 千米。营丘镇辖自然村。人口 200。明初，周氏到此定居，因临近"辛"宗氏墓田，故取名周家辛墓，后人改称周家辛牟。聚落呈团块状分布。经济以种植业为主，主要农作物有大姜、小麦、玉米。有公路经此。

程家下埠 370725-B04-H102
[Chéngjiāxiàbù]

在县驻地宝都街道东南方向 34.0 千米。营丘镇辖自然村。人口 200。明洪武二年（1369），程氏五世由安丘县清风岭迁来，选址白浪河东岸立村，取名程家庄。后为与距离本村 5 千米的成家庄区分，遂更名为程家下埠。聚落呈团块状分布。经济以种植业为主，主要农作物有大姜。有公路经此。

丛家庄 370725-B04-H103
[Cóngjiāzhuāng]

在县驻地宝都街道东南方向 36.0 千米。营丘镇辖自然村。人口 200。1877 年，孙洪禄、孙洪兵由山西洪洞县迁至此选址立村，因村北有丛河，故起名为丛家庄。聚落呈团块状分布。经济以种植业为主，主要农作物有西瓜、玉米、花生、西红柿等。有公路经此。

大尹家 370725-B04-H104
[Dàyǐnjiā]

在县驻地宝都街道东南方向 35.0 千米。营丘镇辖自然村。人口 600。明朝，尹氏十三祖尹子员、尹子祥由潍城大柳村迁至此立村，村名大尹，后演为今名。聚落呈团块状分布。经济以种植业为主，主要农作物有大姜、草莓、桃等。有公路经此。

段家庄 370725-B04-H105
[Duànjiāzhuāng]

在县驻地宝都街道东南方向 35.2 千米。营丘镇辖自然村。人口 200。元初，段氏家族来此居住，后因战争远走北方，只留下个圆形坟。后来潘氏家族在段氏坟前东北角 700 米处建村，起名段家庄。聚落呈团块状分布。经济以种植业为主，主要农作物有西红柿、大姜等。有公路经此。

河头 370725-B04-H106
[Hétóu]

在县驻地宝都街道东南方向 35.0 千米。营丘镇辖自然村。人口 300。明洪武二年（1369），王姓自山西迁此定居，因地处孝妇河源头，取名河头。聚落呈团块状分布。经济以种植业为主，主要农作物有西红柿。有公路经此。

后杨家庄 370725-B04-H107
[Hòuyángjiāzhuāng]

在县驻地宝都街道东南方向 35.8 千米。营丘镇辖自然村。人口 500。元至正三年（1343），杨姓由山西省迁此立村，以姓氏取村名杨家庄。明初，发展为前、后两村，该村居北，名后杨家庄。聚落呈团块状分布。经济以种植业为主，主要农作物有西红柿、大姜等。206 省道经此。

梨行 370725-B04-H108

[Líháng]

在县驻地宝都街道东南方向 35.2 千米。营丘镇辖自然村。人口 300。元代已有此村，张氏世居，因村内有一片梨园，得名梨行。聚落呈团块状分布。经济以种植业为主，主要农作物有西红柿、大姜等。有公路经此。

梁王 370725-B04-H109

[Liángwáng]

在县驻地宝都街道东南方向 35.4 千米。营丘镇辖自然村。人口 200。明初，始祖由山西省洪洞县迁此立村，取名梁家庄。1980 年，王家庄合并到梁家庄，改村名为梁王。聚落呈团块状分布。经济以种植业为主，主要农作物有大姜、大葱、土豆。有公路经此。

前杨家庄 370725-B04-H110

[Qiányángjiāzhuāng]

在县驻地宝都街道东南方向 36.0 千米。营丘镇辖自然村。人口 400。明洪武年间，杨氏由山西洪洞县迁此立村，名杨家庄。后分二村，本村居前，为前杨家庄。聚落呈团块状分布。经济以种植业为主，主要农作物有西红柿、大姜等。206 省道经此。

清泉官庄 370725-B04-H111

[Qīngquánguānzhuāng]

在县驻地宝都街道东南方向 35.0 千米。营丘镇辖自然村。人口 300。因村西有清泉，清澈见底，加之邻村多称官庄，故取名为清泉官庄。聚落呈团块状分布。经济以种植业为主，主要农作物有黄桃、大姜等。潍日高速经此。

孙家庄 370725-B04-H112

[Sūnjiāzhuāng]

在县驻地宝都街道东南方向 34.8 千米。

营丘镇辖自然村。人口 700。以姓氏名村。聚落呈团块状分布。经济以种植业为主，主要农作物有西红柿、芸豆。有公路经此。

滕家庄 370725-B04-H113

[Téngjiāzhuāng]

在县驻地宝都街道东南方向 36.6 千米。营丘镇辖自然村。人口 200。明朝，滕姓由河南开封迁来，以姓氏名村。聚落呈团块状分布。经济以种植业为主，主要农作物有大姜。有公路经此。

王裒院 370725-B04-H114

[Wángpóuyuàn]

在县驻地宝都街道东南方向 35.0 千米。营丘镇辖自然村。人口 700。明成化年间，郑氏由河南新郑迁此立村定居，取名桃花村。此地是魏晋时期名士王修、王仪、王裒祖孙三代的祖居地，清康熙年间建立王裒墓院，并树立碑碣，栽植松柏，设立香火会。王裒墓院的名声越来越大，村名遂改为王裒院。聚落呈团块状分布。经济以种植业为主，主要农作物有西红柿、芸豆。有公路经此。

新庄 370725-B04-H115

[Xīnzhuāng]

在县驻地宝都街道东南方向 35.0 千米。营丘镇辖自然村。人口 200。清末，潍县城"四大宅户"之一陈氏孙陈介恩，由潍县城迁此立村，以陈宅在潍县商铺字号为名，叫裕祥村。20 世纪六七十年代改村名为新庄。聚落呈团块状分布。经济以种植业为主，主要农作物有西红柿、芸豆、大葱。

邢李 370725-B04-H116

[Xínglǐ]

在县驻地宝都街道东南方向 36.0 千米。营丘镇辖自然村。人口 800。邢氏在此立村，因村内建有关帝庙，故名邢家庙。后来与李家河村合并，改名邢李。聚落呈团块状分布。经济以种植业为主，主要农作物有大姜、西红柿、草莓、韭菜等。潍日高速经此。

郑家河 370725-B04-H117
[Zhèngjiāhé]

在县驻地宝都街道东南方向 35.6 千米。营丘镇辖自然村。人口 400。郑氏五十四世绪公带四子由安邱县郑家土山迁徙至此，以姓氏和自然地理实体命名。聚落呈团块状分布。有公路经此。

成家庄 370725-B04-H118
[Chéngjiāzhuāng]

在县驻地宝都街道东南方向 43.0 千米。营丘镇辖自然村。人口 300。明洪武年间，成姓由山西洪洞县成戈寨迁此立村，以姓氏名村。聚落呈团块状分布。经济以种植业为主，主要农作物有草莓、黄桃、西红柿、大姜等。有公路经此。

初家庄 370725-B04-H119
[Chūjiāzhuāng]

在县驻地宝都街道东南方向 44.0 千米。营丘镇辖自然村。人口 100。明嘉靖年间，初姓由山西省洪洞县迁此立村，取村名初家庄。聚落呈团块状分布。经济以种植业为主，主要农作物有黄桃、大姜、草莓等。有公路经此。

杜韩 370725-B04-H120
[Dùhán]

在县驻地宝都街道东南方向 39.8 千米。营丘镇辖自然村。人口 300。是由原杜家庄、韩家庄组成的，故名。聚落呈团块状分布。经济以种植业为主，主要农作物有草莓、大姜、黄桃、韭菜等。有公路经此。

高家楼 370725-B04-H121
[Gāojiālóu]

在县驻地宝都街道东南方向 42.0 千米。营丘镇辖自然村。人口 600。明末清初，田姓迁此立村，原名田家庄。后因高姓盖小楼一处，远近有名，遂改名为高家楼。聚落呈团块状分布。经济以种植业为主，主要农作物有草莓、大姜、西红柿、韭菜等。有公路经此。

后土山 370725-B04-H122
[Hòutǔshān]

在县驻地宝都街道东南方向 43.0 千米。营丘镇辖自然村。人口 300。明末清初，张姓由高家楼村分居立村，后有前土山的女婿落户，故起名后土山。聚落呈团块状分布。经济以种植业、养殖业为主，主要农作物有韭菜、黄桃、草莓等，养殖肉鸡、肉鸭。有公路经此。

阚家庄 370725-B04-H123
[Kànjiāzhuāng]

在县驻地宝都街道东南方向 43.0 千米。营丘镇辖自然村。人口 200。明初，阚氏由河北省枣强县迁来立村，称阚家庄。聚落呈团块状分布。经济以种植业、养殖业为主，主要农作物有韭菜、黄桃、草莓等，养殖肉鸡、肉鸭。有公路经此。

前土山 370725-B04-H124
[Qiántǔshān]

在县驻地宝都街道东南方向 43.6 千米。营丘镇辖自然村。人口 500。明末清初，先祖由山西洪洞县迁入，因村前有座土山，故命名为前土山。聚落呈团块状分布。古迹有崇山始祖林祭祀遗址。经济以种植业、养殖业为主，主要农作物有韭菜、黄桃、草莓等，养殖肉鸡、肉鸭。有公路经此。

田家楼 370725-B04-H125
[Tiánjiālóu]

在县驻地宝都街道东南方向 40.0 千米。营丘镇辖自然村。人口 500。明初，于氏由文登迁此立村，取名于家庄。明末，田氏由昌乐田家老庄迁入，建楼一座，遂改村名为田家楼。聚落呈团块状分布。经济以种植业为主，主要农作物有大姜、黄桃、韭菜、草莓等。有公路经此。

自成官庄 370725-B04-H126
[Zìchéngguānzhuāng]

在县驻地宝都街道东南方向 42.0 千米。营丘镇辖自然村。人口 500。明朝，祖先由山西洪洞县迁入此地立村，取名自成官庄。聚落呈团块状分布。经济以种植业、养殖业为主，主要农作物有韭菜、黄桃、草莓等，养殖肉鸡、肉鸭。有公路经此。

付家河岔 370725-B04-H127
[Fùjiāhéchà]

在县驻地宝都街道东南方向 29.0 千米。营丘镇辖自然村。人口 900。明隆庆二年（1568），付氏立村，原址在泥沟村前，因村前河汊较多，故以谐音取村名付家河岔。聚落呈团块状分布。经济以种植业为主，主要农作物有小麦、玉米、花生、大姜。有公路经此。

刘家埠 370725-B04-H128
[Liújiābù]

在县驻地宝都街道东南方向 29.8 千米。营丘镇辖自然村。人口 900。明万历年间，刘氏从郭齐迁至此地立村，取名刘家埠。聚落呈团块状分布。经济以种植业为主。有公路经此。

刘家河岔 370725-B04-H129
[Liújiāhéchà]

在县驻地宝都街道东南方向 29.2 千米。营丘镇辖自然村。人口 400。明初，刘姓由博兴迁此立村，因村南有多处河汊，故以谐音名刘家河岔。聚落呈团块状分布。经济以种植业为主，主要农作物有小麦、玉米、花生、大姜。有公路经此。

泥沟子 370725-B04-H130
[Nígōuzi]

在县驻地宝都街道东南方向 29.8 千米。营丘镇辖自然村。人口 1 100。传说明隆庆二年（1568），大水成灾，将村冲散，村民东迁半里，立村名为泥沟子。聚落呈团块状分布。经济以种植业为主，主要农作物有小麦、玉米、花生、大姜。309 国道、223 省道经此。

邵家庄 370725-B04-H131
[Shàojiāzhuāng]

在县驻地宝都街道东南方向 30.4 千米。营丘镇辖自然村。人口 400。明洪武二十一年（1388），邵氏先祖从河北枣强县迁此立村，取村名邵家庄。聚落呈团块状分布。经济以种植业为主。有公路经此。

辛庄子 370725-B04-H132
[Xīnzhuāngzi]

在县驻地宝都街道东南方向 30.4 千米。营丘镇辖自然村。人口 300。明隆庆二年（1568）洪水肆虐，涝灾成害，已经到了不能生存的地步，村民决定迁村至老黄顶南坡立村，取名新庄子，后演变为辛庄子。聚落呈团块状分布。经济以种植业为主。有公路经此。

徐将军 370725-B04-H133
[Xújiāngjūn]

在县驻地宝都街道东南方向 28.0 千米。营丘镇辖自然村。人口 900。唐龙朔元年（661），徐凯随薛礼东征高句丽，任先锋官。东征期间，徐凯将军在本地驻军，帮助当地百姓开山筑路、修桥，发展各项民生事业，在得胜还朝途中，宿营在西山下，得了"卸甲风"，死后葬在泥沟村西南的山丘上。当地人给徐凯将军建了草亭，塑造了石像，并逐渐有人居住形成村落，取村名为石将军，又逐渐改为徐将军。聚落呈团块状分布。经济以种植业为主，主要农作物有小麦、玉米、花生、大姜。223 省道经此。

张家老庄 370725-B04-H134
[Zhāngjiālǎozhuāng]

在县驻地宝都街道东南方向 29.8 千米。营丘镇辖自然村。人口 1 000。张氏由河北省河涧府献县沙阿庄初迁潍县柳埠，后迁入本村，以姓氏名村。聚落呈团块状分布。经济以种植业为主。有公路经此。

郭家庄 370725-B04-H135
[Guōjiāzhuāng]

在县驻地宝都街道东南方向 30.4 千米。营丘镇辖自然村。人口 300。明朝初年，郭氏先祖从山西大柳树迁来，故称郭家庄。聚落呈团块状分布。经济以种植业为主。有公路经此。

北河洼 370725-B04-H136
[Běihéwā]

在县驻地宝都街道东南方向 32.4 千米。营丘镇辖自然村。人口 400。明洪武二年（1369），张姓从河南省迁入山东，定居于此，因在河边地势低洼，且在县城北部，故称北河洼。聚落呈团块状分布。经济以种植业为主，主要农作物有大姜、花生。有公路经此。

仓上 370725-B04-H137
[Cāngshàng]

在县驻地宝都街道东南方向 32.8 千米。营丘镇辖自然村。人口 700。明洪武二年（1369），张姓从河南聚众到山西，由洪洞县迁至河洼，后又分迁到顺德村，因村周临河，故改名为河周。明洪武四年（1371），官府在此建粮仓，遂改村名为仓上。聚落呈团块状分布。经济以种植业为主，主要农作物有大姜、花生。

褚家庄 370725-B04-H138
[Chǔjiāzhuāng]

在县驻地宝都街道东南方向 32.4 千米。营丘镇辖自然村。人口 200。明初，李姓由营丘镇仓上村迁此立村，因临河，取名河村。清初，褚姓由红河镇小胡田村迁入，更名褚家庄。聚落呈团块状分布。经济以种植业为主，主要农作物有大姜、花生。

大河洼 370725-B04-H139
[Dàhéwā]

在县驻地宝都街道东南方向 32.9 千米。营丘镇辖自然村。人口 1 100。明洪武二年（1369），张氏从河南省迁入山东省，在朱河与白浪河交叉处立村，取村名河洼。明隆庆二年（1568），由于河水上涨，村庄地势较低，村址迁往朱河北岸，以沟为界，本村较大，故名大河洼。聚落呈团块状分布。经济以种植业为主，主要农作物有大姜、花生。有公路经此。

大吉阿 370725-B04-H140
[Dàjí'ē]

在县驻地宝都街道东南方向 32.4 千米。营丘镇辖自然村。人口 700。明朝末年，王姓由寿光扣家吾村迁来，因与小吉阿相邻，故名大吉阿。聚落呈团块状分布。经济以种植业为主，主要农作物有大姜、花生。

后皇 370725-B04-H141
[Hòuhuáng]

在县驻地宝都街道东南方向 32.8 千米。营丘镇辖自然村。人口 600。明初由马氏立村，称马家庄。明中期，被圈为皇室庄园，故又称皇庄。清初，形成前后二村，本村称后皇。聚落呈团块状分布。经济以种植业为主，主要农作物有大姜、花生。有公路经此。

康家庄 370725-B04-H142
[Kāngjiāzhuāng]

在县驻地宝都街道东南方向 32.0 千米。营丘镇辖自然村。人口 400。明成化年间，康氏迁来，巧遇同姓，遂以兄弟相称，在此立村定居，以姓氏命名为康家庄。聚落呈团块状分布。经济以种植业为主，主要农作物有大姜、花生。有公路经此。

唐家涝洼 370725-B04-H143
[Tángjiālàowā]

在县驻地宝都街道东南方向 32.0 千米。营丘镇辖自然村。人口 600。因村中大姓而得名。聚落呈团块状分布。经济以种植业为主，主要农作物有大姜、花生。有公路经此。

南河洼 370725-B04-H144
[Nánhéwā]

在县驻地宝都街道东南方向 32.6 千米。营丘镇辖自然村。人口 600。明洪武二年（1369），张氏从河南省迁入山东省，在朱河与白浪河交叉处立村，取村名河洼。明隆庆二年（1568），由于河水上涨，村庄地势较低，村址迁往朱河北岸，以沟为界，本村居南，故名南河洼。聚落呈团块状分布。

经济以种植业为主，主要农作物有大姜、花生。有公路经此。

南申明亭 370725-B04-H145
[Nánshēnmíngtíng]

在县驻地宝都街道东南方向 33.4 千米。营丘镇辖自然村。人口 400。明初，李氏在此聚居，建申明、旌善二亭，因当地有村重名，故称南申明亭。聚落呈团块状分布。经济以种植业、养殖业为主，主要农作物有大姜、花生。

前皇 370725-B04-H146
[Qiánhuáng]

在县驻地宝都街道东南方向 32.4 千米。营丘镇辖自然村。人口 400。明初由马氏立村，称马家庄。明中期，被圈为皇室庄园，故又称皇庄。清初，形成前后二村，本村称前皇。聚落呈团块状分布。经济以种植业为主，主要农作物有大姜、花生。有公路经此。

沙罗坊 370725-B04-H147
[Shāluófáng]

在县驻地宝都街道东南方向 32.0 千米。营丘镇辖自然村。人口 400。村庄建立于清初，沙姓与罗姓二人合作开了一家纺布作坊，故村名沙罗坊。聚落呈团块状分布。经济以种植业为主，主要农作物有大姜、花生、蜜薯。有公路经此。

石沟崖 370725-B04-H148
[Shígōuyá]

在县驻地宝都街道东南方向 32.4 千米。营丘镇辖自然村。人口 300。因东有石沟，故村名石沟。明末清初，县衙派人至此收地税银，问本地人该村何名，本地人皆答曰石沟崖，收税人查账无此名，未收税银，从此以石沟崖为名。聚落呈团块状分布。

经济以种植业为主，主要农作物有大姜、花生。

小吉阿 370725-B04-H149
[Xiǎojí'ē]

在县驻地宝都街道东南方向 32.4 千米。营丘镇辖自然村。人口 100。明初，王姓立村，村东有岭，当时当地土语称"阿"为丘陵，取"吉祥岭边"之意命名。聚落呈团块状分布。经济以种植业为主，主要农作物有大姜、花生。

姚家庄 370725-B04-H150
[Yáojiāzhuāng]

在县驻地宝都街道东南方向 32.0 千米。营丘镇辖自然村。人口 400。明朝，姚氏立村，故名。聚落呈团块状分布。经济以种植业为主，主要农作物有大姜、花生。

永固 370725-B04-H151
[Yǒnggù]

在县驻地宝都街道东南方向 32.9 千米。营丘镇辖自然村。人口 200。以吉祥嘉言命名。聚落呈团块状分布。经济以种植业为主，主要农作物有大姜、花生。有公路经此。

东刘家河 370725-B04-H152
[Dōngliújiāhé]

在县驻地宝都街道东南方向 43.0 千米。营丘镇辖自然村。人口 700。明洪武年间，刘姓迁此立村，村名刘家宅子。后人丁繁衍，分为东、西两村，先祖刘敏衍携三子刘环、刘京、刘东居东，因村前靠小汶河，取村名为东刘家河。聚落呈团块状分布。经济以种植业为主，主要农作物有洋葱、大姜、大葱等。有公路经此。

后张朱 370725-B04-H153
[Hòuzhāngzhū]

在县驻地宝都街道东南方向 49.0 千米。营丘镇辖自然村。人口 600。明初，张氏由河北省枣强县迁此地，在泉水旁立村，取村名张泉。明嘉靖元年（1522），朱氏由安丘城北朱家田戈庄迁入，改村名为张朱。明末，本村发展壮大，分为南、北两村，本村居北，故名后张朱。聚落呈团块状分布。经济以种植业为主，主要农作物有小麦、玉米等。有公路经此。

花家岭 370725-B04-H154
[Huājiālǐng]

在县驻地宝都街道东南方向 49.6 千米。营丘镇辖自然村。人口 200。有花姓家族立足此地，故取名花家岭。聚落呈团块状分布。经济以种植业为主，主要农作物有小麦、玉米、花生、大葱、大姜。有公路经此。

皇庄 370725-B04-H155
[Huángzhuāng]

在县驻地宝都街道东南方向 47.0 千米。营丘镇辖自然村。人口 700。明朝已有此村，因有条小河发源于此，故名上河头。后至清朝，青州衡王府圈此地为牧马场，更名为皇庄，寓意为皇家庄园。聚落呈团块状分布。经济以种植业为主，主要农作物有小麦、玉米、花生、大葱、大姜。有公路经此。

李家河洼 370725-B04-H156
[Lǐjiāhéwā]

在县驻地宝都街道东南方向 48.0 千米。营丘镇辖自然村。人口 700。明宣德年间，李姓由安丘县李家下埠迁此河洼处立村，取名李家河洼。聚落呈团块状分布。经济以种植业为主，主要农作物有小麦、玉米、花生、大葱、大姜。有公路经此。

明河 370725-B04-H157

[Mínghé]

在县驻地宝都街道东南方向 48.0 千米。营丘镇辖自然村。人口 800。据传明末高氏由潍县城流落此地并立村，因在明河边上，故名明河。聚落呈团块状分布。经济以种植业为主，主要农作物有小麦、玉米、花生、大葱、大姜。有公路经此。

潘家老庄 370725-B04-H158

[Pānjiālǎozhuāng]

在县驻地宝都街道东南方向 47.5 千米。营丘镇辖自然村。人口 900。明初，潘姓由河北枣强县迁此地立村，故名。聚落呈团块状分布。经济以种植业为主，主要农作物有小麦、玉米、花生、大葱、大姜。有公路经此。

前张朱 370725-B04-H159

[Qiánzhāngzhū]

在县驻地宝都街道东南方向 49.8 千米。营丘镇辖自然村。人口 800。明初，张氏由河北省枣强县迁往此地，在泉水旁立村，取村名张泉。明嘉靖元年（1522），朱氏由安丘城北朱家田戈庄迁入，改村名为张朱。明末，本村发展壮大，分为南、北两村，本村居南，故取名前张朱。聚落呈团块状分布。经济以种植业为主，主要农作物有小麦、玉米、花生、大葱、大姜。有公路经此。

宋家河 370725-B04-H160

[Sòngjiāhé]

在县驻地宝都街道东南方向 47.6 千米。营丘镇辖自然村。人口 200。明朝初年，宋姓自山西省洪洞县迁入此地，因村庄南临阿陀前河，故取名宋家河。聚落呈团块状分布。经济以种植业为主，主要农作物有大姜、大葱、玉米、小麦、花生。有公路经此。

桃园官庄 370725-B04-H161

[Táoyuánguānzhuāng]

在县驻地宝都街道东南方向 47.4 千米。营丘镇辖自然村。人口 400。清乾隆年间，王姓自安丘桥北头迁至田家河南边居住，因村后是田家河的桃园，故取名桃园官庄。聚落呈团块状分布。经济以种植业为主，主要农作物有小麦、玉米、花生、大葱、大姜。有公路经此。

田家河 370725-B04-H162

[Tiánjiāhé]

在县驻地宝都街道东南方向 47.0 千米。营丘镇辖自然村。人口 300。明崇祯二年（1629），田氏迁此立村，因村前有阿陀前河，故取名田家河。聚落呈团块状分布。经济以种植业为主，主要农作物有大姜、洋葱、长葱。有公路经此。

魏家官庄 370725-B04-H163

[Wèijiāguānzhuāng]

在县驻地宝都街道东南方向 46.7 千米。营丘镇辖自然村。人口 800。明末，魏氏由潍县城流落此地立村，名魏家官庄。聚落呈团块状分布。经济以种植业为主，主要农作物有小麦、玉米、花生、大葱、大姜。有公路经此。

汶河官庄 370725-B04-H164

[Wènhéguānzhuāng]

在县驻地宝都街道东南方向 48.0 千米。营丘镇辖自然村。人口 500。原名宋家南庄，因村后有小汶河，故村名演变为汶河官庄。聚落呈团块状分布。经济以种植业为主，主要农作物有花生、小麦、玉米、姜、葱、土豆。有公路经此。

杨吕 370725-B04-H165
[Yánglǚ]

在县驻地宝都街道东南方向48.0千米。营丘镇辖自然村。人口500。明初，杨、吕二姓由山西洪洞县迁居此地立村，故名杨吕。聚落呈团块状分布。经济以种植业为主，主要农作物有小麦、玉米、花生、大葱、大姜。有公路经此。

大宅科 370725-B04-H166
[Dàzháikē]

在县驻地宝都街道东南方向46.0千米。营丘镇辖自然村。人口1 100。明初，张氏自齐东县迁至此村，因村西有泉，取名张家泉。明中期，杨氏由上皂户迁此立村，取名杨家埠。明末，潘氏自潘家老庄迁此立村，取名潘家宅科。清初，三村合一，统称大宅科。聚落呈团块状分布。经济以种植业为主，主要农作物有大姜、小麦、玉米。有公路经此。

董孟 370725-B04-H167
[Dǒngmèng]

在县驻地宝都街道东南方向47.0千米。营丘镇辖自然村。人口1 300。村建于明朝，因最初有孟姓和董姓两大家，故名董孟。聚落呈团块状分布。经济以种植业为主，主要农作物有大姜、小麦、玉米。有公路经此。

葛沟崖 370725-B04-H168
[Gégōuyá]

在县驻地宝都街道东南方向45.4千米。营丘镇辖自然村。人口500。曾因尹姓居多，称尹喜。后有刘姓人入住，因村南面、东面的沟中葛根藤连成片，故村更名为葛沟崖。聚落呈团块状分布。经济以种植业为主，主要农作物有大姜、小麦、玉米。有公路经此。

刘寺官庄 370725-B04-H169
[Liúsìguānzhuāng]

在县驻地宝都街道东南方向44.4千米。营丘镇辖自然村。人口400。明成化年间，刘氏由山西洪洞县迁来，取村名刘寺官庄。聚落呈团块状分布。经济以种植业为主，主要农作物有小麦、玉米、花生、大葱、大姜。有公路经此。

孟家宅科 370725-B04-H170
[Mèngjiāzháikē]

在县驻地宝都街道东南方向47.0千米。营丘镇辖自然村。人口600。1523年，刘姓由山西省洪洞县迁至此地，与孟姓结成义兄义弟，取村名孟家宅科。聚落呈团块状分布。经济以种植业为主，主要农作物有大姜、小麦、玉米。有公路经此。

南楼庄 370725-B04-H171
[Nánlóuzhuāng]

在县驻地宝都街道东南方向27.0千米。营丘镇辖自然村。人口300。明初，赵氏由北楼（亦称赵乐桥）迁居于此，此处居北楼之南，故名南楼庄。聚落呈团块状分布。经济以种植业为主，主要农作物有小麦、玉米、花生、大葱、大姜。有公路经此。

三泉 370725-B04-H172
[Sānquán]

在县驻地宝都街道东南方向42.6千米。营丘镇辖自然村。人口400。因村内有条清澈的小河，河堤北边有三眼泉水，故村名三泉官庄，后改名三泉。聚落呈团块状分布。经济以种植业为主，主要农作物有大姜、小麦、玉米。有公路经此。

石人 370725-B04-H173
[Shírén]

在县驻地宝都街道东南方向47.0千米。

营丘镇辖自然村。人口 100。明初，朱姓由今朱汉乡邢王迁此居住，后因村东有墓道石人，故取村名石人坡，1981 年更名石人。聚落呈团块状分布。经济以种植业为主，主要农作物有大姜、小麦、玉米。有公路经此。

太平店子 370725-B04-H174
[Tàipíngdiànzi]

在县驻地宝都街道东南方向 43.6 千米。营丘镇辖自然村。人口 300。因吉祥嘉言而得名。聚落呈团块状分布。经济以种植业为主，主要农作物有小麦、玉米、花生、大葱、大姜。有公路经此。

土埠 370725-B04-H175
[Tǔbù]

在县驻地宝都街道东南方向 46.0 千米。营丘镇辖自然村。人口 1 300。明朝，张氏由大宅科迁此立村，因地势取名土埠。聚落呈团块状分布。经济以种植业为主，主要农作物有大姜、小麦、玉米、葱。有公路经此。

王凤官庄 370725-B04-H176
[Wángfèngguānzhuāng]

在县驻地宝都街道东南方向 45.0 千米。营丘镇辖自然村。人口 400。清朝时期，王氏迁来，取吉祥之意，命名王凤官庄。聚落呈团块状分布。经济以种植业为主，主要农作物有大姜、小麦、玉米。有公路经此。

西屋官庄 370725-B04-H177
[Xīwūguānzhuāng]

在县驻地宝都街道东南方向 43.0 千米。营丘镇辖自然村。人口 400。明朝中期，丛氏由丛家阳埠迁至东屋官庄以西定居，取村名西屋官庄。聚落呈团块状分布。经济以种植业为主，主要农作物有小麦、玉米、花生、大葱、大姜。有公路经此。

小刘家庄 370725-B04-H178
[Xiǎoliújiāzhuāng]

在县驻地宝都街道东南方向 44.0 千米。营丘镇辖自然村。人口 300。明初，刘氏在此建村，名小刘家庄。聚落呈团块状分布。经济以种植业为主，主要农作物有大姜、小麦、玉米。有公路经此。

三　交通运输

潍坊市

城市道路

潍安路 370700-K01
[Wéi'ān Lù]

在市境中部。南起双丰大道，北至汶河广场。沿线与向阳路、商场路、人民路、健康路、和平东路、南苑路、双丰大道相交。长 4.4 千米，宽 10 米，沥青路面。1985 年开工，1986 年建成，2006 年、2010 年扩建。因是潍坊通安丘最早的道路而得名。两侧有人民公园等。通公交车。

通亭街 370700-K02
[Tōngtíng Jiē]

在市境北部。西起虞河路，东至潍安路。沿线与新华路、北海路、海龙路、友谊路、幸福路、丰华路、渤海路等相交。长 11.7 千米，宽 60 米，沥青路面。1983 年开工，后几经改扩建，至 2006 年建为现状。因是主城区通寒亭主要道路，故名。两侧有红星美凯龙商场、潍坊市汽车北站、寒亭区法院、寒亭区公安分局、寒亭区人民检察院、寒亭区广电大厦、寒亭区政务服务中心、寒亭区金融大厦等。通公交车。

北海路 370700-K03
[Běihǎi Lù]

在市境东部。北起禹王北街，南至潍胶路。沿线与民主街、玉清东街、北宫东街、福寿东街、东风东街、胜利东街、健康东街、宝通东街、金宝街、凤凰街、崇文街相交。长 18.3 千米，宽 80 米，沥青路面。1994 年建成。据史料记载，东汉至元代，潍坊境内先后出现过北海郡、北海国、北海县等建制政区，故名。两侧有潍坊市国税局、山东信息职业学院、银座购物商场、潍坊市教育局、德润国际双语学校、潍坊市植物园、福田雷沃国际重工有限公司等。

铁路

胶济铁路 370700-30-A-b01
[Jiāojì Tiělù]

国有铁路。东起青岛，西至济南。全长 384.2 千米。胶济线东自青岛站引出，在蓝村站与蓝烟线相接，在胶州站与胶新线、胶黄线相接，在芝兰庄站与海青线相接，在青州市站与益羊线相接，在临淄站与辛泰线相接，在淄博站与张东线、张博线相接，在济南站与京沪线相接。1899 年开工，1904 年建成。1959 年，胶济复线开始修建。2003 年 2 月开始进行电气化改造工程，2005 年 6 月全面竣工。2005 年 9 月实施了第一次提速，2006 年进行新的提速，2007 年 4 月 18 日大提速。沿线有特大桥 17 座，新建大中桥 63 座、改建 7 座，新建、改建小桥涵 781 座。沿途有胜利油田、博山煤矿、坊子煤矿、金岭镇铁矿、昌乐金刚石矿。胶济铁路连接济南、青岛两大城市，是横贯山东的运输大动脉，与邯济线一起构成晋煤外运的南线通道，是青岛、烟台等港口的重要疏港通道。

青临铁路 370700-30-A-c01
[Qīnglín Tiělù]

地方铁路。起于胶济铁路青州市南站，止于临朐县冶源洼子村。正线长 36.6 千米。在青州市南站与胶济铁路相接。1993 年 6 月开工，1997 年 10 月 31 日建成。单线设计，为地方Ⅰ级铁路。沿线建设小桥涵 148 座、桥梁 12 座。对沿线经济发展具有一定作用。

公路

206 国道 370700-30-B-b01
[206 guódào]

国道。起点为烟台芝罘区，终点为广东汕头市。全长 2 440 千米。奎文区段、坊子区段 2007 年开工，2008 年建成；安丘段建于 1972 年。国家一级公路，沥青路面，路面宽 24~32 米。沿线与潍胶路、火赣路、荣潍高速公路相接。是连接鲁东、鲁南及坊子通往南方的主要国道之一。

荣兰公路 370700-30-B-b02
[Rónglán gōnglù]

国道。起点山东荣成市，终点甘肃兰州。经过河北、山西、陕西、宁夏。全长 377 千米，境内全长 5.745 千米。2001 年开工，同年建成通车。国家一级公路，沥青混凝土路面，路面宽 23~47 米。沿线与荣潍高速公路（立交）相接。是连接鲁东、鲁南及坊子通往南方的主要国道之一，是中国东西走向的国家干线公路之一，是连接各重要经济中心、商品生产基地和战略要地的公路。

221 省道 370700-30-B-c01
[221 Shěngdào]

省道。1988—1990 年临朐段拓宽改建，1992 年对新海路至围子段进行改建，1993 年对下营至新海路段进行改建，1998 年对围子镇至石埠镇段进行改建，1999 年对石埠镇至李家埠段、安丘城区至王家营段进行改建，2000 年对王家营至临朐交界段、临朐段拓宽改建，2002 年对安丘市赵戈镇中心大街至贾戈立交桥段进行改建，2004 年对潍河大桥西侧桥头至安丘市赵戈镇中心大街段进行改建，2005 年对新海路至荣冠路段进行改建，2011—2013 年对下营港至东家段、石埠至饮马段、昌邑东章村至峡山吴家营段进行改建，2014 年对安丘贺戈庄至四海官庄段进行改线。潍坊境内为一、二级公路，沥青混凝土路面，路面宽 10~34 米。与荣乌高速、荣潍高速、青银高速、长深高速、206 国道、309 国道、805 省道、222 省道、227 省道、320 省道等衔接。是潍坊市连接东北部与西南部的一条重要交通主干道。

226 省道 370700-30-B-c02
[226 Shěngdào]

省道。起于寿光羊口羊桥，止于青州市。寿光境内长 67.399 千米，青州境内长 13.2 千米。2001 年对东青高速路口至 309 国道段进行改建，2003 年对羊口至寿济路口段、寿济路口至青州界段进行改建，2004 年对寿济路至孙集镇区段、孙集镇区至东红高速连接线段进行改建，2011 年实施寿光农产品综合批发市场与绿色通道连接线工程。潍坊境内为一、二级公路，沥青混凝土路面，路面宽 12~24 米。与青银高速、荣乌高速、320 省道、323 省道、321 省道、227 省道等衔接。是潍坊西部连接南北的一条交通主干道。

223 省道 370700-30-B-c03
[223 Shěngdào]

　　省道。起于潍坊，止于临朐九山。全长147.547千米。1994—1996年临朐县段改建；1996年新建昌乐县 K60+479 ~ K77+822 段；1999年改建昌乐县 K58+479 ~ K60+479 段；1996年新建潍城区 K40+510 ~ K51+620 段；1998年对潍城 K51+620 ~ K52+600 段改建；1999年新建潍城 K55+510 ~ K58+479 段、对潍城 K52+600 ~ K58+479 段改建；2002年对寿光大地沟至寒亭双杨镇王固庄段、临朐县城至冶源段进行改建；2004—2005年新建寿光寒亭交界至新海路交叉口段；2005年对潍城 K37+010 ~ K51+620 段进行改建，新建海化大港路至新海路路段；2010—2011年对潍城区转盘至临朐段进行改建；2011—2012年对临朐县冶源镇南至寺头镇吕匣段进行大修。潍坊境内为一、二级公路，沥青混凝土路面，路面宽 10~44 米。与荣乌高速、青银高速、长深高速、309国道、320省道、323省道、805省道、224省道、227省道、327省道、329省道等衔接。是连接潍坊北部与西南部的重要交通主干道。

224 省道 370700-30-B-c04
[224 Shěngdào]

　　省道。起于大家洼，止于临朐县沂山。全长135.292千米。1993年修建寿光市路段，1995年对 K69+743 ~ K83+043 段进行改建，1998年对 K92+943 ~ K103+443 路段进行改建，1998—1999年对昌乐临朐交界至沂山水库段进行改建，1999年对 K103+443 ~ K106+858 段进行改建，1999—2000年对昌乐至乔官段进行改建，2000年对沂山水库大坝至薛馆路段进行改建，2001年对昌乐县郚部镇南青上村至高崖镇冢头村段、沂山水库大坝至薛馆路段进行改建，2002—2003年对昌乐县城北至城南北寨村段进行改建，2005年对滨海区起点段进行改建，2008—2009年对跨济青高速立交桥及引道进行改建，2007—2011年对海化至济青高速段、乔官至郚部段进行改建。潍坊境内为一、二级公路，沥青混凝土路面，路面宽 7~38 米。与荣乌高速、青银高速、长深高速、309国道、320省道、321省道、323省道、325省道、223省道、227省道、329省道等衔接。是潍坊市连接南北的重要交通主干道之一。

227 省道 370700-30-B-c05
[227 Shěngdào]

　　省道。起于东营，止于红花埠。全长450千米。2000年对弥河大桥至仲临路交叉口段进行改建，2002年对荣兰路至胶王路段进行改建，2002—2003年新建临朐县城东绕城段，2003—2005年对胶王路至校场段进行改建，2005年对荣兰路至胶王路段进行改建，2005—2009年对临朐至穆陵关段进行改建。潍坊境内为一、二级公路，沥青混凝土路面，路面宽 14~26 米。与长深高速、309国道、226省道、325省道、233省道、223省道、327省道、224省道、221省道等衔接。是潍坊西部连接南北的一条重要交通主干道。

805 省道 370700-30-B-c06
[805 Shěngdào]

　　省道。起于潍坊市潍城区，止于青岛胶州市。2005—2009年新建坊子区郭家村央赣路口至高密胶州界段，2009年对望留至二十里堡段进行改建。潍坊境内为一级公路，沥青混凝土路面，路面宽 24 米。与206国道、223省道、222省道、221省道、220省道等衔接。是潍坊市中心城区与青岛连接的重要交通干道。

233 省道 370700-30-B-c07
[233 Shěngdào]

省道。起点滨州市博兴县，终点潍坊临朐县。1990 年改建淄博界至胶王路段，1993—1995 年改建黄鹿井桥至石沟河村段，2004—2005 年对淄博界至庙子段进行改建，2013 年对青州市小田庄至石沟河村段进行改造升级。潍坊境内为一、二级公路，沥青混凝土路面，路面宽 7~20 米。与 325 省道、227 省道等衔接。是潍坊青州市南部山区重要东西向交通干道。

321 省道 370700-30-B-c08
[321 Shěngdào]

省道。起点寿光，终点济阳。青州段长 9.1 千米，寿光段长 32.508 千米。2001 年开工，2002 年建成。二级公路，沥青混凝土路面，路面宽 16 米。沿线与辛广路、河辛路、博临路、兴边路相连。

323 省道 370700-30-B-c09
[323 Shěngdào]

省道。起点潍坊市，终点高青县。全长 137 千米。该路在清代早期是一条较宽的大道，清末整修增筑，1937 年重新测量定线，加高路基。中华人民共和国成立后，历经多次整修和改建。东段始建于 1990 年，1999 年改建，2005 年大修。一级公路，沥青混凝土路面，宽 24 米。沿线与 224 省道、226 省道、321 省道相接。是潍坊市的交通主干道，也是沟通山东省交通的重要干线公路。

325 省道 370700-30-B-c10
[325 Shěngdào]

省道。起点胶州，终点王村。全长 301.9 千米。1970 年开工，1971 年建成。二级公路，沥青混凝土路面，路面宽 15~24

米。建有辛泰铁路公铁立交桥、五里河中桥等。为横贯山东的国防交通干线。

230 省道 370700-30-B-c11
[230 Shěngdào]

省道。起点东营市，终点青州市。全长 102 千米。原为县道，1987—1989 年改建。二级公路，沥青混凝土路面，路面宽 11~18 米。设有特大桥 1 座，大桥 11 座，中桥 9 座，小桥涵 108 座，通道 113 座，跨线天桥 3 座，分离式立交桥 8 座，互通式立交桥 6 处。是贯穿东营市南北和青州市的交通大动脉，也是连接胶东半岛、山东东南部通往京津地区的黄金通道。

320 省道 370700-30-B-c12
[320 Shěngdào]

省道。起于平度新河镇，止于河北海兴。寿光境内全长 49.791 千米。1992 年开工，2002 年改建。一级公路，沥青混凝土路面，路面宽 24 米。沿线与 224 省道、226 省道相接。是寿光市的交通主干道，也是沟通山东省交通的重要干线公路。

327 省道 370700-30-B-c13
[327 Shěngdào]

省道。起于临朐县吴家庙村西北，止于济南市仲宫镇。全长 237 千米。始建于明清时期，1974 年建成。一、二级公路，沥青路面，路面宽 10~26 米。沿线与 223 省道、227 省道相接。

潍城区

城市道路

安顺路 370702-K01
[Ānshùn Lù]

在区境东部。东起健康西街，西至西外环路。沿线与健康西街、胜利西街、东风西街、福寿西街、北宫西街、玄武西街、西外环路相交。长6.4千米，宽30米，沥青路面。1992年开工，1994年建成。以"平安、顺利"之意得名。两侧有潍坊市监狱、潍坊奥体中心等。为城区东西主干道，通公交车。

春鸢路 370702-K02
[Chūnyuān Lù]

在区境南部。北起健康西街，南至长松路。沿线与健康西街、建设街、仓南街相交。长4.6千米，宽40米，沥青路面。1988年建成。由于潍坊是世界风筝之都，以"春天的风筝"之意命名。两侧有潍坊市气象局。通公交车。

月河路 370702-K03
[Yuèhé Lù]

在区境东部。北起胜利西街，南至玄武西街。沿线与胜利西街、东风西街、西园街、福寿西街、北宫西街、卧龙西街、玉清西街、玄武西街相交。长4.4千米，宽30米，沥青路面。1977年开工。护城河俗称月河，新路亦称为月河路。两侧有潍坊市路灯管理所、潍城区社会福利院等。通公交车。

向阳路 370702-K04
[Xiàngyáng Lù]

在区境东部。北起玄武西街，南至潍坊火车站。沿线与玉清西街、卧龙西街、北宫西街、福寿西街、东风西街、胜利西街、健康西街相交。长5.6千米，宽36米，沥青路面。1965年由古城的南门里、小十字口、大十字口、县门口街拓宽延伸建成，1983年再次延伸。寓意"心向红太阳"而得名。南部为火车站商业圈，中部为文化艺术街区。两侧有潍坊市中级人民法院、潍坊市公安局潍城分局、城关街道办事处、新世纪建材市场、潍坊五中等。通公交车。

和平路 370702-K05
[Hépíng Lù]

在区境东部。南起潍坊火车站广场，北至北宫大街。沿线与健康西街、胜利西街、东风西街、福寿西街相交。长4.6千米，宽40米，沥青路面。1902年修建土路，1933年城墙外建坝崖街与大马路衔接，1953年再次拓宽。以爱好和平的美好愿望命名。两侧有小商品城、广丰特艺城、百货大楼。通公交车。

特色街巷

城隍庙街 370702-A02-L01
[Chénghuángmiào Jiē]

在城关街道西部。长0.2千米，宽10米，沥青路面。明代城隍庙在中段北侧，街以城隍庙而得名。该街因区级非物质文化遗产"城隍庙肉火烧"闻名。通公交车。

车站

潍坊火车站 370702-R01
[Wéifāng Huǒchē Zhàn]

铁路客货两用一等站。在区境东部。1972年建，2003年改扩建。因所在政区而得名。站房建筑面积220 000平方米。年接发旅客列车85对，其中高铁动车组列车54对，普通列车31对；日均发送旅客2.5万余人次，高峰时突破5万人。

寒亭区

城市道路

民主街 370703-K01
[Mínzhǔ Jiē]

在区境中部。东起东外环路，西至西外环。沿线与月河路、北海路、渤海路、幸福路、丰华路相交。长9.1千米，宽60米，沥青路面。1954年建成，1962年改扩建。取发扬民主之意命名。两侧有中百超市、家家悦超市、寒亭人民医院、丰华医药、金通大药房、河西小学、教育局、电力公司等。通公交车。

幸福路 370703-K02
[Xìngfú Lù]

在区境西部。北起禹王北街，南至富亭街。沿线与通亭街、民主街相交。长4.4千米，宽40米，沥青路面。1980年建成，1988年扩宽。因路北首建有干部休养所，取其安度幸福晚年之意命名。两侧有寒亭车管所、佳乐家超市、建设局、司法局、档案局、第三木器公司等。通公交车。

丰华路 370703-K03
[Fēnghuá Lù]

在区境东部。北起禹王北街，南至青银高速立交桥。沿线与禹王北街、通亭街、益新街、民主街、运河西街相交。长6.1千米，宽30米，沥青路面。1971年开工，1977年、1982年改扩建。取丰收、繁华之意命名。两侧有农业局、水产局、金融大厦、党校等。通公交车。

桥梁、立交桥

白浪河桥 370703-N01
[Báilànghé Qiáo]

在寒亭城区西南部。桥长45.0米，桥面宽8米，最大跨度13米，桥下净高7米。1993年动工，同年建成。因所跨河流而得名。为中型河道桥梁，结构型式为板拱桥。担负城区道路干道交通任务，最大载重量55吨。

灌渠桥 370703-N02
[Guànqú Qiáo]

在寒亭城区东部。桥长16.0米，桥面宽7.6米，最大跨度6米，桥下净高3米。1976年动工，同年建成。因所跨河流而得名。为小型河道桥梁，结构型式为双曲拱桥。担负城区道路干道交通任务，最大载重量100吨。

夹沟河桥 370703-N03
[Jiāgōuhé Qiáo]

在寒亭城区东部。桥长23.7米，桥面宽8米，最大跨度4米，桥下净高3米。1972年动工，同年建成。因所跨河流而得名。为小型河道桥梁，结构型式为板拱桥。担负城区道路干道交通任务，最大载重量100吨。

白浪河大桥 370703-N04
[Báilànghé Dàqiáo]

在寒亭城区东部。桥长 124.0 米，桥面宽 7 米，最大跨度 4 米，桥下净高 3 米。1987 年动工，同年建成。因所跨河流和桥梁规模而得名。为中型河道桥梁，结构型式为空心板梁桥。担负城区道路干道交通任务，最大载重量 100 吨。通公交车。

张面河桥 370703-N05
[Zhāngmiànhé Qiáo]

在寒亭城区东部。桥长 38 米，桥面宽 11 米，最大跨度 32 米，桥下净高 5 米。2003 年动工，同年建成。因所跨河流而得名。为中型河道桥梁，结构型式为板拱桥。担负城区道路干道交通任务，最大载重量 100 吨。

潍莱高速公路立交桥 370703-P01
[Wéilái Gāosù Gōnglù Lìjiāoqiáo]

在城区东部。占地面积 576 平方米。有三层互不交叉的不同方向的城市道路在此立体相交。最高层离地面 5 米。1998 年动工，同年建成。因所在道路为潍莱高速公路而得名。为中型、公路半互通式立体交叉结构型式立交桥。在城市中起到重要作用。

坊子区

城市道路

凤凰街 370704-K01
[Fènghuáng Jiē]

在区境中部。西起潍州路，东至潍安路。沿线与坊泰路、兴国路、潍县南路、凤山路、龙山路、朝凤路、广场路、郑营路、北海路、龙福路、文化南路相交。长 8.4 千米，宽 24 米，沥青路面。1995 年开工，1996 年建成。因邻近凤凰山和凤凰山产业园而得名。两侧有亚特尔未来广场、钧瀚国际大酒店、坊子区政府综合办公大楼、金融大厦等。是城区东西走向主干道。通公交车。

长宁街 370704-K02
[Chángníng Jiē]

在区境中部。东起潍县南路，西至潍州路。沿线与行政街、宁家街、北海路、建材路、公安街、安丘路、文化路相交。长 4.3 千米，宽 16 米，沥青路面。2005 年开工，2006 年建成。因原长宁街道办事处在此，故名长宁街。两侧有坊子区人民法院、坊子区人民检察院、北海国际双语学校及幼儿园、新南苑商城、新生百货大楼、欧倍沙购物广场等。通公交车。

凤山路 370704-K03
[Fèngshān Lù]

在区境东部。北起胶济铁路，南至潍胶路。沿线与龙泉街、凤凰街、双羊街、崇文街相交。长 5.3 千米，宽 24 米，沥青路面。2002 年开工，同年建成。因境内有凤凰山，此路通过凤凰山脚下，故名。两侧有崇文中学、坊子共达电声股份有限公司、山东交通职业学院等。为城区南北主干道，通公交车。

潍峡路 370704-K04
[Wéixiá Lù]

在区境中部。北起潍胶路，南至兴峡路。沿线与峡丰街、清泉街、峡寿街相交。长 10.4 千米，宽 36 米，沥青路面。因该路连接潍坊与峡山而得名。通公交车。

兴峡路 370704-K05
[Xīngxiá Lù]

在区境中部。北起下小路,南至峡山街。沿线与凤凰岭街、峡寿街、清泉街、峡丰街、峡宁街相交。长4.2千米,宽50米,沥青路面。2014年开工,同年建成。由峡山区管委会统一命名。两侧有潍坊峡山双语小学、峡山区人民医院等。通公交车。

峡寿街 370704-K06
[Xiáshòu Jiē]

在区境中部。西起潍峡路,东至云峡路。沿线与怡峡路、兴峡路、松园路、北大新路、郑玄路、云峡路相交。长3.2千米,宽44米,沥青路面。2009年开工,2010年建成。由峡山区管委会统一命名。两侧有佳乐家综合体、峡山人民医院、潍坊峡山双语小学、潍坊峡山中学等。通公交车。

云峡路 370704-K07
[Yúnxiá Lù]

在区境东部。北起清泉街,南至凤凰岭街。沿线与清泉街、峡寿街相交。长0.8千米,宽44米,沥青路面。2012年开工,同年建成。由峡山区管委会统一命名。两侧有市民活动中心、政务服务中心等。

峡宁街 370704-K08
[Xiáníng Jiē]

在区境北部。西起兴峡路,东至云峡路。沿线与兴峡路、松园路、北大新路、郑玄路相交。长2.0千米,宽51米,沥青路面。2009年开工,2010年建成。由峡山区管委会统一命名。两侧有潍坊峡山实验初中、华昊热力公司等。通公交车。

峡山街 370704-K09
[Xiáshān Jiē]

在区境南部。西起兴峡路,东至昌峡路。沿线与兴峡路、松园路、北大新路相交。长6.0千米,宽50米,沥青路面。2009年开工,2010年建成。由峡山区管委会统一命名。两侧有通安驾校等。通公交车。

北大新路 370704-K10
[Běidà Xīnlù]

在区境中部。北起峡宁街,南至峡山街。沿线与峡丰街、清泉街、峡寿街、凤凰岭街相交。长2.2千米,宽44米,沥青路面。2009年开工,2010年建成。因北京大学农业研究院而得名。两侧有潍坊实验中学、市民活动中心、政务服务中心等。通公交车。

峡丰街 370704-K11
[Xiáfēng Jiē]

在区境中部。西起潍峡路,东至北大新路。沿线与兴峡路、松园路相交。长2.1千米,宽44米,沥青路面。2012年开工,同年建成。两侧有潍坊峡山实验初中、潍坊实验中学等。

峡瑞街 370704-K12
[Xiáruì Jiē]

在区境中部。西起潍峡路,东至云峡路。沿线与郑玄路、北大新路、松园路、兴峡路相交。长3.1千米,宽30米,沥青路面。2009年开工,2010年建成。两侧有潍坊峡山中学、市民活动中心、潍坊峡山实验中学、峡山区人民医院、佳乐家综合体等。

康峡路 370704-K13
[Kāngxiá Lù]

在区境中部。北起峡宁街,南至峡山街。沿线与凤凰岭街、峡寿街、清泉街、峡丰街相交。长2.2千米,宽30米,沥青路面。2013年开工,同年建成。两侧有双语小学、峡山人民医院、潍坊实验中学、现代商贸城等。

荣峡路 370704-K14
[Róngxiá Lù]

在区境东部。北起峡清街，南至凤凰岭街。沿线与峡寿街、清泉街相交。长 2.4 千米，宽 30 米，沥青路面。2009 年开工，2010 年建成。两侧有政务服务中心、市民活动中心、自来水厂等。

车站

潍坊汽车总站汽车南站 370704-S01
[Wéifāng Qìchē Zǒngzhàn Qìchē Nánzhàn]

客货两用汽车一等站。在坊子区北海路与长宁街路口南 50 米路东。2008 年开工，2010 年建成。因所在政区而得名。主建筑有汽车站办公楼，下设售票、检票、行包货运等部门，建筑面积 10 005 平方米。日发过路班次 21 班。有效破解了坊子老区出行难点，有助于搭建健全的交通出行网络，更好地满足人民群众的出行需求。

奎文区

城市道路

北宫西街 370705-K01
[Běigōng Xījiē]

在区境北部。西起拥军路，东至白浪河。沿线与长松路、安顺路、清平路、友爱路、怡园路、永安路、月河路、向阳路、和平路等相交。长 6.7 千米，宽 50 米，沥青路面。1972 年开工。因北临原玉清宫（俗称北宫）旧址，故名北宫大街；1994 年后，白浪河以西的路段更名为北宫西街。两侧有潍城区政府、潍城区国税局、奥林匹克体育公园、八九医院、潍城国土分局、新纪元建材市场、市立医院等。通公交车。

东风西街 370705-K02
[Dōngfēng Xījiē]

在区境中部。西起拥军路，东至白浪河。沿线与长松路、清平路、安顺路、永安路、月河路、向阳路、和平路相交。长 11.7 千米，宽 50 米，沥青路面。1959 年对原城里、东关、西关三条大街进行拓宽延伸，整合为一，命名为叶挺街；1965 年 10 月将邓发大街、邓发西街、叶挺街改造整合为一条街，命名为东风大街；此后，多次对道路进行了改建、延伸、扩建，1994 年后，白浪河以西路段更名为东风西街。两侧有豪德商品城、潍坊市第三人民医院、潍坊电业大厦、潍坊市脑科医院、十笏园文化街区、潍坊三中、潍州剧场、丽景酒店等。通公交车。

胜利西街 370705-K03
[Shènglì Xījiē]

在区境中部。西起长松路，东至白浪河。沿线与清平路、安顺路、永安路、月河路、向阳路、和平路相交。长 4.9 千米，宽 40 米，沥青路面。1951 年拆除南城墙，填平护城河修建而成。以吉祥嘉言命名胜利大街；1994 年后，白浪河以西路段更名为胜利西街。两侧有圣基大酒店、中百大厦、潍坊百货大楼等。通公交车。

健康西街 370705-K04
[Jiànkāng Xījiē]

在区境中部。西起安顺路，东至白浪河。沿线与爱国路、向阳路、和平路、青年路相交。长 1.7 千米，宽 40 米，沥青路面。1950 年辟建，称解放路；1980 年改名健康街；1994 年后，白浪河以西路段更名为健康西街。两侧有火车站广场、人民公园等。通公交车。

东风东街 370705-K05
[Dōngfēng Dōngjiē]

在区境中部。西起白浪河,东至潍安路。沿线与四平路、潍州路、鸢飞路、虞河路、文化路、新华路、北海路、东方路、金马路、潍县中路、志远路、惠贤路、永春路相交。长 9.7 千米,宽 60 米,沥青路面。1959 年对原城里、东关、西关三条大街进行拓宽延伸整合为一,命名为叶挺街;1965 年 10 月将邓发大街、邓发西街、叶挺街改造整合为一条街,命名为东风大街;此后,多次对道路进行了改延扩建;1994 年后,白浪河以东路段更名为东风东街。两侧有世纪泰华广场、潍坊市中医院、烈士陵园、潍坊职业学院、凯德广场、山东信息职业技术学院、潍坊市博物馆、富华游乐园、阳光大厦、潍坊北海学校、潍坊学院等。通公交车。

北宫东街 370705-K06
[Běigōng Dōngjiē]

在区境北部。西起白浪河,东至永春路。沿线与四平路、潍州路、鸢飞路、虞河路、新华路、北海路、东方路、金马路、潍县中路、志远路、惠贤路相交。长 7.6 千米,宽 60 米,沥青路面。因北临原玉清宫(俗称北宫)旧址,故名北宫大街;1994 年后,白浪河以东的路段更名为北宫东街。两侧有恒海酒店、喜马拉雅酒店、新城街道办事处、高新区东明学校、市国税局、金茂国际大酒店等。通公交车。

胜利东街 370705-K07
[Shènglì Dōngjiē]

在区境中部。西起白浪河,东至金光路。沿线与四平路、潍州路、鸢飞路、虞河路、文化路、新华路、北海路、东方路、金马路、潍县中路、志远路相交。长 7.5 千米,宽 40 米,沥青路面。1951 年拆除南城墙,填平护城河修建而成。以吉祥嘉言命名胜利大街;1994 年后,白浪河以东路段更名为胜利东街。两侧有世界风筝都纪念广场、鸢飞大酒店、潍坊大酒店、东苑公园、市接待中心、奎文区政府、潍坊行知学校、人民广场等。通公交车。

健康东街 370705-K08
[Jiànkāng Dōngjiē]

在区境中部。西起白浪河,东至杨瓦路。沿线与四平路、潍州路、鸢飞路、虞河路、文化路、新华路、北海路、东方路、金马路、志远路、惠贤路、永春路、潍安路、高新二路相交。长 17.3 千米,宽 40 米,沥青路面。1950 年辟建,称解放路;1980 年改名健康街;1994 年后,白浪河以东路段更名为健康东街。两侧有潍坊汽车总站、奎文公安分局、奎文区妇幼保健院、潍坊文化艺术中心、山东畜牧兽医职业学院、潍坊软件园等。通公交车。

樱前街 370705-K09
[Yīngqián Jiē]

在区境南部。西起鸢飞路,东至杨瓦路。沿线与虞河路、文化路、新华路、北海路、东方路、金马路、潍县中路、惠贤路、潍安路、高新二路相交。长 14.8 千米,宽 40 米,沥青路面。2006 年开工,同年建成。因在樱南、樱北、西樱三村附近而得名。两侧有奎文国土分局、九龙大厦、潍坊高新实验学校、歌尔公司等。通公交车。

四平路 370705-K10
[Sìpíng Lù]

在区境西部。北起玄武东街,南至健康东街。沿线与乐川东街、玉清东街、卧龙东街、北宫东街、福寿东街、东风东街、胜利东街相交。长 6.3 千米，宽 20 米，沥青路面。1990 年建成。街路旁曾建有镇武庙，保佑四季平安，故名。沿途金融、商业发达，商业氛围浓厚。两侧有君泰商务楼、华林大厦、潍坊国际金融大酒店、鸢飞大酒店、国家外汇局潍坊市中心支局、潍坊纺织品批发交易市场等。通公交车。

潍州路 370705-K11
［Wéizhōu Lù］

在区境中部。北起玄武东街，南至央赣路。沿线与乐川东街、玉清东街、卧龙东街、北宫东街、福寿东街、东风东街、胜利东街、健康东街、宝通东街、潍胶路相交。长 17.6 千米，宽 20~60 米，沥青路面。1958 年开工，同年建成。以古代"潍州"区划名称命名。两侧有潍坊市热力有限公司、君泰商城、潍坊嵌银厂、潍坊市中医院、东苑公园、潍坊市育英学校、奎文区中心医院等。通公交车。

鸢飞路 370705-K12
［Yuānfēi Lù］

在区境中部。北起民主街，南至金宝街。沿线与玄武东街、乐川东街、玉清东街、卧龙东街、北宫东街、福寿东街、东风东街、胜利东街、健康东街、樱前街、宝通东街等相交。长 11 千米，宽 20 米，沥青路面。1958 年拓建。因潍坊为风筝之都（民间俗称鸢都），故名。沿途商业发达，服务业集中。两侧有万达广场、潍坊烈士陵园、鸿鸢商务大厦、潍坊广文中学、潍坊护理职业学院等。通公交车。

虞河路 370705-K13
［Yúhé Lù］

在区境中部。北起民主街，南至清溪街。沿线与玄武东街、玉清东街、北宫东街、福寿东街、东风东街、胜利东街、健康东街、

樱前街相交。长 9.9 千米，宽 30 米，沥青路面。1980 年开工，同年建成。因中段西邻虞河，故名。两侧有潍坊医学院附属医院、潍坊市房产交易中心、奎文区人民政府、潍坊市人民医院、金丰大厦、奎文区樱桃园小学等。通公交车。

文化路 370705-K14
［Wénhuà Lù］

在区境中部。北起玄武东街，南至清溪街。沿线与乐川东街、玉清东街、卧龙东街、北宫东街、福寿东街、东风东街、胜利东街、健康东街、樱前街相交。长 7.3 千米，宽 16 米，沥青路面。1990 年开工，同年建成。因沿途文化单位较多，文化氛围浓厚，故名。两侧有潍坊日报社、潍坊职业学院、潍坊人民广播电台、奎文区樱园幼儿园等。通公交车。

新华路 370705-K15
［Xīnhuá Lù］

在区境中部。北起玄武东街，南至宝通东街。沿线与乐川东街、玉清东街、通亭街、北宫东街、福寿东街、东风东街、胜利东街、健康东街、樱前街相交。长 7.6 千米，宽 26 米，沥青路面。1997 年开工，1998 年建成。两侧有中百大厦新华店、富豪国际大酒店、奎文区公安分局等。通公交车。

车站、机场

潍坊市长途汽车站 370705-S01
［Wéifāng Shì Chángtúqìchē Zhàn］

客货两用汽车一等站。在区境西部。1949 年建成，2005 年改建。因所在政区而得名。总建筑面积 1.46 万平方米。车站拥有经营线路 220 条，日始发班次 1 253 个，

始发车通往省内各地、市、县及省外 100 余个地区。

潍坊南苑机场 370705-30-K01
[Wéifāng Nányuàn Jīchǎng]

距区政府驻地 8 千米。1992 年开工，1995 年建成。按照国际民航机场 4D 级标准兴建。占地面积 15 公顷，停机坪 32 000 平方米，候机楼面积 8 000 平方米，航管楼面积 2 000 平方米。现已开通飞往北京、宁波、大连、上海、杭州、深圳、广州、沈阳的航班。

青州市

城市道路

益都路 370781-K01
[Yìdū Lù]

在市区北部。西起青州临淄界，东至仙客来北路。沿线与昭德路、益王府路、海岱路、玲珑山路、驼山路、仰天山路、冀州路相交。长 18.5 千米，宽 43 米，沥青路面。1974 年开工，1975 年建成。取原益都县名而得名。两侧有钢材市场、孟七商贸城、青州卷烟厂、青州电商大厦、汽车配件城等。通公交车。

尧王山路 370781-K02
[Yáowángshān Lù]

在市区中部。西起仰天山路，东至仙客来路。沿线与驼山路、衡王府路、玲珑山路、云门山路、海岱路、益王府路、昭德路相交。长 7.3 千米，宽 43 米，沥青路面。1951 年开工，1986 年改扩建。以市境西部尧王山命名。两侧有人民商场、银座商场、中百大厦、食品批发市场、民政局、尧王制药厂、汽车客运站等。通公交车。

范公亭路 370781-K03
[Fàngōngtíng Lù]

在市区中部。西起驼山南路，东至仙客来南路。沿线与驼山南路、衡王府路、玲珑山南路、云门山南路、海岱中路、益王府南路、昭德南路相交。长 6.2 千米，宽 34 米。西段为石质路面，东段为沥青路面。1975 年开工，1980 年改扩建。原名向阳路，后以市境西部范公亭公园中的范公井亭而改今名。两侧有云门剧院、广电中心等。通公交车。

凤凰山路 370781-K04
[Fènghuángshān Lù]

在市区南部。西起仰天山南路，东至仙客来南路。沿线与驼山南路、玲珑山南路、云门山南路、海岱中路、益王府南路、昭德南路相交。长 7.4 千米，宽 42 米，沥青路面。1972 年建成。原名南环路，后以市境南部凤凰山而改今名。两侧有青州市第三中学、王府游乐园、青州古城、东夷文化广场等。通公交车。

仰天山路 370781-K05
[Yǎngtiānshān Lù]

在市区西部。南起凤凰山西路，北至益都西路。沿线与尧王山路、齐王路、益都西路相交。长 8.1 千米，宽 24 米，沥青路面。2001 年开工，2005 年改扩建。原名西环路，后以市境内仰天山改今名。两侧有山东华邦建设集团、山东泰丰集团等。通公交车。

驼山路 370781-K06
[Tuóshān Lù]

在市区西部。南起凤凰山西路，北至益都西路。沿线与范公亭西路、尧王山西路、旗城路、齐王路、明祖山路相交。长 7.2 千米，宽 33 米，沥青路面。1984 年开工，

1987年改扩建。原名西环路，后以市境内驼山改今名。两侧有青州一中、青州二中、实验中学、旗城小学、范公亭公园、青都国际大酒店等。为通公交车。

衡王府路 370781-K07
[Héngwángfǔ Lù]

在市区中部。南起朝阳街，北至旗城路。沿线与范公亭西路、三合西街、镇武庙东街、尧王山西路相交。长3千米，宽27米，沥青路面。2010年开工，2011年建成。以境内明朝衡王府命名。两侧有云门剧院、盛宏国际假日酒店、南阳河仿古建筑群等。通公交车。

玲珑山路 370781-K08
[Línglóngshān Lù]

在市区中部。南起凤凰山西路，北至青银高速公路。沿线与范公亭西路、尧王山西路、益都西路、荣利街相交。长15.9千米，宽34米，沥青路面。1951年开工，1987年建成。以境内西部玲珑山命名。两侧有潍坊市益都中心医院、青州市人民医院、青都购物广场等。通公交车。

云门山路 370781-K09
[Yúnménshān Lù]

在市区中部。南起南环路，北至胶济铁路青州南站。沿线与凤凰山西路、范公亭西路、尧王山西路相交。长11.3千米，宽20米，沥青路面。清末开工，1972年整修，1987年扩建。原名北关马路，后以境内云门山命名。两侧有海龙大酒店、青云宾馆等。通公交车。

海岱路 370781-K10
[Hǎidài Lù]

在市区中部。南起黑虎山水库，北至胶济铁路高铁专线。沿线与南环路、凤凰山东路、范公亭东路、尧王山东路、益都东路、荣利街相交。长16.2千米，宽30米，沥青路面。原为车站村一生产路，1985年扩建，1987年建成，2008年扩建。原名青州路，后以青州别名"海岱"命名。两侧有银座佳悦酒店、青州中医院、食品批发城、汽车美容广场、九龙峪景区、黑虎山水库等。是市境南北主干道之一，通公交车。

益王府路 370781-K11
[Yìwángfǔ Lù]

在市区东部。南起凤凰山东路，北至胶济铁路高铁专线。沿线与范公亭东路、尧王山东路、益都东路、荣利街相交。长9.7千米，宽27米，沥青路面。2000年开工，2014年建成。原名工业路，后以辖区元朝益王府改今名。两侧有公路局、供热公司等。通公交车。

昭德路 370781-K12
[Zhāodé Lù]

在市区东部。南起将军山路，北至荣利东街。沿线与凤凰山东路、范公亭东路、尧王山东路、益都东路相交。长10.3千米，宽43米，沥青路面。1969年开工，1984年、1999年扩建，2003年建成。原名东方路，后以境内昭德阁改今名。是青州市商贸集中街。两侧有海天水产干货批发市场、东方商贸城、泰华城购物中心、青州市第三中学、青州市汽车客运站等。通公交车。

仙客来路 370781-K13
[Xiānkèlái Lù]

在市区东部。南起将军山路，北至青银高速公路。沿线与凤凰山东路、范公亭东路、尧王山东路、益都东路相交。长15.2千米，宽30米，沥青路面。1984年建成，2004年扩建。原名东环路，后以青州市市花"仙客来"改今名。两侧有体育中心、青州市人民办事中心、建材市场等。通公交车。

特色街巷

夥巷 370781-A01-L01
［Huǒ Xiàng］

在王府街道东部。长0.3千米，宽6米，沥青路面。原为南宅冯府和北宅房府毗连之墙。二府因修墙发生纠葛，寸土必争，互不相让。时二府主人皆在京供职，势力显赫，府县皆束手，不敢公断。冯家人写信赴京，驰告府主冯溥。冯溥回书曰："千里捎信为一墙，各让几尺又何妨，万里长城今犹在，不见当年秦始皇。"别无他示。冯府即退后垒墙，房府见此，深感惭愧，亦向后退。两家和好，空地变通途，成为伙巷，后称夥巷，又称夥巷街。为青州市古街巷之一，亦是古城景区街巷。通公交车。

东门街 370781-A01-L02
［Dōngmén Jiē］

在王府街道东部。长0.4千米，宽6.2米，青石路面。因在海晏门西，明初称海晏门西街；青州卫官署在街中段北侧，又称卫街；清雍正时青州试院驻此，故又曾名考院街；1949年后将东门至海岱桥一段并入，统称东门大街；1987年改为现名。原为南阳城主街，现为青州古城观景街。中段有明洪武初布政使司、万历云门书院、清雍正青州试院、民国省立第四师范旧址等遗迹。通公交车。

北关街 370781-A01-L03
［Běiguān Jiē］

在王府街道东北部。长0.8千米，宽5.0米，混凝土路面。明代为北关村主街，故名北关大街；民国初，与西侧的西大街对称，遂名东大街；1949年改为民主街；1982年复称北关大街；1987年改为北关街。是古城景区观光街。清初为连接县城与满洲旗城的通道，沿街商铺密集，市面繁荣，至今仍保留木结构店铺门面数十栋。通公交车。

偶园街 370781-A01-L04
［Ǒuyuán Jiē］

在王府街道东北部。长1.3千米，宽10米，青石路面。取南段东侧偶园命名。后因扩建设置商业网点，又称偶园商业街。为青州古街之一，亦是青州旅游观光购物街。通公交车。

东关街 370781-A03-L01
［Dōngguān Jiē］

在云门山街道西北部。长0.4千米，宽6米。东段为石料路面，中、西段为混凝土路面。呈方框状，似棋盘，故称棋盘街；1948年因所在位改为今名。原分三段：西段自南阳城东门至海岱桥，称吊桥街；中段地形高，元宵节官办灯会在此，称官彩巷，俗称观彩巷；东段形状弯曲似辘轳把，俗称辘轳把街。道路两侧有青砖木柱，沿途以二层居住楼为主。通公交车。

昭德街 370781-A03-L02
［Zhāodé Jiē］

在云门山街道西北部。长1.0千米，宽4~5米。混凝土路面。因中段有昭德阁而得名。街南原为校场街；中段西侧有元大德六年（1302）伯颜后裔所建真教寺，时为全国三大真教寺之一，现为国家文物保护单位。通公交车。

桥梁

万年桥 370781-N01
[Wànnián Qiáo]

在青州市区中部。桥长 86 米，桥面宽 9.4 米，最大跨度 8 米，桥下净高 9 米。为历史古桥，明万历年间增修，清康熙年间至民国时期三次重修，1986 年重修。因明代增修时寄望永久不毁而命名。为中型河道桥梁，结构型式为七孔石桥。旧时为青州城区跨南阳河南北交通主桥，承担城区主干道交通任务，现为观光人行桥。

诸城市

城市道路

密州西路 370782-K01
[Mìzhōu Xīlù]

在市区北部。西起西环路，东至扶淇河桥。沿线与西环路、龙都街等相交。长 2.5 千米，宽 59 米，混凝土路面。1979 年开工，1987 年扩建。因唐、宋、金、元时诸城为密州治所，故名；2002 年以扶淇河为界，西段更名为密州西路。两侧有恐龙公园、诸城体育馆等。通公交车。

密州东路 370782-K02
[Mìzhōu Dōnglù]

在市区北部。西起扶淇河桥，东至东外环路。沿线与和平街、东关大街、东武街、东坡街、东环路等相交。长 12.1 千米，宽 52~59 米，混凝土路面。1979 年建成，1987 年扩建。因唐、宋、金、元时诸城为密州治所，故名；2002 年以扶淇河为界，东段更名为密州东路。两侧有市政务服务中心、人民检察院等。通公交车。

人民西路 370782-K03
[Rénmín Xīlù]

在市区中部。西起潍河，东至扶淇河桥。沿线与西环路、龙都街相交。长 3.6 千米，宽 56.2 米，沥青路面。1964 年拓建。1979 年命名为人民路；2002 年以扶淇河为界，西段更名为人民西路。沿途商业氛围浓厚。两侧有新天地龙城商贸城、杨春国际商贸城等。通公交车。

人民东路 370782-K04
[Rénmín Dōnglù]

在市区中部。西起扶淇河桥，东至东外环路。沿线与和平街、东关大街、东武街、东环路等相交。长 7.5 千米，宽 56.2 米，沥青路面。1964 年扩建。1979 年命名为人民路；2002 年以扶淇河为界，东段命名为人民东路。沿途政治、商业氛围浓厚。两侧有龙城市场、密州商城、密州宾馆、新华书店、希努尔商贸城等。通公交车。

西关大街 370782-K05
[Xīguān Dàjiē]

在市区中部。北起繁荣东路，南至兴华东路。沿线与繁荣东路、超然台路、人民东路、广场路、兴华东路相交。长 1.5 千米，宽 22 米，沥青混凝土路面。1981 年建成。因在原城西关而命名。两侧有实验小学、百盛商场、百盛超市等。

兴华东路 370782-K06
[Xīnghuá Dōnglù]

在市区南部。东起东环路，西至兴华路扶淇河大桥。沿线与东环路、东坡街、东武街、府前街、和平街相交。1979 年建成，1997 年、1998 年改扩建。取振兴中华之意命名，后以扶淇河为界，河东段名兴华东路。两侧有中粮宾馆、实验中学等。

兴贸路 370782-K07
[Xīngmào Lù]

在市区东北部。东起东环路，西至东关大街。沿线与东武街、东关大街、府前街相交。长 2.4 千米，宽 40 米，沥青路面。2003 年建成。以沿途外贸公司得名。两侧有城北学校。

站前街 370782-K08
[Zhànqián Jiē]

在市区中部。南起北环路，北至舜德路。沿线与北环路、舜井路、舜都路、舜苑路、历山路相交。长 5.4 千米，宽 42 米，沥青路面。2004 年建成。因此街在火车站前面而得名。两侧有天旭太阳能、诸城市火车站。

站前西街 370782-K09
[Zhànqián Xījiē]

在市区中部。南起北环路，北至舜苑路。沿线与北环路、舜都路、舜苑路相交。长 3.4 千米，宽 32 米，沥青路面。2004 年建成。因道路在站前街之西，故名。两侧有长运公司、曙光车桥等。

诸冯街 370782-K10
[Zhūféng Jiē]

在市区中部。南起北环路，北至舜德路。沿线与北环路、舜井路、舜都路、舜苑路、历山路、舜耕路、舜德路相交。长 4.7 千米，宽 56 米，沥青路面。2005 年开工，2006 年建成。两侧有福田汽车厂、工业展览馆、技工学校等。

舜都路 370782-K11
[Shùndū Lù]

在市区中部。东起潍河左路，西至西环北街。沿线与舜王大道、站前西街、诸冯街相交。长 4.1 千米，宽 45 米。沥青路面，2009 年建成。相传为舜所居的地方，"一年而所居成聚，二年成邑，三年成都"，故名。两侧有舜都小学等。

舜井路 370782-K12
[Shùnjǐng Lù]

在市区中部。东起潍河，西至站前街。沿线与舜王大道、站前街相交。长 2.8 千米，宽 48 米，沥青路面。2009 年建成。此地旧有舜井，故名。两侧有恒阳热电厂、欧美尔家居等。

舜王大道 370782-K13
[Shùnwáng Dàdào]

在市区中部。南起潍河左岸，北至北环路。沿线与北环路相交。长 2.0 千米，宽 52 米，沥青路面。2002 年开工，2003 年建成。以道路经过舜王街道而得名。两侧有龙城中学、长运路桥公司等。

舜苑路 370782-K14
[Shùnyuàn Lù]

在市区中部。东起潍河，西至站前街。沿线与诸冯街、舜王大道、站前西街相交。长 3.0 千米，宽 47 米，沥青路面。2007 年建成。以靠近舜苑而得名。两侧有工业展览馆、兰凤工业园、欧美尔家居等。

和平北街 370782-K15
[Hépíng Běijiē]

在市区中部。北起北环路，南至密州东路。沿线与潍河沿河路、密州东路、北环路、四平路相交。长 1.1 千米，宽 56 米，沥青路面。2003 年开工，2004 年建成。以希望世界和平的美好愿望及位置而得名。两侧有博物馆、国税局、潍河公园。

和平街 370782-K16

[Hépíng Jiē]

在市区中部。北起密州东路，南至兴华东路。沿线与密州东路、繁荣东路、超然台路、人民东路、广场路、兴华东路相交。长 2.3 千米，宽 49.2 米，沥青路面。1979 年建成，1999 年、2008 年改扩建。以希望世界和平的美好愿望而得名。两侧有利群集团诸城购物广场、富泰大华酒店、人民商场、商业大厦、沧湾公园等。

历山路 370782-K17

[Lìshān Lù]

在市区中部。东起栗园街，西至站前街。沿线与沿河路、舜王大道、站前街相交。长 4.6 千米，宽 76 米，沥青路面。2007 年建成。以舜耕历山得名。两侧有诸冯小学、诸城市火车站、诸城市汽车站。

市场街 370782-K18

[Shìchǎng Jiē]

在市区中部。北起密州东路，南至兴华东路。沿线与密州东路、繁荣东路、超然台路、人民东路、广场路相交。长 2.1 千米，宽 27.4 米，沥青路面。1996 年开工，同年建成。因道路靠近龙城市场，故名。两侧有九龙商贸城、龙城市场、密州商城等。

超然台路 370782-K19

[Chāorántái Lù]

在市区中部。东起东武街，西至市场街。沿线与东武街、东关大街、和平街、西关大街、市场街相交。长 2.1 千米，宽 20.2 米，沥青路面。2009 年建成。原名北关路，因沿途修建苏轼旧迹超然台，故名。

东坡北街 370782-K20

[Dōngpō Běijiē]

在市区东北部。北起八里庄路，南至密州东路。沿线与八里庄路、兴贸路、北郊路、密州东路相交。长 1.6 千米，宽 17.6 米，沥青路面。2001 年建成。该路为东坡街北扩地段，故名。两侧有外贸公司、外贸招待所等。

东坡街 370782-K21

[Dōngpō Jiē]

在市区东部。北起密州东路，南至南环路。沿线与兴贸路、北郊路、密州东路、繁荣东路、人民东路、兴华东路、南环路相交。长 4.8 千米，宽 44.4 米，沥青路面。2007 年改扩建。因处东岭，故名。两侧有繁华高中、密州春大酒店、交通运输局等。

东武街 370782-K22

[Dōngwǔ Jiē]

在市区东部。北起密州东路，南至南环路。沿线与密州东路、繁荣东路、超然台路、人民东路、文化路、南环路相交。长 3.1 千米，宽 42.2 米，沥青路面。1995 年建成，2010 年改扩建。因是经过东武古城的南北大街，故名。两侧有密州路小学、华宇家具、鑫城购物广场等。

车站

诸城火车站 370782-R01

[Zhūchéng Huǒchē Zhàn]

铁路客货两用四等站。在诸城市区西北部经济开发区内。2001 年 10 月始建，2003 年 12 月建成。因所在政区而得名。占地面积 116 000 平方米，建筑面积 9 256 平方米。有道发线 4 条（含正线 1 条）、预留到发线 1 条。主要用于列车停靠、旅客乘降、货物承运等。

诸城汽车站 370782-S01
[Zhūchéng Qìchē Zhàn]

长途汽车客货两用一等站。在诸城市区西北部。2009年开工，2011年建成。因所在政区而得名。占地面积46 620平方米，建筑面积16 800平方米，站内停、发车场面积22 440平方米。设有发车位45~50个，有公交车、出租车运营场地和社会车辆停放场地。设143条营运线路、1 166个班次，日均客流量1万余人次，年客运量200万人。是青潍一体化的重要客运集散地，是山东半岛重要的公路客运枢纽站。

寿光市

城市道路

渤海路 370783-K01
[Bóhǎi Lù]

在市区中部。南起南环路，北至北环路。沿线与文圣街、文庙街、金光街相交。长4.3千米，宽29米，沥青路面。1973年开工，1978年建成。因寿光在渤海莱州湾，此街是寿光的中心街道，故名。两侧有全福元购物中心、全福元家电城、寿光市住房与城乡建设规划局等。通公交车。

圣城街 370783-K02
[Shèngchéng Jiē]

在市区中部。东起东环路，西至西环路。沿线与晨鸣路、黄海路、石马路、中心街、建桥路、金海路等相交。长8.1千米，宽29米，沥青路面。1984年、2001年、2002年改扩建。因仓颉墓在寿城，仓颉被称为圣人，故名。两侧有现代中学、寿光大酒店、全福元百货、世纪广场、凯德华

大酒店、商业大厦、通信商场、盛隆超市、晨鸣集团等。通公交车。

农圣街 370783-K03
[Nóngshèng Jiē]

在市区南部。东起圣城东街，西至西环路。沿线与金海路、银海路、渤海路、黄海路相交。长12.8千米，宽30米，沥青路面。1949年开工，1998年、2002年改扩建。为纪念农圣贾思勰而得名。两侧有青岛啤酒厂寿光公司、寿光市公路局、寿光市世纪学校、寿光市晨鸣大酒店。通公交车。

文圣街 370783-K04
[Wénshèng Jiē]

在市区北部。西起羊临路，东至羊田路。沿线与金海路、银海路、渤海路、黄海路相交。长2.0千米，宽24米，沥青路面。2001年开工，同年建成。相传文圣仓颉的墓在寿光，故名。两侧有寿光市汽车站、寿光市烈士陵园、寿光市人民医院、寿光市第一中学、寿光市圣地杂博城、寿光市软件园等。通公交车。

黄海路 370783-K05
[Huánghǎi Lù]

在市区西部。南起南环路，北至北环路。沿线与圣城西街相交。长4.7千米，宽24米，沥青路面。2001年开工，同年建成。因寿光临近黄海，故名。两侧有晨鸣三厂、金华汽修厂等。通公交车。

金光街 370783-K06
[Jīnguāng Jiē]

在市区北部。东起东环路，西至西环路。沿线与金海路、银海路、正阳路、渤海路相交。长7.7千米，宽15米，沥青路面。1983年开工，同年建成。取金光大道之意

命名。两侧有科技工业园、潍坊科技职业学院、东亚家具城、实验小学、时代广场。通公交车。

银海路 370783-K07
[Yínhǎi Lù]

在市区东部。南起农圣街，北至北环路。沿线与文圣街、金光街、圣城街、农圣街相交。长3.4千米，宽30米，沥青路面。1985年开工，同年建成。因路旁有多家金融单位而得名。两侧有工商银行、中国银行、文化广场、中百大厦、东亚家具城、寿光市慈善总会等。通公交车。

新兴街 370783-K08
[Xīnxīng Jiē]

在市区北部。东起东环路，西至菜都路。沿线与金海路、银海路、正阳路、渤海路相交。长3.4千米，宽12米，沥青路面。1983年开工，同年建成。取"日新月异、兴旺发达"之意命名。两侧有华侨中学、人民广场等。通公交车。

广场街 370783-K09
[Guǎngchǎng Jiē]

在市区北部。东起东环路，西至西环路。沿线与文圣街、金光街、圣城街、农圣街相交。长5.8千米，宽20米，沥青路面。1983年开工，同年建成。因在人民广场的北侧而得名。两侧有中百大厦、人民广场、百货大楼、西关市场、文家初中等。通公交车。

特色街巷

古槐路 370783-A01-L01
[Gǔhuái Lù]

在圣城街道中部。长1.2千米，宽7米，沥青路面。因路东侧为古槐公园而得名。

原为寿光市老城区重要交通道路，2004年重新修建，两侧保留了大量20世纪80年代建筑。通公交车。

桥梁

张建桥 370783-N01
[Zhāngjiàn Qiáo]

在寿光市区东部。桥长443米，桥面宽12.5米，最大跨度13米。1986年动工，2001年重建。因桥西侧为原张建桥村而得名。为大型河道桥梁，结构型式为钢筋混凝土空心板桥。最大载重量30吨。通公交车。

丹河桥 370783-N02
[Dānhé Qiáo]

在寿光市区东部。桥长140米，桥面宽30米。1990年建成，2004年中修，2008年大修。因所跨河流而得名。为大型河道桥梁，结构型式为钢筋混凝土板桥。担负城区道路干道交通任务，最大载重量30吨。通公交车。

王口弥河桥 370783-N03
[Wángkǒu Míhé Qiáo]

在寿光市区东南部。桥长228米，桥面宽38米，最大跨度14米，桥下净高5米。1991年建成，2009年改建。因在王家口子村东，故名王口弥河桥。为大型公路桥。通公交车。

港口

羊口港 370783-30-F-a01
[Yángkǒu Gǎng]

海港。在渤海莱州湾南岸，小清河入

海处。20 世纪 50 年代建成，1975 年、1978 年、2010 年、2011 年改扩建。有铁路专用线 5 000 多米，硬化货场 70 000 多平方米，库房 3 000 多平方米，小区货台 1 000 多平方米，生产生活辅助建筑物 7 000 平方米，各种机械装卸设备 40 余台（套），1 600 吨级过驳船一艘，港内供油、供水、供电设备齐全。港口核定通过能力为 228 万吨。日装卸能力 1 万吨，年吞吐能力 200 万吨，3 000 吨货轮（吃水在 4 米以下货轮）可承潮出入，4 500 吨船舶可通过过驳作业进出羊口港。

安丘市

城市道路

和平路 370784-K01
[Hépíng Lù]

在市区南部。西起央赣路，东至文化路。沿线与新安路、建安路、永安路、兴安路、潍安路、华安路、央赣路相交。长 5.8 千米，宽 24.0 米，沥青路面。1999 年开工，2007 年、2008 年、2011 年分段建成。以希望世界和平的美好愿望而得名。两侧有市气象局、市外贸食品有限公司、市运利食品有限公司、市立医院、市新汽车站等。通公交车。

华安路 370784-K02
[Huá'ān Lù]

在市区西部。南起南环路，北至汶河广场。沿线与向阳路、商场路、人民路、健康路、和平东路、南苑路、双丰大道相交。长 8.9 千米，宽 17.0 米，沥青路面。1991 年开工，2008 年、2009 年分段建成。取安丘繁华之意命名。两侧有安丘市东埠中学、安丘植物园、安丘市历史文化研究会、安丘市图书馆、安丘市中医院等。通公交车。

建安路 370784-K03
[Jiàn'ān Lù]

在市区西部。南起凯特路，北至规划路。沿线与向阳路、商场路、人民路、健康路、和平东路、南苑路、双丰大道、凯特路相交。长 6.7 千米，宽 14.0 米，沥青路面。1999 年开工，2006 年、2010 年分段建成，2009 年改建。取建设安丘之意命名。两侧有兴华学校、安丘二中南校区、白求恩医院、颐高电子商务城等。通公交车。

健康路 370784-K04
[Jiànkāng Lù]

在市区南部。西起华安路，东至新安路。沿线与建安路、永安路、兴安路、潍安路、华安路相交。长 4.4 千米，宽 10.0 米，沥青路面。1996 年开工，2002 年、2006 年、2009 年分段建成。因途经人民医院，取名健康路。两侧有安丘市第二实验小学、青岛市建筑设计院安丘分院、安丘市人民医院等。通公交车。

昆仑大街 370784-K05
[Kūnlún Dàjiē]

在市区中部。西起新安路，东至潍徐路。沿线与新安路、潍徐路相交。长 3.5 千米，宽 24.0 米，沥青路面。2010 年开工，同年建成。因昆仑山而得名。两侧有华安铁塔、盛瑞工业园等。通公交车。

莲花山路 370784-K06
[Liánhuāshān Lù]

在市区北部。西起云湖路，东至珠江路。沿线与新安路、汶水北路、建设路、锦湖北路相交。长 4.9 千米，宽 26.0 米。沥青路面。2001 年开工，2002 年、2012 年、2013 年分段建成。两侧有莲花山公园、人民医院、安丘市地税局、潍柴动力等。通公交车。

南苑路 370784–K07

[Nányuàn Lù]

在市区南部。西起华安路，东至下小路。沿线与华安路、潍安路、兴安路、永安路、下小路相交。长 3.1 千米，宽 28 米，沥青路面。1998 年开工，2000 年建成。因地处安丘城区以南，取名南苑路。两侧有天一酒店、育英中学、安丘市人力资源管理中心、南苑商贸城等。通公交车。

青云山路 370784–K08

[Qīngyúnshān Lù]

在市区北部。西起永安路，东至 206 国道。沿线与建安路相交。长 1.8 千米，宽 23.0 米，沥青路面。1998 年开工，1998 年、2007 年、2013 年分段建成。因此路通向青云山，故名。两侧有安丘市环境监测站、青云山广场等。通公交车。

商场路 370784–K09

[Shāngchǎng Lù]

在市区中部。西起华安路，东至下小路。沿线与建安路、永安路、兴安路、潍安路、华安路相交。长 3.3 千米，宽 36.0 米，沥青路面。1999 年开工，同年建成。因地处安丘商业繁华地带，故名。两侧有海天购物广场、安丘市工业干休所、体育场、安丘二中等。通公交车。

双丰大道 370784–K10

[Shuāngfēng Dàdào]

在市区南部。西起央赣路，东至东环路。沿线与 206 国道、金临路、文化路、新安路、建安路、永安路、兴安路、潍安路、华安路、央赣路相交。长 4.8 千米，宽 22.0 米，沥青路面。2004 年开工，2009 年、2012 年分段建成。以原双丰机械厂命名。两侧有农机公司等。通公交车。

潍徐路 370784–K11

[Wéixú Lù]

在市区北部。西起华安路，东至 206 国道。沿线与建安路、永安路、兴安路、潍安路、华安路相交。长 3.0 千米，宽 15.2 米，沥青路面。1997 年开工，2006 年、2009 年改扩建。此路从潍坊至徐州，经过安丘境内，故名。两侧有华安建筑公司、通用机械厂、天下客商贸城、三美思酿造公司等。通公交车。

向阳路 370784–K12

[Xiàngyáng Lù]

在市区中部。西起华安路，东至潍徐路。沿线与建安路、永安路、兴安路、潍安路、华安路相交。长 2.4 千米，宽 13.0 米，沥青路面。2008 年开工，同年建成。取阳光健康之意得名。两侧有新东方大酒店、安丘市机关幼儿园等。通公交车。

兴安路 370784–K13

[Xīng'ān lù]

在市区中部。南起双丰大道，北至长安路。沿线与向阳路、商场路、人民路、健康路、和平东路、双丰大道相交。长 4.5 千米，宽 27.0 米，沥青路面。1997 年开工，1997 年、2001 年、2009 年分段建成。取"兴盛发达"之意命名。两侧有安丘市人民法院、金帝购物广场、安丘市规划局、安丘市市立医院、兴安街道城北小学、安丘市工商局、安丘执法局等。通公交车。

学府路 370784–K14

[Xuéfǔ Lù]

在市区北部。西起新安路，东至锦湖路。沿线与建设路、明湖南路、新安路相交。长 1.5 千米，宽 19.0 米，沥青路面。2002 年开工，同年建成。以青云学府中学命名。

两侧有安丘市教育局、安丘市人民医院、安丘市人口计生局等。通公交车。

拥翠路 370784-K15
[Yōngcuì Lù]

在市区北部。东起云湖路,西至新安路。沿线与新安路、云湖路相交。长 1.8 千米,宽 19.0 米,沥青路面。2003 年开工,同年建成。因路过拥翠家园,故名。两侧有安丘市财政局、安丘市食品药品监督管理局、安丘市公路局、安丘市交通局、天地商业广场、安丘市广电中心。通公交车。

青云大街 370784-K16
[Qīngyún Dàjiē]

在市区东北部。东起环湖路,西至 206 国道。沿线与建设路、新安路、汶水南路相交。长 1.7 千米,宽 30 米,沥青路面。2002 年开工,同年建成。因安丘标志性景点青云山而得名。两侧有安丘市政府、安丘市公安局、安丘市住建局等。通公交车。

新安路 370784-K17
[Xīn'ān Lù]

在市区东部。北起坊子界,南至南苑路。沿线与昆仑大街、莲花山路、泰山街、青云大街、206 国道相交。长 9.6 千米,宽 28 米,沥青路面。2013 年开工,同年建成。寓意建设新安丘而得名。两侧有行政服务中心、消防大队等。

永安路 370784-K18
[Yǒng'ān Lù]

在市区南部。南起下小路,北至阳春街。沿线与南苑路、双峰大道相交。长 4.4 千米,宽 15.0 米,沥青路面。2006 年开工,同年建成。取"永安长久"之意命名。两侧有安丘市专利局、安丘市电商孵化中心、安丘市东埠中学、安丘植物园、安丘市历史文化研究会、安丘市图书馆、安丘市中医院等。通公交车。

桥梁

央赣路大汶河大桥 370784-N01
[Yānggànlù Dàwènhé Dàqiáo]

在安丘市区西部。桥长 526 米,桥面宽 26.5 米,最大跨度 20 米,桥下净高 6.8 米。2002 年动工,同年建成。因在央赣路,横跨大汶河,故名。为大型公路桥梁,结构型式为空心板梁式桥。最大载重量 20 吨。通公交车。

莲花山大汶河大桥 370784-N02
[Liánhuāshān Dàwènhé Dàqiáo]

在安丘市区北部。桥长 426 米,桥面宽 26 米,最大跨度 500 米,桥下净高 4.1 米。2013 年动工,同年建成。因在莲花山路,横跨大汶河,故名。为中型公路桥梁,结构型式为混凝土连续箱梁桥。担负城区干道交通任务,最大载重量 55 吨。

永安路大汶河大桥 370784-N03
[Yǒng'ānlù Dàwènhé Dàqiáo]

在安丘市区南部。桥长 486 米,桥面宽 30 米,最大跨度 500 米,桥下净高 5.4 米。2012 年动工,同年建成。因在永安路,横跨大汶河,故名。为中型公路桥梁,结构型式为混凝土连续箱梁桥。担负城区干道交通任务,最大载重量 55 吨。

新安路大汶河桥 370784-N04
[Xīn'ānlù Dàwènhé Qiáo]

在安丘市区东部。桥长 484.4 米,桥面宽 29.3 米,最大跨度 20 米,桥下净高 6.4 米。1994 年动工,同年建成。因在新安路,横跨大汶河,故名。为中型公路桥梁,结构型式为混凝土连续箱梁桥。担负城区干道交通任务，最大载重量 30 吨。通公交车。

潍安路大汶河桥 370784-N05

[Wéi'ānlù Dàwènhé Qiáo]

在安丘市区西部。桥长 531.6 米，桥面宽 21 米，最大跨度 18.3 米，桥下净高 4.3 米。1967 年动工，1968 年建成，1984 年加宽，2012 年重建。因在潍安路，横跨大汶河，故名。为大型公路桥，结构型式为钢筋混凝土空心板梁桥。最大载重量 30 吨。

高密市

城市道路

人民大街 370785-K01

[Rénmín Dàjiē]

在市区中部。西起古城路，东至胶济铁路。沿线与古城路、昌安大道、永安路、顺河路、利群路、健康路、夷安大道、梓潼路、祥云路相交。长 6.5 千米，宽 52 米，沥青路面。1959 年开工，1971 年后几经扩建。两侧有市水利局、迎宾饭店、东风商场等。通公交车。

凤凰大街 370785-K02

[Fènghuáng Dàjiē]

在市区中部。西起柳河大道，东至胶河大道。沿线与柳河大道、昌安大道、永安路、顺河路、利群路、梓潼路、家纺路、曙光路、月谭路相交。长 12.8 千米，宽 50.0 米，沥青路面。2008 年分段整修，2012 年改扩建。因高密有"凤凰城"之称而得名。两侧有星合大厦、市城西医院、向阳中学、新世纪家电城等。通公交车。

康成大街 370785-K03

[Kāngchéng Dàjiē]

在市区南部。西起柳河大道，东至胶河大道。沿线与柳河大道、豪迈路、古城路、石庵路、昌安大道、永安路、顺河路、利群路、健康路、夷安大道、梓潼路、家纺路、曙光路、月谭路、府东路、胶河大道等相交。长 12.8 千米，宽 70.0 米，沥青路面。2010 年开工，2011 年建成。因高密历史文化名人郑玄（字康成）而得名。两侧有康成中学、新闻大厦、天和商务楼、市法院、市检察院、文体公园等。通公交车。

夷安大道 370785-K04

[Yí'ān Dàdào]

在市区东部。北起济青高速公路，南至平安大道。沿线与百脉湖大街、站北街、站南街、文昌街、振兴街、镇府街、人民大街、立新街、凤凰大街、康成大街相交。长 15.8 千米，宽 70.0 米，沥青路面。1979 年开工，2014 年改建。因高密古称"夷安"而得名。两侧有糖厂、第二实验小学、人民医院、花园酒店等。通公交车。

百脉湖大街 370785-K05

[Bǎimàihú Dàjiē]

在市区北部。西起昌安大道，东至月谭路。沿线与昌安大道、顺河路、夷安大道、月潭路相交。长 3.5 千米，宽 76.0 米，沥青混凝土路面。2006 年开工，同年建成。此处原有百脉湖，后填湖造田，形成路，故名。两侧有顺达交通设施厂等。通公交车。

创业街 370785-K06

[Chuàngyè Jiē]

在市区中部。西起昌安大道，东至健康路。沿线与昌安大道、永安路、顺河路、利群路、健康路相交。长 1.8 千米，宽 34.0 米，混凝土路面。2009年开工，同年建成。以路两侧原是创业先进示范单位而得名。两侧有三角洲军马酒、美嘉电子等。通公交车。

醴泉大街 370785-K07
[Lǐquán Dàjiē]

在市区北部。西起西环城路，东至月潭路。沿线与富华路、徐新路、顺河北路、旗台路、旗东路、夷安大道相交。长2.4千米，宽68.0米。2012年建成。因醴泉街道而得名。两侧有醴泉工业园管理委员会、高密市天正保安服务公司、春华植物园、山东盛昊鞋业有限公司、蓝天物流配货等。通公交车。

站北街 370785-K08
[Zhànběi Jiē]

在市区北部。西起顺河路，东至夷安大道。沿线与顺河路、旗台路、夷安大道相交。长1.5千米，宽38.0米，混凝土路面。2006年建成。此路在火车站以北，故名。两侧有华能煤炭公司、瑞海食品公司等。通公交车。

文昌街 370785-K09
[Wénchāng Jiē]

在市区中部。东起家纺路，西至利群路。沿线与利群路、梓潼路、家纺路相交。长2.1千米，宽38.0米，混凝土路面。2010年建成。此街靠近高密市第一中学，有文学繁荣昌盛之意，故名。两侧有经贸商行、银鹰文昌中学等。通公交车。

立新街 370785-K10
[Lìxīn Jiē]

在市区中部。西起古城路，东至月潭路。沿线与西环城路、昌安大道、顺河路、利群路、化工路、家纺路、曙光路、月潭路、铁塔路相交。长3.9千米，宽40.0米，沥青路面。1979年开工，至2012年分段建成。因途经立新中学，故名。两侧有税务局、酿酒厂、地税局、审计局等。通公交车。

站南街 370785-K11
[Zhànnán Jiē]

在市区北部。东起夷安大道，西至顺河路。沿线与顺河路、百脉湖大街、利群路、健康路、夷安大道相连。长1.4千米，宽38.0米，混凝土路面。2006年建成。因在火车站南侧而得名。两侧有火车站、高密第一中学等。通公交车。

长丰街 370785-K12
[Chángfēng Jiē]

在市区中部。西起永安路，东至夷安大道。沿线与永安路、顺河路、利群路、健康路相交。长1.7千米，宽34.0米，沥青路面。1986年开工，1987年建成。因此路处于长丰社区而得名。两侧有城市管理局、舒特尔沙发厂等。通公交车。

振兴街 370705 K13
[Zhènxīng Jiē]

在市区中部。西起古城路，东至夷安大道。沿线与古城路、昌安大道、青年路、顺河路、利群路、健康路、夷安大道相交。长2.6千米，宽38.0米。2007年开工，同年建成。因此街两侧皆是商业网点，有振兴经济之意，故名。两侧有市古城中学、市药品检验所、市北关小学、市老干部党校、市商务局等。通公交车。

镇府街 370785-K14
[Zhènfǔ Jiē]

在市区中部。西起顺河路，东至梓潼路。沿线与顺河路、利群路、健康路、夷安大道、梓潼路、铁塔路相交。长2.7千米，宽34.0米。1973年开工，1974年建成。因此街靠近原高密镇，故名镇府街。两侧有烈士陵园、市福利公司、人民医院、市种子公司等。通公交车。

昌安大道 370785-K15
［Chāng'ān Dàdào］

在市区西部。南起康成大街，北至醴泉大街。沿线与振兴街、人民大街、立新街、凤凰大街、城南二街、康成大街、石庵路、密水大街相交。长5.3千米，宽38.0米，砼路面。此路地处西关社区，原名西关路，后取昌盛、平安之意更名。两侧有名门青少年文化宫、密水商场、高密市第五中学、昌安中学等。通公交车。

古城路 370785-K16
［Gǔchéng Lù］

在市区西部。南起石庵路，北至振兴街。沿线与振兴街、人民大街、立新街、凤凰大街、城南二街、康成大街相交。长2.3千米，宽38.0米，混凝土路面。2008年建成。因此路的北端为古城中学，故名。两侧有凤凰公园等。通公交车。

家纺路 370785-K17
［Jiāfǎng Lù］

在市区东部。南起康成大街，北至百脉湖大街。沿线与文昌街、振兴街、镇府街、人民大街、立新街、凤凰大街、康成大街相交。长4.3千米，宽38.0米，沥青路面。2013年建成。因途经孚日家纺公司而得名。两侧有银鹰化纤、万仁热电、孚日家纺等。通公交车。

利群路 370785-K18
［Lìqún Lù］

在市区中部。南起康成大街，北至站南街。沿线与站南街、老环城路、振兴街、镇府街、人民大街、立新街、凤凰大街、城南二街、康成大街相交。长3.3千米，宽49.0米，沥青路面。道路名称意为利泽群惠，即"让群众受益"。两侧有火车站、高密一中、财贸医院、维客购物商场、金马商城等。通公交车。

顺河路 370785-K19
［Shùnhé Lù］

在市区西部。南起康成大街，北至百脉湖大街。沿线与百脉湖大街、振兴街、人民大街、立新街、凤凰大街、城南二街、康成大街相交。长4.5千米，宽40.0米。混凝土路面。该路一侧为小康河，道路沿河而建，故称顺河路。两侧有小康河风景区、东风商场、时代广场、文化广场、大菜市场等。通公交车。

梓潼路 370785-K20
［Zǐtóng Lù］

在市区东部。南起康成大街，北至文昌街。沿线与文昌街、振兴街、镇府街、人民大街、立新街、凤凰大街、康成大街相交。长2.9千米，宽40.0米，混凝土路面。据传，元末，以乳山举子梓潼命名。两侧有文昌中学。通公交车。

车站

高密火车站 370785-R01
［Gāomì Huǒchē Zhàn］

铁路客货两用二等站。在市境北部。1901年建立。因所在位置而得名。站场规模为2个站台7条线，途经线路为胶济客运专线及胶济线，其中胶济客运专线日通过的客车199辆次，胶济线日通过客车36辆次，货车日通过175辆次。

高密汽车站 370785-S01
[Gāomì Qìchē Zhàn]

长途汽车客货两用二级客运站。在高密市夷安大道与朝阳大街东 100 米。1950 年 3 月设立，1994 年搬迁至利群路北首，2013 年迁至今址。总占地面积 36 亩，建筑面积 30 000 平方米，其中候车大厅 2 000 平方米，发车场 6 000 平方米。有发车位 55 个，运营跨省线路 3 条，跨区线路 18 条，跨县市线路 6 条，市内线路 25 条。日发班次 1 200 个，日运送旅客 1.5 万人次。为群众提供安全、便捷的公路运输出行方式。

昌邑市

城市道路

富昌街 370786-K01
[Fùchāng Jiē]

在市区北部。东起义山路，西至西环路。沿线与新昌路、奎聚路、解放路、天水路、北海路、都昌路、石化路等相交。长 6.2 千米，宽 34 米，沥青路面。1988 年开工，2001 年、2003 年、2005 年改扩建。取"富强昌盛"之意命名。两侧有财政局、疾控中心、第一实验小学、北海公园等。通公交车。

平安街 370786-K02
[Píng'ān Jiē]

在市区南部。东起东环路，西至 206 国道。沿线与滨河东路、滨河西路、新昌路、奎聚路、解放路、天水路、北海路、都昌路、石化路、西环路等相交。长 10.6 千米，宽 30 米，沥青路面。1994 年开工，1998 年、2002 年、2003 年改建。取平安通达之意命

名。两侧有文山中学、浩信集团、文化广场等。通公交车。

北海路 370786-K03
[Běihǎi Lù]

在市区西部。北起双石路，南至 206 国道。沿线与院校街、育新街、富昌街、利民街、交通街、平安街等相交。长 7.1 千米，宽 30 米，沥青混凝土路面。1975 年开工，1985 年、1996 年改建，2004 年扩建。原为农用路，由青年义务劳动整修，取名青年路，2006 年更名北海路。两侧有实验中学、人民医院、电力公司、交通运输局等。通公交车。

桥梁

金口大桥 370786-N01
[Jīnkǒu Dàqiáo]

在昌邑市区南部。桥长 646 米，桥面宽 24.3 米，桥下净高 5 米。2012 年动工，同年建成。因在围子街道北金家口村而得名。为大型河道桥梁，结构型式为单塔斜拉式桥。最大载重量 120 吨。通公交车。

临朐县

城市道路

民主路 370724-K01
[Mínzhǔ Lù]

在县城中部。北起粟北路，南至沂山路。沿线与粟北路、粟山路、弥河路、兴隆路、新华路、山旺路、朐山路、滨河西路、滨河东路、沂山路等相交。长 4.4 千米，宽 30.0 米，沥青路面。2001 年、2007 年分段

建成，2014 年改扩建。县人民政府驻此，取民主之意，故名。两侧有伟成大观园、水利局、电影院、滨河公园、沙滩公园、外国语学校、县直机关幼儿园等。

山旺路 370724-K02

[Shānwàng Lù]

在县城中部。西起临朐六中，东至骈邑路。沿线与站前路、龙泉路、文化路、民主路、骈邑路等相交。长 2.8 千米，宽 34.0 米，沥青路面。2013 年改扩建。因道路北侧有山旺化石博物馆而得名。两侧有临朐六中、糖尿病医院、山旺化石博物馆、临朐大酒店等。

兴隆路 370724-K03

[Xīnglóng Lù]

在县城中部。东起东阳路，西至西环路。沿线与站前路、龙泉路、文化路、民主路、骈邑路、滨河西路、东镇路、东阳路等相交。长 4.3 千米，宽 28~55 米，沥青路面。20 世纪 50 年代末建成，20 世纪 60 年代改建，1981 年、2010 年、2013 年扩建。取买卖兴隆之意命名。两侧有龙泉湖公园、全福元购物中心、东苑小学、文化公园、体育中心、创业大厦等。通公交车。

骈邑路 370724-K04

[Piányì Lù]

在县城中部。北起北环路，南至南环路。沿线与北环路、粟北路、粟山路、弥河路、兴隆路、新华路、山旺路、朐山路、朐阳路、沂山路、黄山路、南环路相交。长 6.4 千米，宽 40 米，沥青路面。明、清时已有此路，民国时期修整，1975 年、2011 年改扩建。临朐古名骈邑，故名。两侧有骨科医院、滨河公园、朐山公园、爱德医院、临朐中学等。通公交车。

沂山路 370724-K05

[Yíshān Lù]

在县城南部。东起东阳路，西至西环路。沿线与站前路、龙泉路、文化路、滨河西路、民主路、骈邑路、吕东路、嵩山路、东泰路相交。长 9.1 千米，宽 42 米，沥青路面。2008 年开工，2011 年建成。以旅游胜地东镇沂山命名。两侧有实验中学、黄龙公园、沙滩公园、县直机关幼儿园等。通公交车。

粟山路 370724-K06

[Sùshān Lù]

在县城北部。西起西环路，东至东阳路。沿线与西环路、站前路、龙泉路、文化路、民主路、骈邑路、东阳路等相交。长 7.8 千米，宽 30.0 米，沥青路面。1985 年扩建。因东邻粟山，故名。两侧有秦池酒厂、技工学校等。

粟北路 370724-K07

[Sùběi Lù]

在县城北部。西起西环路，东至东阳路。沿线与西环路、站前路、龙泉路、文化路、民主路、骈邑路、青年路、东阳路等相交。长 7.5 千米，宽 30.0 米，沥青路面。2013 年建成。因在粟山路以北而得名。两侧有临朐中学等。

朐阳路 370724-K08

[Qúyáng Lù]

在县城中部。西起民主路，东至东镇路。沿线与民主路、骈邑路、嵩山路、东环路、东镇路等相交。长 3.3 千米，宽 14.0~24.0 米，沥青路面。1989 年建成，2014 年改建。1988 年 5 月命名为朐阳街，2004 年因城区主要道路均以路为名，故更名为朐阳路。两侧有金成大酒店、外国语学校、海岳中学、朐山小学等。

弥河路 370724-K09
[Míhé Lù]

在县城北部。西起站前路，东至驸邑路。沿线与站前路、龙泉路、文化路、民主路、驸邑路等相交。长 2.2 千米，宽 30 米，沥青路面。1987 年始建，2001 年、2011—2013 年改扩建。以临朐境内主要河流弥河命名。两侧有第二实验小学、东沂勘察设计研究院、北苑中学等。

龙泉路 370724-K10
[Lóngquán Lù]

在县城中部。北至北环路，南至南环路。沿线与华特路、粟山路、弥河路、兴隆路、新华路、山旺路、工业街、朐山路、沂山路、黄山路、南环路等相交。长 6.5 千米，宽 30~50 米，沥青路面。1985 年建成。因北首东侧有龙泉湖而得名。两侧有县委党校、山东省轻工工程学校临朐分校、奇石博物馆、伟成大酒店等。

滨河东路 370724-K11
[Bīnhé Dōnglù]

在县境北部。北起烈士陵园，南至沂山路。沿线与陵园路、驸邑路、民主路、沂山路相交。长 1.9 千米，宽 20.0 米，沥青路面。2008 年开工，2014 年分段建成。因在弥河以东而得名。两侧有朐山烈士陵园、滨河公园。

巨洋路 370724-K12
[Jùyáng Lù]

在县境中部。东起冶源水库大坝，西至米山路。沿线与临九路相交。长 3.9 千米，宽 32.0 米，沥青路面。1997 年开工，同年建成。因该道路紧邻冶源镇巨洋湖而得名。通公交车。

府前街 370724-K13
[Fǔqián Jiē]

在县境北部。西起弥河源湿地公园，东至泰薛路。沿线与泰薛路相交。长 0.5 千米，宽 12.0 米，沥青路面。2012 年开工，同年建成。因在九山镇人民政府门前而得名。两侧有弥河源湿地公园等。通公交车。

纪山路 370724-K14
[Jìshān Lù]

在县境东部。北起后疃村，南至南环路。沿线与柳山路相交。长 1.2 千米，宽 14.0 米，沥青路面。1985 年开工，2007 年改扩建。以当地自然地理实体命名。两侧有万聚楼宾馆、皇家摄影等。通公交车。

桥梁

沂山大桥 370724-N01
[Yíshān Dàqiáo]

在临朐县城南部。桥长 220 米，桥面宽 34 米，最大跨度 34 米，桥下净高 6.8 米。2010 年动工，2012 年建成。因坐落于沂山路而得名。为大型河道桥梁，结构型式为连续钢构桥。最大载重量 30 吨。通公交车。

兴隆大桥 370724-N02
[Xīnglóng Dàqiáo]

在临朐县城中部。桥长 220 米，桥面宽 34 米，最大跨度 34 米，桥下净高 6.3 米。2010 年动工，2012 年建成。因处兴隆路而得名。为大型河道桥梁，结构型式为箱梁桥。最大载重量 30 吨。通公交车。

朐山大桥 370724-N03
[Qúshān Dàqiáo]

在临朐县城中部。桥长 352.5 米，桥面宽 17 米，最大跨度 12.5 米，桥下净高 5.9 米。1985 年动工，1986 年建成。因坐落于胸山脚下而得名。为大型河道桥梁，结构型式为梁式桥。最大载重量 30 吨。通公交车。

车站

临朐县长途汽车站 370724-S01
[Línqú Xiàn Chángtúqìchē Zhàn]

长途客运汽车站。在县境北部。2005 年 1 月开工，2008 年 9 月建成。因所在政区而得名。设置 10 个售票窗口、24 个检票口和 48 个发车位。总占地面积 7.5 万平方米，建筑面积 1.5 万平方米。设计日发送旅客能力 2 万人次，现有营运线路 62 条，辐射省内外 48 地市，日发班次 780 个，日均发送旅客 5 600 人次。是临朐县最主要的客运集散中心。

昌乐县

城市道路

利民街 370725-K01
[Lìmín Jiē]

在县城中部。东起首阳山路，西至北海路。沿线与首阳山路、方山路、新昌路、故城路、宝昌路、青年路、北海路相交。长 5.4 千米，宽 20 米，沥青路面。1959 年建成，1981 年、1995 年、1997 年、1998 年改扩建。取有利于民意而得名。两侧有百货大楼、昌乐县人民医院、昌乐县人民政府等。通公交车。

首阳山路 370725-K02
[Shǒuyángshān Lù]

在县城东部。北起昌大路，南至宝通街。

沿线与新城街、站北街、站前街、利民街、潍昌路、孤山街、恒安街、昌盛街、洪阳街相交。长 10.3 千米，宽 24 米，沥青路面。2002 年建成。因东临首阳山，故名。两侧有首阳山国家森林公园、盛泰药业、福利龙肥业有限公司、世纪阳光集团、矿机国际集团、潍坊海特塑胶有限公司、建设三区物流园管委会等。通公交车。

永康路 370725-K03
[Yǒngkāng Lù]

在县城中部。北起利民街，南至流泉街。沿线与利民街、孤山街、恒安街、东山街、昌盛街、洪阳街、一中街相交。长 2.6 千米，宽 12 米，沥青路面。2008 年开工，同年建成。取"永远安康"之意命名。两侧有昌乐实验小学、特师附属小学、世纪东方国际幼儿园等。

一中街 370725-K04
[Yīzhōng Jiē]

在县城东部。东起永康路，西至惠民路。沿线与永康路、方山路、惠民路相交。长 0.7 千米，宽 16 米，沥青路面。2010 年开工，2011 年建成。因途经昌乐一中而得名。两侧有体育公园。

三和街 370725-K05
[Sānhé Jiē]

在县城西部。东起青年路，西至北海路。沿线与青年路、北海路相交。长 1.5 千米，宽 12 米，沥青路面。2007 年改扩建。因在宝都街道三和社区以南而得名。

昌盛街 370725-K06
[Chāngshèng Jiē]

在县城中部。东起首阳山路，西至北海路。沿线与首阳山路、永康路、方山路、文化路、新昌路、湖滨路相交。长 4.5 千米，宽 32 米，沥青路面。2008 年开工，同年建成。因吉祥嘉言而得名。两侧有农贸城、清林园酒店、昌乐县汽车站、昌建大厦。

洪阳街 370725-K07

[Hóngyáng Jiē]

在县城北部。东起首阳山路，西至湖东巷。沿线与永康路、方山路、惠民路、健民路相交。长 0.4 千米，宽 12 米，沥青路面。2008 年开工，2009 年建成。"洪"本义指水，"阳"指阳光；此街起止点分别有阳、水，故名。两侧有市民服务中心、市民体育公园。

惠民路 370725-K08

[Huìmín Lù]

在县城中部。北起昌盛街，南至流泉街。沿线与昌盛街、洪阳街、一中街、流泉街相交。长 0.9 千米，宽 12 米，沥青路面。2012 年开工，2014 年建成。该路为周边居民出行提供方便，且西侧是全县最大的健身广场，很多居民都来此锻炼身体，故名。两侧有便民服务中心。

健民路 370725-K09

[Jiànmín Lù]

在县城中部。北起昌盛街，南至流泉街。沿线与昌盛街、洪阳街、流泉街相交。长 0.9 千米，宽 12 米，沥青路面。2008 年开工，2009 年建成。靠近市民文化体育广场，以市民健身、健康之意命名。两侧有市民体育公园、交通运输局等。

流泉街 370725-K10

[Liúquán Jiē]

在县城南部。东起首阳山路，西至新昌路。沿线与永康路、方山路、新昌路相交。长 3.4 千米，宽 24 米，沥青路面。2008 年开工，2013 年建成。以靠近流泉村而得名。

文化北路 370725-K11

[Wénhuà Běilù]

在县城北部。北起龙角街，南至科技街。沿线与石家庄街、科技街、龙角街、新城街相交。长 0.7 千米，宽 12 米，沥青路面。2008 年开工，2009 年建成。因沿途多教育培训等机构及道路位置而得名。两侧有盛世热电。

文化路 370725-K12

[Wénhuà Lù]

在县城中部。北起站前街，南至昌盛街。沿线与利民街、孤山街、恒安街、昌盛街相交。长 1.8 千米，宽 18 米，沥青路面。1969 年开工，1970 年建成。因沿途有很多教育培训等机构而得名。两侧有邮政局、翰林幼儿园。

新城街 370725-K13

[Xīnchéng Jiē]

在县城北部。东起首阳山路，西至北海路。沿线与首阳山路、方山路、新昌路、宝昌路、工业园路、北海路相交。长 5.6 千米，宽 104 米，沥青路面。1960 年开工，1961 年建成。因为附近有新城中学而得名。两侧有中国宝石城、亿克拉国际宝石之都、阳光大厦、温泉酒店、昌乐经济开发区管委会、传媒集团、亿丰五金机电建材城等。

故城街 370725-K14

[Gùchéng Jiē]

在县城中部。北起站前街，南至孤山街。沿线与利民街相交。长 0.8 千米，宽 15 米，沥青路面。1954 年开工，1985 年重修，2009 年改建。因该路是古城老街，故名。两侧有北关幼儿园、昌乐县立医院、昌乐县府机关幼儿园等。

工业园路 370725-K15
[Gōngyèyuán Lù]

在县城北部。北起营丘街，南至站北街。沿线与营丘街、新城街、昌明街、站北街相交。长 1.3 千米，宽 16 米，沥青路面。2008 年开工，2009 年建成。因在工业园附近而得名。两侧有腾飞焊接职业培训学校等。

永福路 370725-K16
[Yǒngfú Lù]

在县城南部。北起宝通街，南至永顺街。沿线与宝通街、永顺街相交。长 3 千米，宽 10 米，沥青路面。2000 年开工，2002 年建成。以永远幸福的美好寓意而得名。两侧有华明电子、华一饮料、前卫塑料、利得包装、城南小学等。

新昌路 370725-K17
[Xīnchāng Lù]

在县城中部。北起新城街，南至宝通街。沿线与站北街、站前街、利民街、孤山街、恒安街、东村街、昌盛街、洪阳街、流泉街相交。长 6 千米，宽 24 米，沥青路面。1977 年开工，1978 年建成。因是昌乐新城城区道路而得名。两侧有火车站、百盛喜庆家居、新昌医院等。

宝昌路 370725-K18
[Bǎochāng Lù]

在县城北部。南起新城街，北至石家庄街。沿线与石家庄街、大沂路、英轩街相交。长 3.3 千米，宽 50 米，沥青路面。2004 年开工，2005 年建成。以吉祥嘉言命名。两侧有阳光概念包装产业园、英轩重工。

孤山街 370725-K19
[Gūshān Jiē]

在县城中部。东起首阳山路，西至宝昌路。沿线与首阳山路、永康路、方山路、文化路、新昌路、宝昌路相交。长 3.1 千米，宽 18 米，沥青路面。2004 年开工，同年建成。因该路连接孤山，故名。两侧有蓝宝商务大厦、昌乐潍坊银行、中国银行。

恒安街 370725-K20
[Héng'ān Jiē]

在县城中部。西起宝昌路，东至首阳山路。沿线与首阳山路、永康路、方山路、文化路、新昌路、宝昌路相交。长 2.9 千米，宽 24 米，沥青路面。1998 年开工，同年建成。取百姓永远安康之意命名。两侧有西湖小学、温州商城、义乌商品城、东山商城、民政大厦等。

湖滨路 370725-K21
[Húbīn Lù]

在县城中部。北起恒安街，南至昌盛街。沿线与恒安街、东村街、昌盛街相交。长 0.8 千米，宽 24 米，沥青路面。2010 年开工，2011 年建成。因该路濒临西湖，故名。两侧有北大公学、丹河公园等。

青年路 370725-K22
[Qīngnián Lù]

在县城西部。南起新城街，北至昌乐蓝色经济产业园。沿线与新城街、营丘街相交。长 0.7 千米，宽 36 米，沥青路面。2005 年开工，同年建成。取如青年一样有朝气有干劲而得名。两侧有东信汽车园、亚迪机械等。

三和街 370725-K23
[Sānhé Jiē]

在县城西部。东起青年路，西至北海路。沿线与北海路相交。长 1.5 千米，宽 12 米，沥青路面。2005 年开工，2006 年建成。该路在宝都街道三和社区以南，以地理位置命名。

方山路 370725-K24

［Fāngshān Lù］

在县城中部。北起新城街，南至宝通街。沿线与站北街、站前街、利民街、孤山街、恒安街、昌盛街、洪阳街、一中街、流泉街相交。长 5.9 千米，宽 29 米，沥青路面。1980 年扩建，2012 年重修。两侧有宝石城、七彩大市场、昌建大厦、昌乐汽车总站、盛源热力有限公司等。通公交车。

特色街巷

步行街 370725-A01-L01

［Bùxíng Jiē］

在宝都街道中部。长 0.8 千米，宽 20 米，瓷砖路面。此街为步行商场街，故名。沿街有中国铁通、中国邮政储蓄、春堂八宝步行街店、青少年宫、嘉苑音乐学校等。

车站

昌乐站 370725-R01

［Chānglè Zhàn］

铁路客货两用二等站。在县城北部。1903 年开工，1940 年建成，2010 年重建。因所在政区而得名。有站台 2 座，到发线 9 条，日均发送旅客 300 余人，年货运量 240 万吨。主要作用为运输旅客和发放货运。

昌乐汽车站 370725-S01

［Chānglè Qìchē Zhàn］

长途汽车客货两用二等站。在县城东南部。1994 年 10 月与昌乐县联运公司合并，2008 年 11 月迁至现址。因所在政区而得名。有售票、候车大厅 1 个。始发班次 323 个，过往班次 4 个，平均日旅客发运量 6 000 人，年旅客发送量达 220 万人次。是昌乐县的客运集散中心。

四 自然地理实体

潍坊市

河流

白浪河 370700-22-A-a01
[Báilàng Hé]

外流河。在潍坊市中部。原名叫白狼河，传说上天为了惩戒孟家不孝之子玉郎（白眼狼）而涌泉成河，后演称白浪河。发源于昌乐县大鼓山，流经坊子区、潍城区、奎文区和寒亭区，经寒亭区央子街道流入渤海莱州湾。全长127千米，平均宽度8~12千米。白浪河系常年性河流，水期50天左右。库区上游建有中型水库1座、小型水库25座。已打造成集景观之河、文化之河、商业之河于一体的综合性园林景区。

虞河 370700-22-A-a02
[Yú Hé]

外流河。在潍坊市中部。汉代称利渔河，元代上游称东虞河，后演称今名。发源于坊子区灵山，流经坊子、奎文、寒亭三个行政区入渤海。全长70千米，河床宽30~70米，平均宽度60米，流域面积889平方千米，最大流量567立方米/秒。河流沿岸从南至北依次建成九龙问源、虞水帆影、石桥激玉、江山多娇、慧泉金湾、乐道钟声、康桥水岸、九州方圆、虞河古道、北宫春早、玉清烟晓、踏雪寻梅等虞河上游主题景区，把沿河两岸社区公共服务设施串联起来，将水景、园林与社区生活、文化艺术融为一体，形成了珍珠项链式的城市风景带。虞河是潍坊城区主要的污水排放干道之一，上游基本干涸，下游水深0.5~1米，不具备通航能力，下游污染较为严重，河流水质较差。主要水文站有羊角沟水文站、董家水位站。主要支流有涅河、阜康河、瀑沙河、夹沟河等。

弥河 370700-22-A-a03
[Mí Hé]

外流河。在潍坊市西部。《国语》称"具水"，《后汉书》作"沫水"，晋袁宏称"巨昧"，南朝宋王韶之称"巨蔑"，《唐书》称"米河"，《齐乘》作"洱河"，清顾炎武称"胸弥"，今称弥河。发源于临朐沂山西麓天齐湾，流经临朐县、青州市、寿光市，于广陵乡南半截河村分为3股入渤海。其中东北流的一股，河槽较为宽广，为弥河主河道，经寿光北宋岭东纳丹河，至潍坊市寒亭区央子港入海。其余两股为弥河入海岔流，均由南半截河村北流入海。全长201千米，平均宽度20米，流域面积3 320平方千米。河流级别为2级，不具备通航能力。主要支流有东张僧河、西张僧河、丹河。

汶河 370700-22-A-a04
[Wèn Hé]

外流河，潍河支流。在潍坊市东南部。因源出于百丈崖瀑布的桑泉，且桑泉水古称汶水，故名。发源于临朐县沂山东麓，流经临朐、昌乐、安丘、坊子，至小沼于家东北注入潍河。全长 122 千米，流域面积 1 706 平方千米。河流汛期为 7、8 月份。河流等级 1 级。水质三类。对农业灌溉和排涝防洪起到了很大作用。多鲫鱼、鲤鱼、草鱼等鱼类。不具备通航能力。主要支流有渭水河、曹村河、沸溪河。

大汶河 370700-22-A-a05
[Dàwèn Hé]

外流河。在潍坊市南部。古称汶水，后称为大汶河。发源于沂山北麓，经临朐、安丘、昌乐，注入潍河，最后流至渤海莱州湾。全长 165 千米，干流长 110 千米，平均宽度 80 米，流域面积 1 873 平方千米，多年平均径流量 260 立方米／秒。河流汛期 6~9 月。河流水质中等。沿河流建设拦河坝 5 处，建设水库 3 座，建设提水站、引水闸等灌溉建筑物。多鲫鱼、鲤鱼、草鱼等鱼类。不具备通航能力。为防汛抗洪主干道。主要支流有大盛河、鲤龙河、温泉河、大路河、凌河、墨溪河。

大于河 370700-22-A-a06
[Dàyú Hé]

外流河，白浪河支流。在潍坊市中部。发源于昌乐县方山交子山东麓，流经昌乐、潍城、寒亭，于高里镇汇入白浪河。干流全长 45 千米，流域面积 279 平方千米。该河上游为山丘区，河谷窄深，坡度较陡，蜿蜒曲折如羊肠状，下游河槽变宽，坡度变缓，属季节性山洪河道，汛期暴涨陡落，平时涓涓细流，旱时干涸。是一条集生态湿地、休闲娱乐、历史文化于一体的自然生态之河。

渑河 370700-22-A-a07
[Yàn Hé]

外流河，白浪河支流。在潍坊市北部。相传伯夷、叔齐是商末孤竹君的两个儿子，孤竹君遗命要立次子叔齐为继承人。孤竹君死后，叔齐让位给兄长伯夷，伯夷不受，叔齐也不愿登位，先后都逃到周国。后来兄弟二人在首阳山不期而遇，跪在一块大石头上相抱而哭。二人的泪水不断地淌下来，流到石窝里，渐渐成了一条河，名跪河，后人讹作渑河。发源于昌乐县方山和胶子山，流经昌乐县、寿光市、寒亭区，于寒亭区央子街道河北岭子村东入白浪河。全长 57 千米，宽度 18 米，流域面积 376 平方千米，径流量 123 立方米／秒。河流汛期为 7、8 月份。河流水质中等。多鲫鱼、鲤鱼等鱼类。上游基本干涸，下游水深 0.5~1.5 米，不具备通航能力。主要支流有青龙沟、白杨河、小河子。

夹沟河 370700-22-A-a08
[Jiāgōu Hé]

外流河。在潍坊市北部。该河原是排水小沟，顺流水势逐渐增大，河床渐宽，故称夹沟河。发源于坊子区涌泉镇风埠顶东侧胡家庄东，流经坊子区、寒亭区、昌邑市，入丰产河。全长 30 千米，宽度 35 米。总流域面积 152 平方千米，径流量 80.6 立方米／秒。河流汛期为 7、8 月份。河流水质较差。水深 0.3~0.5 米，不具备通航能力。主要支流有富康河。

浞河 370700-22-A-a09
[Zhuó Hé]

外流河。在潍坊市东部。寒亭系夏朝古寒国，相传寒浞封于此地，故取名寒浞河，后简称浞河。发源地有两处：一处是西浞河，发源于潍坊市坊子区车留庄乡常令公山西坡；另一处是东浞河，发源于坊子区涌泉南赵庄，流经坊子区、奎文区、寒亭区、昌邑市，注入虞河。全长 33 千米，平均宽度 50 米，流域面积 200 平方千米，流量 140 立方米／秒。河流汛期为 7、8 月份。

河流水质中等。多鲫鱼、鲤鱼等鱼类。水深 0.5~3 米，不具备通航能力。主要支流有张面河。

潍河 370700-22-A-a10
[Wéi Hé]

外流河。在潍坊市东南部。因发源于潍山，古称潍水，后称潍河。其源头有二：南源出自沂水县东北屋山；北源出自沂水县东北潍山（箕山），流经沂水、莒县、五莲、诸城、高密、安丘、坊子、寒亭、昌邑，汇入渤海。全长 246 千米，流域面积 6 367 平方千米。河流汛期为 7、8 月份。水质三类。多鲫鱼、鲤鱼、草鱼等鱼类。不具备通航能力。主要支流有汶河、渭河。

渠河 370700-22-A-a11
[Qú Hé]

外流河。在省境东南部。渠河，古称浯水，因此河后由一条渠道冲击加宽后成河，故称渠河。发源于临朐县沂山镇大官庄村，流经临朐县、沂水县、安丘市、诸城市、峡山区 5 个县市区，于峡山区郑公街道峡山水库入潍河。全长 103 千米，潍坊市境内长度为 94.5 千米，流域面积 1 060.6 平方千米。由三段组成：一是古浯水河道大段（古河村以下的河段除外），二是加上古荆水河道一半（都吉台村以上河段除外），三是再加上古河村到都吉台村的那段 12 华里的人工开挖渠道。有荆河、店子河、闸河、老子河等支流。

丹河 370700-22-A-a12
[Dān Hé]

外流河。在潍坊市西部。传说古代此地盛产丹鱼，故名。西丹河发源于临朐县境内，自南向北流经临朐、昌乐、寿光、滨海经济技术开发区四县（市、区）入渤海。潍坊境内长 22 千米，平均宽度 20 米，

境内流域面积 522 平方千米，防洪流量 337 立方米 / 秒。昌乐以上河段为山区型河道，寿光以下河段为平原型河道。河流水质较差。水深 0.3~10 米，不具备通航能力。主要支流有康河、尧河。

北胶莱河 370700-22-A-a13
[Běi Jiāolái Hé]

外流河。在潍坊市东部。是在古代胶水的基础上开挖所成，故名。发源于姚家村分水岭北麓，流经平度、高密、昌邑、莱州，入莱州湾。全长 100 千米，平均宽度 30 米，流域面积 3 978.6 平方千米。河流水质中等。水深 0.3~1 米，不具备通航能力。主要支流有小辛河、小康河、柳沟河、五龙河、官河、北胶新河等。

北胶新河 370700-22-A-a14
[Běijiāoxīn Hé]

外流河。在潍坊市西部。自 1975 年至 1978 年在距北胶莱河南岸约 10 千米处新开排涝河道一处，新开挖河道形成后命名为北胶新河。发源于小辛河，流经昌邑、高密，于昌邑市流河村入北胶莱河。潍坊境内长 75.7 千米，平均宽度 70 米，流域面积 784.1 平方千米。河流级别为一级。河流水质一般。北胶新河两岸建成了滨河休闲区和人工潜流湿地区。水深 1~2.5 米，不具备通航能力。

洪沟河 370700-22-A-b01
[Hónggōu Hé]

内陆河。在潍坊市南部。因河流上游含红砂，故得名洪沟河。源于安丘市兴安街道劈雷山，流经坊子区，汇入峡山水库。全长 50 千米，流域面积 356.60 平方千米。主要作用为灌溉、防汛。

寒亭区

河流

利民河 370703-22-A-a01
[Lìmín Hé]

外流河。在寒亭区东北部。该河为排涝河道，因沿河洼地每到雨季积涝成灾，1964 年开挖此河后，变害为利，故称利民河。发源于寒亭区固堤街道东横沟村东南 2.5 千米处，流经固堤街道、央子街道、潍北农场，由央子街道西利渔村东北入虞河。全长 18.2 千米，平均宽度 35 米，流域面积 89 平方千米，径流量 51.4 立方米／秒。河流汛期为 7、8 月份。水质中等。多鲫鱼、鲤鱼、草鱼等鱼类。水深 0.3~1.2 米，不具备通航能力。

坊子区

山

灵山 370704-21-E01
[Líng Shān]

在省境东部，坊子区西南部。北至石泉子村、霸王泉村，东至霸王泉村、石泉子村，南至石泉子村（区界），西至石泉子村。南北走向。原名塔山。据史料记载，灵山上曾建有隋末农民起义领袖窦建德的庙，称窦王庙。建庙前，地方官吏带众人查看地形，勘选建庙地点，定在塔山南边的大山上。第二天，工匠们登上大山之顶，望见塔山高出大山一半，惊讶之余，感叹塔山之灵，遂将庙址移至塔山之巅，塔山遂改称灵山。一般海拔 150 米，最高海拔 212 米。主峰灵山。为古生界寒武系早古生代寒武纪灰质岩层。顶部岩石裸露，西北坡植有松柏、刺槐，下部已垦为农田。有公路经此。

峡山 370704-21-G01
[Xiá Shān]

在省境东部，坊子区西南部。因此山山势多成斜形，故名斜山，因"斜"字古音读"xiá"，故 1958 年修水库时改名峡山。海拔 171.1 米。以奇石而出名，山体嶙峋，山峰陡峭，东坡山脚处有泉眼，泉水清澈见底。有公路经此。

青州市

山

云门山 370781-21-E01
[Yúnmén Shān]

在省境中部，青州市南部。东邻郭家桥村，南接南环路，西连驼山，北与东夷文化广场为界。东西走向。因主峰上有"通穴如门"，自山阴直穿山阳，夏秋时白云缭绕，穿洞而过，故名。最高海拔 421 米。主峰大云顶。山南面摩崖有石窟五座，雕佛像 272 尊。山北面有万春洞，雕有陈抟卧像，为明嘉靖年间所凿。崖壁有古今名人题刻多处，主峰北壁有明代雕刻"寿"字，字高 7.5 米，宽 3.7 米。有山门牌坊、望寿阁、观寿亭、三元殿、天仙玉女祠、东西阆风亭等建筑。山体植被以柏树为主。有公路经此。

驼山 370781-21-E02
[Tuó Shān]

在省境中部，青州市西南部。东邻云门山，南接南环路，西连郑家庄村，北与

四　自然地理实体

凤凰山西路为界。南北走向。山形远望似卧驼，因而得名。最高海拔 408 米。主峰东南悬崖有石窟 5 座，摩崖造像 1 处，共计佛像 638 尊。驼山山顶有一处古建筑群，称昊天宫。石灰岩结构。植被以柏树为主，森林覆盖率 89.15%，古树 5 000 余株。

玲珑山 370781-21-E03
[Línglóng Shān]

在省境中部，青州市西南部。东邻马鞍山，南接南镇头村，西连后黄马村，北与井塘村为界。南北走向。清初因玲珑剔透而得名。最高海拔 567 米。山阴白驹谷和山顶通天洞口有北魏郑道昭题刻。有观音洞、串心洞、仙室洞、通天洞等。瑶台和玉皇顶最高，中隔废天桥东西相望，瑶台王母行宫内存清初魏世明《游北峰山记》石刻。石灰岩结构。植被以侧柏、混交林为主，兼有灌草丛，有刺槐、山楂树、柿子树、杏树等 20 多种树木。

劈山 370781-21-E04
[Pī Shān]

在省境中部，青州市西南部。东邻潍坊理工学院，南接广福寺，西连寨子村，北以南环路为界。东西走向。因顶有劈峰，故名。最高海拔 546.9 米。山体为石灰岩结构。山阳植侧柏，山下有枣树、杏树、柿子树等。产丹参、远志等中草药。

尧王山 370781-21-E05
[Yáowáng Shān]

在省境中部，青州市西南部。东邻莲花山路，南接黑山路，北与沈家营村为界。东西走向。旧称尧山，后演称尧王山。一般海拔 250 米，最高海拔 334.2 米。有摩崖造像五龛，佛像 40 尊。植被以松柏为主。

仰天山 370781-21-E06
[Yǎngtiān Shān]

在省境中部，青州市西南部。东邻安家庄，南接马鞍山，西连锯齿崖，北与双崮对为界。南北走向。因山中千佛洞"一窍仰穿，天光下射"，故名仰天山。最高海拔 834 米。有黑龙洞、千佛洞、卧牛洞、仙人洞等景点，仰天寺、望月亭、文殊阁等建筑。山体为石灰岩结构。绿化面积达 90%。有玫瑰、侧柏、山楂、红叶等木本植物。是山东省石灰岩山地保存树种最多的地点之一。

唐赛儿寨 370781-21-E07
[Tángsàir zhài]

在省境中部，青州市西南部。东邻泰和山风景区，南接局子峪村，西连青州临淄界，北以孙家岭村为界。东西走向。明永乐十八年（1420），蒲台民林三之妻唐赛儿者创修此寨，而山因以名焉。最高海拔 786 米。为唐赛儿起义根据地，今遗址尚存。山体为石灰岩结构。主要植被有柏树、山楂、柿子等。

潭溪山 370781-21-E08
[Tánxī Shān]

在省境中部，青州市西南部。西与淄博市接壤，北与南寨相连。因山谷多小溪，积水成潭，故名潭溪山。最高海拔 814 米。主峰皇姑顶。有昭阳洞、升仙桥、美人峰、蜡烛台、将军祠等名胜古迹。山体为石灰岩结构。产木材、山果、中草药等。有公路经此。

逄山 370781-21-E09
[Páng Shān]

在省境中部，青州市南部。西、北两面有石河环绕，南接方山。东西走向。因

491

逄伯陵始封于逄，后改封于齐，犹称逄公，山因此得名。最高海拔 495.7 米。名胜古迹有逄公祠。山体为石灰岩结构。产青石、木材、中草药及山楂、柿子等。山阴柏树成林，山阳荆棘丛生。

雀山 370781-21-E10
[Què Shān]

在省境中部，青州市西部。东邻玄武山，南接青凉山，西连刁庄，北与平顶山为界。东西走向。因主峰色、形如雀，故名。最高海拔 528 米。主峰文笔峰。有石质人工巨型"文笔"残迹，文昌阁遗址等。有墨盒泉、巫泉、白云洞、老虎洞、迷惑洞、玉石洞，山顶有文昌阁遗址。山体为石灰岩结构。侧柏覆盖率为 80%，山西有林地、果园及梯田，产山楂、苹果等。

黑山 370781-21-E11
[Hēi Shān]

在省境中部，青州市西北部。东邻前河村，南接金斗山，西连蛤蟆山，北以王家辇村为界。东西走向。因其他山石皆青，此山独黑如墨，故名。最高海拔 450 米。主峰墨峰。有文昌阁、玉皇阁，并存清代重修碑记四块。山北有红丝石洞、七星洞、白衣大士洞、对门洞等六个洞穴。红丝石洞出红丝石，为制砚良材。山体为石灰岩结构。山北遍植侧柏，山阳刺槐成片。产酸枣、远志、丹参、黄花等 14 种中药材。

金斗山 370781-21-E12
[Jīndǒu Shān]

在省境中部，青州市西部。东邻王子山，南接月阳山，西连玄武山，北与黑山为界。东西走向。因主峰突起形如金斗倒扣，故名。最高海拔 445.89 米。山顶有石质玄帝行宫

庙及钟楼。石灰岩结构。上部植侧柏，山北有杏树、柿子树等，森林覆盖率 40%。

为山 370781-21-E13
[Wéi Shān]

在省境中部，青州市西部。在王府街道与邵庄镇交界处，南接邢家峪村，北与大薛庄界。南北走向。《汉书》载："为山，浊水所出。"称九崮山、九回山，《水经注》又称冶岭山。因山上有异色巨石，形似月亮和太阳，又称月阳山。最高海拔 526 米。主峰顶有明月庵遗址。山体为石灰岩结构。有零星侧柏。

大龙山 370781-21-E14
[Dàlóng Shān]

在省境中部，青州市西南部。南接大王堂村，西连二龙山，北与周家峪为界。东西走向。因山势蜿蜒起伏，又比附近山高峻，故名大龙山。一般海拔 514 米，最高海拔 514 米。历史遗迹有饮马池、石门、旗杆窝等。石灰岩结构。有石灰岩溶洞，名常春洞。山北面上部陡峭，遍布山杏、山榆、连翘、枫等，下部土层较厚，产山楂、柿子、杏、桃等。产优质青石。

二龙山 370781-21-E15
[Èrlóng Shān]

在省境中部，青州市西南部。东连大龙山，西连马山东麓。东西走向。因所连山脉得名。最高海拔 547 米。山体为石灰岩结构。山腰以上遍植侧柏，山脚植杏树、桃树、核桃树、山楂树等。产山蝎、防风、柴胡等中药材。产优质青石。

龙门崮 370781-21-E16
[Lóngmén Gù]

在省境中部，青州市南部。东邻上院村，

南接于家庄，西连金家村，北与薄板台村为界。南北走向。因两峰对峙，形似龙门，故名。最高海拔557米。南崮之阴有黑洞，俗称野猪窝；北崮之阳有明洞、朝阳洞。山体为石灰岩结构。山东、南二部柏树稠密，其余树木稀少。产青石建材、中药材等。

十道人山 370781-21-E17
[Shídàorén Shān]

在省境中部，青州市西南部。东邻柿子沟景区，南接北道村。东西走向。顶部原有石峰10座，高者10余米，因此得名十道人山。最高海拔753米。山体为石灰岩结构。产山蝎、柴胡等动植物药材20余种。

香山 370781-21-G01
[Xiāng Shān]

在省境中部，青州市东部。因山上有天齐、炉姑、麦姑等庙宇，香火甚盛，故名。最高海拔189米。植被以松树、槐树为主，兼有灌草丛、栎类落叶阔叶林等。

诸城市

山

马耳山 370782-21-G01
[Mǎ'ěr Shān]

属泰沂山脉。在省境东南部，诸城市西南部。因主峰二巨石并举，远望状如马耳，故名马耳山。海拔706米。植被以暖温带赤松天然林、赤松阔叶混交林为主，兼有灌草丛、栎类落叶阔叶林等。主要野生动物有野兔、獾、鸟类。有公路经此。

卢山 370782-21-G02
[Lú Shān]

属泰沂山脉。在省境东南部，诸城市东南部。因秦朝博士卢敖在山中隐遁而得名。海拔382.9米。植被以松、柞、槐、板栗为主，有天麻、红参、荆条等野生植物千余种。野生动物以野兔、獾、鸟类为主。有公路经此。

常山 370782-21-G03
[Cháng Shān]

属泰沂山脉。在省境东南部，诸城市南部。因状如卧虎而名卧虎山，后因人们在此山祈雨常常灵验，"祷雨辄应，谓其有常德"，遂名常山。海拔296米。植被以暖温带赤松林、赤松阔叶混交林为主，兼有灌草丛、落叶阔叶林等。以松、杨、柞、荆最多。有公路经此。

障日山 370782-21-G04
[Zhàngrì Shān]

属泰沂山脉。在省境东南部，诸城市东南部。传说当年后羿射日，射落九日后，只剩一日无处藏身，幸好这座山草木茂盛，躲在这座山的一棵马耳菜下，后羿多处寻找未果，只好作罢。于是当地人称这座山为障日山。海拔461米。植被以松树、柞树、槐树、板栗为主，有天麻、红参、黄芪等其他野生植物1000余种。有公路经此。

大山 370782-21-G05
[Dà Shān]

属崂山山脉。在省境东南部，诸城市东南部。因山势高大，得名大山。海拔571米。森林覆盖率达98%。珍稀野生动植物资源丰富，有松树、樱桃树、栗子树等20多种树木，狼、蟒蛇、山鸡、野兔等动物330多种。有银杏、黄连木、流苏、漆树、化香等珍贵树种和300多种中药材。有公路经此。

竹山 370782-21-G06

[Zhú Shān]

属泰沂山脉。在省境东南部，诸城市东南部。因山峰远看像竹子似的一节一节的，故名竹山。海拔 402 米。植被以柳树、桃树、槐树、板栗为主，有天麻、红参、黄芪等其他野生植物千余种，森林覆盖率达 97% 以上，被誉为"天然氧吧"。有公路经此。

大后崖 370782-21-G07

[Dàhòu Yá]

属泰山山脉。在省境东南部，诸城市东南部。因山崖位于村庄北部得名。海拔 345.5 米。植被为针阔混交林，以松、槐树为主，兼有灌草丛、栎类落叶阔叶林。有丹参、枸杞子等药材和其他野生植物上百种。野生动物有野兔、獾等。

大士山 370782-21-G08

[Dàtǔ Shān]

属泰沂山脉。在省境东南部，诸城市东南部。周围山岭均为石山，此山土质较多，故名大土山。海拔 281 米。植被以暖温带赤松天然林、赤松阔叶混交林为主，兼有灌草丛、栎类落叶阔叶林等，以松、槐、栗、柞等植物为主。有玉竹、丹参等药材和其他野生植物上百种，野生动物有野兔、獾等。

独乐山 370782-21-G09

[Dúlè Shān]

属泰山山脉。在省境东南部，诸城市东南部。因附近有村名独乐沟，山以村名。海拔 90.5 米。植被为针阔混交林，以松、槐树为主，兼有灌草丛、栎类落叶阔叶林。有丹参、枸杞子等药材和松、槐、栎类植物、灌草等上百种。野生动物有野兔、獾等。

高顶山 370782-21-G10

[Gāodǐng Shān]

属泰沂山脉。在省境东南部，诸城市东南部。以山顶较高，故名高顶山。海拔 226.3 米。植被以暖温带赤松天然林、赤松阔叶混交林为主，兼有灌草丛、栎类落叶阔叶林等。有玉竹、丹参等药材和其他野生植物上百种。野生动物有野兔、山鸡等。

固山 370782-21-G11

[Gù Shān]

属泰沂山脉。在省境东南部，诸城市东南部。一说因此山不与周围山岭相接，取名孤山，后演为固山；另说因山上多固石而得名。海拔 218.3 米。植被以暖温带赤松天然林、赤松阔叶混交林为主，兼有灌草丛、栎类落叶阔叶林等。有枸杞等药材和松、槐、栎类等植物。野生动物有野兔、獾等。

后黄山 370782-21-G12

[Hòuhuáng Shān]

属泰山山脉。在省境东南部，诸城市东南部。因山上黄土较多，故名黄山，又为区别于前黄山，故名。海拔 212.6 米。植被以暖温带赤松天然林、赤松阔叶混交林为主，兼有灌草丛、栎类落叶阔叶林等。有丹参、枸杞子等药材和松、槐、栎类等植物。野生动物有野兔、獾等。

九龙埠 370782-21-G13

[Jiǔlóng Bù]

属泰沂山脉。在省境东南部，诸城市东北部。此处山岭相连，为九龙河发源地，故名九龙埠。海拔 138.1 米。植被以暖温带赤松阔叶混交林为主，兼有栎类落叶阔叶林等。有松、槐、栎、灌草等植物。野生动物有野兔等。

拉山 370782-21-G14

[Lā Shān]

　　属泰沂山脉。在省境东南部，诸城市东南部。传说，卢山和尚在查看山的资料时，发现此山被"落漏"了，故以谐音称拉山。海拔 284 米。植被以暖温带赤松天然林、赤松阔叶混交林为主，兼有灌草丛、栎类落叶阔叶林等。有玉竹、丹参等药材和松、槐、栗、柞等植物。野生动物有野兔、獾等。

鲁山 370782-21-G15

[Lǔ Shān]

　　属泰沂山脉。在省境东南部，诸城市东南部。春秋时处在齐鲁边界鲁国一侧，故名。海拔 256 米。植被以暖温带赤松天然林、赤松阔叶混交林为主，兼有灌草丛、栎类落叶阔叶林等。有丹参等药材和松、槐、栎类等植物。野生动物有野兔、獾等。

前黄山 370782-21-G16

[Qiánhuáng Shān]

　　属泰山山脉。在省境东南部，诸城市东南部。因山上黄土较多，故名黄山，又为区别于后黄山，故名。海拔 204.9 米。植被以暖温带赤松天然林、赤松阔叶混交林为主，兼有灌草丛、栎类落叶阔叶林等。有丹参、枸杞子等药材和松、槐、栎类等植物。野生动物有野兔、獾等。

石八盘 370782-21-G17

[Shíbā Pán]

　　属泰沂山脉。在省境东南部，诸城市东南部。因上山的道路崎岖蜿蜒，得名十八盘，后谐音演为石八盘。海拔 356 米。植被以暖温带赤松天然林、赤松阔叶混交林为主，兼有灌草丛、栎类落叶阔叶林等。有枸杞子等药材和松、槐、栎类等植物。野生动物有野兔、獾等。

石岭子 370782-21-G18

[Shílǐngzi]

　　属泰山山脉。在省境东南部，诸城市东南部。因山上全是石头而得名。海拔 195.7 米。植被以暖温带赤松天然林、赤松阔叶混交林为主，兼有灌草丛、栎类落叶阔叶林等。有丹参、枸杞子等药材和松、槐、栎类等植物。野生动物有野兔、獾等。

石牛山 370782-21-G19

[Shíniú Shān]

　　属泰沂山脉。在省境东南部，诸城市东南部。因山上有巨石，状类石牛，故名。海拔 125.3 米。基本为秃山，植被稀少，以灌草丛为主，有少数干瘦松、槐等植物。野生动物有野兔等。

石屋子山 370782-21-G20

[Shíwūzi Shān]

　　属泰山山脉。在省境东南部，诸城市东南部。因山顶有岩石洞形似小屋，故名石屋子山。海拔 210 米。植被以暖温带赤松天然林、赤松阔叶混交林为主，兼有灌草丛、栎类落叶阔叶林等。有丹参、枸杞子等药材和松、槐、栎类等植物。野生动物有野兔、獾等。

树山 370782-21-G21

[Shù Shān]

　　属泰沂山脉。在省境东南部，诸城市东南部。以山上植被茂盛而得名。海拔 261.4 米。植被以暖温带赤松天然林、赤松阔叶混交林为主，兼有灌草丛、栎类落叶阔叶林等。有玉竹、丹参等药材和其他野生植物上百种，以松、槐、栗、柞等植物为主。野生动物有野兔、山鸡等。

望海楼 370782-21-G22

[Wànghǎi Lóu]

属泰沂山脉。在省境东南部，诸城市东南部。传说山顶上有楼，站在上面可以望南海，故名。海拔429米。植被以暖温带赤松天然林、赤松阔叶混交林为主，兼有灌草丛、栎类落叶阔叶林等。有枸杞子等药材和松、槐、栎类等植物。野生动物有野兔、獾等。

寨山 370782-21-G23

[Zhài Shān]

属泰山山脉。在省境东南部，诸城市东南部。因战国时齐长城从此山经过，山顶曾安过营寨，故名。海拔346.1米。植被以暖温带赤松天然林、赤松阔叶混交林为主，兼有灌草丛、栎类落叶阔叶林等。有枸杞子等药材和松、槐、栎类等植物。野生动物有野兔、獾等。

猪头山 370782-21 G24

[Zhūtóu Shān]

属泰沂山脉。在省境东南部，诸城市东部。山石形似猪头，故名。海拔175.5米。植被以暖温带赤松天然林、赤松阔叶混交林为主，兼有灌草丛等。有枸杞子等药材和松、槐、栎类等植物。野生动物有野兔等。

安丘市

山

城顶山 370784-21-E01

[Chéngdǐng Shān]

在省境中部，安丘市南部。在潍坊安丘辉渠、雹泉、庵上三乡镇交界处。东北—西南走向。因山顶上有齐长城而得名。一般海拔441.7米。主峰峰山。名胜古迹有公冶长书院以及书院遗址内的两棵银杏树。玄武岩山体。植被以温带阔叶林为主，兼有灌草丛、栎类落叶阔叶林等，有槐树、楸树等30多种树种。有公路经此。

留山 370784-21-E02

[Liú Shān]

在省境中部，安丘市南部。东至上马疃村山，西至白石岭村，南至上马疃村，北至东山北头村。东西走向。刘裕平南燕之日停军此山，故名刘山，后演变为留山。一般海拔219米，最高海拔441.9米。主峰峰山。山体下部是塞武系灰岩，上部是新生界第三系玄武岩，顶部及山峰的阳面岩石裸露，山谷及山峰的阴面覆盖着较厚的土层。有公路经此。

泉

海眼井 370784-22-I01

[Hǎiyǎn Jǐng]

在省境中部，安丘市东部。相传，古时有两泉并列，泉深莫测，可通渤海，寓意是大海的眼睛，故名。泉系天然石泉，泉水汇为一池，圆形，周围石壁呈红褐色，面积约30平方米。泉水不甚旺盛，从未向外溢出过，但也从未干涸过，常年池水一窝，不见增减，水呈墨绿色。近期无开发条件。通公路。

温泉 370784-22-I02

[Wēn Quán]

温泉。在省境中部，安丘市西南部。因泉水自地下涌出，水温在25℃左右，故名。泉水内含多种矿物质，现泉西建起罗非鱼池养殖3组，面积100平方米。已作为养殖用水开发。有公路经此。

绪泉 370784-22-I03
[Xù Quán]

在省境中部，安丘市西南部。因位于绪泉村中，故名。水从地下 20 米深处石缝中涌出。现在泉口已砌为方形池，池面高出地面 0.5 米，分内外两层：外层边长 12 米，供人们汲水，南边修有溢水洞；内层边长 10 米，设有栏杆，以防汲水工具掉入池中。泉水极为旺盛，水位接近池面，泉水从溢水洞常年流消，若堵洞，水从池面四溢。近期无开发条件。有公路经此。

高密市

河流

胶河 370785-22-A-a01
[Jiāo Hé]

外流河。在高密市东部。因水色如胶，故名胶河。发源于青岛市黄岛区铁橛山，流经胶州、高密，注入南胶莱河。境内河流长 62.5 千米，宽度 60 米，年平均流量 10 130 万立方米，流域面积 202.4 平方千米。河流级别为二级，水深 0.5~2.5 米。胶河城区段建成银月公园、文体公园。河道之上自南而北先后建成柏城、堤东、姚哥庄、鲁家庙、王党、宋家泊子、王新屯 7 座拦河闸附桥。多鲫鱼、鲤鱼、草鱼等鱼类。主要支流有洛溪河、秀水河、纪家大沟。

柳沟河 370785-22-A-a02
[Liǔgōu Hé]

外流河。在高密市西部。上游正流称朱公河，支流为拒城河，两河汇流后即通称柳沟河。发源于柴沟镇西泊庄，南段入北胶新河，北段入北胶莱河。平均宽度 70 米，南段长 34.5 千米（含朱公河），流域面积 218.8 平方千米；北段长 14.2 千米（含朱公河），流域面积 58.28 平方千米。河流级别为二级。河流水质中等。两岸有柳沟河湿地公园。水深 0.5~2 米，不具备通航能力。主要支流有拒城河、朱公河、南阳河。

五龙河 370785-22-A-a03
[Wǔlóng Hé]

外流河。在高密市南部。上游分东、西两支，东支自柴沟镇山庄东入境，接入李家庄水库，出水库后向北至柴沟村西与西支汇流。西支自柴沟镇常家疃东南入境马旺水库，出水库后向东北，至柴沟村西汇东支。两支汇合后，流向东北，南段入北胶新河，北段入北胶莱河。境内长 52.4 千米，平均宽度 70 米，流域面积 450.9 平方千米。河流级别为一级。河流水质中等。水深 0.5~1.5 米，不具备通航能力。

临朐县

山

沂山 370724-21-E01
[Yí Shān]

在省境中部，临朐县南部。南面临沂水县，东、北、西三面为临朐县。东西走向。因是沂水发源地,故名。一般海拔 1 031.7 米。最高海拔 1 032 米，主峰玉皇顶。有玉皇顶、狮子崮、歪头崮、百丈瀑布、神龙大峡谷、东镇庙、法云寺、玉皇阁、南天门、碧霞祠、天衢园等自然和人文景点 140 余处。森林覆盖率 98.6%，藻类、真菌、地衣、苔藓、蕨类及种子植物共 1 070 种。主要森林群落有针叶林、阔叶林和针阔混交林。共有鸟类 120 种。有公路经此。

八岐山 370724-21-E02
[Bāqí Shān]

在省境中部，临朐县西南部。东临五井北庄，西至青州市王坟镇白洋口村，南临天井村，北至朱音峪。东西走向。因下如九叠屏风，上则八峰并秀，如森戟排列，故名。一般海拔530米，最高海拔543米。主峰将军峰。有将军洞、点将台、太平崮等自然和人文景观。山体为石灰石结构。山区气候湿润，雨水充足。山上部岩石裸露，遍植松柏、刺槐；中部植柿子树、山楂树、苹果树等10多种树木；下部为梯田，种植黄烟、高粱、谷子等农作物，兼有灌草丛等。有野兔、野鸡等动物。

狮子崮 370724-21-E03
[Shīzi Gù]

在省境中部，临朐县东南部。东至扁崮，西至九山镇蒋峪镇交界，南至歪头崮。东西走向。因山顶部岩奇崖峻，远望神似雄狮仰天长啸，故得名狮子崮。一般海拔950米，最高海拔953米。主峰狮子崮。主要植被有松柏、刺槐等，出产元胡、桔梗、丹参、白合、黄芩、防风等100多种中药材。

嵩山 370724-21-G01
[Sōng Shān]

属泰沂山脉。在省境中部，临朐县西部。清光绪《临朐县志·山水》载："巨洋水之西，岿然高大冠冕西南境之山而为东镇左辅者，则曰嵩山。"海拔758米。有侧柏、刺槐、黑松等树木，有黄芪等药材和其他野生植物900多种。植被以阔叶林、针叶林、针阔混交林、经济林为主，兼有灌木及草本植物等。有鸟类106种。

朐山 370724-21-G02
[Qú Shān]

在省境中部，临朐县西北部。从西面看，其形如胸，故名朐山。海拔160米。属死火山堆。植被以柏树、刺槐为主，兼有灌草丛类落叶植物等，有柏树、刺槐、苹果等30多种树木。

海浮山 370724-21-G03
[Hǎifú Shān]

在省境中部，临朐县南部。传说远古时代这里一片汪洋，唯此山翘首于海面，故得名。海拔215.9米。主要有松树、槐树、白杨树等树木。有公路经此。

纪山 370724-21-G04
[Jì Shān]

在省境中部，临朐县东南部。自安丘西望，山形如"几"，以山形得名，后演变为纪山。海拔469米。山上绿树成荫，曲径通幽，植被覆盖率高，阔叶林、针叶林浑然一体，并有野生柴胡、桔梗、红丹参、黄芩、山蝎等多种中药材。

粟山 370724-21-G05
[Sù Shān]

在省境中部，临朐县中部。北魏郦道元赞其"孤峰秀立，形若委粟"，故名。海拔141米。山石为火山岩，黑灰色。火山岩中含有多种矿物质和微量元素，山石多微细孔，是稀有的建筑石材。植被以松树、柏树为主，南面为火炬树和荆棘。有喜鹊、鸽子、野兔等野生动物。

瀑布

百丈崖瀑布 370724-22-H01
[Bǎizhàngyá Pùbù]

在省境中部，临朐县东南部。因位于百丈崖而得名。泉水东流至崖，怒溅而下，形成瀑布，遥望若白练悬挂，近视如细雨蒙蒙。其下如巨石平旷，积冰至初夏方消。虽盛夏酷暑，亦寒气凛然，故有"百丈瀑布六月寒"之称。崖半有仙客亭，明雪蓑题傅希孟联云："山静凝神气，泉高识道源。"崖北有吕祖洞，石罅侧出古松，名万年松。对面石壁镌"海岳"二字，方逾径丈。崖下摩崖石刻极多，明状元赵秉忠、都御史陈凤梧等均有观瀑题咏。

昌乐县

山

草山 370725-21-G01
[Cǎo Shān]

在省境南部，昌乐县东部。因遍山皆草，故名。海拔 128 米。植侧柏、刺槐等树。有公路经此。

孤山 370725-21-G02
[Gū Shān]

在省境南部，昌乐县东部。此山北面如蹲虎，南面似卧龙，峰高壁陡，超出四周山峰，名曰孤山。海拔 266.2 米。此山系第三纪石灰岩构成，石灰石储量丰富。有公路经此。

王家大山 370725-21-G03
[Wángjiā Dàshān]

在省境南部，昌乐县东部。因明初时王氏居山西，取名王家大山。海拔 182 米。植被以刺槐和柏树为主。

五党山 370725-21-G04
[Wǔdǎng Shān]

在省境南部，昌乐县东部。明代时山顶建有五党神庙，山以庙取名。海拔 190 米。植被以柏树、刺槐为主。

豹山 370725-21-G05
[Bào Shān]

在省境南部，昌乐县中部。远望山形似豹，故名。海拔 242.89 米。山上有槐树、杨树等 10 多种植物，有野鸡、兔子等 10 多种动物。

乔山 370725-21-G06
[Qiáo Shān]

在省境南部，昌乐县中部。因山在乔官西而名乔山。海拔 361.72 米。植被以刺槐为主，山上有山蝎、野鸡、野兔等多种动物。

隋姑山 370725-21-G07
[Suígū Shān]

在省境南部，昌乐县中部。相传隋朝时隋炀帝的妹妹隋姑被隋炀帝逼死在此山，当地百姓深为隋姑的贞节所感动，把她的尸体埋在山顶上，故名。海拔 258.73 米。山中药材有千年灵芝、柴胡、丹参、狼毒草、土元、山蝎，有槐树、古松，动物有野山鸡，有保护鸟类 50 余种。

车罗顶 370725-21-G08
[Chēluó Dǐng]

在省境南部，昌乐县西南部。据传，当年黄帝巡视时是乘车而行，车披黄罗锦帐，人们为了纪念黄帝从此山经过，故名车罗顶。海拔 381 米。植被多杂草、刺槐。

村民种植高粱、玉米、大豆、谷子等作物。有山鸡、山兔等动物。

打鼓山 370725-21-G09
[Dǎgǔ Shān]

在省境南部，昌乐县西南部。相传由黄帝命名。海拔 379 米。植被以槐树天然林、赤松阔叶混交林为主，兼有灌草丛、栎类落叶阔叶林等。

金山 370725-21-G10
[Jīn Shān]

在省境南部，昌乐县西南部。因山形似元宝，故名。海拔 246.3 米。山上现有柿子树、核桃树、槐树等多个树种，有刺槐达百亩。

方山 370725-21-G11
[Fāng Shān]

在省境南部，昌乐县中部。顶平如砥，四望皆方，故名。海拔 338 米。树种以侧柏、刺槐、车梁木为主。有公路经此。

泉

高常泉 370725-22-I01
[Gāocháng Quán]

冷泉。在省境东部，昌乐县南部。因其村名为高常，故得名高常泉。泉外有洞，洞口宽 1.02 米，高 0.5 米，深 1 米，泉水从洞内石峰中流出。洞外有一水湾，长 6 米，宽 3 米，水深 0.6 米。年均水温 5℃，泉水清澈，味甘，最大深度时最高水位 0.5 米，最小深度时最低水位 1 米，涌水相对高度 0.5 米，日出水量 10 立方米，最大输出量 0.2 米/秒。近期无开发条件，附近村民作为饮用水使用。

五 名胜古迹、纪念地和旅游地

潍坊市

重点文物保护单位

齐长城遗址 370700-50-B-a01
[Qíchángchéng Yízhǐ]

在潍坊市南部。以古建筑为齐长城而得名。途经临朐县、安丘市、诸城市。齐长城是春秋战国时期各国所筑长城中现遗迹保护较多的一处。齐长城作为春秋战国史上的古战场、东夷文化的发源地、齐鲁文化交流的纽带、齐鲁大地的分水岭，有着丰富的文化内涵，是古老的人文景观。2001年被批准为国家级文物保护单位。

自然保护区

山东潍坊白浪绿洲国家城市湿地公园
370700-50-E-a01
[Shāndōng Wéifāng Báilànglǜzhōu Guójiā Chéngshì Shīdì Gōngyuán]

在潍坊市区白浪河上游。南起白浪河水库，北至宝通街。面积10平方千米。因地理位置得名。温带季风气候，气候特点为冬冷夏热，四季分明。形成集水生植物观赏、生态科普、候鸟栖息、步道游览等旅游项目为主的生态主题园区。2010年7月被批准为国家城市湿地公园。较好地保留了原生态的湿地风貌，已吸引白鹭、野鸡、野鸭、喜鹊、斑鸠、啄木鸟等30余种野生鸟类在此生息繁衍，有芦苇、垂柳、白杨树等植物。分为休闲度假区、湿地科普区、人文公园区三大景区。通公交车。

潍城区

重点文物保护单位

十笏园 370702-50-B-a01
[Shíhù Yuán]

在潍坊市胡家牌坊街49号。因占地较小，喻若十个板笏之大而得其名。始建于明代，园中的砚香楼原是明嘉靖年间刑部郎中胡邦佐的故宅，后于清光绪十一年（1885）被潍坊首富丁善宝以重金购得，在砚香楼的基础上建了整座园林。整座建筑坐北向南，青砖灰瓦，主体是砖木结构，总建筑面积约2 000平方米。是中国北方地区的古典园林袖珍式建筑，有"鲁东明珠"的美誉。1988年被批准为国家级文物保护单位。通公交车。

陈介祺故居陈列馆 370702-50-B-b01
[Chénjièqí Gùjū Chénlièguǎn]

在潍城区芙蓉街北首。是我国清代著名金石学家陈介祺居潍时的旧宅，故名。1993年4月建成，2013年1月整修布陈后重新对外开放。故居现在仅存东楼及两座大厅，占地约377平方米，保存基本完好。为后人进行历史、文化艺术及古文字等方面研究提供了可靠依据，给后世留下了大量真实历史文物资料。1992 年被批准为省级文物保护单位。

万印楼 370702-50-B-b02
[Wànyìn Lóu]

在潍城区中部。因为它珍藏过万余件文物珍品，故称万印楼。创立于清光绪三十年（1904）。占地面积 370 平方米，建筑面积 380 平方米。东楼二层十间，陈列介绍收藏情况、学术成果；西间大厅各三间，大厅陈列仿古品，收藏编钟 11 件，取整数名斋号十钟山房。收藏稀世珍品有毛公鼎、曾伯霖簠。万印楼建筑群具有典型的清代潍坊建筑特点，并有清代宫廷建筑风格。1992 年被批准为省级文物保护单位。通公交车。

古城墙 370702-50-B-c01
[Gǔ Chéngqiáng]

在白浪河西岸。明代以石砌墙，故名。初为土城，明崇祯十二年（1639），知县邢国玺外包以砖石。清道光二十八年（1848），城墙重修。1984 年，向阳路由南向北延伸，开通后将古城墙分成了两段，大部分被拆除，现仅存北城墙两段，分别位于向阳路两侧，东段城墙长 32 米，宽 34.5 米；西段城墙长 63 米，宽 34.5 米，两端主体为土筑，下端为石砌护壁。2012 年被批准为市级文物保护单位。

范企爽大院 370702-50-B-c02
[Fànqǐshì Dàyuàn]

在潍城区乐埠山生态经济发展区范家村村委院内。因是范企爽在范家办公居住场所，故名。1937 年修建。大院南北两栋各五间正房，东西两边都是偏房，西三间，东三间，与大门楼相连，门后有石雕影壁墙座一座，南北房屋高大，四角有砖雕花龙，

具有很高的历史、文化价值。2013 年 12 月被批准为市级文物保护单位。

小黄楼 370702-50-B-c03
[Xiǎohuáng Lóu]

在潍城区东风街与向阳路交叉口路西 18 号，商校老校区内。因外墙颜色而得名。建于 1935 年。外墙呈黄色，上下两层并建有地下室，每层各有五个房间，面积 200 多平方米，室内门窗、木地板、木楼梯等基本保持原样。

重要景点和一般名胜古迹

浮烟山森林公园 370702-50-D-a01
[Fúyānshān Sēnlín Gōngyuán]

在潍城区西南部。因在浮烟山而得名。该园占地面积 1 500 亩，建成了鸟语林、珍奇动物园、森林之家、妇女儿童乐园、高空缆车、碰碰车、垂钓湖、水上乐园、二十六计园、龙工亭、古战垒、龙泉茶社、野味烧烤、步云桥等十五大景区 120 多个景点。景区地理位置优越，自然风光秀丽，文化遗址众多，人造景观典雅，游乐设施新颖齐全，是倚傍天然山峰沟壑和林木植被而建的一处融自然风光和人文景观于一体，集旅游观光、娱乐休闲、城市农业示范于一体的大型综合性公园。2010 年被评为国家 AAA 级旅游景区。通公交车。

寒亭区

重要景点和一般名胜古迹

潍坊杨家埠民间艺术大观园
370703-50-D-a01
[Wéifāng Yángjiābù Mínjiānyìshù Dàguānyuán]

在寒亭区南部。因该景区由西杨家埠村管理，景区的主题内容为风筝、年画及衍生的民间艺术及民俗文化，故名。景区设有遗产文化、古村文化、民间艺术古街、年画风筝实景演绎四大民俗艺术展示区，共 36 处景点。2007 年被评为国家 AAAA 级景区。通公交车。

柳毅山生态文化旅游景区
370703-50-D-a02
[Liǔyìshān Shēngtài Wénhuà Lǚyóu Jǐngqū]

在寒亭区东部。因柳毅传说而得名。总体规划占地 12 500 亩。核心区分为民俗文化区、情缘广场区、书院区、接待服务区、生态体验区和休闲会所区等六大功能分区。"柳毅传说"被评为国家级非物质文化遗产。2010 年被评为国家 AA 级旅游景区。通公交车。

自然保护区

潍坊禹王生态湿地国家公园
370703-50-E-b01
[Wéifāng Yǔwáng Shēngtài Shīdì Guójiā Gōngyuán]

在寒亭区西北部。总面积 678.55 公顷。因该湿地依托禹王台而建，故名。景区水资源丰富，园内野生动植物物种众多。2011 年 11 月被批准建立省级湿地公园。依托禹王台创意开发以采摘饮食、观光休闲、乡村民俗为内容的生态休闲旅游项目和景点，核心区的 2 000 亩开心农场、千亩莲藕踩挖、鸭鱼认养、捕捞垂钓、枣林摄影、甜瓜采摘等休闲娱乐方式为主的生态体验游，成为湿地美景的有机组成部分。以水为魂的"水、田、居、游"一体化生态旅游开发项目既促进了经济发展，又改善了生态环境。有公路经此。

坊子区

重点文物保护单位

德日建筑群　370704-50-B-b01
[Dérì Jiànzhùqún]

在坊子老城区，分布在老胶济铁路坊子火车站周围。因存有百年前的德日建筑 166 处，故名。德系建筑建于 1899—1961 年，日系建筑建于 1914—1945 年。有德式建筑 103 处，包括火车站、电报大楼、领事馆、学校、医院、官邸和宗教场所等，建筑面积 31 131.73 平方米，是相对完整的"德国小社区"；有日式建筑 63 处，包括日本领事馆、日本宪兵队住所、横田旅馆、正金银行、鱼鲜大烟馆等，建筑面积 14 114.26 平方米。德日建筑群具有唯一性、完整性、原真性三大特点，不仅是山东省重要的历史文化资源，也是我国近代历史上珍贵的人文景观资源，有其无可替代的文物价值、历史价值、建筑艺术价值和旅游开发价值。2006 年 12 月被批准为省级文物保护单位。通公交车。

郑玄墓　370704-50-B-b02
[Zhèngxuán Mù]

在峡山生态经济开发区郑公街道后店西村郑公祠内。因是郑玄之墓，故名。汉代墓葬，1993 年砌护墙。原封土高 6 米，南北长 10 米，东西 20 米，总面积约 200 平方米。东南侧竖有一石碑，牌上镌刻"汉郑康成先生之墓"八个大字。1992 年被批准为省级文物保护单位。有公路经此。

凉台遗址 370704-50-B-c01
[Liángtái Yízhǐ]

在潍坊峡山生态经济开发区郑公街道前凉台村东约 300 米。据《高密县志》记载，汉王在潍河西岸筑台，台上建楼阁为汉王乘凉之地，故名凉台。汉代遗址。遗址南北长 200 米，东西宽 215 米，总面积 4.3 万平方米。遗址文化层厚 6 米，最底层为大汶口文化，中层为龙山文化，上层为岳石文化及西周遗存，出土了大量有重要价值的文物。1974 年曾在台西侧发现一大汶口文化墓葬，出土器物有折肩陶尊、背水壶、红陶鬶、鼎、罐、碗等。1978 年出土了黑陶杯、单把罐等。此后，先后出土了磨制石刀、石凿、石斧及完整陶拍、网坠、纺轮等生产用具。对研究山东半岛潍河流域原始文化的发展与分布有重要科学价值。1979 年被批准为县级文物保护单位。有公路经此。

奎文区

纪念地

潍坊市革命烈士陵园 370705-50-A-a01
[Wéifāng Shì Gémìng Lièshì Língyuán]

在潍坊市奎文区中部。因所在政区而得名。建于 1951 年。占地 50 亩，有革命烈士纪念碑、革命烈士纪念馆、潍县战役烈士墓区、革命烈士纪念碑亭和革命烈士卧碑区六处瞻仰点。烈士陵园现安葬烈士

1 805 名，含无名烈士 539 名，分别是在建党初期、抗日战争时期、解放战争时期和社会主义建设时期牺牲的烈士，有潍县第一任县书记庄龙甲、高密县委书记王全斌等著名烈士，收藏有部分宝贵的历史文物和较为翔实的历史文献和图片资料。2009 年 3 月被批准为全国重点烈士纪念建筑物保护单位。通公交车。

潍坊市东关基督教堂 370705-50-A-b01
[Wéifāng Shì Dōngguān Jīdū Jiàotáng]

在奎文区西部。前身为潍坊市东关猪市口子教堂，后因城市规划，迁至后门街 15 号，1992 年建成使用。2009 年 12 月被评为省级和谐宗教活动场所。通公交车。

重点文物保护单位

古城墙 370705-50-B-b01
[Gǔ Chéngqiáng]

在白浪河东岸。初为土城，明崇祯十二年（1639）逐砌为石城，面积约为 1.3 平方千米。清咸丰十一年（1861）逐步延伸始建，历时 5 年竣工。其东面一侧已遭破毁，1989 年重修。城墙内砌乱石，外皮为三合土结构，依河顺势，蜿蜒曲折。后大部分被拆除，目前，东关大石桥以北尚存一段老城，并有潍县战役攻城旧址。该遗址的存在对保护历史文化、促进精神文明建设、促进当地文化发展起到了积极作用。2013 年被批准为省级文物保护单位。通公交车。

奎文门 370705-50-B-b02
[Kuíwén Mén]

在奎文区东关街道胜利东街彩虹桥北 150 米处的白浪河畔。"奎星"即文曲星，掌管天下诗书文章，奎文门之名由此而来。

始建于明代，与东关城墙融为一体，清代又加固修建，1988年重建。奎文门三层，门上筑有奎星阁，是老潍县城"七楼"之一。城门南北长15.5米，东西进深（拱门）11米，城楼通高18米，门洞宽3.5米、高5米。该遗址对保护历史文化、促进精神文明建设起到了积极作用。2013年被批准为省级文物保护单位。通公交车。

乐道院 370705-50-B-c01
[Lèdào Yuàn]

在山东潍坊广文中学及毗邻的潍坊市人民医院院内。1883年始建，2005年8月修缮。占地200多亩，曾一度作为昌潍一带的教会、教育和医疗卫生中心。西方教士、教师、医务人员聚集在此活动，院内的钟楼为当时潍县城东部的标志性建筑物。2007年被批准为市级文物保护单位。通公交车。

庄龙甲故居 370705-50-B-c02
[Zhuānglóngjiǎ Gùjū]

在庄家老村后大街东段，宅院序号130号。庄龙甲于1903年12月6日生于此居，故名。始建于清道光年间。庄龙甲故居现分为两部分，东边部分为龙甲故居，西边部分为"一门三烈"故居部分，中间有大门洞相连。2000年4月被批准为市级文物保护单位。通公交车。

重要景点和一般名胜古迹

金泉寺 370705-50-D-a01
[Jīnquán Sì]

在市区南部。因附近泉名而得名。始建于明永乐二年（1404），2008年修复扩建。总面积10万平方米，由金泉寺、佛教用品批发市场、素食斋、佛教博物馆四部分组成。建筑风格以明清古建筑为主，分别有山门、钟楼、鼓楼、天王殿、大雄宝殿、观音殿、藏经楼、禅堂、五百罗汉堂、地宫万佛殿等二十几座殿堂和2 000多尊佛像。寺院的扩建保留了原始寺庙的文化，按照传统规制借鉴了国内各大名刹的优点和特色，建造了国内唯一的飞天云柱、宝顶华盖释迦牟尼坐佛，殿堂规模气势雄伟，佛像法器精致庄严，石雕彩绘巧夺天工，堪称江北最精美的寺院之一。2012年被评为国家AAAA级景区。通公交车。

金宝乐园 370705-50-D-a02
[Jīnbǎo Lèyuán]

在奎文区南部潍州路438号。总面积60万平方米。因该景区由金宝集团管理，故名金宝乐园。1996年8月建成开业。设有动物园、大熊猫馆、情缘园、综合参与娱乐区、金地园、天然氧吧休闲区等六大游览景区，娱乐项目200多个，集娱乐、休闲、知识、趣味性和参与性于一体，以独具匠心的设计和巧妙合理的布局，构成了韵味独特、民俗风情浓郁、田园风光绮丽的观光旅游景地。2008年被评为国家AAAA级旅游景区。通公交车。

青州市

重点文物保护单位

田齐王陵 370781-50-B-a01
[Tiánqíwáng Líng]

在青州市益都街道、邵庄镇与淄博市临淄区交界处。为战国时期田齐国君的陵墓，故名。由四王冢和二王冢构成，四王冢属于一基四坟的象山形异穴并葬墓，在规模宏大的长方形陵台上筑有4个状若山丘的台阶状方形基座的圆锥形坟堆。陵台底东西长约789米，南北宽约188米，台顶东西长约650米，南北宽约150米；由于依山而建，陵台南北高度不一，台北高达15米，台南仅高4.8米。墓葬周围还分布有人工壕沟和80多座单体墓。二王冢属于一基二坟的象山形异穴并葬墓，在长方形陵台上东西并列两个方基圆坟。台壁作三级台阶状内收。陵台底东西长296米，南北宽172米，台顶东西230米，南北110米，高16米。墓葬周围有多座陪葬墓。田齐王陵规模宏大，陵园完整，对研究战国时期国君墓葬规制具有很高的实证价值。1988年1月被批准为国家级文物保护单位。有公路经此。

驼山石窟 370781-50-B-a02
[Tuóshān Shíkū]

在驼山主峰东南山腰的崖壁上。因所在自然地理实体而得名。驼山石窟第三窟开凿于北周后期，第二、五窟开凿于隋代，第四窟开凿于初唐，第一窟开凿于初唐及盛唐时期；摩崖造像群开凿于唐代；云门山石窟主要开凿于隋唐年间。驼山石窟坐北面南，有石窟5处，摩崖造像群1处，葬窟1处，其中以第三窟为最大。现存石窟五座，造像272尊，第一窟为摩崖龛，第二窟为摩崖龛，第三窟至第五窟均为长方形中等洞窟。此外，云门山还有众多的石刻碑碣，镌刻年代为隋至清。驼山石窟与云门山石窟造像历史久远，雕凿精美，艺术价值高，石刻跨越时间长，历史名人题刻多，且保存较好，为研究各时期的题刻书法艺术提供了丰富的实物资料。1988年1月被批准为国家级文物保护单位。有公路经此。

青州龙兴寺遗址 370781-50-B-a03
[Qīngzhōu Lóngxīngsì Yízhǐ]

在青州市城区西部，青州市博物馆南邻。因原有古寺而得名。南北朝至明代遗址。遗址东西宽150米，南北长200米，总面积约3万平方米。1996年10月，在遗址西北部发现一处大型佛教造像窖藏，出土南北朝至唐宋时期的石、陶、铁等各类佛教造像600余尊，其出土数量之多，造像之精美，贴金彩绘之完好，为我国佛教考古史上所罕见，被评为1996年全国十大考古新发现之一。该处为一大型建筑群遗址，大体分为中轴线三座主建筑、遗址西北遗迹群和东北遗迹群三大部分。中轴线主建筑为自南向北三座大型建筑基址，西北遗迹群、东北遗迹群推测或为龙兴寺的西院和东院。遗址布局严谨，结构相近，建筑基础保存完好，具有重要的历史价值和科学价值。2013年3月被批准为国家级文物保护单位。通公路。

程家沟古墓 370781-50-B-a04
[Chéngjiāgōu Gǔmù]

在青州市邵庄镇程家沟村南。因所在地而得名。墓葬依山而建，由主墓及陪葬墓组成，南北相对，大小悬殊。主墓封土为方基圆坟类型，陵台有三级台阶。底边长200米，宽175米；台顶长115米，宽60米，高15米，台顶坟堆呈长椭圆形。封土为分层夯筑，含有大量的石渣、砖瓦。陪葬墓在其西南300米，陵台方基两层。该墓历史悠久、文化内涵丰富，对研究古齐国的历史和先秦帝王陵寝制度提供了可靠的实物资料，具有很高的历史价值和研究价值。2013年3月被批准为国家级文物保护单位。有公路经此。

衡王府石坊 370781-50-B-a05
[Héngwángfǔ Shífāng]

在青州市玲珑山南路 4318 号。石坊修建于明嘉靖年间。共南北两座石坊，相距 43.5 米，两坊形制相同，均为三间四柱石牌坊，东西宽 11.76 米，南北进深 2.78 米，高 5.81 米。每坊由 32 块巨石构成。南坊中门石匾南北阳刻"乐善遗风""象贤永誉"，北坊石匾南北刻"孝友宽仁""大雅不群"。两坊梁上均雕刻双龙戏珠图案。石柱平面为长方形，中间两柱各高 5.81 米，两侧两柱各高 3.95 米，石柱南北两侧镶有圆雕蹲龙，高 1.97 米，每坊 8 尊。石坊下部为须弥底座，高 1.2 米，分三层。上层雕刻狮子、麒麟，中层雕荷花、牡丹等花卉图案，底层刻云头花边。衡王府石坊历史悠久，形制恢宏，装饰华丽，雕刻精细，具有较高的艺术价值。2013 年 3 月被批准为国家级文物保护单位。有公路经此。

青州真教寺 370781-50-B-a06
[Qīngzhōu Zhēnjiàosì]

在青州市云门山街道东关昭德街中段路西。因所属宗教而得名。元大德六年（1302）元相伯颜后裔所立，明、清、民国时期多次修缮。寺院占地 6 000 多平方米，建筑面积 2 000 多平方米，其建筑采用中国传统建筑形式，大门、仪门（二门）、大殿等主体建筑，沿一条东西中轴线排列，左右建筑对称式配置，形成了一组完整的三进四合院。青州真教寺对研究伊斯兰教的传播和发展、回族的迁徙历史都具有很高的学术价值。2013 年 3 月被批准为国家级文物保护单位。有公路经此。

萧家庄遗址 370781-50-B-b01
[Xiāojiāzhuāng Yízhǐ]

在青州市谭坊镇萧家庄村西。因所在地而得名。龙山文化时期到汉代遗址。面积约 25 万平方米，地面 1 米以下为汉代、商周、龙山文化层，总厚约 1~2 米。在该遗址西部靠近河岸的断崖处，明显地发现灰土层和文化层，并发现大量龙山、商周时期的陶片。地表多见汉代时期的板瓦等陶片。该遗址除东部被萧家庄村庄占压，遗址大部保留较好。1977 年 12 月被批准为省级文物保护单位。有公路经此。

苏埠屯墓群 370781-50-B-b02
[Sūbùtún Mùqún]

在青州市东夏镇苏埠屯村东。因所在地而得名。1965—1966 年和 1986 年二次共发掘 12 座墓葬。分布面积约 2 平方千米。商代一号墓墓室呈长方形，四面均有墓道；椁室呈"亚"字形，椁下有腰坑及奠基坑；东、西、北三面有熟土二层台，二层台上并有殉葬坑三个。腰坑、奠基坑、二层台殉葬坑及南部门道共殉人 48 个，殉狗 6 只。其他墓圹可分带墓道的"甲"字型、"中"字型和不带墓道的长方形竖穴式。汉代墓多为土坑竖穴墓室。出土商代铜器有钺、鼎、簋等，其纹饰有饕餮纹、弦纹、乳钉纹等，部分铜器有"亚醜""融""册融"等铭文；陶器有泥质灰陶、褐陶、黑陶，纹饰有绳纹、弦纹、三角划纹等，器形有簋、瓿、爵等。另有石、玉、骨器和青瓷罐等文物出土。1977 年 12 月被批准为省级文物保护单位。有公路经此。

凤凰台遗址 370781-50-B-b03
[Fènghuángtái Yízhǐ]

在青州市何官镇杨家营村东 500 米处。南北长 300 米，东西长 150 米，总面积约 3 万平方米。1984 年局部发掘和勘探，文化堆积厚约 3.5~4 米，分为 6~7 层。清理了一批灰坑和龙山文化土坑墓、房址、水井，商周房址，东周房址、水井、土坑竖穴墓。

探明有汉代大型建筑夯土台基和围墙。出土的龙山文化的陶器分夹砂和泥质两类，以灰陶为主，次为黑陶、褐陶，纹饰有篮纹、弦纹、堆纹、划纹，器形有鼎、鬶、甗、盆等；石器有斧、铲、刀等。商周时期陶器以夹砂和泥质灰陶为主，少量夹砂褐陶，主要纹饰为绳纹，器形有鬲、鼎、甗等；石器有斧、镞、铲、磨石及骨、蚌器。东周时期的陶器以泥质灰陶为主，少量夹砂灰陶，纹饰有绳纹和彩绘，器形有鼎、鬲、罐等；铜器有戈、剑、镞、带钩，以及骨蚌器。汉代有泥质灰陶壶、扁壶和铜镜、钱币、车马饰以及铁镢等。1992年6月被批准为省级文物保护单位。有公路经此。

稷山墓群 370781-50-B-b04
[Jìshān Mùqún]

在邵庄镇冷家庄村东约1千米的稷山之上。因所在自然地理实体而得名。汉代墓群，目前已发掘3座，为竖穴石室墓。1983年10月，临淄区村民在稷山西侧取石时，炸出墓穴，其中出土文物多鎏金，有鎏金竹节状铜熏、错金微型编钟等精品。1985年发掘的1号墓，为竖穴石室结构，穴在青石中凿成，井状，口长2米，宽1.5米，深约8米。墓穴上半部用黄土夯筑，下半部用大石条封闭。穴底向北有一条长3米、宽1.6米、高约2.2米的甬道通墓室；墓室长宽各为4米，高2.4米，平顶，四周石孔38个。另外，山顶有碑座一个，并有残碑一通。1992年6月被批准为省级文物保护单位。通公路。

衡恭王墓 370781-50-B-b05
[Hénggōngwáng Mù]

在青州市王坟镇王坟村北。因墓葬主人为明朝衡恭王朱祐楎，故名。明代墓葬。封土高16米，东西宽90余米，南北80余米，整体基座呈方形，为圆顶方基墓。原有内

外城墙，石块、石灰砌成。早年出土石质地券1件，现保存于青州博物馆。衡恭王墓是研究明代藩王葬礼制度的实物资料，具有重要的历史价值。1992年6月被批准为省级文物保护单位。有公路经此。

东阳城马驿门遗址 370781-50-B-b06
[Dōngyángchéng Mǎyìmén Yízhǐ]

在青州市王府街道赵家庄村北。马驿门原为东阳城西北门，名镇青门。东阳城始建于东晋义熙六年（410），北宋末毁于战火，明洪武十一年（1378）修筑土城，不久废弃。现存遗迹为分层夯筑的残土墙，长25米，高约20米，门洞宽15米。是东阳城保存下来的唯一一处建筑遗迹，为青州政治、文化、军事以及城市建设史的研究提供了直接依据，具有非常重要的文物价值及史料价值。2013年10月被批准为省级文物保护单位。有公路经此。

广固城遗址 370781-50-B-b07
[Guǎnggùchéng Yízhǐ]

在青州市邵庄镇窑头村附近。明嘉靖《青州府志》载为西晋永嘉五年（311）创建，东晋义熙六年（410）废。遗址平面呈长方形，东西长约800米，南北宽约600米，总面积约48万平方米。城内文化堆积厚约1米。地表散布有少量的青瓷罐等残片。广固城遗址对研究两晋时期城池的建造形式和格局，以及城市考古研究具有十分重要的意义。2013年10月被批准为省级文物保护单位。有公路经此。

郝家庄遗址 370781-50-B-b08
[Hǎojiāzhuāng Yízhǐ]

在青州市黄楼街道郝家庄村西北约600米处。因所在位置而得名。龙山文化晚期至商周时期遗址。遗址东西长约250米，南北长约100米，总面积约25 000平方米。

该遗址是首次发现岳石文化以来，山东省已发掘的同时期遗址中唯一一处能分清断代的遗址，具有特殊的意义。出土文物既有烟台赵格庄遗址出土文物的特征，又有泗水尹家城遗址出土文物的风格。2013年10月被批准为省级文物保护单位。有公路经此。

上院遗址　370781-50-B-b09
[Shàngyuàn Yízhǐ]

在青州市弥河镇上院村西。因所在地而得名。大汶口文化时期至汉代遗址。遗址东部部分区域被上院村占压，三面环山，平面呈近三角形。东西最长约300米，南北最短处约100米，现存面积约1.5公顷。出土遗物丰富、文化特征明显，有石磨棒、锥形鼎足、鸟喙足、袋足、陶鬲口沿、铜镞等；遗址之上未进行深耕，保存状况完好。该遗址为构建青州地区考古文化序列提供新的证据，为整个山东地区新石器时代文化的研究提供了更新的资料。2013年10月被批准为省级文物保护单位。有公路经此。

臧台遗址　370781-50-B-b10
[Zāngtái Yízhǐ]

在青州市何官镇臧台村西北约20米处。因所在地而得名。遗址南北长约2 000米，东西长约1 000米，南角有臧台一处，现存高度15米，台基南北、东西各近150米，该台为分层夯筑而成。西北角台后有两种大型台基，其东半部地面略高。在近200万平方米的范围内，均有灰坑、陶片等分布。采集标本丰富，有大汶口文化时期的扁凿形鼎足，商代的鬲足，战国早期的素面半瓦当、花纹铺地砖、嵌贝砖，汉代的筒瓦、板瓦等。2013年10月被批准为省级文物保护单位。有公路经此。

张家羊遗址　370781-50-B-b11
[Zhāngjiāyáng Yízhǐ]

在青州市谭坊镇张家羊村南。因所在地而得名。龙山文化时期至汉代遗址。遗址东西500米，南北400米，总面积约20公顷。文化层距离地表约0.30米，厚约1~2米，有大量的灰坑暴露。高地断崖东侧有龙山、商周、汉代陶片暴露于外，拣选到的标本有龙山文化时期的鼎足、鬶足、夹砂盆底；商周时期的鬲口沿、夹砂鼎大足；汉代的罐、盆口沿等。遗址文化面貌清晰，标本较为丰富，是历史延续较长的一处重要大型遗址。2013年10月被批准为省级文物保护单位。有公路经此。

大埠顶墓群　370781-50-B-b12
[Dàbùdǐng Mùqún]

在青州市邵庄镇兴旺庄村东的埠岭上。因所在位置而得名。东周墓葬。墓群东西长500米，南北长600米，分布面积大约30公顷。具体墓葬数量不明，各墓墓室形制不明。从其地望、形制、规模、夯筑形式来看，应为东周时期齐国上层贵族家族墓地。对于研究齐国上层贵族埋葬制度、分布特点提供了可靠的实物资料，具有很高的历史价值和研究价值。2013年10月被批准为省级文物保护单位。有公路经此。

戴楼墓群　370781-50-B-b13
[Dàilóu Mùqún]

在青州市何官镇戴楼村东南100米处。因所在地而得名。汉代墓葬。墓群有墓葬3座，分别列于济青高速公路两侧。北侧古墓封土呈圆丘形，高10余米，面积1 250平方米，黄土夯筑，夯层厚0.10米左右，墓室结构不详。南侧古墓，当地老百姓称之为"双冢子"，南北直列，封土高约4米，南北相连长约80米，东西宽约25米，墓室结构不详。另外，在双冢子封土上还发现有晚期墓葬暴露。戴楼墓群为研究汉代葬制、青州汉代历史提供了可靠实物资料。2013年10月被批准为省级文物保护单位。有公路经此。

南辛古墓 370781-50-B-b14
[Nánxīn Gǔmù]

在青州市益都街道南辛村南250米。因所在地而得名。南辛古墓共有墓葬三个，东西排列，自东向西编号为1~3号，平地起筑，封土形制相同，均属方基圆坟类型。1、2号两座墓葬东西并列，大小相仿，相距75米；3号墓葬略小，在2号墓西北60米，应该为1、2号墓的陪葬墓。三座墓葬墓道均朝南。1号墓，方基三层，陵台上坟堆呈椭圆形；2号墓，方基二层，圆坟底径21米，平顶，封土为柱心式结构，封土柱西壁已经暴露，板痕及系绳孔清晰可见；3号墓，方基二层，圆坟堆几乎被削平，底径10米，平顶。南辛古墓封土规模与四王冢和二王冢不相上下，形制相同，据此推断，墓葬主人应该为田齐国君及其陪葬者。该墓葬对研究古齐国的历史和先秦帝王陵寝制度提供了可靠的实物资料，具有很高的历史价值和研究价值。2013年10月被批准为省级文物保护单位。有公路经此。

齐胡公墓 370781-50-B-b15
[Qíhúgōng Mù]

在青州市邵庄镇北辛店村西南约300米处。因墓主人而得名。墓葬南北各有一条人工开挖的沟渠，其内应该为其兆域。墓葬现存封土呈覆斗形，封土南北长55米，东西宽40米，高15米，边长24米，黄、红土相间夯筑，夯层厚0.10米左右，墓室结构不详。从其地望、形制、规模、夯筑形式来看，应为东周时期齐国某位国君之墓。该墓葬对研究齐国国君陵寝制度、分

布特点提供了可靠的实物资料，具有很高的历史价值和研究价值。2013年10月被批准为省级文物保护单位。有公路经此。

齐襄公墓 370781-50-B-b16
[Qíxiānggōng Mù]

在青州市邵庄镇北马庄南约200米处。因墓主人而得名。春秋战国时期墓葬。现存封土呈覆斗形，残高9米，南北长75米，东西长66米，面积约5000平方米。封土为黄红土相间夯筑，夯层约35厘米。墓室结构不详。该墓葬对研究齐国国君陵寝制度、分布特点提供了可靠的实物资料。2013年10月被批准为省级文物保护单位。有公路经此。

邵庄北墓 370781-50-B-b17
[Shàozhuāngběi Mù]

在青州市邵庄镇西邵庄村北约500米。因所在地和位置而得名。东周墓葬。墓葬封土呈圆台形，高5米，顶径10米，底径15米。黄黏土夯筑，夯层厚0.1米左右。墓室结构不详。从其地望、形制、规模、夯筑形式来看，应为东周时期齐国贵族的墓。该墓葬对研究齐国贵族埋葬制度、分布特点提供了可靠的实物资料，具有很高的历史价值和研究价值。2013年10月被批准为省级文物保护单位。有公路经此。

神旺庄墓群 370781-50-B-b18
[Shénwàngzhuāng Mùqún]

在青州市邵庄镇神旺庄村西。因所在地而得名。墓群由三座东周时期古墓组成，村西约800米处的墓葬，当地称之为"无名冢"，黄褐土夯筑，夯层厚0.12米左右；村西北约800米处墓葬，当地称之为"北冢子"，黄褐土夯筑，夯层厚0.12米左右；村西南约1500米处墓葬，黄褐土夯筑，夯层厚0.12米左右。三处墓葬封土原呈圆丘

形，墓室结构不详，从其地望、形制、规模、夯筑形式来看，应为东周时期齐国贵族之墓。该墓葬对研究齐国贵族埋葬制度、分布特点提供了可靠的实物资料。2013年10月被批准为省级文物保护单位。有公路经此。

西黄墓 370781-50-B-b19
[Xīhuáng Mù]

在青州市益都街道西黄村北。因所在地而得名。原为方基圆坟，现圆坟已被夷平，方基西侧取土严重，已成断崖。墓葬东西50米，南北50米，总面积约2 500平方米。该古墓与其北边的西黄村东北古墓并称为鸳鸯冢。西部断崖处暴露黄土夯筑层，层厚约20厘米，内含夹砂绳纹陶片。西黄墓对研究战国田齐公墓的兆域，以及战国时期齐国公墓与邦墓分布有着重要的意义。2013年10月被批准为省级文物保护单位。有公路经此。

香山墓 370781-50-B-b20
[Xiāngshān Mù]

在青州市谭坊镇大赵村西。汉代墓葬。现存封土高约6米，南北长40米，东西宽35米，面积约1 400平方米，封土、墓葬回填土为山边沙石和黄土为主，为分层夯筑。陪葬坑在墓道西侧，南北长7.3米，东西宽5.1米，陪葬品以陶质为主，种类丰富，分布密集。经初步统计，陶器、陶俑2 092件，另有部分铜、铁兵器。大部分器物上保留着精美的彩绘，画工精湛，对研究汉代服饰、马具、制陶工艺和彩绘工艺提供了珍贵的实物资料。2013年10月被批准为省级文物保护单位。有公路经此。

兴旺店墓 370781-50-B-b21
[Xīngwàngdiàn Mù]

在青州市庙子镇兴旺店村东北约1 500

米。因所在地而得名。为圆角方基圆坟，有封土。封土东西长约14米，南北长约15米，高约4.5米。墓室状况不明。此墓距离齐国古都不远，从其地望、形制、规模、夯筑形式来看，应为齐国贵族墓。该墓葬对研究齐国贵族埋葬制度、分布特点提供了可靠的实物资料，具有很高的历史价值和研究价值。2013年10月被批准为省级文物保护单位。有公路经此。

玉皇庙墓群 370781-50-B-b22
[Yùhuángmiào Mùqún]

在青州市邵庄镇玉皇庙村西北。因所在地而得名。战国时期墓葬。墓群建于山丘之上，封土大部分被平为耕地，封土现存部分高约5米，东西约35米，南北约30米。黄褐土夯筑，夯层厚0.12米左右。墓室结构不详。根据墓葬位置和形制分析，应为战国贵族墓，为研究战国丧葬制度、分布特点提供了可靠的实物资料。2013年10月被批准为省级文物保护单位。有公路经此。

月山墓群 370781-50-B-b23
[Yuèshān Mùqún]

在青州市邵庄镇月山村南北两侧。因所在地而得名。其中村西北约1 000米，共有7座墓葬，封土有不同程度的破坏，墓室结构不详；村南约70米有1座墓葬，封土呈圆丘形，黄黏土夯筑，墓室结构不详。从其地望、形制、规模、夯筑形式来看，该墓群应为东周时期齐国贵族墓，对研究齐国上层贵族埋葬制度、分布特点提供了可靠的实物资料。2013年10月被批准为省级文物保护单位。有公路经此。

范公亭建筑群 370781-50-B-b24
[Fàngōngtíng Jiànzhùqún]

在范公亭公园内。因建筑群中主要建筑而得名。宋皇祐三年（1051），南阳河边有醴泉涌出，范仲淹构亭泉上并刻石记之。后人感其德，遂称之为范公亭。始建于北宋。明天顺五年（1461），重建新亭四楹翼于泉上，亭后建祠堂三间追祀范公，此后历代均有修葺。现存井亭系民国初年复建。三贤祠在井亭东侧，祀北宋时三任青州知州：范仲淹、富弼、欧阳修。范公祠三间，坐东面西。富公祠故址在瀑水涧侧，嘉靖年间移建于东阳河北岸晏公庙内，明末移建于范公祠之左。欧阳公祠，故址在瀑水涧侧，明末移建于范公亭之右。顺河楼在三贤祠北约200米洋溪湖西岸，清咸丰年间始建，三楹单层，三面亮窗出厦，顺河建于石砌高台之上，远观似楼，故名顺河楼。范公亭建筑群保存了大量的珍贵石刻，是青州历史文化繁荣昌盛的标志，同时又是爱国主义教育基地和廉政教育基地。2013年10月被批准为省级文物保护单位。有公路经此。

偶园 370781-50-B-b25
[Ǒu Yuán]

在青州市古城旅游景区内。始于明代王府花园，兴盛于清康熙、雍正、乾隆三朝，道光以后渐渐荒芜。占地28亩。园内景观主要有一山（人工堆砌石山）、一堂（佳山堂）、二水（瀑布水、洞泉水）、二门（偶园门、楮绿门）、三桥（大石桥、东麓横石桥、西麓瀑水桥）、三阁（云镜阁、绿格阁、松风阁）、五亭（友石亭、问山亭、近樵亭、卧云亭、一草亭）、四石（福石、寿石、康石、宁石）。偶园结构严谨，布局得体，为北方园林之胜景。偶园作为北方私家园林的珍贵遗存，具有明确的流传沿革，是明末清初中国传统文人园在北方的仅存实例之一。2013年10月被批准为省级文物保护单位。有公路经此。

青州万年桥 370781-50-B-b26
[Qīngzhōu Wànnián Qiáo]

在青州市区。宋之前，跨水植柱为桥。宋仁宗时，架一飞桥，中无柱。明永乐十二年（1414）郑纲重修。万历二十二年（1594）知府卫一凤、知县刘养浩增修，改名万年桥。其后康熙、嘉庆、同治年间，代有重修。1986年，青州市人民政府按"修旧如故"的原则重修万年桥。桥全体以巨石构成，规模宏大，基础坚固。长65.3米，宽8米，高7.9米，为6个桥墩，7个跨拱，每拱宽5.4米。垛中部镌水兽，龙首长鬣，颇庞大，俗谓之"哈"，谓可镇河水。桥栏用青石雕成，高数尺，刻有二十四孝、松鹤同春、张良圯下遇黄石公等图。东栏有石柱41根，柱端有宝瓶22个、狮子19个；西栏有石柱37根，柱端有宝瓶17个、狮子20个。2013年10月被批准为省级文物保护单位。有公路经此。

青州昭德古街 370781-50-B-b27
[Qīngzhōu Zhaode Gujie]

在青州市区南部。以街中段的昭德阁命名。昭德古街是著名的历史文化街区，也是明清时期青州的商贸中心，现为山东地区著名的回族聚居区。主要由东门街、东关街、昭德街、北阁街、粮市街及其两侧街巷组成，它们南北相通，东西相连，形成了一组"连线成片"的明清古建筑群，全长3 000余米，面积约17公顷。据统计，街区现存民国以前的建筑15万平方米。这些街道建筑青砖灰瓦、红栏白墙、青石铺地，透出浓浓的古风雅韵，具有典型的地方特色和伊斯兰风格，是民族团结、宗教和顺，各民族传统文化交流互融，各种宗教文化和谐共存的实物见证。2013年10月被批准为省级文物保护单位。有公路经此。

松林书院 370781-50-B-b28

[Sōnglín Shūyuàn]

在青州市青州第一中学学院内。始建于宋代，王曾幼年时曾读书于此，并写有《矮松院赋》。明成化五年（1469），青州知府李昂改建为书院，题其门曰：松林书院。松林书院平面呈长方形，坐北朝南，分中、东、西三路建筑，占地 2 430 平方米。东路原有十三贤祠等建筑多座，现存小式木构抬梁建筑五间，其余皆为原址修复。中路前后两进院，现有明伦堂和东西厢庑等小式抬梁式木构建筑 20 余间。西路乡贤祠早年倾圮，后由第一中学复建。松林书院内，现存古碑刻较多，如清康熙赵执信碑、清光绪云门书院碑、16 通松林书院诗记碑、重建松林书院碑等。松林书院建筑群，虽历经沧桑，但建制基本保存完整，经历代修葺完善，能较为清晰地反映出传统木构建筑的建筑风格与特点，对中国古代建筑艺术的研究具有重要的参考价值。2013 年 10 月被批准为省级文物保护单位。

修真宫旧址 370781-50-B-b29

[Xiūzhēngōng Jiùzhǐ]

在青州市弥河镇上院村西 150 米处。修真宫原分为青龙白虎殿、三清殿和玉皇殿，最南边为钟楼，四周有围墙，整个建筑呈南北纵式排列，南为青龙白虎殿，中为三清殿，北为玉皇殿。现存旧址南北长 44 米，东西长 17.85 米，面积约 785.4 平方米。院中古建筑有大殿一座、钟楼一座及 12 块碑志。大殿坐北朝南，面阔三间，长 11.3 米，进深 7 米，高约 7.5 米，砖石砌墙，木构房顶，雕梁画栋，灰瓦覆顶，部分塌落；东南为钟楼，二层南北长 2.3 米，东西长 2.8 米，高约 4.5 米，原嵌有"鲸音"，题额刻石现已遗失；门前有古国槐 1 棵。修真宫内保存着大量的碑刻，对研究道教在青州乃至山东地区的传播提供了实物资料。2013 年 10 月被批准为省级文物保护单位。有公路经此。

玲珑山郑道昭题刻 370781-50-B-b30

[Línglóngshān Zhèngdàozhāo Tíkè]

在青州市王府街道玲珑山上。以所在自然地理实体命名。由以郑道昭白驹谷题刻为代表的十余处历代题刻及瑶池、玲珑洞等古迹组成。北魏以来，历代均有书法家在此留下墨宝，其中，山北麓郑道昭白驹谷题刻周围分布最为密集，有名可循者共约 10 人 12 处，其中有北魏郑道昭题刻两处，清赵之谦题刻一处，清魏世宁碑刻一处。瑶池旁有残碑 4 方。玲珑洞洞口有一方《山门碑记》，是大清康熙十五年（1676）立。另一方为半截石碑，碑铭是《笔架修醮》，是乾隆三年（1738）立。观音洞，在洞有内外两重门。外门"与天齐寿"的横批下，有工整的阳刻对联：洞濠相形古洞府，峰岭竦起独玲珑。内洞石刻"桃源古洞"。门联是"难必救慈悲君子，雨不雷忠厚圣人"，在观音洞口有残碑 1 通。另外，山顶上还存有山门，石砌而成，在山门附近还存有残碑 2 通。玲珑山白驹谷题名和白云堂题名为我国北魏时期著名的书法家郑道昭题写，结构宽博，笔意苍劲。为研究我国文字的演变和书法艺术的发展提供了难得的实物资料。2013 年 10 月被批准为省级文物保护单位。有公路经此。

青州基督教建筑 370781-50-B-b31

[Qīngzhōu Jīdūjiào Jiànzhù]

在青州市古城旅游景区偶园街南段。以所属宗教而得名。现存偶园街基督教堂、广德医院旧址古楼及培真书院古楼两座。基督教堂由浸礼会传教士仲均安、怀恩光于 1877 年创办，1909 年浸礼会进行扩建，建成后的基督教堂占地面积 2 600 平方米，建筑面积 1 400 多平方米。除大教堂外，周围还有许多附属建筑，包括小礼拜堂、博物堂、牧师寝舍及办公用房等。目前基督教堂除对两座恩光楼没有进行重建外，其余建筑基本恢复原貌。培真书院，1881 年由怀恩光创办。最初为圣道学堂，1887 年增设师范学堂，1893 年在东华门街新建校舍，取名罗宾逊神道书院，旋又改名郭罗培真书院。现仅存建筑两座。1882 年，浸礼会传教士武成献在衡王府旧址组建了青州大英帝国浸礼会医院，在此基础上，扩建成青州基督教广德医院，即益都中心医院的前身，现存砖、石、木结构二层楼，单檐歇山顶，面积约 250 平方米。2013 年 10 月被批准为省级文物保护单位。有公路经此。

桃园遗址 370781-50-B-c01
[Táoyuán Yízhǐ]

在青州市东夏镇桃园村南 20 米。因所在地而得名。文化层距地表约 0.5~1 米，文化堆积厚 0.75~1.25 米，总面积约 3.75 万平方米。1977 年局部发掘，清理有灰坑。采集和出土的遗物有北辛文化陶器，以夹砂褐陶为主，次为泥质红陶、红褐陶、灰褐陶和灰陶，纹饰有曲尺形纹、划纹、堆纹、器形有鼎、壶、罐、器盖，以及石铲等；大汶口文化夹砂红陶鼎足、泥质灰陶钵口、盘口，泥质红陶漏缸残片；龙山文化陶器，以夹砂灰褐陶为主，次为泥质黑陶、红陶、夹砂白陶、红褐陶，纹饰有附加堆纹、弦纹、乳钉文和凸棱，器形有鬶、甗、鼎、盆、罐、杯、器盖、纺轮，另有石镞等。2000 年 4 月被批准为市级文物保护单位。有公路经此。

满洲旗兵驻防城旧址 370781-50-B-c02
[Mǎnzhōu Qíbīng Zhùfángchéng Jiùzhǐ]

在青州市益都街道北城村北。原为清代满洲驻防旗城的一部分，始建于清雍正

八年（1730）。城防及大部分建筑均已拆除。官房为硬山，前檐出厦，有梁柱，为砖石木构建筑，顶部覆小灰瓦。2000 年 4 月被批准为市级文物保护单位。有公路经此。

中共东圣水党支部旧址 370781-50-B-c03
[Zhōnggòng Dōngshèngshuǐ Dǎngzhībù Jiùzhǐ]

在青州市云门山街道原东圣水村。旧址原是一所前、中、后三进院落，约建于清代。现有北屋三间，为石基砖木结构建筑，硬山出厦，小瓦覆顶，坐北面南，东西长 10.8 米，南北进深 6.1 米，高 5 米。中共东圣水党支部旧址的规模变化正是魏嵋及其家人变卖房产积极投身革命事业的见证。2000 年 4 月被批准为市级文物保护单位。有公路经此。

刘珝墓 370781-50-B-c04
[Liúxǔ Mù]

在青州市高柳镇阳河村西。此墓是明代光禄大夫柱国太子太保、户部尚书兼谨身殿大学士刘珝的茔地，故名。墓前有石俑、石马、石羊等石像。该墓地南北长 500 米，东西宽 100 米，面积约 5 公顷。刘珝墓地"文革"时期被毁，近几年进行了修复。现存原墓石俑 3 尊，石羊、石马等 6 件，"敕修刘氏世墓"石刻题额 1 件，其他墓碑 3 件，碑座、柱础等数件，古柏 3 棵。2007 年 6 月被批准为市级文物保护单位。有公路经此。

姜家沟遗址 370781-50-B-c05
[Jiāngjiāgōu Yízhǐ]

在青州市谭坊镇郑母管区姜家沟村西粪山周围。因位置得名。遗址发现大量破碎的陶片，包含少量夹砂灰陶。有的陶片含砂粒较大，且厚重粗糙。主要有陶器口沿、底部和少量带花纹的陶片，初步认为是大汶口文化早期遗址，可能为古人祭祀的场所。遗址的发现有助于了解本地区早期聚

落遗址的构成。2012 年 12 月被批准为市级
文物保护单位。有公路经此。

王盘石遗址　370781-50-B-c06
[Wángpánshí Yízhǐ]

在青州市谭坊镇王盘石村尧河支流的
东、西两岸。因所在地而得名。遗址面积
19.5 万平方米，文化堆积厚约 2.5 米，暴露
有土坑墓。1985 年初出土的彩陶为泥制红
陶，用泥条盘筑的办法制成，在器物的肩
部和腹部有黑色彩绘纹带。第二次文物普
查时，采集的大汶口文化陶片以泥质红陶
为主，少量泥质灰陶、彩陶，有的器物饰
鸡冠耳，可辨器形有钵、鼎、背壶、壶、
罐等。第三次文物普查时，发现该地区河
西部大部分被房屋、大棚覆盖。在河东岸
的耕地中发现少量大汶口、东周、汉代的
陶片，数量较少，保护较好。王盘石遗址
是潍坊地区为数不多的大汶口文化遗址之
一，对研究山东地区早期聚落遗址的分布
和文化面貌具有重要意义。2012 年 12 月被
批准为市级文物保护单位。有公路经此。

马庄遗址　370781-50-B-c07
[Mǎzhuāng Yízhǐ]

在青州市高柳镇马庄村西南 200 米处。
因所在地而得名。遗址东西长 200 米，南
北长 200 米，面积约 4 万平方米。文化堆
积厚约 2 米。第二次文物普查时采集遗物
有大汶口文化白陶鬶把，龙山文化夹砂褐
陶鼎足、鼎口、弦纹盆口，岳石文化夹砂
褐陶罐口，商代夹砂褐陶绳纹鬲口等。第
三次文物普查采集到龙山文化时期的弦纹
磨光黑陶片、商周时期的陶鬲口沿、战国
时期的残陶盉、汉代的绳纹筒瓦片。马庄
遗址面积较大，文化层厚，延续时间长，
是一处文化内涵丰富的早期聚落遗址。
2012 年 12 月被批准为市级文物保护单位。
有公路经此。

北高遗址　370781-50-B-c08
[Běigāo Yízhǐ]

在青州市谭坊镇北高村尧河西北岸的
河边高地上。因所在地而得名。遗址表面
暴露许多灰坑，灰坑包含物较多，有灰土、
红烧土和陶片。地表拣选到大汶口、龙山
文化的夹砂陶片和泥制陶片，及部分商周、
汉代陶片。是第三次文物普查中拣选标本
较丰富的一处遗址，丰富了潍坊市文物普
查实物资料。2012 年 12 月被批准为市级文
物保护单位。有公路经此。

杨姑桥北遗址　370781-50-B-c09
[Yánggūqiáoběi Yízhǐ]

在青州市黄楼街道杨姑桥村东北约 500
米处。因所在地而得名。遗址东西宽 100 米，
南北长 150 米，总面积约 1.3 万平方米。文
化堆积厚约 2.5 米，东部断崖暴露有灰坑。
20 世纪 80 年代文物普查时，采集到龙山文
化的陶片以夹砂黑陶为主，另有夹砂白陶、
红陶、红褐陶，纹饰有弦纹、划纹、附加堆纹，
可辨器形有鼎、豆、罐、碗、盆、壶、杯、
鬶、器盖、圈足盘、甗；石器有斧、铲、刀、
镞等，还采集到商代有夹砂褐陶绳纹鬲口
沿、泥质灰陶豆把等。第三次文物普查时，
采集到龙山文化时期的泥质黑陶片、陶甗
口沿，商周时期的陶簋底部残片等标本。
遗址对研究弥河流域史前聚落遗址的分布
和文化面貌具有重要意义。2012 年 12 月被
批准为市级文物保护单位。有公路经此。

郑母吉林遗址　370781-50-B-c10
[Zhèngmǔ Jílín Yízhǐ]

在青州市谭坊镇吉林村河东西两侧的
第二级台地。因所在地而得名。遗址中间
有一条自然的断崖，东侧为东河，南北走向，
宽约 5 米，两岸有文化层暴露，厚约 1 米，
内含灰土、红烧土和龙山文化陶片。河流
东岸发现大量的商周时期的陶片，并拣选

到一枚残石镰，使用痕迹明显，遗址西侧也有一条南北向季节河，东岸发现大量的汉代陶片，属于一处时代较早、面貌较好的聚落遗址。2012年12月被批准为市级文物保护单位。有公路经此。

北霍陵遗址 370781-50-B-c11
[Běihuòlíng Yízhǐ]

在青州市黄楼镇北霍陵村东30米。因所在地而得名。遗址在一高地上，东、南、北为断崖。该遗址东西宽200米，南北长300米，总面积约6公顷。遗址北断崖暴露有灰坑，文化堆积厚约1~2米。第二次文物普查时采集遗物有龙山文化夹砂红陶鬶、泥质黑陶罐口，商代夹砂褐陶绳纹高口沿，西周泥质褐陶篮口，汉代板瓦残片等。第三次文物普查采集到商周时期的陶簋残片等标本。遗址为弥河流域较重要的一处遗址，对研究早期聚落的布局和构成具有重要意义。2012年12月被批准为市级文物保护单位。有公路经此。

马家庄北遗址 370781-50-B-c12
[Mǎjiāzhuāngběi Yízhǐ]

在青州市黄楼街道马家庄村北约500米。因所在地和位置而得名。该遗址东临弥河，东西长400米，南北长500米，总面积约17万平方米，文化堆积厚约1米。第二次文物普查时，暴露有灰坑，采集遗物有龙山文化夹砂灰陶鼎口沿、泥质灰陶器盖，商周时期夹砂灰陶绳纹鬲口、鬲足、夹砂褐陶绳纹鬲口，战国时期泥质灰陶钵、豆把，汉代板瓦残片等；第三次文物普查采集到商周时期的陶鬲、罐盆口沿残片等标本。该遗址是一处典型的龙山、岳石文化聚落遗址，延续时间长，对研究不同历史时期的聚落分布有一定的参考价值。2012年12月被批准为市级文物保护单位。有公路经此。

姜家庙遗址 370781-50-B-c13
[Jiāngjiāmiào Yízhǐ]

在青州市东夏镇姜家庙村北300米。因所在地而得名。遗址东西长300米，南北宽200米，总面积约6万平方米，文化堆积厚约1~2米。第二次文物普查时，采集有商代夹砂灰陶素面鬲口、绳纹鬲裆、罐口和汉代泥质灰陶罐口、盆口等。第三次文物普查，采集到汉代陶壶残片等标本。姜家庙遗址在弥河古道区域，时代较早，面积较大，文化层厚、标本丰富，是一处历史价值和考古价值较高的遗址。2012年12月被批准为市级文物保护单位。有公路经此。

关帝庙村遗址 370781-50-B-c14
[Guāndìmiàocūn Yízhǐ]

在青州市谭坊镇郑母社区关帝庙村北160米处。因所在地而得名。遗址占地面积12万多平方米，地表暴露有灰坑和文化层，发现大量的灰陶片，有汉代的残豆盘、绳纹瓦片和绳纹罐口沿等，并采集到少量的兽骨。遗址南部曾出土过大量陶器和铜钱。属于一处面积较大、文化面貌较好的聚落遗址。2012年12月被批准为市级文物保护单位。有公路经此。

田庄遗址 370781-50-B-c15
[Tiánzhuāng Yízhǐ]

在青州市王坟镇田家庄村南。因所在地而得名。遗址东西长300米，南北宽200米，总面积约5万平方米，地势西高东低，中部被南北向深沟分割，北部被大小田庄村占压，修路时曾出土过青铜剑。第三次普查时，地表采集到周到汉代陶片，在路南断崖处发现有灰坑遗迹，距地表约0.5米，内含周代绳纹陶片、兽骨。是一处面积较大、时代较早、文化内涵深厚的古遗址。2012

年 12 月被批准为市级文物保护单位。有公路经此。

庄庙北遗址 370781-50-B-c16

[Zhuāngmiàoběi Yízhǐ]

在青州市谭坊镇郑母社区庄庙村北。因所在地和位置而得名。遗址断崖处暴露战国至汉代的陶片比较多，地表上有少量的汉代陶片，以板瓦为主，纹饰以夹砂绳纹多见，保存现状比较好，是一处面积较大、文化面貌较好的聚落遗址。2012 年 12 月被批准为市级文物保护单位。有公路经此。

广县故城遗址 370781-50-B-c17

[Guǎngxiàn Gùchéng Yízhǐ]

在青州市王府街道下圈村。以古县城名命名。城址平面呈长方形，南北宽约 400 米，东西长约 500 米，总面积约 20 万平方米。文化堆积距地表深约 1 米。城墙早年夷平，暴露遗物甚少。地表 1.50 米以下含有大量的汉代砖瓦。遗址对研究我国城池的历史、演变以及汉代城池的布局、功能具有较高的历史价值。2012 年 12 月被批准为市级文物保护单位。有公路经此。

黑山红丝石洞遗址 370781-50-B-c18

[Hēishān Hóngsīshídòng Yízhǐ]

在青州市邵庄镇王家辇村黑山西南坡。因所在自然地理实体而得名。遗址洞口长 1.7 米，高 1.1 米，进深约 15 米，为红丝石老窟。宋代《砚谱》载："天下之砚，四十余品，青州红丝石第一。"旧传，洞两旁原有元至清的题刻，现已腐蚀不见。遗址作为青州红丝砚悠久历史的见证，对研究本地红丝砚艺术的传承发展具有重大意义。2012 年 12 月被批准为市级文物保护单位。有公路经此。

八角山寨址 370781-50-B-c19

[Bājiǎoshān Zhàizhǐ]

在青州市王府街道夏庄东八角山上。因所在自然地理实体而得名。八角山寨址平面近长方形，南北长约 250 米，东西宽约 30 米，面积近 7 500 平方米。寨墙石筑，残长 300 米，宽 0.5~1.2 米，最高处 2.5 米。寨门两座，石砌筑，一在南端，高 2 米，宽 105 米；一在西侧，高 1.9 米，宽 1 米，与寨墙连为一体。寨内原有房舍 40 余间，集中建于山顶南部，现残存宽约 0.5~0.7 米的石筑墙基。南门内有开凿水池遗迹。山顶北部存清戊戌年（1898）镌刻"敬亭山"题刻。八角山寨址保存较完整，布局清晰，功能齐全，是研究山寨文化的重要实物资料。2012 年 12 月被批准为市级文物保护单位。有公路经此。

南王孔墓 370781-50-B-c20

[Nánwángkǒng Mù]

在青州市邵庄镇南王孔村南部。因所在地而得名。墓葬周围皆为民房，墓葬顶部有菜地、果树以及晚期墓葬。现存封土呈近圆台形，高 5 米，底径 50 米。四周夯土略有破坏，东侧有明显二次夯筑痕迹。黄土夯筑，夯层厚 0.15 米左右，封土南侧暴露有墓道，墓室结构不详。南王孔墓历史悠久，为研究齐国陵寝制度、分布特点提供了可靠的实物资料，具有很高的历史价值和研究价值。2012 年 12 月被批准为市级文物保护单位。有公路经此。

西王墓 370781-50-B-c21

[Xīwáng Mù]

在青州市邵庄镇西王村北约 300 米处。因所在地而得名。墓葬东、西各有一深沟，现存封土因取土等原因已被分为东西两部分。平面近似长方形，高约 7 米，南北长约12米,东西长约20米,面积约240平方米,墓室形制不明。墓葬为研究齐国陵寝制度、分布特点提供了可靠的实物资料,具有很高的历史价值和研究价值。2012年12月被批准为市级文物保护单位。有公路经此。

兴旺庄墓 370781-50-B-c22
[Xīngwàngzhuāng Mù]

在青州市邵庄镇兴旺庄东南约700米处。因所在地而得名。墓葬现存封土呈近方形,高约6米,底径约13米,面积150平方米。封土系黑黏土夯筑而成,夯层厚0.20米左右,墓室结构不详。兴旺庄墓为研究齐国陵寝制度、分布特点提供了可靠的实物资料,具有很高的历史价值和研究价值。2012年12月被批准为市级文物保护单位。有公路经此。

小辛墓 370781-50-B-c23
[Xiǎoxīn Mù]

在青州市邵庄镇小辛庄村西北约200米处。因所在地而得名。墓葬原封土呈圆丘状,高5米,直径约20米。黄土夯筑,夯层厚0.15米左右。因取土和垦荒,墓葬封土破坏较为严重,现存封土高约5米,底径10米,面积仅存100平方米,黄土夯筑,夯层10~15厘米,墓室结构不明。小辛墓为研究齐国陵寝制度、分布特点提供了可靠的实物资料,具有很高的历史价值和研究价值。2012年12月被批准为市级文物保护单位。有公路经此。

西朱鹿墓 370781-50-B-c24
[Xīzhūlù Mù]

在青州市高柳镇西朱鹿村北。因所在地而得名。墓葬现存封土呈圆丘形,高约3米,直径约8米。黄土夯筑,夯层厚0.10米左右,墓室结构不详。西朱鹿墓为战国墓,为研究东周陵寝制度、分布特点提供了可靠的实物资料,具有很高的历史价值和研究价值。2012年12月被批准为市级文物保护单位。有公路经此。

孟尝君墓 370781-50-B-c25
[Mèngchángjūn Mù]

在青州市高柳镇段村南约100米处。因墓主人而得名。东周墓葬。墓葬原封土高大,现因取土仅余东、西两部分,西部高约3米,直径约5米,东部封土略大于西封土;封土为黄土夯筑,夯层明显,厚约8厘米;封土中间部分因取土而下挖至6米左右,现为一个大的取土坑;未破坏至墓室。墓室规模及墓葬结构不明。孟尝君墓为研究东周陵寝制度、分布特点提供了可靠的实物资料,具有很高的历史价值和研究价值。2012年12月被批准为市级文物保护单位。有公路经此。

马石西墓群 370781-50-B-c26
[Mǎshíxī Mùqún]

在青州市邵庄镇马石西村西部。因所在地而得名。墓群现存三处独立的封土。马石西1号墓在马石西村西部,东西长50米,南北宽30米;2号墓在马石西村西约1千米处,封土东西长40米,南北宽20米;3号墓在马石西村西约1 300米,现存封土呈近圆形,直径约40米,高约9米。三座墓葬具体形制皆不明。墓葬为研究齐国陵寝制度、分布特点提供了可靠的实物资料,具有很高的历史价值和研究价值。2012年12月被批准为市级文物保护单位。有公路经此。

台头墓 370781-50-B-c27
[Táitóu Mù]

在青州市邵庄镇东台头村西。因所在地而得名。台头墓原有南、北两座墓葬,皆有封土。两墓南北相距约100米,北墓葬原封土高约 10 米，底径约 15 米，黄土夯筑，夯层明显，厚约 15 厘米，后因修建养殖场、修路被夷平。南墓葬疑为陪葬墓，现存封土高约 7 米，底径 12 米。具体墓葬形制不明。台头墓为研究齐国陵寝制度、分布特点提供了可靠的实物资料，具有很高的历史价值和研究价值。2012 年 12 月被批准为市级文物保护单位。有公路经此。

西石塔墓 370781-50-B-c28
[Xīshítǎ Mù]

在青州市高柳镇西石塔村西约 500 米。因所在地而得名。现存封土高约 4.5 米，东西长 50 米，南北宽 50 米，面积约 2 300 平方米。封土为夯筑，夯层厚约 0.12 米，墓室情况不明。该墓葬是研究战国墓葬制度、古青州历史的重要资料。2012 年 12 月被批准为市级文物保护单位。有公路经此。

北辛村西北墓 370781-50-B-c29
[Běixīncūn Xīběi Mù]

在青州市益都街道北辛村西北。因所在地和位置而得名。墓葬现存封土高约 20 米，原为方基圆坟，边长约 20 米，总占地面积约 400 平方米。农业学大寨时期将封土北部取走，现成为断崖。封土夯层明显，黄土夯筑，夯层厚约 10 厘米，墓室规模结构不详。墓葬为研究齐国国君陵寝制度、分布特点提供了可靠的实物资料，具有很高的历史价值和研究价值。2012 年 12 月被批准为市级文物保护单位。有公路经此。

张高墓 370781-50-B-c30
[Zhānggāo Mù]

在青州市何官镇张高村北 500 米处。因所在地而得名。汉代墓葬。现存封土呈圆丘形，高 4 米，直径约 20 米。封土之上遍布荆棘类小灌木，周围为耕地。封土系黄土夯筑而成，封土中夹杂小料僵石及陶

片，夯层厚 0.1 米左右，墓室结构不详。张高墓保存状况较好，是研究汉代葬制、青州汉代历史的重要资料。2012 年 12 月被批准为市级文物保护单位。有公路经此。

刘镇墓 370781-50-B-c31
[Liúzhèn Mù]

在青州市谭坊镇东刘镇村东南 150 米处。因所在地而得名。汉代墓葬。刘镇墓原有两座封土墓，南北分列于东刘镇通往石家坊的公路两侧。墓葬原有封土皆呈圆丘形，高 3.5 米，直径分别为 14 米和 12 米。由黄土夯筑而成，夯层厚 0.1 米左右。目前，在道路北侧的一座封土墓已被夷平，路南一座部分封土尚存，两座墓葬墓室结构不详。刘镇墓是研究汉代葬制、青州汉代历史的重要资料。2012 年 12 月被批准为市级文物保护单位。有公路经此。

唐鲁墓 370781-50-B-c32
[Tánglǔ Mù]

在青州市高柳镇青冢子村东北约 200 米处。相传为五代后周时期隐士唐鲁之墓，故名。墓葬现存封土高约 6 米，平面近圆形，底径约 30 米，墓室结构不详。墓葬不仅对研究五代墓葬形制特点具有重要的参考价值，对研究青州地方史、青州历史名人都具有重要意义。2012 年 12 月被批准为市级文物保护单位。有公路经此。

西楼墓地 370781-50-B-c33
[Xīlóu Mùdì]

在青州市黄楼街道西楼村东北 1 000 米处。因所在地而得名。墓地东西宽 200 米、南北长 500 米。经勘探，现存墓葬 30 个左右，大部分为砖室墓。2009 年 10—11 月，为配合青临高速的建设，青州市文物局对部分墓葬进行发掘，共清理墓葬 13 座，大部分为穹隆顶砖室墓，少量土坑墓，出土

宋元瓷器 7 件、钱币 58 枚，有开元通宝、景德元宝、治平元宝等。该墓地是研究古代，尤其是宋元时期丧葬制度及青州宋元历史、名门望族的重要实物资料。2012 年 12 月被批准为市级文物保护单位。有公路经此。

王瑛墓 370781-50-B-c34
[Wángyīng Mù]

在青州市王坟镇赵家峪村西。《益都县图志》记载为元代将领王瑛之墓，故名。元代墓葬。原墓葬封土高大，占地面积约 5 亩。后来因取土造田、开山采石，封土日渐萎缩，现存封土东西长 25 米，南北宽 15 米。该墓葬对研究元代丧葬制度，元代军制、官制以及青州历史、名人史具有重要意义。2012 年 12 月被批准为市级文物保护单位。有公路经此。

侯王庄墓群 370781-50-B-c35
[Hóuwángzhuāng Mùqún]

在青州市王坟镇侯王庄村北约 100 米处。因所在地而得名。明代墓葬。墓群东西宽 50 米，南北长 100 米，占地面积约 5 000 平方米，墓葬详细数量不明。该墓群在村北生产路西侧暴露砖室穹隆顶墓一座，内绘有壁画。该墓葬是研究元末明初葬制及社会生活的珍贵资料，具有重要的学术价值。2012 年 12 月被批准为市级文物保护单位。有公路经此。

钟羽正墓 370781-50-B-c36
[Zhōngyǔzhèng Mù]

在青州市邵庄镇钟家庄村东北 100 米处。因墓主人而得名。明代墓葬。封土高约 1.5 米，直径约 3 米，墓前原有墓碑及石像生，已毁，墓室结构不详。钟羽正墓对研究明代丧葬制度、钟羽正生平具有重要意义，对发展地方文化、提升地区影响力和知名度具有极大的推动作用。2012 年 12 月被批准为市级文物保护单位。有公路经此。

东阳城城墙 370781-50-B-c37
[Dōngyángchéng Chéngqiáng]

在青州市城区顺河街路北。明嘉靖《青州府志》载此城为东晋义熙六年（410）所建的青州治所，北宋末年毁于战火，明洪武十一年（1378）在古城址重建土城，不久废。城墙为三合土墙，现在外部包有一层石块。现存城墙东西长 150 米，南北厚约 5 米，占地面积约 750 平方米。东阳城，面略呈长方形，南濒南阳河，南墙长约 2 400 米，北墙长约 2 500 米，东墙长约 700 米，西墙长约 1 320 米。东、西、南各辟一门，北辟二门。城墙夯筑，多数已平毁，现存部分东城墙南段及北墙西部镇青门段，残长约 27 米，宽约 14 米，高 20 米。城内文化堆积距地表深约 0.4 米。对研究各个历史时期城墙建筑风格提供了实物资料。2012 年 12 月被批准为市级文物保护单位。有公路经此。

刘君台民居 370781-50-B-c38
[Liújūntái Mínjū]

在青州市谭坊镇刘君台村中偏北部。因所在地而得名。民居坐北面南，面阔两间，进深一间，三层，东西长 6 米，南北宽 4~5 米。砖木结构，第一层与二层的层面为石质券拱，西北侧有木质楼梯。二层与三层之间为木质楼板，为梁架结构。三层为四梁八柱，矮梁叉拱的斗拱梁架，外檐为二级斗拱，一层叠涩檐，顶面为青灰小瓦，硬山飞檐走脊。刘君台民居为研究明代民居建筑风格提供了实物资料。2012 年 12 月被批准为市级文物保护单位。有公路经此。

玄帝阁 370781-50-B-c39
[Xuándì Gé]

在青州市益都街道西店村。始建年代不详，俗称"北阁子"。坐北朝南，石结构二层建筑。下层为拱券形门洞，高 3.5 米，宽 3.5 米；上层面阔三间，进深 4 米，高 5 米，前出厦 1 米。砖木结构硬山顶，券门上嵌"两京通衢"石匣。玄帝阁特点鲜明的建筑风格，为北方建筑形式提供了实物资料。2012 年 12 月被批准为市级文物保护单位。有公路经此。

白云洞建筑群 370781-50-B-c40
[Báiyúndòng Jiànzhùqún]

在青州市邵庄镇刁庄村东雀山风景区。建筑群始建年代不详，明清均曾重修。占地面积约 1 800 平方米。坐北朝南，现存白云洞山门、大阁和水池等建筑，白云洞原系一自然岩洞，后经加工而成，洞口高 3.50 米，宽 5 米，深约 9 米。尚存神台。三元阁依山洞而建，原为三个天然洞穴，经后人相互凿通，上下叠压而成，山洞口用砖石砌起，留有门窗，现在该阁基本保持原貌。院内外有古碑九通、古树数株。雀山东麓一山谷中，相传有齐公堂及晏婴井。白云洞建筑群保留的古代碑刻对研究道教文化提供了实物资料。2012 年 12 月被批准为市级文物保护单位。有公路经此。

省立四师旧址 370781-50-B-c41
[Shěnglì Sìshī Jiùzhǐ]

在青州市古城旅游景区东门街中段路北。旧址曾为云门书院所在地，始建于明万历四十一年（1613），为卫街（今城内东门街）原布政分司公署改建而成，清顺治、康熙年间先后进行大规模修整。雍正年间，为学使按临之所，遂专用作考场，名为青州考院。晚清时，一度复办。民国时为省立四师。省立四师，历史悠久，不同时期

用途不同，是青州历史传承的一部分，它的存在见证了青州数百年历史变迁。2012 年 12 月被批准为市级文物保护单位。有公路经此。

黑山庙建筑群 370781-50-B-c42
[Hēishānmiào Jiànzhùqún]

在青州市邵庄镇王家辇村西南的黑山之上。因所在自然地理实体而得名。始建年代不详，清乾隆间重建。原有西、北二阁和石室。二阁两层，青石砌筑，各 1 间，面阔约 9 米，深 3 米，阁顶木构梁架，早年倾塌，现在已有墙垣的基础上加以修葺，石墙灰瓦，现二阁已成玉皇阁和文昌阁。石室已成白衣大士洞，坐西朝东，宽 4 米，深 6 米，高 2 米，原有石像；现二阁和石室内皆供奉泥塑神祇。院内现存清嘉庆六年（1801）等重修碑三通及古树一棵。黑山庙建筑群是一处道教场所，对研究青州地区道教传播以及道教文化分布提供了原始素材。2012 年 12 月被批准为市级文物保护单位。有公路经此。

李家官庄李氏祠堂 370781-50-B-c43
[Lǐjiāguānzhuāng Lǐshì Cítáng]

在青州市经济开发区李家官庄村。因纪念李氏先人而得名。祠堂由正殿和西配殿组成。正殿，面阔三大间，坐北朝南，硬山顶，长 9.9 米，进深一间，4.7 米，前出厦，总进深 5.7 米；正面为两窗一门，后面原有一窗，现已封堵；正殿前为月台，南北宽 6.7 米，东西长 9.9 米，青砖铺设；西配殿坐西朝东，面阔三小间，长 9.9 米，进深一间，3.6 米，硬山顶，覆小灰瓦。从两殿结构及梁柱用料上看，有典型的清代建筑风格。在西配殿南有一庙门基础，青石质，门东有一宽约 1.5 米的甬道，青砖铺设。另外，在正殿西南部有一清咸丰十年（1860）的石碑 1 通。李家官庄李氏祠堂保留着的

古代碑刻，碑刻字迹基本清晰可辨，对研究李氏历史提供了实物资料。2012年12月被批准为市级文物保护单位。有公路经此。

北关街古民居 370781-50-B-c44
[Běiguānjiē Gǔ Mínjū]

在青州市王府街道北关街。因所在街巷得名。至今仍保留木质结构的老店铺数十栋。清代北关街是连接旗城与南阳城的必经之路。北关街古民居，是典型的北方建筑形式，四梁八柱砖木结构，多数为清代典型的富商院落群。该民居对研究青州城北关商贸活动以及清代院落样式等有着重要的意义。2012年12月被批准为市级文物保护单位。有公路经此。

北门街古民居 370781-50-B-c45
[Běiménjiē Gǔ Mínjū]

在青州市王府街道北门街。因所在街巷而得名。是典型的北方建筑形式，四梁八柱砖木结构，多数为清代典型的富商院落群。该民居对研究青州城北关商贸活动以及清代院落样式等有着重要的意义。2012年12月被批准为市级文物保护单位。有公路经此。

骁骑校衙门 370781-50-B-c46
[Xiāoqíxiào Yámen]

在青州市益都街道北城南一街东首路北旗城学校附属幼儿园院内。现存东西两屋，坐北朝南，形制相同。东屋面阔三间，长10米，进深一间，深5米，梁柱结构仍存，硬山顶，覆小灰瓦。古建筑前有一古槐，胸围2米，树高10余米，树冠近20米，至今生长旺盛。骁骑校衙门是清代旗城建筑的主要组成部门，为研究清代满族建筑风格提供了实物资料。2012年12月被批准为市级文物保护单位。有公路经此。

许公邢氏先茔宝塔 370781-50-B-c47
[Xǔgōng Xíngshì Xiānyíng Bǎotǎ]

在青州市邵庄镇陈家车马村东北。建于明万历二十九年（1601），以方形、六棱及圆形石质构件垒砌而成，塔腰镌刻"许公邢氏先茔宝塔"。宝塔现存高度4米，底部长、宽各1米，顶部直径0.85米。许公邢氏先茔宝塔是青州地区现存的为数不多的墓塔之一，其年代较早，保存较好，具有很高的历史价值、科学价值和文化艺术价值。2012年12月被批准为市级文物保护单位。有公路经此。

偶园街天主教堂 370781-50-B-c48
[Ǒuyuánjiē Tiānzhǔ Jiàotáng]

在青州市古城旅游景区偶园街南段。因所在街巷而得名。清光绪元年（1875），中国神父保禄始建，光绪二十一年（1895）扩建。1931年，卫国栋赴任监牧后到国外募捐，于1933年主持建了青州大教堂。占地面积约4.35万平方米，建有出厦宿舍楼22间，瓦平房60间，原石柱大门1座，圣堂1栋及育婴堂、修女院、钟楼等建筑。圣堂东屋坡上有石雕花纹"十"字架，高17米。圣堂西为两座7层钟楼，通高35米，为当时青州市最高建筑物。1966年8月两座尖顶钟楼被炸毁。1977—1978年，大教堂全部拆毁，扩建为益都（今青州）卷烟厂厂区。1981年教会收回修女院、圣堂，改建为7间礼拜堂，并于1981年5月30日正式开放。天主教堂中西结合的建筑风格为研究这一时期建筑特点提供了实物资料。2012年12月被批准为市级文物保护单位。有公路经此。

益都火车站德日建筑群 370781-50-B-c49
[Yìdū Huǒchēzhàn Dérì Jiànzhùqún]

在青州市益都街道稷山路南侧。建于

德国强占山东期间，1898 年 6 月开始筹建，1902 年建成使用。当时为三等车站，建有三股车道、站长办公室 8 间、客运室 8 间、行李房 5 间。1938 年 1 月，日本人控制了胶济铁路，增建圆形水塔一座。1948 年，益都全境解放，站内增设一股铁路，并增加了 8 条专运线，候车室扩建为 24 间，新建 4 座仓库。1989 年 1 月改称青州市站，并进行了改造和扩建。现仅存东部一座德式建筑，砖石结构，高两层，南北长 18 米，东西宽 10.5 米。西部现存水塔一座：圆形，高约 20 米，直径约 3 米。益都火车站德日建筑群建筑特色明显，是列强入侵中国的有力证据，也是进行爱国主义教育的实物素材。2012 年 12 月被批准为市级文物保护单位。有铁路经此。

云门桥 370781-50-B-c50
[Yúnmén Qiáo]

在青州市云门山街道朱家庄村东北约 200 米河谷之中。云门桥为二孔拱顶石质桥，现存桥身长约 15 米，单孔跨度约 5 米，宽约 5 米，两孔之间有一镇水兽。整座石桥由 20 层条石建成。其单孔拱形由 7 块拱石构建，31 块条石起拱；桥面由石板铺成。镇水兽长 2 米，宽 0.67 米，厚 0.3 米，头部长 0.5 米。在桥身中部有一石匾，长 1.05 米，宽 0.15 米，上书"云门桥"三大字，左有"民国十三年岁次甲子题记"，右有"清和月建立"。桥体两侧原有青石路相连，因洪水冲垮，桥体两侧相连部分现已不存，但在河谷两侧山坡上仍有迹可循。云门桥作为青州地区保存至今为数不多的古桥梁之一，对研究青州交通、关津等具有重要意义。2012 年 12 月被批准为市级文物保护单位。有公路经此。

张庄渡槽 370781-50-B-c51
[Zhāngzhuāng Dùcáo]

在青州市庙子镇西滴水张庄村石驴山与无名山之间。因所在地而得名。1978 年 4 月动工，1980 年 4 月全部完工。渡槽全长 265 米，为二肋单波悬半波双曲拱排架结构，主要由壳槽、主拱圈、排架、墩台等组成，其中主拱圈跨度 100 米，拱肋分三段预制拼接而成；共有排架 42 个，排架最大高度 17 米；壳槽为有拉杆双悬臂预应力混凝土 U 形槽，设计最大断面 1.4×2.0 米，过水流量 4.5 米 / 秒，槽身共 21 节，其中 12 米长壳槽 20 节，9 米长壳槽 1 节。张庄渡槽是山东省第一座百米跨双曲拱渡槽，其采用的百米跨双曲拱渡槽无支架缆索吊装技术，1981 年被山东省科委授予科技成果三等奖。2012 年 12 月被批准为市级文物保护单位。有公路经此。

诸城市

重点文物保护单位

王尽美烈士故居 370782-50-B-a01
[Wángjìnměi Lièshì Gùjū]

在诸城市枳沟镇北杏村南部。是中共一大代表王尽美的故居，故名。原为北杏村富户见山堂王氏家的柴草院旧房，1918 年后无人居住，年久失修倒塌，1960 年重新修复。故居原为四合院，现存东屋 3 间，坐东朝西，二明一暗，草顶，泥土墙，砖石基。南北长 10.25 米，东西宽 4 米，建筑面积 41 平方米。2006 年 5 月被批准为国家级文物保护单位。通公路。

呈子遗址 370782-50-B-b01

[Chéngzi Yízhǐ]

在诸城市皇华镇呈子村。因所在地而得名。遗址东西长 180 米，南北宽 120 米，面积约为 2 万平方米，文化堆积厚 1~3 米，分为三层，下层为大汶口文化，中层属龙山文化，上层为龙山文化晚期和商周时期遗存。出土大汶口文化陶器以夹砂陶和泥质红陶为主，器物有鼎、鬶、罐、单耳杯、盉等，石器有锛、凿等，另有陶纺轮及骨、牙、蚌器等；龙山文化陶器以夹砂黑陶为主，少量褐、红、白陶，石器有铲、斧、凿以及骨、角、牙器；另有商、周时期夹砂灰陶、绳纹鬲、罐等，地表可见遗存。2006 年被批准为省级文物保护单位。有公路经此。

高家朱村墓群 370782-50-B-b02

[Gāojiāzhūcūn Mùqún]

在诸城市百尺河镇高家朱村。因所在地而得名。1973 年文物调查时，尚存 29 座；1980 年第二次全国文物普查时，仅存 19 座；2007 年第三次全国文物普查时，发现现存墓葬 17 座，呈东西向分布排列。该墓群所有墓葬分布在 200 余亩的白杨树林之中，上面生有荒草和树木。封土为砂质黄土夯筑而成。由于农业生产，损坏严重。1992 年 6 月被批准为省级文物保护单位。有公路经此。

六吉庄子遗址 370782-50-B-b03

[Liùjízhuāngzi Yízhǐ]

在诸城东部，密州街道六吉庄子村北。因所在地而得名。面积约 4 万平方米。遗址曾出土过石磨盘、石磨棒等，现藏于诸城市博物馆。2006 年被批准为省级文物保护单位。通公交车。

前寨遗址 370782-50-B-b04

[Qiánzhài Yízhǐ]

在诸城市枳沟镇前寨村。因所在地而得名。前寨遗址有一部分压于村下，东西长 260 米，南北长 350 米，面积约 65 000 平方米。1973 年曾出土过带陶文的残尊片。地表可见大汶口文化、龙山文化、岳石文化及商周遗存。2006 年被批准为省级文物保护单位。有公路经此。

石河头遗址 370782-50-B-b05

[Shíhétóu Yízhǐ]

在诸城市林家村镇。因所在位置而得名。东西长 340 米，南北长 300 米，面积约 10 万平方米，地势北高南低。遗址上及遗址断崖处可多见龙山文化遗物，文化堆积厚约 1~1.5 米。1992 年被批准为省级文物保护单位。有公路经此。

重要景点和一般名胜古迹

潍河公园 370782-50-D-a01

[Wéihé Gōngyuán]

在诸城市北外环路以南。因潍河贯穿其中，命名为潍河公园。分入口广场、观光平台、休闲演艺广场、音乐喷泉广场、凤凰广场、金谷平原六大区域，主体雕塑为潍水之灵和潍水风帆灯塔。占地面积 1.35 平方千米，水域面积 1 230 亩，陆上面积 800 亩，草皮绿化面积达到 24 万平方米。是生态河湖型国家水利风景区。2005 年被水利部命名为国家水利风景区。通公交车。

山东诸城恐龙国家地质公园

370782-50-D-a02

[Shāndōng Zhūchéng Kǒnglóng Guójiā Dìzhì Gōngyuán]

在诸城市西南部。因所在政区和公园

主题得名。公园占地 9.45 平方千米，包含一级保护区 3 个，分别是库沟一级保护区、恐龙涧一级保护区、臧家庄一级保护区；二级保护区 2 个，分别是恐龙涧二级保护区、臧家庄二级保护区。园区内密集分布的恐龙化石和典型的上白垩统王氏群地层剖面是公园的主要地质遗迹，拥有世界上规模最大的恐龙化石群和世界上最高大的鸭嘴龙化石等多个世界之最。被联合国教科文组织认定为举世罕见的地质奇观。景点有恐龙化石群、龙立方等。2013 年被评为国家 AAAA 级旅游景区。通公交车。

诸城市常山文化博物苑 370782–50–D–a03
[Zhūchéng Shì Chángshān Wénhuà Bówùyuàn]

在诸城市南湖生态经济发展区境内。建筑依常山而建，故名。占地 34.7 公顷，景区内仿古建筑规模宏大，建筑面积 10 万平方米，文化藏品达百万件；藏品种类繁多，内容、题材丰富；稀世珍品众多，具有重要的历史价值、艺术价值和研究价值。分为宗教文化游览区、历代艺术藏品文化展示区、旅游休闲服务区、生态保护抚育区、绿色采摘体验区五大部分。内有万佛寺、大荣博物馆、窦府金石馆、古家具陈列馆、佛像陈列馆、紫砂文化陈列馆、古文字馆、珍宝馆、梵宫、碧霞宫及万佛长廊、时来运转佛坛、万佛碑亭、报恩延寿阁、观音阁等。是集文物保护、展示鉴赏、宗教文化、休闲娱乐、观光旅游、生态保护于一体的特色文化旅游景区。2011 年被评为国家 AAAA 级旅游景区。通公交车。

诸城市恐龙博物馆 370782–50–D–a04
[Zhūchéng Shì Kǒnglóng Bówùguǎn]

在诸城市密州西路恐龙公园内。是一座集收藏、陈列、研究恐龙和其他古生物为一体的公益性博物馆，收藏有诸城境内出土的大量恐龙化石，故名。占地面积 5.4 平方千米，建筑面积 5 400 平方米，是中国北方最大的恐龙博物馆。馆内陈列有世界最大的鸭嘴恐龙化石骨架——巨大诸城龙，设有鸭嘴龙展厅、神妙龙骨厅、诸城暴龙厅、白垩纪恐龙世界展厅、环幕电影厅、模拟仿真厅以及恐龙蛋等古生物化石标本厅等。2009 年被评为国家 AAAA 级旅游景区。通公交车。

诸城恐龙国家地质公园博物馆
370782–50–D–a05
[Zhūchéng Kǒnglóng Guójiā Dìzhì Gōngyuán Bówùguǎn]

在诸城市西南部龙都街道臧家庄。因在此出土了亚洲最大、中国唯一的暴龙——"巨型诸城暴龙"而得名。馆区占地 30 000 平方米，建筑面积 3 200 平方米，外形设计为蛋壳造型，馆内划分化石原址展示区、化石骨架展示区、动感影视观赏区、时空隧道展示区和科普休闲娱乐区五大功能区。场馆运用声、光、电、影视成像等高新技术，充分展示"两大奇观、三大龙王"，还原再现白垩纪晚期群龙争霸的恢宏场景。两大奇观，即多达七层撼人心魄的化石层叠区；暴龙与角龙、甲龙、鸭嘴龙格斗搏杀的完整遗址遗迹。三大龙王，即亚洲最大、中国唯一的暴龙骨骼化石，世界最大、最完整的甲龙骨骼化石，北美以外首次发现的大型尖角龙颈盾化石。是集科研科普、观光体验、娱乐休闲于一体的综合性恐龙文化主题景区，是目前国内最大的暴龙遗迹遗址主题馆。2009 年被评为国家 AAAA 级旅游景区。通公交车。

寿光市

纪念地

寿光市烈士陵园 370783-50-A-c01
[Shòuguāng Shì Lièshì Língyuán]

在寿光市文圣街 5263 号。其前身是抗战胜利后，1946 年由参议长李又生主持所建的烈士祠堂和 1947 年渤海十一师始建的烈士墓。1953 年寿南、寿北两县合并后，为继承烈士遗志、发扬革命传统，于 1959 年在现址建成寿光市烈士陵园。烈士陵园坐北面南，面积约 80 亩，规模宏伟，是集游园区、瞻仰区和烈士墓区三大片区于一体的革命烈士纪念基地。寿光市烈士陵园是潍坊市爱国主义教育基地、潍坊市国防教育基地。

重点文物保护单位

边线王遗址 370783-50-B-b01
「 Biānxiànwáng Yízhǐ 」

在寿光市孙家集街道边线王村北。因所在地而得名。遗址面积约 6.9 万平方米。村西北断崖处暴露遗址文化层厚约 0.7 米。出土龙山文化陶器以夹砂和泥质黑陶为主，灰陶、红陶次之；器型有鼎、鬶、罐、豆、盆、壶、甗、杯、器盖等；商代有夹砂灰陶绳纹鬲、泥质灰陶弦纹簋、罐等残片；西周有泥质灰陶豆。遗址发现于 1980 年，1984—1986 年为配合益羊铁路建设进行局部发掘，发掘过程中发现了龙山文化城堡。城堡面积约 57 000 平方米，方城圆角，四个门道，现仅存夯筑的基槽部分。龙山文化城堡的发现，对研究阶级出现、国家起源问题具有重要意义。1992 年 6 月被批准为省级文物保护单位。有公路经此。

呙宋台遗址 370783-50-B-b02
[Guōsòngtái Yízhǐ]

在孙家集街道呙宋台村。因所在地而得名。其时代历经商、西周、东周、汉和南北朝。遗址东西长约 1 200 米，南北宽约 1 000 米，总面积 102 万平方米。遗址南北高、中间低，呈马鞍形，东翼系陡断崖，深 6~8 米。文化层北、东、南均在 5 米以上，西面较薄，约 1 米。出土物有石器、陶器、铜器、骨器、蚌器及贝币等。呙宋台遗址是商末、西周时期的一处重要遗址。1977 年 12 月被批准为省级文物保护单位。有公路经此。

重要景点和一般名胜古迹

寿光巨淀湖省级湿地公园 370783-50-D-a01
[Shòuguāng Jùdiànhú Shěngjí Shīdì Gōngyuán]

在寿光市西北部。因帝师姜钜氏定居于此，故名，后演变为巨淀湖。湿地公园内有植物 140 多种，动物 200 多种。景区将红色教育和生态旅游有机结合，拥有浩洋水世界、游乐场、动物园、湿地游船等生态旅游项目和马保三故居、渤海军区司令部旧址、牛头镇抗日武装起义纪念碑、牛头镇抗日武装起义陈列馆等红色教育基地，还有巨淀湖鸭蛋、蚂蚱酱、泥鳅等特色美食。园区内以湿地科普宣教、湿地功能利用、弘扬湿地文化等为主题，供人们旅游观光、休闲娱乐，具有湿地保护与利用、科普教育、湿地研究、生态观光、休闲娱乐等多种功能。2014 年 12 月被评为国家 AAAA 级景区。有公路经此。

自然保护区

安丘市

山东寿光滨海国家湿地公园

370783-50-E-b01

[Shāndōng Shòuguāng Bīnhǎi Guójiā Shīdì Gōngyuán]

在寿光市羊口镇。西临寿光市机械林场，北、南分别与本市羊口镇郭井子和寇家坞村为邻，东临营里镇孙家庄。总面积945公顷。因濒临小清河下游莱州湾海滨而得名。总面积991.42平方千米，湿地面积648.90平方千米，湿地率为65.45%。2004年被批准为省级森林公园。湿地类型为滨海盐田湿地、芦苇沼泽湿地和人工水塘湿地等多种湿地类型组成的复合人工湿地。湿地公园现有47科植物186种；有脊椎动物27目62科175种，其中，国家一级保护动物5种，国家二级保护动物12种；鸟类41科165种，其中有国家一级重点保护鸟类东方白鹳、丹顶鹤、白鹤、黑鹤和大鸨共5种，国家二级重点保护鸟类红隼、鹗、大天鹅、疣鼻天鹅、长耳鸮、黑翅鸢、白琵鹭等21种，成为名副其实的鸟类乐园。分为生态保育、科普宣教、合理利用和管理服务四大功能区，利用丰富的盐碱、森林、湿地及人文文化资源，积极开展湿地科普游，及传统文化、荷文化、渔文化、盐文化、农耕文化、红色文化、森林文化等研学游。景区各类旅游新业态的兴起与发展，吸引并得到了众多游客、修学者的参与和好评，取得了良好的生态、社会和经济效益。有公路经此。

纪念地

安丘市革命烈士陵园 370784-50-A-b01

[Ānqiū Shì Gémìng Lièshì Língyuán]

在安丘市青云山南麓。1964年始建，旧址在市区人民路东部北侧，1997年迁建至今地。陵园内建有革命烈士纪念碑、革命烈士纪念堂和革命烈士事迹陈列馆等纪念性建筑物，占地面积61.68亩。陵园内安葬着第一次国内革命战争以来五个时期的为国捐躯的2 135名烈士。纪念碑通高21.35米，象征着2 135名烈士的英名万古流芳。是安丘人民特别是广大青少年接受革命传统教育和爱国主义教育的重点场所。2001年被评为山东省烈士纪念建筑物保护单位。有公路经此。

重点文物保护单位

董家庄汉画像石墓 370784-50-B-a01

[Dǒngjiāzhuāng Hànhuàxiàngshí Mù]

在安丘市人民公园内的安丘市博物馆院内。1959年修建牟山水库时在凌河街道董家庄发现并发掘，故名。墓室坐北朝南，南北长14.3米，东西宽7.91米，由甬道和前、中、后三室及两耳室组成。画像布满墓门和三个墓室，可分为69个画面，总面积达146平方米。画像雕刻技法高超，题材丰富多样，被誉为"石刻之首""汉画之魁"，是研究汉代政治、经济和文化的珍贵资料，在史学界、文物界、美术界都具有较高的历史价值和文化艺术价值。2013年3月被批准为国家级文物保护单位。有公路经此。

安丘市公冶长书院 370784-50-B-b01
[Ānqiū Shì Gōngyěcháng shūyuàn]

在安丘市石埠子镇孟家旺村，城顶山南侧。孔子的高徒兼佳婿公冶长曾在此读书讲学，故名。书院在明清两代曾三度重建和维修，于1943年损毁，现堂宇为1989年重建。景区占地454公顷，是一处突出人文、历史特色，集旅游、休闲、娱乐、购物于一体的综合性景区。书院前有一对树龄2 600多年的银杏树，树高30余米，雄树粗约5.2米，雌树粗约6米，有"中华第一雌雄银杏树"的美誉，被批准为国家一级重点保护野生植物、国家一级珍贵树种。2013年10月被批准为省级文物保护单位。有公路经此。

庵上石坊 370784-50-B-b02
[Ānshàng shífāng]

在安丘市石埠子镇庵上村内。是庵上村马若拙为其嫂王氏所建的节孝坊，故名。石坊建成于清道光九年（1829）。石坊为四柱三楼式，坐东朝西，通高9.13米，南北宽9.25米，东西最宽处为1.60米。石坊采用多种雕刻技法，内容丰富多彩。1992年6月被批准为省级文物保护单位。有公路经此。

重要景点和一般名胜古迹

青云山民俗游乐园 370784-50-D-a01
[Qīngyúnshān Mínsú Yóulèyuán]

在安丘市青云山路东首。因所在自然地理实体而得名。1995年规划建设，1998年正式对外开放。占地5 000亩。是一处以民俗文化为主题，集旅游观光、休闲、娱乐、度假、购物于一体的大型综合性旅游景区。它依托青云山自然地貌，建有江南秀色、民族风情、野生动物、休闲娱乐、齐鲁民俗、桃花源、神秘野人谷等功能区。有"齐鲁民俗第一园"的美誉，是潍坊地区乃至山东省著名的旅游景区。2009年被评为国家AAAA级旅游景区。有公路经此。

景芝酒之城 370784-50-D-a02
[Jǐngzhījiǔ Zhī Chéng]

在安丘市景芝镇景芝酒大道10号。2009年4月动工，同年10月竣工。占地面积25 000平方米，建筑面积3 600平方米。是由我国书法大家欧阳中石题名，仿照汉式建筑建造的，以展示酒文化为内容的特色建筑。由景芝酒文化展览中心、包装物流中心和酒之城广场等组成，其中酒文化展览中心建筑面积3 000平方米，由序厅、历史酒源、酿制酒艺、人物酒杰、文化酒韵、誉名酒扬和品酒区七大部分组成，展现景芝酒5 000年的历史。酒之城广场由酒之源广场、酒祖大殿、酒祖广场、酒道苑、游客中心和曲水流觞广场六大部分组成，总面积22 400平方米，展现酒历史、酒文化、古镇风情和历史文脉等内容。2011年被评为国家AAAA级旅游景区。国道烟汕路经此。

自然保护区

安丘市大汶河湿地 370784-50-E-a01
[Ānqiū Shì Dàwènhé Shīdì]

在安丘市区东部。西起牟山水库大坝，沿汶河河道横贯整个市区，东至东外环大桥东侧的庵顶坝，南至滨河路，北至大汶河。面积20平方千米。因地处安丘市大汶河，故名。大汶河湿地属于温带季风气候，年均温度12.2℃，年降水量646.3毫米，无霜期195天。2007年2月被批准为国家城市湿地公园。主要保护对象为天鹅、仙鹤、白鹭、翠鸟、野鸭等野生鸟类和水生物。

大汶河湿地有水杉、竹、柳、荷、蒲、苇等喜水植物，形成大面积良好自然生态湿地，为白鹭、翠鸟、野鸭等野生鸟类和水生物提供了一处繁衍生息的良好场所。大汶河湿地在提供水资源、调节气候、涵养水源、防洪减灾、降解污染物、保护生物多样性等方面发挥着重要作用。同时，湿地所形成的生态景观，能够供人观赏、游览，开展科普教育和科学文化活动，具有较高的保护、观赏、文化和科学价值。

安丘市拥翠湖湿地公园 370784-50-E-a02
[Ānqiū Shì Yōngcuìhú Shīdì Gōngyuán]

在安丘市区西 5 千米处。西起凌河镇东北庄子，东至牟山水库大坝，南至拥翠湖小区，北至牟山水库。总面积 3.22 平方千米，其中湿地面积 2.7 公顷。地处牟山水库腹地，牟山别名拥翠山，故该湿地取名拥翠湖湿地。气候类型为温暖带大陆性半干旱气候，年均温度 12.4℃，年降水量 764.7 毫米。2011 年 12 月经国家林业局批准设立。公园依托动植物资源丰富、生态环境良好的拥翠山、汶河湿地和汶河林场等而建，包括人工库塘湿地、河流湿地和滩涂湿地三种类型，是山东省重要的湿地区域。主要保护对象为天鹅、仙鹤、白鹭、翠鸟、野鸭等野生鸟类和水生物。植物种类包括黑松林、杨树林等。土壤类型包括棕壤、褐土、潮土。地貌类型繁多，面积辽阔，是珍稀物种生存、候鸟繁育、鸟类生存的天然场所。有公路经此。

高密市

纪念地

莫言旧居 370784-50-A-c01
[Mòyán Jiùjū]

在高密市东北乡文化发展区。1911 年始建，1955 年重修，1999 年翻修。是一处方方正正的老院子，四间青砖石基、灰瓦盖顶、普普通通的旧房子，一座简简单单的小门楼，莫言的童年、青少年时期就是在这里度过的。现已对旧居进行修缮保护，并以实物展示为主对外开放，再现莫言先生青少年时期的生活场景。

莫言文学馆 370784-50-A-c02
[Mòyán Wénxuéguǎn]

在高密市高密一中校园东南部。2009 年 8 月 22 日开馆。是一座三层小楼，总建筑面积 1 900 平方米。收集了首位中国籍诺贝尔文学奖获得者莫言先生 30 多年来的文学作品，对莫言的成长道路、获得的荣誉都做了详细介绍。由中国当代著名作家王蒙题词，另一位著名作家贾平凹为图书馆书写了对联"身居平安里心忧天下，神游东北乡笔写华章"。全面体现莫言在艰苦环境下的勤奋和从小就爱读书、爱思考、爱创作的天分，以及成名之后对故乡的眷眷深情。通公交车。

重点文物保护单位

青纱桥 370784-50-B-b01
[Qīngshā Qiáo]

在高密市东北乡文化发展区孙家口村北。始建于明嘉靖年间。青纱桥横跨胶莱河，石质结构，21 孔，长 41 米，宽 2.3 米，数百年来为孙家口村胶莱河道唯一通道。历史上可歌可泣的孙家口村伏击战即发生于此。2013 年 10 月被批准为省级文物保护单位。

城阴城遗址 370784-50-B-c01
[Chéngyīnchéng Yízhǐ]

在高密市井沟镇。因在齐长城北部，故名城阴城。始建于战国。两汉时代，为王国都城或侯国都城，魏晋南北朝时期迭为郡县治所，及至北齐毁于战火。在 1960 年前，其北城墙尚有一华里残垣，因年久失修和人为破坏，2001 年北城墙仅剩一堆土。面积 4 平方千米。2000 年被批准为市级文物保护单位。有公路经此。

娘娘庙古井 370784-50-B-c02
[Niángniangmiào Gǔjǐng]

在高密市娘娘庙社区。建于公元前 202 年。古井在镇府街中段南侧，古庙门口正南已用护栏完整保护，用汉白玉石头砌成，一个小铁门入口，井口呈八棱形，井内壁用青砖砌成，写有"古井"两字。通公交车。

娘娘庙古庙 370784-50-B-c03
[Niángniangmiào Gǔmiào]

在高密市东部镇府街中段北侧。娘娘庙亦称薄后庙，传为祀汉文帝太后薄氏而建。其占地 1 亩，东西正屋三间，大厅中间为娘娘和汉高祖刘邦塑像，东厢有文殊菩萨塑像，西厢有普贤菩萨，西厢房为关公塑像。通公交车。

重要景点和一般名胜古迹

文体公园 370784-50-D-a01
[Wéntǐ Gōngyuán]

在高密市朝阳街道。因该景区由高密市体育局管理，故名。占地 268 亩，总建筑面积 5.8 万平方米。分为体育区、文化区、创业服务区三大部分，有体育场、体育馆、体校楼、文化馆、博物馆、图书馆、规划馆、科技馆、游泳馆等 9 个场馆，是一处集旅游、文化、体育、科技、会展、健身、休闲、娱乐等多功能于一体的大型群众活动场所。2010 年被评为国家 AAA 级旅游景区。有公路经此。

凤凰公园 370784-50-D-c02
[Fènghuáng Gōngyuán]

在高密市醴泉街道。因高密城区地形中间凹，东西两岭高，酷似凤凰，素有"凤凰城"之美誉，故名凤凰公园。总面积 510 亩。有凤凰阐、凤凰山、龙泉瀑布、寓言长廊、小西湖、桃花溪、竹林、月亮湾、凤凰阁广场等景点数十个；健身区、休闲区、历代名人及民俗文化展示区、娱乐区等设施区多个；有电动游船、碰碰车、观览车、小火车等儿童娱乐设施 20 多项。是高密市最大的一处集休闲、娱乐、观光为一体的综合性公园。有公路经此。

南湖植物园 370784-50-D-c03
[Nánhú Zhíwùyuán]

在高密市密水街道。规划用地 42 万平方米，其中南湖水体面积约 11 万平方米，植物园建设面积约 31 万平方米。植物园设计坚持生态观、可持续发展、以人为本、地方特色四大原则，整个园区分为特色植物园区、生态体验区、文化广场休闲区、园艺示范区、公园管理区五大区域，植物分布按春、夏、秋、冬依次分为玉棠富贵、落樱缤纷等 11 个景区，栽植杨树、雪松、银杏、垂柳等乡土植物 160 余种。有大小景观十几处，设有游客接待中心、停车广场、购物点、综合服务大楼等配套设施，成为公众休闲娱乐、观光旅游、休憩健身的必到之地。有公路经此。

临朐县

重点文物保护单位

崔芬墓　370724-50-B-a01
[Cuīfēn Mù]

在临朐县冶源镇东部。因墓主崔芬葬于此地，故名。占地面积 46.8 平方米，由墓道、甬道和墓室三部分组成，平面略成"甲"字型，墓向南偏东 30 度，用当地青石（石灰岩）建造。斜坡形墓道开在墓室南侧，墓道北接甬道。墓顶距地表 1.6 米，墓底距地表深 5.75 米，用特制整齐石条构筑而成的弧方形墓室，每边长 3.6 米；墓顶成覆斗形；北壁与西壁卜沿设龛；门洞井在南壁中央。石构甬道南北两端皆设双扇石门，门框高约 1.45 米，宽 1.15 米。墓内出土文物有：墓志一合，彩绘泥俑一组（多粉毁），以及清瓷八鼻罐、鸡首壶、豆、碗；环绕式神兽铜镜，铜铃。墓室内壁及甬道两侧均绘有壁画。现存壁画 22 幅，约 20 平方米。从壁画的整体布局看，大致可分为门吏武士图，日、月星象图，四向守护神图，墓主出行图，屏风人物图五部分。2006 年 5 月被批准为国家级文物保护单位。

魏家庄遗址　370724-50-B-a02
[Wèijiāzhuāng Yízhǐ]

在柳山镇魏家庄。因所在地而得名。新石器时代遗址。总面积约 50 万平方米。该遗址出土的龙山文化生产工具主要有石铲、石斧、蚌器、石刀、石镞等；生活用具主要有夹砂红陶、黑陶鼎、罐、钵的口沿、器底、鼎足和泥质磨光黑陶杯、盒、鼎、罐等器形，象征权势或地位的蛋壳陶高柄杯残片也多有采集。龙山文化的鼎、甗器之足多做成鸟喙形，陶杯、陶罍类则壁薄且轻，胎质细腻，黑光发亮；岳石文化遗物器形有半月形石刀、蘑菇形钮器盖等；东周文化遗物有夹砂灰陶鬲足，泥质灰陶盆、罐、豆等器物的标本。魏家庄遗址周围分布有敢家沟、侯家庄、五作行等较多的新石器时代遗址。该遗址文化层堆积之厚、面积之大，应属这一区域遗址群中的中心聚落遗址，具有重要的考古研究价值。2013 年被批准为国家级文物保护单位。

西朱封遗址　370724-50-B-a03
[Xīzhūfēng Yízhǐ]

在临朐县城关街道西朱封村。因所在地而得名。遗址现存面积约 60 万平方米，从暴露遗迹及采集标本看，该遗址是一处有大汶口文化遗存，以龙山文化遗存为主，并兼有岳石文化及商周遗迹，延续性强，面积大，内涵丰富，有其自身发展特点的遗址。大汶口文化遗物暴露较少，龙山文化内涵丰富。从出土的众多的铲、镰、刀、镞、斧、凿等石制生产工具看，这里的原始农业发达。陶器特别是蛋壳陶高柄杯，在遗址中也多有发现。发现的玉器制作非常精美，代表了龙山文化时期海岱地区琢玉工艺的最高水平。发现了迄今为止龙山文化时期规格最高的三座大型墓葬，出土了众多的随葬品。这些墓葬的发现，对进一步探讨原始社会末期龙山文化的社会性质、经济发展状况、原始文明、墓葬制度、国家起源等提供了宝贵的实物资料，在学术界引起了广泛关注。2013 年被批准为国家级文物保护单位。

东上林村东南遗址 370724-50-B-b01
[Dōngshànglíncūn Dōngnán Yízhǐ]

在山旺镇东上林村东南的台地上。因所在地和位置得名。为新石器时代、商周、汉代遗址。面积约 10 万平方米。西南部断崖暴露有文化层，内含灰坑、墓葬、灰沟、水井、红烧土等遗迹遗物。地表 0.2 米以下为周代文化层和北辛文化层，周代文化层厚 0.3~1 米；北辛文化层厚 0.5~2 米，内含大量的红烧土及少量的陶片、兽骨、鹿角等遗迹遗物。灰沟深约 3 米，宽约 4 米，内含北辛文化陶片。采集的遗物大部分为陶片，器形有鼎足、豆盘、豆柄、鬲足等。陶片有泥质和夹砂两类，泥质陶以黄褐色为主，夹砂陶以褐色为主，陶色多不均匀，个别陶器上有简单的刻划纹，釜类器形施附加堆纹。2013 年 10 月被批准为省级文物保护单位。

东镇庙 370724-50-B-b02
[Dōngzhèn Miào]

在蒋峪镇东镇庙村东部。因所在地而得名。始建于西汉，自宋朝初年迁于今址。经历史上数次扩其基址，面积达 5 万平方米。现存宋代祭台、大殿柱础石等。祭台为石制锁钉栏板结构，东西长 20 米，南北宽 11.5 米，高 1.6 米。大殿基址东西长 18.8 米，南北宽 9.3 米。东镇碑林形成始于宋元，盛于明清，至清末民初达到历史最大规模，现存历代碑刻 124 方。院内还存有唐槐、宋柏和银杏等古树名木。2006 年被批准为省级文物保护单位。

河南古墓 370724-50-B-b03
[Hénán Gǔmù]

在山旺镇河南村南台地上。因所在地而得名。东周遗址。墓葬孤立凸起，有高大的封土，封土东西长约 100 米，南北宽约 50 米，高约 20 米，面积约 1 000 平方米。在主墓的西南角还有一座小型墓葬，高约 8 米，面积约 400 平方米。为王侯级贵族墓葬。2013 年被批准为省级文物保护单位。

老龙湾江南亭 370724-50-B-b04
[Lǎolóngwān Jiāngnán Tíng]

在临朐县冶源镇老龙湾风景区内。因所在位置而得名。为明庆隆六年（1572）著名散曲家冯惟敏所建，民国初年对房顶进行了维修。江南亭三面环水，亭院坐北朝南，一进院落布局，面阔三间，进深一间，为前出廊厦的硬山式建筑。东西宽 8.82 米，进深 4.73 米，建筑面积 41.7 平方米。该建筑的木质结构、建筑基体、雕刻均为明代原建。建筑外墙为磨制青砖加石灰砌筑而成，颇为精致坚固。亭院的花墙为高半米的栏形砖墙。建筑前有碑刻 2 方，为冯公碑记和分地碑。2013 年被批准为省级文物保护单位。

石门坊摩崖造像 370724-50-B-b05
[Shíménfāng Móyázàoxiàng]

在城关街道大谭马庄西北的石门坊山中。因所在自然地理实体而得名。摩崖龛像共计 54 龛，年代大多为唐天宝元年（742），另有数尊明代小龛。造像凿刻于坐北朝南的悬崖峭壁上，东西长约 50 米，高约 10 米，面积约 500 平方米。在摩崖造像的西侧 300 米处崖壁上有唐代佛龛 4 处，内无佛像。1992 年被批准为省级文物保护单位。

吴家辛兴西北遗址 370724-50-B-b06
[Wújiāxīnxīng Xīběi Yízhǐ]

在山旺镇吴家辛兴村西北台地上。因所在地和位置得名。新石器时代、商周时代遗址。面积约 25 万平方米。东部断崖暴露有商周、龙山、北辛文化层，厚 0.3~1 米，内含灰坑、墓葬、红烧土等遗迹遗物。采集的遗物大部分为陶片，器形有鼎足、罐口沿等。另采集有残石器 1 件。陶片有泥质和夹砂两类，泥质陶以黄褐色为主，夹砂陶以褐色为主。2013 年 10 月被批准为省级文物保护单位。

朱虚故城 370724-50-B-b07
[Zhūxū Gùchéng]

在柳山镇城头村北台地上。因西汉置朱虚县，此处为朱虚城故址而得名。周、汉时代遗址。遗址东西长约 500 米，南北宽约 400 米，面积约 20 万平方米，文化层厚约 4 米。西部发现深约 2 米、宽约 3 米的护城河遗迹，以及石块铺成的 10 余米宽的路面遗迹。采集有圆瓦当，刻"千秋万岁"等铭文。出土有铜剑、铜头铁杆箭、雁首铜焦斗、铜带钩、试金石、瓦砚等。2013 年被批准为省级文物保护单位。

和庄遗址 370724-50-B-c01
[Hézhuāng Yízhǐ]

在山旺镇和庄村西台地上。因所在地而得名。新石器时代、周代遗址。南北长约 320 米，东西宽约 280 米，面积约 9 万平方米。西、南部断崖暴露有文化层，厚 0.5~2 米，内含龙山文化房址、灰坑等遗迹遗物。地表 1.6 米以下，发现有两个直径约 0.18 米的柱洞，洞下有基石，柱洞之间有人为加工的痕迹。采集的遗物大部分为陶片，器形有凿形鼎足、柱形鼎足、豆柄、盆口沿、罐口沿等。陶片有夹砂和泥质两类，陶色有黑陶、白陶、灰陶等，纹饰有附加堆纹、弦纹、绳纹等。2012 年被批准为市级文物保护单位。

太平崮建筑群 370724-50-B-c02
[Tàipínggù Jiànzhùqún]

在城关街道寨子崮村南太平山顶上。因所在自然地理实体而得名。年代为清代。由奎星楼、文昌阁、太山行宫、药王庙、逢山祠组成，建筑面积 23 平方米，保护面积 4 000 平方米。奎星楼是主体建筑之一，呈正六边形，直径 2 米，高约 3.1 米，建筑面积 9 平方米，盛世文明碑刻有"为大清嘉庆二十四年新建文昌阁、奎星楼碑记"；文昌阁南北长 1.85 米，东西宽 1.65 米，高 2.7 米，建筑面积 3.05 平方米，刻有"祥光昭圣代，瑞气启文明"，横匾"钟灵毓秀"；太山行宫南北宽 1.7 米，东西长 2 米，通高 2.8 米，建筑面积 4.4 平方米，刻有"遵崇同地极，润泽遍东方"，横匾"太山行宫"；药王庙南北宽 1.7 米，东西长 1.86 米，通高 2.8 米，建筑面积 3.16 平方米，刻有"调元复赞化，酌定又斟灵"，横匾"药王庙"；逢山祠南北宽 1.6 米，东西长 1.8 米，高 2.6 米，建筑面积 2.88 平方米，刻有"咸灵昭冥漠，云雨润苍生"，横匾"逢山祠"。该古建筑全部采用青石砌筑，顶部刻有猫头、筒瓦等样式出厦。2012 年被批准为市级文物保护单位。

半截楼村西遗址 370724-50-B-c03
[Bànjiélóucūnxī Yízhǐ]

在山旺镇半截楼村西台地上。因所在地和位置得名。东周、汉代遗址。遗址南北长约 1 200 米、东西宽约 350 米，面积约 42 万平方米。地表散落有大量陶片，西侧断崖暴露有文化层，厚 0.5~1.5 米，内含灰坑、墓葬、陶片等遗迹遗物。采集的遗物大部分为陶片，器形有豆盘、豆柄、盆口沿等。陶片有泥质和夹砂两类，陶色有灰褐陶、灰陶等，纹饰有绳纹等。2012 年被批准为市级文物保护单位。

自然保护区

山旺化石保护区 370724-50-E-a01
[Shānwàng Huàshí Bǎohùqū]

在山旺镇山旺村。东北临苍山，西依

尧山，南临鹁鸪山，北至擦马山。保护面积 1.2 平方千米。山旺古生物化石因产自山旺村而得名。保护区四面环火山喷发形成的群山，周围隆起，中部低洼，呈盆地形。1980 年被批准为国家重点自然保护区。形成于距今约 1 800 万年前，地质历史上的新近纪中新世。目前，已发现植物、昆虫、鱼类、两栖、爬行、鸟类、哺乳类等十几个门类 700 余属种，有"化石宝库"之称。现建有山旺国家地质公园博物馆 1 座、山旺化石页岩地层剖面 1 处。

昌乐县

纪念地

昌乐县烈士陵园 370725-50-A-b01
[Chānglè Xiàn Lièshì Língyuán]

在昌乐县五图街道岳辛庄。该陵园为纪念在历次革命斗争中牺牲的本县革命烈士及牺牲在本地区的外县籍革命烈士而修建，故名。1956 年始建，1970 年 8 月迁至昌乐四图村北，1993 年 7 月迁至县城东环路中部，2007 年迁至现址。建有 4 000 平方米纪念广场、卧式烈士纪念碑 1 座、烈士墓 471 座。园内布局依山就势，逐级而上，井然有序，庄严肃穆。是进行爱国主义教育的重要场所。1989 年被批准为省级烈士纪念建筑物重点保护单位。有公路经此。

重要景点和一般名胜古迹

中国宝石城 370725-50-D-a01
[Zhōngguó Bǎoshíchéng]

在宝都街道境内。占地面积 2.1 平方千米，建筑面积 8 万平方米，是国家工商总局批准命名的国内唯一冠"中国"字号的大型珠宝玉石首饰专业批发交易市场，范围规划包括中国宝石城珠宝大世界、国际珠宝交易中心、立伟国际珠宝广场、明珠大厦、亿克拉国际宝石之都、尚和国际宝石城、万国珠宝园、中国蓝宝石博物馆。2010 年 9 月被评为国家 AAAA 级旅游景区。有公路经此。

仙月湖风景区 370725-50-D-a02
[Xiānyuèhú Fēngjǐngqū]

在白塔镇驻地。因有嫦娥仙湖奔月的美丽传说而得名。主体建筑为高崖水库大坝，长 1 200 米，顶宽 6 米，最大坝高 26.7 米。旅游区注重山、水、树等自然景观与人文资源相结合，集住宿、休闲、娱乐等多功能于一体。景区占地面积 5 760 公顷，规划建设面积 1 600 公顷，其中常有水面 990 公顷，其他湿地面积 610 公顷。2009 年 9 月被评为国家 AA 级旅游景区。224 省道经此。

昌乐首阳山省级旅游度假区
370725-50-D-b01
[Chānglè Shǒuyángshān Shěngjí Lǚyóu Dùjiàqū]

在宝都街道与朱刘街道境内。因所在自然地理实体而得名。该度假区集秀美的山、清澈的水、深厚的历史文化、较好的地理区位、便捷的交通条件、山水文化于一体，是潍坊市打造"半小时经济圈"的重点开发区域。面积 31.5 平方千米。度假区以宝石文化、姜齐文化和昌乐地域文化为内涵，以"山在水中，水在城中，城在林中，林在山中"为表象，以生态旅游、休闲娱乐、商务会议、高端居住为主体功能，宜居、宜业、富足、和谐为内涵，综合性、现代化与传统文化相融合为目标。2013 年 4 月被评为省级旅游景区。有公路经此。

六 农业和水利

潍坊市

水库

白浪河水库 370700–60–F01
[Báilànghé Shuǐkù]

在市境南部。因所在河流而得名。1958年始建，1960年建成。主坝长5.5千米，宽5千米，蓄水面积22平方千米，平均水深14米。总库容14 456万立方米，兴利库容0.407 0亿立方米。溢洪闸两座三孔，最大泄流量2 204立方米/秒。放水洞2个。分东、西两条干渠，总长17千米，总设计引水流量8.1立方米/秒。主要功能为削减洪峰、生活供水、生态供水、农田灌溉、淡水养殖等。有公路经此。

潍城区

水库

符山水库 370702–60–F01
[Fúshān Shuǐkù]

在市境南部。因水库坝址东接符山，故名。1959年始建，1961年建成。控制流域100平方千米，流域基本形状为扇形。总控制集水面积63.93平方千米，总库容710.9万立方米，总兴利库容299.9万立方米。主要功能为防洪、供水、灌溉、养殖等。有公路经此。

坊子区

水库

峡山水库 370704–60–F01
[Xiá shān shuǐ kù]

在潍坊市峡山生态经济开发区境内。因所在自然地理实体而得名。1958年始建，1960年建成。水库南北长约30千米，东西长约15千米，水面面积144平方千米，控制流域面积4 210平方千米，总库容14.05亿立方米，兴利库容5.01亿立方米。是一座集防洪、城市及工业供水、农业灌溉和水力发电等功能于一体的大型水利工程，为潍坊地区经济社会发展提供了可靠的水资源保障。221省道经此。

青州市

水库

仁河水库 370725–60–F01
[Rénhé Shuǐkù]

在市境西南部。因所在河流而得名。1975年12月始建，1980年12月建成。控制流域面积80平方千米，总库容2 815万立方米，兴利库容2 172万立方米，规模为中型水库，枢纽工程等级为Ⅲ等，主要建筑物级别为 3 级。水库防洪标准为 100 年一遇洪水标准设计，1 000 年一遇洪水标准校核。是一座以防洪、灌溉为主，兼顾养殖、补水等综合利用的重点水库。228 省道经此。

诸城市

水库

墙夼水库 370782-60-F01
[Qiángkuǎng Shuǐkù]

在市境西南部。因所在地而得名。1959 年始建，1960 年 8 月建成。长 30 千米，宽 22 千米，平均水深 6 米，流域面积 656 平方千米，总库容 3.87 亿立方米，设计灌溉面积 25 346 万平方米，防洪能力达到百年一遇设计，日供水能力 2 万立方米。功能为防洪、灌溉、养殖、供水、发电等。有公路经此。

三里庄水库 370782-60-F02
[Sānlǐzhuāng Shuǐkù]

在市境南部。因所在地而得名。1958 年 8 月建成。长 3.0 千米，宽 2.4 千米，平均水深 3.4 米，总库容 6 912 万立方米，防洪能力为 100 年一遇设计，2 000 年一遇校核，年供水能力 1 200 万立方米。主要功能为防洪、供水等。329 省道经此。

渠道

墙夼水库灌溉渠 370782-60-G01
[Qiángkuǎng Shuǐkù Guàngàiqú]

在市境西部。起于墙夼水库，止于相州镇。1964 年开工，1966 年建成。长

240.9 千米，有总干渠 1 条，分干渠 6 条，支渠 25 条。灌溉面积 253 平方千米，兼具工业供水、发电、防洪、养殖等综合功能。胶新铁路、潍日高速、206 国道经此。

寿光市

林场

寿光市国有机械林场 370783-60-C01
[Shòuguāng Shì Guóyǒu Jīxiè Línchǎng]

在寿光市羊口镇。总面积 2 000 公顷。林场建立之初，寿光县很少有农用机械，该林场由上级单位配发林场机械，故名。1959 年 10 月建立寿光县国营机械林场，1993 年撤县设市更名为寿光市国有机械林场。属暖温带大陆性季风型半湿润气候区，四季交替分明，光照充足。春季少雨多风，空气干燥；夏季高温多雨，空气湿热；秋季凉爽少风，间有旱涝；冬季少寒雪稀，多偏北风。年平均气温 12.4 ℃，平均温差 18.3 ℃，年平均日照时数 2 529.2 小时，年平均无霜期 195 天，累年平均年降水量 760.0 毫米。土壤主要为潮土。以种植抗盐碱耐干旱的毛白蜡、国槐、刺槐、苦楝、红叶椿为主，适当配置部分龙柏、木槿、黄杨、石榴、冬枣、梨、苹果等优质树种。植被类型包括针叶林、针阔混交林、落叶阔叶林、灌草丛等。林场内有植物 1 000 余种、动物物种 400 余种。林场以防护林建设为主体，适当栽种部分果林和经济林。是一处集生产原盐，发展畜牧业、水产养殖业，农业生态观光、旅游、垂钓于一体的综合性林场。

安丘市

林场

安丘市国有汶河林场 370784-60-C01
[Ānqiū Shì Guóyǒu Wènhé Línchǎng]

隶属安丘市汶河林场管委会管理。在安丘市贾家王封村。总面积350公顷。因林场林地分布于汶河两岸，故名。1959年11月成立安丘县国有汶河林场，1994年更名为安丘市国有汶河林场。林场以保护和培育森林资源为主，并开展相关的病虫害防治、护林防火工作，同时进行良种苗木的生产繁育、新技术推广及林业信息服务等工作。汶河林场以经营生态公益林为主，在净化空气、涵养水源、防风固沙、美化亮化环境等方面效益明显。通过国有林场的发展，以及对森林资源的培育和养护，林场内的生态公益林生长良好，充分发挥了国有林场的社会、生态、公益效益，使林场更好地服务社会。有公路经此。

城顶山生态林场 370784-60-C02
[Chéngdǐngshān Shēngtài Línchǎng]

隶属安丘市城顶山生态林场管委会管理。在安丘市石埠子镇和辉渠镇的交界处。总面积3 330公顷。因规划范围为城顶山区域而命名。2008年设立。植被以温带阔叶林为主，兼有灌草丛、栎类落叶阔叶林等，有槐树、楸树等30多种树木。附近所产的"金楸"被确定为山东省优良树种之一。主要功能是植树造林及农业生态开发。有公路经此。

安丘市太平山生态林场 370784-60-C03
[Ānqiū Shì Tàipíngshān Shēngtài Línchǎng]

隶属安丘市太平山生态林场管委会管理。在市境西南部。总面积525公顷。因在安丘市太平山区域而得名。2008年筹备建设。太平山生态林场规划范围东至大车山、大安山，西至安丘、临朐界，南至齐鲁古长城遗址，北至汶河林场。规划面积5万亩，其中原有林地2.9万亩，规划新造林7.3平方千米。区域内以生物措施防治水土流失和防沙、治沙，引进、试验、推广优良林业品种，为全市造林绿化提供优质苗木。有公路经此。

水库

牟山水库 370784-60-F01
[Mùshān Shuǐkù]

在安丘市潍河支流汶河中下游。因在牟山脚下而得名。1959年10月始建，1960年7月建成。长5 870米，宽7.6米，坝顶高程83.00米，最大坝高20米，是大（二）型水库，流域面积1 262平方千米，总库容3.08亿立方米，兴利库容1.205亿立方米。水库作用以防洪为主，兼顾城市供水、农业灌溉、水产养殖等综合利用。有公路经此。

于家河水库 370784-60-F02
[Yújiāhé Shuǐkù]

在安丘市于家河村西北部。因主坝靠近于家河村而得名。1966年10月始建，1967年7月建成。汇水面积约100平方千米，总库容5 314万立方米，兴利库容2 920万立方米。水库淹地少，水源足，有效灌溉面积4.5万亩，削减洪峰39%。是一座以灌溉为主，兼防洪、发电、养鱼等综合利用的中型水库。有公路经此。

高密市

水库

王吴水库 370785-60-F01

[Wángwú Shuǐkù]

在市境南部。因所在地而得名。1958年4月始建，1958年7月建成。水库控制流域面积 344 平方千米，总库容 6 704 万立方米，兴利库容 2 658 万立方米。主要肩负着防汛、抗旱、工程管理，及居民生活、工业、农业灌溉用水等重要任务。有公路经此。

临朐县

林场

沂山林场 370724-60-C01

[Yíshān Línchǎng]

在临朐县蒋峪镇西南部。总面积 2 173公顷。因地处沂山而得名。1948年10月建立。下设4个林区。经营方式以生态旅游为主。

九山林场 370724-60-C02

[Jiǔshān Línchǎng]

在临朐县九山镇北部至西南部。总面积 1 340 公顷。因地处九山而得名。1959年10月建立。下设7个林区。经营方式以保护生态环境、森林资源安全以及森林资源培育为主。

嵩山林场 370724-60-C03

[Sōngshān Línchǎng]

在县境西南部。总面积 1 951 公顷。因地处嵩山而得名。1958年10月建立。下设5个林区。经营方式以保护生态环境、森林资源培育和生态旅游为主。

水库、灌区

冶源水库 370724-60-F01

[Yěyuán Shuǐkù]

在临朐县冶源镇。因所在政区而得名。1958年始建，1959年建成。主坝为黏土心墙砂壳坝，坝顶轴线长 650 米，坝顶宽 8 米，最大坝高 27.3 米；副坝为壤土均质坝，全长 2 270 米，坝顶宽 8 米，最大坝高 17.3 米，各设 1.2 米高的防浪墙。总库容 1.686 3 亿立方米，兴利库容 0.840 8 亿立方米，死库容 0.127 亿立方米。长 7.8 千米，宽 2.92 千米，蓄水面积 22.848 平方千米，平均水深 20 米。设计灌溉面积 41.8 万亩，实际灌溉面积 27.5 万亩。主要功能以防洪、灌溉为主，兼有养殖、发电、旅游等。

冶源水库灌区 370724-60-F02

[Yěyuánshuǐkù Guànqū]

在潍坊市弥河流域中上游。因水源水库而得名。灌溉范围包括临朐、青州、寿光三个县（市）19个乡镇，灌溉约 41.8 万亩土地。兼具工业供水、发电、航运、防洪排涝、养殖等综合利用功能，水质优于一类水质标准，现为潍坊市临朐县的城市水源之一。

丹河水库灌区 370724-60-F03

[Dānhéshuǐkù Guànqū]

在临朐县辛寨镇。因水源水库而得名。1963年开发，1964年基本建成；2012年纳入重点县小农水项目建设；2013年4月完成节水改造，建成泵站加压与自流结合管道灌溉工程；2013年5月通过省级验收并投入使用。灌溉范围包括辛寨镇39个行政村，灌溉约1.58万亩农田。是辛寨镇农业生产的重要水源地。

嵩山水库灌区 370724-60-F04
[Sōngshānshuǐkù Guànqū]

在县境西南部。因水源水库而得名。设东、西2条干渠，西干渠于1969年开发，1971年通水开灌；东干渠于1971年开发，1973年通水开灌。灌溉五井镇、冶源镇、城关街道等镇（街道）约5万亩农田。兼有工业供水、农村生活用水、防洪排涝等功能，是临朐西部重要水源地。

沂山水库灌区 370724-60-F05
[Yíshānshuǐkù Guànqū]

在临朐县蒋峪镇西北部、辛寨镇南部。因水源水库而得名。1971年始建，1980年建成。包括西干渠、东干渠和分干渠，通过沂山水库供水。灌溉范围包括蒋峪镇、辛寨镇范围内的22个村，灌溉约9.8平方千米农田，兼具防洪抗旱等综合利用功能。灌区引用水域常年水质优良，现为临朐县南部、东部居民的主要饮用水源。

渠道

冶源水库东干渠 370724-60-G01
[Yěyuánshuǐkù Dōnggànqú]

在县境中部。起于冶源水库，止于山旺镇八一水库。1959年开工，1961年建成。共有干渠5条，长133.6千米；支渠61条，长123.8千米；设计灌溉面积41.8万亩。自开灌以来，为当地农业产量的提高发挥了巨大作用，创造了巨大的经济效益和社会效益。

冶源水库西干渠 370724-60-G02
[Yěyuánshuǐkù Xīgànqú]

在县境中部。起于冶源水库，止于黑虎山水库大石河。1959年开工，1961年建成。长约23千米，有渡槽2座，支干渠12条，有效灌溉面积约7.5万亩。灌溉冶源镇、城关街道2个镇（街道）的土地。自开灌以来，为当地农业产量的提高发挥了巨大作用，创造了巨大的经济效益和社会效益。

嵩山水库东干渠 370724-60-G03
[Sōngshānshuǐkù Dōnggànqú]

在县境西南部。1967年始建，1973年建成。长27千米，灌溉总面积22万平方米。有大小建筑物144座，其中隧道10条、渡槽7座。具有重要灌溉作用。

嵩山水库西干渠 370724-60-G04
[Sōngshānshuǐkù Xīgànqú]

在县境西南部。1967年始建，1970年建成。长27.7千米，灌溉总面积44万平方米。包括山体隧道5个、渡槽14座、倒吸虹1座。具有重要灌溉作用。

沂山水库西干渠 370724-60-G05
[Yíshānshuǐkù Xīgànqú]

在临朐县蒋峪镇。起于沂山水库，止于辛寨镇唐泉湖水库。1971年7月动工，1980年建成。长15.58千米，渠底宽2.3米，渠墙高2.4米，灌溉面积0.915万亩。包括建筑物162座、渡槽3座、隧洞8个。具有重要灌溉作用。

昌乐县

林场

昌乐县国有孤山林场 370725-60-C01
[Chānglè Xiàn Guóyǒu Gūshān Línchǎng]

　　属国有林场。在县境东南部。总面积848公顷。林场以孤山为主体，故名。1959年11月建立。为生态公益型林场，森林面积716.55公顷。主栽树种为侧柏和刺槐，其他树种有黄栌、黑松、雪松、五角枫等。林场以营林为基础，加快资源培育和保护利用步伐，通过大力造林及营林，进行荒山和裸露山体治理，使生态环境有了明显改善。胶济铁路、济青高速公路、潍日高速公路、309国道经此。

水库

高崖水库 370725-60-F01
[Gāoyá Shuǐkù]

　　在县境西南部。因所在地而得名。1959年10月始建，1960年7月建成。蓄水面积355平方千米，总库容1.452 8亿立方米，兴利库容5 788万立方米，常有库容564万立方米，平均水深15米。主要功能为防洪、供水、养殖、灌溉、发电及生态保护等。224省道经此。

词目拼音音序索引